本书的出版发行得到了"南开大学中国特色社会主义经济建设协同创新中心"的资助。

同时，本项研究获得2019年度教育部人文社会科学研究规划基金项目"全球创新保护新形势下的我国民营企业OFDI对策研究"、南开大学"2018～2020中央专项基本科研业务费项目"以及"国际经济贸易系社会服务研究团队资助2018～2020"的支持。

在此一并表示衷心感谢！

年度报告课题组负责人：薛　军

课题组专家咨询委员会主任：佟家栋
课题组专家咨询委员会主要成员（按姓氏笔画为序）：
　　王永进　包　群　刘　杉　孙浦阳　李坤望　佟家栋　张　兵　张伯伟　周　申
　　冼国明　胡昭玲　高乐咏　盛　斌　梁　琪　彭支伟　葛顺奇　蒋殿春　谢娟娟

课题组承办单位：南开大学全球经济研究中心（NK-GERC）
课题组协作单位：南开大学国际经济贸易系
　　　　　　　　南开大学国际经济研究所
　　　　　　　　南开大学跨国公司研究中心
　　　　　　　　凤凰财经研究院

课题组主要成员：
　　苏二豆　李金永　常君晓　常露露　陈晓林　吴雨婷　邢羽丰　冯　帆　魏　玮
　　乔冀超　朱文燕　陈乃天　李佶男　申喆良　陈培如　薛婷尧　樊　悦　刘　丹
　　王自锋　黄春媛　等

中国民营企业海外直接投资指数 2018年度报告

基于中国民企500强的数据分析

Chinese Private Enterprises Overseas Direct Investment Index

2018 Annual Report

Data Analysis Based on Top 500 Private Enterprises

薛　军◎等　著

人 民 出 版 社

前　言

这是继 2017 年我和我们团队推出的第二本关于我国民营企业海外直接投资（以下简称"OFDI"）的指数年度报告。

我国政府自 2003 年起开始鼓励民营企业 OFDI，民营企业积极响应"走出去"号召，在中国企业 OFDI 活动中逐渐扮演起重要角色。随着我国民企 OFDI 规模的扩大，不仅促使企业自身发展壮大，走向世界舞台，还助力于提高我国就业水平，实现要素禀赋结构优化以及全要素生产率的提升，促进我国产业结构的优化升级以及经济增长质量提高。民营企业 OFDI 在我国经济发展和实现"两个一百年"奋斗目标过程中已然成为不可或缺的重要力量。特别是近几年来，民营企业海外直接投资规模实现较大增长，代表着民企中坚力量的民营企业 500 强 2016 年 OFDI 投资金额规模创历史记录，较 2015 年增长 116%。尽管从 2017 年下半年开始国家为了遏制非理性走出去，加强了 OFDI 审核，但是民营企业 500 强 2017 年 OFDI 投资金额规模仍较 2016 年增长 39%（数据来自本研究中心数据库）。

民营企业不仅为中国经济增长作出了巨大贡献，还在中国对外投资过程中起到了不可或缺的作用。民营企业总体上在国内经济的地位有"五六七八九"的提法，即贡献了全国 50% 以上的税收、60% 以上的 GDP、70% 以上的创新、80% 以上的城镇就业和 90% 以上的企业数量。但是由于国外对"民营企业"概念理解相对模糊，国内外就我国 OFDI 的研究多集中于全企业层面，而对民营企业 OFDI 的研究相对较少。虽然国有企业在对外投资总额中占据主导地位，但民营企业在对外投资中日益增长。2015 年非公经济企业占中国对外投资的 65.3%，年末存量占 35.6%，民营企业已经成为中国企业"走出去"的一支生力军。民营企业 OFDI 逐步引起国内学者的广泛关注。

本报告在统计样本的选择上和 2017 年一样，以中华全国工商联每年一度发布的中国民营企业 500 强作为筛选范围，从 BvD-Zephyr 并购数据库和 fDi Markets 绿地投资数据库中筛选出中国民营企业 500 强"走出去"的相关企业数据作为分析样本。时间段的选取为 2005—2017 年的 13 年。

相较去年，本年度的指数报告有两大特点，第一大特点是在沿袭 2017 年度报告的编写特征的基础上，利用自有数据库在方法上进行大数据处理和分析，图文并茂全方面多角度分析中国民企 OFDI 的现状及趋势。第二大特点是本研究报告不仅和 2017 年度一样提供了中国民营企业海外直接投资综合指数、并购投资指数和绿地投资指数，且分别提供了来源地别指数、标的国（地区）别指数、行业别指数和并购融资模式别指数，而且本报告还有如下改进：（1）指标体系更加细化。由五级指标体系拓展到六级。（2）在 2017 年的基础上，本报告尝试构建中国民营企业 OFDI 综合指数，即采用均值法将数量和金额统一后的综合指数。（3）对少数数据进行了修正和补充。（4）指数更加丰富。除了构建"中国民企 OFDI 综合指数"之外，还新增"一带一路"投资指数、海外绿地投资就业贡献指数。如此，指数形式多样性逐步提升，指数系列不断完善，为多视角多维度更深入地研究我国民企 OFDI 提供可依靠的数据基础。

我们研究团队通过撰写基于大数据编制的中国民企 OFDI 指数系列可以清晰、直观地反映 2005—2017 年的 13 年来我国民营企业海外直接投资项目数量和金额的变化规律。通过对同级别指数的比较，能够有效、迅速地把握我国民营企业海外直接投资的特点；通过对不同级别指标体系的构建以及相应指数系列的测算可以更加全面、完整地反映我国民营企业海外直接投资现状。本指数年度报告不仅可以填补我国关于民企 OFDI 研究数据不足的空白，还可以更好地系统分析整理我国民企 OFDI 的行为特点，为我国民企建立一套可持续"走出去"的长效机制提供重要依据，为国内政府部门提供政策咨询选择，也为科研院所及各大高校等相关机构的有关研究提供了一个可靠的参考数据，从而开辟了关于我国企业"走出去"新的研究领域。同时该指数推出以来，对国际上的有关研究机构也成为一个新的咨询来源。

本指数课题项目由我本人主持、由 2017 年成立的南开大学"全球经济研究中心"承担，目前已经全面展开研究工作，进展顺利。我们团队不仅计划坚持持续发布"中国民企 OFDI 指数年度报告"，而且已经着手展开"中国民营企业跨境资本流动数据库"建设。

首先，在坚持持续发布"中国民企 OFDI 指数年度报告"方面，我们计划：（1）持续发布，保持唯一。坚持每年发布一册中国民企 OFDI 指数年度报告。（2）力争从明年开始涵盖所有的民企 OFDI。目前的研究样本对象是民企 500 强，将样本数据扩展到全样本。（3）今后还将考虑增加和其他数据库的匹配。（4）总结我国民营企业对外投资的成功经验和应吸取的教训，分析对不同国别和不同行业投资的特征和注意事项。今后考虑通过对比调查研究，对我国民营企业海外投资进行整体分析及对具有代表性的民营企业进行案例分析，发现我国民营企业在海外投资中拥有的优势以及面临的风险，为使民营企业"走出去"更加规范、理性和有效提出相应的解决方案。

其次，关于进一步建设"中国民营企业跨境资本流动数据库"方面，我们的计划是：（1）进一步充实完善刚刚初建的数据库。（2）在依托南开大学科研力量的基础上，借助与其他国内外研究机构的合作与支持，探索以企业走访和问卷调研等方式建立相关数据库的可能性。

我们未来的目标是，《中国民企 OFDI 指数年度报告》作为对中国民营企业"走出去"统计的一个开端，坚持持续每年出版一部年度报告，努力将报告打造成为一个类似统计年鉴的工具书，以便给有关单位和学者提供一个探讨中国民营资本跨境流动变化规律的工具，弥补现有研究对中国民营企业海外投资的研究空缺。

在 2017 年度指数报告发表后，我们得到了有关学者的支持和鼓励，对此我们表示衷心感谢！虽然通过这一年半的努力我们已经建立了一个可供持续研究的平台，但是我们的研究团队非常清楚我们还有太多的不足，但不论前方道路多么艰难，我和我的团队伙伴们都将尽最大努力去实现我们的目标，探索面向社会各界提供社会服务，争取做到为包括我校科研人员在内的学术界、企业界以及政府的有关决策和研究提供强大的数据支撑，助力于我国"一带一路"的开拓以及民企在"走出去"过程中的信息提供和风险监控，进一步获得各界对我校该领域的广泛认可。

为此，我们希望有关部门和学者等各界同仁提出宝贵意见，并给予大力支持。同时，本报告难免有许多不足之处甚至错误，希望读者给与批评指正，我们表示热烈欢迎。

目　录

表 索 引

图 索 引

序章　中国民营企业海外直接投资指数体系的构建及说明

第一节　关于中国民营企业海外直接投资指数的研究架构

不同于现有其他有关中国企业"走出去"的报告，首先本课题的研究主体是我国的民营企业。针对国内数据库数据缺少以及海外数据库无法区分国有和民营企业对外直接投资数据的困难，我们以中华全国工商业联合会（以下简称"全国工商联"）每年一度发布的中国民营企业500强作为筛选范围，从国际知名的 BvD-Zephyr 并购数据库和英国《金融时报》旗下的 fDi Markets 绿地投资数据库这两个有代表性的数据库中筛选出 2005—2017 年中国民营企业500强"走出去"的相关企业数据作为分析样本，同时根据海外直接投资的不同特点，从海外并购投资和绿地投资两个维度展开，构建了"中国民营企业海外直接投资指数"六级指标体系，测算并建立了各种"中国民营企业海外直接投资指数"的系列指数。

中国民营企业海外直接投资指数可以清晰、直观地反映 2005—2017 年的13年来我国民营企业海外直接投资项目数量和金额的变化规律。通过对同级别指数的比较，能够有效、迅速地把握我国民营企业海外直接投资的特点；通过对不同级别指标体系的构建以及相应指数系列的测算可以更加全面、完整地反映我国民营企业海外直接投资现状。中国民营企业海外直接投资指数的推出不仅为国内政府部门、科研院所及各大高校等相关机构提供了一个可靠的参考数据，而且开辟了关于我国企业"走出去"新的研究领域。同时对国际上的有关研究机构也成为一个新的咨询来源。

一、若干概念解释及范畴界定

（一）关于民营企业的界定

民营企业是我国特有的概念。在资本主义国家中，除了部分铁路、邮政、烟草等行业属于国有之外，其他绝大多数均是私有企业。正是由于大部分企业都是民间经营的，因此国外很少提"民营企业"一词。

目前，国内关于民营企业的界定并没有统一的观点。有的观点认为，民营企业包括除国有独资、国有控股以外的其他类型的企业；有的观点认为，民营企业是由民间私人投资、经营、享受投资收益、承担经营风险的法人经济实体；有的观点认为，民营企业有广义和狭义之分，广义上，非国有独资企业（包括国有持股和控股企业）都是民营企业；狭义上，民营企业包括私营企业和以私营企业为主体的联营企业①。

鉴于理论界和社会上对民营企业（或民营经济）的概念缺乏统一的观点，目前国家有关部门也难以对民营企业的范畴作出明确界定。党的十五大和十六大报告中的提法是非公有制经济②。按照我国商务部、国家统计局、国家外汇管理局联合发布的《2015 年度中国对外直接投资统计公报》中的提法是非国有企业。根据商务部的统计，非国有企业主要

---

① 胡志军：《中国民营企业海外直接投资》，对外经济贸易大学出版社 2015 年版，第 7—10 页。

② 国家统计局办公室：《国家统计局对十届全国人大四次会议第 7074 号建议的答复》，见 http://www.stats.gov.cn/tjgz/tjdt/200610/t20061024_16897.html，2006 年 6 月 5 日。

还是民营企业①。全国工商联将民营企业划定为私营企业、非公有制经济成分控股的有限责任公司和股份有限公司，国有绝对控股企业和外资绝对控股企业（港澳台除外）不在此范围之内②。

本文对民营企业的定义以全国工商联的划定范围为标准，即私营企业、非公有制经济成分控股的有限责任公司和股份有限公司。

（二）统计样本的选择

本课题研究以全国工商联每年度发布的中国民营企业500强作为筛选范围，从 BvD-Zephyr 并购数据库和 fDi Markets 绿地投资数据库中筛选出中国民营企业500强"走出去"的相关企业数据作为分析样本，主要基于以下4点原因：

（1）代表性强。民营企业500强无论在规模上还是产业技术上，发展都较为成熟，可以称之为我国民营企业的领头羊，能够在一定程度上反映我国民营企业的现状。

（2）权威性高。本文选取的民营企业500强是全国工商联每年颁布的中国民营企业500强名单，来源可靠且具有一定的权威性。

（3）覆盖行业面广。民营企业500强可以覆盖我国的大部分行业，且分布于全国各地。

（4）较全面地反映我国企业"走出去"现状。民营企业500强虽然只是我国企业的一部分，但越来越可以全面反映我国企业跨国投资的现状。联合国贸发会议用跨国指数（Transnationality Index，TNI）来衡量企业的国际化水平，在入选2015年发展中和转型经济体 TNI 前100非金融类跨国公司的中国企业中，当年度民营企业500强联想控股股份有限公司位居榜首。另外，中国与全球化智库（Center for China and Globalization，

---

① 沈丹阳：《商务部新闻发言人沈丹阳就2012年2月我国商务工作运行情况答记者问》，中华人民共和国商务部，见 china. ec. com. cn/article/cnhongguan/201203/1186589_ 1. html，2012年8月16日。

② 中华全国工商业联合会：《全国工商联办公厅关于开展2015年度全国工商联上规模民营企业调研的通知》，中华全国工商业联合会办公厅，见 http://www.acfic.org.cn/web/c_ 0000000100030001000100030003/d_ 43920. htm，2016年1月27日。

CCG）企业全球化研究课题组综合评选出"2016 年中国企业全球化 50
强"，前六强中就有三家企业属于该年度的民营企业 500 强[1][2]，当年度
入围《财富》杂志公布的世界 500 强榜单的中国民营企业也达到 23 家。
同时，民营企业 500 强还积极响应国家"走出去"号召，根据全国工商
联发布的《2017 中国民营企业 500 强调研分析报告》显示，在 2016 年
民营企业 500 强中共有 210 家企业参与"一带一路"发展规划，占
比 54.69%[3]。

（三）统计时间段的选择

本研究报告的研究时间范围，即数据筛选时间段是 2005 — 2017 年。
13 年的时间跨度，便于帮助读者连续追踪民企海外直接投资的发展变化，
同时也为更及时有效地研究中国民营企业海外直接投资情况提供翔实的数
据资料。

（四）多样化的指数形式

本研究报告不仅提供了中国民营企业海外直接投资综合指数、并购投
资指数和绿地投资指数，且分别提供了来源地别指数、标的国（地区）别
指数、行业别指数和并购融资模式别指数。2018 年本报告在中国民营企业
海外直接投资指数：综合篇一章新增了民营企业 OFDI 综合指数、民营企
业"一带一路"投资指数两节，在中国民营企业海外直接投资指数：绿地
投资篇一章新增了海外绿地投资就业贡献指数一节，指数形式多样性逐步
提升，为多视角多维度更深入地研究中国民营企业海外直接投资提供可依
靠的数据基础。

---

①　中国与全球化智库（CCG）：《企业国际化蓝皮书——中国企业全球化报告
（2016）》，社会科学文献出版社 2016 年版，第 51 页。
②　CCG 公布的"2016 年中国企业全球化 50 强"榜单中全球化排序前六位的企业
分别是中国化工集团公司、中国中化集团公司、联想控股股份有限公司、华为技术有限
公司、中国远洋海运集团有限公司、大连万达集团股份有限公司，其中联想控股股份有
限公司、华为技术有限公司以及大连万达集团股份有限公司为该年度的民营企业
500 强。
③　中华全国工商业联合会：《2017 中国民营企业 500 强调研分析报告》，2017 年 8 月 24 日。

二、国内外相关研究的进展及有关海外直接投资的数据资料来源

（一）国内外有关中国民营企业海外直接投资的分析研究

目前研究国际直接投资的最具权威的报告和数据来源当属联合国贸易和发展会议（United Nations Conference on Trade and Development，UNCTAD）每年一度发布的《世界投资报告》①。

关于中国海外直接投资最具权威的数据来源是商务部、国家统计局和国家外汇管理局联合发布的《年度中国对外直接投资统计公报》②。此外还有商务部每年一度发布的《中国对外投资合作发展报告》③。其他一些研究机构也有定期与不定期的研究报告出炉，其中较为知名的且有广泛影响力的是中国社会科学院世界经济与政治研究所发布的年度、半年度以及季度等相关报告。

另外，近年来国际上一些知名机构也推出了有关中国资本跨境并购和海外绿地投资的研究报告。例如：关于并购投资的有著名数据商 BvD 公布的《M&A 全球并购报告（2016）》④、胡润百富与 DealGlobe 易界共同发布的《2018 中国企业跨境并购特别报告》⑤、英国《金融时报》旗下数据服务机构 fDi Markets 公布的关于中国企业海外绿地投资的《THE fDi REPORT 2017》⑥，等等。

尽管如此，目前对中国资本"走出去"的研究，仍然无法满足社会各界的需求。特别是针对民营企业海外直接投资的研究，无论是政府相关单位还是国内外研究机构，基本上停留在宏观层面，而且还没有一家机构定期地从多角度研究我国民营企业海外直接投资。

---

① United Nations Conference on Trade and Development（UNCTAD）：World Investment Reports，见 http：//unctad. org/en/pages/DIAE/World%20Investment%20Report/WIR-Series. aspx。

② 中华人民共和国商务部、中华人民共和国国家统计局、国家外汇管理局：《年度中国对外直接投资统计公报》各版，见 http：//hzs. mofcom. gov. cn/article/Nocategory/201512/201512012235 78. shtml。

③ 中华人民共和国商务部：《中国对外投资合作发展报告》各版，见 http：//fec. mofcom. gov. cn/article/tzhzcj/tzhz/。

④ Bureau van Dijk："M&A Review Global Full year 2016"，见 https：//zephyr. bvdinfo. com/version-201776/home. serv？product=zephyrneo&loginfromcontext=ipaddress。

⑤ 胡润百富、DealGlobe 易界：《2018 中国企业跨境并购特别报告》，见 cn. dealglobe. com。

⑥ fDi Markets："THE fDi REPORT 2017"，见 http：//www. fdiintelligence. com/。

（二）国内有关民营企业"一带一路"投资的分析研究

近年来，在中国企业与"一带一路"沿线国家的投资合作成为新亮点的同时，我国民营企业对"一带一路"沿线国家的贸易与投资也逐渐引起社会各界的高度重视。关于我国企业"一带一路"沿线贸易或投资比较权威的数据来源主要有国家信息中心"一带一路"大数据中心编著的《"一带一路"大数据报告（2018）》①，以及宁波航运交易所提供的海上丝路贸易指数和由上海航运交易所提供的"一带一路"航贸指数体系。其中，《"一带一路"大数据报告（2018）》通过对包括贸易、投资、旅游、跨境电商等在内数十个数据源、超过 500 亿条数据进行挖掘分析，从多视角反应出"一带一路"建设的进展与成效；宁波航运交易所应用"互联网+"、大数据理念和技术，整合国际航运、贸易等相关行业数据，编制出用于衡量国际航运和贸易市场整体发展水平的海上丝路指数体系②；上海航运交易所则以 2015 年 1 月为基期，通过"一带一路"贸易额指数、"一带一路"货运量指数以及"海上丝绸之路"运价指数三个维度构建出"一带一路"航贸指数体系③，从而有效地反映了我国企业与"一带一路"沿线国家的海运贸易情况。

然而，随着我国民营企业在国际贸易与投资中的作用日益提升，却鲜有统计数据涉及民营企业对"一带一路"沿线国家的投资情况，这方面的数据在我国仍相对空白。本报告为弥补这一研究空缺，在2018 年的版本中新增民营企业"一带一路"投资指数一节，从而为更好地研究我国民营企业与"一带一路"沿线国家的投资合作提供可靠的数据资料。

（三）国内外有关民营企业绿地投资对东道国就业贡献的分析研究

企业进行海外直接投资不仅有利于企业获取国外先进技术、管理经

① 国家信息中心"一带一路"大数据中心：《"一带一路"大数据报告（2018）》，商务印书馆 2018 年版。
② 宁波航运交易所：海上丝路指数，见 http：//www.msri.cn/。
③ 上海航运交易所："一带一路"航贸指数，见 http：//www.sse.net.cn/index/singleIndex？indexType＝obor。

验，优化自身资源配置，提高生产效率，还能在一定程度上影响东道国的经济发展。国内外学者研究发现，在开放条件下，企业能够通过海外直接投资对东道国就业产生一定影响。MacDougall（1962）[1] 和 Kemp（1962）[2]认为资本通过国际流动能够对东道国产生积极的就业效应，这一发现构成了海外投资对东道国就业效应理论的基础。随着研究的逐步发展，部分学者如 Crino（2010）[3] 等从企业进行海外直接投资的动机、投资标的产业分布、资本进入方式等方面研究海外直接投资对东道国就业的影响，发现企业通过海外直接投资带来的跨国资本流动也可能为东道国带来就业挤出效应，因此海外投资对东道国的就业具有综合的影响。我国国内学者在关于中国企业海外直接投资对其他国家的就业影响方面的研究相对较少，仅有少数文献涉及中国企业通过海外投资对非洲国家的就业影响（张淑莹，2017）[4]，这一方面源于我国长期以来主要作为其他国家投资的标的国，另一方面也受到相关数据可得性的限制。

近年来，我国企业海外直接投资规模逐年加大，企业通过海外直接投资对其他国家就业的影响也逐渐显现，因此为帮助国内外学者进一步深化研究海外直接投资对东道国就业的影响，本报告除新增对民营企业在"一带一路"沿线国家投资指数的统计分析外，还增加民营企业海外绿地投资就业贡献一节，统计得出 2005—2017 年间我国民营企业海外绿地投资给东道国带来的就业量，并构建民营企业绿地投资就业贡献指数，便于读者观察分析。

（四）本报告的资料来源

本报告首先选择采用在中国海外并购投资方面具有代表性的 BvD-

---

[1]　MacDougall D, *The benefits and costs of private investment from abroad：A thepretical approach*, Economic Record, 1962, pp. 13-35.

[2]　Kemp M C, *Foreign investment and the national advantage*, Economic Record, 1962, pp. 56-62.

[3]　Crino R., *Employment effects of service off shoring：Evidence from matched firms*, Economics Letters, 2010, pp. 253-256.

[4]　张淑莹：《我国直接投资对非洲就业的影响研究》，《经营与管理》2017 年第 12 期。

Zephyr 数据库，以及研究海外绿地投资有代表性的英国《金融时报》的 fDi-Markets 数据库这两个数据库作为我们的原始数据源。然后利用全国工商联每年公布的民营企业 500 强名单作为筛选范围，筛选包括中国民营企业 500 强子公司、分公司在内的所有公司的年度海外并购和绿地投资的交易案件及相关数据。

BvD-Zephyr 数据库（即全球并购交易数据库）含有全球企业并购的相关数据，不仅包括各国境内并购，而且收录了全球跨国并购的交易案件，其更新频率以小时计算①。

fDi Markets 数据库是《金融时报》所提供的专业服务，是目前市场上最全面的跨境绿地投资在线数据库②。

我们从 BvD-Zephyr 数据库和 fDi Markets 数据库中筛选投资方与标的方企业名称、案件交易时间、标的方所属行业及国别、投资方来源地、交易金额等信息。

另外，全国工商联自 1998 年开始对上规模民营企业调研，调研对象主要是年度营业总额（即企业的所有收入，包括主营业务和非主营业务、境内和境外的收入）在一定水平以上的私营企业、非公有制经济成分控股的有限责任公司和股份有限公司；而国有绝对控股企业和外资绝对控股企业（港澳台除外）不在调研范围内。调研表由相关单位向企业发放，也可由企业自行从全国工商联官网下载，是否参加该项调研完全由企业自愿决定，且不收取任何费用。全国工商联从 2003 年开始公布民营企业 500 强名单，截至目前为止，该名单已更新到 2017 年，名单排序主要是依据营业收入总额③。

---

① BvD-Zephyr 概览，见 https：//www.bvdinfo.com/en-gb/our-products/economic-and-m-a/m-a-data/zephyr。
② fDi Markets 概览，见 https：//www.fdimarkets.com。
③ 中华全国工商业联合会：《全国工商联办公厅关于开展 2015 年度全国工商联上规模民营企业调研的通知》，中华全国工商业联合会办公厅，见 http：//www.acfic.org.cn/web/c_0000000010003000100010003/d_43920.htm，2016 年 1 月 27 日。

（五）关于国内外并购数据相差较大的原因和本报告数据的权威可靠性

1. 关于国内外并购数据相差较大的原因

商务部公布的数据与海外数据库商和媒体公布的海外并购投资数据相差较大，例如 2016 年商务部公布中国企业共实施对外投资并购项目 765 件①，而 BvD-Zephyr 数据库统计的项目数为 1309 件②。造成如此大的反差，主要在于以下四点原因：

（1）数据的涵盖范围不同。商务部公布的是已经完成交割的中国海外并购交易，而海外数据库商和媒体公布的数据不仅包括已完成交割的并购交易，还包括新宣布的但目前还处于磋商阶段的，以及交易双方基本达成交易意向但还需要通过国家政府部门审核的交易。可见，海外数据库商和媒体公布的数据范围更广③。

（2）数据采集来源不同。海外数据库商和媒体的资料来源主要是媒体报道、公司披露等，例如 BvD-Zephyr 的并购数据绝大部分都是人工采集，采集渠道为各大交易所公告信息、网上信息、企业官网公告，甚至一些传闻信息等，资料来源较为零散，比较容易夸大交易金额，也容易遗漏交易。

（3）数据统计原则不同。部分企业是通过注册在离岸金融中心的子公司来进行并购交易，如果该并购交易完全在海外市场融资完成，就不在我国国内监管机构的统计范围之内，但标的国（地区）仍然认为是来自中国的投资。

（4）数据的统计方法不同。海外数据库商和媒体公布的数据存在重复统计的问题。例如第一季度新宣布尚未完成的并购交易，第二季度还会统计一次，如果第三季度依旧没有完成，那么第三季度又会重复统计

①　中华人民共和国商务部、中华人民共和国国家统计局、国家外汇管理局：《2015 年度中国对外直接投资统计公报》2016 年版，第 8 页。

②　此处按照 2016 年 1 月 1 日到 2016 年 12 月 31 日为交易日期（含传言日期、宣布日期、完成日期）的统计口径（即"日期"的统计口径）。

③　王碧珺、路诗佳：《中国海外并购激增，"中国买断全球"论盛行——2016 年第一季度中国对外直接投资报告》，《IIS 中国对外投资报告》2016 年第 1 期。

一次。

2. 本报告数据的权威可靠性

当了解了国内外并购数据相差较大的原因之后，我们就会明白无论是哪一方数据都各有千秋。总体来讲，国外的知名数据库即时迅速，而国内政府部门的统计数据虽然权威但信息量不足且较为滞后。例如商务部公布的对外投资数据仅提供了最初投放地，而没有提供最终目的地，既没有区分投资模式，也没有提供投资金额的信息，很难有效反映中国对外直接投资特征①。

本报告选择采用的 BvD-Zephyr 和 fDi Markets 这两个数据库均为业界公认的权威可靠的数据库。

BvD-Zephyr 数据库与同类知名数据库如汤森路透和彭博数据库相比，BvD-Zephyr 数据库涵盖的中国企业海外并购交易案件更加全面，覆盖范围更广，内容也更为详细，是目前研究中国企业海外并购的极为重要的数据库。

国内顶级经济学期刊上关于绿地投资的研究多来源于中国工业企业数据库与商务部公布的对外投资企业相匹配而得的数据资料或是采用问卷调查获得的数据资料，专门针对绿地投资的数据库较少，涉及中国民营企业绿地投资的数据库则更为有限，相关研究几乎没有。fDi Markets 被公认为是目前世界上最全面的跨境绿地投资在线数据库，有效地弥补了官方数据过于简略的缺陷，我们可以借助该数据库追踪和分析在海外绿地投资的公司，并进行深入分析，以发现我国企业绿地投资趋势。同时也有其他较为权威的报告采用 fDi Markets 数据库，如在联合国贸易和发展会议（UNCTAD）每年一度发布的《世界投资报告》中，关于绿地投资部分的数据也是出自 fDi Markets 数据库。

---

① 王永中、徐沛原：《中国对拉美直接投资的特征与风险》，《拉丁美洲研究》2018 年第 3 期。

三、"中国民营企业海外直接投资指数"的六级指标体系和指数构成

（一）指数指标的选择和指标体系的建立

本报告选取 2005—2017 年 13 年间的数据，从并购投资和绿地投资两个维度以及各自的投资方来源地、投资标的国（地区）、投资标的行业，以及融资模式（只限并购）展开分析，同时构建出"中国民营企业海外直接投资指数"指标体系（参照序表 1-1 和 1-2）。

在 2017 年五级指标的基础上，本报告将其进一步细化为六级指标体系。同时，由于我国不同区域（不同地区、不同省市）的经济发展水平、企业分布特点等存在较大差异，本报告将原投资来源地的四级指标更换为环渤海地区、长三角地区、珠三角地区、中部地区和西部地区，且依据《世界投资报告 2017》对国别的划分将原投资标的国（地区）四级指标更换为发达经济体、发展中经济体和转型经济体。这一指标体系的重新划分不仅有利于与国际相关统计数据的横向比较分析，还进一步帮助读者深化了解我国民营企业海外直接投资的发展变化。该六级指标体系具体可表示为：

第一级是海外直接投资。

第二级是并购投资和绿地投资。

第三级有 4 个指标，分别是投资方来源地、投资标的国（地区）、投资标的的行业和融资模式（本报告只限并购）。

第四级有 12 个指标：

（1）投资方来源地的 5 个地区：环渤海地区、长三角地区、珠三角地区、中部地区和西部地区。本研究课题对来源地别中五个地区的划分，除地理因素外，还考虑了开放和发展程度，所以将福建归于珠三角地区，将环渤海地区、长三角地区和珠三角地区之外的所有省、自治区和直辖市都归为中、西部地区。

（2）投资标的国（地区）的 3 个区域：发达经济体、发展中经济体和

转型经济体。

（3）投资标的行业的两种分类：制造业和非制造业。

（4）融资模式（只限并购）的两种分类：融资渠道和支付方式。

第五级共有 31 个指标：

（1）我们将来源地对应的四级指标进一步划分为京津冀地区和环渤海地区其他区域、上海和长三角地区其他区域、广东和珠三角地区其他区域、华北东北和中原华中、西北和西南。

（2）根据《世界投资报告 2017》① 对国别的划分标准，将投资标的国对应的发达经济体进一步划分为欧洲、北美洲和其他发达经济体，发展中经济体划分为非洲、亚洲、拉丁美洲和加勒比海地区、大洋洲，转型经济体划分为东南欧和独联体国家。

（3）按照 OECD 对制造业的技术划分标准将标的行业中的制造业划分为高技术、中高技术、中低技术和低技术 4 种类型，根据 2017 年国家统计局公布的《国民经济行业分类》②，将标的行业中的非制造业划分为服务业，农、林、牧、渔业，采矿业，电力、热力、燃气及水生产和供应业，建筑业。

（4）将融资模式对应的融资渠道进一步划分为单一渠道融资和多渠道融资，支付方式划分为单一支付方式和多支付方式。

第六级共有 624 个指标，分别是具体到各五级指标项下的各省（直辖市）、各国（地区）、各行业以及各种融资渠道（参照序表 1-2）。其中，融资模式项下的六级指标只列出了本报告所涉及的各种融资渠道。

---

① 詹晓宁：《世界投资报告 2017：投资与数字经济》，南开大学出版社 2017 年版，第 240 页。

② http://www.stats.gov.cn/tjsj/tjbz/hyflbz/201710/t20171012_ 1541679.html.

序表 1-1　　"中国民营企业海外直接投资指数"指标体系

一级指标	二级指标	三级指标	四级指标	五级指标	六级指标（具体指标详见序表1-2）
海外直接投资	并购投资	投资方来源地	环渤海地区	京津冀地区	3
				环渤海地区其他区域	2
			长三角地区	上海	1
				长三角地区其他区域	2
			珠三角地区	广东	2
				珠三角地区其他区域	2
			中部地区	华北东北	4
				中原华中	5
			西部地区	西北	5
				西南	6
		投资标的国（地区）	发达经济体	欧洲	36
				北美洲	2
				其他发达经济体	14
			发展中经济体	非洲	54
				亚洲	34
				拉丁美洲和加勒比海地区	35
				大洋洲	14
			转型经济体	东南欧	5
				独联体国家	12
		投资标的行业	制造业	高技术	5
				中高技术	5
				中低技术	5
				低技术	4
			非制造业	服务业	15
				农、林、牧、渔业	
				采矿业	7
				电力、热力、燃气及水生产和供应业	3
				建筑业	4
		融资模式	融资渠道	单一渠道融资	18
				多渠道融资	9
			支付方式	单一支付方式	9
				多支付方式	9

一级指标	二级指标	三级指标	四级指标	五级指标	六 级 指 标（具体指标详见序表 1-2）
海外直接投资	绿地投资	投资方来源地	环渤海地区	京津冀地区	3
				环渤海地区其他区域	2
			长三角地区	上海	1
				长三角地区其他区域	2
			珠三角地区	广东	2
				珠三角地区其他区域	2
			中部地区	华北东北	4
				中原华中	5
			西部地区	西北	5
				西南	6
		投资标的国（地区）	发达经济体	欧洲	36
				北美洲	2
				其他发达经济体	14
			发展中经济体	非洲	54
				亚洲	34
				拉丁美洲和加勒比海地区	35
				大洋洲	14
			转型经济体	东南欧	5
				独联体国家	12
		投资标的行业	制造业	高技术	5
				中高技术	5
				中低技术	4
				低技术	4
			非制造业	服务业	15
				农、林、牧、渔业	5
				采矿业	7
				电力、热力、燃气及水生产和供应业	3
				建筑业	4
		融资模式	融资渠道	单一渠道融资	—
				多渠道融资	—
			支付方式	单一支付方式	—
				多支付方式	—

序表1-2 "中国民营企业海外直接投资指数"指标
体系中第五级和第六级指标的具体内容

五级指标	六级指标
京津冀地区	北京、天津、河北
环渤海地区其他区域	辽宁、山东
上海	上海
长三角地区其他区域	江苏、浙江
广东	深圳、广东（不含深圳）
珠三角地区其他区域	福建、海南
华北东北	山西、内蒙古、黑龙江、吉林
中原华中	河南、安徽、江西、湖北、湖南
西北	陕西、甘肃、宁夏、青海、新疆
西南	四川、重庆、云南、广西、贵州、西藏
欧洲	奥地利、比利时、保加利亚、克罗地亚、塞浦路斯、捷克共和国、丹麦、爱沙尼亚、芬兰、法国、德国、希腊、匈牙利、爱尔兰、意大利、拉脱维亚、立陶宛、卢森堡、马耳他、荷兰、波兰、葡萄牙、罗马尼亚、斯洛伐克、斯洛维尼亚、西班牙、瑞典、英国、直布罗陀、冰岛、挪威、瑞士、安道尔、摩纳哥、列支敦士登、圣马力诺
北美洲	美国、加拿大
其他发达经济体	澳大利亚、新西兰、百慕大群岛、开曼群岛、英属维尔京群岛、格陵兰、波多黎各、以色列、日本、韩国、新加坡、中国台湾、中国香港、中国澳门
非洲	阿尔及利亚、埃及、利比亚、摩洛哥、苏丹、突尼斯、贝宁、布基纳法索、佛得角、科特迪瓦、冈比亚、加纳、几内亚、几内亚比绍、利比里亚、马里、毛里塔尼亚、尼日尔、尼日利亚、塞内加尔、塞拉利昂、多哥、布隆迪、喀麦隆、中非共和国、乍得、刚果、刚果民主共和国、赤道几内亚、加蓬、卢旺达、圣多美和普林西比、科摩罗、吉布提、厄立特里亚、埃塞俄比亚、肯尼亚、马达加斯加、毛里求斯、塞舌尔、索马里、乌干达、坦桑尼亚、安哥拉、博茨瓦纳、莱索托、马拉维、莫桑比克、纳米比亚、南非、斯威士兰、赞比亚、津巴布韦
亚洲	朝鲜、蒙古国、文莱、柬埔寨、印度尼西亚、老挝、马来西亚、缅甸、菲律宾、泰国、东帝汶、越南、孟加拉国、不丹、印度、马尔代夫、尼泊尔、巴基斯坦、斯里兰卡、巴林、阿富汗、伊拉克、伊朗伊斯兰共和国、约旦、科威特、黎巴嫩、阿曼、卡塔尔、沙特阿拉伯、巴勒斯坦、阿拉伯叙利亚共和国、土耳其、阿拉伯联合酋长国、也门

五级指标	六级指标
拉丁美洲和加勒比海地区	阿根廷、玻利维亚、巴西、智利、哥伦比亚、厄瓜多尔、圭亚那、巴拉圭、秘鲁、苏里南、乌拉圭、委内瑞拉、伯利兹、哥斯达黎加、萨尔瓦多、危地马拉、洪都拉斯、墨西哥、尼加拉瓜、巴拿马、安圭拉、安提瓜和布巴达、阿鲁巴、巴哈马、巴巴多斯、库拉索岛、多米尼加岛、多米尼加共和国、格林纳达、海地、牙买加、圣基茨和尼维斯、圣卢西亚岛、圣文森特和格林纳丁斯、特立尼达和多巴哥
大洋洲	库克群岛、斐济、法属波利尼西亚、基里巴斯、马绍尔群岛、密克罗尼西亚联邦、瑙鲁、新喀里多尼亚、帕劳群岛、巴布亚新几内亚、萨摩亚、所罗门群岛、汤加、瓦努阿图
东南欧	阿尔巴尼亚、波斯尼亚和黑塞哥维那、黑山共和国、塞尔维亚、马其顿共和国
独联体国家	亚美尼亚、阿塞拜疆、白俄罗斯、哈萨克斯坦、吉尔吉斯斯坦、摩尔多瓦共和国、俄罗斯联邦、塔吉克斯坦、土库曼斯坦、乌克兰、乌兹别克斯坦、格鲁吉亚
高技术	航空航天
	医药制造
	办公、会计和计算机设备
	广播、电视和通信设备
	医疗器械、精密仪器和光学仪器、钟表
中高技术	其他电气机械和设备
	汽车、挂车和半挂车
	化学品及化学制品（不含制药）
	其他铁道设备和运输设备
	其他机械设备
中低技术	船舶制造和修理
	橡胶和塑料制品
	焦炭、精炼石油产品及核燃料
	其他非金属矿物制品
	基本金属和金属制品

五级指标	六级指标
低技术	其他制造业和再生产品
	木材、纸浆、纸张、纸制品、印刷及出版
	食品、饮料和烟草
	纺织、纺织品、皮革及制鞋
服务业	批发和零售业
	交通运输、仓储和邮政业
	住宿和餐饮业
	信息传输、软件和信息技术服务业
	金融业
	房地产业
	租赁和商务服务业
	科学研究和技术服务业
	水利、环境和公共设施管理业
	居民服务、修理和其他服务业
	教育
	卫生和社会工作
	文化、体育和娱乐业
	公共管理、社会保障和社会组织
	国际组织
农、林、牧、渔业	农业
	林业
	畜牧业
	渔业
	农、林、牧、渔专业及辅助性活动
采矿业	煤炭开采和洗选业
	石油和天然气开采业
	黑色金属矿采选业
	有色金属矿采选业

续表

五级指标	六级指标
采矿业	非金属矿采选业
	开采专业及辅助性活动
	其他采矿业
电力、热力、燃气及水生产和供应业	电力、热力生产和供应业
	燃气生产和供应业
	水生产和供应业
建筑业	房屋建筑业
	土木工程建筑业
	建筑安装业
	建筑装饰、装修和其他建筑业
单一渠道融资	增资、增资-可转债、增资-卖方配售、注资、发行可转债、可转债证明、企业风险投资、众筹、杠杆收购、夹层融资、新银行信贷便利、通道融资、配售、私募股权、私人配售、公募、新股发行、风险资本
多渠道融资	增资+注资、企业风险投资+私募股权、新银行信贷便利+杠杆收购、新银行信贷便利+私募股权、私人配售+可转债证明、私人配售+新股发行、风险资本+企业风险投资、新银行信贷便利+杠杆收购+私募股权、增资-卖方配售+新银行信贷便利+杠杆收购+私募股权
单一支付方式	现金、现金承担、可转债、债务承担、延期支付、支付计划、银行授信、股份、其他
多支付方式	现金+债务承担、现金+延期支付、现金+其他、现金+银行授信、现金+股份、现金+股份+债务承担

（二）"中国民营企业海外直接投资指数"的指数构成

本报告以全国工商联每年一度发布的中国民营企业 500 强作为筛选范围，从 BvD-Zephyr 并购数据库和 fDi Markets 绿地投资数据库中分别筛选出 2005—2017 年中国民营 500 强企业"走出去"的相关数据，以此作为本报告的样本数据，同时以 2011—2015 年的算术平均数为基期数值，按照上述构建的"中国民营企业海外直接投资指数"六级指标体系的划分标准对包括中国民营企业 OFDI 综合指数在内的相关各种系列指数进行测算。

本报告"中国民营企业海外直接投资指数"主要包括六类，具体内容如下：

（1）根据一级指标的划分标准测算了中国民营样本企业海外直接投资指数及综合指数。

（2）根据二级指标的划分标准测算了中国民营样本企业海外并购投资指数和绿地投资指数。

（3）根据三级指标的划分标准分别测算了中国民营样本企业海外并购投资和绿地投资两个维度上的来源地别指数、标的国（地区）别指数、标的行业别指数以及融资模式别指数。

（4）根据四级指标的划分标准进一步测算了中国民营样本企业海外并购和绿地投资中投资方来源地的 5 个地区、投资标的国（地区）的 3 个区域、投资标的行业别的两种分类以及融资模式别（只限并购）的融资渠道和支付方式的指数。

（5）根据五级指标的划分标准测算了投资方来源地更为细化的 10 个地区、投资标的国（地区）对应的 9 个大洲（或区域）、标的行业对应的 9 种分类以及融资模式项下的两种融资渠道和支付方式指数。

（6）根据六级指标的划分标准测算了各省市、各国（地区）别、各具体行业以及各种融资渠道和支付方式上的指数。

此外，为便于比较民营企业在中国对外直接投资中的地位和作用，本报告首先在第一章中还另行测算了中国企业海外直接投资指数、中国企业海外并购投资指数和中国企业海外绿地投资指数 3 个指数。

另外，本报告中所有指数都包括项目数量指数和金额指数两种指数，绿地投资除这两个指数外还计算了就业贡献指数。

（三）指数基期的设定

本研究课题所有的指数均以 2011—2015 年项目数量或金额的算术平均数为基期值计算得出。之所以选取 2011—2015 年的算术平均数为基期值，一是因为这五年期间中国民营资本海外"走出去"又进入了一个由低谷到高峰的快速增长时期，2011 年可以称为是中国民营企业"走出去"的

"元年";二是在计算指数时可以确保避免我国企业海外直接投资初期的绝大部分基期值为 0 的问题,从而使指数走势更加平滑。

(四)六级指标体系构建的意义

"中国民营企业海外直接投资指数"六级指标体系的建立对于本报告具有重要意义,大致可分为以下三点:

第一,能够全方位、多层次描述我国民营企业海外直接投资的发展变化,如从总体规模到细分的各省市、各标的国(地区)、各标的行业,从而帮助读者更细致地观察民营企业海外直接投资在 2005—2017 年的变化情况。

第二,由于本报告每一级指标体系都层层递进,前后项关联紧密,因此为读者追根溯源、深入探析某种现象产生的原因提供便利,具有重要的研究价值。

第三,在多维度指标体系的构建过程中,做到总体指标变化一致,从而提升本报告的严谨性。

第二节　关于中国民营企业 OFDI 综合指数的计算

在《中国民营企业海外直接投资指数 2017 年度报告》中,我们以 2011—2015 年的算数平均数为基期数值构建了中国民营样本企业海外并购投资项目数量指数、海外并购投资金额指数、海外绿地投资项目数量指数和海外绿地投资金额指数,四种原始指数从 4 种不同角度反映中国民营企业 500 强海外投资的发展变化。为便于读者更直观了解我国民营企业海外直接投资总体发展状况,本报告在四种原始指数基础上做进一步提升,首次使用均值法将海外并购投资项目数量指数、海外并购投资金额指数、海外绿地投资项目数量指数和海外绿地投资金额指数融合统一,构建出中国民营企业 OFDI 综合指数,简称"民企 OFDI 综合指数"。

该综合指数的形成有效地解决了如何在四种原始指数出现分化增长情况下度量中国民营企业海外直接投资总体发展变化的问题。从序图 2-1 可看出，2005—2013 年间四种原始指数变化趋势基本一致，但伴随着我国经济增长结构转型期的到来及民营企业"走出去"经验的逐步积累，企业基于自身在世界舞台上的长效发展以及提高核心竞争力、技术水平等战略目标的考量，近年来对海外直接投资模式和投资水平的选择更为谨慎，从图中也可观察到自 2014 年起四种原始指数分化现象日益明显。四种原始指数的分化让直接评价中国民营样本企业海外直接投资总体发展变化无法实现。譬如 2017 年作为近年来分化最为明显的年份，从并购投资角度看，民营样本企业海外并购投资项目数量指数同比增长 11.58%，而对应的金额指数出现了 261.87% 的增长；从绿地投资角度看，民营样本企业海外绿地投资项目数量指数同比减少 4.20%，而对应的金额指数出现 82.92% 的负增长。

未来年份四种原始指数进一步分化仍有可能，因此为能够直观地评价我国民营样本企业海外直接投资总体发展变化情况，本报告所构建的民营企业 OFDI 综合指数提供了有效的手段。仍以因四种原始指数分化显著而难以衡量整体投资变化情况的 2017 年举例，通过构建民营企业 OFDI 综合指数，直观反应出该年度民营样本企业海外直接投资总体规模实现了 7.14% 的增长（详见序表2-1）。

序表2-1 2005—2017 年中国民营样本企业海外直接投资四种原始指数汇总表

年　份	海外并购投资项目数量指数	海外并购投资金额指数	海外绿地投资项目数量指数	海外绿地投资金额指数
2005	8.57	0.58	7.41	0.72
2006	11.43	0.51	7.41	2.33
2007	28.57	1.10	27.78	27.15
2008	31.43	7.19	59.26	29.69
2009	37.14	5.26	44.44	17.04
2010	45.71	20.15	35.19	18.65
2011	108.57	56.46	111.11	97.66
2012	68.57	50.47	81.48	37.22
2013	80.00	16.17	83.33	26.36
2014	91.43	186.38	103.70	232.89

续表

年　份	海外并购投资项目数量指数	海外并购投资金额指数	海外绿地投资项目数量指数	海外绿地投资金额指数
2015	151.43	190.52	120.37	105.87
2016	271.43	199.72	220.37	550.46
2017	302.86	722.73	211.11	94.00

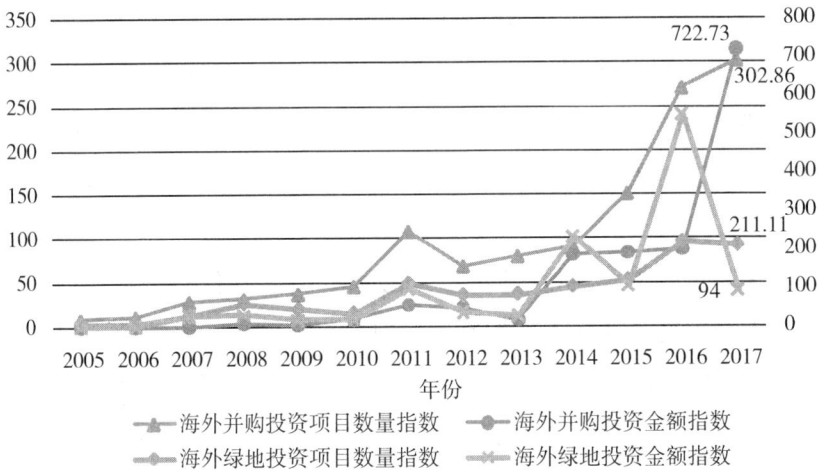

序图 2-1　2005—2017 年中国民营样本企业海外直接投资四种原始指数变化图

在构建民营样本企业 OFDI 综合指数过程中面对的一个难点是如何确定各分指标的权重。主成分分析法是一种将相关的多个指标简化为少数几个不相关的综合指标的多元统计分析方法,是构建综合指数的一种常用方法。它通过选择恰当的投影方向,将高维空间的点投影到低维空间上,且使低维空间上的投影尽可能多地保存原空间的信息,也就是要使低维空间上投影的方差尽可能地大。用主成分分析方法构建综合指数能尽可能多地保留基础指标的信息,同时所确定的权重也更为客观。

为了使每年的指数均包含尽可能多的基础指标信息,可以每年进行一次主成分分析,确定综合指数中各分指标的权重。但是这样会造成每年分指标的系数不一致,导致综合指数跨年不可比。常见的解决方法是选定某段时间为基准时期,对基准时期内的分指标数据采用主成分分析法确定各分指标的权重，此后年份各分指标的权重均保持不变，确保跨年数据可比。利用不同时间段的主成分分析法构建民营样本企业 OFDI 综合指数，观察不同基准时期的第一主成分贡献率及 4 个分指标的权重（见序表 2-2），发现第一主成分的贡献率均大于 73%。由此可见，如果用主成分分析法构建民营企业 OFDI 综合指数也有一定的合理性。由于基准时期确定的权重一直保持不变，虽然在短期内误差较小，但是随着时间的推移，其合理性会逐渐下降。此外，只有基准时期的指数才是真正客观的，后续年份采用基准时期得到的权重，并不能认为是完全客观的，基准时期的选取本身就具有一定的主观性。

序表 2-2　不同基准时期主成分分析法的第一主成分贡献率与各分指标权重

基准时期（年）	第一主成分贡献率（%）	海外并购投资项目数量指数权重	海外并购投资金额指数权重	海外绿地投资项目数量指数权重	海外绿地投资金额指数权重
2011—2015	73.38	0.487	0.534	0.543	0.428
2005—2009	84.93	0.502	0.487	0.531	0.479
2005—2010	74.55	0.550	0.427	0.520	0.494
2005—2011	95.39	0.507	0.495	0.495	0.503
2005—2012	93.04	0.514	0.489	0.504	0.493
2005—2013	89.56	0.513	0.488	0.507	0.492
2005—2014	83.27	0.496	0.498	0.501	0.505
2005—2015	84.63	0.505	0.510	0.506	0.478
2005—2016	90.29	0.514	0.477	0.511	0.497
2005—2017	80.01	0.552	0.466	0.549	0.420

鉴于主成分分析法无法同时具备客观性与跨年可比性，本报告最终确定采用均值法构建民营企业 OFDI 综合指数。由于民营企业依靠自身决策结果在海外并购投资模式与绿地投资模式中进行选择，并没有主次之分，因此我们认为使用中国民营样本企业海外并购投资项目数量指数、海外并购投资金额指数、海外绿地投资项目数量指数和海外绿地投资金额指数这四个分指标的算术平均值构成民营企业 OFDI 综合指数是比较合理的。此

外，从序表 2-2 可以看出，不论基准时期选择哪些年份，4 个分指标的权重都没有发生太大的变化，均十分接近 0.5：0.5：0.5：0.5，说明使用均值法构建的民营企业 OFDI 综合指数能保留 4 个分指标的大部分信息，均值法至少在短期内保留了主成分分析法的优点，同时构建的综合指数也具备跨年可比性。另一方面，采用指数直接构建民营样本企业 OFDI 综合指数而非使用原始数据进行计算是基于两个方面的考虑：首先，从四种指数的原始数据来看，中国民营样本企业海外并购投资项目数量指数和绿地投资项目数量指数的基准数量是同一数量级的，分别为 35 件和 54 件①；中国民营样本企业海外并购投资金额指数和绿地投资金额指数的基准金额是同一数量级的，分别为 117.05 亿美元和 77.40 亿美元。其次，采用四种指数构建民营企业 OFDI 综合指数可以避免原始数据存在的量纲不一致问题。

第三节　关于本报告的统计原则和若干说明

本研究课题采用全国工商联每年一度发布的中国民营企业 500 强作为筛选范围，分别从 BvD-Zephyr 并购数据库和 fDi Markets 绿地投资数据库这两个有代表性的数据库中筛选出中国民营企业 500 强海外直接投资的相关企业数据作为分析研究样本数据。由于所有民营企业海外直接投资数据都对从数据库直接检索返回的数据进行了进一步的筛选和整理，为了准确、全面地进行统计，我们制定了筛选数据源的统计原则。

一、统计原则

（一）关于年份的界定

本报告所有年度均按照我国日历年度时间为基准，每个年度期限都表示该年度 1 月 1 日到 12 月 31 日。

（二）关于货币转换与计价原则

本文所有案件金额主要以百万美元作为货币单位（部分图表因统计需

---

① 基准为 2011—2015 年的均值。

求将百万美元转换成了亿美元)。

(三) 关于来源地别的数据筛选原则

投资方为民营企业 500 强旗下的子公司、分公司时,来源地以实际投资方来源地为准。

(四) 关于标的行业别的数据筛选原则

BvD-Zephyr 数据库和 fDi Markets 数据库都可以导出标的行业名称,如序表 3-1 所示,但这两个数据库所列行业杂乱无章,无法总结出规律性特征。本研究课题对所有交易案件都依据数据库中的行业描述指标按照 ISIC Rev. 3 对制造业的划分标准重新进行了行业划分,将所有非制造业类划为"其他"类别。并进一步根据 OECD 制造业技术划分标准 (见序表 3-2),将重新划分的行业归为高技术、中高技术、中低技术、低技术和其他五部分。

序表 3-1　按照 **BvD-Zephyr** 数据库和 **fDi Markets** 数据库原始行业分类
标准划分的中国民营企业 500 强海外直接投资的行业分类

BvD-Zephyr 所列并购投资的行业分类	fDi Markets 所列绿地投资的行业分类
化工产品、橡胶、塑料、非金属产品	替代/可再生能源
金属及金属制品	汽车零部件
机械、设备、家具、回收	汽车 OEM
纺织品、服装、皮革	建筑及建筑材料
保险	商业机器及设备
酒店和餐馆	商业服务
食品、饮料、烟草	陶瓷和玻璃
其他服务	化学制品
运输	煤、石油和天然气
批发零售业	通信
初级部门 (农业、矿业等)	消费电子产品
建筑业	消费产品
木材、软木、纸类	电子元件
银行	发动机和涡轮机
出版、印刷	金融服务

续表

BvD-Zephyr 所列并购投资的行业分类	fDi Markets 所列绿地投资的行业分类
教育、卫生	食品和烟草
煤气、水、电	酒店与旅游
	工业机械、设备及工具
	工业部门
	金属
	非汽车运输 OEM
	纸张、印刷包装
	制药业
	塑料
	房地产
	半导体
	软件与 IT 服务
	运输业
	纺织品
	木制品

序表 3-2　OECD 制造业技术划分标准

高技术	中高技术	中低技术	低技术
航空航天	其他电气机械和设备	船舶制造和修理	其他制造业和再生产品
医药制造	汽车、挂车和半挂车	橡胶和塑料制品	木材、纸浆、纸张、纸制品、印刷及出版
办公、会计和计算机设备	化学品及化学制品（不含制药）	焦炭、精炼石油产品及核燃料	食品、饮料和烟草
广播、电视和通信设备	其他铁道设备和运输设备	其他非金属矿物制品	纺织、纺织品、皮革及制鞋
医疗器械、精密仪器和光学仪器、钟表	其他机械设备	基本金属和金属制品	

资料来源：根据《OECD 科学、技术、行业 2011 报告》绘制。

（五）关于统计口径设定原则

BvD-Zephyr 数据库可自由筛选出某年度内交易被公布、完成、传言①的任意组合下的所有交易项目，交易日期分别与宣布日期、传言日期、完成日期相对应。不同方式筛选出的交易案件不同。如序表 3-3 列出了 4 种统计口径，第四种为前三种的并集②。

本报告中对并购数据的统计使用两种口径：一种是按照"日期"（即序表 3-3 中第四种统计口径）来统计；另一种是按照"宣布日期"来统计。所有涉及全国数量与金额部分的都按照"宣布日期"来统计，从而避免因为重复统计导致出现统计结果偏大的问题；同样为提高数据真实可靠性，所有涉及民营企业部分按"日期"原则统计数量和金额，从而防止因为民营企业 500 强名单每年均存在更新而导致样本数据遗漏问题的产生（见序表 3-4 和序表 3-5）。

序表 3-3　BvD-Zephyr 不同统计口径下筛选出的全国并购案件数量

宣布日期（年）	全国并购案件数量（件）	传言日期（年）	全国并购案件数量（件）	完成日期（年）	全国并购案件数量（件）	日期（年）	全国并购案件数量（件）
2005	135	2005	171	2005	72	2005	232
2006	177	2006	198	2006	86	2006	277
2007	205	2007	246	2007	126	2007	330
2008	285	2008	331	2008	213	2008	425
2009	292	2009	377	2009	180	2009	474
2010	286	2010	355	2010	176	2010	442
2011	328	2011	390	2011	176	2011	524
2012	286	2012	375	2012	160	2012	511
2013	284	2013	371	2013	172	2013	534
2014	419	2014	543	2014	263	2014	723
2015	688	2015	852	2015	341	2015	995

①　传言是指未被证实的消息。

②　并集是指宣布日期、传言日期或完成日期三者中只要有一个是在 Y 年，该交易即会被计入 Y 年的并购交易项目之中。

续表

宣布日期（年）	全国并购案件数量（件）	传言日期（年）	全国并购案件数量（件）	完成日期（年）	全国并购案件数量（件）	日期（年）	全国并购案件数量（件）
2016	917	2016	1089	2016	441	2016	1309
2017	792	2017	884	2017	392	2017	1198
合计	5094	合计	6182	合计	2798	合计	7974

序表 3-4　2005—2017 年并购案件数量

宣布日期（年）	民营企业 500 强并购案件数量（件）	全国并购案件数量（件）
2005	3	135
2006	3	177
2007	6	205
2008	7	285
2009	6	292
2010	9	286
2011	22	328
2012	15	286
2013	13	284
2014	14	419
2015	36	688
2016	66	917
2017	59	792
合　计	259	5094

序表 3-5　2005—2017 年中国民营企业 500 强海外并购交易

日期（年）	并购案件数量（件）	并购金额（百万美元）	有交易金额数据的数量（件）
2005	3	68.28	3
2006	4	59.70	3
2007	10	129.07	3
2008	11	841.85	6
2009	13	615.63	6
2010	16	2358.87	10
2011	38	6609.06	25

续表

日期（年）	并购案件数量（件）	并购金额（百万美元）	有交易金额数据的数量（件）
2012	24	5908.26	19
2013	28	1893.38	22
2014	32	21817.18	18
2015	53	22301.43	41
2016	95	23379.23	74
2017	106	84602.20	82
合　计	433	170584.14	312

二、若干说明

（1）在本年度报告书中，各章节均以全国工商联每年一度发布的中国民营企业 500 强作为筛选范围，从 BvD-Zephyr 并购数据库和 fDi Markets 绿地投资数据库中分别筛选出 2005—2017 年中国民营企业 500 强"走出去"的相关企业数据作为分析样本。

（2）本报告文中以及所有图表中所述民营样本企业均指全国工商联每年一度发布的中国民营企业 500 强。

（3）BvD-Zephyr 数据库和 fDi Markets 数据库无法筛选出民营企业，因此本文对从数据库直接检索返回的数据进行了进一步的筛选和整理，所有民营企业海外直接投资数据都是由经过整理后的数据统计的，而非直接输入检索条件返回的数据结果。在数据整理过程中，由于民营企业 500 强的子公司、分公司等较多，部分极难查询的民营企业 500 强的子公司、分公司发生的交易案件可能会被遗漏。

（4）本报告中的来源地均指实际进行并购的民营企业子公司、分公司所在地。

（5）由于资料来源较为零散，BvD-Zephyr 数据库对并购交易的统计以及 fDi Markets 数据库对绿地交易的统计可能存在遗漏。

（6）全国工商联每年在对上规模民营企业调查时，由企业自愿选择是否参加，因此民营企业 500 强名单并非基于全国所有民营企业，若干大型民营企业由于未参与此项调查或其他原因等未被纳入名单之中。但该名单依旧是目前为止最具权威和参考价值的榜单。

（7）本研究课题组在统计过程中已将整理出的数据收录于南开大学"全球经济研究中心"数据库（NK-GERC）中，今后，课题组还会通过实地考察、发放调查问卷等方式不断对该数据库进行补充和完善。

（8）本报告除了更新数据之外，相较于 2017 年已出版的《中国民营企业海外直接投资指数 2017 年度报告》，有如下改进：

①指标体系更加细化。由五级指标体系拓展到六级。

②在去年的基础上，本报告尝试构建中国民营企业 OFDI 综合指数，即采用均值法将数量和金额统一后的综合指数，详见本章第二节。

③对少数数据进行了修正和补充。

④指数更加丰富。除了构建民营企业 OFDI 综合指数之外，还新增民营企业"一带一路"投资指数、民营企业海外绿地投资就业贡献指数。

⑤统一金额单位。本报告中的并购交易不再采用千欧元作为计价单位，改为百万美元（或亿美元），且以百万美元计价的并购交易金额由 BvD-Zephyr 数据库导出，不涉及重新设定利率变化和汇率转换的问题。

第一章 2017年中国民营企业
海外直接投资总览

在"走出去"政策的带动下，中国企业参与海外直接投资活动的热情日益高涨，特别是自2014年以来，参与海外直接投资的中国企业数量出现较快增长。本报告统计显示，2017年有1122家中国企业参与了海外直接投资活动，较2014年增长了130.39%，企业数量达到2005年的6.6倍。这意味着海外直接投资正在成为促使中国企业开拓国际市场、获取国外先进技术和管理经验的重要战略选择，也更加凸显了中国经济在2005—2017年间实现了突破性的进展，并且在经济全球化浪潮的影响下，中国正努力与世界发展潮流保持一致，抓住发展机遇，迎接挑战。

中国民营企业积极响应"走出去"号召，在中国企业海外直接投资活动中逐渐扮演起重要角色。从项目数量上看，2005—2017年的13年间民营样本企业共计进行1034件海外直接投资项目，其中2017年民企海外直接投资项目数量是2005年的31.4倍。在海外直接投资金额规模上，中国民营企业作用更加显著，特别是近两年来，民营企业海外直接投资金额规模实现快速增长，2016年投资金额规模同比增长116.39%，2017年民营样本企业进行海外直接投资的金额规模达到919亿美元，而2005年民营样本企业投资仅约为1亿美元。由此可见，民营企业"走出去"规模正在逐年提升，其在我国企业走向世界舞台过程中已然成为不可或缺的重要力量。

基于此，本报告通过构建六级指标体系，从海外直接投资项目数量规模与金额规模两个角度分析中国民营企业海外直接投资的行为特征，以期为国内外学者和参与海外直接投资的民营企业提供参考，助力于中国更好地走向世界。

受国内外投资环境及政策变化的影响，企业在不同年份进行海外直接投资的特点有所不同。2017 年 8 月，为了遏制虚假、非理性的境外投资行为，加强对境外投资的宏观调控，国家发展改革委、商务部、人民银行、外交部四部委联合发布《关于进一步引导和规范境外投资方向的指导意见》，对房地产、酒店、影城、娱乐业、体育俱乐部等领域的境外投资采取限制措施，这标志着我国民营企业海外直接投资从 2017 年开始呈现出新的变化趋势。

第一节　　2017 年中国民营企业海外
直接投资总体特征

一、从总体上看，民营企业海外直接投资规模增速放缓，且主要体现于项目数量的缓慢增长，投资金额虽持续高速增长但并购和绿地投资金额变化却截然相反

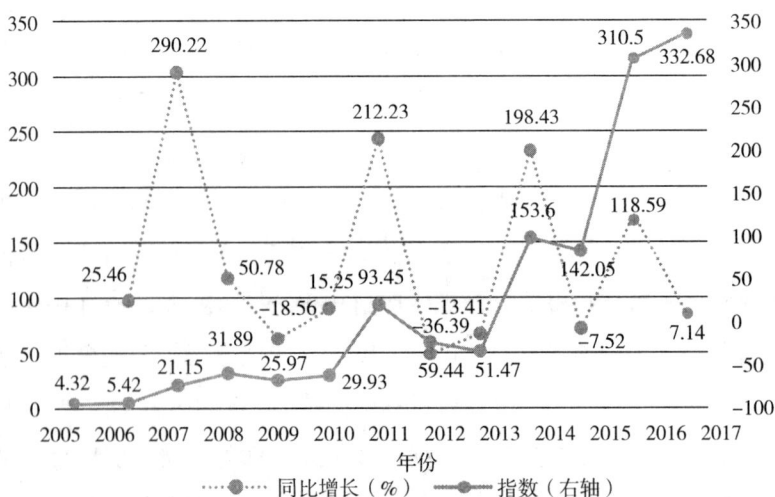

图 1-1-1　2005—2017 年中国民营企业 OFDI 综合指数变化图

2017 年我国民营企业 OFDI 综合指数出现缓慢增长，仅较 2016 年增长 7. 14%，远低于 2016 年 118. 59% 的同比增长率。民营企业 OFDI 综合指数能够直观反映出我国民营样本企业海外直接投资项目数量与金额规模的综合变化情况，该指数 2017 年的变化表明我国民营企业海外直接投资规模虽持续扩张，但发展速度相对收敛，民营企业海外直接投资趋于理性化，特别体现在民营样本企业海外直接投资项目数量的变化上。

我国民营样本企业海外直接投资项目数量在 2011 年首次出现快速增长，2016 年进入快速增长的第二阶段。2017 年，我国民营样本企业海外直接投资的项目数量总计为 220 件，同比增长 2. 80%，增长趋势显著变缓。这一特点一方面符合我国民营样本企业海外直接投资项目数量在近 13 年来的变化规律，即项目数量快速增长过后的年份一般会出现小幅回落或者变缓趋势，随后将会在新的数量水平上保持继续增长；另一方面与 2017 年我国政府对于企业投资限制性措施加强有关。

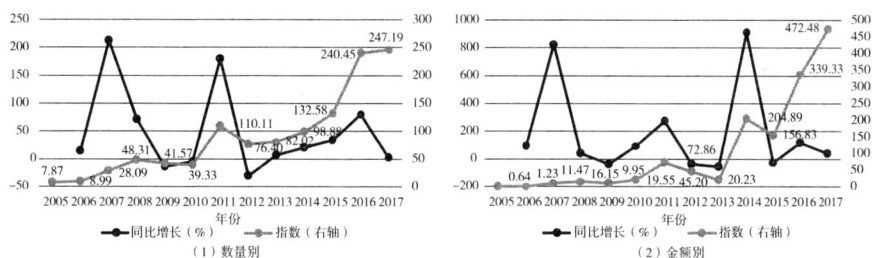

图 1-1-2 2005—2017 年民营样本企业海外直接投资项目数量与金额指数变化图

尽管 2017 年民营样本企业海外直接投资项目数量增势变缓，投资金额变化却仍以较快速度增长，2017 年投资金额规模总计达到 919 亿美元，同比增长 39. 24%，并且主要集中于并购投资金额规模的飞速增长。2017 年我国民营样本企业并购投资金额达 846 亿美元，较 2016 年增长 261. 53%，实现并购投资金额规模的新突破。然而，2017 年世界主要国家经济政策变动频繁，美国退出 TPP 协议并重议北美自由贸易协定、英国脱欧谈判开启、欧盟财政金融政策亟待改革等都在一定程度上影响我国企业的海外投资决策，特别是对于外部经济政策变化更为敏感的绿地投资活动，本报告

统计显示民营样本企业 2017 年绿地投资金额规模出现显著下降，由 2016
年的 426 亿美元跌至 73 亿美元，与并购投资金额规模变化大相径庭。

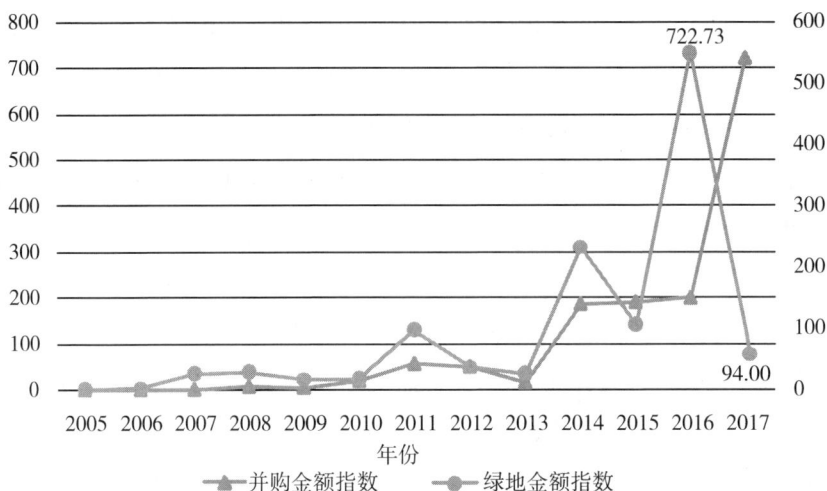

图 1-1-3　2005—2017 年民营样本企业海外并购、绿地金额指数变化图

二、从投资来源地看，民营企业平均海外投资金额规模仍以环渤海地区为最，西部地区、长三角地区、珠三角地区平均投资金额规模出现显著增长

表 1-1-1　2005—2017 年各投资来源地民营样本企业平均海外投资金额汇总表

（单位：百万美元）

年　份	环渤海地区	长三角地区	珠三角地区	中部地区	西部地区
2005	12.84	15.13	n.a.	39.86	n.a.
2006	n.a.	9.57	n.a.	55.00	23.00
2007	200.00	123.08	0.00	38.40	57.57
2008	104.10	46.54	4.63	127.95	504.48
2009	30.48	32.73	78.33	269.99	25.08
2010	26.99	156.24	38.40	156.67	79.33
2011	39.89	228.64	144.00	245.47	45.11
2012	464.79	22.97	49.81	197.83	240.19

年　份	环渤海地区	长三角地区	珠三角地区	中部地区	西部地区
2013	225.80	37.07	16.78	30.66	33.87
2014	733.90	393.64	82.99	66.66	1446.87
2015	1026.42	160.54	41.00	387.84	36.71
2016	1227.07	136.56	101.68	298.99	33.73
2017	1131.35	363.96	214.31	259.65	153.96

2017 年在五大投资来源地中，环渤海地区仍然为民营样本企业平均海外投资金额规模最高的地区，达到 11.31 亿美元。根据本报告统计测算，环渤海地区民营样本企业平均海外投资金额规模自 2012 年以来均保持较高水平，特别在进入 2015 年后该地区平均海外投资金额规模开始突破 10 亿美元，且每年平均海外投资金额规模远超其他 4 个地区，可见环渤海地区民营企业海外直接投资实力雄厚。

长三角地区、珠三角地区和西部地区民营样本企业 2017 年平均海外投资金额规模相比 2016 年均出现增长，其中西部地区 2017 年平均海外投资金额规模在五大来源地中增长最快，由 2016 年的 0.34 亿美元增长至 1.54 亿美元，同比增长 356.45%；长三角地区民营样本企业 2017 年以 3.64 亿美元的平均海外投资金额规模位居五大区域的第二位，较 2016 年增长 166.52%；珠三角地区民营样本企业自 2016 年起打破平均投资金额规模较小的局限，连续两年实现平均海外投资金额规模的持续增长，2017 年达到 2.14 亿美元，接近中部地区平均海外投资金额水平。

三、从投资标的国（地区）看，民营企业对发展中经济体投资项目数量与金额规模均不及 2016 年，而对发达经济体与转型经济体投资金额规模较快增长

根据报告统计数据显示，我国民营样本企业对发展中经济体海外直接投资项目数量自 2014 年起持续增长，2016 年投资项目数量和金额规模均达到 13 年间的峰值。但是进入 2017 年，民营样本企业对发展中经济体的

图 1-1-4　2005—2017 年民营样本企业对标的国（地区）
海外直接投资项目数量与金额指数变化图

投资规模整体下降。在项目数量上，2017 年民营样本企业对发展中经济体
进行 57 件海外直接投资，同比下降 18.57%，其中对亚洲和非洲的发展经
济体投资项目数量下降显著；在金额规模上，由 2016 年的 372.19 亿美元
下降至 84.13 亿美元，同比下降 77.40%，特别是对于非洲发展中经济体投
资金额规模出现 95.47% 的下降。

　　同期我国民营样本企业对于发达经济体、转型经济体的海外直接投资
在项目数量与金额规模上均实现增长，且相比 2016 年投资金额规模增速陡
然变快，其中发达经济体 2017 年总计接受 732.99 亿美元的投资，同比增
长 157%；转型经济体接受来自我国民营样本企业 131.66 亿美元的投资，
同比增长 2045.30%。

四、从投资标的行业看，民营企业对高技术、中高技术制造业投资金额规模扩张，对服务业的非理性投资得到有效遏制

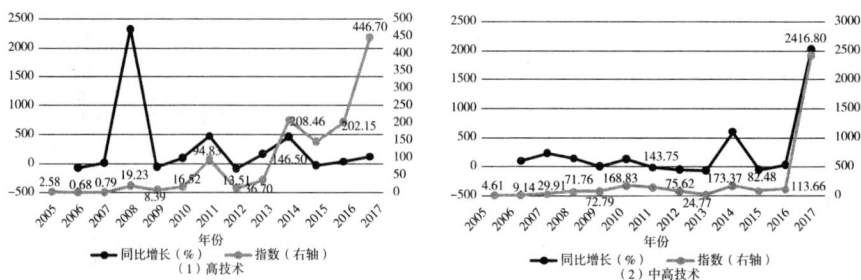

图 1-1-5　2005—2017 年民营样本企业海外直接投资
高技术、中高技术制造业金额指数变化图

　　2017 年，伴随着我国经济进一步向高质量发展模式转变，技术创新、技术进步已然成为现阶段企业扩大市场规模、提高核心竞争力、维持长远发展的重要过程，而通过海外直接投资学习发达国家先进技术与管理经验的方式日益受到制造业企业青睐。我国民营样本企业对于高技术、中高技术制造业的投资金额规模于 2017 年快速扩张，高技术制造业共计接受 45.69 亿美元投资，同比增长 120.98%，中高技术制造业接受 436.18 亿美元，同比增长 2026.35%。相比之下，民营样本企业对于中低技术制造业投资金额规模虽有扩张，但仍低于对高技术、中高技术的投资金额规模；低技术制造业所接受我国民营样本企业的投资规模在项目数量与金额上均低于 2016 年水平。

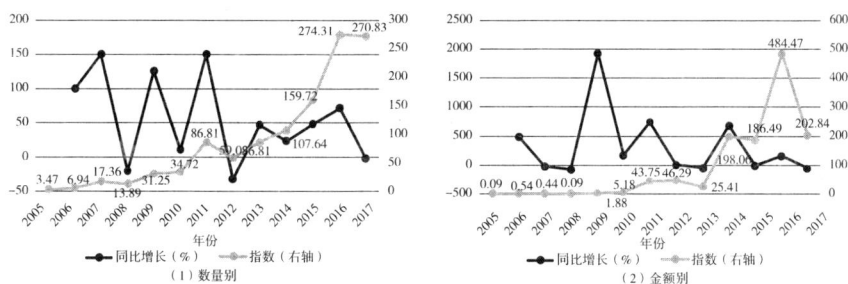

图 1-1-6　2005—2017 年民营样本企业海外直接投资服务业项目数量与金额指数变化图

　　在民营样本企业对非制造业的海外投资中，2017 年投资规模发生显著变化的主要是服务业。海外服务行业一直以来集中了我国民营样本企业对海外非制造业的投资，2005—2017 年间 86.01% 的非制造业所接受的投资项目数量流向服务业，投资金额也以服务业为主，在非制造业所接受的投资金额中占比 79.71%。在 2005—2015 年间，海外服务业所接受的民营样本企业海外直接投资项目数量稳步增长，2016 年增长速度显著加快，但是 2017 年却同比下降 1.27%，高速增长或平稳增长势头均未保持。另外，我国民营样本企业对于海外服务行业的投资金额规模在 2017 年也呈下降趋势，相比于 2016 年下降 58.13%，显著快于项目数量的下降。其中，归属于服务业的房地产业和文化、体育和娱乐业的海外投资金额大规模减少，分别同比下降 98.05% 和 58.96%，这些行业正是我国政府在 2017 年针对海外投资加强管控的行业，由此看出我国政府出台相关限制措施的初步成果，有效地遏制了一些服务行业非理性的海外投资行为。

五、从"一带一路"视角看，民营企业对"一带一路"沿线国家并购投资规模持续增长的同时，绿地投资规模显著下降

表 1-1-2　2005—2017 年民营样本企业"一带一路"投资项目数量与金额汇总表

（单位：件、亿美元）

年份	并购投资				绿地投资			
	项目数量	项目数量指数	金额	金额指数	项目数量	项目数量指数	金额	金额指数
2005	1	0	0.4	0	2	0	0.5	0
2006	0	0	0	0	3	18.52	1	3.32
2007	1	14.71	0	0	9	55.56	20	54.13
2008	1	14.71	0.2	3.18	9	55.56	1	3.73
2009	2	29.41	0	0	11	67.9	11	31.75
2010	3	44.12	0	0	6	37.04	9	24.04
2011	8	117.65	0.1	2.18	14	86.42	54	149.69
2012	2	29.41	0.1	1.29	17	104.94	19	53.35
2013	4	58.82	0	0.62	10	61.73	0.2	0.55
2014	4	58.82	0	0.52	13	80.25	56	154.39
2015	16	235.29	31	495.39	27	166.67	51	142.02
2016	22	323.53	37	594.56	56	345.68	339	937.29
2017	34	500	196	3153.68	31	191.36	29	79
2011—2015 年均值	6.8	100	6.23	100	16.2	100	36.14	100

自"一带一路"倡议实施以来，我国民营样本企业对"一带一路"沿线国家的投资规模有了显著提升。其中"一带一路"沿线国家所接受我国民营样本企业并购投资规模在 2015—2017 年间均呈增长趋势，特别是在 2017 年并购投资项目数量和金额规模增速加快，该年度对"一带一路"沿线国家的并购投资达 196 亿美元。相反，我国民营样本企业对"一带一

路"沿线国家的绿地投资项目数量和金额规模却在 2017 年显著下降，不同于 2016 年出现的快速增长趋势。根据本报告统计显示，2017 年"一带一路"沿线国家所接受的绿地投资项目数量由 2016 年的 56 件降低至 31 件，投资金额由 339 亿美元下降至 29 亿美元，投资金额甚至远低于 2014 年的 56 亿美元，且主要体现在对东南亚、南亚"一带一路"沿线国家的绿地投资金额规模的减少上。

第二节 2017 年中国民营企业海外并购投资特征

一、民营企业海外并购投资总金额创历史新高，平均投资金额规模达到 13 年间峰值

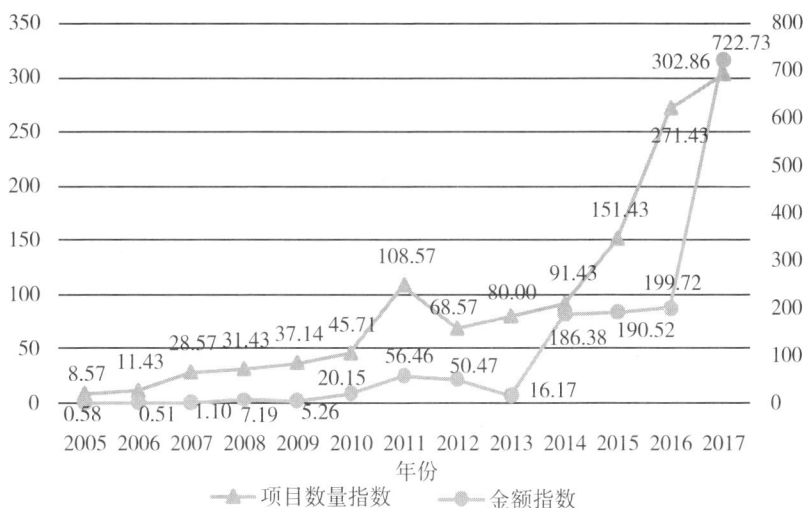

图 1-2-1 2005—2017 年民营样本企业海外并购投资项目数量与金额指数变化图

2017 年，我国民营样本企业进行海外并购投资的项目数量和金额规模均保持增长趋势，其中并购投资金额同比增长 261.90%，以共计约 846 亿美元的投资金额创历史新高，接近 13 年来并购投资总金额的一半；海外并购投资项目数量由 2016 年 95 件增长至 106 件，增速远低于投资金额的变

化，未保持 2016 年并购投资项目数量快速增长的趋势。从全国企业 2017 年海外并购情况看，民营样本企业海外并购投资金额在全国企业海外并购中占比 87.31%，而并购投资项目数量在全国企业海外并购项目数量中仅占比 13.38%。综合纵向比较与横向分析结果，可看出我国民营样本企业 2017 年平均海外并购投资金额规模较大，且达到在 13 年来的峰值水平，根据测算结果显示平均每笔并购投资金额规模约为 7.98 亿美元，并购项目规模扩张显著。

二、从投资来源地看，仅珠三角地区、西部地区海外并购投资项目数量出现增长

表 1-2-1   2005—2017 年各投资来源地民营样本企业海外并购投资项目数量汇总表

（单位：件）

年　份	环渤海地区	长三角地区	珠三角地区	中部地区	西部地区
2005	1	1	0	1	0
2006	0	2	0	0	2
2007	0	5	4	0	1
2008	3	4	2	1	1
2009	2	4	3	1	3
2010	2	8	5	0	1
2011	3	15	13	1	6
2012	4	12	4	3	1
2013	5	11	2	4	6
2014	13	12	2	3	2
2015	11	29	4	6	4
2016	21	46	10	15	4
2017	19	46	26	10	6

我国民营样本企业 2017 年海外并购投资项目数量增长缓慢，主要源于环渤海地区、长三角地区、中部地区海外并购投资项目数量相比 2016 年未有增长，其中环渤海地区并购投资项目数量同比下降 9.52%，长三角地区项目数量未发生改变，中部地区下降明显，同比降低 33.33%。而珠三角

地区、西部地区则在其他三地区民营企业海外并购投资项目数量处于低迷的情况下快速增长。珠三角地区并购投资项目数量由2016年10件增加至26件，同比增长160%；西部地区较2016年增加2件并购投资，同比增长50%。其中，珠三角地区民营样本企业并购投资项目数量的增加主要集中在海南省，当地民营样本企业2017年共计进行11件并购投资项目，实现自2012年以来海南省民营样本企业并购投资项目为零的突破；西部地区则以新疆维吾尔自治区民营样本企业海外并购投资项目数量的增长为主。虽然我国2017年仅有珠三角地区、西部地区海外并购投资项目数量出现增长，但是在海外并购投资金额变化上，除中部地区投资金额较2016年有所下降外，其他地区并购投资金额均有增长，且环渤海地区、长三角地区、珠三角地区并购投资金额增速较高。

三、从投资标的国（地区）看，民营企业海外并购投资项目数量增速变缓集中体现在对发达经济体的并购投资上

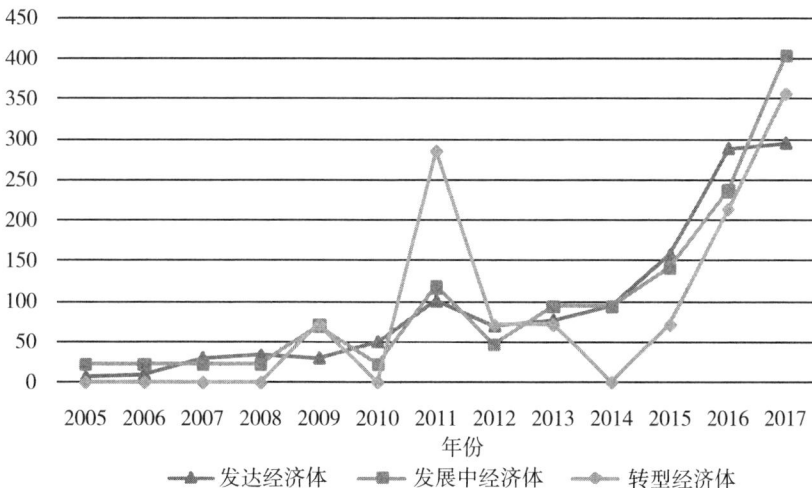

图1-2-2　2005—2017年民营样本企业对标的国（地区）
海外并购投资项目数量指数变化图

发达国家和地区一直以来是接受我国民营样本企业海外并购投资项目

数量最多的标的国家和地区，2005—2017 年间共计接受来自我国民营样本企业 371 件并购投资，占总投资项目数量的 83.75%。2017 年我国民营样本企业对标的国（地区）的海外并购投资项目数量增速变缓，集中体现在对发达经济体的并购投资上，统计显示 2017 年我国民营样本企业对发达经济体并购投资项目数量为 88 件，同比增长 2.33%，远低于 2016 年 82.98% 的同比增长水平，而同期发展中经济体、转型经济体海外并购投资项目数量增速持续保持着高速增长趋势。但发达经济体仍然为 2017 年我国民营样本企业海外并购投资项目数量最多的标的国家和地区。

在发达经济体中，我国民营企业除对于欧洲发达国家和地区的投资项目数量保持原有的增长趋势外，其他发达国家和地区在接受并购投资项目数量上均存在不同程度的下降。根据本报告统计显示，我国民营样本企业 2017 年对欧洲发达经济体进行 34 件海外并购投资项目，同比增长 36%。我国民营样本企业对欧洲发达经济体的并购投资不仅在项目数量上持续增长，在投资金额方面也呈现飞速增长趋势。2017 年欧洲发达经济体以接受 533.65 亿美元的并购投资金额远超其他发达国家和地区，在发达经济体所接受并购投资总金额中占比 75.83%。同时从我国民营样本企业对于欧洲各发达国家的投资金额变化来看，荷兰、德国、瑞典、瑞士等发达国家 2017 年接受并购投资金额增长明显，特别是荷兰 2017 年共计接受 350.30 亿美元的并购投资，成为 2017 年接受我国民营样本企业并购投资金额规模最大的国家。

四、从投资标的行业看，民营企业海外制造业、非制造业并购投资项目数量增速均变缓，而海外制造业并购投资金额时隔 6 年后再度超越非制造业

2017 年我国民营样本企业海外并购投资项目数量增长趋于缓慢在海外制造业、非制造业的并购投资中均有体现，并未保持 2016 年的高速增长势头。2016 年民营样本企业对于制造业的并购投资项目数量同比增长 129.41%，是近年同比增速的最高水平，而 2017 年海外制造业并购投资项

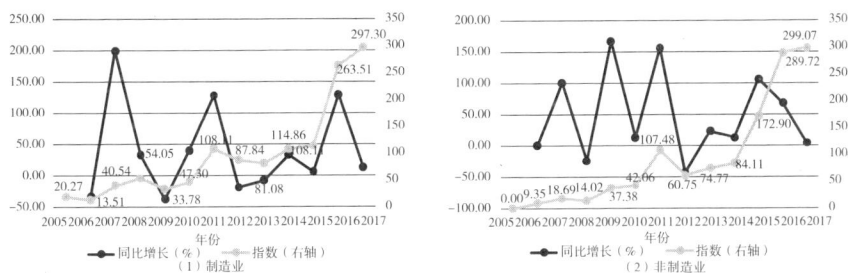

图 1-2-3　2005—2017 年民营样本企业海外直接投资制造业、
非制造业项目数量指数变化图

目数量仅比 2016 年上升 5 件，同比增长 12.82%，增速显著变慢；海外非制造业所接受的并购投资项目数量同制造业变化一致，由 2016 年的 62 件增长至 64 件，同比仅增长 3.23%。

表 1-2-2　2005—2017 年民营样本企业海外并购投资制造业、非制造业金额汇总表

（单位：百万美元）

年　份	制造业			非制造业			合　计	
	金　额	同比增长（%）	占比（%）	金　额	同比增长（%）	占比（%）	金　额	同比增长（%）
2005	68.28		100.00	0.00		0.00	68.28	
2006	13.70	-79.94	22.95	46.00	n. a.	77.05	59.70	-12.6
2007	129.07	842.12	100.00	0.00	-100.0	0.00	129.07	116.2
2008	832.89	545.30	98.94	8.96	n. a.	1.06	841.85	552.2
2009	289.98	-65.18	47.10	325.65	3534.5	52.90	615.63	-26.9
2010	1866.42	543.64	79.12	492.45	51.2	20.88	2358.87	283.2
2011	1717.03	-8.00	25.88	4917.33	898.5	74.12	6634.36	181.3
2012	861.21	-49.84	14.39	5123.77	4.2	85.61	5984.98	-9.8
2013	624.35	-27.50	32.98	1269.03	-75.2	67.02	1893.38	-68.4
2014	1214.84	94.58	5.55	20679.06	1529.5	94.45	21893.90	1056.3
2015	2518.04	107.27	11.29	19783.39	-4.3	88.71	22301.43	1.9
2016	5317.37	111.17	22.02	18835.70	-4.8	77.98	24153.07	8.3
2017	48234.53	807.11	57.01	36367.67	93.1	42.99	84602.20	250.3
合计	63687.71		37.13	107849.01		62.87	171536.70	
2011—2015 年均值	1387.09			10354.51			11741.61	

在投资金额上，2017 年海外制造业并购投资金额在时隔 6 年后再度超越非制造业。自 2011 年以来，我国民营样本企业主要侧重于将海外并购投资金额分布在非制造行业，尤其是 2014 年制造业仅有 5.55% 的并购投资金额，达到 13 年间在总金额占比中的最低水平。2017 年，我国民营样本企业对于制造业的并购投资金额再度超越非制造行业，该年度制造业共计 482.35 亿美元的并购投资，在并购投资总金额中占比 57.01%，远超 2016 年对于制造业 53.17 亿美元的投资。中高技术制造业 2017 年并购投资金额规模的快速增长是促使这一现象出现的直接原因。2017 年，我国民营样本企业对于中高技术制造业的并购投资金额规模高达 418.61 亿美元，主要集中于汽车、挂车和半挂车部门以及其他铁道设备和运输设备部门。这一超越显示我国民营企业并购投资的视角正逐步拓展到国外较高技术水平制造业部门，在创新时代到来之际，技术发展将成为企业能否发展壮大、提高核心竞争力的关键。

五、从并购投资融资模式看，多渠道并购融资数量指数与金额指数分化明显

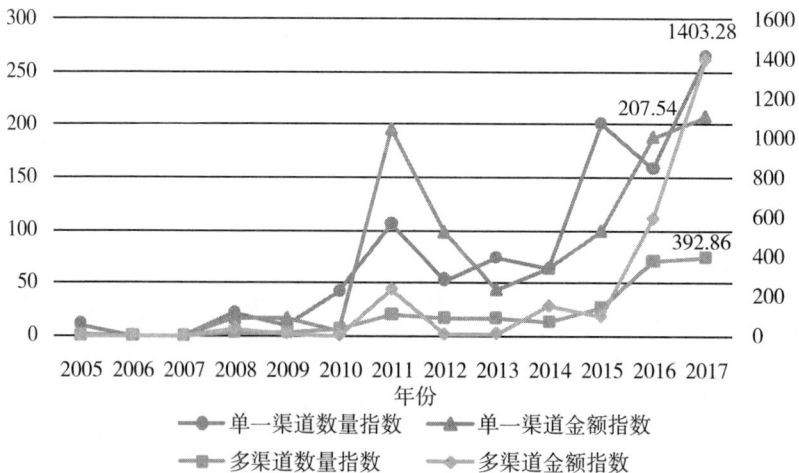

图 1-2-4 2005—2017 年民营样本企业海外并购投资单一渠道与多渠道指数变化图

　　我国民营样本企业多渠道并购投资融资数量指数在 2005—2015 年间与金额指数变化整体保持一致，自 2016 年起出现小幅分化趋势，2017 年分化较为明显。根据本报告统计数据显示，2017 年我国民营样本企业在并购投资中通过多渠道融资的金额规模达到 153.90 亿美元，远超 2016 年的 65.35 亿美元，而在数量上却并没有明显变化，2017 年采用多融资渠道进行并购投资的项目数量为 22 件，基本与 2016 年的数量保持一致。其中，我国民营样本企业在 2017 年使用"新银行信贷便利+私募股权""新银行信贷便利+杠杆收购+私募股权"以及"增资–卖方配售+新银行信贷便利+杠杆收购+私募股权"三种多渠道融资方式进行的并购投资金额规模较 2016 年增长显著。

第三节　2017 年中国民营企业海外绿地投资特征

一、民营企业海外绿地投资规模呈现下降趋势，绿地投资金额大幅度减少

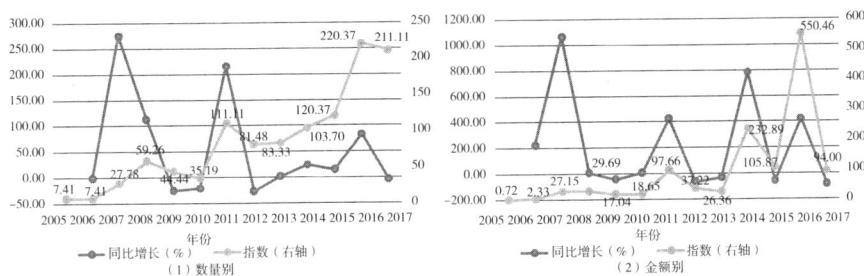

图 1-3-1　2005—2017 年民营样本企业海外绿地投资项目数量与金额指数变化图

　　伴随着 2017 年世界主要国家经济政策及国际地缘政治局势变化，国际金融市场持续动荡，同期我国政府采取限制性措施加强对非理性投资的监管，我国企业 2017 年绿地投资规模明显不及 2016 年，投资项目数量同比下降 8.86%，投资金额同比下降 52.22%，达到自 2014 年以来绿地投资金额的最低值。我国民营样本企业海外绿地投资规模与全国企业海外绿地投资变化一致，其中全国企业海外绿地投资项目数量同比降低 4.20%，投资

金额规模也出现显著下降，由 2016 年的 426 亿美元减少至 73 亿美元，同比下降 82.86%。民营样本企业绿地投资金额规模在 2017 年整体大幅下降，与海外并购投资金额规模的快速增长相差较大，由此反映出企业选择绿地投资金额规模较并购投资来说对经济政策和环境变化的影响更为敏感，因此 13 年间绿地投资金额相比于并购投资金额出现多次波动。

二、从投资来源地看，仅环渤海地区、长三角地区民营企业海外绿地投资项目数量出现增长，五大地区绿地投资金额均有不同程度下降

单位：件

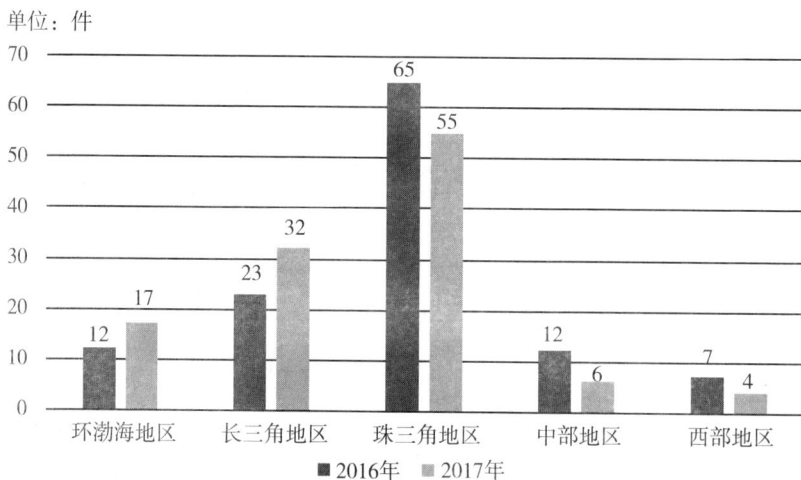

图 1-3-2　2016—2017 年各投资来源地民营样本企业海外绿地投资项目数量变化图

2017 年我国民营样本企业海外绿地投资项目数量出现回落，主要在于珠三角地区、中部地区和西部地区绿地投资项目数量下降明显，三地区 2017 年海外绿地投资项目数量在绿地投资总项目数量中占比 57.02%，共计进行 65 件绿地投资项目，同比下降 22.62%。而在 2017 年我国民营企业海外绿地投资规模较为低迷的情况下，环渤海地区、长三角地区海外绿地投资项目数量有所增加，其中环渤海地区民营样本企业 2017 年增加 5 件绿地投资项目，同比增长 42.67%，以京津冀地区的项目数量增长为主；长三角地区 2017 年海外绿地投资项目数量由 2016 年 23 件增长至 32 件，增速快于 2016 年。

单位：亿美元

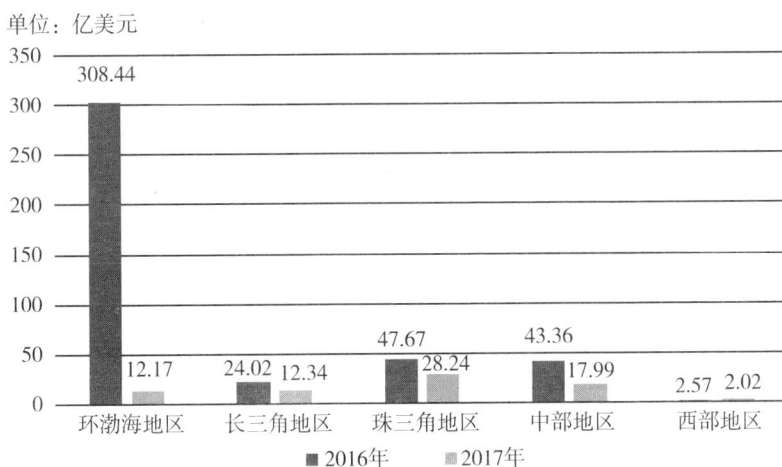

图 1-3-3 2016—2017 年各投资来源地民营样本企业海外绿地投资金额变化图

相比于 2017 年海外绿地投资项目数量在投资来源地的变化，民营样本企业在五大地区绿地投资金额均出现不同程度的下降。特别是环渤海地区、珠三角地区、中部地区金额规模由 2016 年的高速增长转变为显著下降，其中环渤海地区民营样本企业由 2016 年 308.44 亿美元的绿地投资降低至 12.17 亿美元，同比下降 96.05%，接近 2015 年绿地投资水平，在五大地区中下降最为明显；珠三角地区 2017 年海外绿地投资金额同比下降 40.76%，主要以广东省民营样本企业绿地投资金额下降为主；中部地区海外绿地投资金额同比下降 58.51%，出现自 2014 年以来的首次下降。

三、从投资标的国（地区）看，我国民营企业对发达经济体海外绿地投资项目数量持续增长，对其他经济体绿地投资规模明显缩小

在 2017 年海外绿地投资项目数量增速下降情况下，我国民营企业对于发达经济体的绿地投资项目数量仍保持 2016 年的快速增长趋势，2017 年

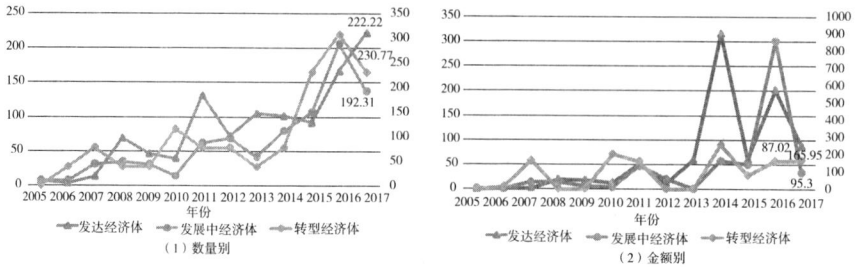

图 1-3-4 　2005—2017 年民营样本企业向标的国（地区）
海外绿地投资项目数量与金额指数变化图

共计绿地投资 68 件，在绿地投资总项目数量中占比 59.65%，较 2016 年增长 33.33%。根据本报告统计，其中北美洲以及位于除欧洲、北美洲之外的发达经济体所接受的我国民营样本企业绿地投资项目数量分别同比增长 72.72% 和 90%，欧洲发达国家所接受我国民营样本企业海外绿地投资项目数量则与 2016 年持平。

然而，2017 年我国民营样本企业对发达经济体海外绿地投资项目数量增长的同时，对发展中经济体、转型经济体的绿地投资项目数量均出现明显跌落，发展中经济体所接受的海外绿地投资项目数量较 2016 年下降 33.33%，转型经济体同比下降 25%。此外，我国民营样本企业对发展中经济体、转型经济体的绿地投资金额规模也不及 2016 年，转型经济体所接受的绿地投资金额基本与 2016 年持平，发展中经济体则由 2016 年的高速增长转为陡然下降，仅接受来自我国民营样本企业 39.28 亿美元的绿地投资，低于 2014—2016 年的绿地投资金额水平。由此可见，不论在项目数量还是金额上，2017 年我国民营样本企业对发展中经济体、转型经济体的绿地投资规模均显著缩小。

四、从投资标的行业看，我国民营企业海外制造业绿地投资规模增长缓慢，非制造业绿地投资项目数量与金额规模均收缩

海外制造业 2017 年接受我国民营样本企业绿地投资项目数量与金额规模均有增长，但增速相对 2016 年变缓，对制造业的绿地投资项目仅增加 1 件，投资金额同比增长 15.92%。从本报告统计数据来看，海外制造业绿

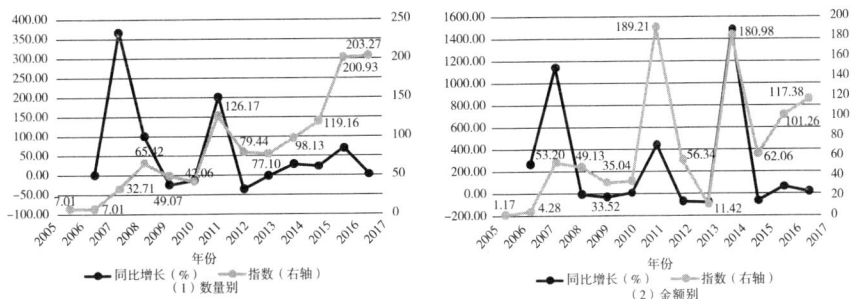

图1-3-5　2005—2017年民营样本企业海外制造业绿地
投资项目数量与金额指数变化图

地投资规模增长缓慢主要与我国民营样本企业对海外高技术、中低技术制造业的绿地投资规模下降有关。其中高技术、中低技术制造业绿地投资项目数量均较2016年同比下降11.11%；绿地投资金额下降更为明显，高技术制造业绿地投资金额同比降低31.57%，中低技术制造业由2016年的5.18亿美元下降至3.28亿美元，同比降低36.68%。

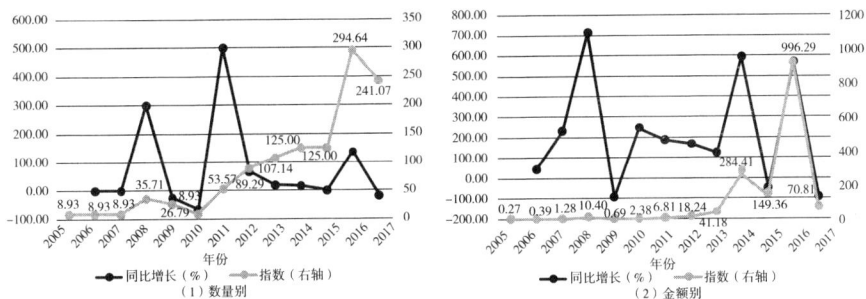

图1-3-6　2005—2017年民营样本企业海外非制造业
绿地投资项目数量与金额指数变化图

不同于民营样本企业在2017年对于海外制造业绿地投资项目数量与金额规模均有增长，对非制造业绿地投资项目数量与金额规模出现显著下降趋势，其中2017年海外非制造业绿地投资项目数量同比下降18.20%，绿地投资金额下降更为明显，由2016年的387.03亿美元下降至27.51亿美元，同比下降92.90%，甚至远低于2015年、2014年对非制造业的绿地投资金额规模。民营样本企业2017年对于房地产业及文化、体育和娱乐业绿地投资项目数量与金额规模的下降是造成非制造业绿地投资项目数量与金额规模缩小的主要原因。本报告统计显示，2016 年我国民营样本企业对于房地产业共计进行 14 件、约 366.86 亿美元的绿地投资，对文化、体育和娱乐业的绿地投资共计为 2 件，金额约 3.52 亿美元；2017 年因受到政府对房地产业及文化、体育和娱乐业海外投资限制的影响，民营样本企业对于房地产业绿地投资项目数量缩减为 2 件，金额减少为 3.39 亿美元，对文化、体育和娱乐业进行的绿地投资则在当年度民营样本企业中没有发生。

五、从创造就业视角看，民营企业海外绿地投资为标的国（地区）创造就业量随海外绿地投资金额规模下降而减少

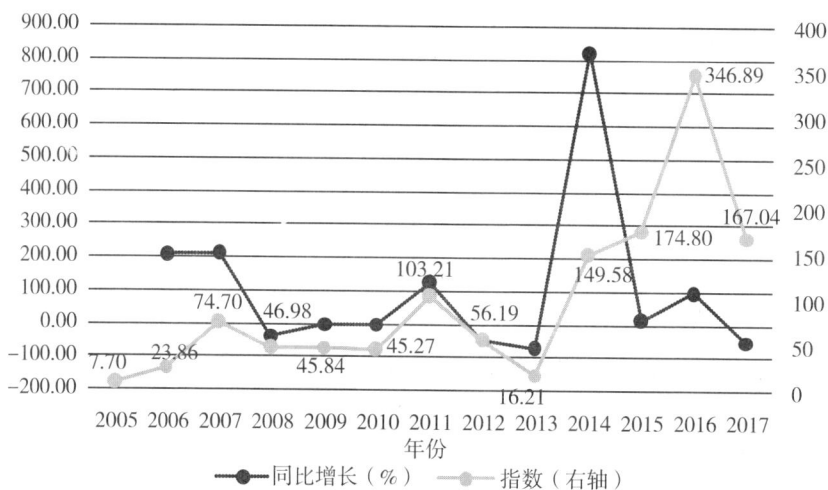

图 1-3-7　2005—2017 年民营样本企业通过绿地投资为标的
国（地区）创造就业量指数变化图

受我国民营样本企业 2017 年海外绿地投资金额规模下降影响，绿地投资为标的国（地区）创造就业量也出现显著下降，但变化小于绿地投资金额变化，由 2016 年为标的国（地区）创造就业 51418 人下降至 24760 人，同比下降 51.85%，而绿地投资金额 2017 年同比下降 82.86%。绿地投资创造的就业量变化不如绿地投资金额变化显著，出现这种滞后现象主要由于劳工合同关系的存在，以及企业重新雇佣人员仍需

成本等因素影响。

在所有标的区域中，我国民营样本企业在 2017 年为亚洲发展中国家及独联体国家创造就业量下降明显快于其他地区，其中在亚洲发展中国家从 2016 年创造就业 27209 人下降至 7465 人，为独联体国家创造的就业量则同比下降 72.60%。

第二章 中国企业的海外直接投资概述

在展开分析中国民营企业的情况之前，本章首先总括分析中国企业对外直接投资状况，包括国有企业和民营企业。

为便于对比分析民营企业在中国对外直接投资中的地位和作用，本报告首先在这章中测算了中国企业海外直接投资指数、中国企业海外并购投资指数和中国企业海外绿地投资指数 3 个指数。

第一节 中国企业海外直接投资指数

本节统计分析了中国企业整体海外直接投资的项目数量和金额规模，并测算了中国企业海外直接投资的项目数量指数与金额指数。

一、中国"走出去"企业数及在海外投资的项目数量和金额

从统计数据来看，2005—2016 年 12 年间中国企业海外投资数量呈总体增长趋势，虽然在 2008 年金融危机之后增势并不明显，直到 2014 年以后中国海外直接投资的企业数目才增长显著，但这也在一定程度上表明中国进行海外直接投资的企业在 2014 年之后基本摆脱了金融危机的影响。特别是在 2014—2016 年 3 年间，中国企业海外投资呈现高速增长，2016 年相比 2014 年增长了 100.6%。但在 2017 年中国"走出去"企业数量高速增长的势头明显减弱，从表 2-1-1 和图 2-1-1 可见，2017 年中国"走出去"企业数量为 1122 家，相比较 2016 年的 977 家，仅增加了 12.9%，低于 2016 年海外直接投资企业的同比增长率 31.0%，其中主要是 2017 年中

国进行海外并购的企业数量较 2016 年下降明显。

表 2-1-1　2005—2017 年中国在海外并购投资和绿地投资的企业数量

（单位：年、家）

	2005	2006	2007	2008	2009	2010	2011	2012	2013	2014	2015	2016	2017
并购	95	116	132	183	246	199	232	204	193	263	432	608	546
绿地	75	85	149	179	223	225	237	215	218	224	314	369	576
合计	170	201	281	362	469	424	469	419	411	487	746	977	1122

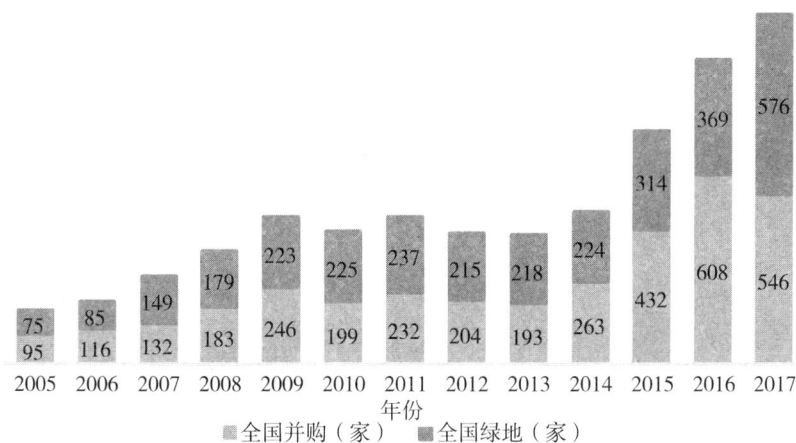

图 2-1-1　2005—2017 年全国海外并购投资和绿地投资的企业数量

表 2-1-2 展示了 2005—2017 年中国海外投资项目的数量和同比增长率的变化，与"走出去"企业数量的变化趋势相似，除了 2008 年金融危机后增势缓慢外，中国企业海外投资整体呈增长趋势，且在 2014—2016 年间高速增长。但是，无论绿地投资还是并购投资，2017 年的项目相比 2016 年都出现了明显的下降。2017 年的中国企业海外并购投资的项目数量为 792 件，相比 2016 年的 917 件下降了 13.6%。2017 年对中国外绿地投资 576 件，相比 2016 的 632 件下降了 8.9%。2017 年对外投资总计 1368 件，相比 2016 年 1549 件下降了 11.7%。

表 2-1-2　2005—2017 年中国海外投资项目数量和同比增长变化率

（单位：件）

年　份	并　购	同比增长（%）	绿　地	同比增长（%）	合　计	同比增长（%）
2005	135		126		261	
2006	177	31.1	123	-2.4	300	14.9
2007	205	15.8	220	78.9	425	41.7
2008	285	39.0	276	25.5	561	32.0
2009	292	2.5	340	23.2	632	12.7
2010	286	-2.1	354	4.1	640	1.3
2011	328	14.7	430	21.5	758	18.4
2012	286	-12.8	353	-17.9	639	-15.7
2013	284	-0.7	322	-8.8	606	-5.2
2014	419	47.5	378	17.4	797	31.5
2015	688	64.2	483	27.8	1171	46.9
2016	917	33.3	632	30.8	1549	32.3
2017	792	-13.6	576	-8.9	1368	-11.7
合计	5094		4613		9707	

　　表 2-1-3 展示了 2005—2017 年中国海外投资金额和同比增长变化率。2017 年相比较表 2-1-2 对外投资项目数量有 10%左右的下降，表 2-1-3 展示的中国企业海外投资的金额出现了更大幅度的下降。2017 年中国海外并购金额数目仅为 969 亿美元，相比 2016 年的 1428 亿美元，下降 32.1%。2017 年中国海外绿地投资总金额为 527 亿美元，相比 2016 年的 1103 亿美元下降了 52.2%。2017 年中国海外投资总计 1495 亿美元，相比 2016 年的 2532 亿美元，下降 40.9%。

表 2-1-3　2005—2017 年中国海外投资金额和同比增长变化率

（单位：亿美元）

年　份	全国并购	同比增长（%）	全国绿地	同比增长（%）	合　计	同比增长（%）
2005	35		84		118	
2006	234	568.6	158	88.1	392	232.2

续表

年　　份	全国并购	同比增长（%）	全国绿地	同比增长（%）	合计	同比增长（%）
2007	383	63.7	312	97.5	695	77.3
2008	200	−47.8	476	52.6	675	−2.9
2009	441	120.5	262	−45.0	703	4.1
2010	528	19.7	198	−24.4	726	3.3
2011	387	−26.7	389	96.5	776	6.9
2012	310	−19.9	115	−70.4	425	−45.2
2013	442	42.6	132	14.8	574	35.1
2014	597	35.1	539	308.3	1136	97.9
2015	828	38.7	531	−1.5	1359	19.6
2016	1428	72.5	1103	107.7	2532	86.3
2017	969	−32.1	527	−52.2	1495	−40.9
合计	6782		4826		11606	

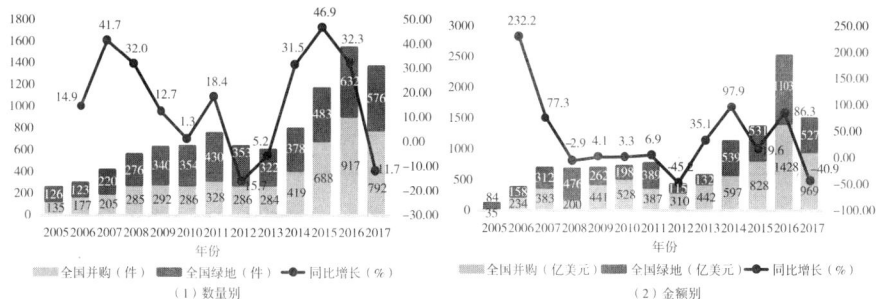

图 2-1-2　2005—2017 年中国海外投资项目数量和金额的同比增长率变化图

二、中国海外直接投资项目数量和金额指数

本节还测算了中国企业海外直接投资项目数量指数与金额指数。从统计数据来看，2017 年的项目数量指数从 2016 年的 195.04 下降到 172.5，金额指数从 2016 年 296.41 下降到 175.08。图 2-1-3 用折线图的方式展现项目数量指数与金额指数的变化趋势，并从趋势图可看出在 2005 —2016 年，不论是海外直接投资项目数量指数还是金额指数，其增长趋势均从整体上呈现出波动上涨局面，直到 2017 年出现了较为突兀的下行趋势，无论

是绿地还是并购，无论是数量还是金额，均中止了从 2012 年到 2016 年的高速上扬趋势，这在较大程度上表明 2017 年中国企业海外直接投资下降，可能与我国政府对企业投资管控增强有关。

表 2-1-4　2005—2017 年中国海外投资项目数量和金额指数

年　份	项目数量指数	金额指数
2005	32.86	13.86
2006	37.77	45.88
2007	53.51	81.33
2008	70.64	79.06
2009	79.58	82.26
2010	80.58	84.95
2011	95.44	90.91
2012	80.46	49.81
2013	76.30	67.19
2014	100.35	133.01
2015	147.44	159.09
2016	195.04	296.41
2017	172.25	175.08
2011—2015 年均值	100.00	100.00

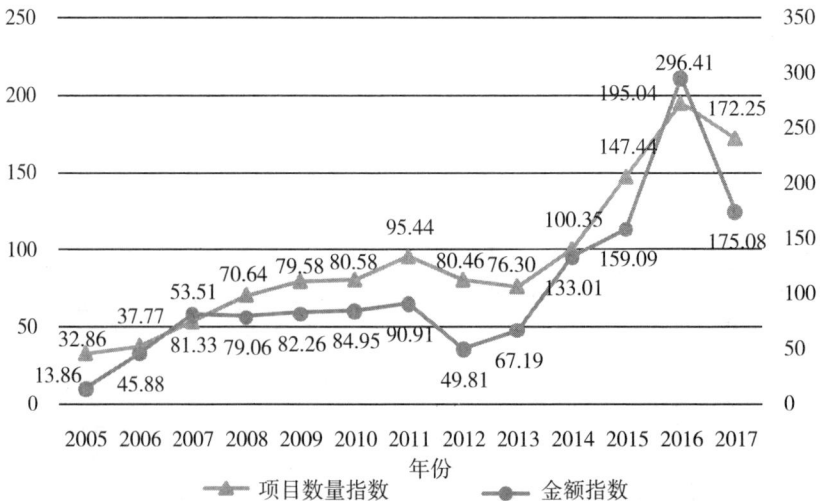

图 2-1-3　2005—2017 年中国海外直接投资项目数量和金额指数变化图

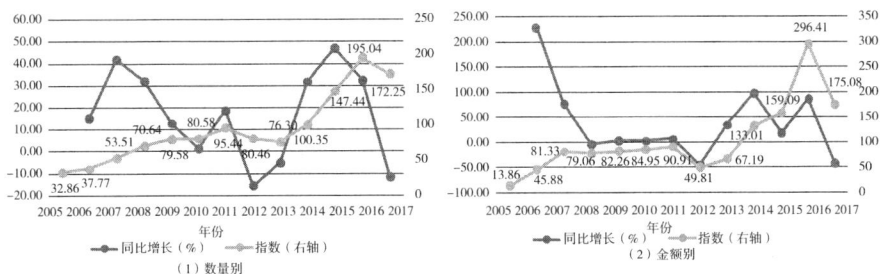

图 2-1-4　2005—2017 年中国海外投资项目数量和金额指数变化图

第二节　中国企业海外并购和绿地投资指数

本节分别从并购和绿地投资两个方面对中国企业海外直接投资的项目数量和金额情况进行分析。

表 2-2-1 是中国企业海外投资交易项目的数量和金额指数汇总，该表格从并购和绿地两个角度细分了上一小节的数量和金额指数。可以看到，2017年之前，中国企业海外投资项目数量指数整体上扬，2016 年全国数量指数相比 2005 年增长了 493.5%，2016 年全国金额指数相比 2005 年更是增长了2038.60%，并且 2014—2016 年 3 年间六种指数都保持了高速增长，特别在2016 年，六种指数同时创了历史新高。但 2017 年全国企业数量指数仅为172.25，其中并购数量指数 197.51，绿地数量指数 146.49，均低于 2016 年的数量指数。同项目数量指数一致，全国企业金额指数、并购金额指数和绿地金额指数相比于 2016 年也有所下降。尤其值得关注的是绿地金额指数，2017 年的绿地金额指数仅为 154.45，只相当于 2015 年绿地金额指数水平。

表 2-2-1　中国海外直接投资项目数量和金额指数汇总表

年　份	项目数量指数			金额指数		
	全国企业数量指数	全国并购数量指数	全国绿地数量指数	全国企业金额指数	全国并购金额指数	全国绿地金额指数
2005	32.86	32.86	32.04	13.86	6.79	24.49
2006	37.77	37.77	31.28	45.88	45.56	46.36

续表

年　份	项目数量指数			金额指数		
	全国企业数量指数	全国并购数量指数	全国绿地数量指数	全国企业金额指数	全国并购金额指数	全国绿地金额指数
2007	53.51	53.51	55.95	81.33	74.64	91.40
2008	70.64	71.07	70.19	79.06	38.90	139.47
2009	79.58	72.82	86.47	82.26	85.95	76.71
2010	80.58	71.32	90.03	84.95	102.83	58.06
2011	95.44	81.80	109.36	90.91	75.51	114.07
2012	80.46	71.32	89.78	49.81	60.51	33.71
2013	76.30	70.82	81.89	67.19	86.19	38.60
2014	100.35	104.49	96.13	133.01	116.40	157.99
2015	147.44	171.57	122.84	159.09	161.38	155.64
2016	195.04	228.68	160.73	296.41	278.36	323.56
2017	172.25	197.51	146.49	175.08	188.96	154.45
2011—2015 年均值	100.00	100.00	100.00	100.00	100.00	100.00

图 2-2-1　2005—2017 年中国海外并购和绿地项目数量指数与金额指数变化图

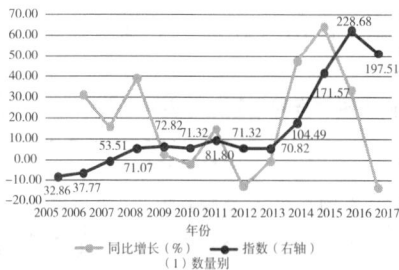

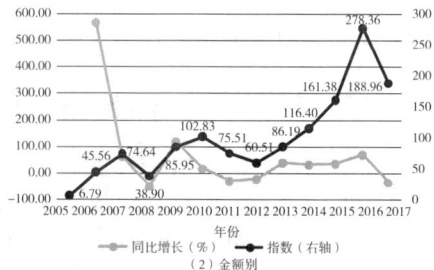

图 2-2-2　2005—2017 年中国海外并购投资项目数量和金额指数及同比增长率变化图

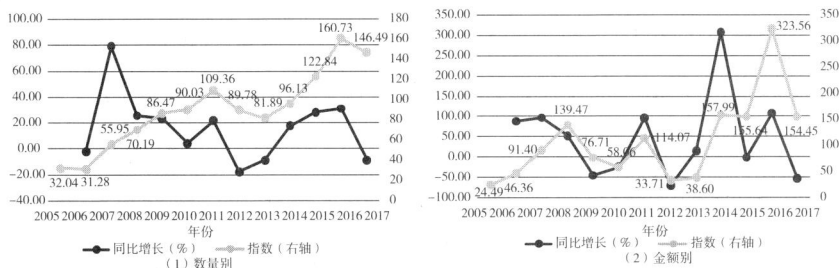

图 2-2-3 2005—2017 年中国海外绿地投资项目数量和金额指数及同比增长率变化图

从本节的指数趋势图中可以清晰地看出我国企业海外直接投资的并购项目数量指数和并购金额指数在 2005—2016 年间波动上升，2017 年出现下降趋势，且并购金额指数下降趋势快于并购数量指数。另外，我国企业海外直接投资绿地项目数量指数在 13 年间整体变化较并购项目数量指数稳定，但是绿地金额指数则相对来说波动程度较大，可见我国企业海外绿地投资金额规模受到其他外部因素的影响大于海外并购金额规模。

本章小结

一、从海外投资总体规模看，2005—2017 年中国企业海外直接投资呈波动增长趋势

不论是从中国企业海外直接投资项目数量规模上来看，还是从金额规模角度来看，2005—2017 年中国企业海外直接投资整体呈现波动增长趋势。

2008 年全球金融危机之后，我国企业海外直接投资在项目数量和金额规模上出现了几年的疲软期，2014 年之后才基本摆脱影响开始了又一轮的高速增长。2014 年 9 月商务部出台境外投资管理办法，以简政放权，减少审批为核心，并会同有关部门加大了对"走出去"企业金融信贷支持力度，特别是推动"一带一路"和周边基础设施互联互通的建设。这一系列政策支持促使我国企业对外投资在全球经济正处于复苏期中突飞猛进。随

着我国企业综合实力的提升，原有的资源配置已经不能满足企业需求，更多的企业走出国家大门迈向世界，进入 2016 年企业海外投资无论是数量还是金额规模都迎来高速增长，达到历史新高。纵观 2005—2016 年间我国企业海外直接投资的快速发展，主要得益于中国经济的高速增长，以及中国国际化程度的加深，同时也和中国企业技术、管理水平与国际先进企业的差距日益缩小及国际竞争力提高密切相关。

但这种高速增长的势头于 2017 年受到遏制，绿地投资和并购投资的项目数量指数以及金额指数均低于 2016 年，这主要与 2017 年中国政府实施的严格投资监管措施有关，从资数据体现出的国内外经济形势变化需得到"走出去"企业的充分重视。

二、从海外并购、绿地投资两视角看，我国企业海外绿地投资金额相对于并购金额规模波动较大

根据统计显示，我国企业海外并购投资金额规模在 2014 年以前增长缓慢，2014 年以后开始出现快速增长趋势，至 2016 年达到 13 年来的最大规模。而我国企业绿地投资金额规模虽然在 2005—2016 年间同样实现高速增长趋势，但是波动程度明显超过并购投资金额规模，在 2014 年之前分别出现两次大幅波动，但进入 2014 年绿地投资金额规模陡然高速增长，基本与并购投资金额规模持平，随后年份又有大幅波动现象。从整体来看，我国企业海外绿地投资金额规模波动程度相对于并购金额规模波动程度来说较大。

绿地投资金额规模波动相对并购投资来说较大，主要源于企业进行海外绿地投资相对并购投资需要考虑到更多的其他因素，如母国与东道国外交关系、东道国经济环境、东道国本土市场环境、东道国和母国政策环境等，并且需从有利于企业发展的长远角度进行考虑，这些方面都较大程度上影响了企业决定是否进行海外绿地投资活动。所以相对并购投资来说，绿地投资面临的现实问题更为突出，其对外来影响因素变化更为敏感。

第三章　中国民营企业海外直接投资指数：综合篇

本章从总体上对民营企业海外直接投资项目数量与金额分布进行统计描述，构建出中国民营企业 OFDI 综合指数，并从总量出发，分别按照海外直接投资来源地、投资标的国（地区）、投资标的行业 3 种分类方式对样本数据进行指数测算，同时与 2017 年度报告相比，2018 年度报告增加了对民营企业在"一带一路"沿线国家投资指数的测算，全面剖析了我国民营企业海外直接投资总体特征变化。

第一节　民营企业 OFDI 综合指数

本节从整体上对民营企业海外直接投资在项目数量与金额方面的变化进行统计分析，并构建出中国民营企业 OFDI 综合指数，更为直观地反应出中国民营企业海外直接投资的总体发展趋势。

一、民营企业海外直接投资与全国企业海外直接投资的比较

民营企业近年来在全国企业海外直接投资中表现出十足的活力，发展实力不容小觑。据表 3-1-1 显示，自 2016 年起民营样本企业海外直接投资项目数量与金额增长速度均超越全国企业，特别是在全国企业海外直接投资项目数量与金额出现显著下降的 2017 年，民营样本企业海外直接投资仍有增长，其中海外直接投资项目数量同比增长 2.80%，投资金额同比增长 39.24%。可见，我国民营企业已经具备一定的实力来抵抗海外直接投

资活动中的风险。

表 3-1-1　2005—2017 年民营样本企业海外直接投资项目数量和
金额汇总及与全国企业海外投资的比较

（单位：件、亿美元）

年份	民营样本企业海外直接投资				全国企业海外直接投资			
	项目数量	同比增长（%）	金额	同比增长（%）	项目数量	同比增长（%）	金额	同比增长（%）
2005	7		1		261		118	
2006	8	14.3	2	94	300	14.9	392	232.2
2007	25	212.5	22	830	425	41.7	695	77.3
2008	43	72	31	41	561	32	675	-2.9
2009	37	-14	19	-38	632	12.7	703	4.1
2010	35	-5.4	38	97	640	1.3	726	3.3
2011	98	180	142	273	758	18.4	776	6.9
2012	68	-30.6	88	-38	639	-15.7	425	-45.2
2013	73	7.4	39	-55	606	-5.2	574	35.1
2014	88	20.5	398	913	797	31.5	1136	97.9
2015	118	34.1	305	-23	1171	46.9	1359	19.6
2016	214	81.4	660	116	1549	32.3	2532	86.3
2017	220	2.8	919	39	1368	-11.7	1495	-40.9
合计	1034		2666		9707		11606	

注：1. 此处金额按照保留四位小数进行加总计算；2. 此处民营样本企业海外直接投资与全国企业海外直接投资统计标准不同，详见序章第三节。

从民营样本企业在 2005—2017 年海外直接投资的数量和金额来看，中国民营企业海外直接投资在近十几年来取得了突飞猛进的发展。2005年，我国民营样本企业进行 7 件、共计约 1 亿美元的海外直接投资活动，而 2017 年海外直接投资项目已经达到 220 件，总金额为 919 亿美元。2011年和 2014 年作为民营样本企业海外直接投资的重要转折时期，实现了民营企业海外直接投资在数量和金额方面的突破，其中 2011 年投资项目数量相比 2010 年增长 180%，投资金额同比增长达到 273%；2014 年民营样本企业海外并购、绿地投资金额规模均取得高速增长，项目数量达到 88 件，共计金额约 398 亿美元，该年度平均投资金额规模也达到历年来最高水平。伴随着我国民营企业海外投资迅猛增长，2016 年民营样本企业海外直接投资规模在原有基础上实现进一步扩张，项目数量由 2015 年的 118 件增长至 214 件，投资金额达到 660 亿美元，且主要以海外绿地投资金额规模增长为主。

表 3-1-2　2005—2017 年民营样本企业海外直接投资项目数量与金额汇总表

（单位：件、亿美元）

年　份	项目数量					金　额				
	并购	同比增长（%）	绿地	同比增长（%）	合计	并购	同比增长（%）	绿地	同比增长（%）	合计
2005	3		4		7	0.7		0.6		1
2006	4	33.3	4	0.0	8	0.6	-12.6	2	233.3	2
2007	10	150	15	275.0	25	1	116.2	21	950.0	22
2008	11	10	32	113.3	43	8	552.2	23	9.5	31
2009	13	18.2	24	-25.0	37	6	-26.9	13	-43.5	19
2010	16	23.1	19	-20.8	35	24	283.0	14	7.7	38
2011	38	137.5	60	215.8	98	66	180.2	76	442.9	142
2012	24	-36.8	44	-26.7	68	59	-10.6	29	-61.8	88
2013	28	16.7	45	2.3	73	19	-68	20	-31.0	39
2014	32	14.3	56	24.4	88	218	1052.3	180	800.0	398
2015	53	65.6	65	16.1	118	223	2.2	82	-54.4	305
2016	95	79.2	119	83.1	214	234	4.8	426	419.5	660
2017	106	11.6	114	-4.2	220	846	261.9	73	-82.9	919
合　计	433		601		1034	1706		960		2666

注：此处合计中并购、绿地投资金额均按照保留四位小数加总计算。

图 3-1-1　2005—2017 年民营样本企业海外直接投资项目数量和金额增长率变化图

二、民营企业海外直接投资项目数量指数和金额指数

为更好地观察上述变化趋势，本报告对我国民营样本企业海外直接投资项目数量指数与金额指数进行测算。

从指数变化仍可发现 2005 — 2017 年我国民营样本企业海外直接投资项目数量和金额规模总体呈现增长趋势，且自 2014 年以来海外直接投资项目数量指数持续增长，金额指数虽于 2015 年出现下降，但其在近四年来的平均增长速度快于项目数量变化。受我国政府对企业海外投资限制性措施出台的影响，2017 年民营企业海外直接投资在投资数量上增长趋势变缓，与 2016 年投资水平基本保持一致，但投资金额仍高速增长。

表 3-1-3   2005 — 2017 年民营样本企业海外直接投资项目数量和金额指数

年　　份	项目数量指数	金额指数
2005	7.87	0.64
2006	8.99	1.23
2007	28.09	11.47
2008	48.31	16.15
2009	41.57	9.95
2010	39.33	19.55
2011	110.11	72.86
2012	76.40	45.20
2013	82.02	20.23
2014	98.88	204.89
2015	132.58	156.83
2016	240.45	339.33
2017	247.19	472.48
2011 — 2015 年均值	100.00	100.00

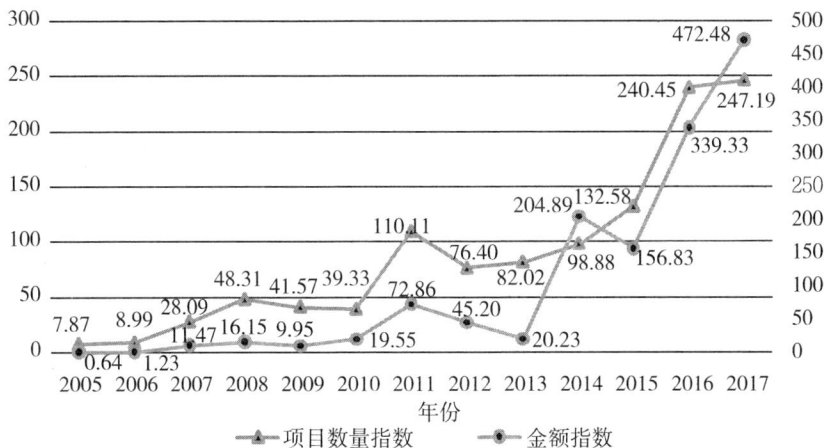

图 3-1-2　2005—2017 年民营样本企业海外直接投资项目的数量和金额指数变化图

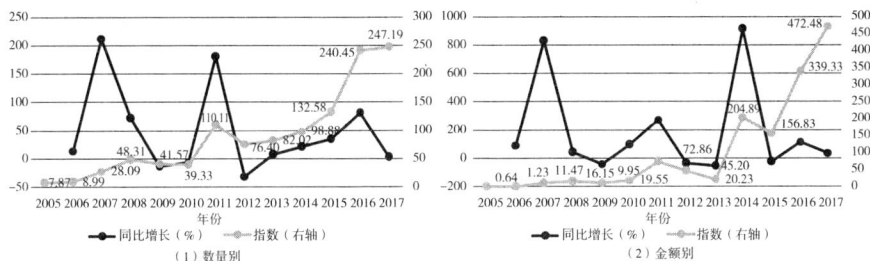

图 3-1-3　2005—2017 年民营样本企业海外直接投资项目
数量和金额指数及其同比增长率变化图

三、民营企业 OFDI 综合指数

为了更加全面、便捷、直观地反应出我国民营企业在 2005—2017 年间海外直接投资规模的总体变化趋势，从 2018 年开始，本报告采用均值法将民企海外直接投资项目数量与金额合二为一，构建中国民营企业 OFDI 综合指数（见表 3-1-4）①。

从我国民营企业 OFDI 综合指数的变化可看出，在 2005—2017 年间我国民营样本企业海外直接投资总体规模呈现出逐步扩张趋势。特别是进入

---

① 民营企业 OFDI 综合指数具体测算方法见序章第二节。

2014 年以后，尽管我国民营企业海外并购投资项目数量与海外并购投资金额、海外绿地投资项目数量与海外绿地投资金额四种指标变化出现显著差异，但是民营企业 OFDI 综合指数表明，除 2015 年外，我国民营样本企业海外直接投资规模均存有不同程度的扩张。在海外直接投资项目数量仅增长 15 件的 2014 年，海外直接投资金额规模达到 398 亿美元，投资金额的快速增长带动该时期民营样本企业海外直接投资总体规模扩张显著，民营企业 OFDI 综合指数由 2013 年的 51.47 提高至 2014 年 153.60。2016 年我国民营企业 OFDI 综合指数在 2015 年已达到 142.05 的高水平基础上进一步突破性扩张至 310.50，主要源于民营样本企业海外并购项目数量较 2015 年增加 38 件，同期绿地投资金额同比增长率高达 419.51%。受我国民营样本企业海外绿地投资项目数量与金额规模下降影响，2017 年民营企业 OFDI 综合指数增速放缓，这一变化较能反映我国政府对企业非理性海外投资行为进行限制的现实。

另外，根据民企 OFDI 综合指数同比增长率在 13 年间的发展变化，可看出我国民营样本企业 OFDI 总体发展状况呈现出显著的"类周期"特征，2007 年、2011 年、2014 年和 2016 年成为民企海外直接投资总规模的高速增长点，分别同比增长 290.22%、212.23%、198.43% 和 118.59%，而其他年份则处于相对的低谷。

表 3-1-4　2005—2017 年中国民营企业 OFDI 综合指数及其同比增长率

年　份	民营企业 OFDI 综合指数	同比增长率（%）
2005	4.32	
2006	5.42	25.46
2007	21.15	290.22
2008	31.89	50.78
2009	25.97	-18.56
2010	29.93	15.25
2011	93.45	212.23
2012	59.44	-36.39
2013	51.47	-13.41

续表

年　份	民营企业 OFDI 综合指数	同比增长率（%）
2014	153.60	198.43
2015	142.05	−7.52
2016	310.50	118.59
2017	332.68	7.14

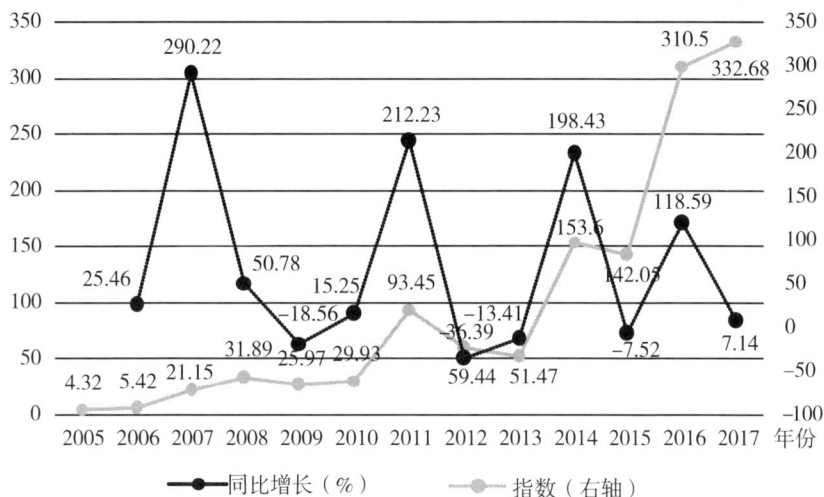

图 3-1-4　2005—2017 年中国民营企业 OFDI 综合指数变化图

中国民营企业"走出去"起步较晚，但是后期发展迅速，这种发展变化在民营企业 OFDI 综合指数变化图中得以真实体现。中国民营企业海外直接投资总体规模的扩张一方面反映出我国多数民营企业已经具备海外直接投资实力，投资行为正趋于合理化，投资目的更以企业长足发展为主；另一方面体现出现阶段我国政府对"走出去"的大力支持，这也从侧面反映出海外直接投资正成为促使我国经济高质量发展的重要力量。

第二节　民营企业海外直接投资来源地别指数

本节对民营企业海外直接投资的项目数量与金额按照投资来源地进行

统计分析，主要划分为环渤海地区、长三角地区、珠三角地区、中部地区与西部地区五大区域。同时按照各区域特点进一步细分，其中环渤海地区包括京津冀地区和环渤海地区其他区域（辽宁和山东）；长三角地区包括上海和长三角地区其他区域（江苏和浙江）；珠三角地区包括深圳、广东（不含深圳）与珠三角地区其他区域（福建和海南）；中部地区包括华北东北地区和中原华中地区；西部地区包括西北地区和西南地区，涵盖 31 个省市自治区和深圳经济特区①。

一、民营企业海外直接投资项目数量和金额在不同投资来源地的分布

1. 民营企业海外直接投资项目数量在不同投资来源地的分布

根据各区域民营样本企业进行海外直接投资的项目数量分布情况可看出，在 2005—2017 年这 13 年间，我国进行海外直接投资活动的民营样本企业主要集中于长三角地区和珠三角地区。而且从 2013—2017 年的发展状况看，长三角地区和珠三角地区所发生的海外直接投资项目数量逐步趋于均等化，主要在于 2014 年以后珠三角地区投资项目数量的快速增长，并且以 2016 年的 75 件海外直接投资项目和 2017 年的 81 件项目超过长三角地区。可能受到 2017 年政府对投资监管的影响，环渤海地区、长三角地区和珠三角地区在 2017 年的民营样本企业投资项目数量均增长缓慢，中部地区和西部地区还有小幅下滑，低于 2016 年的投资数量。

对五类区域进一步按照地理位置划分，可发现不同的细分区域的民营企业对于其所属的大区域的投资项目数量贡献程度不同。通过统计可以看出，广东省是珠三角地区民营企业进行海外直接投资的主要来源地，2005—2017 年间共计有 279 件海外直接投资项目，在珠三角地区占比83.78%，也正是广东省海外直接投资数量的增长带动了珠三角地区，使得其可以与长三角地区在投资项目数量上分庭抗礼。中部地区民营企业海外

---

① 详见序章第一节"中国民营企业海外直接投资指数"的六级指标体系和指数构成。

直接投资集中分布于中原华中区域，西部地区则集中于西南区域。

表3-2-1 民营企业海外直接投资项目数量在不同投资来源地的分布及指数汇总表

(单位：件)

年份	环渤海地区											
	京津冀				其 他				合 计			
	项目数	同比增长(%)	占比(%)	指数	项目数	同比增长(%)	占比(%)	指数	项目数	同比增长(%)	占比(%)	指数
2005	2		66.67	40.00	1		33.33	10.87	3		42.86	21.13
2006	0	-100.0	n. a.	0.00	0	-100.0	n. a.	0.00	0	-100.0	0.00	0.00
2007	1	n. a.	100.00	20.00	0	n. a.	0.00	0.00	1	n. a.	4.00	7.04
2008	3	200.0	75.00	60.00	1	n. a.	25.00	10.87	4	300.0	9.30	28.17
2009	1	-66.7	25.00	20.00	3	200.0	75.00	32.61	4	0.0	10.81	28.17
2010	1	0.0	50.00	20.00	1	-66.7	50.00	10.87	2	-50.0	5.71	14.08
2011	4	300.0	44.44	80.00	5	400.0	55.56	54.35	9	350.0	9.18	63.38
2012	5	25.0	50.00	100.00	5	0.0	50.00	54.35	10	11.1	14.71	70.42
2013	3	-40.0	30.00	60.00	7	40.0	70.00	76.09	10	0.0	13.70	70.42
2014	6	100.0	24.00	120.00	19	171.4	76.00	206.52	25	150.0	28.41	176.06
2015	7	16.7	41.18	140.00	10	-47.4	58.82	108.70	17	-32.0	14.29	119.72
2016	16	128.6	48.48	320.00	17	70.0	51.52	184.78	33	94.1	15.35	232.39
2017	25	56.3	69.44	500.00	11	-35.3	30.56	119.57	36	9.1	16.29	253.52
合计	74		48.05		80		51.95		154		14.85	
2011—2015年均值	5.00			100.00	9.20			100.00	14.20			100.00
年份	长三角地区											
	上 海				其 他				合 计			
	项目数	同比增长(%)	占比(%)	指数	项目数	同比增长(%)	占比(%)	指数	项目数	同比增长(%)	占比(%)	指数
2005	0		0.00	0.00	3		100.00	12.82	3		42.86	10.07
2006	0	n. a.	0.00	0.00	3	0.0	100.00	12.82	3	0.0	37.50	10.07
2007	2	n. a.	14.29	31.25	12	300.0	85.71	51.28	14	366.7	56.00	46.98

续表

年份	长三角地区											
	上　海				其　他				合　计			
	项目数	同比增长(%)	占比(%)	指数	项目数	同比增长(%)	占比(%)	指数	项目数	同比增长(%)	占比(%)	指数
2008	0	-100.0	0.00	0.00	28	133.3	100.00	119.66	28	100.0	65.12	93.96
2009	1	n. a.	6.25	15.63	15	-46.4	93.75	64.10	16	-42.9	43.24	53.69
2010	2	100.0	11.76	31.25	15	0.0	88.24	64.10	17	6.3	48.57	57.05
2011	0	-100.0	0.00	0.00	28	86.7	100.00	119.66	28	64.7	28.57	93.96
2012	5	n. a.	17.24	78.13	24	-14.3	82.76	102.56	29	3.6	42.65	97.32
2013	2	-60.0	9.09	31.25	20	-16.7	90.91	85.47	22	-24.1	30.14	73.83
2014	7	250.0	31.82	109.38	15	-25.0	68.18	64.10	22	0.0	25.00	73.83
2015	18	157.1	37.50	281.25	30	100.0	62.50	128.21	48	118.2	40.34	161.07
2016	20	11.1	28.99	312.50	49	63.3	71.01	209.40	69	43.8	32.09	231.54
2017	25	25.0	32.05	390.63	53	8.2	67.95	226.50	78	13.0	35.29	261.74
合计	82		21.75		295		78.25		377		36.35	
2011—2015年均值	6.40			100.00	23.40			100.00	29.80			100.00

年份	珠三角地区											
	广　东				其　他				合　计			
	项目数	同比增长(%)	占比(%)	指数	项目数	同比增长(%)	占比(%)	指数	项目数	同比增长(%)	占比(%)	指数
2005	0		n. a.	0.00	0		n. a.	0.00	0		0.00	0.00
2006	0	n. a.	n. a.	0.00	0	n. a.	n. a.	0.00	0	n. a.	0.00	0.00
2007	0	n. a.	0.00	0.00	4	n. a.	100.00	111.11	4	n. a.	16.00	13.33
2008	3	n. a.	50.00	11.36	3	-25.0	50.00	83.33	6	50.0	13.95	20.00
2009	3	0.0	42.86	11.36	4	33.3	57.14	111.11	7	16.7	18.92	23.33
2010	6	100.0	60.00	22.73	4	0.0	40.00	111.11	10	42.9	28.57	33.33
2011	29	383.3	70.73	109.85	12	200.0	29.27	333.33	41	310.0	41.84	136.67
2012	16	-44.8	94.12	60.61	1	-91.7	5.88	27.78	17	-58.5	25.00	56.67
2013	28	75.0	93.33	106.06	2	100.0	6.67	55.56	30	76.5	41.10	100.00

年份	珠三角地区											
	广　东				其　他				合　计			
	项目数	同比增长（%）	占比（%）	指数	项目数	同比增长（%）	占比（%）	指数	项目数	同比增长（%）	占比（%）	指数
2014	26	-7.1	96.30	98.48	1	-50.0	3.70	27.78	27	-10.0	30.68	90.00
2015	33	26.9	94.29	125.00	2	100.0	5.71	55.56	35	29.6	29.41	116.67
2016	72	118.2	96.00	272.73	3	50.0	4.00	83.33	75	114.3	34.88	250.00
2017	63	-12.5	77.78	238.64	18	500.0	22.22	500.00	81	8.0	36.65	270.00
合计	279		83.78		54		16.22		333		32.11	
2011—2015年均值	26.40			100.00	3.60				30.00			100.00

年份	中部地区											
	华北东北				中原华中				合　计			
	项目数	同比增长（%）	占比（%）	指数	项目数	同比增长（%）	占比（%）	指数	项目数	同比增长（%）	占比（%）	指数
2005	0		0.00	0.00	1		100.00	18.52	1		14.29	16.13
2006	0	n. a.	0.00	0.00	3	200.0	100.00	55.56	3	200.0	37.50	48.39
2007	0	n. a.	0.00	0.00	2	-33.3	100.00	37.04	2	-33.3	8.00	32.26
2008	0	n. a.	0.00	0.00	3	50.0	100.00	55.56	3	50.0	6.98	48.39
2009	0	n. a.	0.00	0.00	2	-33.3	100.00	37.04	2	-33.3	5.41	32.26
2010	0	n. a.	0.00	0.00	3	50.0	100.00	55.56	3	50.0	8.57	48.39
2011	0	n. a.	0.00	0.00	3	0.0	100.00	55.56	3	0.0	3.06	48.39
2012	1	n. a.	16.67	125.00	5	66.7	83.33	92.59	6	100.0	8.82	96.77
2013	1	0.0	20.00	125.00	4	-20.0	80.00	74.07	5	-16.7	6.85	80.65
2014	0	-100.0	0.00	0.00	7	75.0	100.00	129.63	7	40.0	7.95	112.90
2015	2	n. a.	20.00	250.00	8	14.3	80.00	148.15	10	42.9	8.40	161.29
2016	6	200.0	22.22	750.00	21	162.5	77.78	388.89	27	170.0	12.56	435.48
2017	2	-66.7	12.50	250.00	14	-33.3	87.50	259.26	16	-40.7	7.24	258.06
合计	12		13.64		76		86.36		88		8.49	
2011—2015年均值	0.80			100.00	5.40				6.20			100.00

续表

年份	西部地区											
	西 北				西 南				合 计			
	项目数	同比增长（%）	占比（%）	指数	项目数	同比增长（%）	占比（%）	指数	项目数	同比增长（%）	占比（%）	指数
2005	0		n. a.	0.00	0		n. a.	0.00	0		0.00	0.00
2006	0	n. a.	0.00	0.00	2	n. a.	100.00	25.00	2	n. a.	25.00	22.22
2007	0	n. a.	0.00	0.00	4	100.0	100.00	50.00	4	100.0	16.00	44.44
2008	0	n. a.	0.00	0.00	2	−50.0	100.00	25.00	2	−50.0	4.65	22.22
2009	0	n. a.	0.00	0.00	8	300.0	100.00	100.00	8	300.0	21.62	88.89
2010	0	n. a.	0.00	0.00	3	−62.5	100.00	37.50	3	−62.5	8.57	33.33
2011	1	n. a.	5.88	100.00	16	433.3	94.12	200.00	17	466.7	17.35	188.89
2012	1	0.0	16.67	100.00	5	−68.8	83.33	62.50	6	−64.7	8.82	66.67
2013	0	−100.0	0.00	0.00	6	20.0	100.00	75.00	6	0.0	8.22	66.67
2014	2	n. a.	28.57	200.00	5	−16.7	71.43	62.50	7	16.7	7.95	77.78
2015	1	−50.0	11.11	100.00	8	60.0	88.89	100.00	9	28.6	7.56	100.00
2016	3	200.0	27.27	300.00	8	0.0	72.73	100.00	11	22.2	5.12	122.22
2017	2	−33.3	20.00	200.00	8	0.0	80.00	100.00	10	−9.1	4.52	111.11
合计	10		11.76		75		88.24		85		8.20	
2011—2015 年均值	1.00			100.00	8.00				9.00			100.00

年 份	总 计			
	项目数	同比增长（%）	占比（%）	指数
2005	7		100.00	7.85
2006	8	14.3	100.00	8.97
2007	25	212.5	100.00	28.03
2008	43	72.0	100.00	48.21
2009	37	−14.0	100.00	41.48
2010	35	−5.4	100.00	39.24
2011	98	180.0	100.00	109.87
2012	68	−30.6	100.00	76.23
2013	73	7.4	100.00	81.84

年　份	总　　计			
	项目数	同比增长（%）	占比（%）	指数
2014	88	20.5	100.00	98.65
2015	119	35.2	100.00	133.41
2016	215	80.7	100.00	241.03
2017	221	2.8	100.00	247.76
合　计	1037		100.00	
2011—2015 年均值	89.20			100.00

2. 民营企业海外直接投资金额在不同投资来源地的分布

我国民营企业海外投资金额的来源地分布与项目数量的来源地分布有着较大的差异，这些差异主要存在于环渤海地区和珠三角地区。民营样本企业海外直接投资项目数量在五大区域中排名第三位的环渤海地区，2005—2017 年投资数量占据总投资金额的 46.83%，在五大区域中位列第一；相反珠三角地区则在金额占比中位列第三，而且两者之间相差较大。由此可见，环渤海地区的民营企业虽然投资件数相对较少，但是投资金额规模大；而珠三角地区则是投资金额规模较小，投资数量较多。

综观 2017 年投资金额规模在各个区域的分布以及细分区域分布的情况，可以看出不同区域之间民营企业海外直接投资金额规模变化程度不一。环渤海地区与 2016 年相比基本无增长，中部地区出现负增长，而长三角地区、珠三角地区以及西部地区增速显著加快。其中，辽宁、山东（环渤海地区中的"其他"）在 2017 年金额的负增长是造成环渤海地区民营样本企业海外直接投资金额规模基本无增长的原因，同比下降了82.2%；长三角地区各细分区域均增势明显，珠三角地区则主要依靠于福建、海南（珠海地区中的"其他"）的民营企业海外直接投资金额规模的迅速扩大。

表 3-2-2　民营企业海外直接投资金额在不同投资来源地的分布及指数汇总表

（单位：百万美元）

年份	环渤海地区											
	京津冀				其　他				合　计			
	金额	同比增长(%)	占比(%)	指数	金额	同比增长(%)	占比(%)	指数	金额	同比增长(%)	占比(%)	指数
2005	36.72		95.33	3.52	1.80		4.67	0.02	38.52		31.12	0.45
2006	0.00	-100.0	n.a.	0.00	0.00	-100.0	n.a.	0.00	0.00	-100.0	0.00	0.00
2007	200.00	n.a.	100.00	19.19	0.00	n.a.	0.00	0.00	200.00	n.a.	8.97	2.32
2008	396.60	98.3	95.24	38.05	19.81	n.a.	4.76	0.26	416.41	108.2	13.26	4.84
2009	0.00	-100.0	0.00	0.00	121.90	515.3	100.00	1.61	121.90	-70.7	6.30	1.42
2010	41.06	n.a.	76.08	3.94	12.91	-89.4	23.92	0.17	53.97	-55.7	1.42	0.63
2011	271.10	560.3	75.51	26.01	87.91	580.9	24.49	1.16	359.01	565.2	2.53	4.17
2012	1011.49	273.1	21.76	97.05	3636.39	4036.5	78.24	48.04	4647.88	1194.6	52.88	53.97
2013	0.00	-100.0	0.00	0.00	2258.02	-37.9	100.00	29.83	2258.02	-51.4	57.41	26.22
2014	2891.63	n.a.	15.76	277.45	15455.90	584.5	84.24	204.17	18347.53	712.6	46.05	213.04
2015	1036.77	-64.1	5.94	99.48	16412.33	6.2	94.06	216.80	17449.10	-4.9	56.65	202.61
2016	28188.46	2618.9	69.61	2704.71	12304.98	-25.0	30.39	162.55	40493.44	132.1	61.37	470.18
2017	38536.69	36.7	94.62	3697.64	2191.88	-82.2	5.38	28.95	40728.57	0.6	44.19	472.91
合计	72610.52		58.04		52503.82		41.96		125114.35		46.83	
2011—2015年均值	1042.20			100.00	7570.11			100.00	8612.31			100.00
年份	长三角地区											
	上　海				其　他				合　计			
	金额	同比增长(%)	占比(%)	指数	金额	同比增长(%)	占比(%)	指数	金额	同比增长(%)	占比(%)	指数
2005	0.00		0.00	0.00	45.40		100.00	1.82	45.40		36.68	0.94
2006	0.00	n.a.	0.00	0.00	28.70	-36.8	100.00	1.15	28.70	-36.8	11.97	0.59
2007	793.40	n.a.	46.05	33.61	929.67	3139.3	53.95	37.34	1723.07	5903.7	77.26	35.53
2008	0.00	-100.0	0.00	0.00	1303.08	40.2	100.00	52.34	1303.08	-24.4	41.50	26.87
2009	58.00	n.a.	11.07	2.46	465.72	-64.3	88.93	18.71	523.72	-59.8	27.07	10.80

年份	长三角地区											
	上 海				其 他				合 计			
	金额	同比增长(%)	占比(%)	指数	金额	同比增长(%)	占比(%)	指数	金额	同比增长(%)	占比(%)	指数
2010	419.35	623.0	15.79	17.77	2236.71	380.3	84.21	89.84	2656.06	407.2	69.86	54.76
2011	0.00	-100.0	0.00	0.00	6401.94	186.2	100.00	257.15	6401.94	141.0	45.18	132.00
2012	2.30	n. a.	0.35	0.10	663.83	-89.6	99.65	26.66	666.13	-89.6	7.58	13.73
2013	429.96	18593.9	52.72	18.22	385.60	-41.9	47.28	15.49	815.56	22.4	20.73	16.82
2014	7653.23	1680.0	88.37	324.23	1006.78	161.1	11.63	40.44	8660.01	961.9	21.74	178.56
2015	3716.55	-51.4	48.23	157.45	3989.53	296.3	51.77	160.25	7706.08	-11.0	25.02	158.89
2016	3733.40	0.5	39.62	158.17	5689.45	42.6	60.38	228.53	9422.85	22.3	14.28	194.29
2017	16441.04	340.4	57.91	696.53	11947.84	110.0	42.09	479.92	28388.88	201.3	30.80	585.34
合计	33247.23		48.65		35094.25		51.35		68341.48		25.58	
2011—2015年均值	2360.41			100.00	2489.54				4849.94			100.00

年份	珠三角地区											
	广 东				其 他				合 计			
	金额	同比增长(%)	占比(%)	指数	金额	同比增长(%)	占比(%)	指数	金额	同比增长(%)	占比(%)	指数
2005	0.00		n. a.	0.00	0.00		n. a.	0.00	0.00		0.00	0.00
2006	0.00	n. a.	n. a.	0.00	0.00	n. a.	n. a.	0.00	0.00	n. a.	0.00	0.00
2007	0.00	n. a.	n. a.	0.00	0.00	n. a.	n. a.	0.00	0.00	n. a.	0.00	0.00
2008	22.80	n. a.	82.01	1.98	5.00		17.99	0.48	27.80	n. a.	0.89	1.27
2009	70.30	208.3	12.82	6.10	478.00	9460.0	87.18	46.27	548.30	1872.3	28.34	25.08
2010	314.20	346.9	81.81	27.25	69.84	-85.4	18.19	6.76	384.04	-30.0	10.10	17.57
2011	998.79	217.9	16.92	86.63	4905.39	6923.8	83.08	474.83	5904.18	1437.4	41.67	270.09
2012	825.76	-17.3	97.52	71.62	21.00	-99.6	2.48	2.03	846.76	-85.7	9.63	38.74
2013	291.60	-64.7	57.94	25.29	211.69	908.1	42.06	20.49	503.29	-40.6	12.80	23.02
2014	2225.52	663.2	99.32	193.03	15.30	-92.8	0.68	1.48	2240.82	345.2	5.62	102.51

续表

年份	珠三角地区											
	广东				其他				合计			
	金额	同比增长(%)	占比(%)	指数	金额	同比增长(%)	占比(%)	指数	金额	同比增长(%)	占比(%)	指数
2015	1423.05	-36.1	99.16	123.43	12.00	-21.6	0.84	1.16	1435.05	-36.0	4.66	65.65
2016	7171.68	404.0	94.04	622.03	454.60	3688.3	5.96	44.00	7626.28	431.4	11.56	348.87
2017	5149.72	-28.2	29.67	446.66	12209.76	2585.8	70.33	1181.88	17359.48	127.6	18.83	794.11
合计	18493.42		50.15		18382.58		49.85		36876.00		13.80	
2011—2015年均值	1152.94			100.00	1033.08				2186.02			100.00

年份	中部地区											
	华北东北				中原华中				合计			
	金额	同比增长(%)	占比(%)	指数	金额	同比增长(%)	占比(%)	指数	金额	同比增长(%)	占比(%)	指数
2005	0.00		0.00	0.00	39.86		100.00	3.36	39.86		32.20	3.10
2006	0.00	n.a.	0.00	0.00	165.00	313.9	100.00	13.92	165.00	313.9	68.84	12.85
2007	0.00	n.a.	0.00	0.00	76.80	-53.5	100.00	6.48	76.80	-53.5	3.44	5.98
2008	0.00	n.a.	0.00	0.00	383.85	399.8	100.00	32.38	383.85	399.8	12.22	29.89
2009	0.00	n.a.	0.00	0.00	539.98	40.7	100.00	45.55	539.98	40.7	27.91	42.04
2010	0.00	n.a.	0.00	0.00	470.00	-13.0	100.00	39.65	470.00	-13.0	12.36	36.59
2011	0.00	n.a.	0.00	0.00	736.42	56.7	100.00	62.12	736.42	56.7	5.20	57.34
2012	448.74	n.a.	37.81	453.82	738.22	0.2	62.19	62.27	1186.96	61.2	13.51	92.42
2013	0.28	-99.9	0.18	0.28	153.02	-79.3	99.82	12.91	153.30	-87.1	3.90	11.94
2014	0.00	-100.0	0.00	0.00	466.62	204.9	100.00	39.36	466.62	204.4	1.17	36.33
2015	45.38	n.a.	1.17	45.89	3833.06	721.4	98.83	323.34	3878.44	731.2	12.59	301.98
2016	2769.07	6002.0	34.30	2800.43	5303.70	38.4	65.70	447.39	8072.77	108.1	12.23	628.55
2017	1122.97	-59.4	27.03	1135.30	3031.50	-42.8	72.97	255.72	4154.47	-48.5	4.51	323.47
合计	4386.44		21.58		15938.03		78.42		20324.47		7.61	
2011—2015年均值	98.88			100.00	1185.47				1284.35			100.00

续表

年份	西部地区											
	西　北				西　南				合　计			
	金额	同比增长(%)	占比(%)	指数	金额	同比增长(%)	占比(%)	指数	金额	同比增长(%)	占比(%)	指数
2005	0.00		n. a.	0.00	0.00		n. a.	0.00	0.00		0.00	0.00
2006	0.00	n. a.	0.00	0.00	46.00	n. a.	100.00	1.83	46.00	n. a.	19.19	1.79
2007	0.00	n. a.	0.00	0.00	230.29	400.6	100.00	9.16	230.29	400.6	10.33	8.95
2008	0.00	n. a.	0.00	0.00	1008.96	338.1	100.00	40.14	1008.96	338.1	32.13	39.20
2009	0.00	n. a.	0.00	0.00	200.60	−80.1	100.00	7.98	200.60	−80.1	10.37	7.79
2010	0.00	n. a.	0.00	0.00	238.00	18.6	100.00	9.47	238.00	18.6	6.26	9.25
2011	141.00	n. a.	18.39	234.05	625.87	163.0	81.61	24.90	766.87	222.2	5.41	29.79
2012	0.00	−100.0	0.00	0.00	1441.13	130.3	100.00	57.33	1441.13	87.9	16.40	55.99
2013	0.00	n. a.	0.00	0.00	203.19	−85.9	100.00	8.08	203.19	−85.9	5.17	7.89
2014	100.00	n. a.	0.99	165.99	10028.09	4835.3	99.01	398.94	10128.09	4884.5	25.42	393.49
2015	60.22	−39.8	18.23	99.96	270.16	−97.3	81.77	10.75	330.38	−96.7	1.07	12.84
2016	223.90	271.8	60.34	371.66	147.18	−45.5	39.66	5.86	371.08	12.3	0.56	14.42
2017	40.00	−82.1	2.60	66.40	1499.59	918.9	97.40	59.66	1539.59	314.9	1.67	59.81
合计	565.12		3.42		15939.06		96.58		16504.18		6.18	
2011—2015年均值	60.24			100.00	2513.69				2573.93			100.00

年　份	总　计			
	金　额	同比增长（%）	占比（%）	指　数
2005	123.78		100.00	0.63
2006	239.70	93.7	100.00	1.23
2007	2230.16	830.4	100.00	11.43
2008	3140.10	40.8	100.00	16.10
2009	1934.50	−38.4	100.00	9.92
2010	3802.07	96.5	100.00	19.49
2011	14168.42	272.7	100.00	72.63
2012	8788.86	−38.0	100.00	45.06
2013	3933.35	−55.2	100.00	20.16

续表

年　份	总　　计			
	金　额	同比增长（%）	占比（%）	指　数
2014	39843.07	913.0	100.00	204.25
2015	30799.05	-22.7	100.00	157.89
2016	65986.42	114.2	100.00	338.28
2017	92170.99	39.7	100.00	472.51
合计	267160.47		100.00	
2011—2015 年均值	19506.55			100.00

对应以上数据表格，将其制成如下折线图。

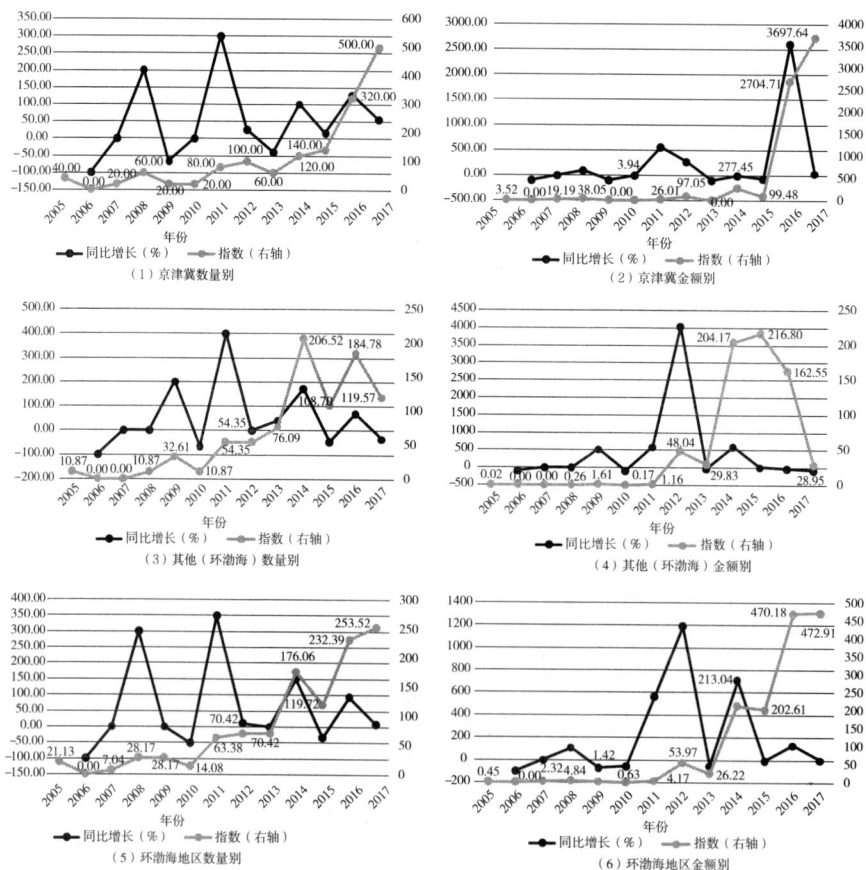

图 3-2-1　2005—2017 年民营企业海外直接投资环渤海地区项目数量和金额指数走势图

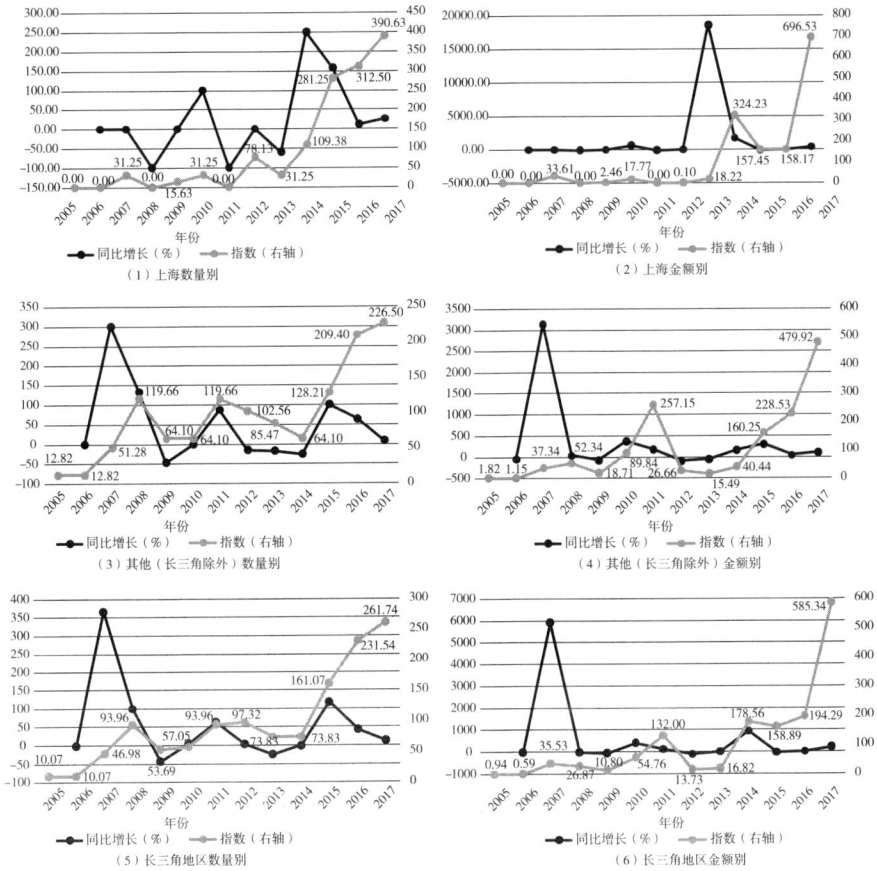

图 3-2-2　2005—2017 年民营企业海外直接投资长三角地区项目数量和金额指数走势图

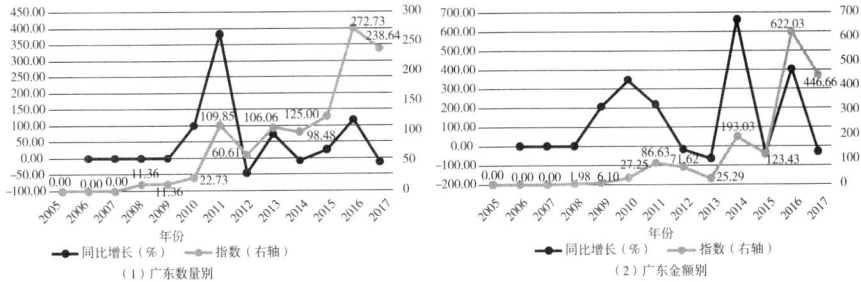

图 3-2-3　2005—2017 年民营企业海外直接投资珠三角地区项目数量和金额指数走势图

（3）其他（珠三角除外）数量别

（4）其他（珠三角除外）金额别

（5）珠三角地区数量别

（6）珠三角地区金额别

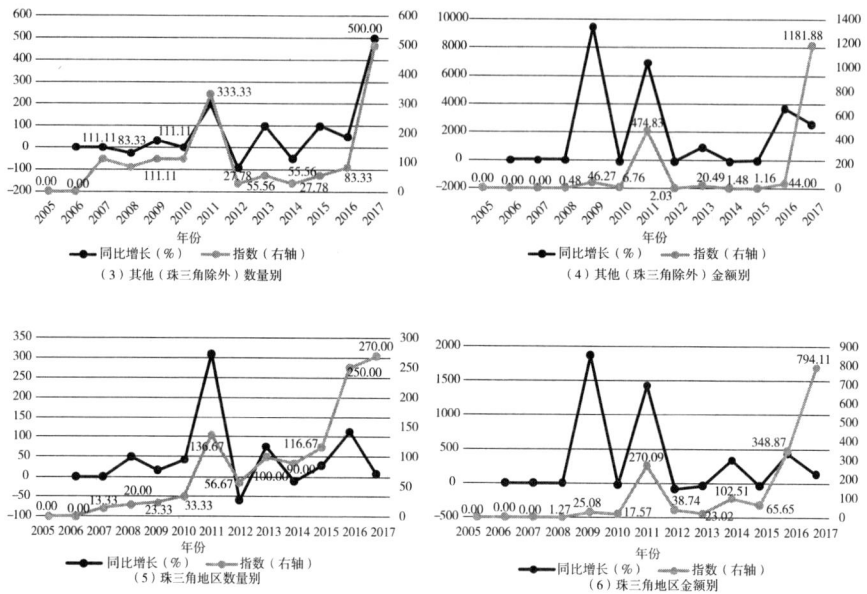

图 3-2-3　2005—2017 年民营企业海外直接投资珠三角
地区项目数量和金额指数走势图（续图）

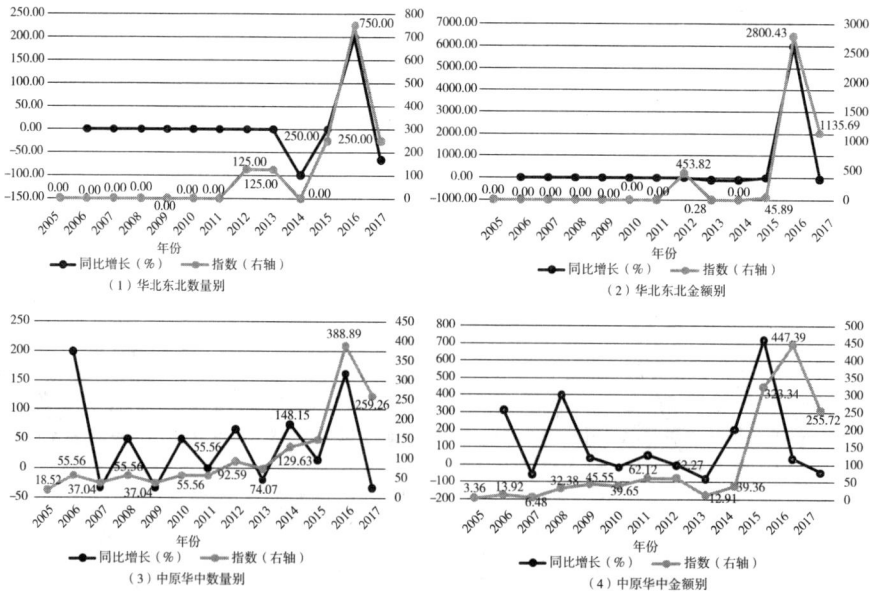

（1）华北东北数量别

（2）华北东北金额别

（3）中原华中数量别

（4）中原华中金额别

图 3-2-4　2005—2017 年民营企业海外直接投资中部地区项目数量和金额指数走势图

（5）中部地区数量别　　　　　　　　　　　　（6）中部地区金额别

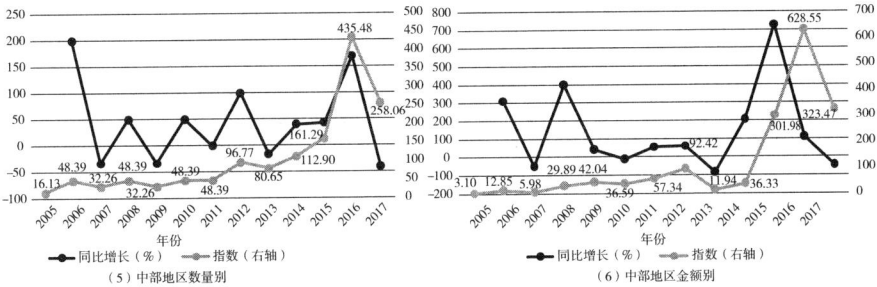

图 3-2-4　2005—2017 年民营企业海外直接投资中部地区项目数量和金额指数走势图（续图）

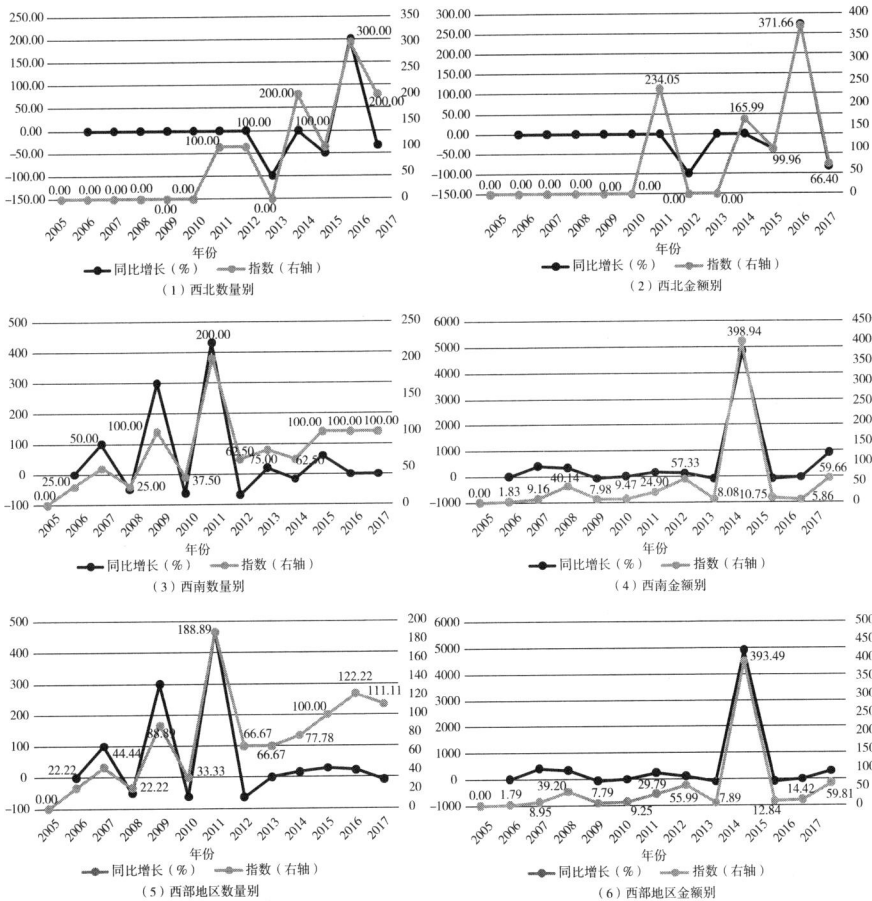

（1）西北数量别　　　　　　　　　　　　（2）西北金额别

（3）西南数量别　　　　　　　　　　　　（4）西南金额别

（5）西部地区数量别　　　　　　　　　　　　（6）西部地区金额别

图 3-2-5　2005—2017 年民营企业海外直接投资西部地区项目数量和金额指数走势图

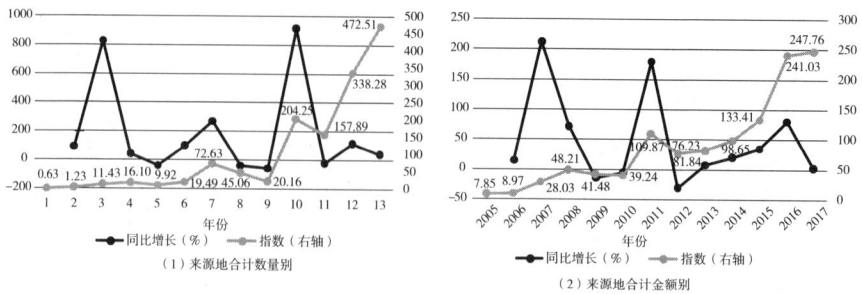

（1）来源地合计数量别

（2）来源地合计金额别

图 3-2-6　2005—2017 年民营企业海外直接投资来源地项目数量和金额指数走势图

二、各省市民营企业海外直接投资项目数量和金额分布

1. 各省市民营企业海外直接投资项目数量分布

环渤海地区民营样本企业海外直接投资项目数量分布主要集中于北京、辽宁和山东 3 个地区。北京市作为我国政治经济中心，集聚了大量进行海外投资的民营企业，根据统计，北京市民营样本企业在 2005—2017 年间海外直接投资项目总数共计为 53 件，并且自 2015 年以后增势显著。辽宁、山东两省的民营企业是环渤海地区民营企业海外直接投资项目数量增长的主要推动地区，两省份民营样本企业在 2005—2017 年进行了总计 80 件的海外直接投资活动，超过北京、天津、河北三省市在 13 年间的总投资项目数量。通过统计还可发现，2017 年环渤海地区总投资数量增势变缓的直接原因即为辽宁省民营样本企业海外直接投资数量出现大幅下降。

表 3-2-3　中国民营样本企业海外直接投资来源地项目数量——环渤海地区

（单位：件）

年份		环渤海地区							总计
		京津冀地区				其他			
		北京	天津	河北	小计	辽宁	山东	合计	
2005	数量	1	1	0	2	1	0	1	3
	比例（%）	33.33	33.33	0.00	66.67	33.33	0.00	33.33	100.00
	指数	27.78	125.00	0.00	40.00	17.24	0.00	10.87	21.13

续表

年份		环渤海地区							
		京津冀地区				其他			总计
		北京	天津	河北	小计	辽宁	山东	合计	
2006	数量	0	0	0	0	0	0	0	0
	比例（%）	n. a.	n. a.	n. a.	n. a.	n. a.	n. a.	n. a.	n. a.
	指数	0.00	0.00	0.00	0.00	0.00	0.00	0.00	0.00
2007	数量	0	1	0	1	0	0	0	1
	比例（%）	0.00	100.00	0.00	100.00	0.00	0.00	0.00	100.00
	指数	0.00	125.00	0.00	20.00	0.00	0.00	0.00	7.04
2008	数量	3	0	0	3	1	0	1	4
	比例（%）	75.00	0.00	0.00	75.00	25.00	0.00	25.00	100.00
	指数	83.33	0.00	0.00	60.00	17.24	0.00	10.87	28.17
2009	数量	0	0	1	1	0	3	3	4
	比例（%）	0.00	0.00	25.00	25.00	0.00	75.00	75.00	100.00
	指数	0.00	0.00	166.67	20.00	0.00	88.24	32.61	28.17
2010	数量	1	0	0	1	0	1	1	2
	比例（%）	50.00	0.00	0.00	50.00	0.00	50.00	50.00	100.00
	指数	27.78	0.00	0.00	20.00	0.00	29.41	10.87	14.08
2011	数量	2	2	0	4	1	4	5	9
	比例（%）	22.22	22.22	0.00	44.44	11.11	44.44	55.56	100.00
	指数	55.56	250.00	0.00	80.00	17.24	117.65	54.35	63.38
2012	数量	4	1	0	5	5	0	5	10
	比例（%）	40.00	10.00	0.00	50.00	50.00	0.00	50.00	100.00
	指数	111.11	125.00	0.00	100.00	86.21	0.00	54.35	70.42
2013	数量	1	0	2	3	4	3	7	10
	比例（%）	10.00	0.00	20.00	30.00	40.00	30.00	70.00	100.00
	指数	27.78	0.00	333.33	60.00	68.97	88.24	76.09	70.42
2014	数量	6	0	0	6	12	7	19	25
	比例（%）	24.00	0.00	0.00	24.00	48.00	28.00	76.00	100.00
	指数	166.67	0.00	0.00	120.00	206.90	205.88	206.52	176.06

续表

年份		环渤海地区							总计
		京津冀地区				其他			
		北京	天津	河北	小计	辽宁	山东	合计	
2015	数量	5	1	1	7	7	3	10	17
	比例（%）	29.41	5.88	5.88	41.18	41.18	17.65	58.82	100.00
	指数	138.89	125.00	166.67	140.00	120.69	88.24	108.70	119.72
2016	数量	12	2	2	16	12	5	17	33
	比例（%）	36.36	6.06	6.06	48.48	36.36	15.15	51.52	100.00
	指数	333.33	250.00	333.33	320.00	206.90	147.06	184.78	232.39
2017	数量	18	2	5	25	1	10	11	36
	比例（%）	50.00	5.56	13.89	69.44	2.78	27.78	30.56	100.00
	指数	500.00	250.00	833.33	500.00	17.24	294.12	119.57	253.52
合计	数量	53	10	11	74	44	36	80	154
	比例（%）	34.42	6.49	7.14	48.05	28.57	23.38	51.95	100.00
2011—2015 年均值		3.60	0.80	0.60	5.00	5.80	3.40	9.20	14.20

　　浙江省民营样本企业海外直接投资项目数量在长三角地区总投资项目数量规模上占比最高，2005—2017 年间共进行了 192 件投资，在整个长三角地区占比 50.93%。从统计数据上来看，浙江省民营样本企业海外直接投资总数如此众多主要基于其每年投资项目件数均远超上海市和江苏省，并且浙江民营企业进行海外直接投资活动早于上海和江苏。上海作为我国重要的经济、交通、科技、工业、金融、会展和航运中心，首批沿海开放城市，其较高的国际化发展水平给大批的民营企业"走出去"提供良好条件，因此位于上海的民营样本企业于 2014 年以后进行海外直接投资的项目数量增势显著。

表 3-2-4　中国民营样本企业海外直接投资来源地项目数量——长三角地区

（单位：件）

年份		长三角地区					总计
		上海		其他			
		上海	小计	江苏	浙江	合计	
2005	数量	0	0	0	3	3	3
	比例（%）	0.00	0.00	0.00	100.00	100.00	100.00
	指数	0.00	0.00	0.00	20.55	12.82	10.07
2006	数量	0	0	0	3	3	3
	比例（%）	0.00	0.00	0.00	100.00	100.00	100.00
	指数	0.00	0.00	0.00	20.55	12.82	10.07
2007	数量	2	2	4	8	12	14
	比例（%）	14.29	14.29	28.57	57.14	85.71	100.00
	指数	31.25	31.25	45.45	54.79	51.28	46.98
2008	数量	0	0	15	13	28	28
	比例（%）	0.00	0.00	53.57	46.43	100.00	100.00
	指数	0.00	0.00	170.45	89.04	119.66	93.96
2009	数量	1	1	5	10	15	16
	比例（%）	6.25	6.25	31.25	62.50	93.75	100.00
	指数	15.63	15.63	56.82	68.49	64.10	53.69
2010	数量	2	2	3	12	15	17
	比例（%）	11.76	11.76	17.65	70.59	88.24	100.00
	指数	31.25	31.25	34.09	82.19	64.10	57.05
2011	数量	0	0	7	21	28	28
	比例（%）	0.00	0.00	25.00	75.00	100.00	100.00
	指数	0.00	0.00	79.55	143.84	119.66	93.96
2012	数量	5	5	10	14	24	29
	比例（%）	17.24	17.24	34.48	48.28	82.76	100.00
	指数	78.13	78.13	113.64	95.89	102.56	97.32
2013	数量	2	2	8	12	20	22
	比例（%）	9.09	9.09	36.36	54.55	90.91	100.00
	指数	31.25	31.25	90.91	82.19	85.47	73.83

续表

年份		长三角地区					总计
		上海		其他			
		上海	小计	江苏	浙江	合计	
2014	数量	7	7	7	8	15	22
	比例（%）	31.82	31.82	31.82	36.36	68.18	100.00
	指数	109.38	109.38	79.55	54.79	64.10	73.83
2015	数量	18	18	12	18	30	48
	比例（%）	37.50	37.50	25.00	37.50	62.50	100.00
	指数	281.25	281.25	136.36	123.29	128.21	161.07
2016	数量	20	20	17	32	49	69
	比例（%）	28.99	28.99	24.64	46.38	71.01	100.00
	指数	312.50	312.50	193.18	219.18	209.40	231.54
2017	数量	25	25	15	38	53	78
	比例（%）	32.05	32.05	19.23	48.72	67.95	100.00
	指数	390.63	390.63	170.45	260.27	226.50	261.74
合计	数量	82	82	103	192	295	377
	比例（%）	21.75	21.75	27.32	50.93	78.25	100.00
2011—2015 年均值		6.40	6.40	8.80	14.60	23.40	29.80

2005—2017 年间，广东省的民营样本企业海外直接投资数量占据了珠三角地区总投资数量的 83.78%，是珠三角地区民营企业海外直接投资的主要集中区域。而深圳则带动了广东省民营样本企业海外直接投资活动的发展，深圳作为中国改革开放以来建立的第一个经济特区、中国改革开放的窗口城市，在优越的地理位置和良好的政策支持下，深圳集中了我国大量"走出去"的民营企业，在 13 年间以 222 件的总投资项目数量远超位于各省份投资项目数量排行前列的浙江省。虽然 2017 年深圳的民营企业海外投资数量可能因政策原因相比于 2016 年有所下降，但其对珠三角地区乃至全国民营企业海外直接投资的影响仍不可忽视。

表 3-2-5　中国民营样本企业海外直接投资来源地项目数量——珠三角地区

（单位：件）

年份		珠三角地区						
		广东			其他			总计
		深圳	广东（不含深圳）	小计	福建	海南	合计	
2005	数量	0	0	0	0	0	0	0
	比例（%）	n. a.	n. a.	n. a.	n. a.	n. a.	n. a.	n. a.
	指数	0.00	0.00	0.00	0.00	0.00	0.00	0.00
2006	数量	0	0	0	0	0	0	0
	比例（%）	n. a.	n. a.	n. a.	n. a.	n. a.	n. a.	n. a.
	指数	0.00	0.00	0.00	0.00	0.00	0.00	0.00
2007	数量	0	0	0	0	4	4	4
	比例（%）	0.00	0.00	0.00	0.00	100.00	100.00	100.00
	指数	0.00	0.00	0.00	0.00	250.00	111.11	13.33
2008	数量	0	3	3	1	2	3	6
	比例（%）	0.00	50.00	50.00	16.67	33.33	50.00	100.00
	指数	0.00	93.75	11.36	50.00	125.00	83.33	20.00
2009	数量	3	0	3	1	3	4	7
	比例（%）	42.86	0.00	42.86	14.29	42.86	57.14	100.00
	指数	12.93	0.00	11.36	50.00	187.50	111.11	23.33
2010	数量	5	1	6	1	3	4	10
	比例（%）	50.00	10.00	60.00	10.00	30.00	40.00	100.00
	指数	21.55	31.25	22.73	50.00	187.50	111.11	33.33
2011	数量	28	1	29	4	8	12	41
	比例（%）	68.29	2.44	70.73	9.76	19.51	29.27	100.00
	指数	120.69	31.25	109.85	200.00	500.00	333.33	136.67
2012	数量	13	3	16	1	0	1	17
	比例（%）	76.47	17.65	94.12	5.88	0.00	5.88	100.00
	指数	56.03	93.75	60.61	50.00	0.00	27.78	56.67
2013	数量	27	1	28	2	0	2	30
	比例（%）	90.00	3.33	93.33	6.67	0.00	6.67	100.00
	指数	116.38	31.25	106.06	100.00	0.00	55.56	100.00

年份		珠三角地区						总计
		广东			其他			
		深圳	广东（不含深圳）	小计	福建	海南	合计	
2014	数量	23	3	26	1	0	1	27
	比例（%）	85.19	11.11	96.30	3.70	0.00	3.70	100.00
	指数	99.14	93.75	98.48	50.00	0.00	27.78	90.00
2015	数量	25	8	33	2	0	2	35
	比例（%）	71.43	22.86	94.29	5.71	0.00	5.71	100.00
	指数	107.76	250.00	125.00	100.00	0.00	55.56	116.67
2016	数量	50	22	72	3	0	3	75
	比例（%）	66.67	29.33	96.00	4.00	0.00	4.00	100.00
	指数	215.52	687.50	272.73	150.00	0.00	83.33	250.00
2017	数量	48	15	63	3	15	18	81
	比例（%）	59.26	18.52	77.78	3.70	18.52	22.22	100.00
	指数	206.90	468.75	238.64	150.00	937.50	500.00	270.00
合计	数量	222	57	279	19	35	54	333
	比例（%）	66.67	17.12	83.78	5.71	10.51	16.22	100.00
2011—2015 年均值		23.20	3.20	26.40	2.00	1.60	3.60	30.00

　　中部地区民营企业进行海外直接投资活动主要集中于中原华中地区，并且自 2014 年以后，中部地区民营样本企业海外直接投资项目总数增长迅速，华北东北、中原华中两大分区均在 2016 年实现突破性增长，但 2017 年出现回落。中部地区表现突出的省份是湖南省，以总投资件数 37 件在中部地区各省份投资数量上排在首位，并且随着湖南省民营企业海外直接投资活动稳定发展对周边省份产生的带动作用，以及国家对中部地区民营企业"走出去"的大力支持下，近年来中部地区部分省份民营企业海外直接投资发展势头良好，例如 2017 年湖北省有 6 件海外直接投资项目，安徽省2016 年有 7 件海外直接投资项目。

表3-2-6 中国民营样本企业海外直接投资来源地项目数量——中部地区

(单位：件)

年份		中部地区				
		华北东北				
		山西	内蒙古	黑龙江	吉林	合计
2005	数量	0	0	0	0	0
	比例（%）	0.00	0.00	0.00	0.00	0.00
	指数	0.00	0.00	n. a.	n. a.	0.00
2006	数量	0	0	0	0	0
	比例（%）	0.00	0.00	0.00	0.00	0.00
	指数	0.00	0.00	n. a.	n. a.	0.00
2007	数量	0	0	0	0	0
	比例（%）	0.00	0.00	0.00	0.00	0.00
	指数	0.00	0.00	n. a.	n. a.	0.00
2008	数量	0	0	0	0	0
	比例（%）	0.00	0.00	0.00	0.00	0.00
	指数	0.00	0.00	n. a.	n. a.	0.00
2009	数量	0	0	0	0	0
	比例（%）	0.00	0.00	0.00	0.00	0.00
	指数	0.00	0.00	n. a.	n. a.	0.00
2010	数量	0	0	0	0	0
	比例（%）	0.00	0.00	0.00	0.00	0.00
	指数	0.00	0.00	n. a.	n. a.	0.00
2011	数量	0	0	0	0	0
	比例（%）	0.00	0.00	0.00	0.00	0.00
	指数	0.00	0.00	n. a.	n. a.	0.00
2012	数量	1	0	0	0	1
	比例（%）	16.67	0.00	0.00	0.00	16.67
	指数	500.00	0.00	n. a.	n. a.	125.00
2013	数量	0	1	0	0	1
	比例（%）	0.00	20.00	0.00	0.00	20.00
	指数	0.00	166.67	n. a.	n. a.	125.00

续表

年份	中部地区					
	华北东北					
		山西	内蒙古	黑龙江	吉林	合计
2014	数量	0	0	0	0	0
	比例（%）	0.00	0.00	0.00	0.00	0.00
	指数	0.00	0.00	n.a.	n.a.	0.00
2015	数量	0	2	0	0	2
	比例（%）	0.00	20.00	0.00	0.00	20.00
	指数	0.00	333.33	n.a.	n.a.	250.00
2016	数量	1	4	1	0	6
	比例（%）	3.70	14.81	3.70	0.00	22.22
	指数	500.00	666.67	n.a.	n.a.	750.00
2017	数量	1	1	0	0	2
	比例（%）	6.25	6.25	0.00	0.00	12.50
	指数	500.00	166.67	n.a.	n.a.	250.00
合计	数量	3	8	1	0	12
	比例（%）	3.41	9.09	1.14	0.00	13.64
2011—2015 年均值		0.20	0.60	0.00	0.00	0.80

年份	中部地区						总计
	中原华中						
		河南	安徽	江西	湖北	湖南	合计
2005	数量	0	0	0	1	0	1	1
	比例（%）	0.00	0.00	0.00	100.00	0.00	100.00	100.00
	指数	0.00	0.00	0.00	500.00	0.00	18.52	16.13
2006	数量	0	0	0	1	2	3	3
	比例（%）	0.00	0.00	0.00	33.33	66.67	100.00	100.00
	指数	0.00	0.00	0.00	500.00	66.67	55.56	48.39
2007	数量	0	0	0	0	2	2	2
	比例（%）	0.00	0.00	0.00	0.00	100.00	100.00	100.00
	指数	0.00	0.00	0.00	0.00	66.67	37.04	32.26

年份	中部地区							总计
	中原华中							
		河南	安徽	江西	湖北	湖南	合计	
2008	数量	0	0	0	0	3	3	3
	比例（%）	0.00	0.00	0.00	0.00	100.00	100.00	100.00
	指数	0.00	0.00	0.00	0.00	100.00	55.56	48.39
2009	数量	0	0	0	1	1	2	2
	比例（%）	0.00	0.00	0.00	50.00	50.00	100.00	100.00
	指数	0.00	0.00	0.00	500.00	33.33	37.04	32.26
2010	数量	0	0	0	0	3	3	3
	比例（%）	0.00	0.00	0.00	0.00	100.00	100.00	100.00
	指数	0.00	0.00	0.00	0.00	100.00	55.56	48.39
2011	数量	0	0	0	0	3	3	3
	比例（%）	0.00	0.00	0.00	0.00	100.00	100.00	100.00
	指数	0.00	0.00	0.00	0.00	100.00	55.56	48.39
2012	数量	0	0	1	1	3	5	6
	比例（%）	0.00	0.00	16.67	16.67	50.00	83.33	100.00
	指数	0.00	0.00	125.00	500.00	100.00	92.59	96.77
2013	数量	2	0	0	0	2	4	5
	比例（%）	40.00	0.00	0.00	0.00	40.00	80.00	100.00
	指数	250.00	0.00	0.00	0.00	66.67	74.07	80.65
2014	数量	0	1	1	0	5	7	7
	比例（%）	0.00	14.29	14.29	0.00	71.43	100.00	100.00
	指数	0.00	166.67	125.00	0.00	166.67	129.63	112.90
2015	数量	2	2	2	0	2	8	10
	比例（%）	20.00	20.00	20.00	0.00	20.00	80.00	100.00
	指数	250.00	333.33	250.00	0.00	66.67	148.15	161.29
2016	数量	2	7	4	1	7	21	27
	比例（%）	7.41	25.93	14.81	3.70	25.93	77.78	100.00
	指数	250.00	1166.67	500.00	500.00	233.33	388.89	435.48
2017	数量	2	2	0	6	4	14	16
	比例（%）	12.50	12.50	0.00	37.50	25.00	87.50	100.00
	指数	250.00	333.33	0.00	3000.00	133.33	259.26	258.06

续表

年份		中部地区						总计
		中原华中						
		河南	安徽	江西	湖北	湖南	合计	
合计	数量	8	12	8	11	37	76	88
	比例（%）	9.09	13.64	9.09	12.50	42.05	86.36	100.00
2011—2015 年均值		0.80	0.60	0.80	0.20	3.00	5.40	6.20

　　位于我国西南部的四川、重庆集中了西部地区约为 84% 的民营企业海外直接投资项目，在 2005—2017 年间分别进行了 33 件、39 件海外直接投资，并且从指数分布可以看出自 2014 年以后，两省市民营样本企业海外直接投资在项目数量上发展较为稳定，这与这两个省市丰厚的物质资源、密集的人口分布具有紧密联系。另外根据统计数据可以看出，新疆的民营样本企业自 2014 年以后开始逐步参与海外直接投资活动，13 年间共计进行了 8 件海外直接投资活动，发展态势稳定，潜力较大。

表 3-2-7　中国民营样本企业海外直接投资来源地项目数量——西部地区

（单位：件）

年份		西部地区					
		西北					
		陕西	甘肃	宁夏	青海	新疆	合计
2005	数量	0	0	0	0	0	0
	比例（%）	n. a.	n. a.	n. a.	n. a.	n. a.	n. a.
	指数	n. a.	n. a.	0.00	n. a.	0.00	0.00
2006	数量	0	0	0	0	0	0
	比例（%）	0.00	0.00	0.00	0.00	0.00	0.00
	指数	n. a.	n. a.	0.00	n. a.	0.00	0.00
2007	数量	0	0	0	0	0	0
	比例（%）	0.00	0.00	0.00	0.00	0.00	0.00
	指数	n. a.	n. a.	0.00	n. a.	0.00	0.00
2008	数量	0	0	0	0	0	0
	比例（%）	0.00	0.00	0.00	0.00	0.00	0.00
	指数	n. a.	n. a.	0.00	n. a.	0.00	0.00

续表

年份		西部地区					
		西北					
		陕西	甘肃	宁夏	青海	新疆	合计
2009	数量	0	0	0	0	0	0
	比例（%）	0.00	0.00	0.00	0.00	0.00	0.00
	指数	n. a.	n. a.	0.00	n. a.	0.00	0.00
2010	数量	0	0	0	0	0	0
	比例（%）	0.00	0.00	0.00	0.00	0.00	0.00
	指数	n. a.	n. a.	0.00	n. a.	0.00	0.00
2011	数量	0	0	0	0	1	1
	比例（%）	0.00	0.00	0.00	0.00	5.88	5.88
	指数	n. a.	n. a.	0.00	n. a.	166.67	100.00
2012	数量	0	0	1	0	0	1
	比例（%）	0.00	0.00	16.67	0.00	0.00	16.67
	指数	n. a.	n. a.	250.00	n. a.	0.00	100.00
2013	数量	0	0	0	0	0	0
	比例（%）	0.00	0.00	0.00	0.00	0.00	0.00
	指数	n. a.	n. a.	0.00	n. a.	0.00	0.00
2014	数量	0	0	1	0	1	2
	比例（%）	0.00	0.00	14.29	0.00	14.29	28.58
	指数	n. a.	n. a.	250.00	n. a.	166.67	200.00
2015	数量	0	0	0	0	1	1
	比例（%）	0.00	0.00	0.00	0.00	11.11	11.11
	指数	n. a.	n. a.	0.00	n. a.	166.67	100.00
2016	数量	0	0	0	0	3	3
	比例（%）	0.00	0.00	0.00	0.00	27.27	27.27
	指数	n. a.	n. a.	0.00	n. a.	500.00	300.00
2017	数量	0	0	0	0	2	2
	比例（%）	0.00	0.00	0.00	0.00	20.00	20.00
	指数	n. a.	n. a.	0.00	n. a.	333.33	200.00

续表

年份		西部地区					
		西北					
		陕西	甘肃	宁夏	青海	新疆	合计
合计	数量	0	0	2	0	8	10
	比例（%）	0.00	0.00	2.35	0.00	9.41	11.76
2011—2015 年均值		0.00	0.00	0.40	0.00	0.60	1.00

年份		西部地区							总计
		西南							
		四川	重庆	云南	广西	贵州	西藏	合计	
2005	数量	0	0	0	0	0	0	0	0
	比例（%）	n. a.	n. a.	n. a.	n. a.	n. a.	n. a.	n. a.	n. a.
	指数	0.00	0.00	0.00	n. a.	n. a.	n. a.	0.00	0.00
2006	数量	0	2	0	0	0	0	2	2
	比例（%）	0.00	100.00	0.00	0.00	0.00	0.00	100.00	100.00
	指数	0.00	62.50	0.00	n. a.	n. a.	n. a.	25.00	22.22
2007	数量	2	2	0	0	0	0	4	4
	比例（%）	50.00	50.00	0.00	0.00	0.00	0.00	100.00	100.00
	指数	47.62	62.50	0.00	n. a.	n. a.	n. a.	50.00	44.44
2008	数量	1	1	0	0	0	0	2	2
	比例（%）	50.00	50.00	0.00	0.00	0.00	0.00	100.00	100.00
	指数	23.81	31.25	0.00	n. a.	n. a.	n. a.	25.00	22.22
2009	数量	0	8	0	0	0	0	8	8
	比例（%）	0.00	100.00	0.00	0.00	0.00	0.00	100.00	100.00
	指数	0.00	250.00	0.00	n. a.	n. a.	n. a.	100.00	88.89
2010	数量	0	3	0	0	0	0	3	3
	比例（%）	0.00	100.00	0.00	0.00	0.00	0.00	100.00	100.00
	指数	0.00	93.75	0.00	n. a.	n. a.	n. a.	37.50	33.33
2011	数量	8	8	0	0	0	0	16	17
	比例（%）	47.06	47.06	0.00	0.00	0.00	0.00	94.12	100.00
	指数	190.48	250.00	0.00	n. a.	n. a.	n. a.	200.00	188.89

续表

年份		西部地区							总计
		西南							
		四川	重庆	云南	广西	贵州	西藏	合计	
2012	数量	1	4	0	0	0	0	5	6
	比例（%）	16.67	66.67	0.00	0.00	0.00	0.00	83.34	100.00
	指数	23.81	125.00	0.00	n. a.	n. a.	n. a.	62.50	66.67
2013	数量	6	0	0	0	0	0	6	6
	比例（%）	100.00	0.00	0.00	0.00	0.00	0.00	100.00	100.00
	指数	142.86	0.00	0.00	n. a.	n. a.	n. a.	75.00	66.67
2014	数量	2	2	1	0	0	0	5	7
	比例（%）	28.57	28.57	14.29	0.00	0.00	0.00	71.43	100.00
	指数	47.62	62.50	166.67	n. a.	n. a.	n. a.	62.50	77.78
2015	数量	4	2	2	0	0	0	8	9
	比例（%）	44.44	22.22	22.22	0.00	0.00	0.00	88.88	100.00
	指数	95.24	62.50	333.33	n. a.	n. a.	n. a.	100.00	100.00
2016	数量	4	4	0	0	0	0	8	11
	比例（%）	36.36	36.36	0.00	0.00	0.00	0.00	72.72	100.00
	指数	95.24	125.00	0.00	n. a.	n. a.	n. a.	100.00	122.22
2017	数量	5	3	0	0	0	0	8	10
	比例（%）	50.00	30.00	0.00	0.00	0.00	0.00	80.00	100.00
	指数	119.05	93.75	0.00	n. a.	n. a.	n. a.	100.00	111.11
合计	数量	33	39	3	0	0	0	75	85
	比例（%）	38.82	45.88	3.53	0.00	0.00	0.00	88.23	100.00
2011—2015 年均值		4.20	3.20	0.60	0.00	0.00	0.00	8.00	9.00

2. 各省市民营企业海外直接投资金额分布

我国民营样本企业海外直接投资按来源地划分的金额规模与项目数量规模在环渤海地区与珠三角地区的分布情况差别较大，环渤海地区民营样本企业平均海外直投资金额规模较大，而珠三角地区平均海外直接投资金额规模则较小。另外，在这些区域内部不同省份之间也有平均投资金额规模大小的差别。

与表 3-2-3 相比，位于环渤海地区的山东省，在 2005—2017 年间民营样本企业共计进行了 36 件海外直接投资项目，而总投资金额为 58.8 亿美元，相比于投资项目数量为 44 件、总金额数却高达 466.3 亿美元的辽宁省可以看出，山东省民营样本企业海外直接投资平均规模在环渤海地区来说较小。河北省则属于在环渤海地区平均海外直投资金额规模较大的省份，特别是 2017 年河北省民营样本企业 5 件海外直接投资项目，总金额约达 336 亿美元，在环渤海地区 2017 年金额规模中占比 82.51%。

表 3-2-8　中国民营样本企业海外直接投资来源地金额——环渤海地区

（单位：百万美元）

年份		环渤海地区							
		京津冀地区				其他			总计
		北京	天津	河北	小计	辽宁	山东	合计	
2005	金额	26.42	10.30	0.00	36.72	1.80	0.00	1.80	38.52
	比例（%）	68.59	26.74	0.00	95.33	4.67	0.00	4.67	100.00
	指数	2.57	82.53	0.00	3.52	0.03	0.00	0.02	0.45
2006	金额	0.00	0.00	0.00	0.00	0.00	0.00	0.00	0.00
	比例（%）	n. a.	n. a.	n. a.	n. a.	n. a.	n. a.	n. a.	n. a.
	指数	0.00	0.00	0.00	0.00	0.00	0.00	0.00	0.00
2007	金额	0.00	200.00	0.00	200.00	0.00	0.00	0.00	200.00
	比例（%）	0.00	100.00	0.00	100.00	0.00	0.00	0.00	100.00
	指数	0.00	1602.56	0.00	19.19	0.00	0.00	0.00	2.32
2008	金额	396.60	0.00	0.00	396.60	19.81	0.00	19.81	416.41
	比例（%）	95.24	0.00	0.00	95.24	4.76	0.00	4.76	100.00
	指数	38.56	0.00	0.00	38.05	0.29	0.00	0.26	4.84
2009	金额	0.00	0.00	0.00	0.00	0.00	121.90	121.90	121.90
	比例（%）	0.00	0.00	0.00	0.00	0.00	100.00	100.00	100.00
	指数	0.00	0.00	0.00	0.00	0.00	18.46	1.61	1.42

年份		环渤海地区							总计
		京津冀地区				其他			
		北京	天津	河北	小计	辽宁	山东	合计	
2010	金额	41.06	0.00	0.00	41.06	0.00	12.91	12.91	53.97
	比例（%）	76.08	0.00	0.00	76.08	0.00	23.92	23.92	100.00
	指数	3.99	0.00	0.00	3.94	0.00	1.95	0.17	0.63
2011	金额	226.20	44.90	0.00	271.10	1.87	86.04	87.91	359.01
	比例（%）	63.01	12.51	0.00	75.51	0.52	23.97	24.49	100.00
	指数	21.99	359.78	0.00	26.01	0.03	13.03	1.16	4.17
2012	金额	1011.49	0.00	0.00	1011.49	3636.39	0.00	3636.39	4647.88
	比例（%）	21.76	0.00	0.00	21.76	78.24	0.00	78.24	100.00
	指数	98.34	0.00	0.00	97.05	52.63	0.00	48.04	53.97
2013	金额	0.00	0.00	0.00	0.00	2183.05	74.97	2258.02	2258.02
	比例（%）	0.00	0.00	0.00	0.00	96.68	3.32	100.00	100.00
	指数	0.00	0.00	0.00	0.00	31.59	11.35	29.83	26.22
2014	金额	2891.63	0.00	0.00	2891.63	12372.92	3082.98	15455.90	18347.53
	比例（%）	15.76	0.00	0.00	15.76	67.44	16.80	84.24	100.00
	指数	281.13	0.00	0.00	277.45	179.07	466.81	204.17	213.04
2015	金额	1013.57	17.50	5.70	1036.77	16354.13	58.20	16412.33	17449.10
	比例（%）	5.81	0.10	0.03	5.94	93.72	0.33	94.06	100.00
	指数	98.54	140.22	500.00	99.48	236.68	8.81	216.80	202.61
2016	金额	28076.96	51.20	60.30	28188.46	12057.93	247.05	12304.98	40493.44
	比例（%）	69.34	0.13	0.15	69.61	29.78	0.61	30.39	100.00
	指数	2729.69	410.26	5289.47	2704.71	174.51	37.41	162.55	470.18
2017	金额	4886.30	46.20	33604.19	38536.69	0.00	2191.88	2191.88	40728.57
	比例（%）	12.00	0.11	82.51	94.62	0.00	5.38	5.38	100.00
	指数	475.05	370.19	2947736.29	3697.64	0.00	331.88	28.95	472.91
合计	金额	38570.23	370.10	33670.19	72610.52	46627.89	5875.93	52503.82	125114.35
	比例（%）	30.83	0.30	26.91	58.04	37.27	4.70	41.96	100.00
2011—2015年均值		1028.58	12.48	1.14	1042.20	6909.67	660.44	7570.11	8612.31

　　长三角地区民营样本企业海外直接投资金额规模在 2005—2017 年间占比最大省份为上海市，其以共计 332.5 亿美元的金额规模，在整个长三角地区占比 48.65%，高于浙江省 283.2 亿美元的总投资金额规模，远超江苏省 67.7 亿美元的总投资规模。相比于长三角地区民营样本企业在投资项目数量的分布情况来看，江苏省民营样本企业平均海外直接投资金额规模在整个长三角地区来说也相对较小，而上海则属于长三角地区平均海外直接投资金额规模较大的省市。

表 3-2-9　中国民营样本企业海外直接投资来源地金额——长三角地区

（单位：百万美元）

年份		长三角地区					
		上海		其他			总计
		上海	小计	江苏	浙江	合计	
2005	金额	0.00	0.00	0.00	45.40	45.40	45.40
	比例（%）	0.00	0.00	0.00	100.00	100.00	100.00
	指数	0.00	0.00	0.00	2.18	1.82	0.94
2006	金额	0.00	0.00	0.00	28.70	28.70	28.70
	比例（%）	0.00	0.00	0.00	100.00	100.00	100.00
	指数	0.00	0.00	0.00	1.38	1.15	0.59
2007	金额	793.40	793.40	508.10	421.57	929.67	1723.07
	比例（%）	46.05	46.05	29.49	24.47	53.95	100.00
	指数	33.61	33.61	124.34	20.26	37.34	35.53
2008	金额	0.00	0.00	124.70	1178.38	1303.08	1303.08
	比例（%）	0.00	0.00	9.57	90.43	100.00	100.00
	指数	0.00	0.00	30.52	56.63	52.34	26.87
2009	金额	58.00	58.00	184.62	281.10	465.72	523.72
	比例（%）	11.07	11.07	35.25	53.67	88.93	100.00
	指数	2.46	2.46	45.18	13.51	18.71	10.80
2010	金额	419.35	419.35	13.80	2222.91	2236.71	2656.06
	比例（%）	15.79	15.79	0.52	83.69	84.21	100.00
	指数	17.77	17.77	3.38	106.82	89.84	54.76

续表

年份		长三角地区					总计
		上海		其他			
		上海	小计	江苏	浙江	合计	
2011	金额	0.00	0.00	340.42	6061.52	6401.94	6401.94
	比例（%）	0.00	0.00	5.32	94.68	100.00	100.00
	指数	0.00	0.00	83.31	291.29	257.15	132.00
2012	金额	2.30	2.30	241.80	422.03	663.83	666.13
	比例（%）	0.35	0.35	36.30	63.36	99.65	100.00
	指数	0.10	0.10	59.17	20.28	26.66	13.73
2013	金额	429.96	429.96	5.19	380.41	385.60	815.56
	比例（%）	52.72	52.72	0.64	46.64	47.28	100.00
	指数	18.22	18.22	1.27	18.28	15.49	16.82
2014	金额	7653.23	7653.23	296.98	709.80	1006.78	8660.01
	比例（%）	88.37	88.37	3.43	8.20	11.63	100.00
	指数	324.23	324.23	72.68	34.11	40.44	178.56
2015	金额	3716.55	3716.55	1158.74	2830.79	3989.53	7706.08
	比例（%）	48.23	48.23	15.04	36.73	51.77	100.00
	指数	157.45	157.45	283.57	136.04	160.25	158.89
2016	金额	3733.40	3733.40	1747.60	3941.85	5689.45	9422.85
	比例（%）	39.62	39.62	18.55	41.83	60.38	100.00
	指数	158.17	158.17	427.68	189.43	228.53	194.29
2017	金额	16441.04	16441.04	2148.84	9799.00	11947.84	28388.88
	比例（%）	57.91	57.91	7.57	34.52	42.09	100.00
	指数	696.53	696.53	525.87	470.90	479.92	585.34
合计	金额	33247.23	33247.23	6770.79	28323.46	35094.25	68341.48
	比例（%）	48.65	48.65	9.91	41.44	51.35	100.00
2011—2015年均值		2360.41	2360.41	408.63	2080.91	2489.54	4849.94

　　珠三角地区民营样本企业海外直接投资金额规模在全国五大区域中位列第三，并且远低于位于第二的长三角地区。单从珠三角地区内部来看，

主要在于深圳市民营样本企业海外直接投资的平均金额规模较低，其 222 件海外直接投资项目数量，金额总规模为 128.1 亿美元，在珠三角地区金额规模中占比 34.74%，数量规模与金额规模不相协调。单从 2017 年来看，海南省 2017 年民营样本企业海外直接投资金额规模达到 120 亿美元，而其投资项目数仅为 15 件，可见海南省民营样本企业 2017 年在珠三角地区平均海外直接投资金额规模较大。

表 3-2-10　中国民营样本企业海外直接投资来源地金额——珠三角地区

（单位：百万美元）

年份		珠三角地区						
		广东			其他			总计
		深圳	广东（不含深圳）	小计	福建	海南	合计	
2005	金额	0.00	0.00	0.00	0.00	0.00	0.00	0.00
	比例（%）	n. a.	n. a.	n. a.	n. a.	n. a.	n. a.	n. a.
	指数	0.00	0.00	0.00	0.00	0.00	0.00	0.00
2006	金额	0.00	0.00	0.00	0.00	0.00	0.00	0.00
	比例（%）	n. a.	n. a.	n. a.	n. a.	n. a.	n. a.	n. a.
	指数	0.00	0.00	0.00	0.00	0.00	0.00	0.00
2007	金额	0.00	0.00	0.00	0.00	0.00	0.00	0.00
	比例（%）	n. a.	n. a.	n. a.	n. a.	n. a.	n. a.	n. a.
	指数	0.00	0.00	0.00	0.00	0.00	0.00	0.00
2008	金额	0.00	22.80	22.80	5.00	0.00	5.00	27.80
	比例（%）	0.00	82.01	82.01	17.99	0.00	17.99	100.00
	指数	0.00	10.30	1.98	5.16	0.00	0.48	1.27
2009	金额	70.30	0.00	70.30	478.00	0.00	478.00	548.30
	比例（%）	12.82	0.00	12.82	87.18	0.00	87.18	100.00
	指数	7.55	0.00	6.10	493.71	0.00	46.27	25.08
2010	金额	304.30	9.90	314.20	21.00	48.84	69.84	384.04
	比例（%）	79.24	2.58	81.82	5.47	12.72	18.19	100.00
	指数	32.66	4.47	27.25	21.69	5.22	6.76	17.57

续表

年份		珠三角地区						总计
		广东			其他			
		深圳	广东（不含深圳）	小计	福建	海南	合计	
2011	金额	998.79	0.00	998.79	224.10	4681.29	4905.39	5904.18
	比例（%）	16.92	0.00	16.92	3.80	79.29	83.08	100.00
	指数	107.21	0.00	86.63	231.47	500.00	474.83	270.09
2012	金额	423.90	401.86	825.76	21.00	0.00	21.00	846.76
	比例（%）	50.06	47.46	97.52	2.48	0.00	2.48	100.00
	指数	45.50	181.60	71.62	21.69	0.00	2.03	38.74
2013	金额	240.00	51.60	291.60	211.69	0.00	211.69	503.29
	比例（%）	47.69	10.25	57.94	42.06	0.00	42.06	100.00
	指数	25.76	23.32	25.29	218.65	0.00	20.49	23.02
2014	金额	2157.16	68.36	2225.52	15.30	0.00	15.30	2240.82
	比例（%）	96.27	3.05	99.32	0.68	0.00	0.68	100.00
	指数	231.54	30.89	193.03	15.80	0.00	1.48	102.51
2015	金额	838.42	584.63	1423.05	12.00	0.00	12.00	1435.05
	比例（%）	58.42	40.74	99.16	0.84	0.00	0.84	100.00
	指数	89.99	264.19	123.43	12.39	0.00	1.16	65.65
2016	金额	3376.76	3794.92	7171.68	454.60	0.00	454.60	7626.28
	比例（%）	44.28	49.76	94.04	5.96	0.00	5.96	100.00
	指数	362.45	1714.91	622.03	469.54	0.00	44.00	348.87
2017	金额	4401.61	748.11	5149.72	214.50	11995.26	12209.76	17359.48
	比例（%）	25.36	4.31	29.67	1.24	69.10	70.34	100.00
	指数	472.45	338.07	446.66	221.55	1281.19	1181.88	794.11
合计	金额	12811.24	5682.18	18493.42	1657.19	16725.39	18382.58	36876.00
	比例（%）	34.74	15.41	50.15	4.49	45.36	49.85	100.00
2011—2015年均值		931.65	221.29	1152.94	96.82	936.26	1033.08	2186.02

中部地区民营样本企业在海外直接投资金额方面仍然以位于中原华中地带的湖南省为主，2005—2017年共投资了98.7亿美元，占中部地区总

金额规模的 48.56%。2017 年在我国政府加强投资监管的影响下，中部地区民营样本企业海外直接投资金额规模回落，通过指数变化可看出，内蒙古和河南在 2017 年海外直接投资金额规模明显下降，内蒙古自治区民营样本企业 2016 年投资金额规模为 25.7 亿美元，而 2017 年仅为 1.9 亿美元，河南省更是由 20 亿美元下降至 0.2 亿美元，背离了原有的增长趋势。

表 3-2-11　中国民营样本企业海外直接投资来源地金额——中部地区

（单位：百万美元）

年份		中部地区				
		华北东北				
		山西	内蒙古	黑龙江	吉林	合计
2005	金额	0.00	0.00	0.00	0.00	0.00
	比例（%）	0.00	0.00	0.00	0.00	0.00
	指数	0.00	0.00	n. a.	n. a.	0.00
2006	金额	0.00	0.00	0.00	0.00	0.00
	比例（%）	0.00	0.00	0.00	0.00	0.00
	指数	0.00	0.00	n. a.	n. a.	0.00
2007	金额	0.00	0.00	0.00	0.00	0.00
	比例（%）	0.00	0.00	0.00	0.00	0.00
	指数	0.00	0.00	n. a.	n. a.	0.00
2008	金额	0.00	0.00	0.00	0.00	0.00
	比例（%）	0.00	0.00	0.00	0.00	0.00
	指数	0.00	0.00	n. a.	n. a.	0.00
2009	金额	0.00	0.00	0.00	0.00	0.00
	比例（%）	0.00	0.00	0.00	0.00	0.00
	指数	0.00	0.00	n. a.	n. a.	0.00
2010	金额	0.00	0.00	0.00	0.00	0.00
	比例（%）	0.00	0.00	0.00	0.00	0.00
	指数	0.00	0.00	n. a.	n. a.	0.00
2011	金额	0.00	0.00	0.00	0.00	0.00
	比例（%）	0.00	0.00	0.00	0.00	0.00
	指数	0.00	0.00	n. a.	n. a.	0.00

续表

年份	中部地区					
	华北东北					
		山西	内蒙古	黑龙江	吉林	合计
2012	金额	448.74	0.00	0.00	0.00	448.74
	比例（%）	37.81	0.00	0.00	0.00	37.81
	指数	500.00	0.00	n. a.	n. a.	453.82
2013	金额	0.00	0.28	0.00	0.00	0.28
	比例（%）	0.00	0.18	0.00	0.00	0.18
	指数	0.00	3.07	0.00	0.00	0.28
2014	金额	0.00	0.00	0.00	0.00	0.00
	比例（%）	0.00	0.00	0.00	0.00	0.00
	指数	0.00	0.00	n. a.	n. a.	0.00
2015	金额	0.00	45.38	0.00	0.00	45.38
	比例（%）	0.00	1.17	0.00	0.00	1.17
	指数	0.00	496.93	n. a.	n. a.	45.89
2016	金额	0.00	2569.07	200.00	0.00	2769.07
	比例（%）	0.00	31.82	2.48	0.00	34.30
	指数	0.00	28132.61	n. a.	n. a.	2800.43
2017	金额	934.51	188.46	0.00	0.00	1122.97
	比例（%）	22.49	4.54	0.00	0.00	27.03
	指数	1041.26	2063.73	n. a.	n. a.	1135.69
合计	金额	1383.25	2803.19	200.00	0.00	4386.44
	比例（%）	6.81	13.79	0.98	0.00	21.58
2011—2015 年均值		89.75	9.13	0.00	0.00	98.88

年份	中部地区						总计
	中原华中						
		河南	安徽	江西	湖北	湖南	合计	
2005	金额	0.00	0.00	0.00	39.86	0.00	39.86	39.86
	比例（%）	0.00	0.00	0.00	100.00	0.00	100.00	100.00
	指数	0.00	0.00	0.00	252.93	0.00	3.36	3.10

续表

年份		中部地区						总计
		中原华中						
		河南	安徽	江西	湖北	湖南	合计	
2006	数量	0.00	0.00	0.00	35.00	130.00	165.00	165.00
	比例（%）	0.00	0.00	0.00	21.21	78.79	100.00	100.00
	指数	0.00	0.00	0.00	222.10	13.21	13.92	12.85
2007	数量	0.00	0.00	0.00	0.00	76.80	76.80	76.80
	比例（%）	0.00	0.00	0.00	0.00	100.00	100.00	100.00
	指数	0.00	0.00	0.00	0.00	7.80	6.48	5.98
2008	数量	0.00	0.00	0.00	0.00	383.85	383.85	383.85
	比例（%）	0.00	0.00	0.00	0.00	100.00	100.00	100.00
	指数	0.00	0.00	0.00	0.00	39.01	32.38	29.89
2009	金额	0.00	0.00	0.00	250.00	289.98	539.98	539.98
	比例（%）	0.00	0.00	0.00	46.30	53.70	100.00	100.00
	指数	0.00	0.00	0.00	1586.40	29.47	45.55	42.04
2010	金额	0.00	0.00	0.00	0.00	470.00	470.00	470.00
	比例（%）	0.00	0.00	0.00	0.00	100.00	100.00	100.00
	指数	0.00	0.00	0.00	0.00	47.76	39.65	36.59
2011	金额	0.00	0.00	0.00	0.00	736.42	736.42	736.42
	比例（%）	0.00	0.00	0.00	0.00	100.00	100.00	100.00
	指数	0.00	0.00	0.00	0.00	74.84	62.12	57.34
2012	金额	0.00	0.00	3.00	78.80	656.42	738.22	1186.96
	比例（%）	0.00	0.00	0.25	6.64	55.30	62.19	100.00
	指数	0.00	0.00	6.58	500.00	66.71	62.27	92.42
2013	金额	4.92	0.00	0.00	0.00	148.10	153.02	153.30
	比例（%）	3.21	0.00	0.00	0.00	96.61	99.82	100.00
	指数	7.74	0.00	0.00	0.00	15.05	12.91	11.94
2014	金额	0.00	80.00	7.52	0.00	379.10	466.62	466.62
	比例（%）	0.00	17.14	1.61	0.00	81.24	100.00	100.00
	指数	0.00	104.53	16.50	0.00	38.53	39.36	36.33

续表

年份		中部地区						总计
		中原华中						
		河南	安徽	江西	湖北	湖南	合计	
2015	金额	312.98	302.66	217.42	0.00	3000.00	3833.06	3878.44
	比例（%）	8.07	7.80	5.61	0.00	77.35	98.83	100.00
	指数	492.26	395.47	476.92	0.00	304.88	323.34	301.98
2016	金额	2000.00	284.57	491.92	709.91	1817.30	5303.70	8072.77
	比例（%）	24.77	3.53	6.09	8.79	22.51	65.70	100.00
	指数	3145.64	371.83	1079.04	4504.79	184.68	447.39	628.55
2017	金额	15.05	260.37	0.00	973.68	1782.40	3031.50	4154.47
	比例（%）	0.36	6.27	0.00	23.44	42.90	72.97	100.00
	指数	23.67	340.21	0.00	6178.56	181.14	255.72	323.47
合计	金额	2332.95	927.60	719.86	2087.25	9870.37	15938.03	20324.47
	比例（%）	11.48	4.56	3.54	10.27	48.56	78.42	100.00
2011—2015 年均值		63.58	76.53	45.59	15.76	984.01	1185.47	1284.35

与西部地区民营样本企业海外直接投资项目数量规模一致，西南部的四川、重庆依然是西部地区民营样本企业投资金额规模较为集中的地区，但在 2005—2017 年间，四川、重庆并不是西部地区投资金额总规模最大的省份。云南省民营样本企业 2014 年以一项金额为 93.7 亿美元的投资使其在 13 年间西部地区总金额占比最大，达到 57.4%，但是在 2016 年、2017 年云南省民营样本企业并未进行海外直接投资活动，反而四川、重庆在保持原有稳定增长趋势后于 2017 年实现了投资金额规模的快速增长。

表 3-2-12　中国民营样本企业海外直接投资来源地金额——西部地区

（单位：百万美元）

年份		西部地区					
		西北					
		陕西	甘肃	宁夏	青海	新疆	合计
2005	金额	0.00	0.00	0.00	0.00	0.00	0.00
	比例（%）	n.a.	n.a.	n.a.	n.a.	n.a.	n.a.
	指数	n.a.	n.a.	n.a.	n.a.	0.00	0.00

续表

年份		西部地区					
		西北					
		陕西	甘肃	宁夏	青海	新疆	合计
2006	金额	0.00	0.00	0.00	0.00	0.00	0.00
	比例（%）	0.00	0.00	0.00	0.00	0.00	0.00
	指数	n. a.	n. a.	n. a.	n. a.	0.00	0.00
2007	金额	0.00	0.00	0.00	0.00	0.00	0.00
	比例（%）	0.00	0.00	0.00	0.00	0.00	0.00
	指数	n. a.	n. a.	n. a.	n. a.	0.00	0.00
2008	金额	0.00	0.00	0.00	0.00	0.00	0.00
	比例（%）	0.00	0.00	0.00	0.00	0.00	0.00
	指数	n. a.	n. a.	n. a.	n. a.	0.00	0.00
2009	金额	0.00	0.00	0.00	0.00	0.00	0.00
	比例（%）	0.00	0.00	0.00	0.00	0.00	0.00
	指数	n. a.	n. a.	n. a.	n. a.	0.00	0.00
2010	金额	0.00	0.00	0.00	0.00	0.00	0.00
	比例（%）	0.00	0.00	0.00	0.00	0.00	0.00
	指数	n. a.	n. a.	n. a.	n. a.	0.00	0.00
2011	金额	0.00	0.00	0.00	0.00	141.00	141.00
	比例（%）	0.00	0.00	0.00	0.00	18.39	18.39
	指数	n. a.	n. a.	n. a.	n. a.	234.05	234.05
2012	金额	0.00	0.00	0.00	0.00	0.00	0.00
	比例（%）	0.00	0.00	0.00	0.00	0.00	0.00
	指数	n. a.	n. a.	n. a.	n. a.	0.00	0.00
2013	金额	0.00	0.00	0.00	0.00	0.00	0.00
	比例（%）	0.00	0.00	0.00	0.00	0.00	0.00
	指数	n. a.	n. a.	n. a.	n. a.	0.00	0.00
2014	金额	0.00	0.00	0.00	0.00	100.00	100.00
	比例（%）	0.00	0.00	0.00	0.00	0.99	0.99
	指数	n. a.	n. a.	n. a.	n. a.	165.99	165.99

续表

年份		西部地区					
		西北					
		陕西	甘肃	宁夏	青海	新疆	合计
2015	金额	0.00	0.00	0.00	0.00	60.22	60.22
	比例（%）	0.00	0.00	0.00	0.00	18.23	18.23
	指数	n.a.	n.a.	n.a.	n.a.	99.96	99.96
2016	金额	0.00	0.00	0.00	0.00	223.90	223.90
	比例（%）	0.00	0.00	0.00	0.00	60.34	60.34
	指数	n.a.	n.a.	n.a.	n.a.	371.66	371.66
2017	金额	0.00	0.00	0.00	0.00	40.00	40.00
	比例（%）	0.00	0.00	0.00	0.00	2.60	2.60
	指数	n.a.	n.a.	n.a.	n.a.	66.40	66.40
合计	金额	0.00	0.00	0.00	0.00	565.12	565.12
	比例（%）	0.00	0.00	0.00	0.00	3.42	3.42
2011—2015 年均值		0.00	0.00	0.00	0.00	60.24	60.24

年份		西部地区							
		西南							总计
		四川	重庆	云南	广西	贵州	西藏	合计	
2005	金额	0.00	0.00	0.00	0.00	0.00	0.00	0.00	0.00
	比例（%）	n.a.	n.a.	n.a.	n.a.	n.a.	n.a.	n.a.	n.a.
	指数	0.00	0.00	0.00	0.00	0.00	0.00	0.00	0.00
2006	金额	0.00	46.00	0.00	0.00	0.00	0.00	46.00	46.00
	比例（%）	0.00	100.00	0.00	0.00	0.00	0.00	100.00	100.00
	指数	0.00	10.98	0.00	n.a.	n.a.	n.a.	1.83	1.79
2007	金额	10.00	220.29	0.00	0.00	0.00	0.00	230.29	230.29
	比例（%）	4.34	95.66	0.00	0.00	0.00	0.00	100.00	100.00
	指数	5.00	52.57	0.00	n.a.	n.a.	n.a.	9.16	8.95
2008	金额	8.96	1000.00	0.00	0.00	0.00	0.00	1008.96	1008.96
	比例（%）	0.89	99.11	0.00	0.00	0.00	0.00	100.00	100.00
	指数	4.48	238.66	0.00	n.a.	n.a.	n.a.	40.14	39.20

续表

年份		西部地区							总计
		西南							
		四川	重庆	云南	广西	贵州	西藏	合计	
2009	金额	0.00	200.60	0.00	0.00	0.00	0.00	200.60	200.60
	比例（%）	0.00	100.00	0.00	0.00	0.00	0.00	100.00	100.00
	指数	0.00	47.87	0.00	n.a.	n.a.	n.a.	7.98	7.79
2010	金额	0.00	238.00	0.00	0.00	0.00	0.00	238.00	238.00
	比例（%）	0.00	100.00	0.00	0.00	0.00	0.00	100.00	100.00
	指数	0.00	56.80	0.00	n.a.	n.a.	n.a.	9.47	9.25
2011	金额	94.30	531.57	0.00	0.00	0.00	0.00	625.87	766.87
	比例（%）	12.30	69.32	0.00	0.00	0.00	0.00	81.61	100.00
	指数	47.12	126.86	0.00	n.a.	n.a.	n.a.	24.90	29.79
2012	金额	73.40	1367.73	0.00	0.00	0.00	0.00	1441.13	1441.13
	比例（%）	5.09	94.91	0.00	0.00	0.00	0.00	100.00	100.00
	指数	36.68	326.42	0.00	n.a.	n.a.	n.a.	57.33	55.99
2013	金额	203.19	0.00	0.00	0.00	0.00	0.00	203.19	203.19
	比例（%）	100.00	0.00	0.00	0.00	0.00	0.00	100.00	100.00
	指数	101.53	0.00	0.00	n.a.	n.a.	n.a.	8.08	7.89
2014	金额	510.00	150.51	9367.58	0.00	0.00	0.00	10028.09	10128.09
	比例（%）	5.04	1.49	92.49	0.00	0.00	0.00	99.01	100.00
	指数	254.84	35.92	494.45	n.a.	n.a.	n.a.	398.94	393.49
2015	金额	119.73	45.24	105.19	0.00	0.00	0.00	270.16	330.38
	比例（%）	36.24	13.69	31.84	0.00	0.00	0.00	81.77	100.00
	指数	59.83	10.80	5.55	n.a.	n.a.	n.a.	10.75	12.84
2016	金额	27.78	119.40	0.00	0.00	0.00	0.00	147.18	371.08
	比例（%）	7.49	32.18	0.00	0.00	0.00	0.00	39.66	100.00
	指数	13.88	28.50	0.00	n.a.	n.a.	n.a.	5.86	14.42
2017	金额	845.75	653.84	0.00	0.00	0.00	0.00	1499.59	1539.59
	比例（%）	54.93	42.47	0.00	0.00	0.00	0.00	97.40	100.00
	指数	422.61	156.04	0.00	n.a.	n.a.	n.a.	59.66	59.81

续表

年份		西部地区							总计
		西南							
		四川	重庆	云南	广西	贵州	西藏	合计	
合计	金额	1893.11	4573.18	9472.77	0.00	0.00	0.00	15939.06	16504.18
	比例（%）	11.47	27.71	57.40	0.00	0.00	0.00	96.58	100.00
2011—2015年均值		200.12	419.01	1894.55	0.00	0.00	0.00	2513.69	2573.93

第三节　民营企业海外直接投资标的国（地区）别指数

本节对我国民营样本企业海外直接投资项目数量与金额规模按照投资标的国（地区）进行划分，其中根据标的国（地区）的经济发展水平不同，将标的国（地区）分为发达经济体、发展中经济体和转型经济体三大类，本节将针对这三类经济体以及其细分国家（地区）所接受的我国民营样本企业海外直接投资的项目数量与金额规模进行统计分析。

一、民营企业海外直接投资项目数量和金额在不同经济体的分布

1. 民营企业海外直接投资项目数量在不同经济体的分布

我国民营样本企业在进行海外直接投资时，所选择的标的国（地区）以发达经济体为主，其中在2005—2017年总投资项目数量上，有66.76%的投资标的国（地区）属于发达经济体，共计697件投资项目。相比之下，我国民营样本企业对发展中经济体的海外直接投资相对较少，13年间总计为296件投资，对转型经济体的投资更少，仅为51件项目投资。

通过对各经济体所接受的海外直接投资项目数量的指数分布情况可看出，我国民营样本企业对于发达经济体的海外直接投资项目数量增长趋势较为稳定，2017年虽有变缓趋势，但仍高于2016年发达经济体所接受的

投资项目数量。其中，位于欧洲的发达经济体所接受的我国民营样本企业海外直接投资项目数量在所有发达经济体中最多，共计 321 件，这也与欧洲发达经济体数目较多和欧盟的存在有关。

我国民营样本企业对于发展中经济体的海外直接投资项目数量在整体上自 2015 年以后开始快速增加，一直到 2017 年增速回落。位于亚洲的发展中经济体凭借其与中国地理位置接近，以及我国政府对于周边国家、"一带一路"沿线国家实施的优惠投资政策，促使亚洲占据了我国民营样本企业向发展中经济体 55.07% 的海外直接投资项目数量。2017 年，亚洲、非洲的发展中经济体所接受的海外直接投资项目数量均下降，而位于拉丁美洲和加勒比海地区的发展中经济体则增加了 2 件海外直接投资项目，通过指数趋势图可以看出，这与拉丁美洲和加勒比海地区的发展经济体长期以来在接受我国民营样本企业海外直接投资时并未有明显规律性增长趋势有关。

属于转型经济体的国家所接受的我国民营样本企业的海外直接投资项目数量于 2015 年出现快速增长，并且主要集中于独联体国家，13 年间共计接受了民营样本企业总计 51 件的海外直接投资。

表 3-3-1   民营企业海外直接投资项目数量在不同经济体的分布及其指数汇总表

（单位：件）

| 年份 | 发达经济体 | | | | | | | | | | | | | | | |
| | 欧洲 | | | | 北美洲 | | | | 其他发达经济体 | | | | 合计 | | | |
	项目数	同比增长（%）	占比（%）	指数	项目数	同比增长（%）	占比（%）	指数	项目数	同比增长（%）	占比（%）	指数	项目数	同比增长（%）	占比（%）	指数
2005	3		75.00	10.27	0		0.00	0.00	1		25.00	5.38	4		57.14	6.62
2006	2	-33.3	50.00	6.85	2	n.a.	50.00	15.87	0	-100.0	0.00	0.00	4	0.0	50.00	6.62
2007	8	300.0	61.54	27.40	2	0.0	15.38	15.87	3	n.a.	23.08	16.13	13	225.0	52.00	21.52
.2008	20	150.0	64.52	68.49	2	0.0	6.45	15.87	9	200.0	29.03	48.39	31	138.5	72.09	51.32
2009	9	-55.0	39.13	30.82	2	0.0	8.70	15.87	12	33.3	52.17	64.52	23	-25.8	62.16	38.08
2010	14	55.6	51.85	47.95	4	100.0	14.81	31.75	9	-25.0	33.33	48.39	27	17.4	77.14	44.70
2011	32	128.6	45.71	109.59	14	250.0	20.00	111.11	24	166.7	34.29	129.03	70	159.3	70.71	115.89
2012	24	-25.0	55.81	82.19	7	-50.0	16.28	55.56	12	-50.0	27.91	64.52	43	-38.6	63.24	71.19

续表

年份	发达经济体															
	欧洲				北美洲				其他发达经济体				合计			
	项目数	同比增长(%)	占比(%)	指数	项目数	同比增长(%)	占比(%)	指数	项目数	同比增长(%)	占比(%)	指数	项目数	同比增长(%)	占比(%)	指数
2013	26	8.3	47.27	89.04	14	100.0	25.45	111.11	15	25.0	27.27	80.65	55	27.9	75.34	91.06
2014	29	11.5	49.15	99.32	13	-7.1	22.03	103.17	17	13.3	28.81	91.40	59	7.3	67.05	97.68
2015	35	20.7	46.67	119.86	15	15.4	20.00	119.05	25	47.1	33.33	134.41	75	27.1	63.03	124.17
2016	55	57.1	40.15	188.36	30	100.0	21.90	238.10	52	108.0	37.96	279.57	137	82.7	62.84	226.82
2017	64	16.4	41.03	219.18	32	6.7	20.51	253.97	60	15.4	38.46	322.58	156	13.9	69.64	258.28
合计	321		46.05		137		19.66		239		34.29		697		66.76	
2011—2015年均值	29.20			100.00	12.60			100.00	18.60			100.00	60.40			100.00

年份	发展中经济体															
	非洲				亚洲				拉丁美洲和加勒比海地区				合计			
	项目数	同比增长(%)	占比(%)	指数	项目数	同比增长(%)	占比(%)	指数	项目数	同比增长(%)	占比(%)	指数	项目数	同比增长(%)	占比(%)	指数
2005	0		0.00	0.00	3		100.00	27.27	0		0.00	0.00	3		42.86	12.00
2006	0	n. a.	0.00	0.00	2	-33.3	66.67	18.18	1	n. a.	33.33	10.64	3	0.0	37.50	12.00
2007	2	n. a.	20.00	43.48	7	250.0	70.00	63.64	1	0.0	10.00	10.64	10	233.3	40.00	40.00
2008	0	-100.0	0.00	0.00	9	28.6	81.82	81.82	2	100.0	18.18	21.28	11	10.0	25.58	44.00
2009	2	n. a.	16.67	43.48	8	-11.1	66.67	72.73	2	0.0	16.67	21.28	12	9.1	32.43	48.00
2010	1	-50.0	20.00	21.74	2	-75.0	40.00	18.18	2	0.0	40.00	21.28	5	-58.3	14.29	20.00
2011	4	300.0	17.39	86.96	8	300.0	34.78	72.73	11	450.0	47.83	117.02	23	360.0	23.23	92.00
2012	8	100.0	36.36	173.91	6	-25.0	27.27	54.55	8	-27.3	36.36	85.11	22	-4.3	32.35	88.00
2013	3	-62.5	18.75	65.22	8	33.3	50.00	72.73	5	-37.5	31.25	53.19	16	-27.3	21.92	64.00
2014	4	33.3	14.81	86.96	10	25.0	37.04	90.91	13	160.0	48.15	138.30	27	68.8	30.68	108.00
2015	4	0.0	10.81	86.96	23	130.0	62.16	209.09	10	-23.1	27.03	106.38	37	37.0	31.09	148.00
2016	18	350.0	25.71	391.30	45	95.7	64.29	409.09	7	-30.0	10.00	74.47	70	89.2	32.11	280.00
2017	16	-11.1	28.07	347.83	32	-28.9	56.14	290.91	9	28.6	15.79	95.74	57	-18.6	25.45	228.00
合计	62		20.95		163		55.07		71		23.99		296		28.35	
2011—2015年均值	4.60			100.00	11.00			100.00	9.40			100.00	25.00			100.00

续表

| 年份 | 转型经济体 | | | | | | | | | | | | 总计 | | | |
| | 东南欧 | | | | 独联体国家 | | | | 合计 | | | | | | | |
	项目数	同比增长(%)	占比(%)	指数	项目数	同比增长(%)	占比(%)	指数	项目数	同比增长(%)	占比(%)	指数	项目数	同比增长(%)	占比(%)	指数
2005	0		n.a.	n.a.	0		n.a.	0.00	0		0.00	0.00	7		100.00	7.83
2006	0	n.a.	0.00	n.a.	1	n.a.	100.00	25.00	1	n.a.	12.50	25.00	8	14.3	100.00	8.95
2007	0	n.a.	0.00	n.a.	2	100.0	100.00	50.00	2	100.0	8.00	50.00	25	212.5	100.00	27.96
2008	0	n.a.	0.00	n.a.	1	-50.0	100.00	25.00	1	-50.0	2.33	25.00	43	72.0	100.00	48.10
2009	0	n.a.	0.00	n.a.	2	100.0	100.00	50.00	2	100.0	5.41	50.00	37	-14.0	100.00	41.39
2010	0	n.a.	0.00	n.a.	3	50.0	100.00	75.00	3	50.0	8.57	75.00	35	-5.4	100.00	39.15
2011	0	n.a.	0.00	n.a.	6	100.0	100.00	150.00	6	100.0	6.06	150.00	99	182.9	100.00	110.74
2012	0	n.a.	0.00	n.a.	3	-50.0	100.00	75.00	3	-50.0	4.41	75.00	68	-31.3	100.00	76.06
2013	0	n.a.	0.00	n.a.	2	-33.3	100.00	50.00	2	-33.3	2.74	50.00	73	7.4	100.00	81.66
2014	0	n.a.	0.00	n.a.	2		100.00	50.00	2		2.27	50.00	88	20.5	100.00	98.43
2015	0	n.a.	0.00	n.a.	7	250.0	100.00	175.00	7	250.0	5.88	175.00	119	35.2	100.00	133.11
2016	1	n.a.	9.09	n.a.	10	42.9	90.91	250.00	11	57.1	5.05	275.00	218	83.2	100.00	243.85
2017	0	-100.0	0.00	n.a.	11	10.0	100.00	275.00	11	0.0	4.91	275.00	224	2.8	100.00	250.56
合计	1		1.96		50		98.04		51		4.89		1044		100.00	
2011—2015年均值	0.00			100.00	4.00			100.00	4.00			100.00	89.40			100.00

2. 民营企业海外直接投资金额在不同经济体的分布

我国民营样本企业对于发达经济体的海外直接投资的项目数量规模与金额规模相当，2005—2017 年间，发达经济体总共接受了我国民营样本企业 1799.4 亿美元的海外直接投资，占总金额规模的 66.63%。但金额增长趋势与项目数量增长趋势同步性较小，从指数趋势图上可以看出，发达经济体所接受我国民营样本企业海外直接投资的金额规模的增长趋势加快于 2014 年，并且在 2017 年所接受的投资金额规模增势更快。通过统计可看出，我国民营样本企业对于欧洲发达经济体的投资在 2017 年的快速增长促使了发达经济体总体上所接受投资金额规模快速增长，欧洲的发达经济体在 2017 年接受了 542.6 亿美元的我国民营样本企业海外直接投资，远超 2016 年的 92.3 亿美元。

发展中经济体接受我国民营样本企业海外直接投资总金额规模为 737.2 亿美元，占总投资金额规模的 27.30%。从整体规模上看，2016 年我国民营样本企业向发展中经济体投资金额规模陡增，由 2015 年的 60.7 亿美元到 2016 年的 372.2 亿美元，超过 2015 年投资金额的 6 倍，主要来自于非洲和亚洲 2016 年接受的我国民营样本企业海外直接投资金额的增加。这种快速增长趋势于 2017 年大幅回落，但 2017 年发展中经济体所接受的海外直接投资金额规模仍高于 2015 年。

我国民营样本企业对于转型经济体的海外直接投资金额规模陡增于 2017 年，主要在于独联体国家 2017 年接受了来自我国民营样本企业 11 件约达 131.7 亿美元的海外直接投资，相比于 2016 年 10 件投资项目约为 6 亿美元的金额规模来说，2017 年我国民营样本企业对于独联体国家平均海外直接投资金额规模增大。

表 3-3-2　民营企业海外直接投资金额在不同经济体的分布及其指数汇总表

（单位：百万美元）

| 年份 | 发达经济体 | | | | | | | | | | | | | | | |
| | 欧洲 | | | | 北美洲 | | | | 其他发达经济体 | | | | 合计 | | | |
	项目数	同比增长(%)	占比(%)	指数	项目数	同比增长(%)	占比(%)	指数	项目数	同比增长(%)	占比(%)	指数	项目数	同比增长(%)	占比(%)	指数
2005	7.50		22.11	0.12	0.00		0.00	0.00	26.42		77.89	0.62	33.92		27.40	0.23
2006	6.70	-10.7	9.09	0.11	67.00	n.a.	90.91	1.64	0.00	-100.0	0.00	0.00	73.70	117.3	30.75	0.51
2007	58.47	772.7	27.33	0.95	34.50	-48.5	16.12	0.85	121.00	n.a.	56.55	2.86	213.97	190.3	9.59	1.48
2008	1050.08	1695.9	70.70	17.05	10.50	-69.6	0.71	0.26	424.74	251.0	28.60	10.05	1485.32	594.2	47.30	10.27
2009	487.67	-53.6	41.66	7.92	14.30	36.2	1.22	0.35	668.73	57.4	57.12	15.82	1170.70	-21.2	60.52	8.09
2010	2452.39	402.9	87.14	39.82	211.90	1381.8	7.53	5.20	149.88	-77.6	5.33	3.55	2814.17	140.4	74.02	19.46
2011	4801.83	95.8	81.90	77.97	277.74	31.1	4.74	6.81	783.46	422.7	13.36	18.53	5863.03	108.3	41.31	40.53
2012	2606.80	-45.7	41.51	42.33	2769.00	897.0	44.10	67.90	903.60	15.3	14.39	21.37	6279.40	7.1	71.45	43.41
2013	2297.32	-11.9	59.86	37.30	266.69	-90.4	6.95	6.54	1273.87	41.0	33.19	30.13	3837.88	-38.9	97.57	26.53

续表

| 年份 | 发达经济体 | | | | | | | | | | | | | | | |
| | 欧洲 | | | | 北美洲 | | | | 其他发达经济体 | | | | 合计 | | | |
	项目数	同比增长(%)	占比(%)	指数	项目数	同比增长(%)	占比(%)	指数	项目数	同比增长(%)	占比(%)	指数	项目数	同比增长(%)	占比(%)	指数
2014	12144.97	428.7	37.47	197.21	5576.30	1990.9	17.20	136.74	14690.25	1053.2	45.32	347.48	32411.52	744.5	81.35	224.08
2015	8941.05	-26.4	37.36	145.18	11500.80	106.2	48.06	282.01	3487.34	-76.3	14.57	82.49	23929.19	-26.2	78.25	165.44
2016	9227.21	3.2	32.35	149.83	8927.21	-22.4	31.30	218.91	10369.53	197.3	36.35	245.28	28523.95	19.2	42.99	197.20
2017	54259.95	488.0	74.03	881.07	10050.66	12.6	13.71	246.45	8988.55	-13.3	12.26	212.61	73299.16	157.0	77.26	506.76
合计	98341.94		54.65		39706.60		22.07		41887.37		23.28		179935.92		66.63	
2011—2015年均值	6158.39			100.00	4078.11			100.00	4227.70			100.00	14464.20			100.00

| 年份 | 发展中经济体 | | | | | | | |
| | 非洲 | | | | 亚洲 | | | |
	金额	同比增长(%)	占比(%)	指数	金额	同比增长(%)	占比(%)	指数
2005	0.00		0.00	0.00	89.86		100.00	2.80
2006	0.00	n.a.	0.00	0.00	85.00	-5.4	64.89	2.65
2007	59.90	n.a.	3.74	56.17	1542.69	1714.9	96.26	48.12
2008	0.00	-100.0	0.00	0.00	149.58	-90.3	9.07	4.67
2009	117.60	n.a.	15.51	110.29	594.50	297.4	78.42	18.54
2010	0.00	-100.0	0.00	0.00	270.00	-54.6	56.10	8.42
2011	139.20	n.a.	1.76	130.54	4564.19	1590.4	57.60	142.37
2012	210.26	51.0	8.40	197.18	1544.00	-66.2	61.65	48.16
2013	0.00	-100.0	0.00	0.00	23.87	-98.5	25.00	0.74
2014	56.68	n.a.	0.84	53.16	4930.00	20553.5	72.70	153.78
2015	127.02	124.1	2.09	119.12	4967.65	0.8	81.79	154.95
2016	21764.58	17034.8	58.48	20410.81	14857.93	199.1	39.92	463.45
2017	985.84	-95.5	11.72	924.52	6811.07	-54.2	80.96	212.45
合计	23461.08		31.82		40430.34		54.84	
2011—2015年均值	106.63			100.00	3205.94			100.00

年份	发展中经济体							
	拉丁美洲和加勒比海地区				合计			
	金额	同比增长(%)	占比(%)	指数	金额	同比增长(%)	占比(%)	指数
2005	0.00		0.00	0.00	89.86		72.60	1.92
2006	46.00	n.a.	35.11	3.37	131.00	45.8	54.65	2.80
2007	0.00	-100.0	0.00	0.00	1602.59	1123.4	71.86	34.27
2008	1500.00	n.a.	90.93	110.03	1649.58	2.9	52.53	35.28
2009	46.00	-54.0	6.07	3.37	758.10	-54.0	39.19	16.21
2010	211.30	111.3	43.90	15.50	481.30	-36.5	12.66	10.29
2011	3220.50	3120.5	40.64	236.23	7923.89	1546.4	55.83	169.46
2012	750.20	650.2	29.95	55.03	2504.46	-68.4	28.50	53.56
2013	71.60	-28.4	75.00	5.25	95.47	-96.2	2.43	2.04
2014	1794.87	1694.9	26.47	131.66	6781.55	7003.3	17.02	145.03
2015	979.17	879.2	16.12	71.83	6073.84	-10.4	19.86	129.90
2016	597.20	497.2	1.60	43.81	37219.71	512.3	56.09	796.00
2017	616.49	516.5	7.33	45.22	8413.40	-77.4	8.87	179.93
合计	9833.32		13.34		73724.74		27.30	
2011—2015年均值	1363.27			100.00	4675.84			100.00

年份	转型经济体											
	东南欧				独联体国家				合计			
	金额	同比增长(%)	占比(%)	指数	金额	同比增长(%)	占比(%)	指数	金额	同比增长(%)	占比(%)	指数
2005	0.00		n.a.	n.a.	0.00		n.a.	0.00	0.00		0.00	0.00
2006	0.00	n.a.	0.00	n.a.	35.00	n.a.	100.00	10.68	35.00	n.a.	14.60	10.68
2007	0.00	n.a.	0.00	n.a.	413.60	1081.7	100.00	126.22	413.60	1081.7	18.55	126.22
2008	0.00	n.a.	0.00	n.a.	5.20	-98.7	100.00	1.59	5.20	-98.7	0.17	1.59
2009	0.00	n.a.	0.00	n.a.	5.70	9.6	100.00	1.74	5.70	9.6	0.29	1.74
2010	0.00	n.a.	0.00	n.a.	506.60	8787.7	100.00	154.60	506.60	8787.7	13.32	154.60
2011	0.00	n.a.	0.00	n.a.	406.80	-19.7	100.00	124.14	406.80	-19.7	2.87	124.14

续表

年份	转型经济体											
	东南欧				独联体国家				合计			
	金额	同比增长(%)	占比(%)	指数	金额	同比增长(%)	占比(%)	指数	金额	同比增长(%)	占比(%)	指数
2012	0.00	n. a.	0.00	n. a.	5.00	-98.8	100.00	1.53	5.00	-98.8	0.06	1.53
2013	0.00	n. a.	n. a.	n. a.	0.00	-100.0	n. a.	0.00	0.00	-100.0	0.00	0.00
2014	0.00	n. a.	0.00	n. a.	650.00	n. a.	100.00	198.36	650.00	n. a.	1.63	198.36
2015	0.00	n. a.	0.00	n. a.	576.62	-11.3	100.00	175.97	576.62	-11.3	1.89	175.97
2016	13.00	n. a.	2.12	n. a.	600.70	4.2	97.88	183.32	613.70	6.4	0.92	187.28
2017	0.00	-100.0	0.00	n. a.	13165.71	2091.7	100.00	4017.81	13165.71	2045.3	13.88	4017.81
合计	13.00		0.08		16370.93		99.92		16383.93		6.07	
2011—2015 年均值	0.00			100.00	327.68			100.00	327.68			100.00

年份	总计			
	金额	同比增长(%)	占比(%)	指数
2005	123.78		100.00	0.64
2006	239.70	93.7	100.00	1.23
2007	2230.16	830.4	100.00	11.46
2008	3140.10	40.8	100.00	16.13
2009	1934.50	-38.4	100.00	9.94
2010	3802.07	96.5	100.00	19.53
2011	14193.72	273.3	100.00	72.91
2012	8788.86	-38.1	100.00	45.15
2013	3933.35	-55.2	100.00	20.20
2014	39843.07	913.0	100.00	204.66
2015	30579.65	-23.2	100.00	157.08
2016	66357.36	117.0	100.00	340.86
2017	94878.27	43.0	100.00	487.36
合计	270044.59		100.00	
2011—2015 年均值	19467.73		100.00	100.00

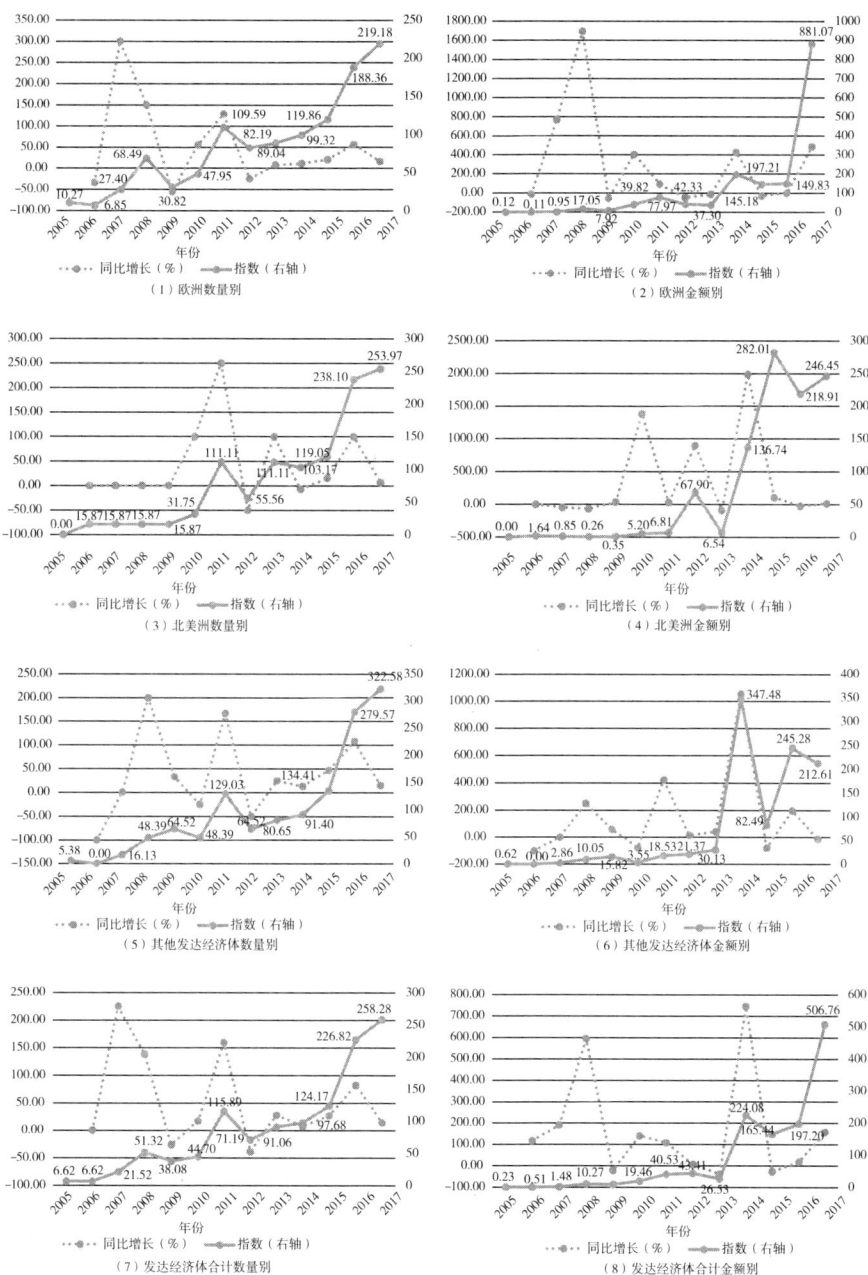

图 3-3-1　2005—2017 年民营企业海外直接投资发达经济体项目数量和金额指数走势图

（1）非洲 数量别

（2）非洲金额别

（3）亚洲数量别

（4）亚洲金额别

（5）拉丁美洲数量别

（6）拉丁美洲金额别

（7）发展中经济体合计数量别

（8）发展中经济体合计金额别

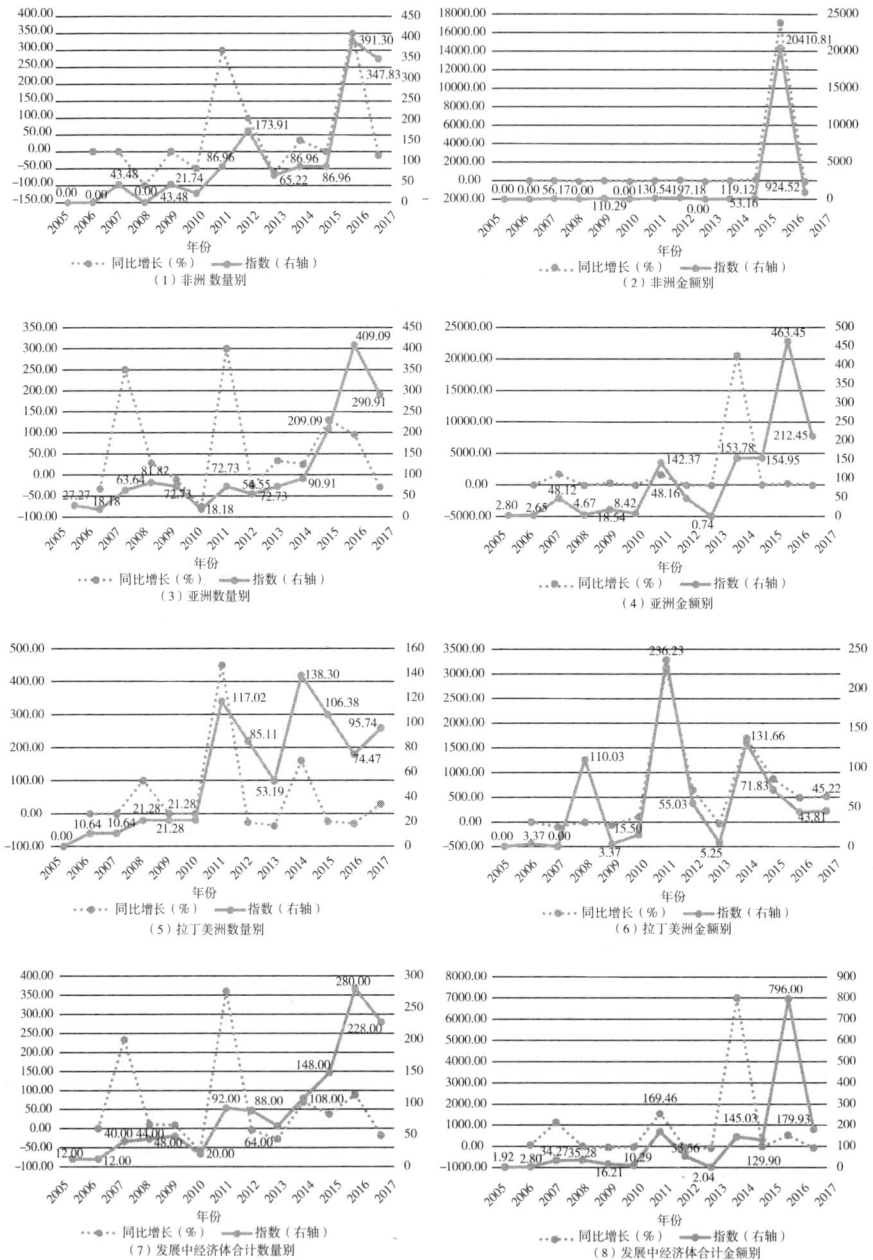

图 3-3-2　2005—2017 年民营企业海外直接投资发展中经济体项目数量和金额指数走势图

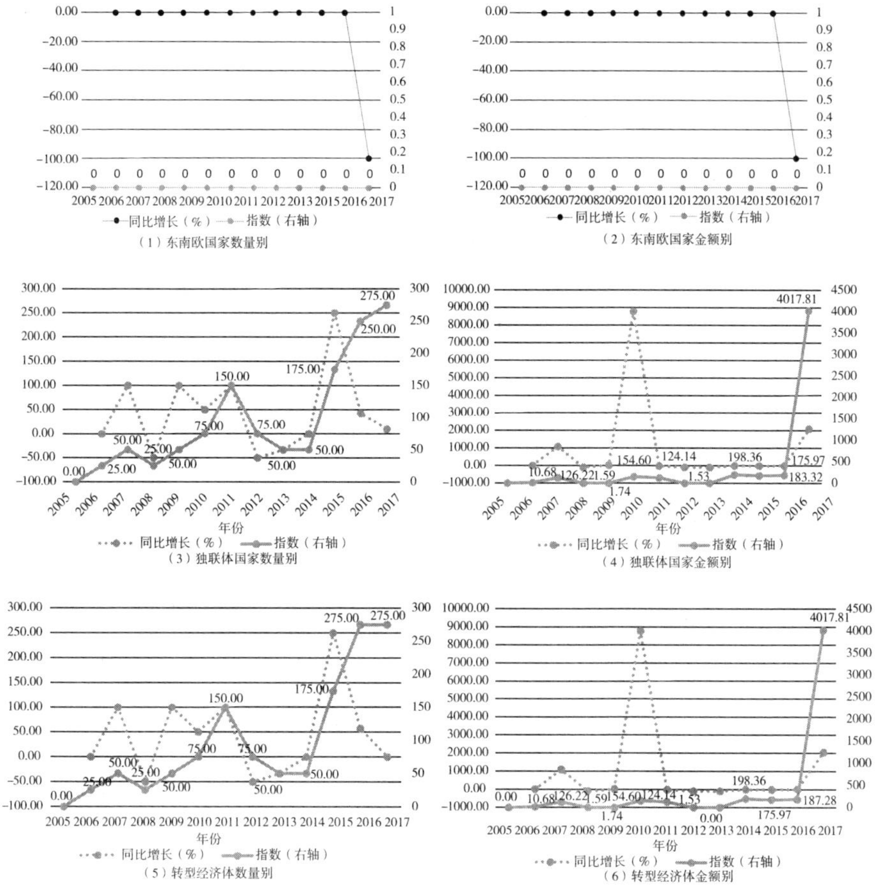
同比增长（%）
指数（右轴）
（1）东南欧国家数量别
（2）东南欧国家金额别
年份
（3）独联体国家数量别
（4）独联体国家金额别
（5）转型经济体数量别
（6）转型经济体金额别

图 3-3-3　2005—2017 年民营企业海外直接投资转型经济体项目数量和金额指数走势图

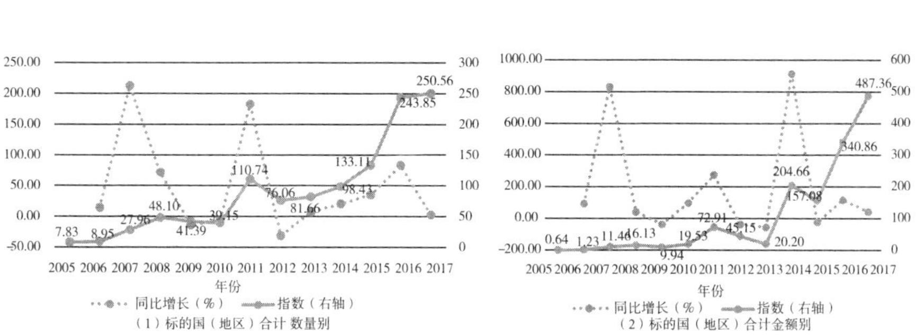
年份
同比增长（%）
指数（右轴）
（1）标的国（地区）合计 数量别
（2）标的国（地区）合计金额别

图 3-3-4　2005—2017 年民营企业海外直接投资标的国（地区）项目数量和金额指数走势图

二、民营企业海外直接投资项目数量和金额的标的国（地区）别分布

1. 民营企业海外直接投资项目数量的标的国（地区）别分布

欧洲发达经济体接受我国民营样本企业海外直接投资项目数量最多的是德国，在 2005—2017 年共计接受了 60 件海外直接投资项目，占整个欧洲发达经济体所接受数量的 8.61%。位列第二的是英国，共计接受了来自我国民营样本企业 51 件海外直接投资。其他位于欧洲的发达经济体接受我国民营样本企业较多的是荷兰、捷克共和国、西班牙、意大利和法国，其中我国民营样本企业对捷克共和国和法国于近年来投资项目数量开始逐渐增加，因此可推测未来这两个国家将受到我国民营企业更多的关注。

表 3-3-3　中国民营样本企业海外直接投资标的国（地区）项目数量指数——欧洲

（单位：件）

年份		奥地利	比利时	保加利亚	克罗地亚	塞浦路斯	捷克共和国	丹麦	芬兰
2005	数量	0	1	0	0	0	0	0	0
	比例（%）	0.00	25.00	0.00	0.00	0.00	0.00	0.00	0.00
	指数	0.00	125.00	0.00	n. a.	n. a.	0.00	0.00	0.00
2006	数量	0	0	0	0	0	0	0	0
	比例（%）	0.00	0.00	0.00	0.00	0.00	0.00	0.00	0.00
	指数	0.00	0.00	0.00	n. a.	n. a.	0.00	0.00	0.00
2007	数量	0	4	0	0	0	0	0	0
	比例（%）	0.00	30.77	0.00	0.00	0.00	0.00	0.00	0.00
	指数	0.00	500.00	0.00	n. a.	n. a.	0.00	0.00	0.00
2008	数量	0	0	0	0	0	0	0	0
	比例（%）	0.00	0.00	0.00	0.00	0.00	0.00	0.00	0.00
	指数	0.00	0.00	0.00	n. a.	n. a.	0.00	0.00	0.00
2009	数量	0	3	0	0	0	0	0	0
	比例（%）	0.00	13.04	0.00	0.00	0.00	0.00	0.00	0.00
	指数	0.00	375.00	0.00	n. a.	n. a.	0.00	0.00	0.00
2010	数量	0	2	0	1	0	0	0	0
	比例（%）	0.00	7.41	0.00	3.70	0.00	0.00	0.00	0.00
	指数	0.00	250.00	0.00	n. a.	n. a.	0.00	0.00	0.00

续表

年份		奥地利	比利时	保加利亚	克罗地亚	塞浦路斯	捷克共和国	丹麦	芬兰
2011	数量	1	1	0	0	0	0	0	0
	比例（%）	1.43	1.43	0.00	0.00	0.00	0.00	0.00	0.00
	指数	83.33	125.00	0.00	n.a.	n.a.	0.00	0.00	0.00
2012	数量	1	1	3	0	0	0	0	1
	比例（%）	2.33	2.33	6.98	0.00	0.00	0.00	0.00	2.33
	指数	83.33	125.00	500.00	n.a.	n.a.	0.00	0.00	500.00
2013	数量	2	0	0	0	0	0	1	0
	比例（%）	3.64	0.00	0.00	0.00	0.00	0.00	1.82	0.00
	指数	166.67	0.00	0.00	n.a.	n.a.	0.00	250.00	0.00
2014	数量	2	0	0	0	0	1	1	0
	比例（%）	3.39	0.00	0.00	0.00	0.00	1.69	1.69	0.00
	指数	166.67	0.00	0.00	n.a.	n.a.	50.00	250.00	0.00
2015	数量	0	2	0	0	0	9	0	0
	比例（%）	0.00	2.67	0.00	0.00	0.00	12.00	0.00	0.00
	指数	0.00	250.00	0.00	n.a.	n.a.	450.00	0.00	0.00
2016	数量	2	0	0	0	0	7	0	1
	比例（%）	1.46	0.00	0.00	0.00	0.00	5.11	0.00	0.73
	指数	166.67	0.00	0.00	n.a.	n.a.	350.00	0.00	500.00
2017	数量	3	3	1	2	2	4	1	1
	比例（%）	1.92	1.92	0.64	1.28	1.28	2.56	0.64	0.64
	指数	250.00	375.00	166.67	n.a.	n.a.	200.00	250.00	500.00
合计	数量	11	17	4	3	2	21	3	3
	比例（%）	1.58	2.44	0.57	0.43	0.29	3.01	0.43	0.43
2011—2015年均值		1.20	0.80	0.60	0.00	0.00	2.00	0.40	0.20

年份		法国	德国	希腊	匈牙利	爱尔兰	意大利	立陶宛	卢森堡	马耳他	荷兰
2005	数量	0	0	0	0	0	1	0	0	0	0
	比例（%）	0.00	0.00	0.00	0.00	0.00	25.00	0.00	0.00	0.00	0.00
	指数	0.00	0.00	0.00	0.00	0.00	125.00	0.00	n.a.	n.a.	0.00
2006	数量	0	1	0	0	0	0	0	0	0	0
	比例（%）	0.00	25.00	0.00	0.00	0.00	0.00	0.00	0.00	0.00	0.00
	指数	0.00	16.67	0.00	0.00	0.00	0.00	0.00	n.a.	n.a.	0.00

年份		法国	德国	希腊	匈牙利	爱尔兰	意大利	立陶宛	卢森堡	马耳他	荷兰
2007	数量	0	0	0	0	0	2	0	0	0	0
	比例（%）	0.00	0.00	0.00	0.00	0.00	15.38	0.00	0.00	0.00	0.00
	指数	0.00	0.00	0.00	0.00	0.00	250.00	0.00	n.a.	n.a.	0.00
2008	数量	0	4	1	0	0	4	0	0	0	1
	比例（%）	0.00	12.90	3.23	0.00	0.00	12.90	0.00	0.00	0.00	3.23
	指数	0.00	66.67	250.00	0.00	0.00	500.00	0.00	n.a.	n.a.	33.33
2009	数量	0	2	0	1	0	1	0	0	0	2
	比例（%）	0.00	8.70	0.00	4.35	0.00	4.35	0.00	0.00	0.00	8.70
	指数	0.00	33.33	0.00	166.67	0.00	125.00	0.00	n.a.	n.a.	66.67
2010	数量	0	3	0	0	0	0	1	0	0	1
	比例（%）	0.00	11.11	0.00	0.00	0.00	0.00	3.70	0.00	0.00	3.70
	指数	0.00	50.00	0.00	0.00	0.00	0.00	500.00	n.a.	n.a.	33.33
2011	数量	2	10	1	1	0	2	1	0	0	2
	比例（%）	2.86	14.29	1.43	1.43	0.00	2.86	1.43	0.00	0.00	2.86
	指数	142.86	166.67	250.00	166.67	0.00	250.00	500.00	n.a.	n.a.	66.67
2012	数量	1	6	0	1	0	0	0	0	0	4
	比例（%）	2.33	13.95	0.00	2.33	0.00	0.00	0.00	0.00	0.00	9.30
	指数	71.43	100.00	0.00	166.67	0.00	0.00	0.00	n.a.	n.a.	133.33
2013	数量	1	3	1	0	2	0	0	0	0	4
	比例（%）	1.82	5.45	1.82	0.00	3.64	0.00	0.00	0.00	0.00	7.27
	指数	71.43	50.00	250.00	0.00	333.33	0.00	0.00	n.a.	n.a.	133.33
2014	数量	2	7	0	1	0	0	0	0	0	1
	比例（%）	3.39	11.86	0.00	1.69	0.00	0.00	0.00	0.00	0.00	1.69
	指数	142.86	116.67	0.00	166.67	0.00	0.00	0.00	n.a.	n.a.	33.33
2015	数量	1	4	0	0	1	2	0	0	0	4
	比例（%）	1.33	5.33	0.00	0.00	1.33	2.67	0.00	0.00	0.00	5.33
	指数	71.43	66.67	0.00	0.00	166.67	250.00	0.00	n.a.	n.a.	133.33
2016	数量	4	11	0	1	1	4	0	0	1	3
	比例（%）	2.92	8.03	0.00	0.73	0.73	2.92	0.00	0.00	0.73	2.19
	指数	285.71	183.33	0.00	166.67	166.67	500.00	0.00	n.a.	n.a.	100.00

续表

年份		法国	德国	希腊	匈牙利	爱尔兰	意大利	立陶宛	卢森堡	马耳他	荷兰
2017	数量	5	9	0	0	2	2	0	1	0	5
	比例（%）	3.21	5.77	0.00	0.00	1.28	1.28	0.00	0.64	0.00	3.21
	指数	357.14	150.00	0.00	0.00	333.33	250.00	0.00	n.a.	n.a.	166.67
合计	数量	16	60	3	5	6	18	2	1	1	27
	比例（%）	2.30	8.61	0.43	0.72	0.86	2.58	0.29	0.14	0.14	3.87
2011—2015年均值		1.40	6.00	0.40	0.60	0.60	0.80	0.20	0.00	0.00	3.00

年份		波兰	葡萄牙	罗马尼亚	斯洛伐克	西班牙	瑞典	英国	挪威	瑞士	合计
2005	数量	0	0	0	0	0	0	1	0	0	3
	比例（%）	0.00	0.00	0.00	0.00	0.00	0.00	25.00	0.00	0.00	75.00
	指数	0.00	0.00	0.00	0.00	0.00	0.00	17.24	n.a.	0.00	10.27
2006	数量	0	0	0	0	0	0	1	0	0	2
	比例（%）	0.00	0.00	0.00	0.00	0.00	0.00	25.00	0.00	0.00	50.00
	指数	0.00	0.00	0.00	0.00	0.00	0.00	17.24	n.a.	0.00	6.85
2007	数量	0	0	0	0	0	0	2	0	0	8
	比例（%）	0.00	0.00	0.00	0.00	0.00	0.00	15.38	0.00	0.00	61.54
	指数	0.00	0.00	0.00	0.00	0.00	0.00	34.48	n.a.	0.00	27.40
2008	数量	0	1	0	0	8	0	0	0	1	20
	比例（%）	0.00	3.23	0.00	0.00	25.81	0.00	0.00	0.00	3.23	64.52
	指数	0.00	500.00	0.00	0.00	666.67	0.00	0.00	n.a.	100.00	68.49
2009	数量	0	0	0	0	0	0	0	0	0	9
	比例（%）	0.00	0.00	0.00	0.00	0.00	0.00	0.00	0.00	0.00	39.13
	指数	0.00	0.00	0.00	0.00	0.00	0.00	0.00	n.a.	0.00	30.82
2010	数量	0	0	0	0	2	1	0	2	1	14
	比例（%）	0.00	0.00	0.00	0.00	7.41	3.70	0.00	7.41	3.70	51.85
	指数	0.00	0.00	0.00	0.00	166.67	166.67	0.00	n.a.	100.00	47.95
2011	数量	1	1	1	0	3	1	4	0	0	32
	比例（%）	1.43	1.43	1.43	0.00	4.29	1.43	5.71	0.00	0.00	45.71
	指数	166.67	500.00	83.33	0.00	250.00	166.67	68.97	n.a.	0.00	109.59

续表

年份		波兰	葡萄牙	罗马尼亚	斯洛伐克	西班牙	瑞典	英国	挪威	瑞士	合计
2012	数量	0	0	1	0	0	0	4	0	1	24
	比例（%）	0.00	0.00	2.33	0.00	0.00	0.00	9.30	0.00	2.33	55.81
	指数	0.00	0.00	83.33	0.00	0.00	0.00	68.97	n.a.	100.00	82.19
2013	数量	1	0	2	0	0	1	8	0	0	26
	比例（%）	1.82	0.00	3.64	0.00	0.00	1.82	14.55	0.00	0.00	47.27
	指数	166.67	0.00	166.67	0.00	0.00	166.67	137.93	n.a.	0.00	89.04
2014	数量	1	0	1	0	2	1	8	0	1	29
	比例（%）	1.69	0.00	1.69	0.00	3.39	1.69	13.56	0.00	1.69	49.15
	指数	166.67	0.00	83.33	0.00	166.67	166.67	137.93	n.a.	100.00	99.32
2015	数量	0	0	1	2	1	0	5	0	3	35
	比例（%）	0.00	0.00	1.33	2.67	1.33	0.00	6.67	0.00	4.00	46.67
	指数	0.00	0.00	83.33	500.00	83.33	0.00	86.21	n.a.	300.00	119.86
2016	数量	0	1	1	0	4	3	10	0	1	55
	比例（%）	0.00	0.73	0.73	0.00	2.92	2.19	7.30	0.00	0.73	40.15
	指数	0.00	500.00	83.33	0.00	333.33	500.00	172.41	n.a.	100.00	188.36
2017	数量	0	2	2	2	1	3	8	1	4	64
	比例（%）	0.00	1.28	1.28	1.28	0.64	1.92	5.13	0.64	2.56	41.03
	指数	0.00	1000.00	166.67	500.00	83.33	500.00	137.93	n.a.	400.00	219.18
合计	数量	3	5	9	4	21	10	51	3	12	321
	比例（%）	0.43	0.72	1.29	0.57	3.01	1.43	7.32	0.43	1.72	46.05
2011—2015 年均值		0.60	0.20	1.20	0.40	1.20	0.60	5.80	0.00	1.00	29.20

美国以 13 年间接受来自我国民营样本企业共计 123 件的海外直接投资在世界所有国家中位列首位，成为我国民营样本企业海外直接投资的重要标的国。我国民营样本企业对于美国的海外直接投资数量增长可划分为两个阶段：第一阶段位于 2010—2011 年，美国以 2010 年接受 4 件我国民营样本企业海外直接投资项目增长至 2011 年的 11 件投资项目；第二阶段位

于 2015—2016 年，由 2015 年的 13 件增长至 2016 年的 29 件投资项目。
2017 年我国民营样本企业对于美国的海外直接投资依然增长，但整体增加
不多，这也与我国 2017 年整体对外直接投资数量增长趋于缓慢保持一致。

表 3-3-4 中国民营样本企业海外直接投资标的国（地区）项目数量指数——北美洲

（单位：件）

年份		加拿大	美国	合计
2005	数量	0	0	0
	比例（%）	0.00	0.00	0.00
	指数	0.00	0.00	0.00
2006	数量	0	2	2
	比例（%）	0.00	50.00	50.00
	指数	0.00	19.61	15.87
2007	数量	0	2	2
	比例（%）	0.00	15.38	15.38
	指数	0.00	19.61	15.87
2008	数量	0	2	2
	比例（%）	0.00	6.45	6.45
	指数	0.00	19.61	15.87
2009	数量	0	2	2
	比例（%）	0.00	8.70	8.70
	指数	0.00	19.61	15.87
2010	数量	0	4	4
	比例（%）	0.00	14.81	14.81
	指数	0.00	39.22	31.75
2011	数量	3	11	14
	比例（%）	4.29	15.71	20.00
	指数	125.00	107.84	111.11
2012	数量	2	5	7
	比例（%）	4.65	11.63	16.28
	指数	83.33	49.02	55.56

续表

年份		加拿大	美国	合计
2013	数量	3	11	14
	比例（%）	5.45	20.00	25.45
	指数	125.00	107.84	111.11
2014	数量	2	11	13
	比例（%）	3.39	18.64	22.03
	指数	83.33	107.84	103.17
2015	数量	2	13	15
	比例（%）	2.67	17.33	20.00
	指数	83.33	127.45	119.05
2016	数量	1	29	30
	比例（%）	0.73	21.17	21.90
	指数	41.67	284.31	238.10
2017	数量	1	31	32
	比例（%）	0.64	19.87	20.51
	指数	41.67	303.92	253.97
合计	数量	14	123	137
	比例（%）	2.01	17.65	19.66
2011—2015 年均值		2.40	10.20	12.60

　　中国香港作为著名的自由港，其便利的贸易投资措施、优惠的制度安排以及与中国大陆毗邻等特点，吸引了大量的中国民营企业对香港进行直接投资活动，2005—2017 年间在中国香港共计进行了 68 件海外直接投资项目，远超其他国家和地区。同中国香港一样，开曼群岛凭借其自由的国际金融市场、较为完善的金融市场制度促使我国大批民营样本企业青睐于在开曼群岛进行海外直接投资活动。另外，接受我国民营样本企业海外直接投资项目数量较多的发达经济体还有澳大利亚，其接受投资数量增长于 2011 年，并且近年来一直保持着较为稳定的数量水平。

表 3-3-5　中国民营样本企业海外直接投资标的国（地区）
　　　　　　项目数量指数——其他发达经济体

（单位：件）

年份		澳大利亚	新西兰	百慕大群岛	开曼群岛	英属维尔京群岛
2005	数量	0	0	0	1	0
	比例（%）	0.00	0.00	0.00	25.00	0.00
	指数	0.00	n.a.	n.a.	35.71	0.00
2006	数量	0	0	0	0	0
	比例（%）	0.00	0.00	0.00	0.00	0.00
	指数	0.00	n.a.	n.a.	0.00	0.00
2007	数量	0	0	0	0	0
	比例（%）	0.00	0.00	0.00	0.00	0.00
	指数	0.00	n.a.	n.a.	0.00	0.00
2008	数量	1	0	0	1	1
	比例（%）	3.23	0.00	0.00	3.23	3.23
	指数	20.00	n.a.	n.a.	35.71	250.00
2009	数量	1	0	0	1	1
	比例（%）	4.35	0.00	0.00	4.35	4.35
	指数	20.00	n.a.	n.a.	35.71	250.00
2010	数量	0	0	2	1	0
	比例（%）	0.00	0.00	7.41	3.70	0.00
	指数	0.00	n.a.	n.a.	35.71	0.00
2011	数量	7	0	0	2	1
	比例（%）	10.00	0.00	0.00	2.86	1.43
	指数	140.00	n.a.	n.a.	71.43	250.00
2012	数量	4	0	0	1	0
	比例（%）	9.30	0.00	0.00	2.33	0.00
	指数	80.00	n.a.	n.a.	35.71	0.00
2013	数量	4	0	0	2	1
	比例（%）	7.27	0.00	0.00	3.64	1.82
	指数	80.00	n.a.	n.a.	71.43	250.00

续表

年份		澳大利亚	新西兰	百慕大群岛	开曼群岛	英属维尔京群岛
2014	数量	4	0	0	2	0
	比例（%）	6.78	0.00	0.00	3.39	0.00
	指数	80.00	n. a.	n. a.	71.43	0.00
2015	数量	6	0	0	7	0
	比例（%）	8.00	0.00	0.00	9.33	0.00
	指数	120.00	n. a.	n. a.	250.00	0.00
2016	数量	7	0	1	5	7
	比例（%）	5.11	0.00	0.73	3.65	5.11
	指数	140.00	n. a.	n. a.	178.57	1750.00
2017	数量	8	4	1	10	2
	比例（%）	5.13	2.56	0.64	6.41	1.28
	指数	160.00	n. a.	n. a.	357.14	500.00
合计	数量	42	4	4	33	13
	比例（%）	6.03	0.57	0.57	4.73	1.87
2011—2015 年均值		5.00	0.00	0.00	2.80	0.40

年份		以色列	日本	韩国	新加坡	中国台湾	中国香港	合计	总计
2005	数量	0	0	0	0	0	0	1	4
	比例（%）	0.00	0.00	0.00	0.00	0.00	0.00	25.00	100.00
	指数	n. a.	0.00	0.00	0.00	0.00	0.00	5.38	6.62
2006	数量	0	0	0	0	0	0	0	4
	比例（%）	0.00	0.00	0.00	0.00	0.00	0.00	0.00	100.00
	指数	n. a.	0.00	0.00	0.00	0.00	0.00	0.00	6.62
2007	数量	0	0	0	1	0	2	3	13
	比例（%）	0.00	0.00	0.00	7.69	0.00	15.38	23.08	100.00
	指数	n. a.	0.00	0.00	55.56	0.00	38.46	16.13	21.52
2008	数量	0	0	2	0	0	4	9	31
	比例（%）	0.00	0.00	6.45	0.00	0.00	12.90	29.03	100.00
	指数	n. a.	0.00	111.11	0.00	0.00	76.92	48.39	51.32

续表

年份		以色列	日本	韩国	新加坡	中国台湾	中国香港	合计	总计
2009	数量	0	3	0	2	0	4	12	23
	比例（%）	0.00	13.04	0.00	8.70	0.00	17.39	52.17	100.00
	指数	n.a.	300.00	0.00	111.11	0.00	76.92	64.52	38.08
2010	数量	1	2	0	1	1	1	9	27
	比例（%）	3.70	7.41	0.00	3.70	3.70	3.70	33.33	100.00
	指数	n.a.	200.00	0.00	55.56	166.67	19.23	48.39	44.70
2011	数量	0	0	1	4	0	9	24	70
	比例（%）	0.00	0.00	1.43	5.71	0.00	12.86	34.29	100.00
	指数	n.a.	0.00	55.56	222.22	0.00	173.08	129.03	115.89
2012	数量	0	1	0	3	0	3	12	43
	比例（%）	0.00	2.33	0.00	6.98	0.00	6.98	27.91	100.00
	指数	n.a.	100.00	0.00	166.67	0.00	57.69	64.52	71.19
2013	数量	0	1	1	1	1	4	15	55
	比例（%）	0.00	1.82	1.82	1.82	1.82	7.27	27.27	100.00
	指数	n.a.	100.00	55.56	55.56	166.67	76.92	80.65	91.06
2014	数量	0	2	2	1	1	5	17	59
	比例（%）	0.00	3.39	3.39	1.69	1.69	8.47	28.81	100.00
	指数	n.a.	200.00	111.11	55.56	166.67	96.15	91.40	97.68
2015	数量	0	1	5	0	1	5	25	75
	比例（%）	0.00	1.33	6.67	0.00	1.33	6.67	33.33	100.00
	指数	n.a.	100.00	277.78	0.00	166.67	96.15	134.41	124.17
2016	数量	1	5	3	6	0	17	52	137
	比例（%）	0.73	3.65	2.19	4.38	0.00	12.41	37.96	100.00
	指数	n.a.	500.00	166.67	333.33	0.00	326.92	279.57	226.82
2017	数量	3	6	4	6	2	14	60	156
	比例（%）	1.92	3.85	2.56	3.85	1.28	8.97	38.46	100.00
	指数	n.a.	600.00	222.22	333.33	333.33	269.23	322.58	258.28
合计	数量	5	21	18	25	6	68	239	697
	比例（%）	0.72	3.01	2.58	3.59	0.86	9.76	34.29	100.00
2011—2015年均值		0.00	1.00	1.80	1.80	0.60	5.20	18.60	60.40

发展中经济体接受的投资项目数量主要集中于非洲、亚洲、拉丁美洲和加勒比海地区，其中亚洲的发展中经济体接受了我国超半数的民营样本企业在发展中经济体的海外直接投资项目，主要分布在印度、马来西亚、泰国、越南和印度尼西亚。特别是自 2015 年以来，我国民营样本企业对印度、泰国的海外直接投资项目数量出现大幅增加，但是这种趋势随着 2017 年总体增长趋势放缓而减弱。埃及和南非是非洲发展中经济体接受我国民营样本企业海外直接投资较多的国家，13 年间均接受 13 件海外直接投资项目；拉丁美洲和加勒比海地区的发展中经济体主要以巴西和墨西哥所接受的海外直接投资项目数量为主。

表 3-3-6　中国民营样本企业海外直接投资标的国（地区）项目数量指数——非洲

（单位：件）

年份		阿尔及利亚	埃及	摩洛哥	科特迪瓦	加纳	尼日利亚	塞内加尔
2005	数量	0	0	0	0	0	0	0
	比例（%）	0.00	0.00	0.00	0.00	0.00	0.00	0.00
	指数	0.00	0.00	0.00	0.00	0.00	0.00	n. a.
2006	数量	0	0	0	0	0	0	0
	比例（%）	0.00	0.00	0.00	0.00	0.00	0.00	0.00
	指数	0.00	0.00	0.00	0.00	0.00	0.00	n. a.
2007	数量	0	0	0	0	0	1	0
	比例（%）	0.00	0.00	0.00	0.00	0.00	10.00	0.00
	指数	0.00	0.00	0.00	0.00	0.00	500.00	n. a.
2008	数量	0	0	0	0	0	0	0
	比例（%）	0.00	0.00	0.00	0.00	0.00	0.00	0.00
	指数	0.00	0.00	0.00	0.00	0.00	0.00	n. a.
2009	数量	1	0	0	0	0	0	0
	比例（%）	8.33	0.00	0.00	0.00	0.00	0.00	0.00
	指数	500.00	0.00	0.00	0.00	0.00	0.00	n. a.
2010	数量	0	0	0	0	1	0	0
	比例（%）	0.00	0.00	0.00	0.00	20.00	0.00	0.00
	指数	0.00	0.00	0.00	0.00	500.00	0.00	n. a.

续表

年份		阿尔及利亚	埃及	摩洛哥	科特迪瓦	加纳	尼日利亚	塞内加尔
2011	数量	0	0	0	0	0	0	0
	比例（%）	0.00	0.00	0.00	0.00	0.00	0.00	0.00
	指数	0.00	0.00	0.00	0.00	0.00	0.00	n. a.
2012	数量	0	2	1	1	1	1	0
	比例（%）	0.00	9.09	4.55	4.55	4.55	4.55	0.00
	指数	0.00	333.33	250.00	500.00	500.00	500.00	n. a.
2013	数量	1	0	0	0	0	0	0
	比例（%）	6.25	0.00	0.00	0.00	0.00	0.00	0.00
	指数	500.00	0.00	0.00	0.00	0.00	0.00	n. a.
2014	数量	0	0	0	0	0	0	0
	比例（%）	0.00	0.00	0.00	0.00	0.00	0.00	0.00
	指数	0.00	0.00	0.00	0.00	0.00	0.00	n. a.
2015	数量	0	1	1	0	0	0	0
	比例（%）	0.00	2.70	2.70	0.00	0.00	0.00	0.00
	指数	0.00	166.67	250.00	0.00	0.00	0.00	n. a.
2016	数量	0	6	0	1	1	1	1
	比例（%）	0.00	8.57	0.00	1.43	1.43	1.43	1.43
	指数	0.00	1000.00	0.00	500.00	500.00	500.00	n. a.
2017	数量	5	4	3	0	0	2	0
	比例（%）	8.77	7.02	5.26	0.00	0.00	3.51	0.00
	指数	2500.00	666.67	750.00	0.00	0.00	1000.00	n. a.
合计	数量	7	13	5	2	3	5	1
	比例（%）	2.36	4.39	1.69	0.68	1.01	1.69	0.34
2011—2015 年均值		0.20	0.60	0.40	0.20	0.20	0.20	0.00

年份		加蓬	埃塞俄比亚	肯尼亚	坦桑尼亚	南非	赞比亚	津巴布韦	合计
2005	数量	0	0	0	0	0	0	0	0
	比例（%）	0.00	0.00	0.00	0.00	0.00	0.00	0.00	0.00
	指数	0.00	0.00	n. a.	0.00	0.00	0.00	0.00	0.00

续表

年份		加蓬	埃塞俄比亚	肯尼亚	坦桑尼亚	南非	赞比亚	津巴布韦	合计
2006	数量	0	0	0	0	0	0	0	0
	比例（%）	0.00	0.00	0.00	0.00	0.00	0.00	0.00	0.00
	指数	0.00	0.00	n.a.	0.00	0.00	0.00	0.00	0.00
2007	数量	0	0	0	0	1	0	0	2
	比例（%）	0.00	0.00	0.00	0.00	10.00	0.00	0.00	20.00
	指数	0.00	0.00	n.a.	0.00	62.50	0.00	0.00	43.48
2008	数量	0	0	0	0	0	0	0	0
	比例（%）	0.00	0.00	0.00	0.00	0.00	0.00	0.00	0.00
	指数	0.00	0.00	n.a.	0.00	0.00	0.00	0.00	0.00
2009	数量	0	1	0	0	0	0	0	2
	比例（%）	0.00	8.33	0.00	0.00	0.00	0.00	0.00	16.67
	指数	0.00	500.00	n.a.	0.00	0.00	0.00	0.00	43.48
2010	数量	0	0	0	0	0	0	0	1
	比例（%）	0.00	0.00	0.00	0.00	0.00	0.00	0.00	20.00
	指数	0.00	0.00	n.a.	0.00	0.00	0.00	0.00	21.74
2011	数量	0	1	0	0	3	0	0	4
	比例（%）	0.00	4.35	0.00	0.00	13.04	0.00	0.00	17.39
	指数	0.00	500.00	n.a.	0.00	187.50	0.00	0.00	86.96
2012	数量	1	0	0	0	0	1	0	8
	比例（%）	4.55	0.00	0.00	0.00	0.00	4.55	0.00	36.36
	指数	250.00	0.00	n.a.	0.00	0.00	500.00	0.00	173.91
2013	数量	0	0	0	1	1	0	0	3
	比例（%）	0.00	0.00	0.00	6.25	6.25	0.00	0.00	18.75
	指数	0.00	0.00	n.a.	500.00	62.50	0.00	0.00	65.22
2014	数量	1	0	0	0	2	0	1	4
	比例（%）	3.70	0.00	0.00	0.00	7.41	0.00	3.70	14.81
	指数	250.00	0.00	n.a.	0.00	125.00	0.00	500.00	86.96

年份		加蓬	埃塞俄比亚	肯尼亚	坦桑尼亚	南非	赞比亚	津巴布韦	合计
2015	数量	0	0	0	0	2	0	0	4
	比例（%）	0.00	0.00	0.00	0.00	5.41	0.00	0.00	10.81
	指数	0.00	0.00	n.a.	0.00	125.00	0.00	0.00	86.96
2016	数量	0	4	0	0	3	1	0	18
	比例（%）	0.00	5.71	0.00	0.00	4.29	1.43	0.00	25.71
	指数	0.00	2000.00	n.a.	0.00	187.50	500.00	0.00	391.30
2017	数量	0	0	1	0	1	0	0	16
	比例（%）	0.00	0.00	1.75	0.00	1.75	0.00	0.00	28.07
	指数	0.00	0.00	n.a.	0.00	62.50	0.00	0.00	347.83
合计	数量	2	6	1	1	13	2	1	62
	比例（%）	0.68	2.03	0.34	0.34	4.39	0.68	0.34	20.95
2011—2015 年均值		0.40	0.20	0.00	0.20	1.60	0.20	0.20	4.60

表 3-3-7 中国民营样本企业海外直接投资标的国（地区）项目数量指数——亚洲

（单位：件）

年份		蒙古国	文莱	柬埔寨	印度尼西亚	老挝	马来西亚	菲律宾	泰国	越南	孟加拉国	印度
2005	数量	0	0	0	0	0	1	0	0	1	0	1
	比例（%）	0.00	0.00	0.00	0.00	0.00	33.33	0.00	0.00	33.33	0.00	33.33
	指数	0.00	0.00	n.a.	0.00	n.a.	83.33	n.a.	0.00	166.67	n.a.	33.33
2006	数量	0	0	0	0	0	0	0	0	1	0	1
	比例（%）	0.00	0.00	0.00	0.00	0.00	0.00	0.00	0.00	33.33	0.00	33.33
	指数	0.00	0.00	n.a.	0.00	n.a.	0.00	n.a.	0.00	166.67	n.a.	33.33
2007	数量	0	0	0	2	0	1	2	0	1	0	0
	比例（%）	0.00	0.00	0.00	20.00	0.00	10.00	20.00	0.00	10.00	0.00	0.00
	指数	0.00	0.00	n.a.	166.67	n.a.	83.33	n.a.	0.00	166.67	n.a.	0.00
2008	数量	0	0	0	0	0	0	0	1	4	0	3
	比例（%）	0.00	0.00	0.00	0.00	0.00	0.00	0.00	9.09	36.36	0.00	27.27
	指数	0.00	0.00	n.a.	0.00	n.a.	0.00	n.a.	50.00	666.67	n.a.	100.00

续表

年份		蒙古国	文莱	柬埔寨	印度尼西亚	老挝	马来西亚	菲律宾	泰国	越南	孟加拉国	印度
2009	数量	0	0	0	3	1	0	1	0	2	0	0
	比例（%）	0.00	0.00	0.00	25.00	8.33	0.00	8.33	0.00	16.67	0.00	0.00
	指数	0.00	0.00	n. a.	250.00	n. a.	0.00	n. a.	0.00	333.33	n. a.	0.00
2010	数量	0	0	0	1	0	0	0	0	0	0	1
	比例（%）	0.00	0.00	0.00	20.00	0.00	0.00	0.00	0.00	0.00	0.00	20.00
	指数	0.00	0.00	n. a.	83.33	n. a.	0.00	n. a.	0.00	0.00	n. a.	33.33
2011	数量	0	1	0	0	0	0	0	2	0	0	2
	比例（%）	0.00	4.35	0.00	0.00	0.00	0.00	0.00	8.70	0.00	0.00	8.70
	指数	0.00	500.00	n. a.	0.00	n. a.	0.00	n. a.	100.00	0.00	n. a.	66.67
2012	数量	0	0	0	1	0	1	0	0	0	0	3
	比例（%）	0.00	0.00	0.00	4.55	0.00	4.55	0.00	0.00	0.00	0.00	13.64
	指数	0.00	0.00	n. a.	83.33	n. a.	83.33	n. a.	0.00	0.00	n. a.	100.00
2013	数量	1	0	0	0	0	1	0	1	0	0	2
	比例（%）	6.25	0.00	0.00	0.00	0.00	6.25	0.00	6.25	0.00	0.00	12.50
	指数	250.00	0.00	n. a.	0.00	n. a.	83.33	n. a.	50.00	0.00	n. a.	66.67
2014	数量	0	0	0	3	0	1	0	1	2	0	2
	比例（%）	0.00	0.00	0.00	11.11	0.00	3.70	0.00	3.70	7.41	0.00	7.41
	指数	0.00	0.00	n. a.	250.00	n. a.	83.33	n. a.	50.00	333.33	n. a.	66.67
2015	数量	1	0	0	2	0	3	0	6	1	0	6
	比例（%）	2.70	0.00	0.00	5.41	0.00	8.11	0.00	16.22	2.70	0.00	16.22
	指数	250.00	0.00	n. a.	166.67	n. a.	250.00	n. a.	300.00	166.67	n. a.	200.00
2016	数量	0	0	2	3	0	6	2	6	1	1	15
	比例（%）	0.00	0.00	2.86	4.29	0.00	8.57	2.86	8.57	1.43	1.43	21.43
	指数	0.00	0.00	n. a.	250.00	n. a.	500.00	n. a.	300.00	166.67	n. a.	500.00
2017	数量	0	0	0	2	0	7	0	1	4	1	10
	比例（%）	0.00	0.00	0.00	3.51	0.00	12.28	0.00	1.75	7.02	1.75	17.54
	指数	0.00	0.00	n. a.	166.67	n. a.	583.33	n. a.	50.00	666.67	n. a.	333.33

续表

年份		蒙古国	文莱	柬埔寨	印度尼西亚	老挝	马来西亚	菲律宾	泰国	越南	孟加拉国	印度
合计	数量	2	1	2	17	1	21	5	18	17	2	46
	比例（%）	0.68	0.34	0.68	5.74	0.34	7.09	1.69	6.08	5.74	0.68	15.54
2011—2015年均值		0.40	0.20	0.00	1.20	0.00	1.20	0.00	2.00	0.60	0.00	3.00

年份		马尔代夫	尼泊尔	巴基斯坦	斯里兰卡	巴林	伊拉克	伊朗伊斯兰共和国	科威特	沙特阿拉伯	土耳其	阿拉伯联合酋长国	合计
2005	数量	0	0	0	0	0	0	0	0	0	0	0	3
	比例（%）	0.00	0.00	0.00	0.00	0.00	0.00	0.00	0.00	0.00	0.00	0.00	100.00
	指数	n.a.	0.00	n.a.	n.a.	0.00	0.00	n.a.	0.00	0.00	0.00	0.00	27.27
2006	数量	0	0	0	0	0	0	0	0	0	0	0	2
	比例（%）	0.00	0.00	0.00	0.00	0.00	0.00	0.00	0.00	0.00	0.00	0.00	66.67
	指数	n.a.	0.00	n.a.	n.a.	0.00	0.00	n.a.	0.00	0.00	0.00	0.00	18.18
2007	数量	0	0	0	0	0	0	1	0	0	0	0	7
	比例（%）	0.00	0.00	0.00	0.00	0.00	0.00	10.00	0.00	0.00	0.00	0.00	70.00
	指数	n.a.	0.00	n.a.	n.a.	0.00	0.00	n.a.	0.00	0.00	0.00	0.00	63.64
2008	数量	0	0	1	0	0	0	0	0	0	0	0	9
	比例（%）	0.00	0.00	9.09	0.00	0.00	0.00	0.00	0.00	0.00	0.00	0.00	81.82
	指数	n.a.	0.00	n.a.	n.a.	0.00	0.00	n.a.	0.00	0.00	0.00	0.00	81.82
2009	数量	0	0	0	0	0	0	0	0	0	1	0	8
	比例（%）	0.00	0.00	0.00	0.00	0.00	0.00	0.00	0.00	0.00	8.33	0.00	66.67
	指数	n.a.	0.00	n.a.	n.a.	0.00	0.00	n.a.	0.00	0.00	166.67	0.00	72.73
2010	数量	0	0	0	0	0	0	0	0	0	0	0	2
	比例（%）	0.00	0.00	0.00	0.00	0.00	0.00	0.00	0.00	0.00	0.00	0.00	40.00
	指数	n.a.	0.00	n.a.	n.a.	0.00	0.00	n.a.	0.00	0.00	0.00	0.00	18.18
2011	数量	0	0	0	0	0	1	0	0	0	2	0	8
	比例（%）	0.00	0.00	0.00	0.00	0.00	4.35	0.00	0.00	0.00	8.70	0.00	34.78
	指数	n.a.	0.00	n.a.	n.a.	0.00	500.00	n.a.	0.00	0.00	333.33	0.00	72.73

续表

年份		马尔代夫	尼泊尔	巴基斯坦	斯里兰卡	巴林	伊拉克	伊朗伊斯兰共和国	科威特	沙特阿拉伯	土耳其	阿拉伯联合酋长国	合计
2012	数量	0	0	0	0	0	0	0	0	0	0	1	6
	比例（%）	0.00	0.00	0.00	0.00	0.00	0.00	0.00	0.00	0.00	0.00	4.55	27.27
	指数	n.a.	0.00	n.a.	n.a.	0.00	0.00	n.a.	0.00	0.00	0.00	250.00	54.55
2013	数量	0	0	0	0	1	0	0	0	0	1	1	8
	比例（%）	0.00	0.00	0.00	0.00	6.25	0.00	0.00	0.00	0.00	6.25	6.25	50.00
	指数	n.a.	0.00	n.a.	n.a.	250.00	0.00	n.a.	0.00	0.00	166.67	250.00	72.73
2014	数量	0	0	0	0	0	0	0	1	0	0	0	10
	比例（%）	0.00	0.00	0.00	0.00	0.00	0.00	0.00	3.70	0.00	0.00	0.00	37.04
	指数	n.a.	0.00	n.a.	n.a.	0.00	0.00	n.a.	250.00	0.00	0.00	0.00	90.91
2015	数量	0	1	0	0	1	0	0	1	1	0	0	23
	比例（%）	0.00	2.70	0.00	0.00	2.70	0.00	0.00	2.70	2.70	0.00	0.00	62.16
	指数	n.a.	500.00	n.a.	n.a.	250.00	0.00	n.a.	250.00	500.00	0.00	0.00	209.09
2016	数量	0	0	0	4	0	0	0	0	1	1	3	45
	比例（%）	0.00	0.00	0.00	5.71	0.00	0.00	0.00	0.00	1.43	1.43	4.29	64.29
	指数	n.a.	0.00	n.a.	n.a.	0.00	0.00	n.a.	0.00	500.00	166.67	750.00	409.09
2017	数量	1	0	1	0	0	0	2	0	0	1	2	32
	比例（%）	1.75	0.00	1.75	0.00	0.00	0.00	3.51	0.00	0.00	1.75	3.51	56.14
	指数	n.a.	0.00	n.a.	n.a.	0.00	0.00	n.a.	0.00	0.00	166.67	500.00	290.91
合计	数量	1	1	2	4	2	1	3	2	2	6	7	163
	比例（%）	0.34	0.34	0.68	1.35	0.68	0.34	1.01	0.68	0.68	2.03	2.36	55.07
2011—2015 年均值		0.00	0.20	0.00	0.00	0.40	0.00	0.00	0.40	0.20	0.60	0.40	11.00

表 3-3-8　中国民营样本企业海外直接投资标的国（地区）
项目数量指数——拉丁美洲和加勒比海地区

（单位：件）

年份		阿根廷	玻利维亚	巴西	智利	哥伦比亚	圭亚那	秘鲁
2005	数量	0	0	0	0	0	0	0
	比例（%）	0.00	0.00	0.00	0.00	0.00	0.00	0.00
	指数	0.00	n.a.	0.00	0.00	0.00	0.00	0.00

年份		阿根廷	玻利维亚	巴西	智利	哥伦比亚	圭亚那	秘鲁
2006	数量	0	0	0	0	0	1	0
	比例（%）	0.00	0.00	0.00	0.00	0.00	33.33	0.00
	指数	0.00	n. a.	0.00	0.00	0.00	500.00	0.00
2007	数量	0	0	0	1	0	0	0
	比例（%）	0.00	0.00	0.00	10.00	0.00	0.00	0.00
	指数	0.00	n. a.	0.00	250.00	0.00	0.00	0.00
2008	数量	0	0	0	0	0	1	0
	比例（%）	0.00	0.00	0.00	0.00	0.00	9.09	0.00
	指数	0.00	n. a.	0.00	0.00	0.00	500.00	0.00
2009	数量	0	0	1	0	0	1	0
	比例（%）	0.00	0.00	8.33	0.00	0.00	8.33	0.00
	指数	0.00	n. a.	20.83	0.00	0.00	500.00	0.00
2010	数量	0	0	2	0	0	0	0
	比例（%）	0.00	0.00	40.00	0.00	0.00	0.00	0.00
	指数	0.00	n. a.	41.67	0.00	0.00	0.00	0.00
2011	数量	1	0	6	0	1	0	0
	比例（%）	4.35	0.00	26.09	0.00	4.35	0.00	0.00
	指数	250.00	n. a.	125.00	0.00	500.00	0.00	0.00
2012	数量	0	0	5	1	0	1	1
	比例（%）	0.00	0.00	22.73	4.55	0.00	4.55	4.55
	指数	0.00	n. a.	104.17	250.00	0.00	500.00	500.00
2013	数量	1	0	2	1	0	0	0
	比例（%）	6.25	0.00	12.50	6.25	0.00	0.00	0.00
	指数	250.00	n. a.	41.67	250.00	0.00	0.00	0.00
2014	数量	0	0	7	0	0	0	0
	比例（%）	0.00	0.00	25.93	0.00	0.00	0.00	0.00
	指数	0.00	n. a.	145.83	0.00	0.00	0.00	0.00
2015	数量	0	0	4	0	0	0	0
	比例（%）	0.00	0.00	10.81	0.00	0.00	0.00	0.00
	指数	0.00	n. a.	83.33	0.00	0.00	0.00	0.00

续表

年份		阿根廷	玻利维亚	巴西	智利	哥伦比亚	圭亚那	秘鲁
2016	数量	2	1	0	0	0	0	0
	比例（%）	2.86	1.43	0.00	0.00	0.00	0.00	0.00
	指数	500.00	n. a.	0.00	0.00	0.00	0.00	0.00
2017	数量	1	1	3	0	1	0	0
	比例（%）	1.75	1.75	5.26	0.00	1.75	0.00	0.00
	指数	250.00	n. a.	62.50	0.00	500.00	0.00	0.00
合计	数量	5	2	30	3	2	4	1
	比例（%）	1.69	0.68	10.14	1.01	0.68	1.35	0.34
2011—2015 年均值		0.40	0.00	4.80	0.40	0.20	0.20	0.20

年份		乌拉圭	委内瑞拉	墨西哥	巴拿马	巴巴多斯	小计	合计
2005	数量	0	0	0	0	0	0	3
	比例（%）	0.00	0.00	0.00	0.00	0.00	0.00	100.00
	指数	0.00	0.00	0.00	0.00	0.00	0.00	12.00
2006	数量	0	0	0	0	0	1	3
	比例（%）	0.00	0.00	0.00	0.00	0.00	33.33	100.00
	指数	0.00	0.00	0.00	0.00	0.00	10.64	12.00
2007	数量	0	0	0	0	0	1	10
	比例（%）	0.00	0.00	0.00	0.00	0.00	10.00	100.00
	指数	0.00	0.00	0.00	0.00	0.00	10.64	40.00
2008	数量	0	0	1	0	0	2	11
	比例（%）	0.00	0.00	9.09	0.00	0.00	18.18	100.00
	指数	0.00	0.00	62.50	0.00	0.00	21.28	44.00
2009	数量	0	0	0	0	0	2	12
	比例（%）	0.00	0.00	0.00	0.00	0.00	16.67	100.00
	指数	0.00	0.00	0.00	0.00	0.00	21.28	48.00
2010	数量	0	0	0	0	0	2	5
	比例（%）	0.00	0.00	0.00	0.00	0.00	40.00	100.00
	指数	0.00	0.00	0.00	0.00	0.00	21.28	20.00

续表

年份		乌拉圭	委内瑞拉	墨西哥	巴拿马	巴巴多斯	合计	总计
2011	数量	1	0	0	1	1	11	23
	比例（%）	4.35	0.00	0.00	4.35	4.35	47.83	100.00
	指数	500.00	0.00	0.00	250.00	500.00	117.02	92.00
2012	数量	0	0	0	0	0	8	22
	比例（%）	0.00	0.00	0.00	0.00	0.00	36.36	100.00
	指数	0.00	0.00	0.00	0.00	0.00	85.11	88.00
2013	数量	0	1	0	0	0	5	16
	比例（%）	0.00	6.25	0.00	0.00	0.00	31.25	100.00
	指数	0.00	125.00	0.00	0.00	0.00	53.19	64.00
2014	数量	0	1	5	0	0	13	27
	比例（%）	0.00	3.70	18.52	0.00	0.00	48.15	100.00
	指数	0.00	125.00	312.50	0.00	0.00	138.30	108.00
2015	数量	0	2	3	1	0	10	37
	比例（%）	0.00	5.41	8.11	2.70	0.00	27.03	100.00
	指数	0.00	250.00	187.50	250.00	0.00	106.38	148.00
2016	数量	0	0	3	1	0	7	70
	比例（%）	0.00	0.00	4.29	1.43	0.00	10.00	100.00
	指数	0.00	0.00	187.50	250.00	0.00	74.47	280.00
2017	数量	0	0	3	0	0	9	57
	比例（%）	0.00	0.00	5.26	0.00	0.00	15.79	100.00
	指数	0.00	0.00	187.50	0.00	0.00	95.74	228.00
合计	数量	1	4	15	3	1	71	296
	比例（%）	0.34	1.35	5.07	1.01	0.34	23.99	100.00
2011—2015年均值		0.20	0.80	1.60	0.40	0.20	9.40	25.00

　　我国民营样本企业对于转型经济体的海外直接投资项目数量主要分布在独联体国家，特别是俄罗斯。2005—2017年间，共计接受了来自我国民营样本企业25件海外直接投资项目，占整个转型经济体所接受投资项目数量的49.02%，并且对于俄罗斯的海外直接投资项目数量规模自2014年开

始增长，近年来一直保持着稳定增长的趋势。

表 3-3-9   中国民营样本企业海外直接投资标的国（地区）项目数量指数——东南欧

（单位：件）

年份		塞尔维亚	小计
2005	数量	0	0
	比例（%）	n. a.	n. a.
	指数	n. a.	n. a.
2006	数量	0	0
	比例（%）	0.00	0.00
	指数	n. a.	n. a.
2007	数量	0	0
	比例（%）	0.00	0.00
	指数	n. a.	n. a.
2008	数量	0	0
	比例（%）	0.00	0.00
	指数	n. a.	n. a.
2009	数量	0	0
	比例（%）	0.00	0.00
	指数	n. a.	n. a.
2010	数量	0	0
	比例（%）	0.00	0.00
	指数	n. a.	n. a.
2011	数量	0	0
	比例（%）	0.00	0.00
	指数	n. a.	n. a.
2012	数量	0	0
	比例（%）	0.00	0.00
	指数	n. a.	n. a.
2013	数量	0	0
	比例（%）	0.00	0.00
	指数	n. a.	n. a.

续表

年份			塞尔维亚	小计
2014		数量	0	0
		比例（%）	0.00	0.00
		指数	n.a.	n.a.
2015		数量	0	0
		比例（%）	0.00	0.00
		指数	n.a.	n.a.
2016		数量	1	1
		比例（%）	9.09	9.09
		指数	n.a.	n.a.
2017		数量	0	0
		比例（%）	0.00	0.00
		指数	n.a.	n.a.
合计		数量	1	1
		比例（%）	1.96	1.96
2011—2015 年均值			0.00	0.00

表 3-3-10 中国民营样本企业海外直接投资标的国（地区）项目数量指数——独联体国家

（单位：件）

年份		阿塞拜疆	白俄罗斯	哈萨克斯坦	俄罗斯联邦	乌克兰	乌兹别克斯坦	格鲁吉亚	合计	总计
2005	数量	0	0	0	0	0	0	0	0	0
	比例（%）	n.a.	n.a.	n.a.	n.a.	n.a.	n.a.	n.a.	n.a.	n.a.
	指数	0.00	0.00	0.00	0.00	n.a.	0.00	n.a.	0.00	0.00
2006	数量	0	0	0	0	1	0	0	1	1
	比例（%）	0.00	0.00	0.00	0.00	100.00	0.00	0.00	100.00	100.00
	指数	0.00	0.00	0.00	0.00	n.a.	0.00	n.a.	25.00	25.00
2007	数量	0	0	0	2	0	0	0	2	2
	比例（%）	0.00	0.00	0.00	100.00	0.00	0.00	0.00	100.00	100.00
	指数	0.00	0.00	0.00	100.00	n.a.	0.00	n.a.	50.00	50.00

续表

年份		阿塞拜疆	白俄罗斯	哈萨克斯坦	俄罗斯联邦	乌克兰	乌兹别克斯坦	格鲁吉亚	小计	总计
2008	数量	0	0	0	1	0	0	0	1	1
	比例（%）	0.00	0.00	0.00	100.00	0.00	0.00	0.00	100.00	100.00
	指数	0.00	0.00	0.00	50.00	n. a.	0.00	n. a.	25.00	25.00
2009	数量	2	0	0	0	0	0	0	2	2
	比例（%）	100.00	0.00	0.00	0.00	0.00	0.00	0.00	100.00	100.00
	指数	1000.00	0.00	0.00	0.00	n. a.	0.00	n. a.	50.00	50.00
2010	数量	1	0	0	2	0	0	0	3	3
	比例（%）	33.33	0.00	0.00	66.67	0.00	0.00	0.00	100.00	100.00
	指数	500.00	0.00	0.00	100.00	n. a.	0.00	n. a.	75.00	75.00
2011	数量	1	2	0	3	0	0	0	6	6
	比例（%）	16.67	33.33	0.00	50.00	0.00	0.00	0.00	100.00	100.00
	指数	500.00	250.00	0.00	150.00	n. a.	0.00	n. a.	150.00	150.00
2012	数量	0	0	0	2	0	1	0	3	3
	比例（%）	0.00	0.00	0.00	66.67	0.00	33.33	0.00	100.00	100.00
	指数	0.00	0.00	0.00	100.00	n. a.	250.00	n. a.	75.00	75.00
2013	数量	0	2	0	0	0	0	0	2	2
	比例（%）	0.00	100.00	0.00	0.00	0.00	0.00	0.00	100.00	100.00
	指数	0.00	250.00	0.00	0.00	n. a.	0.00	n. a.	50.00	50.00
2014	数量	0	0	0	2	0	0	0	2	2
	比例（%）	0.00	0.00	0.00	100.00	0.00	0.00	0.00	100.00	100.00
	指数	0.00	0.00	0.00	100.00	n. a.	0.00	n. a.	50.00	50.00
2015	数量	0	0	3	3	0	1	0	7	7
	比例（%）	0.00	0.00	42.86	42.86	0.00	14.29	0.00	100.00	100.00
	指数	0.00	0.00	500.00	150.00	n. a.	250.00	n. a.	175.00	175.00
2016	数量	1	1	3	4	0	1	0	10	11
	比例（%）	9.09	9.09	27.27	36.36	0.00	9.09	0.00	90.91	100.00
	指数	500.00	125.00	500.00	200.00	n. a.	250.00	n. a.	250.00	275.00

续表

年份		阿塞拜疆	白俄罗斯	哈萨克斯坦	俄罗斯联邦	乌克兰	乌兹别克斯坦	格鲁吉亚	小计	总计
2017	数量	0	1	2	6	1	0	1	11	11
	比例（%）	0.00	9.09	18.18	54.55	9.09	0.00	9.09	100.00	100.00
	指数	0.00	125.00	333.33	300.00	n. a.	0.00	n. a.	275.00	275.00
合计	数量	5	6	8	25	2	3	1	50	51
	比例（%）	9.80	11.76	15.69	49.02	3.92	5.88	1.96	98.04	100.00
2011—2015年均值		0.20	0.80	0.60	2.00	0.00	0.40	0.00	4.00	4.00

2. 民营企业海外直接投资金额的标的国（地区）别分布

欧洲的发达经济体不仅集聚了我国民营样本企业大量的投资项目数量，而且也集聚了占比发达经济体 54.65% 的投资金额。德国、英国、荷兰等接受投资项目数量较多的国家，同样其总投资金额在欧洲发达经济体中占比较大。根据统计可以看出，荷兰作为欧洲发达经济体在 2005—2017 年间是接受我国民营样本企业海外直接投资金额最多的国家，共接受投资总金额约 362.3 亿美元，占比所有发达经济体的 20.14%。荷兰所接受的海外投资项目数量少于德国、英国，但在总金额方面却超过德国、英国，主要得益于 2017 年荷兰以 5 件海外直接投资项目、达到约共计 350.5 亿美元的投资金额，可看出我国民营样本企业对荷兰在 2017 年的海外直接投资项目平均金额规模大于其他欧洲发达经济体。

表 3-3-11　中国民营样本企业海外直接投资标的国（地区）金额指数——欧洲

（单位：百万美元）

年份		奥地利	比利时	保加利亚	克罗地亚	塞浦路斯	捷克共和国	丹麦	芬兰
2005	金额	0.00	3.70	0.00	0.00	0.00	0.00	0.00	0.00
	比例（%）	0.00	10.91	0.00	0.00	0.00	0.00	0.00	0.00
	指数	0.00	1.71	0.00	n. a.	n. a.	0.00	n. a.	0.00

年份		奥地利	比利时	保加利亚	克罗地亚	塞浦路斯	捷克共和国	丹麦	芬兰
2006	金额	0.00	0.00	0.00	0.00	0.00	0.00	0.00	0.00
	比例（%）	0.00	0.00	0.00	0.00	0.00	0.00	0.00	0.00
	指数	0.00	0.00	0.00	n. a.	n. a.	0.00	n. a.	0.00
2007	金额	0.00	46.80	0.00	0.00	0.00	0.00	0.00	0.00
	比例（%）	0.00	21.87	0.00	0.00	0.00	0.00	0.00	0.00
	指数	0.00	21.64	0.00	n. a.	n. a.	0.00	n. a.	0.00
2008	金额	0.00	0.00	0.00	0.00	0.00	0.00	0.00	0.00
	比例（%）	0.00	0.00	0.00	0.00	0.00	0.00	0.00	0.00
	指数	0.00	0.00	0.00	n. a.	n. a.	0.00	n. a.	0.00
2009	金额	0.00	0.00	0.00	0.00	0.00	0.00	0.00	0.00
	比例（%）	0.00	0.00	0.00	0.00	0.00	0.00	0.00	0.00
	指数	0.00	0.00	0.00	n. a.	n. a.	0.00	n. a.	0.00
2010	金额	0.00	57.50	0.00	92.40	0.00	0.00	0.00	0.00
	比例（%）	0.00	2.04	0.00	3.28	0.00	0.00	0.00	0.00
	指数	0.00	26.58	0.00	n. a.	n. a.	0.00	n. a.	0.00
2011	金额	60.00	70.00	0.00	0.00	0.00	0.00	0.00	0.00
	比例（%）	1.02	1.19	0.00	0.00	0.00	0.00	0.00	0.00
	指数	84.22	32.36	0.00	n. a.	n. a.	0.00	n. a.	0.00
2012	金额	0.00	1011.49	279.90	0.00	0.00	0.00	0.00	90.50
	比例（%）	0.00	16.11	4.46	0.00	0.00	0.00	0.00	1.44
	指数	0.00	467.64	500.00	n. a.	n. a.	0.00	n. a.	500.00
2013	金额	148.10	0.00	0.00	0.00	0.00	0.00	0.00	0.00
	比例（%）	3.86	0.00	0.00	0.00	0.00	0.00	0.00	0.00
	指数	207.89	0.00	0.00	n. a.	n. a.	0.00	n. a.	0.00
2014	金额	148.10	0.00	0.00	0.00	0.00	3.23	0.00	0.00
	比例（%）	0.46	0.00	0.00	0.00	0.00	0.01	0.00	0.00
	指数	207.89	0.00	0.00	n. a.	n. a.	1.41	n. a.	0.00

续表

年份		奥地利	比利时	保加利亚	克罗地亚	塞浦路斯	捷克共和国	丹麦	芬兰
2015	金额	0.00	0.00	0.00	0.00	0.00	1139.74	0.00	0.00
	比例（%）	0.00	0.00	0.00	0.00	0.00	4.76	0.00	0.00
	指数	0.00	0.00	0.00	n. a.	n. a.	498.59	n. a.	0.00
2016	金额	45.10	0.00	0.00	0.00	0.00	1411.82	0.00	3.40
	比例（%）	0.16	0.00	0.00	0.00	0.00	4.95	0.00	0.01
	指数	63.31	0.00	0.00	n. a.	n. a.	617.61	n. a.	18.78
2017	金额	49.83	119.10	2.90	35.82	797.24	1005.20	1.80	0.65
	比例（%）	0.07	0.16	0.00	0.05	1.09	1.37	0.00	0.00
	指数	69.95	55.06	5.18	n. a.	n. a.	439.73	n. a.	3.59
合计	金额	451.13	1308.59	282.80	128.22	797.24	3559.99	1.80	94.55
	比例（%）	0.25	0.73	0.16	0.07	0.44	1.98	0.00	0.05
2011—2015 年均值		71.24	216.30	55.98	0.00	0.00	228.59	0.00	18.10

年份		法国	德国	希腊	匈牙利	爱尔兰	意大利	立陶宛	卢森堡	马耳他	荷兰
2005	金额	0.00	0.00	0.00	0.00	0.00	2.00	0.00	0.00	0.00	0.00
	比例（%）	0.00	0.00	0.00	0.00	0.00	5.90	0.00	0.00	0.00	0.00
	指数	0.00	0.00	0.00	0.00	0.00	0.57	0.00	n. a.	n. a.	0.00
2006	金额	0.00	0.00	0.00	0.00	0.00	0.00	0.00	0.00	0.00	0.00
	比例（%）	0.00	0.00	0.00	0.00	0.00	0.00	0.00	0.00	0.00	0.00
	指数	0.00	0.00	0.00	0.00	0.00	0.00	0.00	n. a.	n. a.	0.00
2007	金额	0.00	0.00	0.00	0.00	0.00	2.00	0.00	0.00	0.00	0.00
	比例（%）	0.00	0.00	0.00	0.00	0.00	0.93	0.00	0.00	0.00	0.00
	指数	0.00	0.00	0.00	0.00	0.00	0.57	0.00	n. a.	n. a.	0.00
2008	金额	0.00	96.47	2.30	0.00	0.00	399.70	0.00	0.00	0.00	10.20
	比例（%）	0.00	6.49	0.15	0.00	0.00	26.91	0.00	0.00	0.00	0.69
	指数	0.00	5.37	6.33	0.00	0.00	114.48	0.00	n. a.	n. a.	4.98
2009	金额	0.00	2.17	0.00	478.00	0.00	5.50	0.00	0.00	0.00	2.00
	比例（%）	0.00	0.19	0.00	40.83	0.00	0.47	0.00	0.00	0.00	0.17
	指数	0.00	0.12	0.00	2769.41	0.00	1.58	0.00	n. a.	n. a.	0.98

年份		法国	德国	希腊	匈牙利	爱尔兰	意大利	立陶宛	卢森堡	马耳他	荷兰
2010	金额	0.00	41.95	0.00	0.00	0.00	0.00	0.00	0.00	0.00	22.80
	比例（%）	0.00	1.49	0.00	0.00	0.00	0.00	0.00	0.00	0.00	0.81
	指数	0.00	2.34	0.00	0.00	0.00	0.00	0.00	n. a.	n. a.	11. 13
2011	金额	3.10	717.31	181.80	55.40	0.00	833.45	38.90	0.00	0.00	201.00
	比例（%）	0.05	12.23	3.10	0.94	0.00	14.22	0.66	0.00	0.00	3.43
	指数	101.97	39.93	500.00	320.97	0.00	238.71	500.00	n. a.	n. a.	98.10
2012	金额	2.30	677.79	0.00	30.90	0.00	0.00	0.00	0.00	0.00	13.03
	比例（%）	0.04	10.79	0.00	0.49	0.00	0.00	0.00	0.00	0.00	0.21
	指数	75.66	37.73	0.00	179.03	0.00	0.00	0.00	n. a.	n. a.	6.36
2013	金额	0.00	42.16	0.00	0.00	0.00	0.00	0.00	0.00	0.00	199.43
	比例（%）	0.00	1.10	0.00	0.00	0.00	0.00	0.00	0.00	0.00	5.20
	指数	0.00	2.35	0.00	0.00	0.00	0.00	0.00	n. a.	n. a.	97.34
2014	金额	7.00	7435.46	0.00	0.00	0.00	0.00	0.00	0.00	0.00	0.00
	比例（%）	0.02	22.94	0.00	0.00	0.00	0.00	0.00	0.00	0.00	0.00
	指数	230.26	413.96	0.00	0.00	0.00	0.00	0.00	n. a.	n. a.	0.00
2015	金额	2.80	108.26	0.00	0.00	14.20	912.32	0.00	0.00	0.00	610.98
	比例（%）	0.01	0.45	0.00	0.00	0.06	3.81	0.00	0.00	0.00	2.55
	指数	92.11	6.03	0.00	0.00	500.00	261.29	0.00	n. a.	n. a.	298.20
2016	金额	3644.58	379.62	0.00	21.77	16.60	313.04	0.00	0.00	23.10	128.08
	比例（%）	12.78	1.33	0.00	0.08	0.06	1.10	0.00	0.00	0.08	0.45
	指数	119887.50	21.13	0.00	126.12	584.51	89.66	0.00	n. a.	n. a.	62.51
2017	金额	27.81	6899.61	0.00	0.00	73.60	94.54	0.00	1767.88	0.00	35047.00
	比例（%）	0.04	9.41	0.00	0.00	0.10	0.13	0.00	2.41	0.00	47.81
	指数	914.80	384.12	0.00	0.00	2591.55	27.08	0.00	n. a.	n. a.	17105.44
合计	金额	3687.59	16400.80	184.10	586.07	104.40	2562.55	38.90	1767.88	23.10	36234.52
	比例（%）	2.05	9.11	0.10	0.33	0.06	1.42	0.02	0.98	0.01	20.14
2011—2015 年均值		3.04	1796.20	36.36	17.26	2.84	349.15	7.78	0.00	0.00	204.89

年份		波兰	葡萄牙	罗马尼亚	斯洛伐克	西班牙	瑞典	英国	挪威	瑞士	合计
2005	金额	0.00	0.00	0.00	0.00	0.00	0.00	1.80	0.00	0.00	7.50
	比例（%）	0.00	0.00	0.00	0.00	0.00	0.00	5.31	0.00	0.00	22.11
	指数	0.00	0.00	0.00	0.00	0.00	0.00	0.12	n. a.	0.00	0.12
2006	金额	0.00	0.00	0.00	0.00	0.00	0.00	6.70	0.00	0.00	6.70
	比例（%）	0.00	0.00	0.00	0.00	0.00	0.00	9.09	0.00	0.00	9.09
	指数	0.00	0.00	0.00	0.00	0.00	0.00	0.46	n. a.	0.00	0.11
2007	金额	0.00	0.00	0.00	0.00	0.00	0.00	9.67	0.00	0.00	58.47
	比例（%）	0.00	0.00	0.00	0.00	0.00	0.00	4.52	0.00	0.00	27.33
	指数	0.00	0.00	0.00	0.00	0.00	0.00	0.67	n. a.	0.00	0.95
2008	金额	0.00	0.00	0.00	0.00	539.11	0.00	0.00	0.00	2.30	1050.08
	比例（%）	0.00	0.00	0.00	0.00	36.30	0.00	0.00	0.00	0.15	70.70
	指数	0.00	0.00	0.00	0.00	107.34	0.00	0.00	n. a.	0.33	17.05
2009	金额	0.00	0.00	0.00	0.00	0.00	0.00	0.00	0.00	0.00	487.67
	比例（%）	0.00	0.00	0.00	0.00	0.00	0.00	0.00	0.00	0.00	41.66
	指数	0.00	0.00	0.00	0.00	0.00	0.00	0.00	n. a.	0.00	7.92
2010	金额	0.00	0.00	0.00	0.00	54.14	1800.00	0.00	380.00	3.60	2452.39
	比例（%）	0.00	0.00	0.00	0.00	1.92	63.96	0.00	13.50	0.13	87.14
	指数	0.00	0.00	0.00	0.00	10.78	968.99	0.00	n. a.	0.51	39.82
2011	金额	55.00	1.70	23.10	0.00	880.24	389.00	1291.83	0.00	0.00	4801.83
	比例（%）	0.94	0.03	0.39	0.00	15.01	6.63	22.03	0.00	0.00	81.90
	指数	500.00	500.00	424.63	0.00	175.26	209.41	89.65	n. a.	0.00	77.97
2012	金额	0.00	0.00	0.00	0.00	0.00	0.00	500.89	0.00	0.00	2606.80
	比例（%）	0.00	0.00	0.00	0.00	0.00	0.00	7.98	0.00	0.00	41.51
	指数	0.00	0.00	0.00	0.00	0.00	0.00	34.76	n. a.	0.00	42.33
2013	金额	0.00	0.00	0.00	0.00	0.00	0.00	1907.64	0.00	0.00	2297.32
	比例（%）	0.00	0.00	0.00	0.00	0.00	0.00	49.71	0.00	0.00	59.86
	指数	0.00	0.00	0.00	0.00	0.00	0.00	132.39	n. a.	0.00	37.30

续表

年份		波兰	葡萄牙	罗马尼亚	斯洛伐克	西班牙	瑞典	英国	挪威	瑞士	合计
2014	金额	0.00	0.00	0.00	0.00	98.30	539.80	2752.33	0.00	1160.75	12144.97
	比例（%）	0.00	0.00	0.00	0.00	0.30	1.67	8.49	0.00	3.58	37.47
	指数	0.00	0.00	0.00	0.00	19.57	290.59	191.01	n. a.	165.83	197.21
2015	金额	0.00	0.00	4.10	1525.17	1532.63	0.00	751.85	0.00	2339.00	8941.05
	比例（%）	0.00	0.00	0.02	6.37	6.40	0.00	3.14	0.00	9.77	37.36
	指数	0.00	0.00	75.37	500.00	305.16	0.00	52.18	n. a.	334.17	145.18
2016	金额	0.00	36.80	26.20	0.00	1458.72	62.60	1643.47	0.00	12.31	9227.21
	比例（%）	0.00	0.13	0.09	0.00	5.11	0.22	5.76	0.00	0.04	32.35
	指数	0.00	10823.53	481.62	0.00	290.45	33.70	114.06	n. a.	1.76	149.83
2017	金额	0.00	21.13	1005.50	1000.00	71.40	3420.16	296.02	7.75	2515.01	54259.95
	比例（%）	0.00	0.03	1.37	1.36	0.10	4.67	0.40	0.01	3.43	74.03
	指数	0.00	6214.71	18483.46	327.83	14.22	1841.17	20.54	n. a.	359.31	881.07
合计	金额	55.00	59.63	1058.90	2525.17	4634.54	6211.56	9162.19	387.75	6032.97	98341.94
	比例（%）	0.03	0.03	0.59	1.40	2.58	3.45	5.09	0.22	3.35	54.65
2011—2015 年均值		11.00	0.34	5.44	305.03	502.23	185.76	1440.91	0.00	699.95	6158.39

美国所接受的我国民营样本企业海外直接投资的金额总量仍处于世界接受我国民营样本企业投资金额总量的第一位，13 年总计接受 389.3 亿美元的投资额。但是从我国民营样本企业直接投资于美国的数量和金额综合分析，可发现 2015 年我国民营样本企业对美国的直接投资平均金额规模较大：2015 年美国接受的投资项目数量为 13 件，但是金额高达 114.8 亿美元，而随后的 2016 年、2017 年，均未超过 2015 年的投资金额，但是投资的项目数量都比 2015 年投资项目数量的 2 倍还要多。

表 3-3-12 中国民营样本企业海外直接投资标的国（地区）金额指数——北美洲

（单位：百万美元）

年份		加拿大	美国	合计
2005	金额	0.00	0.00	0.00
	比例（%）	0.00	0.00	0.00
	指数	0.00	0.00	0.00
2006	金额	0.00	67.00	67.00
	比例（%）	0.00	90.91	90.91
	指数	0.00	1.66	1.64
2007	金额	0.00	34.50	34.50
	比例（%）	0.00	16.12	16.12
	指数	0.00	0.86	0.85
2008	金额	0.00	10.50	10.50
	比例（%）	0.00	0.71	0.71
	指数	0.00	0.26	0.26
2009	金额	0.00	14.30	14.30
	比例（%）	0.00	1.22	1.22
	指数	0.00	0.36	0.35
2010	金额	0.00	211.90	211.90
	比例（%）	0.00	7.53	7.53
	指数	0.00	5.26	5.20
2011	金额	32.57	245.17	277.74
	比例（%）	0.56	4.18	4.74
	指数	63.01	6.09	6.81
2012	金额	0.00	2769.00	2769.00
	比例（%）	0.00	44.10	44.10
	指数	0.00	68.77	67.90
2013	金额	0.00	266.69	266.69
	比例（%）	0.00	6.95	6.95
	指数	0.00	6.62	6.54

续表

年份		加拿大	美国	合计
2014	金额	210.00	5366.30	5576.30
	比例（%）	0.65	16.56	17.20
	指数	406.24	133.28	136.74
2015	金额	15.90	11484.90	11500.80
	比例（%）	0.07	48.00	48.06
	指数	30.76	285.24	282.01
2016	金额	3.60	8923.61	8927.21
	比例（%）	0.01	31.28	31.30
	指数	6.96	221.63	218.91
2017	金额	518.60	9532.06	10050.66
	比例（%）	0.71	13.00	13.71
	指数	1003.21	236.74	246.45
合计	金额	780.67	38925.93	39706.60
	比例（%）	0.43	21.63	22.07
2011—2015 年均值		51.69	4026.41	4078.11

　　中国香港在 2005—2017 年间接受的我国民营样本企业海外直接投资金额规模在其他发达经济体中相对较小，其共计接受了来自我国民营样本企业 63.3 亿美元的海外直接投资，低于投资项目数量相对较少的开曼群岛、澳大利亚，主要在于其接受的投资金额增长趋势不稳定，波动性较大。而开曼群岛则是自 2014 年以后在投资金额规模上保持较高的增长趋势，但 2017 年增势回落。

表 3-3-13　中国民营样本企业海外直接投资标的国（地区）
金额指数——其他发达经济体

（单位：百万美元）

年份		澳大利亚	新西兰	百慕大群岛	开曼群岛	英属维尔京群岛
2005	金额	0.00	0.00	0.00	26.42	0.00
	比例（%）	0.00	0.00	0.00	77.89	0.00
	指数	0.00	n.a.	n.a.	5.18	0.00

年份		澳大利亚	新西兰	百慕大群岛	开曼群岛	英属维尔京群岛
2006	金额	0.00	0.00	0.00	0.00	0.00
	比例（%）	0.00	0.00	0.00	0.00	0.00
	指数	0.00	n. a.	n. a.	0.00	0.00
2007	金额	0.00	0.00	0.00	0.00	0.00
	比例（%）	0.00	0.00	0.00	0.00	0.00
	指数	0.00	n. a.	n. a.	0.00	0.00
2008	金额	2.00	0.00	0.00	0.00	289.98
	比例（%）	0.13	0.00	0.00	0.00	19.52
	指数	0.08	n. a.	n. a.	0.00	717.70
2009	金额	138.60	0.00	0.00	0.00	289.98
	比例（%）	11.84	0.00	0.00	0.00	24.77
	指数	5.45	n. a.	n. a.	0.00	717.70
2010	金额	0.00	52.26	41.06	0.00	
	比例（%）	0.00	0.00	1.86	1.46	0.00
	指数	0.00	n. a.	n. a.	8.05	0.00
2011	数量	58.00	0.00	0.00	1.87	202.02
	比例（%）	0.99	0.00	0.00	0.03	3.45
	指数	2.28	n. a.	n. a.	0.37	500.00
2012	数量	490.37	0.00	0.00	353.50	0.00
	比例（%）	7.81	0.00	0.00	5.63	0.00
	指数	19.29	n. a.	n. a.	69.34	0.00
2013	金额	475.07	0.00	0.00	230.86	0.00
	比例（%）	12.38	0.00	0.00	6.02	0.00
	指数	18.68	n. a.	n. a.	45.28	0.00
2014	金额	10267.58	0.00	0.00	277.58	0.00
	比例（%）	31.68	0.00	0.00	0.86	0.00
	指数	403.82	n. a.	n. a.	54.45	0.00
2015	金额	1422.05	0.00	0.00	1685.31	0.00
	比例（%）	5.94	0.00	0.00	7.04	0.00
	指数	55.93	n. a.	n. a.	330.57	0.00

续表

年份		澳大利亚	新西兰	百慕大群岛	开曼群岛	英属维尔京群岛
2016	金额	1813.48	0.00	41.02	3916.10	905.80
	比例（%）	6.36	0.00	0.14	13.73	3.18
	指数	71.32	n.a.	n.a.	768.13	2241.86
2017	金额	1410.86	628.48	284.13	1607.05	117.00
	比例（%）	1.92	0.86	0.39	2.19	0.16
	指数	55.49	n.a.	n.a.	315.22	289.58
合计	金额	16078.01	628.48	377.41	8139.75	1804.78
	比例（%）	8.94	0.35	0.21	4.52	1.00
2011—2015 年均值		2542.61	0.00	0.00	509.82	40.40

年份		以色列	日本	韩国	新加坡	中国台湾	中国香港	合计	总计
2005	金额	0.00	0.00	0.00	0.00	0.00	0.00	26.42	33.92
	比例（%）	0.00	0.00	0.00	0.00	0.00	0.00	77.89	100.00
	指数	n.a.	0.00	0.00	0.00	0.00	0.00	0.62	0.23
2006	金额	0.00	0.00	0.00	0.00	0.00	0.00	0.00	73.70
	比例（%）	0.00	0.00	0.00	0.00	0.00	0.00	0.00	100.00
	指数	n.a.	0.00	0.00	0.00	0.00	0.00	0.00	0.51
2007	金额	0.00	0.00	0.00	0.00	0.00	121.00	121.00	213.97
	比例（%）	0.00	0.00	0.00	0.00	0.00	56.55	56.55	100.00
	指数	n.a.	0.00	0.00	0.00	0.00	43.17	2.86	1.48
2008	金额	0.00	0.00	2.80	0.00	0.00	129.96	424.74	1485.32
	比例（%）	0.00	0.00	0.19	0.00	0.00	8.75	28.60	100.00
	指数	n.a.	0.00	0.36	0.00	0.00	46.36	10.05	10.27
2009	金额	0.00	35.22	0.00	69.50	0.00	135.43	668.73	1170.70
	比例（%）	0.00	3.01	0.00	5.94	0.00	11.57	57.12	100.00
	指数	n.a.	187.94	0.00	122.57	0.00	48.32	15.82	8.09
2010	金额	0.00	3.26	0.00	0.00	32.30	21.00	149.88	2814.17
	比例（%）	0.00	0.12	0.00	0.00	1.15	0.75	5.33	100.00
	指数	n.a.	17.40	0.00	0.00	440.90	7.49	3.55	19.46

续表

年份		以色列	日本	韩国	新加坡	中国台湾	中国香港	合计	总计
2011	金额	0.00	0.00	2.00	280.50	0.00	239.07	783.46	5863.03
	比例（%）	0.00	0.00	0.03	4.78	0.00	4.08	13.36	100.00
	指数	n. a.	0.00	0.26	494.71	0.00	85.29	18.53	40.53
2012	金额	0.00	0.00	0.00	3.00	0.00	56.73	903.60	6279.40
	比例（%）	0.00	0.00	0.00	0.05	0.00	0.90	14.39	100.00
	指数	n. a.	0.00	0.00	5.29	0.00	20.24	21.37	43.41
2013	金额	0.00	0.00	519.63	0.00	0.70	47.61	1273.87	3837.88
	比例（%）	0.00	0.00	13.54	0.00	0.02	1.24	33.19	100.00
	指数	n. a.	0.00	67.33	0.00	9.56	16.99	30.13	26.53
2014	金额	0.00	8.20	3233.10	0.00	8.20	895.59	14690.25	32411.52
	比例（%）	0.00	0.03	9.98	0.00	0.03	2.76	45.32	100.00
	指数	n. a.	43.76	418.91	0.00	111.93	319.51	347.48	224.08
2015	金额	0.00	85.50	104.23	0.00	27.73	162.52	3487.34	23929.19
	比例（%）	0.00	0.36	0.44	0.00	0.12	0.68	14.57	100.00
	指数	n. a.	456.24	13.50	0.00	378.51	57.98	82.49	165.44
2016	金额	1.00	222.70	96.21	415.42	0.00	2957.80	10369.53	28523.95
	比例（%）	0.00	0.78	0.34	1.46	0.00	10.37	36.35	100.00
	指数	n. a.	1188.37	12.47	732.66	0.00	1055.21	245.28	197.20
2017	金额	16.50	1881.52	73.13	1369.42	34.44	1566.02	8988.55	73299.16
	比例（%）	0.02	2.57	0.10	1.87	0.05	2.14	12.26	100.00
	指数	n. a.	10040.13	9.48	2415.20	470.11	558.69	212.61	506.76
合计	金额	17.50	2236.40	4031.10	2137.84	103.37	6332.73	41887.37	179935.92
	比例（%）	0.01	1.24	2.24	1.19	0.06	3.52	23.28	100.00
2011—2015 年均值		0.00	18.74	771.79	56.70	7.33	280.30	4227.70	14464.20

亚洲的发展中经济体与中国地理位置相近，且与中国具有密切的贸易关系，因此我国民营样本企业对亚洲发展中经济体的海外直接投资金额规模超过位于非洲、拉丁美洲和加勒比海地区的发展中经济体。从我国民营

样本企业对发展中经济体的投资金额规模来看，我国民营样本企业海外直接投资金额主要集中于非洲的埃及和位于亚洲的印度、印度尼西亚、马来西亚，且对于这些国家的投资金额规模快速增长于 2015 年前后。我国民营样本企业对于这些国家投资金额规模的增加也从侧面体现出我国产业结构优化调整的方向，实现随着经济发展我国逐步丧失的比较优势的转移，例如劳动力不再廉价等，从而促使资源的合理配置。

表 3-3-14　中国民营样本企业海外直接投资标的国（地区）金额指数——非洲

（单位：百万美元）

年份		阿尔及利亚	埃及	摩洛哥	科特迪瓦	加纳	尼日利亚	塞内加尔
2005	金额	0.00	0.00	0.00	0.00	0.00	0.00	0.00
	比例（%）	0.00	0.00	0.00	0.00	0.00	0.00	0.00
	指数	n. a.	0.00	0.00	0.00	0.00	n. a.	n. a.
2006	金额	0.00	0.00	0.00	0.00	0.00	0.00	0.00
	比例（%）	0.00	0.00	0.00	0.00	0.00	0.00	0.00
	指数	n. a.	0.00	0.00	0.00	0.00	n. a.	n. a.
2007	金额	0.00	0.00	0.00	0.00	0.00	49.80	0.00
	比例（%）	0.00	0.00	0.00	0.00	0.00	3.11	0.00
	指数	n. a.	0.00	0.00	0.00	0.00	n. a.	n. a.
2008	金额	0.00	0.00	0.00	0.00	0.00	0.00	0.00
	比例（%）	0.00	0.00	0.00	0.00	0.00	0.00	0.00
	指数	n. a.	0.00	0.00	0.00	0.00	n. a.	n. a.
2009	金额	107.60	0.00	0.00	0.00	0.00	0.00	0.00
	比例（%）	14.19	0.00	0.00	0.00	0.00	0.00	0.00
	指数	n. a.	0.00	0.00	0.00	0.00	n. a.	n. a.
2010	金额	0.00	0.00	0.00	0.00	0.00	0.00	0.00
	比例（%）	0.00	0.00	0.00	0.00	0.00	0.00	0.00
	指数	n. a.	0.00	0.00	0.00	0.00	n. a.	n. a.
2011	金额	0.00	0.00	0.00	0.00	0.00	0.00	0.00
	比例（%）	0.00	0.00	0.00	0.00	0.00	0.00	0.00
	指数	n. a.	0.00	0.00	0.00	0.00	n. a.	n. a.

年份		阿尔及利亚	埃及	摩洛哥	科特迪瓦	加纳	尼日利亚	塞内加尔
2012	金额	0.00	73.40	6.50	30.00	62.00	0.00	0.00
	比例（%）	0.00	2.93	0.26	1.20	2.48	0.00	0.00
	指数	n. a.	475.14	74.88	500.00	500.00	n. a.	n. a.
2013	金额	0.00	0.00	0.00	0.00	0.00	0.00	0.00
	比例（%）	0.00	0.00	0.00	0.00	0.00	0.00	0.00
	指数	n. a.	0.00	0.00	0.00	0.00	n. a.	n. a.
2014	金额	0.00	0.00	0.00	0.00	0.00	0.00	0.00
	比例（%）	0.00	0.00	0.00	0.00	0.00	0.00	0.00
	指数	n. a.	0.00	0.00	0.00	0.00	n. a.	n. a.
2015	金额	0.00	3.84	36.90	0.00	0.00	0.00	0.00
	比例（%）	0.00	0.06	0.61	0.00	0.00	0.00	0.00
	指数	n. a.	24.86	425.12	0.00	0.00	n. a.	n. a.
2016	金额	0.00	20230.30	0.00	9.70	36.90	6.00	9.70
	比例（%）	0.00	54.35	0.00	0.03	0.10	0.02	0.03
	指数	n. a.	130957.41	0.00	161.67	297.58	n. a.	n. a.
2017	金额	37.50	76.14	186.60	0.00	0.00	618.10	0.00
	比例（%）	0.45	0.90	2.22	0.00	0.00	7.35	0.00
	指数	n. a.	492.88	2149.77	0.00	0.00	n. a.	n. a.
合计	金额	145.10	20383.68	230.00	39.70	98.90	673.90	9.70
	比例（%）	0.20	27.65	0.31	0.05	0.13	0.91	0.01
2011—2015年均值		0.00	15.45	8.68	6.00	12.40	0.00	0.00

年份		加蓬	埃塞俄比亚	肯尼亚	坦桑尼亚	南非	赞比亚	津巴布韦	合计
2005	金额	0.00	0.00	0.00	0.00	0.00	0.00	0.00	0.00
	比例（%）	0.00	0.00	0.00	0.00	0.00	0.00	0.00	0.00
	指数	0.00	0.00	n. a.	n. a.	0.00	n. a.	n. a.	0.00
2006	金额	0.00	0.00	0.00	0.00	0.00	0.00	0.00	0.00
	比例（%）	0.00	0.00	0.00	0.00	0.00	0.00	0.00	0.00
	指数	0.00	0.00	n. a.	n. a.	0.00	n. a.	n. a.	0.00

续表

年份		加蓬	埃塞俄比亚	肯尼亚	坦桑尼亚	南非	赞比亚	津巴布韦	合计
2007	金额	0.00	0.00	0.00	0.00	10.10	0.00	0.00	59.90
	比例（%）	0.00	0.00	0.00	0.00	0.63	0.00	0.00	3.74
	指数	0.00	0.00	n. a.	n. a.	33.82	n. a.	n. a.	56.17
2008	金额	0.00	0.00	0.00	0.00	0.00	0.00	0.00	0.00
	比例（%）	0.00	0.00	0.00	0.00	0.00	0.00	0.00	0.00
	指数	0.00	0.00	n. a.	n. a.	0.00	n. a.	n. a.	0.00
2009	金额	0.00	10.00	0.00	0.00	0.00	0.00	0.00	117.60
	比例（%）	0.00	1.32	0.00	0.00	0.00	0.00	0.00	15.51
	指数	0.00	52.91	n. a.	n. a.	0.00	n. a.	n. a.	110.29
2010	金额	0.00	0.00	0.00	0.00	0.00	0.00	0.00	0.00
	比例（%）	0.00	0.00	0.00	0.00	0.00	0.00	0.00	0.00
	指数	0.00	0.00	n. a.	n. a.	0.00	n. a.	n. a.	0.00
2011	金额	0.00	94.50	0.00	0.00	44.70	0.00	0.00	139.20
	比例（%）	0.00	1.19	0.00	0.00	0.56	0.00	0.00	1.76
	指数	0.00	500.00	n. a.	n. a.	149.70	n. a.	n. a.	130.54
2012	金额	38.36	0.00	0.00	0.00	0.00	0.00	0.00	210.26
	比例（%）	1.53	0.00	0.00	0.00	0.00	0.00	0.00	8.40
	指数	250.00	0.00	n. a.	n. a.	0.00	n. a.	n. a.	197.18
2013	金额	0.00	0.00	0.00	0.00	0.00	0.00	0.00	0.00
	比例（%）	0.00	0.00	0.00	0.00	0.00	0.00	0.00	0.00
	指数	0.00	0.00	n. a.	n. a.	0.00	n. a.	n. a.	0.00
2014	金额	38.36	0.00	0.00	0.00	18.32	0.00	0.00	56.68
	比例（%）	0.57	0.00	0.00	0.00	0.27	0.00	0.00	0.84
	指数	250.00	0.00	n. a.	n. a.	61.36	n. a.	n. a.	53.16
2015	金额	0.00	0.00	0.00	0.00	86.28	0.00	0.00	127.02
	比例（%）	0.00	0.00	0.00	0.00	1.42	0.00	0.00	2.09
	指数	0.00	0.00	n. a.	n. a.	288.94	n. a.	n. a.	119.12

续表

年份		加蓬	埃塞俄比亚	肯尼亚	坦桑尼亚	南非	赞比亚	津巴布韦	合计
2016	金额	0.00	1231.70	0.00	0.00	90.28	150.00	0.00	21764.58
	比例（%）	0.00	3.31	0.00	0.00	0.24	0.40	0.00	58.48
	指数	0.00	6516.93	n.a.	n.a.	302.34	n.a.	n.a.	20410.81
2017	金额	0.00	0.00	7.00	0.00	60.50	0.00	0.00	985.84
	比例（%）	0.00	0.00	0.08	0.00	0.72	0.00	0.00	11.72
	指数	0.00	0.00	n.a.	n.a.	202.61	n.a.	n.a.	924.52
合计	金额	76.72	1336.20	7.00	0.00	310.18	150.00	0.00	23461.08
	比例（%）	0.10	1.81	0.01	0.00	0.42	0.20	0.00	31.82
2011—2015年均值		15.34	18.90	0.00	0.00	29.86	0.00	0.00	106.63

表 3-3-15　中国民营样本企业海外直接投资标的国（地区）金额指数——亚洲

（单位：百万美元）

年份		蒙古国	文莱	柬埔寨	印度尼西亚	老挝	马来西亚	菲律宾	泰国	越南	孟加拉国	印度
2005	金额	0.00	0.00	0.00	0.00	0.00	39.70	0.00	0.00	39.86	0.00	10.30
	比例（%）	0.00	0.00	0.00	0.00	0.00	44.18	0.00	0.00	44.36	0.00	11.46
	指数	0.00	0.00	n.a.	0.00	n.a.	5.72	n.a.	0.00	109.51	n.a.	1.18
2006	金额	0.00	0.00	0.00	0.00	0.00	0.00	0.00	0.00	15.00	0.00	70.00
	比例（%）	0.00	0.00	0.00	0.00	0.00	0.00	0.00	0.00	11.45	0.00	53.44
	指数	0.00	0.00	n.a.	0.00	n.a.	0.00	n.a.	0.00	41.21	n.a.	8.02
2007	金额	0.00	0.00	0.00	953.20	0.00	340.20	225.80	0.00	10.00	0.00	0.00
	比例（%）	0.00	0.00	0.00	59.48	0.00	21.23	14.09	0.00	0.62	0.00	0.00
	指数	0.00	0.00	n.a.	190.94	n.a.	49.02	n.a.	0.00	27.47	n.a.	0.00
2008	金额	0.00	0.00	0.00	0.00	0.00	0.00	0.00	9.39	59.28	0.00	75.91
	比例（%）	0.00	0.00	0.00	0.00	0.00	0.00	0.00	0.57	3.59	0.00	4.60
	指数	0.00	0.00	0.00	0.00	n.a.	0.00	n.a.	6.30	162.86	n.a.	8.70
2009	金额	0.00	0.00	0.00	196.80	106.90	0.00	25.80	0.00	15.00	0.00	0.00
	比例（%）	0.00	0.00	0.00	25.96	14.10	0.00	3.40	0.00	1.98	0.00	0.00
	指数	0.00	0.00	n.a.	39.42	n.a.	0.00	n.a.	0.00	41.21	n.a.	0.00

续表

年份		蒙古国	文莱	柬埔寨	印度尼西亚	老挝	马来西亚	菲律宾	泰国	越南	孟加拉国	印度
2010	金额	0.00	0.00	0.00	200.00	0.00	0.00	0.00	0.00	0.00	0.00	70.00
	比例（%）	0.00	0.00	0.00	41.55	0.00	0.00	0.00	0.00	0.00	0.00	14.54
	指数	0.00	0.00	n. a.	40.06	n. a.	0.00	n. a.	0.00	0.00	n. a.	8.02
2011	金额	0.00	4300.00	0.00	0.00	0.00	0.00	0.00	59.29	0.00	0.00	149.80
	比例（%）	0.00	54.27	0.00	0.00	0.00	0.00	0.00	0.75	0.00	0.00	1.89
	指数	0.00	500.00	n. a.	0.00	n. a.	0.00	n. a.	39.77	0.00	n. a.	17.17
2012	金额	0.00	0.00	0.00	1000.00	0.00	0.00	0.00	0.00	0.00	0.00	537.80
	比例（%）	0.00	0.00	0.00	39.93	0.00	0.00	0.00	0.00	0.00	0.00	21.47
	指数	0.00	0.00	n. a.	200.31	n. a.	0.00	n. a.	0.00	0.00	n. a.	61.65
2013	金额	0.28	0.00	0.00	0.00	0.00	0.00	0.00	3.59	0.00	0.00	0.00
	比例（%）	0.29	0.00	0.00	0.00	0.00	0.00	0.00	3.76	0.00	0.00	0.00
	指数	250.00	0.00	n. a.	0.00	n. a.	0.00	n. a.	2.41	0.00	n. a.	0.00
2014	金额	0.00	0.00	0.00	1430.00	0.00	3250.00	0.00	0.00	150.00	0.00	100.00
	比例（%）	0.00	0.00	0.00	21.09	0.00	47.92	0.00	0.00	2.21	0.00	1.47
	指数	0.00	0.00	n. a.	286.45	n. a.	468.30	n. a.	0.00	412.09	n. a.	11.46
2015	金额	0.28	0.00	0.00	66.10	0.00	220.00	0.00	682.55	32.00	0.00	3574.02
	比例（%）	0.00	0.00	0.00	1.09	0.00	3.62	0.00	11.24	0.53	0.00	58.84
	指数	250.00	0.00	n. a.	13.24	n. a.	31.70	n. a.	457.82	87.91	n. a.	409.71
2016	金额	0.00	0.00	2006.00	1807.01	0.00	1102.21	42.60	901.90	53.72	8.80	7963.02
	比例（%）	0.00	0.00	5.39	4.85	0.00	2.96	0.11	2.42	0.14	0.02	21.39
	指数	0.00	0.00	n. a.	361.97	n. a.	158.82	n. a.	604.95	147.58	n. a.	912.85
2017	金额	0.00	0.00	0.00	300.00	0.00	231.94	0.00	135.80	179.90	10.00	2965.76
	比例（%）	0.00	0.00	0.00	3.57	0.00	2.76	0.00	1.61	2.14	0.12	35.25
	指数	0.00	0.00	n. a.	60.09	n. a.	33.42	n. a.	91.09	494.23	n. a.	339.98
合计	金额	0.56	4300.00	2006.00	5953.11	106.90	5184.05	294.20	1792.52	554.76	18.80	15516.61
	比例（%）	0.00	5.83	2.72	8.07	0.14	7.03	0.40	2.43	0.75	0.03	21.05
2011—2015 年均值		0.11	860.00	0.00	499.22	0.00	694.00	0.00	149.09	36.40	0.00	872.32

续表

年份		马尔代夫	尼泊尔	巴基斯坦	斯里兰卡	巴林	伊拉克	伊朗伊斯兰共和国	科威特	沙特阿拉伯	土耳其	阿拉伯联合酋长国	合计
2005	金额	0.00	0.00	0.00	0.00	0.00	0.00	0.00	0.00	0.00	0.00	0.00	89.86
	比例（%）	0.00	0.00	0.00	0.00	0.00	0.00	0.00	0.00	0.00	0.00	0.00	100.00
	指数	n.a.	0.00	n.a.	n.a.	0.00	0.00	n.a.	0.00	0.00	n.a.	0.00	2.80
2006	金额	0.00	0.00	0.00	0.00	0.00	0.00	0.00	0.00	0.00	0.00	0.00	85.00
	比例（%）	0.00	0.00	0.00	0.00	0.00	0.00	0.00	0.00	0.00	0.00	0.00	64.89
	指数	n.a.	0.00	n.a.	n.a.	0.00	0.00	n.a.	0.00	0.00	n.a.	0.00	2.65
2007	金额	0.00	0.00	0.00	0.00	0.00	0.00	13.49	0.00	0.00	0.00	0.00	1542.69
	比例（%）	0.00	0.00	0.00	0.00	0.00	0.00	0.84	0.00	0.00	0.00	0.00	96.26
	指数	n.a.	0.00	n.a.	n.a.	0.00	0.00	n.a.	0.00	0.00	n.a.	0.00	48.12
2008	金额	0.00	0.00	5.00	0.00	0.00	0.00	0.00	0.00	0.00	0.00	0.00	149.58
	比例（%）	0.00	0.00	0.30	0.00	0.00	0.00	0.00	0.00	0.00	0.00	0.00	9.07
	指数	n.a.	0.00	n.a.	n.a.	0.00	0.00	n.a.	0.00	0.00	n.a.	0.00	4.67
2009	金额	0.00	0.00	0.00	0.00	0.00	0.00	0.00	0.00	0.00	250.00	0.00	594.50
	比例（%）	0.00	0.00	0.00	0.00	0.00	0.00	0.00	0.00	0.00	32.98	0.00	78.42
	指数	n.a.	0.00	n.a.	n.a.	0.00	0.00	n.a.	0.00	0.00	n.a.	0.00	18.54
2010	金额	0.00	0.00	0.00	0.00	0.00	0.00	0.00	0.00	0.00	0.00	0.00	270.00
	比例（%）	0.00	0.00	0.00	0.00	0.00	0.00	0.00	0.00	0.00	0.00	0.00	56.10
	指数	n.a.	0.00	n.a.	n.a.	0.00	0.00	n.a.	0.00	0.00	n.a.	0.00	8.42
2011	金额	0.00	0.00	0.00	0.00	0.00	55.10	0.00	0.00	0.00	0.00	0.00	4564.19
	比例（%）	0.00	0.00	0.00	0.00	0.00	0.70	0.00	0.00	0.00	0.00	0.00	57.60
	指数	n.a.	0.00	n.a.	n.a.	0.00	500.00	n.a.	0.00	0.00	n.a.	0.00	142.37
2012	金额	0.00	0.00	0.00	0.00	0.00	0.00	0.00	0.00	0.00	0.00	6.20	1544.00
	比例（%）	0.00	0.00	0.00	0.00	0.00	0.00	0.00	0.00	0.00	0.00	0.25	61.65
	指数	n.a.	0.00	n.a.	n.a.	0.00	0.00	n.a.	0.00	0.00	n.a.	118.32	48.16
2013	金额	0.00	0.00	0.00	0.00	0.00	0.00	0.00	0.00	0.00	0.00	20.00	23.87
	比例（%）	0.00	0.00	0.00	0.00	0.00	0.00	0.00	0.00	0.00	0.00	20.95	25.00
	指数	n.a.	0.00	n.a.	n.a.	0.00	0.00	n.a.	0.00	0.00	n.a.	381.68	0.74

续表

年份		马尔代夫	尼泊尔	巴基斯坦	斯里兰卡	巴林	伊拉克	伊朗伊斯兰共和国	科威特	沙特阿拉伯	土耳其	阿拉伯联合酋长国	合计
2014	金额	0.00	0.00	0.00	0.00	0.00	0.00	0.00	0.00	0.00	0.00	0.00	4930.00
	比例（%）	0.00	0.00	0.00	0.00	0.00	0.00	0.00	0.00	0.00	0.00	0.00	72.70
	指数	n.a.	0.00	n.a.	n.a.	0.00	0.00	n.a.	0.00	0.00	n.a.	0.00	153.78
2015	金额	0.00	300.00	0.00	0.00	45.10	0.00	0.00	7.50	40.10	0.00	0.00	4967.65
	比例（%）	0.00	4.94	0.00	0.00	0.74	0.00	0.00	0.12	0.66	0.00	0.00	81.79
	指数	n.a.	500.00	n.a.	n.a.	500.00	0.00	n.a.	500.00	500.00	n.a.	0.00	154.95
2016	金额	0.00	0.00	0.00	26.60	0.00	0.00	0.00	0.00	7.00	0.50	938.57	14857.93
	比例（%）	0.00	0.00	0.00	0.07	0.00	0.00	0.00	0.00	0.00	0.02	2.52	39.92
	指数	n.a.	0.00	n.a.	n.a.	0.00	0.00	n.a.	0.00	87.28	n.a.	17911.64	463.45
2017	金额	500.00	0.00	1500.00	0.00	0.00	0.00	0.00	27.50	0.00	1.20	958.97	6811.07
	比例（%）	5.94	0.00	17.83	0.00	0.00	0.00	0.00	0.33	0.00	0.01	11.40	80.96
	指数	n.a.	0.00	n.a.	n.a.	0.00	0.00	n.a.	0.00	0.00	n.a.	18300.95	212.45
合计	金额	500.00	300.00	1505.00	26.60	45.10	55.10	40.99	7.50	47.10	251.70	1923.74	40430.34
	比例（%）	0.68	0.41	2.04	0.04	0.06	0.07	0.06	0.01	0.06	0.34	2.61	54.84
2011—2015年均值		0.00	60.00	0.00	0.00	9.02	11.02	0.00	1.50	8.02	0.00	5.24	3205.94

表 3-3-16　中国民营样本企业海外直接投资标的国（地区）
金额指数——拉丁美洲和加勒比海地区

（单位：百万美元）

年份		阿根廷	玻利维亚	巴西	智利	哥伦比亚	圭亚那	秘鲁
2005	金额	0.00	0.00	0.00	0.00	0.00	0.00	0.00
	比例（%）	0.00	0.00	0.00	0.00	0.00	0.00	0.00
	指数	0.00	n.a.	0.00	n.a.	0.00	0.00	n.a.
2006	金额	0.00	0.00	0.00	0.00	0.00	46.00	0.00
	比例（%）	0.00	0.00	0.00	0.00	0.00	35.11	0.00
	指数	0.00	n.a.	0.00	n.a.	0.00	76.67	n.a.

续表

年份		阿根廷	玻利维亚	巴西	智利	哥伦比亚	圭亚那	秘鲁
2007	金额	0.00	0.00	0.00	0.00	0.00	0.00	0.00
	比例（%）	0.00	0.00	0.00	0.00	0.00	0.00	0.00
	指数	0.00	n. a.	0.00	n. a.	0.00	0.00	n. a.
2008	金额	0.00	0.00	0.00	0.00	0.00	1000.00	0.00
	比例（%）	0.00	0.00	0.00	0.00	0.00	60.62	0.00
	指数	0.00	n. a.	0.00	n. a.	0.00	1666.67	n. a.
2009	金额	0.00	0.00	0.00	0.00	0.00	46.00	0.00
	比例（%）	0.00	0.00	0.00	0.00	0.00	6.07	0.00
	指数	0.00	n. a.	0.00	n. a.	0.00	76.67	n. a.
2010	金额	0.00	0.00	211.30	0.00	0.00	0.00	0.00
	比例（%）	0.00	0.00	43.90	0.00	0.00	0.00	0.00
	指数	0.00	n. a.	59.35	n. a.	0.00	0.00	n. a.
2011	金额	144.60	0.00	529.00	0.00	4.90	0.00	0.00
	比例（%）	1.82	0.00	6.68	0.00	0.06	0.00	0.00
	指数	439.25	n. a.	148.59	n. a.	500.00	0.00	n. a.
2012	金额	0.00	0.00	450.20	0.00	0.00	300.00	0.00
	比例（%）	0.00	0.00	17.98	0.00	0.00	11.98	0.00
	指数	0.00	n. a.	126.46	n. a.	0.00	500.00	n. a.
2013	金额	20.00	0.00	51.60	0.00	0.00	0.00	0.00
	比例（%）	20.95	0.00	54.05	0.00	0.00	0.00	0.00
	指数	60.75	n. a.	14.49	n. a.	0.00	0.00	n. a.
2014	金额	0.00	0.00	263.87	0.00	0.00	0.00	0.00
	比例（%）	0.00	0.00	3.89	0.00	0.00	0.00	0.00
	指数	0.00	n. a.	74.12	n. a.	0.00	0.00	n. a.
2015	金额	0.00	0.00	485.40	0.00	0.00	0.00	0.00
	比例（%）	0.00	0.00	7.99	0.00	0.00	0.00	0.00
	指数	0.00	n. a.	136.34	n. a.	0.00	0.00	n. a.

年份		阿根廷	玻利维亚	巴西	智利	哥伦比亚	圭亚那	秘鲁
2016	金额	139.80	6.40	0.00	0.00	0.00	0.00	0.00
	比例（%）	0.38	0.02	0.00	0.00	0.00	0.00	0.00
	指数	424.67	n.a.	0.00	n.a.	0.00	0.00	n.a.
2017	金额	100.00	3.90	118.39	0.00	67.80	0.00	0.00
	比例（%）	1.19	0.05	1.41	0.00	0.81	0.00	0.00
	指数	303.77	n.a.	33.25	n.a.	6918.37	0.00	n.a.
合计	金额	404.40	10.30	2109.75	0.00	72.70	1392.00	0.00
	比例（%）	0.55	0.01	2.86	0.00	0.10	1.89	0.00
2011—2015 年均值		32.92	0.00	356.01	0.00	0.98	60.00	0.00

年份		乌拉圭	委内瑞拉	墨西哥	巴拿马	巴巴多斯	合计	总计
2005	金额	0.00	0.00	0.00	0.00	0.00	0.00	89.86
	比例（%）	0.00	0.00	0.00	0.00	0.00	0.00	100.00
	指数	0.00	0.00	0.00	0.00	0.00	0.00	1.92
2006	金额	0.00	0.00	0.00	0.00	0.00	46.00	131.00
	比例（%）	0.00	0.00	0.00	0.00	0.00	35.11	100.00
	指数	0.00	0.00	0.00	0.00	0.00	3.37	2.80
2007	金额	0.00	0.00	0.00	0.00	0.00	0.00	1602.59
	比例（%）	0.00	0.00	0.00	0.00	0.00	0.00	100.00
	指数	0.00	0.00	0.00	0.00	0.00	0.00	34.27
2008	金额	0.00	0.00	500.00	0.00	0.00	1500.00	1649.58
	比例（%）	0.00	0.00	30.31	0.00	0.00	90.93	100.00
	指数	0.00	0.00	128.87	0.00	0.00	110.03	35.28
2009	金额	0.00	0.00	0.00	0.00	0.00	46.00	758.10
	比例（%）	0.00	0.00	0.00	0.00	0.00	6.07	100.00
	指数	0.00	0.00	0.00	0.00	0.00	3.37	16.21
2010	金额	0.00	0.00	0.00	0.00	0.00	211.30	481.30
	比例（%）	0.00	0.00	0.00	0.00	0.00	43.90	100.00
	指数	0.00	0.00	0.00	0.00	0.00	15.50	10.29

续表

年份		乌拉圭	委内瑞拉	墨西哥	巴拿马	巴巴多斯	合计	总计
2011	金额	35.00	0.00	0.00	7.00	2500.00	3220.50	7923.89
	比例（%）	0.44	0.00	0.00	0.09	31.55	40.64	100.00
	指数	500.00	0.00	0.00	104.79	500.00	236.23	169.46
2012	金额	0.00	0.00	0.00	0.00	0.00	750.20	2504.46
	比例（%）	0.00	0.00	0.00	0.00	0.00	29.95	100.00
	指数	0.00	0.00	0.00	0.00	0.00	55.03	53.56
2013	金额	0.00	0.00	0.00	0.00	0.00	71.60	95.47
	比例（%）	0.00	0.00	0.00	0.00	0.00	75.00	100.00
	指数	0.00	0.00	0.00	0.00	0.00	5.25	2.04
2014	金额	0.00	31.00	1500.00	0.00	0.00	1794.87	6781.55
	比例（%）	0.00	0.46	22.12	0.00	0.00	26.47	100.00
	指数	0.00	265.41	386.60	0.00	0.00	131.66	145.03
2015	金额	0.00	27.40	439.97	26.40	0.00	979.17	6073.84
	比例（%）	0.00	0.45	7.24	0.43	0.00	16.12	100.00
	指数	0.00	234.59	113.40	395.21	0.00	71.83	129.90
2016	金额	0.00	0.00	444.60	6.40	0.00	597.20	37219.71
	比例（%）	0.00	0.00	1.19	0.02	0.00	1.60	100.00
	指数	0.00	0.00	114.59	95.81	0.00	43.81	796.00
2017	金额	0.00	0.00	326.40	0.00	0.00	616.49	8413.40
	比例（%）	0.00	0.00	3.88	0.00	0.00	7.33	100.00
	指数	0.00	0.00	84.13	0.00	0.00	45.22	179.93
合计	金额	35.00	58.40	3210.97	39.80	2500.00	9833.32	73724.74
	比例（%）	0.05	0.08	4.36	0.05	3.39	13.34	100.00
2011—2015年均值		7.00	11.68	387.99	6.68	500.00	1363.27	4675.84

　　2005—2017年间俄罗斯共计接受了来自我国民营样本企业144.1亿美元的海外直接投资，在整个转型经济体中所接受的总金额规模中占据87.98%。其主要增长源于2017年对俄罗斯6件直接投资项目、约124.8亿美元的投资金额规模，由此可以看出2017年俄罗斯接受的我国民营

样本企业海外直接投资金额较大。这也意味着俄罗斯凭借与我国良好的外交关系以及其丰裕的资源，逐渐成为我国民营企业所青睐的投资标的国。

表 3-3-17　中国民营样本企业海外直接投资标的国（地区）金额指数——东南欧

（单位：百万美元）

年份		塞尔维亚	合计
2005	金额	0.00	0.00
	比例（%）	n. a.	n. a.
	指数	n. a.	n. a.
2006	金额	0.00	0.00
	比例（%）	0.00	0.00
	指数	n. a.	n. a.
2007	金额	0.00	0.00
	比例（%）	0.00	0.00
	指数	n. a.	n. a.
2008	金额	0.00	0.00
	比例（%）	0.00	0.00
	指数	n. a.	n. a.
2009	金额	0.00	0.00
	比例（%）	0.00	0.00
	指数	n. a.	n. a.
2010	金额	0.00	0.00
	比例（%）	0.00	0.00
	指数	n. a.	n. a.
2011	金额	0.00	0.00
	比例（%）	0.00	0.00
	指数	n. a.	n. a.
2012	金额	0.00	0.00
	比例（%）	0.00	0.00
	指数	n. a.	n. a.

续表

年份		塞尔维亚	合计
2013	数量	0.00	0.00
	比例（%）	n. a.	n. a.
	指数	n. a.	n. a.
2014	数量	0.00	0.00
	比例（%）	0.00	0.00
	指数	n. a.	n. a.
2015	数量	0.00	0.00
	比例（%）	0.00	0.00
	指数	n. a.	n. a.
2016	金额	13.00	13.00
	比例（%）	2.12	2.12
	指数	n. a.	n. a.
2017	金额	0.00	0.00
	比例（%）	0.00	0.00
	指数	n. a.	n. a.
合计	金额	13.00	13.00
	比例（%）	0.08	0.08
2011—2015 年均值		0.00	0.00

表 3-3-18　中国民营样本企业海外直接投资标的国（地区）金额指数——独联体国家

（单位：百万美元）

年份		阿塞拜疆	白俄罗斯	哈萨克斯坦	俄罗斯联邦	乌克兰	乌兹别克斯坦	格鲁吉亚	合计	总计
2005	金额	0.00	0.00	0.00	0.00	0.00	0.00	0.00	0.00	0.00
	比例（%）	n. a.	n. a.	n. a.	n. a.	n. a.	n. a.	n. a.	n. a.	n. a.
	指数	n. a.	n. a.	n. a.	n. a.	n. a.	n. a.	n. a.	0.00	0.00
2006	金额	0.00	0.00	0.00	0.00	35.00	0.00	0.00	35.00	35.00
	比例（%）	0.00	0.00	0.00	0.00	100.00	0.00	0.00	100.00	100.00
	指数	n. a.	n. a.	0.00	0.00	0.00	0.00	n. a.	10.68	10.68

续表

年份		阿塞拜疆	白俄罗斯	哈萨克斯坦	俄罗斯联邦	乌克兰	乌兹别克斯坦	格鲁吉亚	合计	总计
2007	金额	0.00	0.00	0.00	413.60	0.00	0.00	0.00	413.60	413.60
	比例（%）	0.00	0.00	0.00	100.00	0.00	0.00	0.00	100.00	100.00
	指数	n. a.	n. a.	0.00	179.33	n. a.	0.00	n. a.	126.22	126.22
2008	金额	0.00	0.00	0.00	5.20	0.00	0.00	0.00	5.20	5.20
	比例（%）	0.00	0.00	0.00	100.00	0.00	0.00	0.00	100.00	100.00
	指数	n. a.	n. a.	0.00	2.25	n. a.	0.00	n. a.	1.59	1.59
2009	金额	5.70	0.00	0.00	0.00	0.00	0.00	0.00	5.70	5.70
	比例（%）	100.00	0.00	0.00	0.00	0.00	0.00	0.00	100.00	100.00
	指数	n. a.	n. a.	0.00	0.00	n. a.	0.00	n. a.	1.74	1.74
2010	金额	226.70	0.00	0.00	279.90	0.00	0.00	0.00	506.60	506.60
	比例（%）	44.75	0.00	0.00	55.25	0.00	0.00	0.00	100.00	100.00
	指数	n. a.	n. a.	0.00	121.36	n. a.	0.00	n. a.	154.60	154.60
2011	金额	0.00	0.00	0.00	406.80	0.00	0.00	0.00	406.80	406.80
	比例（%）	0.00	0.00	0.00	100.00	0.00	0.00	0.00	100.00	100.00
	指数	n. a.	n. a.	0.00	176.38	n. a.	0.00	n. a.	124.14	124.14
2012	金额	0.00	0.00	0.00	0.00	0.00	5.00	0.00	5.00	5.00
	比例（%）	0.00	0.00	0.00	0.00	0.00	100.00	0.00	100.00	100.00
	指数	n. a.	n. a.	0.00	0.00	n. a.	500.00	n. a.	1.53	1.53
2013	金额	0.00	0.00	0.00	0.00	0.00	0.00	0.00	0.00	0.00
	比例（%）	n. a.	n. a.	n. a.	n. a.	n. a.	n. a.	n. a.	n. a.	n. a.
	指数	n. a.	n. a.	0.00	0.00	n. a.	0.00	n. a.	0.00	0.00
2014	金额	0.00	0.00	0.00	650.00	0.00	0.00	0.00	650.00	650.00
	比例（%）	0.00	0.00	0.00	100.00	0.00	0.00	0.00	100.00	100.00
	指数	n. a.	n. a.	0.00	281.82	n. a.	0.00	n. a.	198.36	198.36
2015	金额	0.00	0.00	480.22	96.40	0.00	0.00	0.00	576.62	576.62
	比例（%）	0.00	0.00	83.28	16.72	0.00	0.00	0.00	100.00	100.00
	指数	n. a.	n. a.	500.00	41.80	n. a.	0.00	n. a.	175.97	175.97

年份		阿塞拜疆	白俄罗斯	哈萨克斯坦	俄罗斯联邦	乌克兰	乌兹别克斯坦	格鲁吉亚	合计	总计
2016	金额	107.00	199.80	200.60	84.50	0.00	8.80	0.00	600.70	613.70
	比例（%）	17.44	32.56	32.69	13.77	0.00	1.43	0.00	97.88	100.00
	指数	n. a.	n. a.	208.86	36.64	n. a.	880.00	n. a.	183.32	187.28
2017	金额	0.00	23.10	641.90	12477.61	23.10	0.00	0.00	13165.71	13165.71
	比例（%）	0.00	0.18	4.88	94.77	0.18	0.00	0.00	100.00	100.00
	指数	n. a.	n. a.	668.34	5409.99	n. a.	0.00	n. a.	4017.81	4017.81
合计	金额	339.40	222.90	1322.72	14414.01	58.10	13.80	0.00	16370.93	16383.93
	比例（%）	2.07	1.36	8.07	87.98	0.35	0.08	0.00	99.92	100.00
2011—2015年均值		0.00	0.00	96.04	230.64	0.00	1.00	0.00	327.68	327.68

第四节　民营企业海外直接投资行业别指数

本节按照投资标的行业的不同对我国民营样本企业海外直接投资项目数量和金额分布情况进行分析。本节将投资标的行业分为两大部分，即制造业和非制造业。其中制造业按照 OECD 技术划分标准分为四大类，分别是高技术、中高技术、中低技术和低技术制造业；非制造业则划分为服务业，农、林、牧、渔业，采矿业，电力、热力、燃气及水生产和供应业，建筑业五大类。

一、民营企业海外直接投资项目数量和金额在标的行业的分布

1. 民营企业海外直接投资项目数量在标的行业的分布

从我国民营样本企业对于制造业和非制造业的海外直接投资项目数量总体分布来看，民营样本企业对制造业部门的投资项目数量远超非制造业部门，2005—2017 年间共计对制造业部门进行了 662 件海外直接投资项目，占总投资项目数量的 63.17%，非制造业部门则共计接受了 386 件海外直接投资项目，占比 36.83%。我国民营样本企业对于制造业海外直接投

资数量较多也反映出我国国内制造类企业发展势头良好，且逐渐开始与国家"走出去"政策相呼应。通过指数趋势图可以看出，我国民营样本企业对于制造业和非制造业海外直接投资数量出现快速增长的时间均为 2016年，特别是对于非制造行业的投资项目数量增长稍快于对于制造行业的投资项目数量，但是在 2017 年对于制造业的投资项目数量增势变缓，对于非制造业的投资项目数量甚至低于 2016 年的数量总数。

从国外制造行业所接受的我国民营样本企业的海外直接投资项目数量分布来看，高技术、中高技术制造业吸引了我国民营样本企业对于制造行业 80.21%的投资项目数量，由此可看出我国民营样本企业进行海外直接投资的目的大多数是以学习国外先进技术、管理经验为主的技术寻求型直接投资。但是从统计数据可以看出，我国民营样本企业对于中低技术、低技术制造业的海外直接投资项目数量在 2005—2017 年间总体呈增长趋势。

服务业集中了我国民营样本企业对于非制造业 86.01%的海外投资项目数量，共计 332 件。在 2005—2015 年，我国民营样本企业对于服务业的海外直接投资项目数量保持着稳定增长的趋势，2016 年随整体投资增长而出现陡增的情况，2017 年增势变缓。这表明，近年来服务行业在我国国内逐步发展壮大，并且开始寻求更加完善的发展，这也是我国产业结构逐渐优化升级的体现。

表 3-4-1　中国民营企业海外直接投资项目数量在标的行业的分布及指数汇总表

（单位：件）

年份	制造业											
	高技术				中高技术				中低技术			
	项目数	同比增长（%）	占比（%）	指数	项目数	同比增长（%）	占比（%）	指数	项目数	同比增长（%）	占比（%）	指数
2005	1		16.67	3.65	3		50.00	15.00	2		33.33	37.04
2006	1	0.0	20.00	3.65	3	0.0	60.00	15.00	0	-100.0	0.00	0.00
2007	2	100.0	10.00	7.30	8	166.7	40.00	40.00	6	n. a.	30.00	111.11
2008	20	900.0	55.56	72.99	8	0.0	22.22	40.00	3	-50.0	8.33	55.56

续表

| 年份 | 制造业 | | | | | | | | | | | |
| | 高技术 | | | | 中高技术 | | | | 中低技术 | | | |
	项目数	同比增长(%)	占比(%)	指数	项目数	同比增长(%)	占比(%)	指数	项目数	同比增长(%)	占比(%)	指数
2009	6	-70.0	23.08	21.90	13	62.5	50.00	65.00	3	0.0	11.54	55.56
2010	7	16.7	28.00	25.55	16	23.1	64.00	80.00	2	-33.3	8.00	37.04
2011	34	385.7	48.57	124.09	27	68.8	38.57	135.00	6	200.0	8.57	111.11
2012	20	-41.2	42.55	72.99	16	-40.7	34.04	80.00	4	-33.3	8.51	74.07
2013	27	35.0	60.00	98.54	12	-25.0	26.67	60.00	5	25.0	11.11	92.59
2014	21	-22.2	36.21	76.64	23	91.7	39.66	115.00	6	20.0	10.34	111.11
2015	35	66.7	51.47	127.74	22	-4.3	32.35	110.00	6	0.0	8.82	111.11
2016	59	68.6	47.20	215.33	40	81.8	32.00	200.00	13	116.7	10.40	240.74
2017	61	3.4	46.56	222.63	46	15.0	35.11	230.00	12	-7.7	9.16	222.22
合计	294		44.41		237		35.80		68		10.27	
2011—2015年均值	27.40			100.00	20.00			100.00	5.40			100.00

| 年份 | 制造业 | | | | | | | |
| | 低技术 | | | | 合计 | | | |
	项目数	同比增长(%)	占比(%)	指数	项目数	同比增长(%)	占比(%)	指数
2005	0		0.00	0.00	6		85.71	10.42
2006	1	n. a.	20.00	20.83	5	-16.7	62.50	8.68
2007	4	300.0	20.00	83.33	20	300.0	80.00	34.72
2008	5	25.0	13.89	104.17	36	80.0	83.72	62.50
2009	4	-20.0	15.38	83.33	26	-27.8	70.27	45.14
2010	0	-100.0	0.00	0.00	25	-3.8	71.43	43.40
2011	3	n. a.	4.29	62.50	70	180.0	70.71	121.53
2012	7	133.3	14.89	145.83	47	-32.9	67.14	81.60
2013	1	-85.7	2.22	20.83	45	-4.3	61.64	78.13
2014	8	700.0	13.79	166.67	58	28.9	64.44	100.69
2015	5	-37.5	7.35	104.17	68	17.2	57.14	118.06
2016	13	160.0	10.40	270.83	125	83.8	56.82	217.01

续表

年份	制造业							
	低技术				合计			
	项目数	同比增长（%）	占比（%）	指数	项目数	同比增长（%）	占比（%）	指数
2017	12	-7.7	9.16	250.00	131	4.8	59.01	227.43
合计	63		9.52		662		63.17	
2011—2015 年均值	4.80			100.00	57.60			100.00

年份	非制造业											
	服务业				采矿业				电力、热力、燃气及水生产和供应业			
	项目数	同比增长（%）	占比（%）	指数	项目数	同比增长（%）	占比（%）	指数	项目数	同比增长（%）	占比（%）	指数
2005	1		100.00	3.47	0		0.00	0.00	0		0.00	0.00
2006	2	100.0	66.67	6.94	1	n.a.	33.33	100.00	0	n.a.	0.00	0.00
2007	5	150.0	100.00	17.36	0	-100.0	0.00	0.00	0	n.a.	0.00	0.00
2008	4	-20.0	57.14	13.89	0	n.a.	0.00	0.00	3	n.a.	42.86	136.36
2009	9	125.0	81.82	31.25	1	n.a.	9.09	100.00	1	-66.7	9.09	45.45
2010	10	11.1	100.00	34.72	0	-100.0	0.00	0.00	0	-100.0	0.00	0.00
2011	25	150.0	86.21	86.81	1	n.a.	3.45	100.00	3	n.a.	10.34	136.36
2012	17	-32.0	73.91	59.03	1	0.0	4.35	100.00	4	33.3	17.39	181.82
2013	25	47.1	89.29	86.81	1	0.0	3.57	100.00	2	-50.0	7.14	90.91
2014	31	24.0	96.88	107.64	0	-100.0	0.00	0.00	0	-100.0	0.00	0.00
2015	46	48.4	90.20	159.72	2	n.a.	3.92	200.00	2	n.a.	3.92	90.91
2016	79	71.7	83.16	274.31	3	50.0	3.16	300.00	11	450.0	11.58	500.00
2017	78	-1.3	85.71	270.83	7	133.3	7.69	700.00	5	-54.5	5.49	227.27
合计	332		86.01		17		4.40		31		8.03	
2011—2015 年均值	28.8		100.00		1		100.00		2.2			100.00

续表

年份	非制造业								总计			
	建筑业				合计							
	项目数	同比增长（%）	占比（%）	指数	项目数	同比增长（%）	占比（%）	指数	项目数	同比增长（%）	占比（%）	指数
2005	0		0.00	0.00	1		14.29	3.07	7		100.00	7.76
2006	0	n. a.	0.00	0.00	3	200.0	37.50	9.20	8	14.3	100.00	8.87
2007	0	n. a.	0.00	0.00	5	66.7	20.00	15.34	25	212.5	100.00	27.72
2008	0	n. a.	0.00	0.00	7	40.0	16.28	21.47	43	72.0	100.00	47.67
2009	0	n. a.	0.00	0.00	11	57.1	29.73	33.74	37	-14.0	100.00	41.02
2010	0	n. a.	0.00	0.00	10	-9.1	28.57	30.67	35	-5.4	100.00	38.80
2011	0	n. a.	0.00	0.00	29	190.0	29.29	88.96	99	182.9	100.00	109.76
2012	1	n. a.	4.35	166.67	23	-20.7	32.86	70.55	70	-29.3	100.00	77.61
2013	0	-100.0	0.00	0.00	28	21.7	38.36	85.89	73	4.3	100.00	80.93
2014	1	n. a.	3.13	166.67	32	14.3	35.56	98.16	90	23.3	100.00	99.78
2015	1	0.0	1.96	166.67	51	59.4	42.86	156.44	119	32.2	100.00	131.93
2016	2	100.0	2.11	333.33	95	86.3	43.18	291.41	220	84.9	100.00	243.90
2017	1	-50.0	1.10	166.67	91	-4.2	40.99	279.14	222	0.9	100.00	246.12
合计	6		1.55		386		36.83		1048		100.00	
2011—2015年均值	0.60			100.00	32.60			100.00	90.20			100.00

注：由于样本企业在2005—2017年间均未对农、林、牧、渔业进行海外直接投资，因此本表中未列出样本企业对农、林、牧、渔业的投资项目数量。

2. 民营企业海外直接投资金额在标的行业的分布

我国民营样本企业在2005—2017年间对非制造业的海外直接投资金额超过制造业，这一变化与投资项目数量在标的行业的分布完全相反。本报告统计显示，13年间民营样本企业共计在非制造业投资1693.2亿美元，占总投资金额的63.29%；对制造业投资981.93亿美元，在总投资金额中占36.71%。民营样本企业海外投资项目数量和金额在标的行业分布上的差异显示，13年来我国民营样本企业对非制造业平均投资金额规模大于制造业。

从制造业所接受的我国民营样本企业海外直接投资金额指数变化图可以看出，在2005—2016年间，民营样本企业对于制造业的投资金额增长较为缓慢，直到 2017 年增势变陡，所接受的投资金额由 2016 年的 92.2 亿美元增长至 2017 年的 527.6 亿美元，其主要在于我国民营样本企业对于中高制造业在 2017 年的海外直接投资达到 436.2 亿美元。通过对样本数据的筛选，可以得到我国民营样本企业对于制造业的海外直接投资金额主要分布在中高技术制造业，其所接受的投资总金额占整个制造业所接受投资金额规模的 62.26%，而高技术制造业占比却只有 12.47% 的投资金额规模。可见，我国民营样本企业对于中高技术制造业的平均投资金额规模高于对于高技术制造业的平均投资金额规模。

反观非制造行业所接受的我国民营样本企业的海外直接投资金额规模，于 2012 年超过制造行业，随后到 2016 年的 5 年间我国民营样本企业对于非制造业的投资金额规模每年均大幅超越对于制造业投资金额规模，并且分别在 2014 年和 2016 年出现投资金额规模的陡增，但是可能由于我国政府在 2017 年对于投资的管控措施，我国民营样本企业对于非制造业在 2017 年的投资金额规模下降明显。

表 3-4-2　中国民营企业海外直接投资金额在标的行业的分布及指数汇总表

（单位：百万美元）

年份	制造业											
	高技术				中高技术				中低技术			
	金额	同比增长（%）	占比（%）	指数	金额	同比增长（%）	占比（%）	指数	金额	同比增长（%）	占比（%）	指数
2005	26.42		23.28	2.58	83.26		73.37	4.61	3.80		3.35	0.19
2006	7.00	-73.5	3.92	0.68	165.00	98.2	92.33	9.14	0.00	-100.0	0.00	0.00
2007	8.10	15.7	0.37	0.79	539.79	227.1	24.76	29.91	1495.40	n.a.	68.59	74.87
2008	196.71	2328.5	7.21	19.23	1295.14	139.9	47.49	71.76	1066.99	-28.6	39.12	53.42
2009	85.80	-56.4	5.42	8.39	1313.78	1.4	83.04	72.79	2.70	-99.7	0.17	0.14
2010	168.97	96.9	5.25	16.52	3046.95	131.9	94.71	168.83	1.30	-51.9	0.04	0.07
2011	970.00	474.1	10.76	94.83	2594.32	-14.9	28.79	143.75	5361.81	412346.9	59.50	268.43
2012	138.20	-85.8	4.56	13.51	1364.82	-47.4	44.99	75.62	1362.00	-74.6	44.90	68.19
2013	375.44	171.7	35.27	36.70	447.13	-67.2	42.00	24.77	200.00	-85.3	18.79	10.01

续表

年份	制造业											
	高技术				中高技术				中低技术			
	金额	同比增长(%)	占比(%)	指数	金额	同比增长(%)	占比(%)	指数	金额	同比增长(%)	占比(%)	指数
2014	2132.42	468.0	26.03	208.46	3129.05	599.8	38.19	173.37	1242.60	521.3	15.17	62.21
2015	1498.55	-29.7	30.52	146.50	1488.62	-52.4	30.31	82.48	1820.77	46.5	37.08	91.16
2016	2067.83	38.0	22.42	202.15	2051.31	37.8	22.25	113.66	672.29	-63.1	7.29	33.66
2017	4569.42	121.0	8.66	446.70	43618.12	2026.4	82.67	2416.80	1617.85	140.6	3.07	81.00
合计	12244.87		12.47		61137.28		62.26		14847.51		15.12	
2011—2015年均值	1022.92			100.00	1804.79			100.00	1997.44			100.00

年份	制造业							
	低技术				合计			
	金额	同比增长(%)	占比(%)	指数	金额	同比增长(%)	占比(%)	指数
2005	0.00		0.00	0.00	113.48		91.68	2.16
2006	6.70	n.a.	3.75	1.61	178.70	57.5	74.55	3.41
2007	137.07	1945.8	6.29	32.84	2180.36	1120.1	97.77	41.59
2008	168.30	22.8	6.17	40.32	2727.14	25.1	86.85	52.02
2009	179.90	6.9	11.37	43.10	1582.18	-42.0	81.79	30.18
2010	0.00	-100.0	0.00	0.00	3217.22	103.3	84.62	61.37
2011	85.60	n.a.	0.95	20.51	9011.73	180.1	63.49	171.90
2012	168.39	96.7	5.55	40.34	3033.41	-66.3	34.22	57.86
2013	41.97	-75.1	3.94	10.06	1064.54	-64.9	27.06	20.31
2014	1688.36	3922.8	20.61	404.50	8192.43	669.6	20.52	156.27
2015	102.66	-93.9	2.09	24.60	4910.60	-40.1	16.10	93.67
2016	4429.93	4215.1	48.04	1061.33	9221.36	87.8	13.81	175.89
2017	2954.61	-33.3	5.60	707.87	52760.00	472.1	57.42	1006.38
合计	9963.49		10.15		98193.14		36.71	
2011—2015年均值	417.40			100.00	5242.54			100.00

年份	非制造业							
	服务业				采矿业			
	金额	同比增长（%）	占比（%）	指数	金额	同比增长（%）	占比（%）	指数
2005	10.30		100.00	0.09	0.00		0.00	0.00
2006	61.00	492.2	100.00	0.54	0.00	n. a.	0.00	0.00
2007	49.80	−18.4	100.00	0.44	0.00	n. a.	0.00	0.00
2008	10.46	−79.0	2.53	0.09	0.00	n. a.	0.00	0.00
2009	212.25	1929.2	60.24	1.88	138.60	n. a.	39.34	52.86
2010	584.85	175.5	100.00	5.18	0.00	−100.0	0.00	0.00
2011	4939.32	744.5	95.32	43.75	0.00	n. a.	0.00	0.00
2012	5225.33	5.8	89.59	46.29	448.74	n. a.	7.69	171.15
2013	2868.82	−45.1	100.00	25.41	0.00	−100.0	0.00	0.00
2014	22359.78	679.4	70.47	198.06	0.00	n. a.	0.00	0.00
2015	21053.48	−5.8	82.29	186.49	862.19	n. a.	3.37	328.85
2016	54693.32	159.8	95.06	484.47	1059.87	22.9	1.84	404.24
2017	22899.64	−58.1	58.54	202.84	14188.03	1238.7	36.27	5411.44
合计	134968.35		79.71		16697.43		9.86	
2011—2015 年均值	11289.35		100.00		262.19		100.00	

年份	非制造业			
	电力、热力、燃气及水生产和供应业			
	金额	同比增长（%）	占比（%）	指数
2005	0.00		0.00	0.00
2006	0.00	n. a.	0.00	0.00
2007	0.00	n. a.	0.00	0.00
2008	402.50	n. a.	97.47	54.45
2009	1.47	−99.6	0.42	0.20
2010	0.00	−100.0	0.00	0.00
2011	242.67	n. a.	4.68	32.83
2012	83.10	−65.8	1.42	11.24
2013	0.00	−100.0	0.00	0.00

续表

年份	非制造业			
	电力、热力、燃气及水生产和供应业			
	金额	同比增长（%）	占比（%）	指数
2014	0.00	n. a.	0.00	0.00
2015	3370.00	n. a.	13.17	455.93
2016	1369.27	−59.4	2.38	185.25
2017	2021.30	47.6	5.17	273.46
合计	7490.31		4.42	
2011—2015年均值	739.15			100.00

年份	非制造业								总计			
	建筑业				合计							
	金额	同比增长（%）	占比（%）	指数	金额	同比增长（%）	占比（%）	指数	金额	同比增长（%）	占比（%）	指数
2005	0.00		0.00	0.00	10.30		8.32	0.07	123.78		100.00	0.64
2006	0.00	n. a.	0.00	0.00	61.00	492.2	25.45	0.43	239.7	93.7	100.00	1.23
2007	0.00	n. a.	0.00	0.00	49.80	−18.4	2.23	0.35	2230.16	830.4	100.00	11.45
2008	0.00	n. a.	0.00	0.00	412.96	729.2	13.15	2.90	3140.1	40.8	100.00	16.12
2009	0.00	n. a.	0.00	0.00	352.32	−14.7	18.21	2.47	1934.5	−38.4	100.00	9.93
2010	0.00	n. a.	0.00	0.00	584.85	66.0	15.38	4.11	3802.07	96.5	100.00	19.52
2011	0.00	n. a.	0.00	0.00	5181.99	786.0	36.51	36.39	14193.72	273.3	100.00	72.86
2012	75.00	n. a.	1.29	3.85	5832.17	12.5	65.78	40.96	8865.575	−37.5	100.00	45.51
2013	0.00	−100.0	0.00	0.00	2868.82	−50.8	72.94	20.15	3933.354	−55.6	100.00	20.19
2014	9367.58	n. a.	29.53	480.75	31727.36	1005.9	79.48	222.82	39919.79	914.9	100.00	204.91
2015	300.00	−96.8	1.17	15.40	25585.64	−19.4	83.90	179.68	30496.27	−23.6	100.00	156.54
2016	415.94	38.7	0.72	21.35	57538.40	124.9	86.19	404.08	66759.76	118.9	100.00	342.68
2017	9.30	−97.8	0.02	0.48	39118.27	−32.0	42.58	274.72	91878.27	37.6	100.00	471.61
合计	10167.82		6.00		169323.91		63.29		267517		100.00	
2011—2015年均值	1948.52		100.00		14239.20			100.00	19481.74			100.00

注：由于样本企业在2005—2017年间均未对农、林、牧、渔业进行海外直接投资，因此本表中未
　　列出样本企业对农、林、牧、渔业的投资金额。

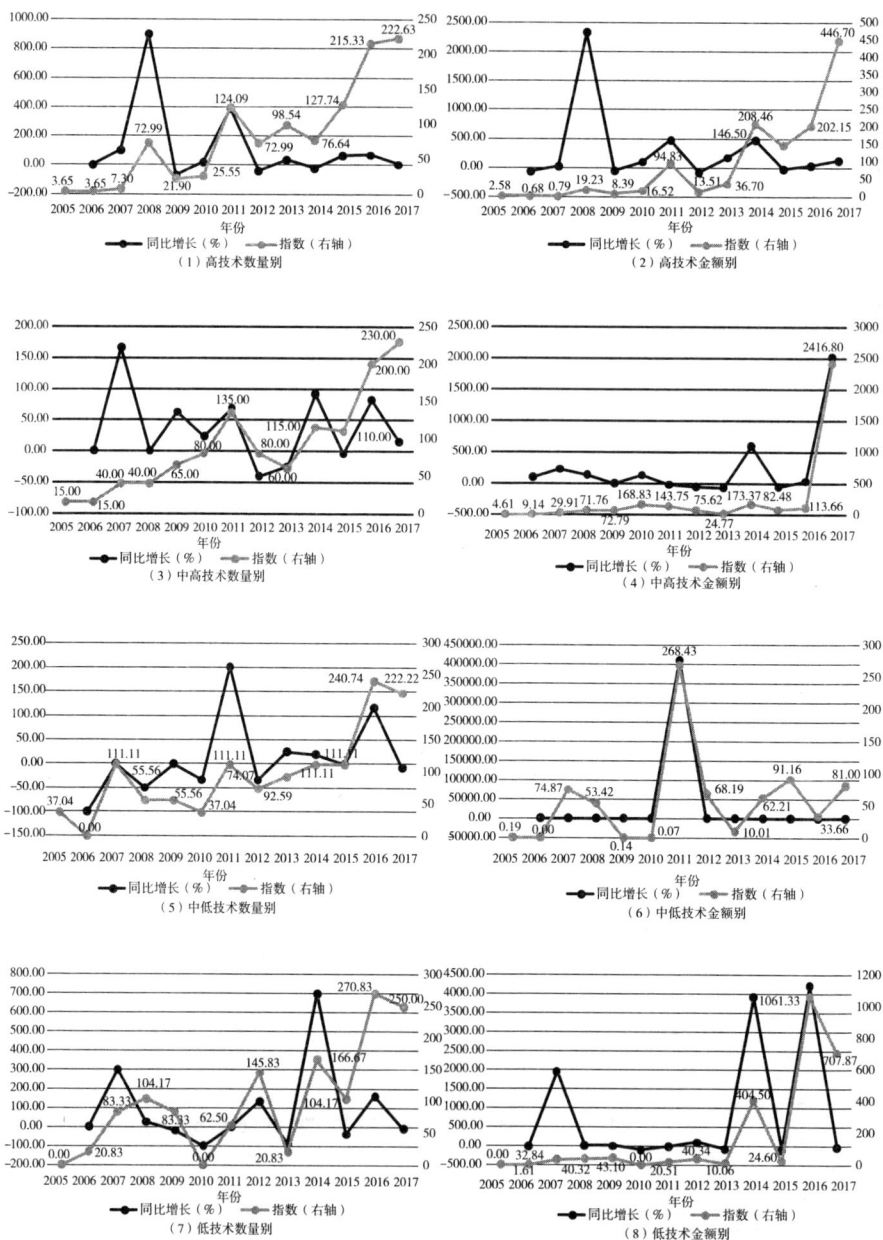

图 3-4-1　2005—2017 年海外直接投资制造业项目数量和金额指数变化图

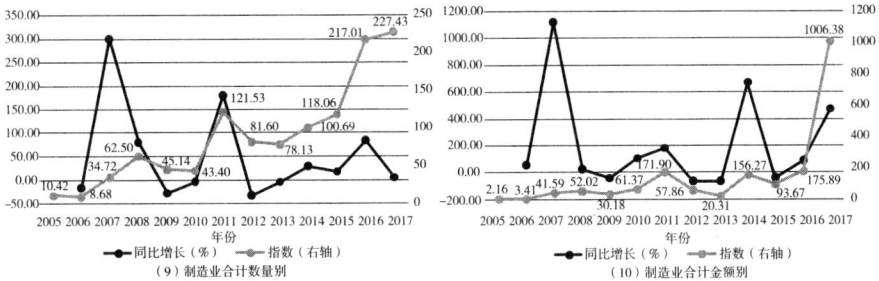

（9）制造业合计数量别

（10）制造业合计金额别

图 3-4-1　2005—2017 年海外直接投资制造业项目数量和金额指数变化图（续图）

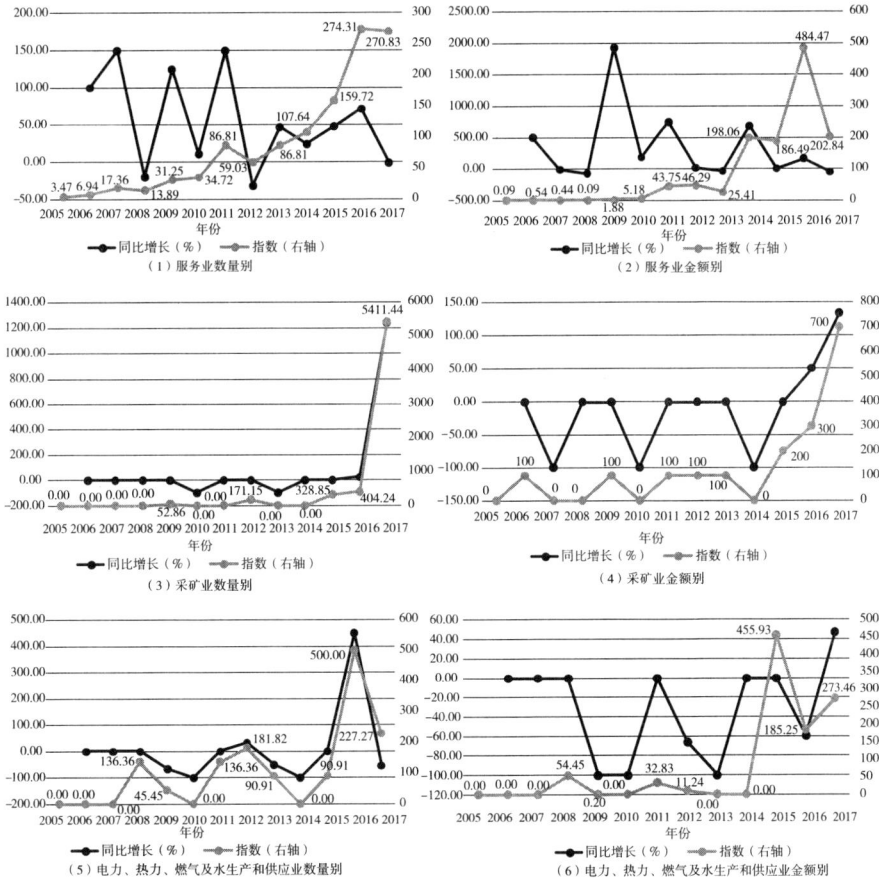

（1）服务业数量别

（2）服务业金额别

（3）采矿业数量别

（4）采矿业金额别

（5）电力、热力、燃气及水生产和供应业数量别

（6）电力、热力、燃气及水生产和供应业金额别

图 3-4-2　2005—2017 年海外直接投资非制造业项目数量和金额指数变化图

（7）建筑业数量别

（8）建筑业金额别

（9）非制造业合计数量别

（10）非制造业合计金额别

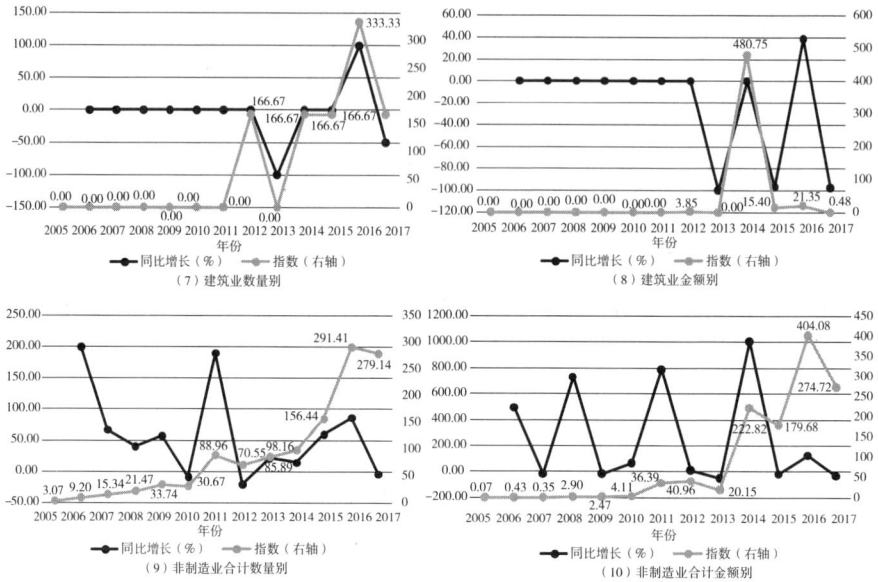

图 3-4-2   2005—2017 年海外直接投资非制造业项目数量和金额指数变化图（续图）

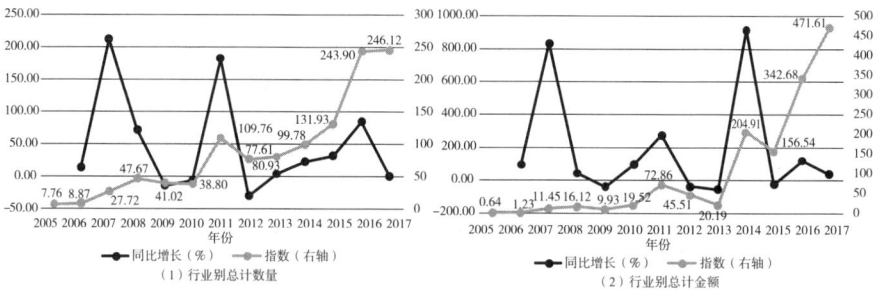

（1）行业别总计数量

（2）行业别总计金额

图 3-4-3   2005—2017 年海外直接投资行业别项目数量和金额指数变化图

二、民营企业海外直接投资项目数量和金额在各细分标的行业的分布

1. 民营企业海外直接投资项目数量在各细分标的行业的分布

从每个行业的细分构成上来看，我国民营样本企业对于高技术制造业的项目投资数量主要在广播、电视和通信设备部门，以及办公、会计和计

算机设备部门，分别占制造业的总投资项目数量的 27.34% 和 12.84%；对与中高技术制造业的投资则主要集中于汽车、挂车和半挂车部门，13 年间共计接受了我国民营样本企业 144 件海外直接投资项目。

表 3-4-3　中国民营样本企业海外直接投资行业别项目数量指数——制造业

（单位：件）

| 年份 | | 高技术 | | | | | 合计 |
		航空航天	医药制造	办公、会计和计算机设备	广播、电视和通信设备	医疗器械、精密仪器和光学仪器、钟表	
2005	数量	0	0	0	0	1	1
	比例（%）	0.00	0.00	0.00	0.00	16.67	16.67
	指数	n. a.	0.00	0.00	0.00	500.00	3.65
2006	数量	0	0	0	1	0	1
	比例（%）	0.00	0.00	0.00	20.00	0.00	20.00
	指数	n. a.	0.00	0.00	5.15	0.00	3.65
2007	数量	0	0	2	0	0	2
	比例（%）	0.00	0.00	10.00	0.00	0.00	10.00
	指数	n. a.	0.00	31.25	0.00	0.00	7.30
2008	数量	0	0	16	4	0	20
	比例（%）	0.00	0.00	44.44	11.11	0.00	55.56
	指数	n. a.	0.00	250.00	20.62	0.00	72.99
2009	数量	0	1	5	0	0	6
	比例（%）	0.00	3.85	19.23	0.00	0.00	23.08
	指数	n. a.	71.43	78.13	0.00	0.00	21.90
2010	数量	0	1	5	0	1	7
	比例（%）	0.00	4.00	20.00	0.00	4.00	28.00
	指数	n. a.	71.43	78.13	0.00	500.00	25.55
2011	数量	0	3	5	26	0	34
	比例（%）	0.00	4.29	7.14	37.14	0.00	48.57
	指数	n. a.	214.29	78.13	134.02	0.00	124.09

续表

年份		高技术					
		航空航天	医药制造	办公、会计和计算机设备	广播、电视和通信设备	医疗器械、精密仪器和光学仪器、钟表	合计
2012	数量	0	0	9	11	0	20
	比例（%）	0.00	0.00	19.15	23.40	0.00	42.55
	指数	n.a.	0.00	140.63	56.70	0.00	72.99
2013	数量	0	1	3	23	0	27
	比例（%）	0.00	2.22	6.67	51.11	0.00	60.00
	指数	n.a.	71.43	46.88	118.56	0.00	98.54
2014	数量	0	0	4	17	0	21
	比例（%）	0.00	0.00	6.90	29.31	0.00	36.21
	指数	n.a.	0.00	62.50	87.63	0.00	76.64
2015	数量	0	3	11	20	1	35
	比例（%）	0.00	4.41	16.18	29.41	1.47	51.47
	指数	n.a.	214.29	171.88	103.09	500.00	127.74
2016	数量	0	3	9	45	2	59
	比例（%）	0.00	2.40	7.20	36.00	1.60	47.20
	指数	n.a.	214.29	140.63	231.96	1000.00	215.33
2017	数量	2	8	16	34	1	61
	比例（%）	1.53	6.11	12.21	25.95	0.76	46.56
	指数	n.a.	571.43	250.00	175.26	500.00	222.63
合计	数量	2	20	85	181	6	294
	比例（%）	0.30	3.02	12.84	27.34	0.91	44.41
2011—2015 年均值		0.00	1.40	6.40	19.40	0.20	27.40

年份		中高技术					
		其他电气机械和设备	汽车、挂车和半挂车	化学品及化学制品（不含制药）	其他铁道设备和运输设备	其他机械设备	合计
2005	数量	0	2	1	0	0	3
	比例（%）	0.00	33.33	16.67	0.00	0.00	50.00
	指数	0.00	17.86	125.00	0.00	0.00	15.00

年份		中高技术					
		其他电气机械和设备	汽车、挂车和半挂车	化学品及化学制品（不含制药）	其他铁道设备和运输设备	其他机械设备	合计
2006	数量	0	1	0	0	2	3
	比例（%）	0.00	20.00	0.00	0.00	40.00	60.00
	指数	0.00	8.93	0.00	0.00	62.50	15.00
2007	数量	0	5	0	1	2	8
	比例（%）	0.00	25.00	0.00	5.00	10.00	40.00
	指数	0.00	44.64	0.00	250.00	62.50	40.00
2008	数量	0	3	0	0	5	8
	比例（%）	0.00	8.33	0.00	0.00	13.89	22.22
	指数	0.00	26.79	0.00	0.00	156.25	40.00
2009	数量	0	13	0	0	0	13
	比例（%）	0.00	50.00	0.00	0.00	0.00	50.00
	指数	0.00	116.07	0.00	0.00	0.00	65.00
2010	数量	0	11	0	1	4	16
	比例（%）	0.00	44.00	0.00	4.00	16.00	64.00
	指数	0.00	98.21	0.00	250.00	125.00	80.00
2011	数量	4	16	0	1	6	27
	比例（%）	5.71	22.86	0.00	1.43	8.57	38.57
	指数	90.91	142.86	0.00	250.00	187.50	135.00
2012	数量	2	10	1	0	3	16
	比例（%）	4.26	21.28	2.13	0.00	6.38	34.04
	指数	45.45	89.29	125.00	0.00	93.75	80.00
2013	数量	5	6	0	0	1	12
	比例（%）	11.11	13.33	0.00	0.00	2.22	26.67
	指数	113.64	53.57	0.00	0.00	31.25	60.00
2014	数量	7	10	2	0	4	23
	比例（%）	12.07	17.24	3.45	0.00	6.90	39.66
	指数	159.09	89.29	250.00	0.00	125.00	115.00

续表

年份		中高技术					
		其他电气机械和设备	汽车、挂车和半挂车	化学品及化学制品（不含制药）	其他铁道设备和运输设备	其他机械设备	合计
2015	数量	4	14	1	1	2	22
	比例（%）	5.88	20.59	1.47	1.47	2.94	32.35
	指数	90.91	125.00	125.00	250.00	62.50	110.00
2016	数量	7	27	0	0	6	40
	比例（%）	5.60	21.60	0.00	0.00	4.80	32.00
	指数	159.09	241.07	0.00	0.00	187.50	200.00
2017	数量	8	26	0	7	5	46
	比例（%）	6.11	19.85	0.00	5.34	3.82	35.11
	指数	181.82	232.14	0.00	1750.00	156.25	230.00
合计	数量	37	144	5	11	40	237
	比例（%）	5.59	21.75	0.76	1.66	6.04	35.80
2011—2015 年均值		4.40	11.20	0.80	0.40	3.20	20.00

年份		中低技术					
		船舶制造和修理	橡胶和塑料制品	焦炭、精炼石油产品及核燃料	其他非金属矿物制品	基本金属和金属制品	合计
2005	数量	0	0	0	0	2	2
	比例（%）	0.00	0.00	0.00	0.00	33.33	33.33
	指数	n.a.	0.00	0.00	0.00	66.67	37.04
2006	数量	0	0	0	0	0	0
	比例（%）	0.00	0.00	0.00	0.00	0.00	0.00
	指数	n.a.	0.00	0.00	0.00	0.00	0.00
2007	数量	0	0	1	0	5	6
	比例（%）	0.00	0.00	5.00	0.00	25.00	30.00
	指数	n.a.	0.00	125.00	0.00	166.67	111.11

续表

年份		船舶制造和修理	橡胶和塑料制品	焦炭、精炼石油产品及核燃料	其他非金属矿物制品	基本金属和金属制品	合计
		中低技术					
2008	数量	0	1	0	0	2	3
	比例（%）	0.00	2.78	0.00	0.00	5.56	8.33
	指数	n.a.	250.00	0.00	0.00	66.67	55.56
2009	数量	0	0	0	0	3	3
	比例（%）	0.00	0.00	0.00	0.00	11.54	11.54
	指数	n.a.	0.00	0.00	0.00	100.00	55.56
2010	数量	0	0	1	0	1	2
	比例（%）	0.00	0.00	4.00	0.00	4.00	8.00
	指数	n.a.	0.00	125.00	0.00	33.33	37.04
2011	数量	0	0	1	3	2	6
	比例（%）	0.00	0.00	1.43	4.29	2.86	8.57
	指数	n.a.	0.00	125.00	250.00	66.67	111.11
2012	数量	0	0	0	0	4	4
	比例（%）	0.00	0.00	0.00	0.00	8.51	8.51
	指数	n.a.	0.00	0.00	0.00	133.33	74.07
2013	数量	0	0	2	1	2	5
	比例（%）	0.00	0.00	4.44	2.22	4.44	11.11
	指数	n.a.	0.00	250.00	83.33	66.67	92.59
2014	数量	0	0	0	1	5	6
	比例（%）	0.00	0.00	0.00	1.72	8.62	10.34
	指数	n.a.	0.00	0.00	83.33	166.67	111.11
2015	数量	0	2	1	1	2	6
	比例（%）	0.00	2.94	1.47	1.47	2.94	8.82
	指数	n.a.	500.00	125.00	83.33	66.67	111.11
2016	数量	0	5	2	1	5	13
	比例（%）	0.00	4.00	1.60	0.80	4.00	10.40
	指数	n.a.	1250.00	250.00	83.33	166.67	240.74

续表

年份		中低技术					
		船舶制造和修理	橡胶和塑料制品	焦炭、精炼石油产品及核燃料	其他非金属矿物制品	基本金属和金属制品	合计
2017	数量	0	3	2	3	4	12
	比例（%）	0.00	2.29	1.53	2.29	3.05	9.16
	指数	n.a.	750.00	250.00	250.00	133.33	222.22
合计	数量	0	11	10	10	37	68
	比例（%）	0.00	1.66	1.51	1.51	5.59	10.27
2011—2015 年均值		0.00	0.40	0.80	1.20	3.00	5.40

年份		低技术					
		其他制造业和再生产品	木材、纸浆、纸张、纸制品、印刷及出版	食品、饮料和烟草	纺织、纺织品、皮革及制鞋	合计	总计
2005	数量	0	0	0	0	0	6
	比例（%）	0.00	0.00	0.00	0.00	0.00	100.00
	指数	0.00	0.00	0.00	0.00	0.00	10.42
2006	数量	1	0	0	0	1	5
	比例（%）	20.00	0.00	0.00	0.00	20.00	100.00
	指数	166.67	0.00	0.00	0.00	20.83	8.68
2007	数量	1	0	2	1	4	20
	比例（%）	5.00	0.00	10.00	5.00	20.00	100.00
	指数	166.67	0.00	83.33	100.00	83.33	34.72
2008	数量	0	0	0	5	5	36
	比例（%）	0.00	0.00	0.00	13.89	13.89	100.00
	指数	0.00	0.00	0.00	500.00	104.17	62.50
2009	数量	0	3	1	0	4	26
	比例（%）	0.00	11.54	3.85	0.00	15.38	100.00
	指数	0.00	375.00	41.67	0.00	83.33	45.14

年份		低技术					总计
		其他制造业和再生产品	木材、纸浆、纸张、纸制品、印刷及出版	食品、饮料和烟草	纺织、纺织品、皮革及制鞋	合计	
2010	数量	0	0	0	0	0	25
	比例（%）	0.00	0.00	0.00	0.00	0.00	100.00
	指数	0.00	0.00	0.00	0.00	0.00	43.40
2011	数量	0	0	2	1	3	70
	比例（%）	0.00	0.00	2.86	1.43	4.29	100.00
	指数	0.00	0.00	83.33	100.00	62.50	121.53
2012	数量	1	2	4	0	7	47
	比例（%）	2.13	4.26	8.51	0.00	14.89	100.00
	指数	166.67	250.00	166.67	0.00	145.83	81.60
2013	数量	1	0	0	0	1	45
	比例（%）	2.22	0.00	0.00	0.00	2.22	100.00
	指数	166.67	0.00	0.00	0.00	20.83	78.13
2014	数量	0	1	4	3	8	58
	比例（%）	0.00	1.72	6.90	5.17	13.79	100.00
	指数	0.00	125.00	166.67	300.00	166.67	100.69
2015	数量	1	1	2	1	5	68
	比例（%）	1.47	1.47	2.94	1.47	7.35	100.00
	指数	166.67	125.00	83.33	100.00	104.17	118.06
2016	数量	2	1	5	5	13	125
	比例（%）	1.60	0.80	4.00	4.00	10.40	100.00
	指数	333.33	125.00	208.33	500.00	270.83	217.01
2017	数量	0	1	5	6	12	131
	比例（%）	0.00	0.76	3.82	4.58	9.16	100.00
	指数	0.00	125.00	208.33	600.00	250.00	227.43
合计	数量	7	9	25	22	63	662
	比例（%）	1.06	1.36	3.78	3.32	9.52	100.00
2011—2015 年均值		0.60	0.80	2.40	1.00	4.80	57.60

在整个非制造业中，我国民营样本企业进行海外直接投资主要集中于服务业的各部门，特别是批发和零售业，金融业，文化、体育和娱乐业，房地产业，科学研究和技术服务业以及信息传输、软件和信息技术服务业，其中民营样本企业对于金融业，信息传输、软件和信息技术服务业以及文化、体育和娱乐业的海外直接投资项目数量均于 2015 年前后实现快速增长。

表 3-4-4　中国民营样本企业海外直接投资行业别项目数量指数——非制造业

（单位：件）

年份		服务业							
		批发和零售业	交通运输、仓储和邮政业	住宿和餐饮业	信息传输、软件和信息技术服务业	金融业	房地产业	租赁和商务服务业	科学研究和技术服务业
2005	数量	1	0	0	0	0	0	0	0
	比例（%）	100.00	0.00	0.00	0.00	0.00	0.00	0.00	0.00
	指数	12.20	0.00	0.00	0.00	0.00	0.00	0.00	0.00
2006	数量	0	0	0	1	0	0	0	1
	比例（%）	0.00	0.00	0.00	33.33	0.00	0.00	0.00	33.33
	指数	0.00	0.00	0.00	55.56	0.00	0.00	0.00	29.41
2007	数量	0	0	3	0	1	1	0	0
	比例（%）	0.00	0.00	60.00	0.00	20.00	20.00	0.00	0.00
	指数	0.00	0.00	214.29	0.00	31.25	26.32	0.00	0.00
2008	数量	1	2	0	0	1	0	0	0
	比例（%）	14.29	28.57	0.00	0.00	14.29	0.00	0.00	0.00
	指数	12.20	142.86	0.00	0.00	31.25	0.00	0.00	0.00
2009	数量	4	0	3	0	0	0	0	1
	比例（%）	36.36	0.00	27.27	0.00	0.00	0.00	0.00	9.09
	指数	48.78	0.00	214.29	0.00	0.00	0.00	0.00	29.41
2010	数量	1	4	0	1	0	1	0	2
	比例（%）	10.00	40.00	0.00	10.00	0.00	10.00	0.00	20.00
	指数	12.20	285.71	0.00	55.56	0.00	26.32	0.00	58.82

年份		服务业							
		批发和零售业	交通运输、仓储和邮政业	住宿和餐饮业	信息传输、软件和信息技术服务业	金融业	房地产业	租赁和商务服务业	科学研究和技术服务业
2011	数量	11	3	2	0	4	0	2	3
	比例（%）	37.93	10.34	6.90	0.00	13.79	0.00	6.90	10.34
	指数	134.15	214.29	142.86	0.00	125.00	0.00	333.33	88.24
2012	数量	5	0	1	0	1	3	1	3
	比例（%）	21.74	0.00	4.35	0.00	4.35	13.04	4.35	13.04
	指数	60.98	0.00	71.43	0.00	31.25	78.95	166.67	88.24
2013	数量	8	1	0	0	3	1	0	6
	比例（%）	28.57	3.57	0.00	0.00	10.71	3.57	0.00	21.43
	指数	97.56	71.43	0.00	0.00	93.75	26.32	0.00	176.47
2014	数量	5	0	2	3	2	10	0	3
	比例（%）	15.63	0.00	6.25	9.38	6.25	31.25	0.00	9.38
	指数	60.98	0.00	142.86	166.67	62.50	263.16	0.00	88.24
2015	数量	12	3	2	6	6	5	0	2
	比例（%）	23.53	5.88	3.92	11.76	11.76	9.80	0.00	3.92
	指数	146.34	214.29	142.86	333.33	187.50	131.58	0.00	58.82
2016	数量	13	1	2	8	12	15	3	2
	比例（%）	13.68	1.05	2.11	8.42	12.63	15.79	3.16	2.11
	指数	158.54	71.43	142.86	444.44	375.00	394.74	500.00	58.82
2017	数量	17	5	1	9	20	4	0	7
	比例（%）	18.68	5.49	1.10	9.89	21.98	4.40	0.00	7.69
	指数	207.32	357.14	71.43	500.00	625.00	105.26	0.00	205.88
合计	数量	78	19	16	28	50	40	6	30
	比例（%）	20.21	4.92	4.15	7.25	12.95	10.36	1.55	7.77
2011—2015年均值		8.20	1.40	1.40	1.80	3.20	3.80	0.60	3.40

续表

年份		服务业							
		水利、环境和公共设施管理业	居民服务、修理和其他服务业	教育	卫生和社会工作	文化、体育和娱乐业	公共管理、社会保障和社会组织	国际组织	合计
2005	数量	0	0	0	0	0	0	0	1
	比例（%）	0.00	0.00	0.00	0.00	0.00	0.00	0.00	100.00
	指数	n. a.	0.00	n. a.	n. a.	0.00	n. a.	n. a.	3.47
2006	数量	0	0	0	0	0	0	0	2
	比例（%）	0.00	0.00	0.00	0.00	0.00	0.00	0.00	66.67
	指数	n. a.	0.00	n. a.	n. a.	0.00	n. a.	n. a.	6.94
2007	数量	0	0	0	0	0	0	0	5
	比例（%）	0.00	0.00	0.00	0.00	0.00	0.00	0.00	100.00
	指数	n. a.	0.00	n. a.	n. a.	0.00	n. a.	n. a.	17.36
2008	数量	0	0	0	0	0	0	0	4
	比例（%）	0.00	0.00	0.00	0.00	0.00	0.00	0.00	57.14
	指数	n. a.	0.00	n. a.	n. a.	0.00	n. a.	n. a.	13.89
2009	数量	0	0	0	0	1	0	0	9
	比例（%）	0.00	0.00	0.00	0.00	9.09	0.00	0.00	81.82
	指数	n. a.	0.00	n. a.	n. a.	31.25	n. a.	n. a.	31.25
2010	数量	0	1	0	0	0	0	0	10
	比例（%）	0.00	10.00	0.00	0.00	0.00	0.00	0.00	100.00
	指数	n. a.	55.56	n. a.	n. a.	0.00	n. a.	n. a.	34.72
2011	数量	0	0	0	0	0	0	0	25
	比例（%）	0.00	0.00	0.00	0.00	0.00	0.00	0.00	86.21
	指数	n. a.	0.00	n. a.	n. a.	0.00	n. a.	n. a.	86.81
2012	数量	0	2	0	0	1	0	0	17
	比例（%）	0.00	8.70	0.00	0.00	4.35	0.00	0.00	73.91
	指数	n. a.	111.11	n. a.	n. a.	31.25	n. a.	n. a.	59.03

续表

年份		服务业							
		水利、环境和公共设施管理业	居民服务、修理和其他服务业	教育	卫生和社会工作	文化、体育和娱乐业	公共管理、社会保障和社会组织	国际组织	合计
2013	数量	0	3	0	0	3	0	0	25
	比例（%）	0.00	10.71	0.00	0.00	10.71	0.00	0.00	89.29
	指数	n.a.	166.67	n.a.	n.a.	93.75	n.a.	n.a.	86.81
2014	数量	0	3	0	0	3	0	0	31
	比例（%）	0.00	9.38	0.00	0.00	9.38	0.00	0.00	96.88
	指数	n.a.	166.67	n.a.	n.a.	93.75	n.a.	n.a.	107.64
2015	数量	0	1	0	0	9	0	0	46
	比例（%）	0.00	1.96	0.00	0.00	17.65	0.00	0.00	90.20
	指数	n.a.	55.56	n.a.	n.a.	281.25	n.a.	n.a.	159.72
2016	数量	0	5	0	1	17	0	0	79
	比例（%）	0.00	5.26	0.00	1.05	17.89	0.00	0.00	83.16
	指数	n.a.	277.78	n.a.	531.25	531.25	n.a.	n.a.	274.31
2017	数量	0	3	0	2	10	0	0	78
	比例（%）	0.00	3.30	0.00	2.20	10.99	0.00	0.00	85.71
	指数	n.a.	166.67	n.a.	312.50	312.50	n.a.	n.a.	270.83
合计	数量	0	18	0	3	44	0	0	332
	比例（%）	0.00	4.66	0.00	0.78	11.40	0.00	0.00	86.01
2011—2015年均值		0.00	1.80	0.00	0.00	3.20	0.00	0.00	28.80

年份		采矿业							
		煤炭开采和洗选业	石油和天然气开采业	黑色金属矿采选业	有色金属矿采选业	非金属矿采选业	开采专业及辅助性活动	其他采矿业	合计
2005	数量	0	0	0	0	0	0	0	0
	比例（%）	0.00	0.00	0.00	0.00	0.00	0.00	0.00	0.00
	指数	0.00	0.00	0.00	n.a.	n.a.	n.a.	n.a.	0.00

续表

年份		采矿业							
		煤炭开采和洗选业	石油和天然气开采业	黑色金属矿采选业	有色金属矿采选业	非金属矿采选业	开采专业及辅助性活动	其他采矿业	合计
2006	数量	0	0	0	0	0	1	0	1
	比例（%）	0.00	0.00	0.00	0.00	0.00	33.33	0.00	33.33
	指数	0.00	0.00	0.00	n. a.	n. a.	n. a.	n. a.	100.00
2007	数量	0	0	0	0	0	0	0	0
	比例（%）	0.00	0.00	0.00	0.00	0.00	0.00	0.00	0.00
	指数	0.00	0.00	0.00	n. a.	n. a.	n. a.	n. a.	0.00
2008	数量	0	0	0	0	0	0	0	0
	比例（%）	0.00	0.00	0.00	0.00	0.00	0.00	0.00	0.00
	指数	0.00	0.00	0.00	n. a.	n. a.	n. a.	n. a.	0.00
2009	数量	0	0	1	0	0	0	0	1
	比例（%）	0.00	0.00	9.09	0.00	0.00	0.00	0.00	9.09
	指数	0.00	0.00	500.00	n. a.	n. a.	n. a.	n. a.	100.00
2010	数量	0	0	0	0	0	0	0	0
	比例（%）	0.00	0.00	0.00	0.00	0.00	0.00	0.00	0.00
	指数	0.00	0.00	0.00	n. a.	n. a.	n. a.	n. a.	0.00
2011	数量	1	0	0	0	0	0	0	1
	比例（%）	3.45	0.00	0.00	0.00	0.00	0.00	0.00	3.45
	指数	250.00	0.00	0.00	n. a.	n. a.	n. a.	n. a.	100.00
2012	数量	0	0	1	0	0	0	0	1
	比例（%）	0.00	0.00	4.35	0.00	0.00	0.00	0.00	4.35
	指数	0.00	0.00	500.00	n. a.	n. a.	n. a.	n. a.	100.00
2013	数量	1	0	0	0	0	0	0	1
	比例（%）	3.57	0.00	0.00	0.00	0.00	0.00	0.00	3.57
	指数	250.00	0.00	0.00	n. a.	n. a.	n. a.	n. a.	100.00
2014	数量	0	0	0	0	0	0	0	0
	比例（%）	0.00	0.00	0.00	0.00	0.00	0.00	0.00	0.00
	指数	0.00	0.00	0.00	n. a.	n. a.	n. a.	n. a.	0.00

年份		采矿业							
		煤炭开采和洗选业	石油和天然气开采业	黑色金属矿采选业	有色金属矿采选业	非金属矿采选业	开采专业及辅助性活动	其他采矿业	合计
2015	数量	0	2	0	0	0	0	0	2
	比例（%）	0.00	3.92	0.00	0.00	0.00	0.00	0.00	3.92
	指数	0.00	500.00	0.00	n. a.	n. a.	n. a.	n. a.	200.00
2016	数量	0	3	0	0	0	0	0	3
	比例（%）	0.00	3.16	0.00	0.00	0.00	0.00	0.00	3.16
	指数	0.00	750.00	0.00	n. a.	n. a.	n. a.	n. a.	300.00
2017	数量	0	6	1	0	0	0	0	7
	比例（%）	0.00	6.59	1.10	0.00	0.00	0.00	0.00	7.69
	指数	0.00	1500.00	500.00	n. a.	n. a.	n. a.	n. a.	700.00
合计	数量	2	11	3	0	0	1	0	17
	比例（%）	0.52	2.85	0.78	0.00	0.00	0.26	0.00	4.40
2011—2015年均值		0.40	0.40	0.20	0.00	0.00	0.00	0.00	1.00

年份		电力、热力、燃气及水生产和供应业			
		电力、热力生产和供应业	燃气生产和供应业	水生产和供应业	合计
2005	数量	0	0	0	0
	比例（%）	0.00	0.00	0.00	0.00
	指数	0.00	n. a.	n. a.	0.00
2006	数量	0	0	0	0
	比例（%）	0.00	0.00	0.00	0.00
	指数	0.00	n. a.	n. a.	0.00
2007	数量	0	0	0	0
	比例（%）	0.00	0.00	0.00	0.00
	指数	0.00	n. a.	n. a.	0.00

续表

年份		电力、热力、燃气及水生产和供应业			
		电力、热力生产和供应业	燃气生产和供应业	水生产和供应业	合计
2008	数量	3	0	0	3
	比例（%）	42.86	0.00	0.00	42.86
	指数	136.36	n.a.	n.a.	136.36
2009	数量	1	0	0	1
	比例（%）	9.09	0.00	0.00	9.09
	指数	45.45	n.a.	n.a.	45.45
2010	数量	0	0	0	0
	比例（%）	0.00	0.00	0.00	0.00
	指数	0.00	n.a.	n.a.	0.00
2011	数量	3	0	0	3
	比例（%）	10.34	0.00	0.00	10.34
	指数	136.36	n.a.	n.a.	136.36
2012	数量	4	0	0	4
	比例（%）	17.39	0.00	0.00	17.39
	指数	181.82	n.a.	n.a.	181.82
2013	数量	2	0	0	2
	比例（%）	7.14	0.00	0.00	7.14
	指数	90.91	n.a.	n.a.	90.91
2014	数量	0	0	0	0
	比例（%）	0.00	0.00	0.00	0.00
	指数	0.00	n.a.	n.a.	0.00
2015	数量	2	0	0	2
	比例（%）	3.92	0.00	0.00	3.92
	指数	90.91	n.a.	n.a.	90.91
2016	数量	11	0	0	11
	比例（%）	11.58	0.00	0.00	11.58
	指数	500.00	n.a.	n.a.	500.00

年份		电力、热力、燃气及水生产和供应业			
		电力、热力生产和供应业	燃气生产和供应业	水生产和供应业	合计
2017	数量	5	0	0	5
	比例（%）	5.49	0.00	0.00	5.49
	指数	227.27	n.a.	n.a.	227.27
合计	数量	31	0	0	31
	比例（%）	8.03	0.00	0.00	8.03
2011—2015年均值		2.20	0.00	0.00	2.20

年份		建筑业					总计
		房屋建筑业	土木工程建筑业	建筑安装业	建筑装饰、装修和其他建筑业	合计	
2005	数量	0	0	0	0	0	1
	比例（%）	0.00	0.00	0.00	0.00	0.00	100.00
	指数	0.00	n.a.	n.a.	0.00	0.00	3.07
2006	数量	0	0	0	0	0	3
	比例（%）	0.00	0.00	0.00	0.00	0.00	100.00
	指数	0.00	n.a.	n.a.	0.00	0.00	9.20
2007	数量	0	0	0	0	0	5
	比例（%）	0.00	0.00	0.00	0.00	0.00	100.00
	指数	0.00	n.a.	n.a.	0.00	0.00	15.34
2008	数量	0	0	0	0	0	7
	比例（%）	0.00	0.00	0.00	0.00	0.00	100.00
	指数	0.00	n.a.	n.a.	0.00	0.00	21.47
2009	数量	0	0	0	0	0	11
	比例（%）	0.00	0.00	0.00	0.00	0.00	100.00
	指数	0.00	n.a.	n.a.	0.00	0.00	33.74
2010	数量	0	0	0	0	0	10
	比例（%）	0.00	0.00	0.00	0.00	0.00	100.00
	指数	0.00	n.a.	n.a.	0.00	0.00	30.67

续表

年份		建筑业					总计
		房屋建筑业	土木工程建筑业	建筑安装业	建筑装饰、装修和其他建筑业	合计	
2011	数量	0	0	0	0	0	29
	比例（%）	0.00	0.00	0.00	0.00	0.00	100.00
	指数	0.00	n.a.	n.a.	0.00	0.00	88.96
2012	数量	0	0	0	1	1	23
	比例（%）	0.00	0.00	0.00	4.35	4.35	100.00
	指数	0.00	n.a.	n.a.	500.00	166.67	70.55
2013	数量	0	0	0	0	0	28
	比例（%）	0.00	0.00	0.00	0.00	0.00	100.00
	指数	0.00	n.a.	n.a.	0.00	0.00	85.89
2014	数量	1	0	0	0	1	32
	比例（%）	3.13	0.00	0.00	0.00	3.13	100.00
	指数	250.00	n.a.	n.a.	0.00	166.67	98.16
2015	数量	1	0	0	0	1	51
	比例（%）	1.96	0.00	0.00	0.00	1.96	100.00
	指数	250.00	n.a.	n.a.	0.00	166.67	156.44
2016	数量	1	0	0	1	2	95
	比例（%）	1.05	0.00	0.00	1.05	2.11	100.00
	指数	250.00	n.a.	n.a.	500.00	333.33	291.41
2017	数量	1	0	0	0	1	91
	比例（%）	1.10	0.00	0.00	0.00	1.10	100.00
	指数	250.00	n.a.	n.a.	0.00	166.67	279.14
合计	数量	4	0	0	2	6	386
	比例（%）	1.04	0.00	0.00	0.52	1.55	100.00
2011—2015 年均值		0.40	0.00	0.00	0.20	0.60	32.60

2. 民营企业海外直接投资金额在各细分标的行业的分布

我国民营样本企业对于中高技术制造业中的汽车、挂车和半挂车部门的海外直接投资金额规模在整个制造业所接受的投资金额规模中占比最大，为52.16%，共计达到512.2亿美元。2017年，我国民营样本企业对于该部门投资金额规模达到398.9亿美元，实现投资金额规模变化趋势的陡增。

表3-4-5 中国民营样本企业海外直接投资行业别金额指数——制造业

（单位：百万美元）

年份		高技术					合计
		航空航天	医药制造	办公、会计和计算机设备	广播、电视和通信设备	医疗器械、精密仪器和光学仪器、钟表	
2005	金额	0.00	0.00	0.00	0.00	26.42	26.42
	比例（%）	0.00	0.00	0.00	0.00	23.28	23.28
	指数	n. a.	0.00	0.00	0.00	660.50	2.58
2006	金额	0.00	0.00	0.00	7.00	0.00	7.00
	比例（%）	0.00	0.00	0.00	3.92	0.00	3.92
	指数	n. a.	0.00	0.00	0.97	0.00	0.68
2007	金额	0.00	0.00	8.10	0.00	0.00	8.10
	比例（%）	0.00	0.00	0.37	0.00	0.00	0.37
	指数	n. a.	0.00	3.28	0.00	0.00	0.79
2008	金额	0.00	0.00	166.91	29.80	0.00	196.71
	比例（%）	0.00	0.00	6.12	1.09	0.00	7.21
	指数	n. a.	0.00	67.62	4.13	0.00	19.23
2009	金额	0.00	0.00	85.80	0.00	0.00	85.80
	比例（%）	0.00	0.00	5.42	0.00	0.00	5.42
	指数	n. a.	0.00	34.76	0.00	0.00	8.39
2010	金额	0.00	22.80	133.26	0.00	12.91	168.97
	比例（%）	0.00	0.71	4.14	0.00	0.40	5.25
	指数	n. a.	45.09	53.99	0.00	322.75	16.52
2011	金额	0.00	44.90	160.30	764.80	0.00	970.00
	比例（%）	0.00	0.50	1.78	8.49	0.00	10.76
	指数	n. a.	88.79	64.94	106.00	0.00	94.83

续表

年份		高技术					
		航空航天	医药制造	办公、会计和计算机设备	广播、电视和通信设备	医疗器械、精密仪器和光学仪器、钟表	合计
2012	金额	0.00	0.00	4.60	133.60	0.00	138.20
	比例（%）	0.00	0.00	0.15	4.40	0.00	4.56
	指数	n. a.	0.00	1.86	18.52	0.00	13.51
2013	金额	0.00	135.44	0.00	240.00	0.00	375.44
	比例（%）	0.00	12.72	0.00	22.54	0.00	35.27
	指数	n. a.	267.84	0.00	33.26	0.00	36.70
2014	金额	0.00	0.00	140.42	1992.00	0.00	2132.42
	比例（%）	0.00	0.00	1.71	24.32	0.00	26.03
	指数	n. a.	0.00	56.89	276.09	0.00	208.46
2015	金额	0.00	72.50	928.87	477.18	20.00	1498.55
	比例（%）	0.00	1.48	18.92	9.72	0.41	30.52
	指数	n. a.	143.37	376.31	66.14	500.00	146.50
2016	金额	0.00	28.75	178.22	1836.01	24.85	2067.83
	比例（%）	0.00	0.31	1.93	19.91	0.27	22.42
	指数	n. a.	56.85	72.20	254.47	621.25	202.15
2017	金额	28.70	1182.28	620.23	2738.21	0.00	4569.42
	比例（%）	0.05	2.24	1.18	5.19	0.00	8.66
	指数	n. a.	2338.00	251.27	379.51	0.00	446.70
合计	金额	28.70	1486.67	2426.72	8218.60	84.18	12244.87
	比例（%）	0.03	1.51	2.47	8.37	0.09	12.47
2011—2015 年均值		0.00	50.57	246.84	721.52	4.00	1022.92

续表

年份		中高技术					
		其他电气机械和设备	汽车、挂车和半挂车	化学品及化学制品(不含制药)	其他铁道设备和运输设备	其他机械设备	合计
2005	金额	0.00	43.40	39.86	0.00	0.00	83.26
	比例（%）	0.00	38.24	35.13	0.00	0.00	73.37
	指数	0.00	4.82	10.74	0.00	0.00	4.61
2006	金额	0.00	35.00	0.00	0.00	130.00	165.00
	比例（%）	0.00	19.59	0.00	0.00	72.75	92.33
	指数	0.00	3.89	0.00	0.00	35.69	9.14
2007	金额	0.00	462.99	0.00	0.00	76.80	539.79
	比例（%）	0.00	21.23	0.00	0.00	3.52	24.76
	指数	0.00	51.44	0.00	0.00	21.08	29.91
2008	金额	0.00	794.98	0.00	0.00	500.16	1295.14
	比例（%）	0.00	29.15	0.00	0.00	18.34	47.49
	指数	0.00	88.32	0.00	0.00	137.31	71.76
2009	金额	0.00	1313.78	0.00	0.00	0.00	1313.78
	比例（%）	0.00	83.04	0.00	0.00	0.00	83.04
	指数	0.00	145.96	0.00	0.00	0.00	72.79
2010	金额	0.00	2554.50	0.00	11.30	481.15	3046.95
	比例（%）	0.00	79.40	0.00	0.35	14.96	94.71
	指数	0.00	283.80	0.00	49.63	132.09	168.83
2011	金额	40.70	1540.90	0.00	110.00	902.72	2594.32
	比例（%）	0.45	17.10	0.00	1.22	10.02	28.79
	指数	27.80	171.19	0.00	483.13	247.82	143.75
2012	金额	0.40	708.00	0.00	0.00	656.42	1364.82
	比例（%）	0.01	23.34	0.00	0.00	21.64	44.99
	指数	0.27	78.66	0.00	0.00	180.20	75.62

年份		中高技术					
		其他电气机械和设备	汽车、挂车和半挂车	化学品及化学制品（不含制药）	其他铁道设备和运输设备	其他机械设备	合计
2013	金额	203.29	243.65	0.00	0.00	0.19	447.13
	比例（%）	19.10	22.89	0.00	0.00	0.02	42.00
	指数	138.86	27.07	0.00	0.00	0.05	24.77
2014	金额	176.48	863.37	1850.00	0.00	239.20	3129.05
	比例（%）	2.15	10.54	22.58	0.00	2.92	38.19
	指数	120.55	95.92	498.33	0.00	65.67	173.37
2015	金额	311.11	1144.67	6.20	3.84	22.80	1488.62
	比例（%）	6.34	23.31	0.13	0.08	0.46	30.31
	指数	212.51	127.17	1.67	16.87	6.26	82.48
2016	金额	335.06	1623.15	0.00	0.00	93.10	2051.31
	比例（%）	3.63	17.60	0.00	0.00	1.01	22.25
	指数	228.87	180.33	0.00	0.00	25.56	113.66
2017	金额	238.88	39892.99	0.00	3309.98	176.27	43618.12
	比例（%）	0.45	75.61	0.00	6.27	0.33	82.67
	指数	163.17	4431.98	0.00	14537.86	48.39	2416.80
合计	金额	1305.92	51221.37	1896.06	3435.12	3278.81	61137.28
	比例（%）	1.33	52.16	1.93	3.50	3.34	62.26
2011—2015 年均值		146.40	900.12	371.24	22.77	364.27	1804.79

年份		中低技术					
		船舶制造和修理	橡胶和塑料制品	焦炭、精炼石油产品及核燃料	其他非金属矿物制品	基本金属和金属制品	合计
2005	金额	0.00	0.00	0.00	0.00	3.80	3.80
	比例（%）	0.00	0.00	0.00	0.00	3.35	3.35
	指数	n.a.	0.00	0.00	0.00	0.37	0.19

续表

年份		船舶制造和修理	橡胶和塑料制品	焦炭、精炼石油产品及核燃料	其他非金属矿物制品	基本金属和金属制品	合计
		中低技术					
2006	金额	0.00	0.00	0.00	0.00	0.00	0.00
	比例（%）	0.00	0.00	0.00	0.00	0.00	0.00
	指数	n. a.	0.00	0.00	0.00	0.00	0.00
2007	金额	0.00	0.00	0.00	0.00	1495.40	1495.40
	比例（%）	0.00	0.00	0.00	0.00	68.59	68.59
	指数	n. a.	0.00	0.00	0.00	145.52	74.87
2008	金额	0.00	19.81	0.00	0.00	1047.18	1066.99
	比例（%）	0.00	0.73	0.00	0.00	38.40	39.12
	指数	n. a.	553.35	0.00	0.00	101.90	53.42
2009	金额	0.00	0.00	0.00	0.00	2.70	2.70
	比例（%）	0.00	0.00	0.00	0.00	0.17	0.17
	指数	n. a.	0.00	0.00	0.00	0.26	0.14
2010	金额	0.00	0.00	0.00	0.00	1.30	1.30
	比例（%）	0.00	0.00	0.00	0.00	0.04	0.04
	指数	n. a.	0.00	0.00	0.00	0.13	0.07
2011	金额	0.00	0.00	4300.00	253.60	808.21	5361.81
	比例（%）	0.00	0.00	47.72	2.81	8.97	59.50
	指数	n. a.	0.00	493.09	269.27	78.65	268.43
2012	金额	0.00	0.00	0.00	0.00	1362.00	1362.00
	比例（%）	0.00	0.00	0.00	0.00	44.90	44.90
	指数	n. a.	0.00	0.00	0.00	132.54	68.19
2013	金额	0.00	0.00	0.00	200.00	0.00	200.00
	比例（%）	0.00	0.00	0.00	18.79	0.00	18.79
	指数	n. a.	0.00	0.00	212.36	0.00	10.01

续表

年份		中低技术					
		船舶制造和修理	橡胶和塑料制品	焦炭、精炼石油产品及核燃料	其他非金属矿物制品	基本金属和金属制品	合计
2014	金额	0.00	0.00	0.00	15.30	1227.30	1242.60
	比例（%）	0.00	0.00	0.00	0.19	14.98	15.17
	指数	n.a.	0.00	0.00	16.25	119.43	62.21
2015	金额	0.00	17.90	60.22	2.00	1740.65	1820.77
	比例（%）	0.00	0.36	1.23	0.04	35.45	37.08
	指数	n.a.	500.00	6.91	2.12	169.38	91.16
2016	金额	0.00	117.51	13.00	254.20	287.58	672.29
	比例（%）	0.00	1.27	0.14	2.76	3.12	7.29
	指数	n.a.	3282.40	1.49	269.91	27.98	33.66
2017	金额	0.00	884.50	14.70	214.50	504.15	1617.85
	比例（%）	0.00	1.68	0.03	0.41	0.96	3.07
	指数	n.a.	24706.70	1.69	227.76	49.06	81.00
合计	金额	0.00	1039.72	4387.92	939.60	8480.27	14847.51
	比例（%）	0.00	1.06	4.47	0.96	8.64	15.12
2011—2015 年均值		0.00	3.58	872.04	94.18	1027.63	1997.44

年份		低技术					总计
		其他制造业和再生产品	木材、纸浆、纸张、纸制品、印刷及出版	食品、饮料和烟草	纺织、纺织品、皮革及制鞋	合计	
2005	金额	0.00	0.00	0.00	0.00	0.00	113.48
	比例（%）	0.00	0.00	0.00	0.00	0.00	100.00
	指数	0.00	0.00	0.00	0.00	0.00	2.16
2006	金额	6.70	0.00	0.00	0.00	6.70	178.70
	比例（%）	3.75	0.00	0.00	0.00	3.75	100.00
	指数	22.39	0.00	0.00	0.00	1.61	3.41

续表

年份		低技术					总计
		其他制造业和再生产品	木材、纸浆、纸张、纸制品、印刷及出版	食品、饮料和烟草	纺织、纺织品、皮革及制鞋	合计	
2007	金额	6.07	0.00	10.00	121.00	137.07	2180.36
	比例（%）	0.28	0.00	0.46	5.55	6.29	100.00
	指数	20.28	0.00	2.99	336.30	32.84	41.59
2008	金额	0.00	0.00	0.00	168.30	168.30	2727.14
	比例（%）	0.00	0.00	0.00	6.17	6.17	100.00
	指数	0.00	0.00	0.00	467.76	40.32	52.02
2009	金额	0.00	121.90	58.00	0.00	179.90	1582.18
	比例（%）	0.00	7.70	3.67	0.00	11.37	100.00
	指数	0.00	702.84	17.36	0.00	43.10	30.18
2010	金额	0.00	0.00	0.00	0.00	0.00	3217.22
	比例（%）	0.00	0.00	0.00	0.00	0.00	100.00
	指数	0.00	0.00	0.00	0.00	0.00	61.37
2011	金额	0.00	0.00	45.70	39.90	85.60	9011.73
	比例（%）	0.00	0.00	0.51	0.44	0.95	100.00
	指数	0.00	0.00	13.68	110.89	20.51	171.90
2012	金额	5.00	48.36	115.03	0.00	168.39	3033.41
	比例（%）	0.16	1.59	3.79	0.00	5.55	100.00
	指数	16.71	278.83	34.43	0.00	40.34	57.86
2013	金额	41.97	0.00	0.00	0.00	41.97	1064.54
	比例（%）	3.94	0.00	0.00	0.00	3.94	100.00
	指数	140.25	0.00	0.00	0.00	10.06	20.31
2014	金额	0.00	38.36	1510.00	140.00	1688.36	8192.43
	比例（%）	0.00	0.47	18.43	1.71	20.61	100.00
	指数	0.00	221.17	451.90	389.11	404.50	156.27
2015	金额	102.66	0.00	0.00	0.00	102.66	4910.60
	比例（%）	2.09	0.00	0.00	0.00	2.09	100.00
	指数	343.05	0.00	0.00	0.00	24.60	93.67

续表

年份		低技术					总计
		其他制造业和再生产品	木材、纸浆、纸张、纸制品、印刷及出版	食品、饮料和烟草	纺织、纺织品、皮革及制鞋	合计	
2016	金额	200.00	0.00	3681.47	548.46	4429.93	9221.36
	比例（%）	2.17	0.00	39.92	5.95	48.04	100.00
	指数	668.32	0.00	1101.75	1524.35	1061.33	175.89
2017	金额	0.00	400.00	817.71	1736.90	2954.61	52760.00
	比例（%）	0.00	0.76	1.55	3.29	5.60	100.00
	指数	0.00	2306.27	244.72	4827.40	707.87	1006.38
合计	金额	362.40	608.62	6237.91	2754.56	9963.49	98193.14
	比例（%）	0.37	0.62	6.35	2.81	10.15	100.00
2011—2015 年均值		29.93	17.34	334.15	35.98	417.40	5242.54

　　在非制造业各细分部门，我国民营样本企业的海外直接投资金额规模主要集中于服务业的房地产业，文化、体育和娱乐业以及金融业，其中房地产业以总金额规模为 508.9 亿美元占据了整个非制造业部门接受投资金额规模的 30.06%。另外，除了对于服务业的大规模海外直接投资以外，我国民营样本企业在近年来还倾向于对石油和天然气开采业的投资，特别是 2017 年我国民营样本企业对该行业部门投资的总金额规模实现高速增长，达到 141.5 亿美元。

表 3-4-6　中国民营样本企业海外直接投资行业别金额指数——非制造业

（单位：百万美元）

年份		服务业							
		批发和零售业	交通运输、仓储和邮政业	住宿和餐饮业	信息传输、软件和信息技术服务业	金融业	房地产业	租赁和商务服务业	科学研究和技术服务业
2005	金额	10.30	0.00	0.00	0.00	0.00	0.00	0.00	0.00
	比例（%）	100.00	0.00	0.00	0.00	0.00	0.00	0.00	0.00
	指数	0.89	0.00	0.00	0.00	0.00	0.00	0.00	0.00

年份		服务业							
		批发和零售业	交通运输、仓储和邮政业	住宿和餐饮业	信息传输、软件和信息技术服务业	金融业	房地产业	租赁和商务服务业	科学研究和技术服务业
2006	金额	0.00	0.00	0.00	15.00	0.00	0.00	0.00	46.00
	比例（%）	0.00	0.00	0.00	24.59	0.00	0.00	0.00	75.41
	指数	0.00	0.00	0.00	2.68	0.00	0.00	0.00	51.64
2007	金额	0.00	0.00	0.00	0.00	0.00	49.80	0.00	0.00
	比例（%）	0.00	0.00	0.00	0.00	0.00	100.00	0.00	0.00
	指数	0.00	0.00	0.00	0.00	0.00	1.91	0.00	0.00
2008	金额	1.50	0.00	0.00	0.00	8.96	0.00	0.00	0.00
	比例（%）	0.36	0.00	0.00	0.00	2.17	0.00	0.00	0.00
	指数	0.13	0.00	0.00	0.00	0.43	0.00	0.00	0.00
2009	金额	165.45	0.00	0.00	0.00	0.00	0.00	0.00	46.00
	比例（%）	46.96	0.00	0.00	0.00	0.00	0.00	0.00	13.06
	指数	14.25	0.00	0.00	0.00	0.00	0.00	0.00	51.64
2010	金额	21.00	428.84	0.00	3.26	0.00	92.40	0.00	0.00
	比例（%）	3.59	73.32	0.00	0.56	0.00	15.80	0.00	0.00
	指数	1.81	2487.47	0.00	0.58	0.00	3.54	0.00	0.00
2011	金额	205.14	0.00	876.94	0.00	232.92	0.00	3602.33	21.99
	比例（%）	3.96	0.00	16.92	0.00	4.49	0.00	69.52	0.42
	指数	17.66	0.00	110.97	0.00	11.06	0.00	500.00	24.69
2012	金额	563.68	0.00	0.00	0.00	1011.49	891.30	0.00	90.50
	比例（%）	9.67	0.00	0.00	0.00	17.34	15.28	0.00	1.55
	指数	48.53	0.00	0.00	0.00	48.03	34.15	0.00	101.60
2013	金额	586.23	0.70	0.00	0.00	67.75	429.26	0.00	5.00
	比例（%）	20.43	0.02	0.00	0.00	2.36	14.96	0.00	0.17
	指数	50.48	4.06	0.00	0.00	3.22	16.44	0.00	5.61

续表

年份		服务业							
		批发和零售业	交通运输、仓储和邮政业	住宿和餐饮业	信息传输、软件和信息技术服务业	金融业	房地产业	租赁和商务服务业	科学研究和技术服务业
2014	金额	1517.67	0.00	1541.63	837.83	7340.99	9848.30	0.00	300.00
	比例（%）	4.78	0.00	4.86	2.64	23.14	31.04	0.00	0.95
	指数	130.67	0.00	195.08	149.96	348.58	377.29	0.00	336.78
2015	金额	2934.36	85.50	1532.63	1955.68	1876.84	1882.55	0.00	27.90
	比例（%）	11.47	0.33	5.99	7.64	7.34	7.36	0.00	0.11
	指数	252.65	495.94	193.94	350.04	89.12	72.12	0.00	31.32
2016	金额	1984.62	0.00	905.12	1296.91	2586.26	36978.89	630.60	66.10
	比例（%）	3.45	0.00	1.57	2.25	4.49	64.27	1.10	0.11
	指数	170.88	0.00	114.54	232.13	122.80	1416.66	87.53	74.20
2017	金额	2283.20	597.44	6500.00	1095.69	7220.12	722.04	0.00	91.20
	比例（%）	5.84	1.53	16.62	2.80	18.46	1.85	0.00	0.23
	指数	196.59	3465.43	822.53	196.11	342.84	27.66	0.00	102.38
合计	金额	10273.15	1112.48	11356.32	5204.37	20345.33	50894.54	4232.93	694.69
	比例（%）	6.07	0.66	6.71	3.07	12.02	30.06	2.50	0.41
2011—2015 年均值		1161.42	17.24	790.24	558.70	2106.00	2610.28	720.47	89.08

年份		服务业							
		水利、环境和公共设施管理业	居民服务、修理和其他服务业	教育	卫生和社会工作	文化、体育和娱乐业	公共管理、社会保障和社会组织	国际组织	合计
2005	金额	0.00	0.00	0.00	0.00	0.00	0.00	0.00	10.30
	比例（%）	0.00	0.00	0.00	0.00	0.00	0.00	0.00	100.00
	指数	n.a.	0.00	n.a.	n.a.	0.00	n.a.	n.a.	0.09
2006	金额	0.00	0.00	0.00	0.00	0.00	0.00	0.00	61.00
	比例（%）	0.00	0.00	0.00	0.00	0.00	0.00	0.00	100.00
	指数	n.a.	0.00	n.a.	n.a.	0.00	n.a.	n.a.	0.54

年份		服务业							
		水利、环境和公共设施管理业	居民服务、修理和其他服务业	教育	卫生和社会工作	文化、体育和娱乐业	公共管理、社会保障和社会组织	国际组织	合计
2007	金额	0.00	0.00	0.00	0.00	0.00	0.00	0.00	49.80
	比例（%）	0.00	0.00	0.00	0.00	0.00	0.00	0.00	100.00
	指数	n.a.	0.00	n.a.	n.a.	0.00	n.a.	n.a.	0.44
2008	金额	0.00	0.00	0.00	0.00	0.00	0.00	0.00	10.46
	比例（%）	0.00	0.00	0.00	0.00	0.00	0.00	0.00	2.53
	指数	n.a.	0.00	n.a.	n.a.	0.00	n.a.	n.a.	0.09
2009	金额	0.00	0.00	0.00	0.00	0.80	0.00	0.00	212.25
	比例（%）	0.00	0.00	0.00	0.00	0.23	0.00	0.00	60.24
	指数	n.a.	0.00	n.a.	n.a.	0.03	n.a.	n.a.	1.88
2010	金额	0.00	39.35	0.00	0.00	0.00	0.00	0.00	584.85
	比例（%）	0.00	6.73	0.00	0.00	0.00	0.00	0.00	100.00
	指数	n.a.	59.16	n.a.	n.a.	0.00	n.a.	n.a.	5.18
2011	金额	0.00	0.00	0.00	0.00	0.00	0.00	0.00	4939.32
	比例（%）	0.00	0.00	0.00	0.00	0.00	0.00	0.00	95.32
	指数	n.a.	0.00	n.a.	n.a.	0.00	n.a.	n.a.	43.75
2012	金额	0.00	68.36	0.00	0.00	2600.00	0.00	0.00	5225.33
	比例（%）	0.00	1.17	0.00	0.00	44.58	0.00	0.00	89.59
	指数	n.a.	102.78	n.a.	n.a.	82.03	n.a.	n.a.	46.29
2013	金额	0.00	95.42	0.00	0.00	1684.46	0.00	0.00	2868.82
	比例（%）	0.00	3.33	0.00	0.00	58.72	0.00	0.00	100.00
	指数	n.a.	143.46	n.a.	n.a.	53.15	n.a.	n.a.	25.41
2014	金额	0.00	73.36	0.00	0.00	900.00	0.00	0.00	22359.78
	比例（%）	0.00	0.23	0.00	0.00	2.84	0.00	0.00	70.47
	指数	n.a.	110.30	n.a.	n.a.	28.40	n.a.	n.a.	198.06

续表

年份		服务业							
		水利、环境和公共设施管理业	居民服务、修理和其他服务业	教育	卫生和社会工作	文化、体育和娱乐业	公共管理、社会保障和社会组织	国际组织	合计
2015	金额	0.00	95.42	0.00	0.00	10662.60	0.00	0.00	21053.48
	比例（%）	0.00	0.37	0.00	0.00	41.67	0.00	0.00	82.29
	指数	n.a.	143.46	n.a.	n.a.	336.42	n.a.	n.a.	186.49
2016	金额	0.00	485.83	0.00	43.35	9715.64	0.00	0.00	54693.32
	比例（%）	0.00	0.84	0.00	0.08	16.89	0.00	0.00	95.06
	指数	n.a.	730.44	n.a.	n.a.	306.54	n.a.	n.a.	484.47
2017	金额	0.00	60.37	0.00	342.31	3987.27	0.00	0.00	22899.64
	比例（%）	0.00	0.15	0.00	0.88	10.19	0.00	0.00	58.54
	指数	n.a.	90.77	n.a.	n.a.	125.80	n.a.	n.a.	202.84
合计	金额	0.00	918.11	0.00	385.66	29550.77	0.00	0.00	134968.35
	比例（%）	0.00	0.54	0.00	0.23	17.45	0.00	0.00	79.71
2011—2015 年均值		0.00	66.51	0.00	0.00	3169.41	0.00	0.00	11289.35

年份		采矿业							
		煤炭开采和洗选业	石油和天然气开采业	黑色金属矿采选业	有色金属矿采选业	非金属矿采选业	开采专业及辅助性活动	其他采矿业	合计
2005	金额	0.00	0.00	0.00	0.00	0.00	0.00	0.00	0.00
	比例（%）	0.00	0.00	0.00	0.00	0.00	0.00	0.00	0.00
	指数	n.a.	0.00	0.00	n.a.	n.a.	n.a.	n.a.	0.00
2006	金额	0.00	0.00	0.00	0.00	0.00	0.00	0.00	0.00
	比例（%）	0.00	0.00	0.00	0.00	0.00	0.00	0.00	0.00
	指数	n.a.	0.00	0.00	n.a.	n.a.	n.a.	n.a.	0.00
2007	金额	0.00	0.00	0.00	0.00	0.00	0.00	0.00	0.00
	比例（%）	0.00	0.00	0.00	0.00	0.00	0.00	0.00	0.00
	指数	n.a.	0.00	0.00	n.a.	n.a.	n.a.	n.a.	0.00

续表

年份		采矿业							
		煤炭开采和洗选业	石油和天然气开采业	黑色金属矿采选业	有色金属矿采选业	非金属矿采选业	开采专业及辅助性活动	其他采矿业	合计
2008	金额	0.00	0.00	0.00	0.00	0.00	0.00	0.00	0.00
	比例（%）	0.00	0.00	0.00	0.00	0.00	0.00	0.00	0.00
	指数	n. a.	0.00	0.00	n. a.	n. a.	n. a.	n. a.	0.00
2009	金额	0.00	0.00	138.60	0.00	0.00	0.00	0.00	138.60
	比例（%）	0.00	0.00	39.34	0.00	0.00	0.00	0.00	39.34
	指数	n. a.	0.00	154.43	n. a.	n. a.	n. a.	n. a.	52.86
2010	金额	0.00	0.00	0.00	0.00	0.00	0.00	0.00	0.00
	比例（%）	0.00	0.00	0.00	0.00	0.00	0.00	0.00	0.00
	指数	n. a.	0.00	0.00	n. a.	n. a.	n. a.	n. a.	0.00
2011	金额	0.00	0.00	0.00	0.00	0.00	0.00	0.00	0.00
	比例（%）	0.00	0.00	0.00	0.00	0.00	0.00	0.00	0.00
	指数	n. a.	0.00	0.00	n. a.	n. a.	n. a.	n. a.	0.00
2012	金额	0.00	0.00	448.74	0.00	0.00	0.00	0.00	448.74
	比例（%）	0.00	0.00	7.69	0.00	0.00	0.00	0.00	7.69
	指数	n. a.	0.00	500.00	n. a.	n. a.	n. a.	n. a.	171.15
2013	金额	0.00	0.00	0.00	0.00	0.00	0.00	0.00	0.00
	比例（%）	0.00	0.00	0.00	0.00	0.00	0.00	0.00	0.00
	指数	n. a.	0.00	0.00	n. a.	n. a.	n. a.	n. a.	0.00
2014	金额	0.00	0.00	0.00	0.00	0.00	0.00	0.00	0.00
	比例（%）	0.00	0.00	0.00	0.00	0.00	0.00	0.00	0.00
	指数	n. a.	0.00	0.00	n. a.	n. a.	n. a.	n. a.	0.00
2015	金额	0.00	862.19	0.00	0.00	0.00	0.00	0.00	862.19
	比例（%）	0.00	3.37	0.00	0.00	0.00	0.00	0.00	3.37
	指数	n. a.	500.00	0.00	n. a.	n. a.	n. a.	n. a.	328.85
2016	金额	0.00	1059.87	0.00	0.00	0.00	0.00	0.00	1059.87
	比例（%）	0.00	1.84	0.00	0.00	0.00	0.00	0.00	1.84
	指数	n. a.	614.64	0.00	n. a.	n. a.	n. a.	n. a.	404.24

年份		采矿业							
		煤炭开采和洗选业	石油和天然气开采业	黑色金属矿采选业	有色金属矿采选业	非金属矿采选业	开采专业及辅助性活动	其他采矿业	合计
2017	金额	0.00	14154.85	33.18	0.00	0.00	0.00	0.00	14188.03
	比例（%）	0.00	36.18	0.08	0.00	0.00	0.00	0.00	36.27
	指数	n.a.	8208.66	36.97	n.a.	n.a.	n.a.	n.a.	5411.44
合计	金额	0.00	16076.91	620.52	0.00	0.00	0.00	0.00	16697.43
	比例（%）	0.00	9.49	0.37	0.00	0.00	0.00	0.00	9.86
2011—2015 年均值		0.00	172.44	89.75	0.00	0.00	0.00	0.00	262.19

年份		电力、热力、燃气及水生产和供应业			
		电力、热力生产和供应业	燃气生产和供应业	水生产和供应业	合计
2005	金额	0.00	0.00	0.00	0.00
	比例（%）	0.00	0.00	0.00	0.00
	指数	0.00	n.a.	n.a.	0.00
2006	金额	0.00	0.00	0.00	0.00
	比例（%）	0.00	0.00	0.00	0.00
	指数	0.00	n.a.	n.a.	0.00
2007	金额	0.00	0.00	0.00	0.00
	比例（%）	0.00	0.00	0.00	0.00
	指数	0.00	n.a.	n.a.	0.00
2008	金额	402.50	0.00	0.00	402.50
	比例（%）	97.47	0.00	0.00	97.47
	指数	54.45	n.a.	n.a.	54.45
2009	金额	1.47	0.00	0.00	1.47
	比例（%）	0.42	0.00	0.00	0.42
	指数	0.20	n.a.	n.a.	0.20
2010	金额	0.00	0.00	0.00	0.00
	比例（%）	0.00	0.00	0.00	0.00
	指数	0.00	n.a.	n.a.	0.00

续表

年份		电力、热力、燃气及水生产和供应业			
		电力、热力生产和供应业	燃气生产和供应业	水生产和供应业	合计
2011	金额	242.67	0.00	0.00	242.67
	比例（%）	4.68	0.00	0.00	4.68
	指数	32.83	n.a.	n.a.	32.83
2012	金额	83.10	0.00	0.00	83.10
	比例（%）	1.42	0.00	0.00	1.42
	指数	11.24	n.a.	n.a.	11.24
2013	金额	0.00	0.00	0.00	0.00
	比例（%）	0.00	0.00	0.00	0.00
	指数	0.00	n.a.	n.a.	0.00
2014	金额	0.00	0.00	0.00	0.00
	比例（%）	0.00	0.00	0.00	0.00
	指数	0.00	n.a.	n.a.	0.00
2015	金额	3370.00	0.00	0.00	3370.00
	比例（%）	13.17	0.00	0.00	13.17
	指数	455.93	n.a.	n.a.	455.93
2016	金额	1369.27	0.00	0.00	1369.27
	比例（%）	2.38	0.00	0.00	2.38
	指数	185.25	n.a.	n.a.	185.25
2017	金额	2021.30	0.00	0.00	2021.30
	比例（%）	5.17	0.00	0.00	5.17
	指数	273.46	n.a.	n.a.	273.46
合计	金额	7490.31	0.00	0.00	7490.31
	比例（%）	4.42	0.00	0.00	4.42
2011—2015 年均值		739.15	0.00	0.00	739.15

续表

年份		建筑业					总计
		房屋建筑业	土木工程建筑业	建筑安装业	建筑装饰、装修和其他建筑业	合计	
2005	金额	0.00	0.00	0.00	0.00	0.00	10.30
	比例（%）	0.00	0.00	0.00	0.00	0.00	100.00
	指数	0.00	n.a.	n.a.	0.00	0.00	0.07
2006	金额	0.00	0.00	0.00	0.00	0.00	61.00
	比例（%）	0.00	0.00	0.00	0.00	0.00	100.00
	指数	0.00	n.a.	n.a.	0.00	0.00	0.43
2007	金额	0.00	0.00	0.00	0.00	0.00	49.80
	比例（%）	0.00	0.00	0.00	0.00	0.00	100.00
	指数	0.00	n.a.	n.a.	0.00	0.00	0.35
2008	金额	0.00	0.00	0.00	0.00	0.00	412.96
	比例（%）	0.00	0.00	0.00	0.00	0.00	100.00
	指数	0.00	n.a.	n.a.	0.00	0.00	2.90
2009	金额	0.00	0.00	0.00	0.00	0.00	352.32
	比例（%）	0.00	0.00	0.00	0.00	0.00	100.00
	指数	0.00	n.a.	n.a.	0.00	0.00	2.47
2010	金额	0.00	0.00	0.00	0.00	0.00	584.85
	比例（%）	0.00	0.00	0.00	0.00	0.00	100.00
	指数	0.00	n.a.	n.a.	0.00	0.00	4.11
2011	金额	0.00	0.00	0.00	0.00	0.00	5181.99
	比例（%）	0.00	0.00	0.00	0.00	0.00	100.00
	指数	0.00	n.a.	n.a.	0.00	0.00	36.39
2012	金额	0.00	0.00	0.00	75.00	75.00	5832.17
	比例（%）	0.00	0.00	0.00	1.29	1.29	100.00
	指数	0.00	n.a.	n.a.	500.00	3.85	40.96
2013	金额	0.00	0.00	0.00	0.00	0.00	2868.82
	比例（%）	0.00	0.00	0.00	0.00	0.00	100.00
	指数	0.00	n.a.	n.a.	0.00	0.00	20.15

年份		建筑业					总计
		房屋建筑业	土木工程建筑业	建筑安装业	建筑装饰、装修和其他建筑业	合计	
2014	金额	9367.58	0.00	0.00	0.00	9367.58	31727.36
	比例（%）	29.53	0.00	0.00	0.00	29.53	100.00
	指数	484.48	n. a.	n. a.	0.00	480.75	222.82
2015	金额	300.00	0.00	0.00	0.00	300.00	25585.67
	比例（%）	1.17	0.00	0.00	0.00	1.17	100.00
	指数	15.52	n. a.	n. a.	0.00	15.40	179.68
2016	金额	142.70	0.00	0.00	273.24	415.94	57538.40
	比例（%）	0.25	0.00	0.00	0.47	0.72	100.00
	指数	7.38	n. a.	n. a.	1821.60	21.35	404.08
2017	金额	9.30	0.00	0.00	0.00	9.30	39118.27
	比例（%）	0.02	0.00	0.00	0.00	0.02	100.00
	指数	0.48	n. a.	n. a.	0.00	0.48	274.72
合计	金额	9819.58	0.00	0.00	348.24	10167.82	169323.91
	比例（%）	5.80	0.00	0.00	0.21	6.00	100.00
2011—2015年均值		1933.52	0.00	0.00	15.00	1948.52	14239.20

第五节　民营企业"一带一路"投资指数

　　本节对民营样本企业在"一带一路"沿线国家海外直接投资项目数量与金额变化情况进行分析。在将"一带一路"沿线国家划分为东北亚、东南亚、南亚、西亚北非、中东欧和中亚6个地区的基础上，本节从总体投资、并购投资、绿地投资三个方面对这6个地区所接受的我国民营样本企业海外直接投资情况进行统计描述。

一、"一带一路"沿线国家的区域划分标准

本节中所列举的"一带一路"沿线国家来自"中国一带一路网"官方网站①,依据网站基础数据的划分标准将区域分布主要按照国家地理位置、经济体制以及其发展状况进行划分,"一带一路"沿线共 64 个国家,2018 年版报告对外直接投资共涉及 41 个国家,具体情况见表 3-5-1。

表 3-5-1　中国民营样本企业海外直接投资所涉及的"一带一路"沿线国家区域划分

所属区域	"一带一路"沿线所涉及国家	本报告所涉及国家	本报告国家个数
东北亚	蒙古国、俄罗斯	蒙古国、俄罗斯	2
东南亚	新加坡、印度尼西亚、马来西亚、泰国、越南、菲律宾、柬埔寨、缅甸、老挝、文莱、东帝汶	新加坡、印度尼西亚、马来西亚、泰国、越南、菲律宾、柬埔寨、老挝、文莱	9
南亚	印度、巴基斯坦、斯里兰卡、孟加拉国、尼泊尔、马尔代夫、不丹	印度、巴基斯坦、斯里兰卡、孟加拉国、尼泊尔、马尔代夫	6
西亚北非	阿拉伯联合酋长国、科威特、土耳其、卡塔尔、阿曼、黎巴嫩、沙特阿拉伯、巴林、以色列、也门、埃及、伊朗伊斯兰共和国、约旦、阿拉伯叙利亚共和国、伊拉克、阿富汗、巴勒斯坦、阿塞拜疆、格鲁吉亚、亚美尼亚	阿拉伯联合酋长国、科威特、土耳其、沙特阿拉伯、巴林、以色列、埃及、伊朗伊斯兰共和国、伊拉克、阿塞拜疆、格鲁吉亚	11
中东欧	波兰、阿尔巴尼亚、爱沙尼亚、立陶宛、斯洛文尼亚、保加利亚、捷克共和国、匈牙利、马其顿共和国、塞尔维亚、罗马尼亚、斯洛伐克、克罗地亚、拉脱维亚、波斯尼亚和黑塞哥维那、黑山共和国、乌克兰、白俄罗斯、摩尔多瓦	波兰、立陶宛、保加利亚、捷克共和国、匈牙利、塞尔维亚、罗马尼亚、斯洛伐克、克罗地亚、乌克兰、白俄罗斯	11

---

① 来自网站:https://www.yidaiyilu.gov.cn/,最后查询日期 2018 年 9 月 30 日。

所属区域	"一带一路"沿线所涉及国家	本报告所涉及国家	本报告国家个数
中亚	哈萨克斯坦、吉尔吉斯斯坦、土库曼斯坦、塔吉克斯坦、乌兹别克斯坦	哈萨克斯坦、乌兹别克斯坦	2

资料来源："一带一路"沿线所涉及国家根据"中国一带一路网"官方网站 https://www.yidaiyilu.gov.cn/整理。

二、民营企业海外直接投资项目数量和金额在"一带一路"沿线国家的总体分布

民营样本企业海外直接投资数据显示，我国民营企业对于"一带一路"沿线国家的投资在海外投资中的比重呈现不断上升的趋势，其中2016年我国民营样本企业对"一带一路"沿线国家的投资项目数量在海外直接投资总数量中的占比较2005年增长338.09%，而投资金额占比则增长了1848.89%，可见"一带一路"倡议的提出有效地带动了我国民营企业对于"一带一路"沿线国家的投资规模，更大程度上促进了我国与"一带一路"沿线国家的友好往来。

通过对"一带一路"沿线国家投资项目数量、金额及指数的相关数据可以看出，绿地项目数量指数与金额指数的变化趋势大体一致，2012年和2015年两项指数均出现相反走势，呈现出项目数量指数增加、金额指数下降的特点，这主要与对俄罗斯的投资金额减少有关；2016年"一带一路"绿地指数陡然上升，2017年又明显回落，且金额指数跌落幅度高于数量指数。并购投资项目数量指数和金额指数的变化也表现出较高的一致性，根据并购指数的图表走势，2017年两项指数变化不同于2016年以前项目数量指数增幅高于金额指数的情况，2017年并购金额指数急剧上升，增幅远超过项目数量指数，这主要得益于对东北亚地区投资额的增加。综上所述，2005年至2017年民营企业"一带一路"对外投资综合指数表现出波动上升的态势，其中2013年略微下降，2016年急剧上升，2017年有所回落，但总体

上看我国民营样本企业对于"一带一路"沿线国家的投资呈现向好趋势。

表 3-5-2　2005—2017 年民营样本企业"一带一路"投资项目数量、金额及指数汇总表
（单位：件、亿美元）

年份	绿地投资				并购投资			
	项目数量	项目数量指数	金额	金额指数	项目数量	项目数量指数	金额	金额指数
2005	2	0.00	0.5	0.00	1	0.00	0.4	0.00
2006	3	18.52	1	3.32	0	0.00	0.0	0.00
2007	9	55.56	20	54.13	1	14.71	0.0	0.00
2008	9	55.56	1	3.73	1	14.71	0.2	3.18
2009	11	67.90	11	31.75	2	29.41	0.0	0.00
2010	6	37.04	9	24.04	3	44.12	0.0	0.00
2011	14	86.42	54	149.69	8	117.65	0.1	2.18
2012	17	104.94	19	53.35	2	29.41	0.1	1.29
2013	10	61.73	0.2	0.55	4	58.82	0.0	0.62
2014	13	80.25	56	154.39	4	58.82	0.0	0.52
2015	27	166.67	51	142.02	16	235.29	31	495.39
2016	56	345.68	339	937.29	22	323.53	37	594.56
2017	31	191.36	29	79.00	34	500.00	196	3153.68
2011—2015 年均值	16.20	100.00	36.14	100.00	6.80	100.00	6.23	100.00

年份	对外直接投资					
	项目数量	项目数量同比增长（％）	项目数量指数	金额	金额同比增长（％）	金额指数
2005	3		0.00	0.9		0.00
2006	3	0.00	13.04	1	33.54	2.83
2007	10	233.33	43.48	20	1530.24	46.17
2008	10	0.00	43.48	2	-92.09	3.65
2009	13	30.00	56.52	11	641.50	27.09
2010	9	-30.77	39.13	9	-24.28	20.51
2011	22	144.44	95.65	54	524.15	128.02
2012	19	-13.64	82.61	19	-64.30	45.70
2013	14	-26.32	60.87	0.2	-98.77	0.56

续表

年份	对外直接投资					
	项目数量	项目数量同比增长（%）	项目数量指数	金额	金额同比增长（%）	金额指数
2014	17	21.43	73.91	56	23290.16	131.78
2015	43	152.94	186.96	82	47.18	193.94
2016	78	81.40	339.13	376	357.32	886.93
2017	65	−16.67	282.61	225	−40.16	530.78
2011—2015年均值	23		100	42.37		100

注：此处合计中并购、绿地投资金额均按照保留四位小数加总计算；2006、2007、2009、2010年并购投资金额显示为0，主要源于 BvD-Zephyr 并购数据库存在缺失；2013、2014年并购投资金额显示为0，源于这两年交易金额在保留一位小数以后小于五百万美元。

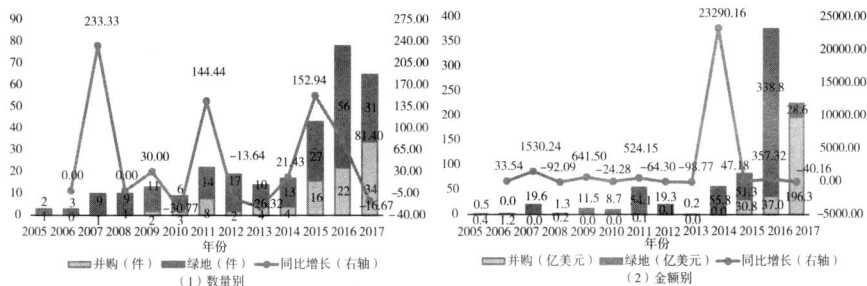

图 3-5-1　2005—2017 年民营样本企业"一带一路"
海外直接投资项目数量和金额增长变化图

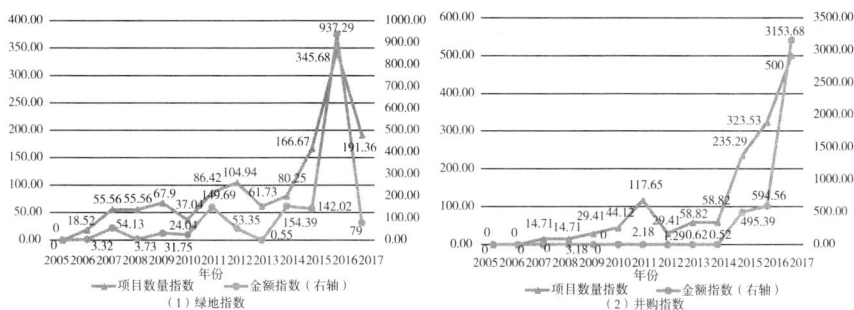

图 3-5-2　2005—2017 年民营样本企业"一带一路"
海外直接投资项目数量和金额指数变化图

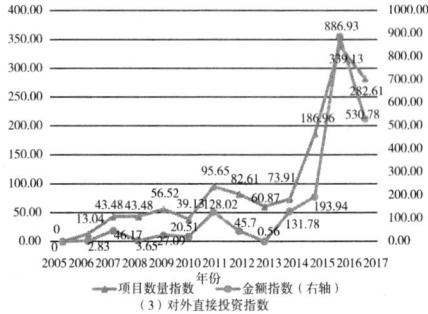

图 3-5-2　民营样本企业"一带一路"海外直接投资项目数量和金额指数变化图（续图）

三、民营企业海外直接投资项目数量和金额在"一带一路"沿线国家的区域分布

从我国民营样本企业对"一带一路"沿线国家投资项目数量变动的情况来看，对这些国家的投资项目数量分别在 2007 年、2011 年和 2015 年有较大幅度的增长，其中从整体上看绿地投资数量增加的推动作用较并购投资来说更强，但在 2017 年对"一带一路"沿线国家的并购投资数量持续增长，超过投资数量下降的绿地投资。投资金额的变化与数量的变化基本保持一致，并且在 2014 年投资金额增长超过数量变化，这一明显的金额增加主要体现在对东南亚地区的投资加强上。我国民营样本企业对"一带一路"沿线国家绿地与并购投资在金额方面比重悬殊更加明显，自 2015 年并购总额才突破 1 亿美元的限制，并保持较高的增长，而绿地投资在 2016 年增长出现峰值，以对西亚北非的投资金额增长最为突出。2017 年对于"一带一路"沿线国家投资金额规模的大幅滑落主要发生在东南亚、南亚、西亚北非以及中东欧这些区域。

表3-5-3　中国民营样本企业海外直接投资"一带一路"标的区域的项目数量指数

（单位：件）

年份		东北亚	东南亚	南亚	西亚北非	中东欧	中亚	合计
2005	数量	0	2	1	0	0	0	3
	比例（%）	0.00	66.67	33.33	0.00	0.00	0.00	100.00
	指数	0.00	28.57	31.25	0.00	0.00	0.00	13.04
2006	数量	0	1	1	0	1	0	3
	比例（%）	0.00	33.33	33.33	0.00	33.33	0.00	100.00
	指数	0.00	14.29	31.25	0.00	15.63	0.00	13.04
2007	数量	2	7	0	1	0	0	10
	比例（%）	20.00	70.00	0.00	10.00	0.00	0.00	100.00
	指数	83.33	100.00	0.00	33.33	0.00	0.00	43.48
2008	数量	1	5	4	0	0	0	10
	比例（%）	10.00	50.00	40.00	0.00	0.00	0.00	100.00
	指数	41.67	71.43	125.00	0.00	0.00	0.00	43.48
2009	数量	0	9	0	3	1	0	13
	比例（%）	0.00	69.23	0.00	23.08	7.69	0.00	100.00
	指数	0.00	128.57	0.00	100.00	15.63	0.00	56.52
2010	数量	2	2	1	2	2	0	9
	比例（%）	22.22	22.22	11.11	22.22	22.22	0.00	100.00
	指数	83.33	28.57	31.25	66.67	31.25	0.00	39.13
2011	数量	3	7	2	4	6	0	22
	比例（%）	13.64	31.82	9.09	18.18	27.27	0.00	100.00
	指数	125.00	100.00	62.50	133.33	93.75	0.00	95.65
2012	数量	2	5	3	3	5	1	19
	比例（%）	10.53	26.32	15.79	15.79	26.32	5.26	100.00
	指数	83.33	71.43	93.75	100.00	78.13	100.00	82.61
2013	数量	1	3	2	3	5	0	14
	比例（%）	7.14	21.43	14.29	21.43	35.71	0.00	100.00
	指数	41.67	42.86	62.50	100.00	78.13	0.00	60.87

续表

年份		东北亚	东南亚	南亚	西亚北非	中东欧	中亚	合计
2014	数量	2	8	2	1	4	0	17
	比例（%）	11.76	47.06	11.76	5.88	23.53	0.00	100.00
	指数	83.33	114.29	62.50	33.33	62.50	0.00	73.91
2015	数量	4	12	7	4	12	4	43
	比例（%）	9.30	27.91	16.28	9.30	27.91	9.30	100.00
	指数	166.67	171.43	218.75	133.33	187.50	400.00	186.96
2016	数量	4	26	20	13	11	4	78
	比例（%）	5.13	33.33	25.64	16.67	14.10	5.13	100.00
	指数	166.67	371.43	625.00	433.33	171.88	400.00	339.13
2017	数量	6	20	13	13	11	2	65
	比例（%）	9.23	30.77	20.00	20.00	16.92	3.08	100.00
	指数	250.00	285.71	406.25	433.33	171.88	200.00	282.61
合计	数量	27	107	56	47	58	11	306
	比例（%）	8.82	34.97	18.30	15.36	18.95	3.59	100.00
2011—2015 年均值		2.40	7.00	3.20	3.00	6.40	1.00	23.00

表 3-5-4　中国民营样本企业海外直接投资"一带一路"标的区域的金额指数

（单位：百万美元）

年份		东北亚	东南亚	南亚	西亚北非	中东欧	中亚	合计
2005	金额	0.00	79.56	10.30	0.00	0.00	0.00	89.86
	比例（%）	0.00	88.54	11.46	0.00	0.00	0.00	100.00
	指数	0.00	3.47	1.10	0.00	0.00	0.00	2.12
2006	金额	0.00	15.00	70.00	0.00	35.00	0.00	120.00
	比例（%）	0.00	12.50	58.33	0.00	29.17	0.00	100.00
	指数	0.00	0.65	7.51	0.00	5.55	0.00	2.83
2007	金额	413.60	1529.20	0.00	13.49	0.00	0.00	1956.29
	比例（%）	21.14	78.17	0.00	0.69	0.00	0.00	100.00
	指数	179.24	66.62	0.00	26.85	0.00	0.00	46.17

续表

年份		东北亚	东南亚	南亚	西亚北非	中东欧	中亚	合计
2008	金额	5.20	68.67	80.91	0.00	0.00	0.00	154.78
	比例（%）	3.36	44.37	52.27	0.00	0.00	0.00	100.00
	指数	2.25	2.99	8.68	0.00	0.00	0.00	3.65
2009	金额	0.00	414.00	0.00	255.70	478.00	0.00	1147.70
	比例（%）	0.00	36.07	0.00	22.28	41.65	0.00	100.00
	指数	0.00	18.04	0.00	508.88	75.74	0.00	27.09
2010	金额	279.90	200.00	70.00	226.70	92.40	0.00	869.00
	比例（%）	32.21	23.01	8.06	26.09	10.63	0.00	100.00
	指数	121.30	8.71	7.51	451.16	14.64	0.00	20.51
2011	金额	406.80	4639.79	149.80	55.10	172.40	0.00	5423.89
	比例（%）	7.50	85.54	2.76	1.02	3.18	0.00	100.00
	指数	176.29	202.13	16.07	109.66	27.32	0.00	128.02
2012	金额	0.00	1003.00	537.80	79.60	310.80	5.00	1936.20
	比例（%）	0.00	51.80	27.78	4.11	16.05	0.26	100.00
	指数	0.00	43.70	57.68	158.41	49.25	5.15	45.70
2013	金额	0.28	3.59	0.00	20.00	0.00	0.00	23.87
	比例（%）	1.17	15.04	0.00	83.79	0.00	0.00	100.00
	指数	0.12	0.16	0.00	39.80	0.00	0.00	0.56
2014	金额	650.00	4830.00	100.00	0.00	3.23	0.00	5583.23
	比例（%）	11.64	86.51	1.79	0.00	0.06	0.00	100.00
	指数	281.69	210.42	10.73	0.00	0.51	0.00	131.78
2015	金额	96.68	1000.65	3874.02	96.54	2669.01	480.22	8217.12
	比例（%）	1.18	12.18	47.15	1.17	32.48	5.84	100.00
	指数	41.90	43.59	415.52	192.13	422.92	494.85	193.94
2016	金额	84.50	6328.86	7998.42	21284.37	1672.59	209.40	37578.14
	比例（%）	0.22	16.84	21.28	56.64	4.45	0.56	100.00
	指数	36.62	275.72	857.90	42358.64	265.03	215.78	886.93
2017	金额	12477.61	2217.06	4975.76	1080.31	1095.62	641.90	22488.26
	比例（%）	55.48	9.86	22.13	4.80	4.87	2.85	100.00
	指数	5407.37	96.59	533.69	2149.96	173.61	661.45	530.78

续表

年份		东北亚	东南亚	南亚	西亚北非	中东欧	中亚	合计
合计	金额	14414.57	22329.38	17867.01	23111.81	6529.05	1336.52	85588.34
	比例（%）	16.84	26.09	20.88	27.00	7.63	1.56	100.00
2011—2015 年均值		230.75	2295.41	932.32	50.25	631.09	97.04	4236.86

表 3-5-5　中国民营样本企业并购投资"一带一路"标的区域的项目数量指数

（单位：件）

年份		东北亚	东南亚	南亚	西亚北非	中东欧	中亚	合计
2005	数量	0	1	0	0	0	0	1
	比例（%）	0.00	100.00	0.00	0.00	0.00	0.00	100.00
	指数	0.00	71.43	0.00	0.00	0.00	0.00	14.71
2006	数量	0	0	0	0	0	0	0
	比例（%）	n.a.	n.a.	n.a.	n.a.	n.a.	n.a.	n.a.
	指数	0.00	0.00	0.00	0.00	0.00	0.00	0.00
2007	数量	0	1	0	0	0	0	1
	比例（%）	0.00	100.00	0.00	0.00	0.00	0.00	100.00
	指数	0.00	71.43	0.00	0.00	0.00	0.00	14.71
2008	数量	0	0	1	0	0	0	1
	比例（%）	0.00	0.00	100.00	0.00	0.00	0.00	100.00
	指数	0.00	0.00	500.00	0.00	0.00	0.00	14.71
2009	数量	0	1	0	1	0	0	2
	比例（%）	0.00	50.00	0.00	50.00	0.00	0.00	100.00
	指数	0.00	71.43	0.00	125.00	0.00	0.00	29.41
2010	数量	0	1	0	1	1	0	3
	比例（%）	0.00	33.33	0.00	33.33	33.33	0.00	100.00
	指数	0.00	71.43	0.00	125.00	29.41	0.00	44.12
2011	数量	1	2	0	3	2	0	8
	比例（%）	12.50	25.00	0.00	37.50	25.00	0.00	100.00
	指数	166.67	142.86	0.00	375.00	58.82	0.00	117.65

续表

年份		东北亚	东南亚	南亚	西亚北非	中东欧	中亚	合计
2012	数量	0	1	0	0	0	1	2
	比例（%）	0.00	50.00	0.00	0.00	0.00	50.00	100.00
	指数	0.00	71.43	0.00	0.00	0.00	250.00	29.41
2013	数量	1	1	0	0	2	0	4
	比例（%）	25.00	25.00	0.00	0.00	50.00	0.00	100.00
	指数	166.67	71.43	0.00	0.00	58.82	0.00	58.82
2014	数量	0	1	1	0	2	0	4
	比例（%）	0.00	25.00	25.00	0.00	50.00	0.00	100.00
	指数	0.00	71.43	500.00	0.00	58.82	0.00	58.82
2015	数量	1	2	0	1	11	1	16
	比例（%）	6.25	12.50	0.00	6.25	68.75	6.25	100.00
	指数	166.67	142.86	0.00	125.00	323.53	250.00	235.29
2016	数量	0	7	2	3	7	3	22
	比例（%）	0.00	31.82	9.09	13.64	31.82	13.64	100.00
	指数	0.00	500.00	1000.00	375.00	205.88	750.00	323.53
2017	数量	3	10	6	8	6	1	34
	比例（%）	8.82	29.41	17.65	23.53	17.65	2.94	100.00
	指数	500.00	714.29	3000.00	1000.00	176.47	250.00	500.00
合计	数量	6	28	10	17	31	6	98
	比例（%）	6.12	28.57	10.20	17.35	31.63	6.12	100.00
2011—2015年均值		0.60	1.40	0.20	0.80	3.40	0.40	6.80

表3-5-6　中国民营样本企业并购投资"一带一路"标的区域的金额指数

（单位：百万美元）

年份		东北亚	东南亚	南亚	西亚北非	中东欧	中亚	合计
2005	金额	0.00	39.86	0.00	0.00	0.00	0.00	39.86
	比例（%）	0.00	100.00	0.00	0.00	0.00	0.00	100.00
	指数	0.00	305.91	n. a.	0.00	0.00	0.00	6.40

年份		东北亚	东南亚	南亚	西亚北非	中东欧	中亚	合计
2006	金额	0.00	0.00	0.00	0.00	0.00	0.00	0.00
	比例（%）	n. a.	n. a.	n. a.	n. a.	n. a.	n. a.	n. a.
	指数	0.00	0.00	n. a.	0.00	0.00	0.00	0.00
2007	金额	0.00	0.00	0.00	0.00	0.00	0.00	0.00
	比例（%）	n. a.	n. a.	n. a.	n. a.	n. a.	n. a.	n. a.
	指数	0.00	0.00	n. a.	0.00	0.00	0.00	0.00
2008	金额	0.00	0.00	19.81	0.00	0.00	0.00	19.81
	比例（%）	0.00	0.00	100.00	0.00	0.00	0.00	100.00
	指数	0.00	0.00	n. a.	0.00	0.00	0.00	3.18
2009	金额	0.00	0.00	0.00	0.00	0.00	0.00	0.00
	比例（%）	n. a.	n. a.	n. a.	n. a.	n. a.	n. a.	n. a.
	指数	0.00	0.00	n. a.	0.00	0.00	0.00	0.00
2010	金额	0.00	0.00	0.00	0.00	0.00	0.00	0.00
	比例（%）	n. a.	n. a.	n. a.	n. a.	n. a.	n. a.	n. a.
	指数	0.00	0.00	n. a.	0.00	0.00	0.00	0.00
2011	金额	0.00	13.59	0.00	0.00	0.00	0.00	13.59
	比例（%）	0.00	100.00	0.00	0.00	0.00	0.00	100.00
	指数	0.00	104.30	n. a.	0.00	0.00	0.00	2.18
2012	金额	0.00	3.00	0.00	0.00	0.00	5.00	8.00
	比例（%）	0.00	37.50	0.00	0.00	0.00	62.50	100.00
	指数	0.00	23.02	n. a.	0.00	0.00	6.67	1.29
2013	金额	0.28	3.59	0.00	0.00	0.00	0.00	3.87
	比例（%）	7.24	92.76	0.00	0.00	0.00	0.00	100.00
	指数	250.00	27.55	n. a.	0.00	0.00	0.00	0.62
2014	金额	0.00	0.00	0.00	0.00	3.23	0.00	3.23
	比例（%）	0.00	0.00	0.00	0.00	100.00	0.00	100.00
	指数	0.00	0.00	n. a.	0.00	0.61	0.00	0.52
2015	金额	0.28	44.97	0.00	3.84	2664.91	370.00	3084.00
	比例（%）	0.01	1.46	0.00	0.12	86.41	12.00	100.00
	指数	250.00	345.13	n. a.	500.00	499.39	493.33	495.39

续表

年份		东北亚	东南亚	南亚	西亚北非	中东欧	中亚	合计
2016	金额	0.00	1189.30	0.20	899.47	1411.82	200.60	3701.39
	比例（%）	0.00	32.13	0.01	24.30	38.14	5.42	100.00
	指数	0.00	9127.40	n. a.	117118.49	264.57	267.47	594.56
2017	金额	12376.38	1776.46	3155.36	918.81	1035.82	370.00	19632.83
	比例（%）	63.04	9.05	16.07	4.68	5.28	1.88	100.00
	指数	110509339.29	13633.61	n. a.	119636.72	194.11	493.33	3153.68
合计	金额	12376.94	3070.77	3175.37	1822.12	5115.78	945.60	26506.58
	比例（%）	46.69	11.58	11.98	6.87	19.30	3.57	100.00
2011—2015 年均值		0.11	13.03	0.00	0.77	533.63	75.00	622.54

表 3-5-7　中国民营样本企业绿地投资"一带一路"标的区域的项目数量指数

（单位：件）

年份		东北亚	东南亚	南亚	西亚北非	中东欧	中亚	合计
2005	数量	0	1	1	0	0	0	2
	比例（%）	0.00	50.00	50.00	0.00	0.00	0.00	100.00
	指数	0.00	17.86	33.33	0.00	0.00	0.00	12.35
2006	数量	0	1	1	0	1	0	3
	比例（%）	0.00	33.33	33.33	0.00	33.33	0.00	100.00
	指数	0.00	17.86	33.33	0.00	33.33	0.00	18.52
2007	数量	2	6	0	1	0	0	9
	比例（%）	22.22	66.67	0.00	11.11	0.00	0.00	100.00
	指数	111.11	107.14	0.00	45.45	0.00	0.00	55.56
2008	数量	1	5	3	0	0	0	9
	比例（%）	11.11	55.56	33.33	0.00	0.00	0.00	100.00
	指数	55.56	89.29	100.00	0.00	0.00	0.00	55.56
2009	数量	0	8	0	2	1	0	11
	比例（%）	0.00	72.73	0.00	18.18	9.09	0.00	100.00
	指数	0.00	142.86	0.00	90.91	33.33	0.00	67.90

年份		东北亚	东南亚	南亚	西亚北非	中东欧	中亚	合计
2010	数量	2	1	1	1	1	0	6
	比例（%）	33.33	16.67	16.67	16.67	16.67	0.00	100.00
	指数	111.11	17.86	33.33	45.45	33.33	0.00	37.04
2011	数量	2	5	2	1	4	0	14
	比例（%）	14.29	35.71	14.29	7.14	28.57	0.00	100.00
	指数	111.11	89.29	66.67	45.45	133.33	0.00	86.42
2012	数量	2	4	3	3	5	0	17
	比例（%）	11.76	23.53	17.65	17.65	29.41	0.00	100.00
	指数	111.11	71.43	100.00	136.36	166.67	0.00	104.94
2013	数量	0	2	2	3	3	0	10
	比例（%）	0.00	20.00	20.00	30.00	30.00	0.00	100.00
	指数	0.00	35.71	66.67	136.36	100.00	0.00	61.73
2014	数量	2	7	1	1	2	0	13
	比例（%）	15.38	53.85	7.69	7.69	15.38	0.00	100.00
	指数	111.11	125.00	33.33	45.45	66.67	0.00	80.25
2015	数量	3	10	7	3	1	3	27
	比例（%）	11.11	37.04	25.93	11.11	3.70	11.11	100.00
	指数	166.67	178.57	233.33	136.36	33.33	500.00	166.67
2016	数量	4	19	18	10	4	1	56
	比例（%）	7.14	33.93	32.14	17.86	7.14	1.79	100.00
	指数	222.22	339.29	600.00	454.55	133.33	166.67	345.68
2017	数量	3	10	7	5	5	1	31
	比例（%）	9.68	32.26	22.58	16.13	16.13	3.23	100.00
	指数	166.67	178.57	233.33	227.27	166.67	166.67	191.36
合计	数量	21	79	46	30	27	5	208
	比例（%）	10.10	37.98	22.12	14.42	12.98	2.40	100.00
2011—2015 年均值		1.80	5.60	3.00	2.20	3.00	0.60	16.20

表 3-5-8　中国民营样本企业绿地投资"一带一路"标的区域的金额指数

（单位：百万美元）

年份		东北亚	东南亚	南亚	西亚北非	中东欧	中亚	合计
2005	金额	0.00	39.70	10.30	0.00	0.00	0.00	50.00
	比例（%）	0.00	79.40	20.60	0.00	0.00	0.00	100.00
	指数	0.00	1.74	1.10	0.00	0.00	0.00	1.38
2006	金额	0.00	15.00	70.00	0.00	35.00	0.00	120.00
	比例（%）	0.00	12.50	58.33	0.00	29.17	0.00	100.00
	指数	0.00	0.66	7.51	0.00	35.91	0.00	3.32
2007	金额	413.60	1529.20	0.00	13.49	0.00	0.00	1956.29
	比例（%）	21.14	78.17	0.00	0.69	0.00	0.00	100.00
	指数	179.33	67.00	0.00	27.26	0.00	0.00	54.13
2008	金额	5.20	68.67	61.10	0.00	0.00	0.00	134.97
	比例（%）	3.85	50.88	45.27	0.00	0.00	0.00	100.00
	指数	2.25	3.01	6.55	0.00	0.00	0.00	3.73
2009	金额	0.00	414.00	0.00	255.70	478.00	0.00	1147.70
	比例（%）	0.00	36.07	0.00	22.28	41.65	0.00	100.00
	指数	0.00	18.14	0.00	516.77	490.46	0.00	31.75
2010	金额	279.90	200.00	70.00	226.70	92.40	0.00	869.00
	比例（%）	32.21	23.01	8.06	26.09	10.63	0.00	100.00
	指数	121.36	8.76	7.51	458.16	94.81	0.00	24.04
2011	金额	406.80	4626.20	149.80	55.10	172.40	0.00	5410.30
	比例（%）	7.52	85.51	2.77	1.02	3.19	0.00	100.00
	指数	176.38	202.69	16.07	111.36	176.89	0.00	149.69
2012	金额	0.00	1000.00	537.80	79.60	310.80	0.00	1928.20
	比例（%）	0.00	51.86	27.89	4.13	16.12	0.00	100.00
	指数	0.00	43.81	57.68	160.87	318.90	0.00	53.35
2013	金额	0.00	0.00	0.00	20.00	0.00	0.00	20.00
	比例（%）	0.00	0.00	0.00	100.00	0.00	0.00	100.00
	指数	0.00	0.00	0.00	40.42	0.00	0.00	0.55

年份		东北亚	东南亚	南亚	西亚北非	中东欧	中亚	合计
2014	金额	650.00	4830.00	100.00	0.00	0.00	0.00	5580.00
	比例（%）	11.65	86.56	1.79	0.00	0.00	0.00	100.00
	指数	281.82	211.62	10.73	0.00	0.00	0.00	154.39
2015	金额	96.40	955.68	3874.02	92.70	4.10	110.22	5133.12
	比例（%）	1.88	18.62	75.47	1.81	0.08	2.15	100.00
	指数	41.80	41.87	415.52	187.35	4.21	500.00	142.02
2016	金额	84.50	5139.56	7998.22	20384.90	260.77	8.80	33876.75
	比例（%）	0.25	15.17	23.61	60.17	0.77	0.03	100.00
	指数	36.64	225.18	857.88	41198.26	267.57	39.92	937.29
2017	金额	101.23	440.60	1820.40	161.50	59.80	271.90	2855.43
	比例（%）	3.55	15.43	63.75	5.66	2.09	9.52	100.00
	指数	43.89	19.30	195.25	326.39	61.36	1233.44	79.00
合计	金额	2037.63	19258.61	14691.64	21289.69	1413.27	390.92	59081.76
	比例（%）	3.45	32.60	24.87	36.03	2.39	0.66	100.00
2011—2015 年均值		230.64	2282.38	932.32	49.48	97.46	22.04	3614.32

本章小结

一、民营企业海外直接投资呈现快速增长

随着经济全球化的发展，国际社会生产要素流动和产业转移速度加快，我国企业海外直接投资近年来实现高速增长，民营企业在其中扮演着越来越重要的角色。根据本章所构建的民营企业 OFDI 综合指数在 2005—2017 年的变化显示，我国民营企业海外直接投资规模在 13 年间呈现快速增长。其中 2011 年、2014 年为两个显著转折点，海外直接投资项目数量规模与金额规模在这两个时期增速明显加快，尤其是 2014—2016 年呈现

飞跃式增长，开启了民营企业"走出去"的黄金时期。

受到 2008 年全球金融危机的影响，民营企业海外直接投资规模在 2011 年前一直处于低迷状态。在全球经济发展速度变缓的背景下，发达国家消费低迷、吸引外资动力不足，同时期我国经历了人口红利的逐渐消失，人力成本增加，我国民营企业海外直接投资活动开始向亚非等地区扩张，例如浙江省劳动力密集的制造业企业，受相对廉价的劳动力资源吸引开始向东南亚国家进行投资，并在跨国并购规模上实现重大突破；对发达国家的投资模式也逐步发生变化，从市场导向型向技术研发型过渡，譬如华为技术有限公司在美欧国家设立了诸多研发机构进行绿地投资。随着技术研发型投资规模的扩大，我国民营企业对外直接投资在经济危机的背景下实现了质和量上的飞跃。

2014 年是我国民营企业"走出去"的新转折点。这一时期全球经济缓慢复苏，欧美国家企业资金短缺、投资疲软等问题为民营企业海外直接投资创造机遇；我国简化对外投资审批环节，引入负面清单式管理——清单内核准、清单外备案①，大幅简政放权，同时将境外直接投资项下外汇管理登记制改为银行直接核办，极大缩短了办理时间，为民营企业海外直接投资提供了诸多便利。在行业发展产能过剩、经济增速低迷、人民币汇率承压、产业转型亟待升级等环境压力下，民营企业"走出去"实现了进一步突破，2014 年以总金额 398 亿美元的规模超过 2013 年的 39 亿美元，约达 2013 年总金额规模的 10 倍，其投资领域更是以制造业为主向金融、酒店和房地产等领域多元化发展，民企更加关注品牌、技术等高附加值领域，同一领域行业抱团发展，集群"走出去"的现象层出不穷，共同推动着民营企业在 2014 年达到投资规模的新高度。

---

① 中华人民共和国商务部：《境外投资管理办法》，2014 年 9 月 6 日，http://www.mofcom.gov.cn/article/b/c/201409/20140900723361.shtml。

二、从投资项目数量、金额两视角看，民营企业海外直接投资金额增长逐渐快于项目数量的增长

随着"十三五"规划对绿色、可持续"走出去"战略的推动，对外投资结构布局进一步优化，为民营企业创造了更多的发展机会，在 2014—2017 年间我国民营样本企业海外直接投资的金额总量保持高速增长趋势，而我国民营样本企业海外直接投资的项目数量在 2014 年、2017 年虽有大规模增长，但增速明显不如金额变化。这一变化与我国民营企业近年来审慎开展投资、集中资源发展优质项目、追求高端的产业价值链相关。例如 2014 年号称"蛇吞象"的两起大规模并购案例中，联想并购 IBM 案例，耗资 23 亿美元；吉利汽车以 15 亿美元成交额并购沃尔沃。我国民营企业在技术引进的同时也通过其品牌效应塑造自有品牌开拓国际市场，带动海外直接投资金额规模不断扩大，逐渐赶超项目数量增长。

而 2017 年在国内去杠杆的宏观背景下，我国企业面临着资金监管和兑汇收紧的压力：央行加大对资本外流的风险管理；商务部加强对境外投资手续审核；银监会对海外并购的明星企业的境外授信进行排查等。同时在境外投资涉及的领域，国家发展和改革委员会、商务部、外交部和央行也达成对房地产、酒店、影城、娱乐业、体育俱乐部等境外投资进行限制的一致意见，以上种种措施使得进行海外投资的民营企业更加理性，民营样本企业海外直接投资项目数量仅比 2016 年增加了 6 件，非理性投资得到遏制；投资金额从 2016 年的 660 亿美元增长到 2017 年的 919 亿美元，并且集中于并购投资金额的增长。根据统计显示，2017 年我国民营企业 846 亿美元的对外直接投资都是以并购方式进行的，而绿地投资涉及较多的限制领域，金额规模急剧下降。

三、从投资来源地看，不同投资来源地的民营企业海外直接投资平均金额规模差距较大

根据各区域民营样本企业进行海外直接投资的项目数量分布情况可看

出，受到区域差异的影响，在 2005—2017 年这 13 年间，民营企业进行海外直接投资的平均投资金额规模相差较大，特别是近年来在环渤海地区和珠三角地区的民营样本企业中体现显著。通过对环渤海地区和珠三角地区投资数量与金额规模进行统计，可发现在 2012—2017 年间，环渤海地区民营样本企业海外直接投资项目数量占总投资数量的 16.71%，但是 6 年的投资金额规模占比高达 51.3%；而珠三角地区正好相反，这 6 年间投资项目数量占总投资数量的 33.8%，投资金额占比仅为 12.42%。

由此可以发现环渤海地区民营样本企业平均海外直接投资金额规模较大，而珠三角地区则相对较少，特别是位于珠三角地区的深圳市，这在一定程度上与企业所属区域发展特征相关。南北方企业在资金活力、资本实力以及分布密集度方面存在一定的差异，环渤海地区拥有深厚的政治、经济以及文化背景，经济资源丰富，在此聚集了诸多资本雄厚的民营企业，对外直接投资规模相对较大；而我国南部沿海城市自改革开放以来经济发展飞速，尤其是民营企业的发展如雨后春笋般在珠三角领域生根发芽，这也是民营样本企业在投资数量上占优势的原因，但是珠三角地区民营企业规模普遍较小，在投资金额规模方面相对于环渤海地区依然较弱，但其整体发展势头强劲。

四、从投资标的国（地区）看，国家和地区发达程度、投资环境是民营企业投资区位选择的重要标准

从各标的国（地区）接受的民营样本企业海外直接投资的数量和金额规模情况来看，美国、德国、英国等发达国家，以及中国香港、开曼群岛等有着相对完善税收、金融体系的国家（地区）对我国民营样本企业海外直接投资有较强的吸引力。

单从美国来看，我国民营样本企业十分偏好对美国进行直接投资，受市场和技术投资导向影响，2005—2017 年间美国共接受了我国民营样本企业 123 件投资项目，总金额达 389.26 亿美元，远远超过对于其他国家的投资数量规模和金额规模，而且近年来逐步呈现出平均投资金额规模较大的

特点。这也从侧面显示出我国民营企业对于提高技术水平和管理经验的需求越来越强烈，因此我国企业更应该加大研发力度，提高自身科技水平，提升品牌影响力，从而更好地吸收发达国家的技术外溢，扩展国际市场，降低我国对于发达国家先进技术的依赖程度。

　　民营企业对中国香港、开曼群岛等地区的投资主要考虑其金融体系的完备性、税收减免力度以及便利的营商环境等因素。我国香港地区作为全球第四大金融中心，金融市场发展成熟，市场运作公平灵活；其报税手续简单便捷，税率低廉，且没有销售税、增值税、预扣税、资本增值税、股息税、遗产税等，大大降低了投资的成本；同时我国香港地区提供给投资者较为稳定、便利的营商环境，拥有着高度发达的服务业以及优越的地理位置和交通网络①。这些方面都极大地吸引了我国民营企业将香港地区选为投资标的地区。开曼群岛同样凭借其自身良好的投资环境受到我国民营企业的广泛欢迎。

五、从投资标的行业看，海外服务业受到我国民营企业的青睐

　　我国民营样本企业对标的行业的投资金额分布与项目数量分布相差较大。从统计结果可以看出，我国民营样本企业对非制造业的海外直接投资金额规模超过制造业，占总投资金额的 63.29%，其中国外服务业受到我国进行海外直接投资的民营样本企业的青睐。

　　统计数据显示，2005—2017 年间，民营样本企业对服务业进行了 332 件、共计 1349.68 亿美元的海外直接投资，超越了高技术、中高技术制造业投资的项目数量和金额规模，特别是海外服务业中的金融业，房地产业，文化、体育和娱乐业近年来接受的投资数量和金额规模增势明显，其中房地产业以总金额规模 508.95 亿美元占据了非制造业部门接受投资金额规模的 30.06%，且以国内非房地产民营企业的较大金额规模的绿地投资

① 李锋：《中国内地赴香港直接投资的现状、原因及趋势展望》，《现代管理科学》2016 年第 12 期。

为主，投资行为不理性可能性大，投资风险系数较高，因此 2017 年房地产业作为投资限制领域受到我国政府的加强管控。

而从金融业来看，受 2008 年全球金融危机的影响，欧美国家经济疲软，许多金融业不得不接受境外资本的支持，使得民营样本企业对境外金融业直接投资的规模增长，2017 年接受了来自我国民营样本企业 20 件海外直接投资项目，金额达 72.20 亿美元。由于金融业本身具有较大的投资风险，利润亏损将给投资者带来庞大的资金负担，因此多半的金融业并购案均以失败告终，投资者在进行金融业的海外并购时显得更加慎重。

由于我国政府自 2017 年起对于服务业部分行业的海外直接投资采取管控措施，民营样本企业对于非制造业在 2017 年的投资金额规模下降明显，这也激励着我国民营企业海外投资从长远角度全面考虑，促使投资行为更趋理性化。

六、从"一带一路"视角看，"一带一路"倡议实施带动我国民营企业与"一带一路"沿线国家的投资合作

"一带一路"倡议自实施以来，不仅加强了我国与"一带一路"沿线国家的经贸往来，还带动了我国企业对于"一带一路"沿线国家的投资活动，"一带一路"沿线国家与中国民营企业的投资合作程度越发紧密。根据统计，我国民营样本企业对于"一带一路"沿线国家的海外直接投资的项目数量与金额规模均在 2014 年以后开始呈现出增长趋势，特别是在 2016 年对"一带一路"沿线国家进行了 78 件、共计约 376 亿美元的投资，实现投资项目数量和金额规模的快速增长，这种增长不仅体现在总体规模上，在民营样本企业对"一带一路"沿线国家的绿地投资与并购投资规模上均可发现较大增长。

然而民营企业与国有企业相比，民营企业因受到资金实力、利润收益的限制，更倾向于对欧美等发达国家进行直接投资，而国有企业出于国家及自身海外战略布局的考虑，主要承担起与"一带一路"沿线国家合作的

重担。随着"一带一路"沿线国家基础建设的推进，以及国与国之间更加密切的战略互动和投资优惠政策的签订，"一带一路"沿线国家的制造业、旅游业、金融业等将会吸引来自我国民营企业更多的投资，在此期待着民营企业积极参与，实现与"一带一路"沿线国家的互利共赢。

第四章　中国民营企业海外直接投资指数：并购投资篇

本章对我国民营企业海外并购投资的项目数量和金额分布情况进行统计描述。从总量出发，分别按照海外并购投资来源地、投资标的国（地区）、投资标的行业以及融资模式四种分类方式对样本数据进行指数测算，全面分析我国民营企业海外并购投资特征变化。

第一节　民营企业海外并购投资指数

本节对民营企业海外并购投资作总体分析。

一、民营企业海外并购投资与全国海外并购投资的比较

从并购投资整体来看，2005—2017 年我国民营样本企业海外并购投资在数量和金额规模上呈现增长趋势，并且民营样本企业海外并购投资在部分年份的项目数量和金额的增长幅度要显著大于全国的增长幅度。

我国民营样本企业海外并购投资项目数量规模从 2005 年的 3 件海外并购增长到 2017 年的 106 件，年均增长 34.42%，总体呈增长趋势。除 2012 年民营样本企业海外并购投资项目数量有所下降外，其间的其他年份均高于前 1 年的并购投资项目数量规模。同时，无论是从民营样本企业角度还是从全国角度来看，企业海外投资并购数量在 2007—2013 年间增长幅度波动较大。

从并购投资金额规模上看，民营样本企业海外并购投资的金额总体呈波动上升的趋势，从 2005 年的 0.7 亿美元增长到 2017 年的 846 亿美元，

年均增长 80.23%，其中在 2010 年、2014 年和 2017 年出现较大幅度增长。特别是在 2017 年，我国民营样本企业海外并购投资金额从 2016 年的 234 亿美元增长到 846 亿美元，同比增长 261.9%，而同期全国海外并购投资金额同比下降 32.1%，民营样本企业海外并购投资金额规模与全国海外并购投资金额规模变化的较大反差，体现出我国民营企业在海外并购投资上较大的增长潜力。

表 4-1-1　2005—2017 年民营样本企业海外并购投资项目数量和金额汇总及与全国海外并购投资的比较

（单位：件、亿美元）

年份	民营样本企业海外并购投资				全国海外并购投资			
	项目数量	同比增长（%）	金额	同比增长（%）	项目数量	同比增长（%）	金额	同比增长（%）
2005	3		0.7		135		35	
2006	4	33.3	0.6	-12.6	177	31.1	234	568.6
2007	10	150.0	1.3	116.2	205	15.8	383	63.7
2008	11	10.0	8	552.2	285	39.0	200	-47.8
2009	13	18.2	6	-26.9	292	2.5	441	120.5
2010	16	23.1	24	283.2	286	-2.1	528	19.7
2011	38	137.5	66	180.2	328	14.7	387	-26.7
2012	24	-36.8	59	-10.6	286	-12.8	310	-19.9
2013	28	16.7	19	-68.0	284	-0.7	442	42.6
2014	32	14.3	218	1052.3	419	47.5	597	35.1
2015	53	65.6	223	2.2	688	64.2	828	38.7
2016	95	79.2	234	4.8	917	33.3	1428	72.5
2017	106	11.6	846	261.9	792	-13.6	969	-32.1
合计	433		1706		5094		6782	

注：①此处金额按照保留四位小数进行加总计算；②此处民营样本企业海外并购投资与全国海外并购投资统计标准不同，详见第一章第三节。

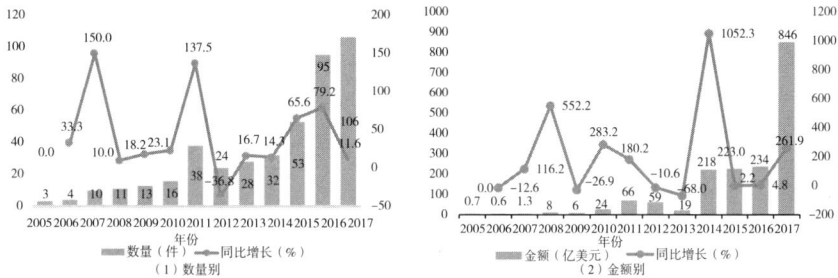

图4-1-1　2005—2017年民营样本企业海外并购投资项目数量和金额增长变化图

二、民营企业海外并购项目数量指数和金额指数

根据我国民营样本企业海外并购投资数量指数与金额指数分布图可以看出，在2005—2017年间，海外并购投资数量指数与金额指数总体呈上升趋势。项目数量指数从2005年的8.57增长到2017年的302.86；金额指数从2005年的0.58增长到2017年的722.73。2005—2013年，项目数量指数均大于金额指数，但在2014年、2015年与2017年，金额指数超过项目数量指数，这表明我国民营样本企业海外并购投资金额在这些年的增长幅度较大。随着国家对民营企业"走出去"政策的支持，民营企业走向海外的步伐加快，2015—2017年民营样本企业海外并购投资项目数量指数与金额指数都大于2011—2015年的均值，且上升趋势明显。我国民营企业在近3年中积极参与海外并购，表明企业通过海外投资确实有利于企业自身资源拓展，助力企业的成长。

表4-1-2　2005—2017年民营样本企业海外并购投资项目数量及金额指数

年份	项目数量指数	金额指数
2005	8.57	0.58
2006	11.43	0.51
2007	28.57	1.10

续表

年份	项目数量指数	金额指数
2008	31.43	7.19
2009	37.14	5.26
2010	45.71	20.15
2011	108.57	56.46
2012	68.57	50.47
2013	80.00	16.17
2014	91.43	186.38
2015	151.43	190.52
2016	271.43	199.72
2017	302.86	722.73
2011—2015 年均值	100.00	100.00

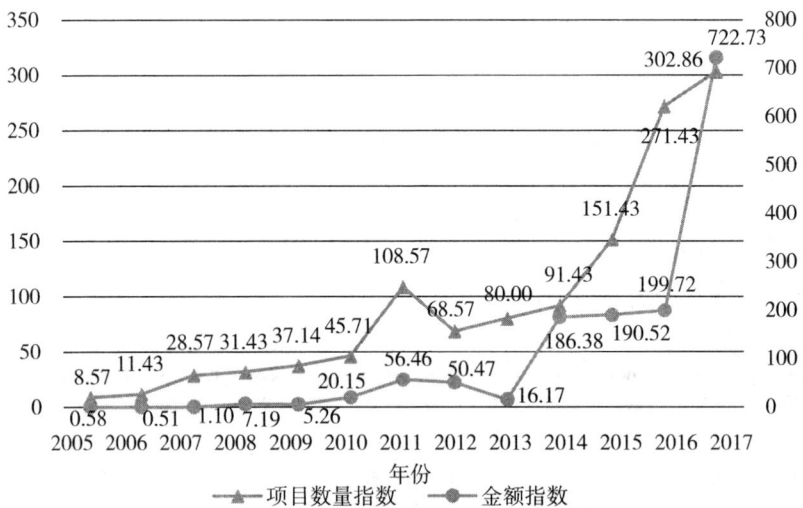

图 4-1-2　2005—2017 年民营样本企业海外并购投资项目数量和金额指数变化图

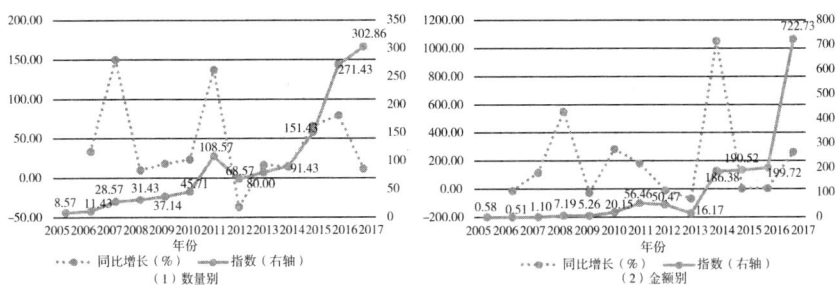

图 4-1-3 2005—2017 年民营样本企业海外并购投资项目
数量和金额指数及同比增长率变化图

第二节 民营企业海外并购投资来源地别指数

本节对民营企业海外并购投资的项目数量与金额按照投资来源地进行统计分析，主要划分为环渤海地区、长三角地区、珠三角地区、中部地区与西部地区五大区域。同时按照各区域特点进一步细分，其中环渤海地区包括京津冀地区和环渤海地区其他区域（辽宁和山东），长三角地区包括上海和长三角地区其他区域（江苏和浙江），珠三角地区包括深圳、广东（不含深圳）与珠三角地区其他区域（福建和海南），中部地区包括华北东北地区和中原华中地区，西部地区包括西北地区和西南地区，涵盖 31 个省市自治区和深圳经济特区①。

一、民营企业海外并购投资项目数量和金额在不同投资来源地的分布

1. 民营企业海外并购投资项目数量在不同投资来源地的分布

2005—2017 年间，5 个区域的中国民营样本企业海外并购投资项目数量总体呈增长趋势。其中，长三角地区的民营样本企业进行海外并购投资项目数量最多，总计 195 件，占比 44.72%。长三角地区中江苏、浙江累计海外并购投资项目 141 件，占比长三角地区民营样本企业海外并购投资的 72.31%，

---

① 详见序章第一节"中国民营企业海外直接投资指数"六级指标体系的构成。

上海累计 54 件，占长三角地区的 27.69%。其次是环渤海地区，累计海外并购投资项目 84 件，占比 19.27%。环渤海地区中辽宁、山东累计海外并购投资项目 52 件，占该区域投资数量的 61.9%，京津冀地区累计 32 件，占比 38.1%。第三是珠三角地区，累计 75 件，占总海外并购投资项目数量的 17.2%。珠三角地区中福建、海南累计投资项目 39 件，占珠三角地区投资数量的 52%，广东累计 36 件，占比 48%。第四是中部地区，累计 45 件，占比 10.32%。其中，中原华中地区累计投资 34 件，占比 75.56%，华北东北地区累计 11 件，占比 24.44%。最后是西部地区，累计 37 件，占比 8.49%。其中，西南地区累计投资 34 件，占比 91.89%，西北地区累计投资 3 件，占比 8.11%。

从我国民营样本企业并购投资的数量指数可以看出，环渤海地区的海外并购项目数量指数在 2014—2017 年间每年均超过 2011—2015 年均值，并且在近 5 年指数增长趋势较为稳定；长三角地区的海外并购项目数量指数则在 2015—2017 年间每年均超过 2011—2015 年均值，同样在近 5 年指数增长趋势较为平稳；珠三角地区的海外并购项目数量指数在 2016 年和 2017 年超过 2011—2015 年均值，但是珠三角地区民营样本企业海外并购项目数量指数在 2005—2017 年间波动较为明显，但总体呈增长的趋势；中部地区的民营样本企业海外并购项目数量指数自 2011 年起，呈现较为稳定的增长；西部地区投资项目数量少，但最近 4 年的项目数量指数呈现较为稳定的增长。我国民营样本企业海外并购投资项目数量指数在 2014—2017 年基本都接近或超过 100（即 2011—2015 年平均水平），这表明我国民营样本企业近 3 年的海外并购投资项目数量逐步增加，民营企业正在积极"走出去"。

表 4-2-1　中国民营企业并购投资项目数量在不同投资来源地的分布及指数汇总表

（单位：件）

年份	环渤海地区											
	京津冀				其他				合计			
	项目数	同比增长（%）	占比（%）	指数	项目数	同比增长（%）	占比（%）	指数	项目数	同比增长（%）	占比（%）	指数
2005	1		100.00	62.50	0		0.00	0.00	1		33.33	13.89

续表

年份	环渤海地区											
	京津冀				其他				合计			
	项目数	同比增长（%）	占比（%）	指数	项目数	同比增长（%）	占比（%）	指数	项目数	同比增长（%）	占比（%）	指数
2006	0	-100.0	n. a.	0.00	0	n. a.	n. a.	0.00	0	-100.0	0.00	0.00
2007	0	n. a.	n. a.	0.00	0	n. a.	n. a.	0.00	0	n. a.	0.00	0.00
2008	2	n. a.	66.67	125.00	1	n. a.	33.33	17.86	3	n. a.	27.27	41.67
2009	1	-50.0	50.00	62.50	1	0.0	50.00	17.86	2	-33.3	15.38	27.78
2010	1	0.0	50.00	62.50	1	0.0	50.00	17.86	2	0.0	12.50	27.78
2011	0	-100.0	0.00	0.00	3	200.0	100.00	53.57	3	50.0	7.89	41.67
2012	1	n. a.	25.00	62.50	3	0.0	75.00	53.57	4	33.3	16.67	55.56
2013	0	-100.0	0.00	0.00	5	66.7	100.00	89.29	5	25.0	17.86	69.44
2014	4	n. a.	30.77	250.00	9	80.0	69.23	160.71	13	160.0	40.63	180.56
2015	3	-25.0	27.27	187.50	8	-11.1	72.73	142.86	11	-15.4	20.37	152.78
2016	8	166.7	38.10	500.00	13	62.5	61.90	232.14	21	90.9	21.88	291.67
2017	11	37.5	57.89	687.50	8	-38.5	42.11	142.86	19	-9.5	17.76	263.89
合计	32		38.10		52		61.90		84		19.27	
2011—2015年均值	1.60			100.00	5.60			100.00	7.20			100.00

年份	长三角地区											
	上海				其他				合计			
	项目数	同比增长（%）	占比（%）	指数	项目数	同比增长（%）	占比（%）	指数	项目数	同比增长（%）	占比（%）	指数
2005	0		0.00	0.00	1		100.00	8.33	1		33.33	6.33
2006	0	n. a.	0.00	0.00	2	100.0	100.00	16.67	2	100.0	50.00	12.66
2007	0	n. a.	0.00	0.00	5	150.0	100.00	41.67	5	150.0	50.00	31.65
2008	0	n. a.	0.00	0.00	4	-20.0	100.00	33.33	4	-20.0	36.36	25.32
2009	0	n. a.	0.00	0.00	4	0.0	100.00	33.33	4	0.0	30.77	25.32
2010	2	n. a.	25.00	52.63	6	50.0	75.00	50.00	8	100.0	50.00	50.63
2011	0	-100.0	0.00	0.00	15	150.0	100.00	125.00	15	87.5	39.47	94.94
2012	0	n. a.	0.00	0.00	12	-20.0	100.00	100.00	12	-20.0	50.00	75.95
2013	0	n. a.	0.00	0.00	11	-8.3	100.00	91.67	11	-8.3	39.29	69.62

年份	长三角地区											
	上海				其他				合计			
	项目数	同比增长（%）	占比（%）	指数	项目数	同比增长（%）	占比（%）	指数	项目数	同比增长（%）	占比（%）	指数
2014	2	n.a.	16.67	52.63	10	-9.1	83.33	83.33	12	9.1	37.50	75.95
2015	17	750.0	58.62	447.37	12	20.0	41.38	100.00	29	141.7	53.70	183.54
2016	14	-17.6	30.43	368.42	32	166.7	69.57	266.67	46	58.6	47.92	291.14
2017	19	35.7	41.30	500.00	27	-15.6	58.70	225.00	46	0.0	42.99	291.14
合计	54		27.69		141		72.31		195		44.72	
2011—2015 年均值	3.80			100.00	12.00			100.00	15.80			100.00

年份	珠三角地区											
	广东				其他				合计			
	项目数	同比增长（%）	占比（%）	指数	项目数	同比增长（%）	占比（%）	指数	项目数	同比增长（%）	占比（%）	指数
2005	0		n.a.	0.00	0		n.a.	0.00	0		0.00	0.00
2006	0	n.a.	n.a.	0.00	0	n.a.	n.a.	0.00	0	n.a.	0.00	0.00
2007	0	n.a.	0.00	0.00	4	n.a.	100.00	142.86	4	n.a.	40.00	80.00
2008	0	n.a.	0.00	0.00	2	-50.0	100.00	71.43	2	-50.0	18.18	40.00
2009	0	n.a.	0.00	0.00	3	50.0	100.00	107.14	3	50.0	23.08	60.00
2010	1	n.a.	20.00	45.45	4	33.3	80.00	142.86	5	66.7	31.25	100.00
2011	2	100.0	15.38	90.91	11	175.0	84.62	392.86	13	160.0	34.21	260.00
2012	3	50.0	75.00	136.36	1	-90.9	25.00	35.71	4	-69.2	16.67	80.00
2013	1	-66.7	50.00	45.45	1	0.0	50.00	35.71	2	-50.0	7.14	40.00
2014	2	100.0	100.00	90.91	0	-100.0	0.00	0.00	2	0.0	6.25	40.00
2015	3	50.0	75.00	136.36	1	n.a.	25.00	35.71	4	100.0	7.41	80.00
2016	9	200.0	90.00	409.09	1	0.0	10.00	35.71	10	150.0	10.42	200.00
2017	15	66.7	57.69	681.82	11	1000.0	42.31	392.86	26	160.0	24.30	520.00
合计	36		48.00		39		52.00		75		17.20	
2011—2015 年均值	2.20			100.00	2.80			100.00	5.00			100.00

年份	中部地区											
	华北东北				中原华中				合计			
	项目数	同比增长（%）	占比（%）	指数	项目数	同比增长（%）	占比（%）	指数	项目数	同比增长（%）	占比（%）	指数
2005	0		0.00	0.00	1		100.00	35.71	1		33.33	29.41
2006	0	n.a.	n.a.	0.00	0	-100.0	n.a.	0.00	0	-100.0	0.00	0.00
2007	0	n.a.	n.a.	0.00	0	n.a.	n.a.	0.00	0	n.a.	0.00	0.00
2008	0	n.a.	0.00	0.00	1	n.a.	100.00	35.71	1	n.a.	9.09	29.41
2009	0	n.a.	0.00	0.00	1	0.0	100.00	35.71	1	0.0	7.69	29.41
2010	0	n.a.	n.a.	0.00	0	-100.0	n.a.	0.00	0	-100.0	0.00	0.00
2011	0	n.a.	0.00	0.00	1	n.a.	100.00	35.71	1	n.a.	2.63	29.41
2012	1	n.a.	33.33	166.67	2	100.0	66.67	71.43	3	200.0	12.50	88.24
2013	1	0.0	25.00	166.67	3	50.0	75.00	107.14	4	33.3	14.29	117.65
2014	0	-100.0	0.00	0.00	3	0.0	100.00	107.14	3	-25.0	9.38	88.24
2015	1	n.a.	16.67	166.67	5	66.7	83.33	178.57	6	100.0	11.11	176.47
2016	6	500.0	40.00	1000.00	9	80.0	60.00	321.43	15	150.0	15.63	441.18
2017	2	-66.7	20.00	333.33	8	-11.1	80.00	285.71	10	-33.3	9.35	294.12
合计	11		24.44		34		75.56		45		10.32	
2011—2015年均值	0.60			100.00	2.80			100.00	3.40			100.00

年份	西部地区											
	西北				西南				合计			
	项目数	同比增长（%）	占比（%）	指数	项目数	同比增长（%）	占比（%）	指数	项目数	同比增长（%）	占比（%）	指数
2005	0		n.a.	0.00	0	n.a.		0.00	0		0.00	0.00
2006	0	n.a.	0.00	0.00	2	n.a.	100.00	55.56	2	n.a.	50.00	52.63
2007	0	n.a.	0.00	0.00	1	-50.0	100.00	27.78	1	-50.0	10.00	26.32
2008	0	n.a.	0.00	0.00	1	0.0	100.00	27.78	1	0.0	9.09	26.32
2009	0	n.a.	0.00	0.00	3	200.0	100.00	83.33	3	200.0	23.08	78.95
2010	0	n.a.	0.00	0.00	1	-66.7	100.00	27.78	1	-66.7	6.25	26.32
2011	0	n.a.	0.00	0.00	6	500.0	100.00	166.67	6	500.0	15.79	157.89

续表

年份	西部地区											
	西北				西南				合计			
	项目数	同比增长（%）	占比（%）	指数	项目数	同比增长（%）	占比（%）	指数	项目数	同比增长（%）	占比（%）	指数
2012	0	n. a.	0.00	0.00	1	−83.3	100.00	27.78	1	−83.3	4.17	26.32
2013	0	n. a.	0.00	0.00	6	500.0	100.00	166.67	6	500.0	21.43	157.89
2014	1	n. a.	50.00	500.00	1	−83.3	50.00	27.78	2	−66.7	6.25	52.63
2015	0	−100.0	0.00	0.00	4	300.0	100.00	111.11	4	100.0	7.41	105.26
2016	0	n. a.	0.00	0.00	4	0.0	100.00	111.11	4	0.0	4.17	105.26
2017	2	n. a.	33.33	1000.00	4	0.0	66.67	111.11	6	50.0	5.61	157.89
合计	3		8.11		34		91.89		37		8.49	
2011—2015 年均值	0.20			100.00	3.60			100.00	3.80			100.00

年份	总计			
	项目数	同比增长（%）	占比（%）	指数
2005	3		100.00	8.52
2006	4	33.3	100.00	11.36
2007	10	150.0	100.00	28.41
2008	11	10.0	100.00	31.25
2009	13	18.2	100.00	36.93
2010	16	23.1	100.00	45.45
2011	38	137.5	100.00	107.95
2012	24	−36.8	100.00	68.18
2013	28	16.7	100.00	79.55
2014	32	14.3	100.00	90.91
2015	54	68.8	100.00	153.41
2016	96	77.8	100.00	272.73
2017	107	11.5	100.00	303.98
合计	436		100.00	
2011—2015 年均值	35.20			100.00

2. 民营企业海外并购投资金额在不同来源地的分布

从中国民营样本企业海外并购金额来源地分析，在 2005—2017 年间，这 5 个区域的中国民营样本企业海外并购投资金额总体呈增长趋势。环渤海地区的民营样本企业海外并购投资的金额规模在 5 个区域中排首位，累计投资 831.53 亿美元，占比总投资金额规模的 48.58%。其中第一是京津冀地区，累计投资 450.54 亿美元，占环渤海地区并购投资金额的 54.18%，除京津冀外其他区域累计并购投资项目则为 380.99 亿美元。第二是长三角地区，累计投资 441.09 亿美元，占比 25.77%。其中上海累计投资 230.67 亿美元，除上海外其他区域累计并购投资 210.42 亿美元。第三是珠三角地区，累计投资 230.9 亿美元，占比 13.49%。其中广东累计投资 62.23 亿美元，仅在珠三角地区并购投资金额中占比 26.95%，除广东外其他区域累计投资金额则达到 168.68 亿美元。第四是西部地区，累计投资 112.47 亿美元，占比 6.57%。其中西南地区累计投资 112.07 亿美元，占整个西部地区的 99.64%，而西北地区的累计投资仅有 0.4 亿美元。最后为中部地区，累计投资 95.8 亿美元，占比 5.6%。其中中原华中地区累计投资 52.39 亿美元，华北东北地区累计投资 43.41 亿美元。

环渤海地区海外并购金额指数在 2014—2017 年均超过 2011—2015 年均值，金额指数在截至 2017 年的 4 年内数值较大，并购金额增长趋势较为明显；长三角地区海外并购金额指数在 2015—2017 年均超过 2011—2015 年均值，也有较为明显的增长趋势；珠三角地区海外并购金额指数则在 2016 年和 2017 年超过 100；中部地区海外并购金额指数在 2015—2017 年有较大的提升；西部地区不同年份的海外并购金额指数波动较大。通过上述分析可以观察到，5 个区域的金额指数基本都是在 2014—2017 年间有较大程度的提升，这与现阶段我国民营企业实力提升有密切的联系。同时，环渤海地区虽然并购项目数量只占五分之一，但是并购金额占比却将近一半。由此可以推断，环渤海地区的民营样本企业平均海外并购投资金额较大。

表 4-2-2　民营企业并购投资金额在不同投资来源地的分布及指数汇总表

（单位：百万美元）

年份	环渤海地区											
	京津冀				其他				合计			
	金额	同比增长(%)	占比(%)	指数	金额	同比增长(%)	占比(%)	指数	金额	同比增长(%)	占比(%)	指数
2005	26.42		100.00	2.88	0.00		0.00	0.00	26.42		38.69	0.39
2006	0.00	-100.0	n.a.	0.00	0.00	n.a.	n.a.	0.00	0.00	-100.0	0.00	0.00
2007	0.00	n.a.	n.a.	0.00	0.00	n.a.	n.a.	0.00	0.00	n.a.	0.00	0.00
2008	395.10	n.a.	95.23	43.09	19.81	n.a.	4.77	0.34	414.91	n.a.	49.29	6.19
2009	0.00	-100.0	0.00	0.00	0.00	-100.0	n.a.	0.00	0.00	-100.0	0.00	0.00
2010	41.06	n.a.	76.08	4.48	12.91	n.a.	23.92	0.22	53.97	n.a.	2.29	0.81
2011	0.00	-100.0	0.00	0.00	34.31	165.8	100.00	0.59	34.31	-36.4	0.52	0.51
2012	1011.49	n.a.	24.61	110.33	3098.59	8931.2	75.39	53.59	4110.08	11879.2	69.56	61.35
2013	0.00	-100.0	0.00	0.00	1093.19	-64.7	100.00	18.91	1093.19	-73.4	57.74	16.32
2014	2591.63	n.a.	21.83	282.68	9280.30	748.9	78.17	160.49	11871.93	986.0	54.42	177.21
2015	980.97	-62.1	5.99	107.00	15406.13	66.0	94.01	266.43	16387.10	38.0	72.50	244.61
2016	1669.16	70.2	17.30	182.06	7979.86	-48.2	82.70	138.00	9649.02	-41.1	41.27	144.03
2017	38338.28	2196.9	97.03	4181.67	1173.48	-85.3	2.97	20.29	39511.76	309.5	46.54	589.79
合计	45054.11		54.18		38098.58		45.82		83152.69		48.58	
2011—2015年均值	916.82			100.00	5782.50			100.00	6699.32			100.00

年份	长三角地区											
	上海				其他				合计			
	金额	同比增长(%)	占比(%)	指数	金额	同比增长(%)	占比(%)	指数	金额	同比增长(%)	占比(%)	指数
2005	0.00		0.00	0.00	2.00		100.00	0.28	2.00		2.93	0.14
2006	0.00	n.a.	0.00	0.00	13.70	585.0	100.00	1.95	13.70	585.0	22.95	0.96
2007	0.00	n.a.	0.00	0.00	129.07	842.1	100.00	18.38	129.07	842.1	100.00	9.03
2008	0.00	n.a.	0.00	0.00	128.00	-0.8	100.00	18.23	128.00	-0.8	15.20	8.96
2009	0.00	n.a.	0.00	0.00	279.65	118.5	100.00	39.82	279.65	118.5	45.43	19.57

续表

年份	长三角地区											
	上海				其他				合计			
	金额	同比增长(%)	占比(%)	指数	金额	同比增长(%)	占比(%)	指数	金额	同比增长(%)	占比(%)	指数
2010	419.35	n.a.	18.76	57.69	1815.71	549.3	81.24	258.55	2235.06	699.2	94.75	156.39
2011	0.00	-100.0	0.00	0.00	1182.04	-34.9	100.00	168.32	1182.04	-47.1	17.89	82.71
2012	0.00	n.a.	0.00	0.00	261.43	-77.9	100.00	37.23	261.43	-77.9	4.42	18.29
2013	0.00	n.a.	0.00	0.00	380.41	45.5	100.00	54.17	380.41	45.5	20.09	26.62
2014	3.23	n.a.	1.04	0.44	307.98	-19.0	98.96	43.85	311.21	-18.2	1.43	21.78
2015	3631.05	112316.4	72.47	499.56	1379.49	347.9	27.53	196.43	5010.54	1510.0	22.17	350.60
2016	2686.68	-26.0	38.27	369.63	4333.85	214.2	61.73	617.12	7020.53	40.1	30.03	491.25
2017	16326.54	507.7	60.12	2246.19	10828.44	149.9	39.88	1541.92	27154.98	286.8	31.99	1900.11
合计	23066.85		52.30		21041.77		47.70		44108.62		25.77	
2011—2015年均值	726.856			100.00	702.27			100.00	1429.13			100.00

年份	珠三角地区											
	广东				其他				合计			
	金额	同比增长(%)	占比(%)	指数	金额	同比增长(%)	占比(%)	指数	金额	同比增长(%)	占比(%)	指数
2005	0.00		n.a.	0.00	0.00		n.a.	0.00	0.00		0.00	0.00
2006	0.00	n.a.	n.a.	0.00	0.00	n.a.	n.a.	0.00	0.00	n.a.	n.a.	0.00
2007	0.00	n.a.	n.a.	0.00	0.00	n.a.	n.a.	0.00	0.00	n.a.	n.a.	0.00
2008	0.00	n.a.	n.a.	0.00	0.00	n.a.	n.a.	0.00	0.00	n.a.	n.a.	0.00
2009	0.00	n.a.	n.a.	0.00	0.00	n.a.	n.a.	0.00	0.00	n.a.	n.a.	0.00
2010	0.00	n.a.	0.00	0.00	69.84	n.a.	100.00	7.35	69.84	n.a.	2.96	6.21
2011	0.00	n.a.	0.00	0.00	4705.39	6637.4	100.00	495.50	4705.39	6637.4	71.20	418.12
2012	401.86	n.a.	95.03	228.66	21.00	-99.6	4.97	2.21	422.86	-91.0	7.16	37.58
2013	51.60	-87.2	81.53	29.36	11.69	-44.3	18.47	1.23	63.29	-85.0	3.34	5.62
2014	38.36	-25.7	100.00	21.83	0.00	-100.0	0.00	0.00	38.36	-39.4	0.18	3.41
2015	386.89	908.6	97.48	220.15	10.00	n.a.	2.52	1.05	396.89	934.6	1.76	35.27

年份	珠三角地区											
	广东				其他				合计			
	金额	同比增长(%)	占比(%)	指数	金额	同比增长(%)	占比(%)	指数	金额	同比增长(%)	占比(%)	指数
2016	2659.18	587.3	93.00	1513.12	200.00	1900.0	7.00	21.06	2859.18	620.4	12.23	254.07
2017	2684.96	1.0	18.47	1527.79	11850.06	5825.0	81.53	1247.88	14535.02	408.4	17.12	1291.59
合计	6222.85		26.95		16867.98		73.05		23090.83		13.49	
2011—2015 年均值	175.74			100.00	949.62			100.00	1125.36			100.00

年份	中部地区											
	华北东北				中原华中				合计			
	金额	同比增长(%)	占比(%)	指数	金额	同比增长(%)	占比(%)	指数	金额	同比增长(%)	占比(%)	指数
2005	0.00		0.00	0.00	39.86		100.00	8.24	39.86		58.38	6.95
2006	0.00	n. a.	n. a.	0.00	0.00	−100.0	n. a.	0.00	0.00	−100.0	0.00	0.00
2007	0.00	n. a.	n. a.	0.00	0.00	n. a.	n. a.	0.00	0.00	n. a.	0.00	0.00
2008	0.00	n. a.	0.00	0.00	289.98	n. a.	100.00	59.92	289.98	n. a.	34.45	50.53
2009	0.00	n. a.	0.00	0.00	289.98	0.0	100.00	59.92	289.98	0.0	47.10	50.53
2010	0.00	n. a.	0.00	0.00	0.00	−100.0	n. a.	0.00	0.00	−100.0	0.00	0.00
2011	0.00	n. a.	0.00	0.00	656.42	n. a.	100.00	135.63	656.42	n. a.	9.93	114.39
2012	448.74	n. a.	40.49	499.38	659.42	0.5	59.51	136.25	1108.16	68.8	18.76	193.12
2013	0.28	−99.9	0.18	0.31	153.02	−76.8	99.82	31.62	153.30	−86.2	8.10	26.72
2014	0.00	−100.0	0.00	0.00	228.10	49.1	100.00	47.13	228.10	48.8	1.05	39.75
2015	0.28	n. a.	0.04	0.31	722.86	216.9	99.96	149.36	723.14	217.0	3.20	126.02
2016	2769.07	988853.6	74.11	3081.54	967.35	33.8	25.89	199.88	3736.42	416.7	15.98	651.14
2017	1122.97	−59.4	47.68	1249.69	1232.2	27.4	52.32	254.61	2355.17	−37.0	2.77	410.43
合计	4341.34		45.31		5239.19		54.69		9580.53		5.60	
2011—2015 年均值	89.86			100.00	483.96			100.00	573.82			100.00

续表

年份	西部地区											
	西北				西南				合计			
	金额	同比增长(%)	占比(%)	指数	金额	同比增长(%)	占比(%)	指数	金额	同比增长(%)	占比(%)	指数
2005	0.00		n.a.	n.a.	0.00		n.a.	0.00	0.00		0.00	0.00
2006	0.00	n.a.	0.00	n.a.	46.00	n.a.	100.00	2.37	46.00	n.a.	77.05	2.37
2007	0.00	n.a.	n.a.	n.a.	0.00	-100.0	n.a.	0.00	0.00	-100.0	0.00	0.00
2008	0.00	n.a.	0.00	n.a.	8.96	n.a.	100.00	0.46	8.96	n.a.	1.06	0.46
2009	0.00	n.a.	0.00	n.a.	46.00	413.4	100.00	2.37	46.00	413.4	7.47	2.37
2010	0.00	n.a.	n.a.	n.a.	0.00	-100.0	n.a.	0.00	0.00	-100.0	0.00	0.00
2011	0.00	n.a.	0.00	n.a.	30.90	n.a.	100.00	1.59	30.90	n.a.	0.47	1.59
2012	0.00	n.a.	0.00	n.a.	5.73	-81.5	100.00	0.30	5.73	-81.5	0.10	0.30
2013	0.00	n.a.	0.00	n.a.	203.19	3446.1	100.00	10.48	203.19	3446.1	10.73	10.48
2014	0.00	n.a.	0.00	n.a.	9367.58	4510.3	100.00	483.17	9367.58	4510.3	42.94	483.17
2015	0.00	n.a.	0.00	n.a.	86.54	-99.1	100.00	4.46	86.54	-99.1	0.38	4.46
2016	0.00	n.a.	0.00	n.a.	114.58	32.4	100.00	5.91	114.58	32.4	0.49	5.91
2017	40.00	n.a.	2.99	n.a.	1297.99	1032.8	97.01	66.95	1337.99	1067.7	1.58	69.01
合计	40.00		0.36		11207.47		99.64		11247.47		6.57	
2011—2015年均值	0.00			100.00	1938.79			100.00	1938.79			100.00

年份	总计			
	金额	同比增长(%)	占比(%)	指数
2005	68.28		100.00	0.58
2006	59.70	-12.6	100.00	0.51
2007	129.07	116.2	100.00	1.10
2008	841.85	552.2	100.00	7.15
2009	615.63	-26.9	100.00	5.23
2010	2358.87	283.2	100.00	20.05
2011	6609.06	180.2	100.00	56.17
2012	5908.26	-10.6	100.00	50.21
2013	1893.38	-68.0	100.00	16.09

续表

年份	总计			
	金额	同比增长（%）	占比（%）	指数
2014	21817.18	1052.3	100.00	185.42
2015	22604.21	3.6	100.00	192.11
2016	23379.73	3.4	100.00	198.70
2017	84894.92	263.1	100.00	721.50
合计	171180.14		100.00	
2011—2015 年均值	11766.42			100.00

图 4-2-1　2005—2017 年并购投资环渤海地区项目数量和金额指数走势图

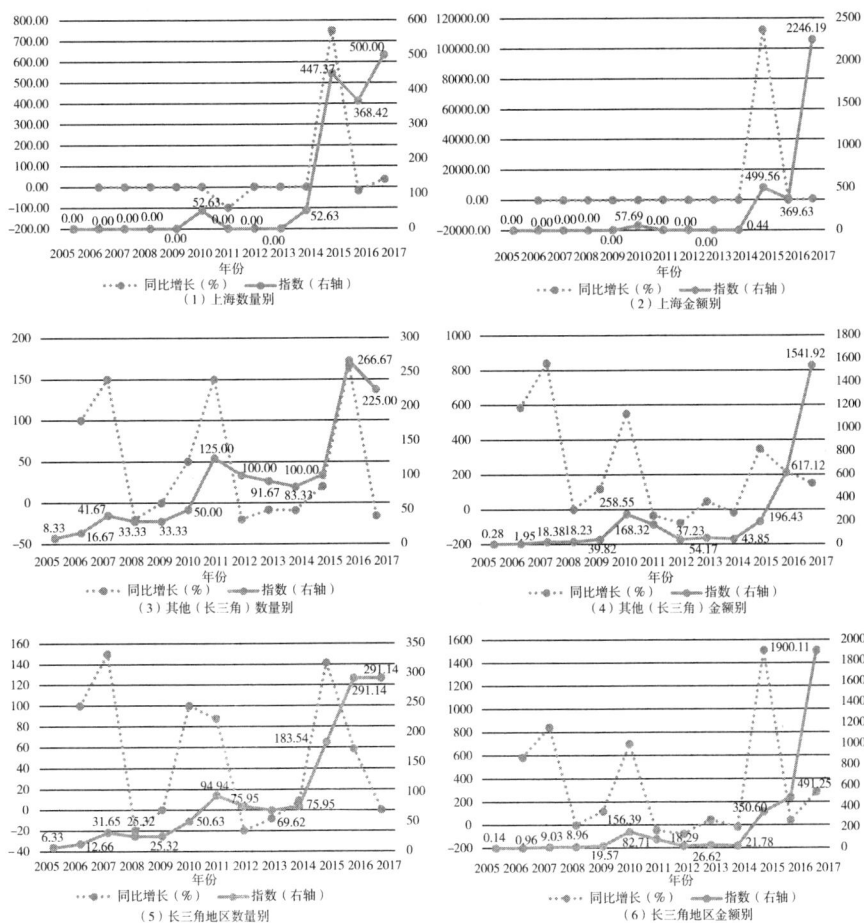

图 4-2-2 2005—2017 年并购投资长三角地区项目数量和金额指数走势图

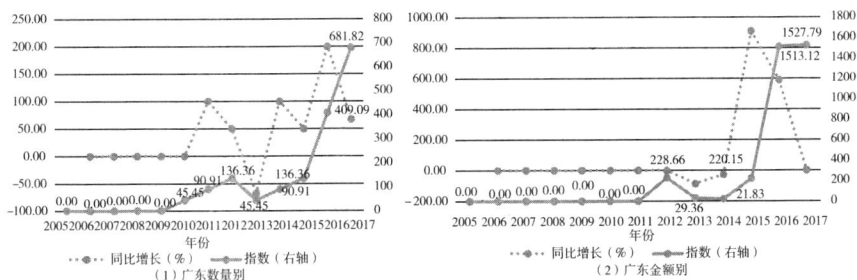

图 4-2-3 2005—2017 年并购投资珠三角地区项目数量和金额指数走势图

（3）其他（珠三角）数量别

（4）其他（珠三角）金额别

（5）珠三角地区数量别

（6）珠三角地区金额别

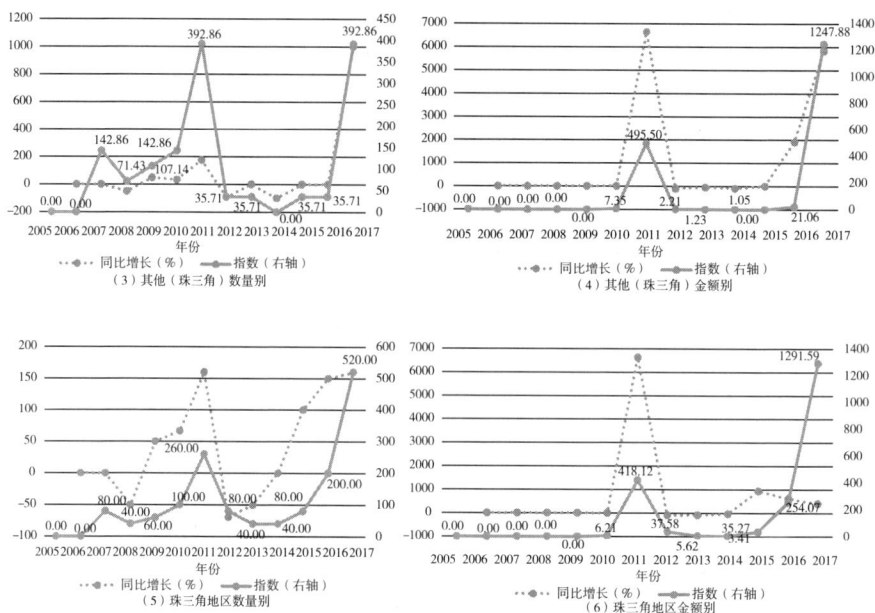

图4-2-3 2005—2017 年并购投资珠三角地区项目数量和金额指数走势图（续图）

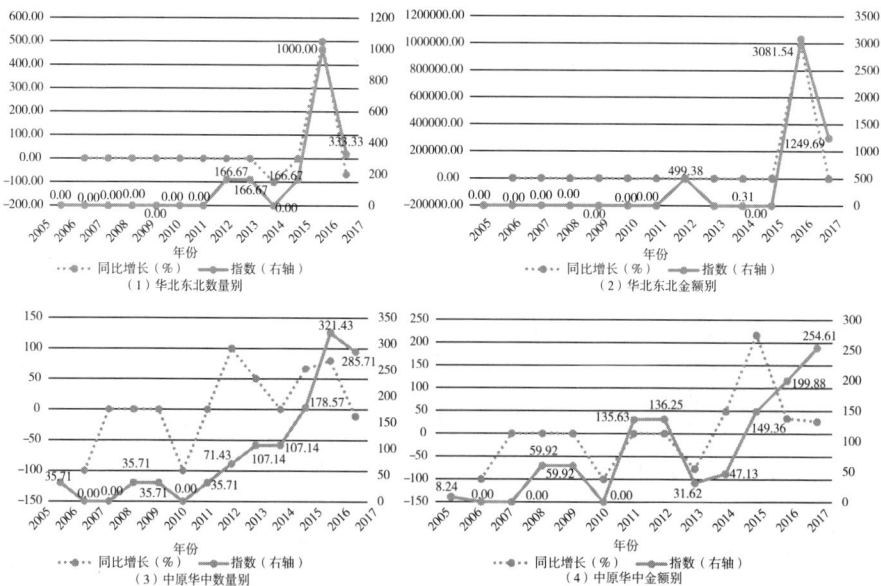

（1）华北东北数量别

（2）华北东北金额别

（3）中原华中数量别

（4）中原华中金额别

图4-2-4 2005—2017 年并购投资中部地区项目数量和金额指数走势图

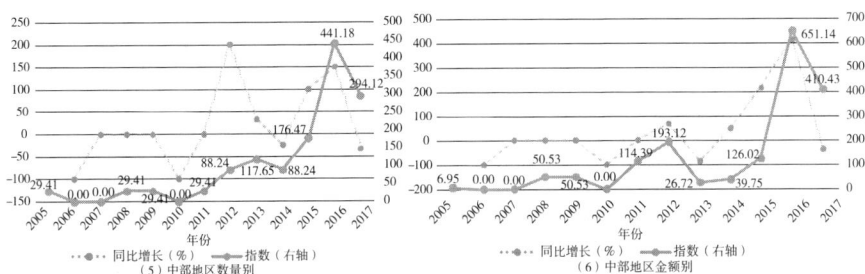

图 4-2-4 2005—2017 年并购投资中部地区项目数量和金额指数走势图（续图）

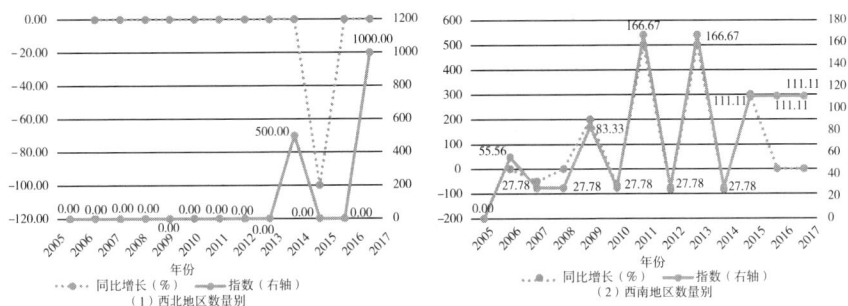

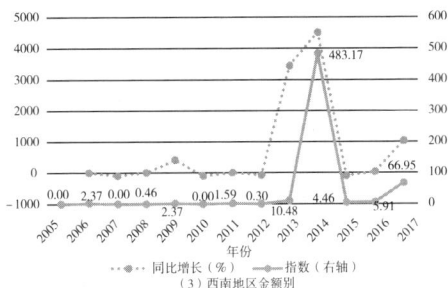

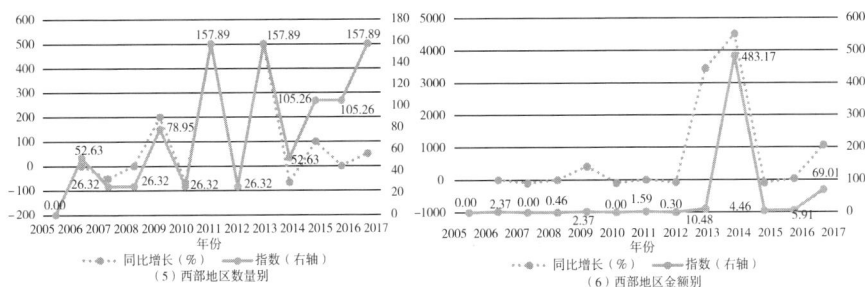

图 4-2-5 2005—2017 年并购投资西部地区项目数量和金额指数走势图

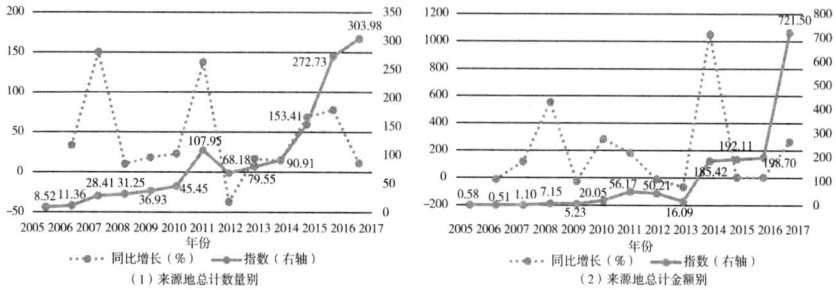

图 4-2-6　2005—2017 年并购投资来源地项目数量和金额指数走势图

二、各省市民营企业海外并购投资项目数量和金额分布

1. 各省市民营企业海外并购投资项目数量分布

环渤海地区中京津冀地区的民营样本企业海外并购投资项目数量主要来源于北京市（28 件）、辽宁省（27 件）与山东省（25 件），分别占该地区民营样本企业 2005—2017 年海外并购投资数量的 33.33%、32.14% 与 29.76%。相比之下，该地区的天津市与河北省民营样本企业海外并购投资项目数量较少，累计海外并购项目分别为 1 件与 3 件。通过统计可以看出，环渤海地区民营样本企业海外并购投资项目数量指数在 2014—2017 年较大，在此期间该区域的项目数量指数基本接近或超过 2011—2015 年数量指数均值，增长较为显著，特别是北京市与山东省民营样本企业海外并购项目数量在 2017 年增长迅速。

表 4-2-3　中国民营样本企业并购投资来源地项目数量——环渤海地区

（单位：件）

年份		环渤海地区							总计
		京津冀地区				其他			
		北京	天津	河北	小计	辽宁	山东	合计	
2005	数量	1	0	0	1	0	0	0	1
	比例（%）	100.00	0.00	0.00	100.00	0.00	0.00	0.00	100.00
	指数	62.50	n. a.	n. a.	62.50	0.00	0.00	0.00	13.89

续表

年份		环渤海地区							总计
		京津冀地区				其他			
		北京	天津	河北	小计	辽宁	山东	合计	
2006	数量	0	0	0	0	0	0	0	0
	比例（%）	n. a.	n. a.	n. a.	n. a.	n. a.	n. a.	n. a.	n. a.
	指数	0.00	n. a.	n. a.	0.00	0.00	0.00	0.00	0.00
2007	数量	0	0	0	0	0	0	0	0
	比例（%）	n. a.	n. a.	n. a.	n. a.	n. a.	n. a.	n. a.	n. a.
	指数	0.00	n. a.	n. a.	0.00	0.00	0.00	0.00	0.00
2008	数量	2	0	0	2	1	0	1	3
	比例（%）	66.67	0.00	0.00	66.67	33.33	0.00	33.33	100.00
	指数	125.00	n. a.	n. a.	125.00	31.25	0.00	17.86	41.67
2009	数量	0	0	1	1	0	1	1	2
	比例（%）	0.00	0.00	50.00	50.00	0.00	50.00	50.00	100.00
	指数	0.00	n. a.	n. a.	62.50	0.00	41.67	17.86	27.78
2010	数量	1	0	0	1	0	1	1	2
	比例（%）	50.00	0.00	0.00	50.00	0.00	50.00	50.00	100.00
	指数	62.50	n. a.	n. a.	62.50	0.00	41.67	17.86	27.78
2011	数量	0	0	0	0	1	2	3	3
	比例（%）	0.00	0.00	0.00	0.00	33.33	66.67	100.00	100.00
	指数	0.00	n. a.	n. a.	0.00	31.25	83.33	53.57	41.67
2012	数量	1	0	0	1	3	0	3	4
	比例（%）	25.00	0.00	0.00	25.00	75.00	0.00	75.00	100.00
	指数	62.50	n. a.	n. a.	62.50	93.75	0.00	53.57	55.56
2013	数量	0	0	0	0	2	3	5	5
	比例（%）	0.00	0.00	0.00	0.00	40.00	60.00	100.00	100.00
	指数	0.00	n. a.	n. a.	0.00	62.50	125.00	89.29	69.44
2014	数量	4	0	0	4	4	5	9	13
	比例（%）	30.77	0.00	0.00	30.77	30.77	38.46	69.23	100.00
	指数	250.00	n. a.	n. a.	250.00	125.00	208.33	160.71	180.56

年份		环渤海地区							总计
		京津冀地区				其他			
		北京	天津	河北	小计	辽宁	山东	合计	
2015	数量	3	0	0	3	6	2	8	11
	比例（%）	27.27	0.00	0.00	27.27	54.55	18.18	72.73	100.00
	指数	187.50	n.a.	n.a.	187.50	187.50	83.33	142.86	152.78
2016	数量	7	1	0	8	9	4	13	21
	比例（%）	33.33	4.76	0.00	38.10	42.86	19.05	61.90	100.00
	指数	437.50	n.a.	n.a.	500.00	281.25	166.67	232.14	291.67
2017	数量	9	0	2	11	1	7	8	19
	比例（%）	47.37	0.00	10.53	57.89	5.26	36.84	42.11	100.00
	指数	562.50	n.a.	n.a.	687.50	31.25	291.67	142.86	263.89
合计	数量	28	1	3	32	27	25	52	84
	比例（%）	33.33	1.19	3.57	38.10	32.14	29.76	61.90	100.00
2011—2015 年均值		1.60	0.00	0.00	1.60	3.20	2.40	5.60	7.20

浙江省的民营样本企业海外直接投资项目数量在长三角地区最多。2005—2017 年间，浙江省民营样本企业海外并购投资项目总计 98 件，占该地区并购投资数量的 50.26%；其次是上海市，总计 54 件，占比 27.69%；江苏省民营样本企业进行并购投资的项目数量较少，总计 43 件，占比 22.05%。从总量上看，长三角地区的浙江省、上海市与江苏省民营样本企业海外并购投资项目数量较其他地区的省市要多。从指数上看，上海市海外并购项目数量指数在 2015—2017 年间均超过 2011—2015 年的均值，近 3 年发展趋势较好；江苏省海外并购数量指数在 2014—2017 年均超过 2011—2015 年均值，呈现出稳定发展局面；而浙江省民营样本企业海外并购项目数量指数呈波动上升的趋势，特别是在 2011 年和 2016 年波动幅度较大。

表 4-2-4　中国民营样本企业并购投资来源地项目数量——长三角地区

（单位：件）

年份		长三角地区					总计
		上海		其他			
		上海	小计	江苏	浙江	合计	
2005	数量	0	0	0	1	1	1
	比例（%）	0.00	0.00	0.00	100.00	100.00	100.00
	指数	0.00	0.00	0.00	11.63	8.33	6.33
2006	数量	0	0	0	2	2	2
	比例（%）	0.00	0.00	0.00	100.00	100.00	100.00
	指数	0.00	0.00	0.00	23.26	16.67	12.66
2007	数量	0	0	1	4	5	5
	比例（%）	0.00	0.00	20.00	80.00	100.00	100.00
	指数	0.00	0.00	29.41	46.51	41.67	31.65
2008	数量	0	0	1	3	4	4
	比例（%）	0.00	0.00	25.00	75.00	100.00	100.00
	指数	0.00	0.00	29.41	34.88	33.33	25.32
2009	数量	0	0	2	2	4	4
	比例（%）	0.00	0.00	50.00	50.00	100.00	100.00
	指数	0.00	0.00	58.82	23.26	33.33	25.32
2010	数量	2	2	1	5	6	8
	比例（%）	25.00	25.00	12.50	62.50	75.00	100.00
	指数	52.63	52.63	29.41	58.14	50.00	50.63
2011	数量	0	0	3	12	15	15
	比例（%）	0.00	0.00	20.00	80.00	100.00	100.00
	指数	0.00	0.00	88.24	139.53	125.00	94.94
2012	数量	0	0	3	9	12	12
	比例（%）	0.00	0.00	25.00	75.00	100.00	100.00
	指数	0.00	0.00	88.24	104.65	100.00	75.95
2013	数量	0	0	0	11	11	11
	比例（%）	0.00	0.00	0.00	100.00	100.00	100.00
	指数	0.00	0.00	0.00	127.91	91.67	69.62

年份		长三角地区					总计
		上海		其他			
		上海	小计	江苏	浙江	合计	
2014	数量	2	2	5	5	10	12
	比例（%）	16.67	16.67	41.67	41.67	83.33	100.00
	指数	52.63	52.63	147.06	58.14	83.33	75.95
2015	数量	17	17	6	6	12	29
	比例（%）	58.62	58.62	20.69	20.69	41.38	100.00
	指数	447.37	447.37	176.47	69.77	100.00	183.54
2016	数量	14	14	12	20	32	46
	比例（%）	30.43	30.43	26.09	43.48	69.57	100.00
	指数	368.42	368.42	352.94	232.56	266.67	291.14
2017	数量	19	19	9	18	27	46
	比例（%）	41.30	41.30	19.57	39.13	58.70	100.00
	指数	500.00	500.00	264.71	209.30	225.00	291.14
合计	数量	54	54	43	98	141	195
	比例（%）	27.69	27.69	22.05	50.26	72.31	100.00
2011—2015 年均值		3.80	3.80	3.40	8.60	12.00	15.80

　　珠三角地区民营样本企业海外投资并购项目数量主要集中于广东省，13 年间总计进行了 36 件并购投资项目，占珠三角地区的 48%，其中深圳的投资项目 13 件，广东其他区域累计 23 件；其次是海南省，总计 31 件并购投资项目，占比 41.33%；最后为福建省，总计 8 件，占比 10.67%。珠三角地区的民营样本企业累计海外并购项目数量为 75 件，与长三角 195 件并购投资项目相比，投资潜力有待进一步开发。在珠三角地区，广东省民营样本企业海外并购投资项目数量指数增长趋势较为稳定，2015—2017 年，并购投资数量指数连续超过 2011—2015 年均值，2017 年项目数量达 15 件，增长较为显著；福建省民营样本企业的海外并购表现并不突出，累计数量少，上升趋势不明显；海南省民营样本企业并购项目数在 2017

年表现较好，项目数量达 11 件，但波动幅度较大，增长不稳定。

表 4-2-5　中国民营样本企业并购投资来源地项目数量——珠三角地区

（单位：件）

年份		珠三角地区						总计
		广东			其他			
		深圳	广东（不含深圳）	小计	福建	海南	合计	
2005	数量	0	0	0	0	0	0	0
	比例（%）	n.a.	n.a.	n.a.	n.a.	n.a.	n.a.	n.a.
	指数	0.00	0.00	0.00	0.00	0.00	0.00	0.00
2006	数量	0	0	0	0	0	0	0
	比例（%）	n.a.	n.a.	n.a.	n.a.	n.a.	n.a.	n.a.
	指数	0.00	0.00	0.00	0.00	0.00	0.00	0.00
2007	数量	0	0	0	0	4	4	4
	比例（%）	0.00	0.00	0.00	0.00	100.00	100.00	100.00
	指数	0.00	0.00	0.00	0.00	250.00	142.86	80.00
2008	数量	0	0	0	0	2	2	2
	比例（%）	0.00	0.00	0.00	0.00	100.00	100.00	100.00
	指数	0.00	0.00	0.00	0.00	125.00	71.43	40.00
2009	数量	0	0	0	0	3	3	3
	比例（%）	0.00	0.00	0.00	0.00	100.00	100.00	100.00
	指数	0.00	0.00	0.00	0.00	187.50	107.14	60.00
2010	数量	1	0	1	1	3	4	5
	比例（%）	20.00	0.00	20.00	20.00	60.00	80.00	100.00
	指数	250.00	0.00	45.45	83.33	187.50	142.86	100.00
2011	数量	1	1	2	3	8	11	13
	比例（%）	7.69	7.69	15.38	23.08	61.54	84.62	100.00
	指数	250.00	55.56	90.91	250.00	500.00	392.86	260.00
2012	数量	0	3	3	1	0	1	4
	比例（%）	0.00	75.00	75.00	25.00	0.00	25.00	100.00
	指数	0.00	166.67	136.36	83.33	0.00	35.71	80.00

续表

年份		珠三角地区						总计
		广东			其他			
		深圳	广东（不含深圳）	小计	福建	海南	合计	
2013	数量	0	1	1	1	0	1	2
	比例（%）	0.00	50.00	50.00	50.00	0.00	50.00	100.00
	指数	0.00	55.56	45.45	83.33	0.00	35.71	40.00
2014	数量	0	2	2	0	0	0	2
	比例（%）	0.00	100.00	100.00	0.00	0.00	0.00	100.00
	指数	0.00	111.11	90.91	0.00	0.00	0.00	40.00
2015	数量	1	2	3	1	0	1	4
	比例（%）	25.00	50.00	75.00	25.00	0.00	25.00	100.00
	指数	250.00	111.11	136.36	83.33	0.00	35.71	80.00
2016	数量	3	6	9	1	0	1	10
	比例（%）	30.00	60.00	90.00	10.00	0.00	10.00	100.00
	指数	750.00	333.33	409.09	83.33	0.00	35.71	200.00
2017	数量	7	8	15	0	11	11	26
	比例（%）	26.92	30.77	57.69	0.00	42.31	42.31	100.00
	指数	1750.00	444.44	681.82	0.00	687.50	392.86	520.00
合计	数量	13	23	36	8	31	39	75
	比例（%）	17.33	30.67	48.00	10.67	41.33	52.00	100.00
2011—2015 年均值		0.40	1.80	2.20	1.20	1.60	2.80	5.00

在 2005—2017 年间，中部地区民营样本企业海外并购投资项目数量分布集中来源于安徽省、湖南省、湖北省与内蒙古自治区，投资并购项目总数分别为 11 件、9 件、7 件与 7 件，占该地区比重为 24.44%、20%、15.56% 与 15.56%。中部地区民营样本企业海外并购投资项目多发生于 2012—2017 年，与其他区域相比，中部地区各省市的项目数量较少，但在近 3 年，中部地区民营样本企业并购投资数量指数上升的趋势较为明显。

表 4-2-6　中国民营样本企业并购投资来源地项目数量——中部地区

（单位：件）

年份		中部地区				
		华北东北				
		山西	内蒙古	黑龙江	吉林	合计
2005	数量	0	0	0	0	0
	比例（%）	0.00	0.00	0.00	0.00	0.00
	指数	0.00	0.00	n. a.	n. a.	0.00
2006	数量	0	0	0	0	0
	比例（%）	n. a.	n. a.	n. a.	n. a.	n. a.
	指数	0.00	0.00	n. a.	n. a.	0.00
2007	数量	0	0	0	0	0
	比例（%）	n. a.	n. a.	n. a.	n. a.	n. a.
	指数	0.00	0.00	n. a.	n. a.	0.00
2008	数量	0	0	0	0	0
	比例（%）	0.00	0.00	0.00	0.00	0.00
	指数	0.00	0.00	n. a.	n. a.	0.00
2009	数量	0	0	0	0	0
	比例（%）	0.00	0.00	0.00	0.00	0.00
	指数	0.00	0.00	n. a.	n. a.	0.00
2010	数量	0	0	0	0	0
	比例（%）	n. a.	n. a.	n. a.	n. a.	n. a.
	指数	0.00	0.00	n. a.	n. a.	0.00
2011	数量	0	0	0	0	0
	比例（%）	0.00	0.00	0.00	0.00	0.00
	指数	0.00	0.00	n. a.	n. a.	0.00
2012	数量	1	0	0	0	1
	比例（%）	33.33	0.00	0.00	0.00	33.33
	指数	500.00	0.00	n. a.	n. a.	166.67
2013	数量	0	1	0	0	1
	比例（%）	0.00	25.00	0.00	0.00	25.00
	指数	0.00	250.00	n. a.	n. a.	166.67

续表

年份		中部地区				
		华北东北				
		山西	内蒙古	黑龙江	吉林	合计
2014	数量	0	0	0	0	0
	比例（%）	0.00	0.00	0.00	0.00	0.00
	指数	0.00	0.00	n. a.	n. a.	0.00
2015	数量	0	1	0	0	1
	比例（%）	0.00	16.67	0.00	0.00	16.67
	指数	0.00	250.00	n. a.	n. a.	166.67
2016	数量	1	4	1	0	6
	比例（%）	6.67	26.67	6.67	0.00	40.00
	指数	500.00	1000.00	n. a.	n. a.	1000.00
2017	数量	1	1	0	0	2
	比例（%）	10.00	10.00	0.00	0.00	20.00
	指数	500.00	250.00	n. a.	n. a.	333.33
合计	数量	3	7	1	0	11
	比例（%）	6.67	15.56	2.22	0.00	24.44
2011—2015 年均值		0.20	0.40	0.00	0.00	0.60

年份		中部地区						总计
		中原华中						
		河南	安徽	江西	湖北	湖南	合计	
2005	数量	0	0	0	1	0	1	1
	比例（%）	0.00	0.00	0.00	100.00	0.00	100.00	100.00
	指数	0.00	0.00	0.00	n. a.	0.00	35.71	29.41
2006	数量	0	0	0	0	0	0	0
	比例（%）	n. a.	n. a.	n. a.	n. a.	n. a.	n. a.	n. a.
	指数	0.00	0.00	0.00	n. a.	0.00	0.00	0.00
2007	数量	0	0	0	0	0	0	0
	比例（%）	n. a.	n. a.	n. a.	n. a.	n. a.	n. a.	n. a.
	指数	0.00	0.00	0.00	n. a.	0.00	0.00	0.00

续表

年份		中部地区						总计
		中原华中						
		河南	安徽	江西	湖北	湖南	合计	
2008	数量	0	0	0	0	1	1	1
	比例（%）	0.00	0.00	0.00	0.00	100.00	100.00	100.00
	指数	0.00	0.00	0.00	n. a.	71.43	35.71	29.41
2009	数量	0	0	0	0	1	1	1
	比例（%）	0.00	0.00	0.00	0.00	100.00	100.00	100.00
	指数	0.00	0.00	0.00	n. a.	71.43	35.71	29.41
2010	数量	0	0	0	0	0	0	0
	比例（%）	n. a.	n. a.	n. a.	n. a.	n. a.	n. a.	n. a.
	指数	0.00	0.00	0.00	n. a.	0.00	0.00	0.00
2011	数量	0	0	0	0	1	1	1
	比例（%）	0.00	0.00	0.00	0.00	100.00	100.00	100.00
	指数	0.00	0.00	0.00	n. a.	71.43	35.71	29.41
2012	数量	0	0	1	0	1	2	3
	比例（%）	0.00	0.00	33.33	0.00	33.33	66.67	100.00
	指数	0.00	0.00	250.00	n. a.	71.43	71.43	88.24
2013	数量	1	0	0	0	2	3	4
	比例（%）	25.00	0.00	0.00	0.00	50.00	75.00	100.00
	指数	250.00	0.00	0.00	n. a.	142.86	107.14	117.65
2014	数量	0	1	0	0	2	3	3
	比例（%）	0.00	33.33	0.00	0.00	66.67	100.00	100.00
	指数	0.00	166.67	0.00	n. a.	142.86	107.14	88.24
2015	数量	1	2	1	0	1	5	6
	比例（%）	16.67	33.33	16.67	0.00	16.67	83.33	100.00
	指数	250.00	333.33	250.00	n. a.	71.43	178.57	176.47
2016	数量	1	6	1	1	0	9	15
	比例（%）	6.67	40.00	6.67	6.67	0.00	60.00	100.00
	指数	250.00	1000.00	250.00	n. a.	0.00	321.43	441.18

年份		中部地区						总计
		中原华中						
		河南	安徽	江西	湖北	湖南	合计	
2017	数量	1	2	0	5	0	8	10
	比例（%）	10.00	20.00	0.00	50.00	0.00	80.00	100.00
	指数	250.00	333.33	0.00	n. a.	0.00	285.71	294.12
合计	数量	4	11	3	7	9	34	45
	比例（%）	8.89	24.44	6.67	15.56	20.00	75.56	100.00
2011—2015 年均值		0.40	0.60	0.40	0.00	1.40	2.80	3.40

西部地区民营样本企业海外并购投资项目数量主要来源于四川省与重庆市，两个省市的民营样本企业分别累计进行并购投资 18 件与 14 件，占该地区比重分别为 48.65% 与 37.84%，西部地区其他省份的并购投资数量较少，且西部地区各省市在不同年间的数量指数差异较大。囿于经济发展水平，部分省份没有参与海外并购投资，例如西藏、青海和贵州。

表 4-2-7　中国民营样本企业并购投资来源地项目数量——西部地区

（单位：件）

年份		西部地区					
		西北					
		陕西	甘肃	宁夏	青海	新疆	合计
2005	数量	0	0	0	0	0	0
	比例（%）	n. a.	n. a.	n. a.	n. a.	n. a.	n. a.
	指数	n. a.	n. a.	0.00	n. a.	n. a.	0.00
2006	数量	0	0	0	0	0	0
	比例（%）	0.00	0.00	0.00	0.00	0.00	0.00
	指数	n. a.	n. a.	0.00	n. a.	n. a.	0.00
2007	数量	0	0	0	0	0	0
	比例（%）	0.00	0.00	0.00	0.00	0.00	0.00
	指数	n. a.	n. a.	0.00	n. a.	n. a.	0.00

续表

年份		西部地区					
		西北					
		陕西	甘肃	宁夏	青海	新疆	合计
2008	数量	0	0	0	0	0	0
	比例（%）	0.00	0.00	0.00	0.00	0.00	0.00
	指数	n. a.	n. a.	0.00	n. a.	n. a.	0.00
2009	数量	0	0	0	0	0	0
	比例（%）	0.00	0.00	0.00	0.00	0.00	0.00
	指数	n. a.	n. a.	0.00	n. a.	n. a.	0.00
2010	数量	0	0	0	0	0	0
	比例（%）	0.00	0.00	0.00	0.00	0.00	0.00
	指数	n. a.	n. a.	0.00	n. a.	n. a.	0.00
2011	数量	0	0	0	0	0	0
	比例（%）	0.00	0.00	0.00	0.00	0.00	0.00
	指数	n. a.	n. a.	0.00	n. a.	n. a.	0.00
2012	数量	0	0	0	0	0	0
	比例（%）	0.00	0.00	0.00	0.00	0.00	0.00
	指数	n. a.	n. a.	0.00	n. a.	n. a.	0.00
2013	数量	0	0	0	0	0	0
	比例（%）	0.00	0.00	0.00	0.00	0.00	0.00
	指数	n. a.	n. a.	0.00	n. a.	n. a.	0.00
2014	数量	0	0	1	0	0	1
	比例（%）	0.00	0.00	50.00	0.00	0.00	50.00
	指数	n. a.	n. a.	500.00	n. a.	n. a.	500.00
2015	数量	0	0	0	0	0	0
	比例（%）	0.00	0.00	0.00	0.00	0.00	0.00
	指数	n. a.	n. a.	0.00	n. a.	n. a.	0.00
2016	数量	0	0	0	0	0	0
	比例（%）	0.00	0.00	0.00	0.00	0.00	0.00
	指数	n. a.	n. a.	0.00	n. a.	n. a.	0.00

续表

年份		西部地区					
		西北					
		陕西	甘肃	宁夏	青海	新疆	合计
2017	数量	0	0	0	0	2	2
	比例（%）	0.00	0.00	0.00	0.00	33.33	33.33
	指数	n.a.	n.a.	0.00	n.a.	n.a.	1000.00
合计	数量	0	0	1	0	2	3
	比例（%）	0.00	0.00	2.70	0.00	5.41	8.11
2011—2015 年均值		0.00	0.00	0.20	0.00	0.00	0.20

年份		西部地区							总计
		西南							
		四川	重庆	云南	广西	贵州	西藏	合计	
2005	数量	0	0	0	0	0	0	0	0
	比例（%）	n.a.	n.a.	n.a.	n.a.	n.a.	n.a.	n.a.	n.a.
	指数	0.00	0.00	0.00	n.a.	n.a.	n.a.	0.00	0.00
2006	数量	0	2	0	0	0	0	2	2
	比例（%）	0.00	100.00	0.00	0.00	0.00	0.00	100.00	100.00
	指数	0.00	250.00	0.00	n.a.	n.a.	n.a.	55.56	52.63
2007	数量	1	0	0	0	0	0	1	1
	比例（%）	100.00	0.00	0.00	0.00	0.00	0.00	100.00	100.00
	指数	41.67	0.00	0.00	n.a.	n.a.	n.a.	27.78	26.32
2008	数量	1	0	0	0	0	0	1	1
	比例（%）	100.00	0.00	0.00	0.00	0.00	0.00	100.00	100.00
	指数	41.67	0.00	0.00	n.a.	n.a.	n.a.	27.78	26.32
2009	数量	0	3	0	0	0	0	3	3
	比例（%）	0.00	100.00	0.00	0.00	0.00	0.00	100.00	100.00
	指数	0.00	375.00	0.00	n.a.	n.a.	n.a.	83.33	78.95
2010	数量	0	1	0	0	0	0	1	1
	比例（%）	0.00	100.00	0.00	0.00	0.00	0.00	100.00	100.00
	指数	0.00	125.00	0.00	n.a.	n.a.	n.a.	27.78	26.32

续表

年份		西部地区							总计
		西南							
		四川	重庆	云南	广西	贵州	西藏	合计	
2011	数量	4	2	0	0	0	0	6	6
	比例（%）	66.67	33.33	0.00	0.00	0.00	0.00	100.00	100.00
	指数	166.67	250.00	0.00	n.a.	n.a.	n.a.	166.67	157.89
2012	数量	0	1	0	0	0	0	1	1
	比例（%）	0.00	100.00	0.00	0.00	0.00	0.00	100.00	100.00
	指数	0.00	125.00	0.00	n.a.	n.a.	n.a.	27.78	26.32
2013	数量	6	0	0	0	0	0	6	6
	比例（%）	100.00	0.00	0.00	0.00	0.00	0.00	100.00	100.00
	指数	250.00	0.00	0.00	n.a.	n.a.	n.a.	166.67	157.89
2014	数量	0	0	1	0	0	0	1	2
	比例（%）	0.00	0.00	50.00	0.00	0.00	0.00	50.00	100.00
	指数	0.00	0.00	250.00	n.a.	n.a.	n.a.	27.78	52.63
2015	数量	2	1	1	0	0	0	4	4
	比例（%）	50.00	25.00	25.00	0.00	0.00	0.00	100.00	100.00
	指数	83.33	125.00	250.00	n.a.	n.a.	n.a.	111.11	105.26
2016	数量	2	2	0	0	0	0	4	4
	比例（%）	50.00	50.00	0.00	0.00	0.00	0.00	100.00	100.00
	指数	83.33	250.00	0.00	n.a.	n.a.	n.a.	111.11	105.26
2017	数量	2	2	0	0	0	0	4	6
	比例（%）	33.33	33.33	0.00	0.00	0.00	0.00	66.67	100.00
	指数	83.33	250.00	0.00	n.a.	n.a.	n.a.	111.11	157.89
合计	数量	18	14	2	0	0	0	34	37
	比例（%）	48.65	37.84	5.41	0.00	0.00	0.00	91.89	100.00
2011—2015年均值		2.40	0.80	0.40	0.00	0.00	0.00	3.60	3.80

2. 各省市民营企业海外并购投资金额分布

环渤海地区民营样本企业海外并购投资金额主要来源于辽宁省，金额总计约365亿美元，占该地区民营样本企业海外并购投资金额的43.89%；

位于第二的是河北省，累计并购金额 335.33 亿美元，在环渤海地区占比 40.33%，主要来源于 2017 年的 2 件投资项目约 335.33 亿美元的并购资金；其次是北京市，金额总计约 115.06 亿美元，占环渤海地区总金额规模的 13.84%。山东省与天津市民营样本企业海外并购投资金额规模在环渤海地区占比较小。从并购投资金额指数增长趋势来看，环渤海地区民营样本企业并购投资金额在 2012 年开始有较大幅度的增长。北京市在 2014—2017 年金额指数连续超过 100，增长较为稳定，发展较好；辽宁省、天津市、河北省与山东省并购金额指数波动较大，在部分年份的表现较为突出。

表 4-2-8　中国民营样本企业并购投资来源地金额——环渤海地区

（单位：百万美元）

年份		环渤海地区							
		京津冀地区				其他			总计
		北京	天津	河北	小计	辽宁	山东	合计	
2005	金额	26.42	0.00	0.00	26.42	0.00	0.00	0.00	26.42
	比例（%）	100.00	0.00	0.00	100.00	0.00	0.00	0.00	100.00
	指数	2.88	n.a.	n.a.	2.88	0.00	0.00	0.00	0.39
2006	金额	0.00	0.00	0.00	0.00	0.00	0.00	0.00	0.00
	比例（%）	n.a.	n.a.	n.a.	n.a.	n.a.	n.a.	n.a.	n.a.
	指数	0.00	0.00	0.00	0.00	0.00	0.00	0.00	0.00
2007	金额	0.00	0.00	0.00	0.00	0.00	0.00	0.00	0.00
	比例（%）	n.a.	n.a.	n.a.	n.a.	n.a.	n.a.	n.a.	n.a.
	指数	0.00	0.00	0.00	0.00	0.00	0.00	0.00	0.00
2008	金额	395.10	0.00	0.00	395.10	19.81	0.00	19.81	414.91
	比例（%）	95.23	0.00	0.00	95.23	4.77	0.00	4.77	100.00
	指数	43.09	0.00	0.00	43.09	0.34	0.00	0.34	6.19
2009	金额	0.00	0.00	0.00	0.00	0.00	0.00	0.00	0.00
	比例（%）	n.a.	n.a.	n.a.	n.a.	n.a.	n.a.	n.a.	n.a.
	指数	0.00	0.00	0.00	0.00	0.00	0.00	0.00	0.00

续表

年份		环渤海地区							总计
		京津冀地区				其他			
		北京	天津	河北	小计	辽宁	山东	合计	
2010	金额	41.06	0.00	0.00	41.06	0.00	12.91	12.91	53.97
	比例（%）	76.08	0.00	0.00	76.08	0.00	23.92	23.92	100.00
	指数	4.48	n. a.	n. a.	4.48	0.00	33.55	0.22	0.81
2011	金额	0.00	0.00	0.00	0.00	1.87	32.44	34.31	34.31
	比例（%）	0.00	0.00	0.00	0.00	5.45	94.55	100.00	100.00
	指数	0.00	n. a.	n. a.	0.00	0.03	84.31	0.59	0.51
2012	金额	1011.49	0.00	0.00	1011.49	3098.59	0.00	3098.59	4110.08
	比例（%）	24.61	0.00	0.00	24.61	75.39	0.00	75.39	100.00
	指数	110.33	n. a.	n. a.	110.33	53.94	0.00	53.59	61.35
2013	金额	0.00	0.00	0.00	0.00	1018.22	74.97	1093.19	1093.19
	比例（%）	0.00	0.00	0.00	0.00	93.14	6.86	100.00	100.00
	指数	0.00	n. a.	n. a.	0.00	17.73	194.84	18.91	16.32
2014	金额	2591.63	0.00	0.00	2591.63	9247.32	32.98	9280.30	11871.93
	比例（%）	21.83	0.00	0.00	21.83	77.89	0.28	78.17	100.00
	指数	282.68	n. a.	n. a.	282.68	160.99	85.71	160.49	177.21
2015	金额	980.97	0.00	0.00	980.97	15354.13	52.00	15406.13	16387.10
	比例（%）	5.99	0.00	0.00	5.99	93.70	0.32	94.01	100.00
	指数	107.00	n. a.	n. a.	107.00	267.31	135.14	266.43	244.61
2016	金额	1654.16	15.00	0.00	1669.16	7759.01	220.85	7979.86	9649.02
	比例（%）	17.14	0.16	0.00	17.30	80.41	2.29	82.70	100.00
	指数	180.42	n. a.	n. a.	182.06	135.08	573.96	138.00	144.03
2017	金额	4805.10	0.00	33533.18	38338.28	0.00	1173.48	1173.48	39511.76
	比例（%）	12.16	0.00	84.87	97.03	0.00	2.97	2.97	100.00
	指数	524.11	n. a.	n. a.	4181.67	0.00	3049.74	20.29	589.79
合计	金额	11505.93	15.00	33533.18	45054.11	36498.95	1599.63	38098.58	83152.69
	比例（%）	13.84	0.02	40.33	54.18	43.89	1.92	45.82	100.00
2011—2015 年均值		916.82	0.00	0.00	916.82	5744.03	38.48	5782.50	6699.32

长三角地区民营样本企业海外并购投资金额主要来源于上海市，金额总计230.67 亿美元，占长三角地区并购投资金额的 52.3%，位列第一；第二是浙江省，金额总计 171.50 亿美元，占比 38.88%；第三是江苏省，金额总计约 38.91 亿美元，占比 8.82%。上海市在 2015—2017 年的并购发展较好，这 3 年的并购金额指数连续超过其在 2011—2015 年的均值，尤其2017 年的增长较快；江苏省虽然金额总量较少，但在 2014—2017 年，并购金额指数均连续超过 100，近 4 年的增长趋势较为稳定；浙江省并购金额指数则在 2015—2017 年间增长较快。

表 4-2-9　中国民营样本企业并购投资来源地金额——长三角地区

（单位：百万美元）

年份		长三角地区					
		上海		其他			总计
		上海	小计	江苏	浙江	合计	
2005	金额	0.00	0.00	0.00	2.00	2.00	2.00
	比例（%）	0.00	0.00	0.00	100.00	100.00	100.00
	指数	0.00	0.00	0.00	0.39	0.28	0.14
2006	金额	0.00	0.00	0.00	13.70	13.70	13.70
	比例（%）	0.00	0.00	0.00	100.00	100.00	100.00
	指数	0.00	0.00	0.00	2.67	1.95	0.96
2007	金额	0.00	0.00	0.00	129.07	129.07	129.07
	比例（%）	0.00	0.00	0.00	100.00	100.00	100.00
	指数	0.00	0.00	0.00	25.18	18.38	9.03
2008	金额	0.00	0.00	0.00	128.00	128.00	128.00
	比例（%）	0.00	0.00	0.00	100.00	100.00	100.00
	指数	0.00	0.00	0.00	24.97	18.23	8.96
2009	金额	0.00	0.00	147.42	132.23	279.65	279.65
	比例（%）	0.00	0.00	52.72	47.28	100.00	100.00
	指数	0.00	0.00	77.75	25.79	39.82	19.57
2010	金额	419.35	419.35	0.00	1815.71	1815.71	2235.06
	比例（%）	18.76	18.76	0.00	81.24	81.24	100.00
	指数	57.69	57.69	0.00	354.17	258.55	156.39

续表

年份		长三角地区					总计
		上海		其他			
		上海	小计	江苏	浙江	合计	
2011	金额	0.00	0.00	41.62	1140.42	1182.04	1182.04
	比例（%）	0.00	0.00	3.52	96.48	100.00	100.00
	指数	0.00	0.00	21.95	222.45	168.32	82.71
2012	金额	0.00	0.00	159.40	102.03	261.43	261.43
	比例（%）	0.00	0.00	60.97	39.03	100.00	100.00
	指数	0.00	0.00	84.07	19.90	37.23	18.29
2013	金额	0.00	0.00	0.00	380.41	380.41	380.41
	比例（%）	0.00	0.00	0.00	100.00	100.00	100.00
	指数	0.00	0.00	0.00	74.20	54.17	26.62
2014	金额	3.23	3.23	277.98	30.00	307.98	311.21
	比例（%）	1.04	1.04	89.32	9.64	98.96	100.00
	指数	0.44	0.44	146.61	5.85	43.85	21.78
2015	金额	3631.05	3631.05	469.04	910.45	1379.49	5010.54
	比例（%）	72.47	72.47	9.36	18.17	27.53	100.00
	指数	499.56	499.56	247.37	177.59	196.43	350.60
2016	金额	2686.68	2686.68	1035.60	3298.25	4333.85	7020.53
	比例（%）	38.27	38.27	14.75	46.98	61.73	100.00
	指数	369.63	369.63	546.18	643.36	617.12	491.25
2017	金额	16326.54	16326.54	1759.98	9068.46	10828.44	27154.98
	比例（%）	60.12	60.12	6.48	33.40	39.88	100.00
	指数	2246.19	2246.19	928.22	1768.90	1541.92	1900.11
合计	金额	23066.85	23066.85	3891.04	17150.73	21041.77	44108.62
	比例（%）	52.30	52.30	8.82	38.88	47.70	100.00
2011—2015 年均值		726.86	726.86	189.61	512.66	702.27	1429.13

珠三角地区民营样本企业海外并购投资金额主要来源于海南省，金额总计约 165.8 亿美元，占该地区并购投资金额规模的 71.8%；其次是

深圳市，金额总计约 46.33 亿美元，占比 20.07%；第三是广东省（不含深圳），金额总计约 15.9 亿美元，占比 6.88%；福建省的投资金额较少，为该地区占比最少的省份，仅占 1.25%。从珠三角地区民营企业并购投资金额增长趋势上看，深圳市并购投资金额指数在 2015 — 2017 年增长迅速，广东省（不含深圳）总体增速不及深圳市；福建省的并购金额总量较小，且不同年份的金额波动幅度较大，增速不明显；海南省的并购金额占该地区的比重较大的原因主要在于个别年份的并购投资金额较大，如 2017 年单年度达到 118.5 亿美元，因此海南省的并购金额指数的波动相对较大。

表 4-2-10　中国民营样本企业并购投资来源地金额——珠三角地区

（单位：百万美元）

年份		珠三角地区						
		广东			其他			总计
		深圳	广东（不含深圳）	小计	福建	海南	合计	
2005	金额	0.00	0.00	0.00	0.00	0.00	0.00	0.00
	比例（%）	n. a.	n. a.	n. a.	n. a.	n. a.	n. a.	n. a.
	指数	0.00	0.00	0.00	0.00	0.00	0.00	0.00
2006	金额	0.00	0.00	0.00	0.00	0.00	0.00	0.00
	比例（%）	n. a.	n. a.	n. a.	n. a.	n. a.	n. a.	n. a.
	指数	0.00	0.00	0.00	0.00	0.00	0.00	0.00
2007	金额	0.00	0.00	0.00	0.00	0.00	0.00	0.00
	比例（%）	n. a.	n. a.	n. a.	n. a.	n. a.	n. a.	n. a.
	指数	0.00	0.00	0.00	0.00	0.00	0.00	0.00
2008	金额	0.00	0.00	0.00	0.00	0.00	0.00	0.00
	比例（%）	n. a.	n. a.	n. a.	n. a.	n. a.	n. a.	n. a.
	指数	0.00	0.00	0.00	0.00	0.00	0.00	0.00
2009	金额	0.00	0.00	0.00	0.00	0.00	0.00	0.00
	比例（%）	n. a.	n. a.	n. a.	n. a.	n. a.	n. a.	n. a.
	指数	0.00	0.00	0.00	0.00	0.00	0.00	0.00

年份		珠三角地区						总计
		广东			其他			
		深圳	广东（不含深圳）	小计	福建	海南	合计	
2010	金额	0.00	0.00	0.00	21.00	48.84	69.84	69.84
	比例（%）	0.00	0.00	0.00	30.07	69.93	100.00	100.00
	指数	0.00	0.00	0.00	157.21	5.22	7.35	6.21
2011	金额	0.00	0.00	0.00	24.10	4681.29	4705.39	4705.39
	比例（%）	0.00	0.00	0.00	0.51	99.49	100.00	100.00
	指数	0.00	0.00	0.00	180.42	500.00	495.50	418.12
2012	金额	0.00	401.86	401.86	21.00	0.00	21.00	422.86
	比例（%）	0.00	95.03	95.03	4.97	0.00	4.97	100.00
	指数	0.00	348.88	228.66	157.21	0.00	2.21	37.58
2013	金额	0.00	51.60	51.60	11.69	0.00	11.69	63.29
	比例（%）	0.00	81.53	81.53	18.47	0.00	18.47	100.00
	指数	0.00	44.80	29.36	87.51	0.00	1.23	5.62
2014	金额	0.00	38.36	38.36	0.00	0.00	0.00	38.36
	比例（%）	0.00	100.00	100.00	0.00	0.00	0.00	100.00
	指数	0.00	33.30	21.83	0.00	0.00	0.00	3.41
2015	金额	302.78	84.11	386.89	10.00	0.00	10.00	396.89
	比例（%）	76.29	21.19	97.48	2.52	0.00	2.52	100.00
	指数	500.00	73.02	220.15	74.86	0.00	1.05	35.27
2016	金额	2069.51	589.67	2659.18	200.00	0.00	200.00	2859.18
	比例（%）	72.38	20.62	93.00	7.00	0.00	7.00	100.00
	指数	3417.51	511.93	1513.12	1497.23	0.00	21.06	254.07
2017	金额	2261.05	423.91	2684.96	0.00	11850.06	11850.06	14535.02
	比例（%）	15.56	2.92	18.47	0.00	81.53	81.53	100.00
	指数	3733.82	368.02	1527.79	0.00	1265.68	1247.88	1291.59
合计	金额	4633.34	1589.51	6222.85	287.79	16580.19	16867.98	23090.83
	比例（%）	20.07	6.88	26.95	1.25	71.80	73.05	100.00
2011—2015年均值		60.56	115.19	175.74	13.36	936.26	949.62	1125.36

　　中部地区民营样本企业海外并购投资金额主要来源于内蒙古自治区，累计投资金额约 27.58 亿美元，占中部地区投资金额规模的 28.79%；其次是湖南省，并购投资金额总计约 21.89 亿美元，占比 22.85%；第三是湖北省，金额总计约 17.20 亿美元，占比 17.96%。中部地区不同省份并购金额差异较大，同时通过指数变化可以看出，该地区在 2012 年之后并购投资金额才有较为明显的增长，且在随后年份中波动明显。

表 4-2-11 中国民营样本企业并购投资来源地金额——中部地区

（单位：百万美元）

年份		中部地区				
		华北东北				
		山西	内蒙古	黑龙江	吉林	合计
2005	金额	0.00	0.00	0.00	0.00	0.00
	比例（%）	0.00	0.00	0.00	0.00	0.00
	指数	0.00	0.00	n.a.	n.a.	0.00
2006	金额	0.00	0.00	0.00	0.00	0.00
	比例（%）	n.a.	n.a.	n.a.	n.a.	n.a.
	指数	0.00	0.00	n.a.	n.a.	0.00
2007	金额	0.00	0.00	0.00	0.00	0.00
	比例（%）	n.a.	n.a.	n.a.	n.a.	n.a.
	指数	0.00	0.00	n.a.	n.a.	0.00
2008	金额	0.00	0.00	0.00	0.00	0.00
	比例（%）	0.00	0.00	0.00	0.00	0.00
	指数	0.00	0.00	n.a.	n.a.	0.00
2009	金额	0.00	0.00	0.00	0.00	0.00
	比例（%）	0.00	0.00	0.00	0.00	0.00
	指数	0.00	0.00	n.a.	n.a.	0.00
2010	金额	0.00	0.00	0.00	0.00	0.00
	比例（%）	n.a.	n.a.	n.a.	n.a.	n.a.
	指数	0.00	0.00	n.a.	n.a.	0.00
2011	金额	0.00	0.00	0.00	0.00	0.00
	比例（%）	0.00	0.00	0.00	0.00	0.00
	指数	0.00	0.00	n.a.	n.a.	0.00

续表

年份		中部地区				
		华北东北				
		山西	内蒙古	黑龙江	吉林	合计
2012	金额	448.74	0.00	0.00	0.00	448.74
	比例（%）	40.49	0.00	0.00	0.00	40.49
	指数	500.00	0.00	n.a.	n.a.	499.38
2013	金额	0.00	0.28	0.00	0.00	0.28
	比例（%）	0.00	0.18	0.00	0.00	0.18
	指数	0.00	250.00	n.a.	n.a.	0.31
2014	金额	0.00	0.00	0.00	0.00	0.00
	比例（%）	0.00	0.00	0.00	0.00	0.00
	指数	0.00	0.00	n.a.	n.a.	0.00
2015	金额	0.00	0.28	0.00	0.00	0.28
	比例（%）	0.00	0.04	0.00	0.00	0.04
	指数	0.00	250.00	n.a.	n.a.	0.31
2016	金额	0.00	2569.07	200.00	0.00	2769.07
	比例（%）	0.00	68.76	5.35	0.00	74.11
	指数	0.00	2293812.50	n.a.	n.a.	3081.54
2017	金额	934.51	188.46	0.00	0.00	1122.97
	比例（%）	39.68	8.00	0.00	0.00	47.68
	指数	1041.26	168267.86	n.a.	n.a.	1249.69
合计	金额	1383.25	2758.09	200.00	0.00	4341.34
	比例（%）	14.44	28.79	2.09	0.00	45.31
2011—2015年均值		89.75	0.11	0.00		89.86

年份		中部地区						总计
		中原华中						
		河南	安徽	江西	湖北	湖南	合计	
2005	金额	0.00	0.00	0.00	39.86	0.00	39.86	39.86
	比例（%）	0.00	0.00	0.00	100.00	0.00	100.00	100.00
	指数	0.00	0.00	0.00	n.a.	0.00	8.24	6.95

续表

年份		中部地区						总计
		中原华中						
		河南	安徽	江西	湖北	湖南	合计	
2006	数量	0.00	0.00	0.00	0.00	0.00	0.00	0.00
	比例（%）	n. a.	n. a.	n. a.	n. a.	n. a.	n. a.	n. a.
	指数	0.00	0.00	0.00	n. a.	0.00	0.00	0.00
2007	数量	0.00	0.00	0.00	0.00	0.00	0.00	0.00
	比例（%）	n. a.	n. a.	n. a.	n. a.	n. a.	n. a.	n. a.
	指数	0.00	0.00	0.00	n. a.	0.00	0.00	0.00
2008	数量	0.00	0.00	0.00	0.00	289.98	289.98	289.98
	比例（%）	0.00	0.00	0.00	0.00	100.00	100.00	100.00
	指数	0.00	0.00	0.00	n. a.	90.11	59.92	50.53
2009	金额	0.00	0.00	0.00	0.00	289.98	289.98	289.98
	比例（%）	0.00	0.00	0.00	0.00	100.00	100.00	100.00
	指数	0.00	0.00	0.00	n. a.	90.11	59.92	50.53
2010	金额	0.00	0.00	0.00	0.00	0.00	0.00	0.00
	比例（%）	n. a.	n. a.	n. a.	n. a.	n. a.	n. a.	n. a.
	指数	0.00	0.00	0.00	n. a.	0.00	0.00	0.00
2011	金额	0.00	0.00	0.00	0.00	656.42	656.42	656.42
	比例（%）	0.00	0.00	0.00	0.00	100.00	100.00	100.00
	指数	0.00	0.00	0.00	n. a.	203.98	135.63	114.39
2012	金额	0.00	0.00	3.00	0.00	656.42	659.42	1108.16
	比例（%）	0.00	0.00	0.27	0.00	59.24	59.51	100.00
	指数	0.00	0.00	12.46	n. a.	203.98	136.25	193.12
2013	金额	4.92	0.00	0.00	0.00	148.10	153.02	153.30
	比例（%）	3.21	0.00	0.00	0.00	96.61	99.82	100.00
	指数	7.99	0.00	0.00	n. a.	46.02	31.62	26.72
2014	金额	0.00	80.00	0.00	0.00	148.10	228.10	228.10
	比例（%）	0.00	35.07	0.00	0.00	64.93	100.00	100.00
	指数	0.00	104.53	0.00	n. a.	46.02	47.13	39.75

年份		中部地区						总计
		中原华中						
		河南	安徽	江西	湖北	湖南	合计	
2015	金额	302.78	302.66	117.42	0.00	0.00	722.86	723.14
	比例（%）	41.87	41.85	16.24	0.00	0.00	99.96	100.00
	指数	492.01	395.47	487.54	n.a.	0.00	149.36	126.02
2016	金额	0.00	257.44	0.00	709.91	0.00	967.35	3736.42
	比例（%）	0.00	6.89	0.00	19.00	0.00	25.89	100.00
	指数	0.00	336.38	0.00	n.a.	0.00	199.88	651.14
2017	金额	0.65	260.37	0.00	971.18	0.00	1232.20	2355.17
	比例（%）	0.03	11.06	0.00	41.24	0.00	52.32	100.00
	指数	1.06	340.21	0.00	n.a.	0.00	254.61	410.43
合计	金额	308.35	900.47	120.42	1720.95	2189.00	5239.19	9580.53
	比例（%）	3.22	9.40	1.26	17.96	22.85	54.69	100.00
2011—2015年均值		61.54	76.53	24.08	0.00	321.81	483.96	573.82

西部地区民营样本企业海外并购投资金额主要来源于云南省，金额总计93.8亿美元，占比83.4%；其次是四川省，金额累计11.23亿美元，占比9.98%；排在第三的是重庆市，投资金额累计7.04亿美元，占比6.26%。而该区域其他省份并购投资金额占比较小，且部分省份未参与并购投资，因此不同省份在各年间并购投资金额指数差异较大。

表4-2-12　中国民营样本企业并购投资来源地金额——西部地区

（单位：百万美元）

年份		西部地区					
		西北					
		陕西	甘肃	宁夏	青海	新疆	合计
2005	金额	0.00	0.00	0.00	0.00	0.00	0.00
	比例（%）	n.a.	n.a.	n.a.	n.a.	n.a.	n.a.
	指数	n.a.	n.a.	n.a.	n.a.	n.a.	n.a.

续表

年份		西部地区					
		西北					
		陕西	甘肃	宁夏	青海	新疆	合计
2006	金额	0.00	0.00	0.00	0.00	0.00	0.00
	比例（%）	0.00	0.00	0.00	0.00	0.00	0.00
	指数	n. a.	n. a.	n. a.	n. a.	n. a.	n. a.
2007	金额	0.00	0.00	0.00	0.00	0.00	0.00
	比例（%）	n. a.	n. a.	n. a.	n. a.	n. a.	n. a.
	指数	n. a.	n. a.	n. a.	n. a.	n. a.	n. a.
2008	金额	0.00	0.00	0.00	0.00	0.00	0.00
	比例（%）	0.00	0.00	0.00	0.00	0.00	0.00
	指数	n. a.	n. a.	n. a.	n. a.	n. a.	n. a.
2009	金额	0.00	0.00	0.00	0.00	0.00	0.00
	比例（%）	0.00	0.00	0.00	0.00	0.00	0.00
	指数	n. a.	n. a.	n. a.	n. a.	n. a.	n. a.
2010	金额	0.00	0.00	0.00	0.00	0.00	0.00
	比例（%）	n. a.	n. a.	n. a.	n. a.	n. a.	n. a.
	指数	n. a.	n. a.	n. a.	n. a.	n. a.	n. a.
2011	金额	0.00	0.00	0.00	0.00	0.00	0.00
	比例（%）	0.00	0.00	0.00	0.00	0.00	0.00
	指数	n. a.	n. a.	n. a.	n. a.	n. a.	n. a.
2012	金额	0.00	0.00	0.00	0.00	0.00	0.00
	比例（%）	0.00	0.00	0.00	0.00	0.00	0.00
	指数	n. a.	n. a.	n. a.	n. a.	n. a.	n. a.
2013	金额	0.00	0.00	0.00	0.00	0.00	0.00
	比例（%）	0.00	0.00	0.00	0.00	0.00	0.00
	指数	n. a.	n. a.	n. a.	n. a.	n. a.	n. a.
2014	金额	0.00	0.00	0.00	0.00	0.00	0.00
	比例（%）	0.00	0.00	0.00	0.00	0.00	0.00
	指数	n. a.	n. a.	n. a.	n. a.	n. a.	n. a.

续表

年份		西部地区					
		西北					
		陕西	甘肃	宁夏	青海	新疆	合计
2015	金额	0.00	0.00	0.00	0.00	0.00	0.00
	比例（%）	0.00	0.00	0.00	0.00	0.00	0.00
	指数	n. a.	n. a.	n. a.	n. a.	n. a.	n. a.
2016	金额	0.00	0.00	0.00	0.00	0.00	0.00
	比例（%）	0.00	0.00	0.00	0.00	0.00	0.00
	指数	n. a.	n. a.	n. a.	n. a.	n. a.	n. a.
2017	金额	0.00	0.00	0.00	0.00	40.00	40.00
	比例（%）	0.00	0.00	0.00	0.00	2.99	2.99
	指数	n. a.	n. a.	n. a.	n. a.	n. a.	n. a.
合计	金额	0.00	0.00	0.00	0.00	40.00	40.00
	比例（%）	0.00	0.00	0.00	0.00	0.36	0.36
2011—2015年均值		0.00	0.00	0.00	0.00	0.00	0.00

年份		西部地区							总计
		西南							
		四川	重庆	云南	广西	贵州	西藏	合计	
2005	金额	0.00	0.00	0.00	0.00	0.00	0.00	0.00	0.00
	比例（%）	n. a.	n. a.	n. a.	n. a.	n. a.	n. a.	n. a.	n. a.
	指数	0.00	0.00	0.00	0.00	0.00	0.00	0.00	0.00
2006	金额	0.00	46.00	0.00	0.00	0.00	0.00	46.00	46.00
	比例（%）	0.00	100.00	0.00	0.00	0.00	0.00	100.00	100.00
	指数	0.00	2403.34	0.00	0.00	0.00	0.00	2.37	2.37
2007	金额	0.00	0.00	0.00	0.00	0.00	0.00	0.00	0.00
	比例（%）	n. a.	n. a.	n. a.	n. a.	n. a.	n. a.	n. a.	n. a.
	指数	0.00	0.00	0.00	0.00	0.00	0.00	0.00	0.00
2008	金额	8.96	0.00	0.00	0.00	0.00	0.00	8.96	8.96
	比例（%）	100.00	0.00	0.00	0.00	0.00	0.00	100.00	100.00
	指数	14.75	0.00	0.00	n. a.	n. a.	n. a.	0.46	0.46

续表

年份		西部地区							总计
		西南							
		四川	重庆	云南	广西	贵州	西藏	合计	
2009	金额	0.00	46.00	0.00	0.00	0.00	0.00	46.00	46.00
	比例（%）	0.00	100.00	0.00	0.00	0.00	0.00	100.00	100.00
	指数	0.00	2403.34	0.00	n. a.	n. a.	n. a.	2.37	2.37
2010	金额	0.00	0.00	0.00	0.00	0.00	0.00	0.00	0.00
	比例（%）	n. a.	n. a.	n. a.	n. a.	n. a.	n. a.	n. a.	n. a.
	指数	0.00	0.00	0.00	0.00	0.00	0.00	0.00	0.00
2011	金额	30.90	0.00	0.00	0.00	0.00	0.00	30.90	30.90
	比例（%）	100.00	0.00	0.00	0.00	0.00	0.00	100.00	100.00
	指数	50.85	0.00	0.00	n. a.	n. a.	n. a.	1.59	1.59
2012	金额	0.00	5.73	0.00	0.00	0.00	0.00	5.73	5.73
	比例（%）	0.00	100.00	0.00	0.00	0.00	0.00	100.00	100.00
	指数	0.00	299.37	0.00	n. a.	n. a.	n. a.	0.30	0.30
2013	金额	203.19	0.00	0.00	0.00	0.00	0.00	203.19	203.19
	比例（%）	100.00	0.00	0.00	0.00	0.00	0.00	100.00	100.00
	指数	334.39	0.00	0.00	n. a.	n. a.	n. a.	10.48	10.48
2014	金额	0.00	0.00	9367.58	0.00	0.00	0.00	9367.58	9367.58
	比例（%）	0.00	0.00	100.00	0.00	0.00	0.00	100.00	100.00
	指数	0.00	0.00	499.31	n. a.	n. a.	n. a.	483.17	483.17
2015	金额	69.73	3.84	12.97	0.00	0.00	0.00	86.54	86.54
	比例（%）	80.58	4.44	14.99	0.00	0.00	0.00	100.00	100.00
	指数	114.76	200.63	0.69	n. a.	n. a.	n. a.	4.46	4.46
2016	金额	15.98	98.60	0.00	0.00	0.00	0.00	114.58	114.58
	比例（%）	13.95	86.05	0.00	0.00	0.00	0.00	100.00	100.00
	指数	26.30	5151.52	0.00	n. a.	n. a.	n. a.	5.91	5.91
2017	金额	794.15	503.84	0.00	0.00	0.00	0.00	1297.99	1337.99
	比例（%）	59.35	37.66	0.00	0.00	0.00	0.00	97.01	100.00
	指数	1306.94	26323.93	0.00	n. a.	n. a.	n. a.	66.95	69.01

续表

年份		西部地区							总计
		西南							
		四川	重庆	云南	广西	贵州	西藏	合计	
合计	金额	1122.91	704.01	9380.55	0.00	0.00	0.00	11207.47	11247.47
	比例（%）	9.98	6.26	83.40	0.00	0.00	0.00	99.64	100.00
2011—2015年均值		60.76	1.91	1876.11	0.00	0.00	0.00	1938.79	1938.79

第三节　民营企业海外并购投资标的国（地区）别指数

本节对我国民营样本企业海外并购投资项目数量与金额规模按照投资标的国（地区）进行划分，其中根据标的国（地区）的经济发展水平不同，将标的国（地区）分为发达经济体、发展中经济体和转型经济体三大类型，本节将针对这三类经济体以及其细分国家（地区）所接受的我国民营样本企业海外并购投资的项目数量与金额规模进行统计分析。

一、民营企业海外并购投资项目数量和金额在不同经济体的分布

1. 民营企业海外并购项目数量在不同经济体的分布

2005—2017年，中国民营企业海外并购投资项目数量在标的国（地区）分布的具体情况为：累计投向发达经济体371件，占总投资项目数量的83.75%。其中，投向欧洲地区总计144件，在发达经济体中占比38.81%；北美洲地区总计接受60件，占比16.17%；其他发达经济体总计167件，占比45.01%。投向发展中经济体累计56件，在总并购投资项目数量中占比12.64%。在发展中经济体中，投向非洲地区总计11件，占发展中经济体所接受并购投资项目数量的19.64%；亚洲地区累计35件，占比62.50%；拉丁美洲和加勒比海地区10件，占比17.86%。投向转型经济体累计16件，占比总规模的3.61%，且都投向了独联体国家。由此可看出中国民营企业海外投

资并购项目多发生在欧洲、北美洲地区与其他发达经济体。

从我国民营样本企业在标的地区的海外并购投资的数量指数发展趋势来看，发达经济体的项目数量指数在 2013—2017 年呈现较为稳定的增长趋势，而且欧洲地区、北美洲地区与其他地区发达经济体的数量指数在近 4 年或接近或超过 2011—2015 年均值。发展中经济体的项目数量指数在 2014—2017 年的增长较为稳定，其中投向非洲地区的项目数量较少，近 5 年所接受的并购投资项目数量较为稳定；投向亚洲地区的项目数量在 2014—2017 年间增加较快；投向拉丁美洲和加勒比海地区的项目数量指数在不同年间的波动幅度较大。投向转型经济体的项目数量指数在近 3 年呈现较为稳定的增长。总体来看，民营样本企业向标的国（地区）的并购投资项目数量在 2013—2017 年里增长良好，但向各个大洲进行并购投资的数量分布差异较大。

表 4-3-1　中国民营企业并购投资项目数量在不同经济体的分布及其指数汇总表

（单位：件）

年份	发达经济体							
	欧洲				北美洲			
	项目数	同比增长（%）	占比（%）	指数	项目数	同比增长（%）	占比（%）	指数
2005	1		50.00	7.81	0		0.00	0.00
2006	2	100.0	66.67	15.63	1	n. a.	33.33	20.00
2007	6	200.0	66.67	46.88	0	−100.0	0.00	0.00
2008	3	−50.0	30.00	23.44	1	n. a.	10.00	20.00
2009	3	0.0	33.33	23.44	0	−100.0	0.00	0.00
2010	6	100.0	40.00	46.88	1	n. a.	6.67	20.00
2011	11	83.3	36.67	85.94	7	600.0	23.33	140.00
2012	10	−9.1	47.62	78.13	4	−42.9	19.05	80.00
2013	9	−10.0	39.13	70.31	4	0.0	17.39	80.00
2014	12	33.3	42.86	93.75	5	25.0	17.86	100.00
2015	22	83.3	46.81	171.88	5	0.0	10.64	100.00
2016	25	13.6	29.07	195.31	19	280.0	22.09	380.00

续表

年份	发达经济体							
	欧洲				北美洲			
	项目数	同比增长（%）	占比（%）	指数	项目数	同比增长（%）	占比（%）	指数
2017	34	36.0	38.64	265.63	13	−31.6	14.77	260.00
合计	144		38.81		60		16.17	
2011—2015年均值	12.80			100.00	5.00			100.00

年份	发达经济体							
	其他发达经济体				合计			
	项目数	同比增长（%）	占比（%）	指数	项目数	同比增长（%）	占比（%）	指数
2005	1		50.00	8.33	2		66.67	6.71
2006	0	−100.0	0.00	0.00	3	50.0	75.00	10.07
2007	3	n. a.	33.33	25.00	9	200.0	90.00	30.20
2008	6	100.0	60.00	50.00	10	11.1	90.91	33.56
2009	6	0.0	66.67	50.00	9	−10.0	69.23	30.20
2010	8	33.3	53.33	66.67	15	66.7	93.75	50.34
2011	12	50.0	40.00	100.00	30	100.0	76.92	100.67
2012	7	−41.7	33.33	58.33	21	−30.0	87.50	70.47
2013	10	42.9	43.48	83.33	23	9.5	82.14	77.18
2014	11	10.0	39.29	91.67	28	21.7	87.50	93.96
2015	20	81.8	42.55	166.67	47	67.9	87.04	157.72
2016	42	110.0	48.84	350.00	86	83.0	86.87	288.59
2017	41	−2.4	46.59	341.67	88	2.3	80.00	295.30
合计	167		45.01		371		83.75	
2011—2015年均值	12.00			100.00	29.80			100.00

年份	发展中经济体							
	非洲				亚洲			
	项目数	同比增长（%）	占比（%）	指数	项目数	同比增长（%）	占比（%）	指数
2005	0		0.00	0.00	1		100.00	55.56

续表

年份	发展中经济体							
	非洲				亚洲			
	项目数	同比增长（%）	占比（%）	指数	项目数	同比增长（%）	占比（%）	指数
2006	0	n. a.	0.00	0.00	0	−100.0	0.00	0.00
2007	0	n. a.	0.00	0.00	0	n. a.	0.00	0.00
2008	0	n. a.	0.00	0.00	1	n. a.	100.00	55.56
2009	0	n. a.	0.00	0.00	1	0.0	33.33	55.56
2010	1	n. a.	100.00	83.33	0	−100.0	0.00	0.00
2011	0	−100.0	0.00	0.00	3	n. a.	60.00	166.67
2012	1	n. a.	50.00	83.33	0	−100.0	0.00	0.00
2013	1	0.0	25.00	83.33	2	n. a.	50.00	111.11
2014	2	100.0	50.00	166.67	1	−50.0	25.00	55.56
2015	2	0.0	33.33	166.67	3	200.0	50.00	166.67
2016	2	0.0	20.00	166.67	8	166.7	80.00	444.44
2017	2	0.0	11.76	166.67	15	87.5	88.24	833.33
合计	11		19.64		35		62.50	
2011—2015 年均值	1.20			100.00	1.80			100.00

年份	发展中经济体							
	拉丁美洲和加勒比海地区				合计			
	项目数	同比增长（%）	占比（%）	指数	项目数	同比增长（%）	占比（%）	指数
2005	0		0.00	0.00	1		33.33	23.81
2006	1	n. a.	100.00	83.33	1	0.0	25.00	23.81
2007	1	0.0	100.00	83.33	1	0.0	10.00	23.81
2008	0	−100.0	0.00	0.00	1	0.0	9.09	23.81
2009	2	n. a.	66.67	166.67	3	200.0	23.08	71.43
2010	0	−100.0	0.00	0.00	1	−66.7	6.25	23.81
2011	2	n. a.	40.00	166.67	5	400.0	12.82	119.05
2012	1	−50.0	50.00	83.33	2	−60.0	8.33	47.62
2013	1	0.0	25.00	83.33	4	100.0	14.29	95.24

续表

年份	发展中经济体							
	拉丁美洲和加勒比海地区				合计			
	项目数	同比增长（%）	占比（%）	指数	项目数	同比增长（%）	占比（%）	指数
2014	1	0.0	25.00	83.33	4	0.0	12.50	95.24
2015	1	0.0	16.67	83.33	6	50.0	11.11	142.86
2016	0	-100.0	0.00	0.00	10	66.7	10.10	238.10
2017	0	n.a.	0.00	0.00	17	70.0	15.45	404.76
合计	10		17.86		56		12.64	
2011—2015年均值	1.20		100.00		4.20			100.00

年份	转型经济体								总计			
	独联体国家				合计							
	项目数	同比增长（%）	占比（%）	指数	项目数	同比增长（%）	占比（%）	指数	项目数	同比增长（%）	占比（%）	指数
2005	0		n.a.	0.00	0		0.00	0.00	3		100.00	8.47
2006	0	n.a.	n.a.	0.00	0	n.a.	0.00	0.00	4	33.3	100.00	11.30
2007	0	n.a.	n.a.	0.00	0	n.a.	0.00	0.00	10	150.0	100.00	28.25
2008	0	n.a.	n.a.	0.00	0	n.a.	0.00	0.00	11	10.0	100.00	31.07
2009	1	n.a.	100.00	71.43	1	n.a.	7.69	71.43	13	18.2	100.00	36.72
2010	0	-100.0	n.a.	0.00	0	-100.0	0.00	0.00	16	23.1	100.00	45.20
2011	4	n.a.	100.00	285.71	4	n.a.	10.26	285.71	39	143.8	100.00	110.17
2012	1	-75.0	100.00	71.43	1	-75.0	4.17	71.43	24	-38.5	100.00	67.80
2013	1	0.0	100.00	71.43	1	0.0	3.57	71.43	28	16.7	100.00	79.10
2014	0	-100.0	n.a.	0.00	0	-100.0	0.00	0.00	32	14.3	100.00	90.40
2015	1	n.a.	100.00	71.43	1	n.a.	1.85	71.43	54	68.8	100.00	152.54
2016	3	200.0	100.00	214.29	3	200.0	3.03	214.29	99	83.3	100.00	279.66
2017	5	66.7	100.00	357.14	5	66.7	4.55	357.14	110	11.1	100.00	310.73
合计	16		100.00		16		3.61		443		100.00	
2011—2015年均值	1.40		100.00		1.40			100.00	35.40			100.00

注：由于样本企业在 2005—2017 年间均未东南欧国家进行海外并购投资，因此本表中未列出样本企业对东南欧国家的并购投资项目数量。

2. 民营企业海外并购投资金额在不同经济体的分布

在 2005—2017 年间，中国民营样本企业并购投资金额规模在不同经济水平的国家和地区之间有较大差异。根据统计数据显示，投向发达经济体的并购金额累计为 1515 亿美元，在我国民营样本企业总并购投资金额中占比 87.04%，为民营样本企业并购投资的最大流向地。其中，投向欧洲地区的并购金额规模为 860.86 亿美元，占投向发达经济体资金的 56.82%；投向北美洲地区的并购金额规模为 309.18 亿美元，占比 20.41%；投向其他发达经济体的并购金额规模为 344.99 亿美元，占比 22.77%。投向转型经济体的并购金额在三种经济体中排列第二位，累计为 133.22 亿美元，占总金额的 7.65%，且都投向了独联体国家，而且正是由于 2017 年独联体国家接受了我国民营企业达 127.46 亿美元的并购投资，促使转型经济体在 13 年间接受的并购投资总金额规模超过发展中经济体。发展中经济体在 2005—2017 年间，共计接受了约 92.4 亿美元的并购投资金额，占总规模的 5.31%。其中，投向非洲地区的并购资金为 2.56 亿美元，占发展中经济体资金规模的 2.77%；投向亚洲地区的并购金额为 63.39 亿美元，占比 68.61%；投向拉丁美洲和加勒比海地区的并购金额累计 26.44 亿美元，占比 28.62%。

从并购投资金额指数变化趋势来看，投向发达经济体的投资金额指数在 2014—2017 年间皆超过 2011—2015 年均值，保持较为稳定的投资态势。欧洲所接受的并购投资金额指数在 2017 年增长迅速，达到 1040；北美洲金额指数在 2015—2017 年间都在 250 以上，且在此期间投资金额较为稳定；其他发达经济体的金额指数在 2014—2017 年间增长较快。投向发展中经济体的金额指数在最近两年的增长较为迅速。其中，投向非洲地区的金额指数在 2014 年前后有较为明显的增长，但是在 2017 年并购投资金额陡然下降；亚洲地区并购金额指数则在 2015—2017 年间有明显增长；拉丁美洲和加勒比海地区的金额指数波动幅度较大。我国民营样本企业向转型经济体国家的并购投资在 2005—2016 年间均无较大波动，且金额水平较低，但是 2017 年出现陡增的趋势。因此从总体上可发现，我国民营样本企业并购投资金额指数呈波动上升的趋势。

表 4-3-2　中国民营企业并购投资金额在不同经济体的分布及其指数汇总表

（单位：百万美元）

年份	发达经济体							
	欧洲				北美洲			
	金额	同比增长（%）	占比（%）	指数	金额	同比增长（%）	占比（%）	指数
2005	2.00		7.04	0.04	0.00		0.00	0.00
2006	6.70	235.0	48.91	0.13	7.00	n. a.	51.09	0.24
2007	8.07	20.4	6.25	0.16	0.00	-100.0	0.00	0.00
2008	395.10	4795.9	48.06	7.70	7.00	n. a.	0.85	0.24
2009	0.00	-100.0	0.00	0.00	0.00	-100.0	0.00	0.00
2010	2239.99	n. a.	94.96	43.68	1.30	n. a.	0.06	0.04
2011	3680.84	64.3	89.11	71.77	82.07	6213.1	1.99	2.77
2012	2191.9	-40.5	37.38	42.74	2769.00	3273.9	47.22	93.32
2013	932.31	-57.5	50.73	18.18	61.69	-97.8	3.36	2.08
2014	10191.47	993.1	46.80	198.72	1050.00	1602.1	4.82	35.39
2015	8645.66	-15.2	39.51	168.58	10873.00	935.5	49.69	366.45
2016	4427.20	-48.8	20.39	86.33	7255.81	-33.3	33.41	244.54
2017	53365.21	1105.4	75.83	1040.57	8810.75	21.4	12.52	296.94
合计	86086.45		56.82		30917.62		20.41	
2011—2015年均值	5128.44			100.00	2967.15			100.00

年份	发达经济体							
	其他发达经济体				合计			
	金额	同比增长（%）	占比（%）	指数	金额	同比增长（%）	占比（%）	指数
2005	26.42		92.96	0.88	28.42		41.62	0.26
2006	0.00	-100.0	0.00	0.00	13.70	-51.8	22.95	0.12
2007	121.00	n. a.	93.75	4.03	129.07	842.1	100.00	1.16
2008	419.94	247.1	51.09	13.98	822.04	536.9	97.65	7.41
2009	569.63	35.6	100.00	18.97	569.63	-30.7	92.53	5.13
2010	117.58	-79.4	4.98	3.92	2358.87	314.1	100.00	21.25
2011	367.86	212.9	8.91	12.25	4130.77	75.1	62.26	37.22

续表

年份	发达经济体							
	其他发达经济体				合计			
	金额	同比增长（%）	占比（%）	指数	金额	同比增长（%）	占比（%）	指数
2012	903.60	145.6	15.41	30.09	5864.50	42.0	99.26	52.84
2013	843.91	-6.6	45.92	28.10	1837.91	-68.7	97.07	16.56
2014	10536.95	1148.6	48.38	350.86	21778.42	1085.0	99.82	196.22
2015	2363.68	-77.6	10.80	78.71	21882.34	0.5	97.76	197.16
2016	10033.43	324.5	46.20	334.09	21716.44	-0.8	91.44	195.66
2017	8194.65	-18.3	11.64	272.86	70370.61	224.0	80.33	634.04
合计	34498.65		22.77		151502.70		87.04	
2011—2015 年均值	3003.20			100.00	11098.79			100.00

年份	发展中经济体							
	非洲				亚洲			
	金额	同比增长（%）	占比（%）	指数	金额	同比增长（%）	占比（%）	指数
2005	0.00		0.00	0.00	39.86		100.00	378.11
2006	0.00	n.a.	0.00	0.00	0.00	-100.0	0.00	0.00
2007	0.00	n.a.	n.a.	0.00	0.00	n.a.	n.a.	0.00
2008	0.00	n.a.	0.00	0.00	19.81	n.a.	100.00	187.92
2009	0.00	n.a.	0.00	0.00	0.00	-100.0	0.00	0.00
2010	0.00	n.a.	n.a.	0.00	0.00	n.a.	n.a.	0.00
2011	0.00	n.a.	0.00	0.00	3.59	n.a.	0.14	34.05
2012	38.36	n.a.	98.97	116.99	0.00	-100.0	0.00	0.00
2013	0.00	-100.0	0.00	0.00	3.87	n.a.	6.98	36.71
2014	38.36	n.a.	98.97	116.99	0.00	-100.0	0.00	0.00
2015	87.22	127.4	65.84	266.01	45.25	n.a.	34.16	429.24
2016	88.38	1.3	4.82	269.55	1745.25	3756.9	95.18	16555.21
2017	3.84	-95.7	0.09	11.71	4481.37	156.8	99.91	42509.68
合计	256.16		2.77		6339.00		68.61	
2011—2015 年均值	32.79			100.00	10.54			100.00

续表

年份	发展中经济体							
	拉丁美洲和加勒比海地区				合计			
	金额	同比增长（%）	占比（%）	指数	金额	同比增长（%）	占比（%）	指数
2005	0.00		0.00	0.00	39.86		58.38	7.20
2006	46.00	n.a.	100.00	9.01	46.00	15.4	77.05	8.31
2007	0.00	−100.0	n.a.	0.00	0.00	−100.0	0.00	0.00
2008	0.00	n.a.	0.00	0.00	19.81	n.a.	2.35	3.58
2009	46.00	n.a.	100.00	9.01	46.00	132.2	7.47	8.31
2010	0.00	−100.0	n.a.	0.00	0.00	−100.0	0.00	0.00
2011	2500.00	n.a.	99.86	489.74	2503.59	n.a.	37.74	452.07
2012	0.40	−99.6	1.03	0.08	38.76	−98.5	0.66	7.00
2013	51.60	−48.4	93.02	10.11	55.47	43.1	2.93	10.02
2014	0.40	−99.6	1.03	0.08	38.76	−30.1	0.18	7.00
2015	0.00	−100.0	0.00	0.00	132.47	241.8	0.59	23.92
2016	0.00	n.a.	0.00	0.00	1833.63	1284.2	7.72	331.09
2017	0.00	n.a.	0.00	0.00	4485.21	144.6	5.12	809.88
合计	2644.40		28.62		9239.56		5.31	
2011—2015 年均值	510.48			100.00	553.81			100.00

年份	转型经济体								总计			
	独联体国家				合计							
	金额	同比增长（%）	占比（%）	指数	金额	同比增长（%）	占比（%）	指数	金额	同比增长（%）	占比（%）	指数
2005	0.00		n.a.	0.00	0.00		0.00	0.00	68.28		100.00	0.58
2006	0.00	n.a.	n.a.	0.00	0.00	n.a.	0.00	0.00	59.70	−12.6	100.00	0.51
2007	0.00	n.a.	n.a.	0.00	0.00	n.a.	0.00	0.00	129.07	116.2	100.00	1.10
2008	0.00	n.a.	n.a.	0.00	0.00	n.a.	0.00	0.00	841.85	552.2	100.00	7.18
2009	0.00	n.a.	n.a.	0.00	0.00	n.a.	0.00	0.00	615.63	−26.9	100.00	5.25
2010	0.00	n.a.	n.a.	0.00	0.00	n.a.	0.00	0.00	2358.87	283.2	100.00	20.11
2011	0.00	n.a.	n.a.	0.00	0.00	n.a.	0.00	0.00	6634.36	181.3	100.00	56.57

续表

| 年份 | 转型经济体 | | | | | | | | 总计 | | | |
| | 独联体国家 | | | | 合计 | | | | | | | |
	金额	同比增长(%)	占比(%)	指数	金额	同比增长(%)	占比(%)	指数	金额	同比增长(%)	占比(%)	指数
2012	5.00	n.a.	100.00	6.67	5.00	n.a.	0.08	6.67	5908.26	-10.9	100.00	50.38
2013	0.00	-100.0	n.a.	0.00	0.00	-100.0	0.00	0.00	1893.38	-68.0	100.00	16.14
2014	0.00	n.a.	n.a.	0.00	0.00	n.a.	0.00	0.00	21817.18	1052.3	100.00	186.03
2015	370.00	n.a.	100.00	493.33	370.00	n.a.	1.65	493.33	22384.81	2.6	100.00	190.87
2016	200.60	-45.8	100.00	267.47	200.60	-45.8	0.84	267.47	23750.67	6.1	100.00	202.52
2017	12746.38	6254.1	100.00	16995.17	12746.38	6254.1	14.55	16995.17	87602.20	268.8	100.00	746.97
合计	13321.98		100.00		13321.98		7.65		174064.26		100.00	
2011—2015年均值	75.00		100.00		75.00				11727.60		100.00	

注：由于样本企业在 2005—2017 年间均未东南欧国家进行海外并购投资，因此本表中未列出样本企业对东南欧国家的并购投资金额。

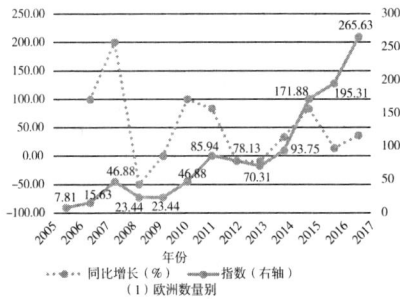

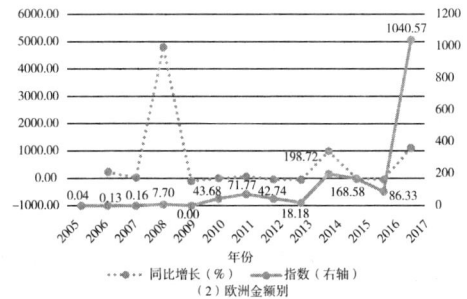

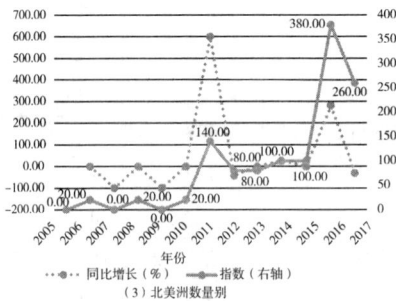

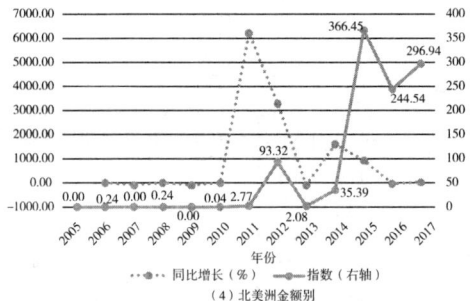

图4-3-1　2005—2017 年发达经济体并购项目数量与金额指数走势图

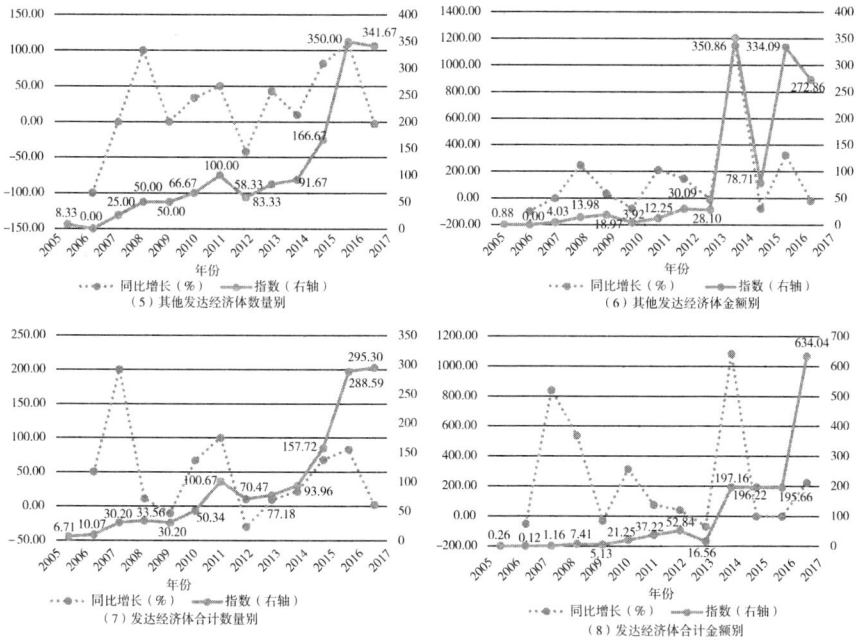

(5) 其他发达经济体数量别

(6) 其他发达经济体金额别

(7) 发达经济体合计数量别

(8) 发达经济体合计金额别

图4-3-1 2005—2017年发达经济体并购项目数量与金额指数走势图（续图）

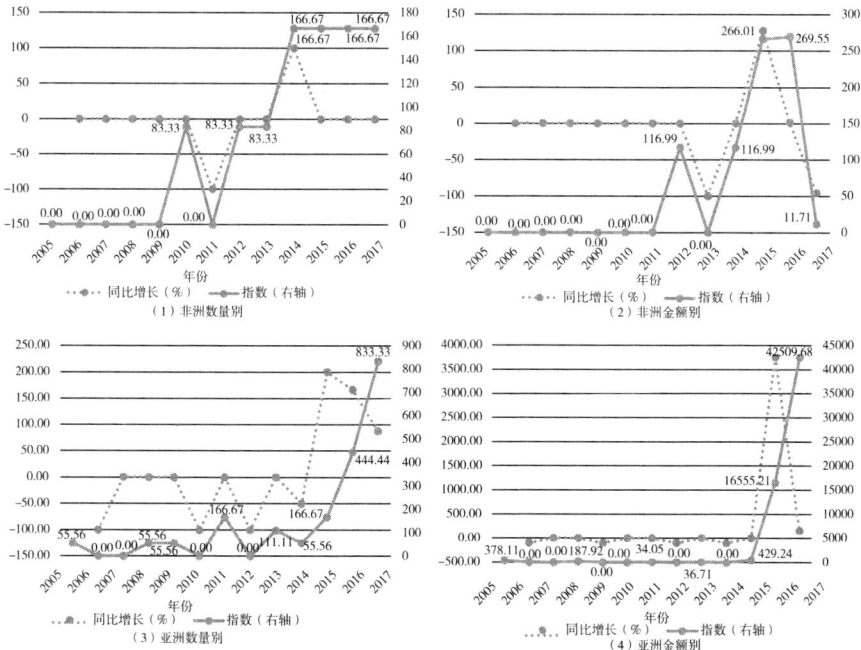

(1) 非洲数量别

(2) 非洲金额别

(3) 亚洲数量别

(4) 亚洲金额别

图4-3-2 2005—2017年发展中经济体并购项目数量与金额指数走势图

（5）拉丁美洲和加勒比海地区数量别

（6）拉丁美洲和加勒比海地区金额别

（7）发展中经济体合计数量别

（8）发展中经济体合计金额别

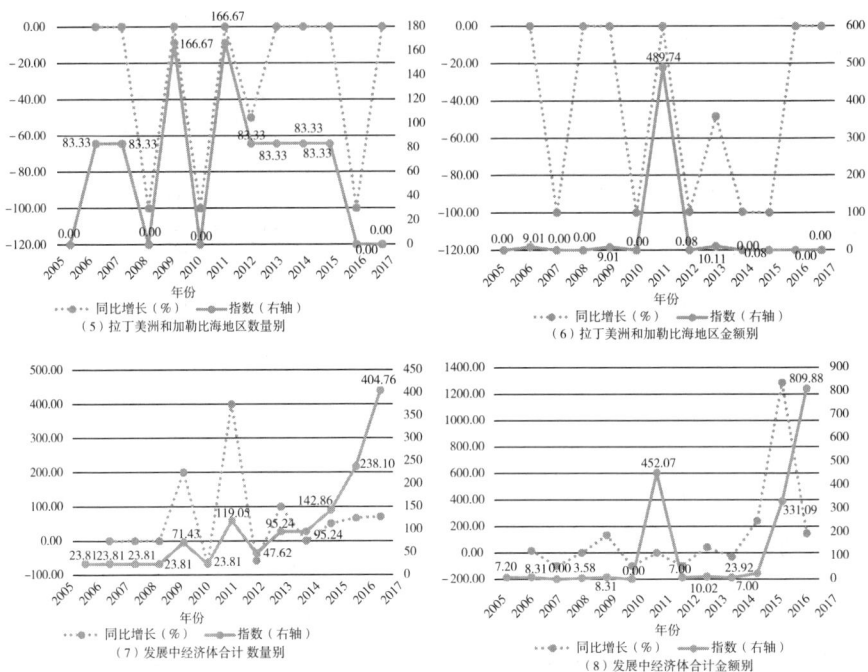

图 4-3-2　2005—2017 年发展中经济体并购项目数量与金额指数走势图（续图）

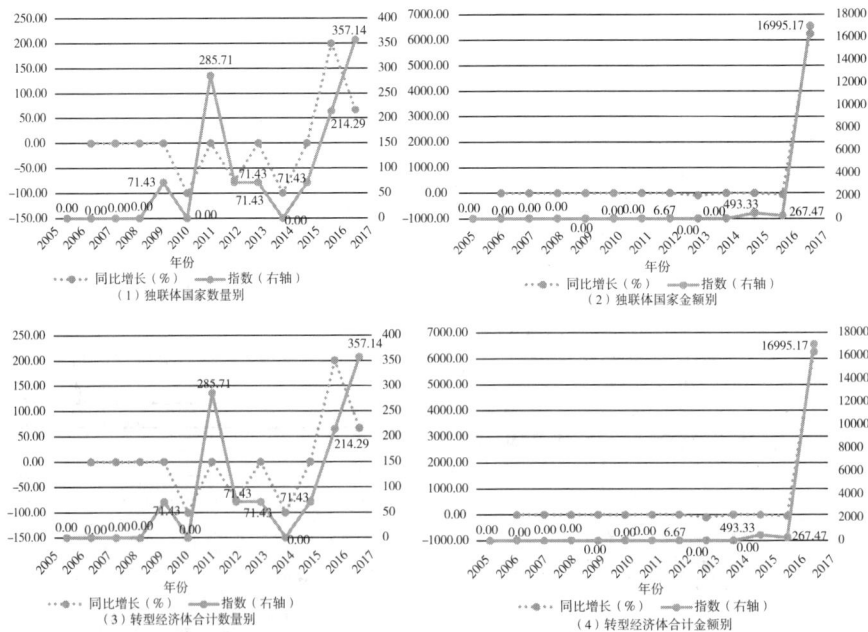

（1）独联体国家数量别

（2）独联体国家金额别

（3）转型经济体合计数量别

（4）转型经济体合计金额别

图 4-3-3　2005—2017 年转型经济体并购项目数量与金额指数走势图

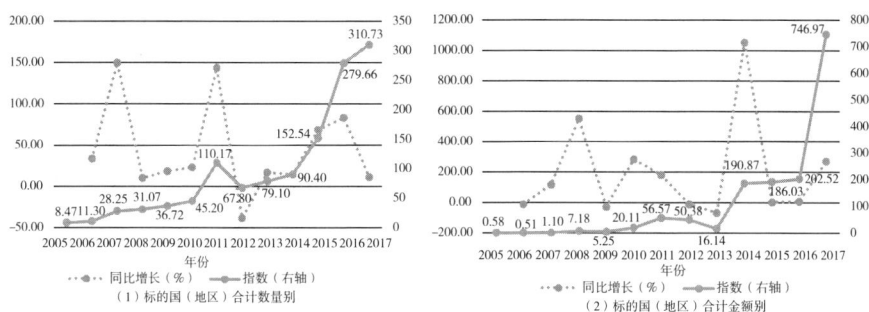

图4-3-4　2005—2017年并购标的国（地区）项目数量与金额指数走势图

二、民营企业海外并购投资项目数量和金额的标的国（地区）别分布

1. 民营企业海外并购投资项目数量的标的国（地区）别分布

2005—2017年，我国民营样本企业投向发达国家的并购项目数量总体呈波动增长的趋势，从在各大洲发达经济体所接受的并购投资数量分布来看：在欧洲，德国为该地区接受并购投资数量最多的标的国，累计23件，占投向发达地区并购投资项目总数的6.2%；其次是捷克共和国，累计20件，占比5.39%；排在第三的是英国，累计18件，占比4.85%。但从2017年投资于欧洲发达国家的总项目数量来看，我国民营样本企业总计投资了34件，增长较快。

在北美洲，美国为最大的投资标的国，在2005—2017年间累计接受我国民营样本企业并购投资项目56件，在发达经济体所接受的总投资项目数量中占比15.09%；其次是加拿大，累计4件，占比1.08%。在其他发达经济体中，中国香港为该部分接受并购投资数量最多的地区，累计61件，占其他发达经济体接受并购投资总数的16.44%；其次是开曼群岛，累计33件，占比8.89%；排在第三的是澳大利亚，累计21件，占比5.66%。

从项目数量指数变化趋势来看，欧洲国家项目数量指数在2012年之后增长较为明显。且在2015—2017年，并购投资数量指数连续超过2011—2015年均值100，增长较为稳定；北美洲的项目数量指数在2014—2017年增长较为稳定；其他发达经济体在 2010 年以后开始呈现较为稳定的增长态势。

表 4-3-3　中国民营样本企业并购投资标的国（地区）项目数量指数——欧洲

（单位：件）

年份		奥地利	比利时	克罗地亚	塞浦路斯	捷克共和国	丹麦	芬兰
2005	数量	0	0	0	0	0	0	0
	比例（%）	0.00	0.00	0.00	0.00	0.00	0.00	0.00
	指数	0.00	0.00	n.a.	n.a.	0.00	0.00	n.a.
2006	数量	0	0	0	0	0	0	0
	比例（%）	0.00	0.00	0.00	0.00	0.00	0.00	0.00
	指数	0.00	0.00	n.a.	n.a.	0.00	0.00	n.a.
2007	数量	0	3	0	0	0	0	0
	比例（%）	0.00	33.33	0.00	0.00	0.00	0.00	0.00
	指数	0.00	1500.00	n.a.	n.a.	0.00	0.00	n.a.
2008	数量	0	0	0	0	0	0	0
	比例（%）	0.00	0.00	0.00	0.00	0.00	0.00	0.00
	指数	0.00	0.00	n.a.	n.a.	0.00	0.00	n.a.
2009	数量	0	3	0	0	0	0	0
	比例（%）	0.00	33.33	0.00	0.00	0.00	0.00	0.00
	指数	0.00	1500.00	n.a.	n.a.	0.00	0.00	n.a.
2010	数量	0	0	0	0	0	0	0
	比例（%）	0.00	0.00	0.00	0.00	0.00	0.00	0.00
	指数	0.00	0.00	n.a.	n.a.	0.00	0.00	n.a.
2011	数量	0	0	0	0	0	0	0
	比例（%）	0.00	0.00	0.00	0.00	0.00	0.00	0.00
	指数	0.00	0.00	n.a.	n.a.	0.00	0.00	n.a.
2012	数量	0	1	0	0	0	0	0
	比例（%）	0.00	4.76	0.00	0.00	0.00	0.00	0.00
	指数	0.00	500.00	n.a.	n.a.	0.00	0.00	n.a.
2013	数量	2	0	0	0	0	0	0
	比例（%）	8.70	0.00	0.00	0.00	0.00	0.00	0.00
	指数	250.00	0.00	n.a.	n.a.	0.00	0.00	n.a.

续表

年份		奥地利	比利时	克罗地亚	塞浦路斯	捷克共和国	丹麦	芬兰
2014	数量	2	0	0	0	1	1	0
	比例（%）	7.14	0.00	0.00	0.00	3.57	3.57	0.00
	指数	250.00	0.00	n.a.	n.a.	50.00	500.00	n.a.
2015	数量	0	0	0	0	9	0	0
	比例（%）	0.00	0.00	0.00	0.00	19.15	0.00	0.00
	指数	0.00	0.00	n.a.	n.a.	450.00	0.00	n.a.
2016	数量	1	0	0	0	7	0	0
	比例（%）	1.16	0.00	0.00	0.00	8.14	0.00	0.00
	指数	125.00	0.00	n.a.	n.a.	350.00	0.00	n.a.
2017	数量	2	1	2	2	3	0	1
	比例（%）	2.27	1.14	2.27	2.27	3.41	0.00	1.14
	指数	250.00	500.00	n.a.	n.a.	150.00	0.00	n.a.
合计	数量	7	8	2	2	20	1	1
	比例（%）	1.89	2.16	0.54	0.54	5.39	0.27	0.27
2011—2015年均值		0.80	0.20	0.00	0.00	2.00	0.20	0.00

年份		法国	德国	意大利	立陶宛	卢森堡	荷兰	波兰	葡萄牙
2005	数量	0	0	1	0	0	0	0	0
	比例（%）	0.00	0.00	50.00	0.00	0.00	0.00	0.00	0.00
	指数	0.00	0.00	125.00	n.a.	n.a.	0.00	0.00	n.a.
2006	数量	0	1	0	0	0	0	0	0
	比例（%）	0.00	33.33	0.00	0.00	0.00	0.00	0.00	0.00
	指数	0.00	38.46	0.00	n.a.	n.a.	0.00	0.00	n.a.
2007	数量	0	0	2	0	0	0	0	0
	比例（%）	0.00	0.00	22.22	0.00	0.00	0.00	0.00	0.00
	指数	0.00	0.00	250.00	n.a.	n.a.	0.00	0.00	n.a.
2008	数量	0	0	2	0	0	0	0	1
	比例（%）	0.00	0.00	20.00	0.00	0.00	0.00	0.00	10.00
	指数	0.00	0.00	250.00	n.a.	n.a.	0.00	0.00	n.a.

续表

年份		法国	德国	意大利	立陶宛	卢森堡	荷兰	波兰	葡萄牙
2009	数量	0	0	0	0	0	0	0	0
	比例（%）	0.00	0.00	0.00	0.00	0.00	0.00	0.00	0.00
	指数	0.00	0.00	0.00	n. a.	n. a.	0.00	0.00	n. a.
2010	数量	0	1	0	1	0	0	0	0
	比例（%）	0.00	6.67	0.00	6.67	0.00	0.00	0.00	0.00
	指数	0.00	38.46	0.00	n. a.	n. a.	0.00	0.00	n. a.
2011	数量	1	4	2	0	0	1	0	0
	比例（%）	3.33	13.33	6.67	0.00	0.00	3.33	0.00	0.00
	指数	500.00	153.85	250.00	n. a.	n. a.	55.56	0.00	n. a.
2012	数量	0	3	0	0	0	4	0	0
	比例（%）	0.00	14.29	0.00	0.00	0.00	19.05	0.00	0.00
	指数	0.00	115.38	0.00	n. a.	n. a.	222.22	0.00	n. a.
2013	数量	0	2	0	0	0	2	1	0
	比例（%）	0.00	8.70	0.00	0.00	0.00	8.70	4.35	0.00
	指数	0.00	76.92	0.00	n. a.	n. a.	111.11	500.00	n. a.
2014	数量	0	3	0	0	0	0	0	0
	比例（%）	0.00	10.71	0.00	0.00	0.00	0.00	0.00	0.00
	指数	0.00	115.38	0.00	n. a.	n. a.	0.00	0.00	n. a.
2015	数量	0	1	2	0	0	2	0	0
	比例（%）	0.00	2.13	4.26	0.00	0.00	4.26	0.00	0.00
	指数	0.00	38.46	250.00	n. a.	n. a.	111.11	0.00	n. a.
2016	数量	1	5	3	0	0	1	0	0
	比例（%）	1.16	5.81	3.49	0.00	0.00	1.16	0.00	0.00
	指数	500.00	192.31	375.00	n. a.	n. a.	55.56	0.00	n. a.
2017	数量	1	3	1	0	1	4	0	2
	比例（%）	1.14	3.41	1.14	0.00	1.14	4.55	0.00	2.27
	指数	500.00	115.38	125.00	n. a.	n. a.	222.22	0.00	n. a.
合计	数量	3	23	13	1	1	14	1	3
	比例（%）	0.81	6.20	3.50	0.27	0.27	3.77	0.27	0.81
2011—2015 年均值		0.20	2.60	0.80	0.00	0.00	1.80	0.20	0.00

续表

年份		罗马尼亚	斯洛伐克	西班牙	瑞典	英国	挪威	瑞士	合计
2005	数量	0	0	0	0	0	0	0	1
	比例（%）	0.00	0.00	0.00	0.00	0.00	0.00	0.00	50.00
	指数	0.00	0.00	0.00	n. a.	0.00	n. a.	0.00	7.81
2006	数量	0	0	0	0	1	0	0	2
	比例（%）	0.00	0.00	0.00	0.00	33.33	0.00	0.00	66.67
	指数	0.00	0.00	0.00	n. a.	50.00	n. a.	0.00	15.63
2007	数量	0	0	0	0	1	0	0	6
	比例（%）	0.00	0.00	0.00	0.00	11.11	0.00	0.00	66.67
	指数	0.00	0.00	0.00	n. a.	50.00	n. a.	0.00	46.88
2008	数量	0	0	0	0	0	0	0	3
	比例（%）	0.00	0.00	0.00	0.00	0.00	0.00	0.00	30.00
	指数	0.00	0.00	0.00	n. a.	0.00	n. a.	0.00	23.44
2009	数量	0	0	0	0	0	0	0	3
	比例（%）	0.00	0.00	0.00	0.00	0.00	0.00	0.00	33.33
	指数	0.00	0.00	0.00	n. a.	0.00	n. a.	0.00	23.44
2010	数量	0	0	1	1	0	2	0	6
	比例（%）	0.00	0.00	6.67	6.67	0.00	13.33	0.00	40.00
	指数	0.00	0.00	125.00	n. a.	0.00	n. a.	0.00	46.88
2011	数量	0	0	2	0	1	0	0	11
	比例（%）	0.00	0.00	6.67	0.00	3.33	0.00	0.00	36.67
	指数	0.00	0.00	250.00	n. a.	50.00	n. a.	0.00	85.94
2012	数量	0	0	0	0	2	0	0	10
	比例（%）	0.00	0.00	0.00	0.00	9.52	0.00	0.00	47.62
	指数	0.00	0.00	0.00	n. a.	100.00	n. a.	0.00	78.13
2013	数量	0	0	0	0	2	0	0	9
	比例（%）	0.00	0.00	0.00	0.00	8.70	0.00	0.00	39.13
	指数	0.00	0.00	0.00	n. a.	100.00	n. a.	0.00	70.31

年份		罗马尼亚	斯洛伐克	西班牙	瑞典	英国	挪威	瑞士	合计
2014	数量	1	0	1	0	2	0	1	12
	比例（%）	3.57	0.00	3.57	0.00	7.14	0.00	3.57	42.86
	指数	500.00	0.00	125.00	n.a.	100.00	n.a.	166.67	93.75
2015	数量	0	2	1	0	3	0	2	22
	比例（%）	0.00	4.26	2.13	0.00	6.38	0.00	4.26	46.81
	指数	0.00	500.00	125.00	150.00	n.a.	333.33	171.88
2016	数量	0	0	2	1	3	0	1	25
	比例（%）	0.00	0.00	2.33	1.16	3.49	0.00	1.16	29.07
	指数	0.00	0.00	250.00	n.a.	150.00	n.a.	166.67	195.31
2017	数量	1	2	0	1	3	1	3	34
	比例（%）	1.14	2.27	0.00	1.14	3.41	1.14	3.41	38.64
	指数	500.00	500.00	0.00	n.a.	150.00	n.a.	500.00	265.63
合计	数量	2	4	7	3	18	3	7	144
	比例（%）	0.54	1.08	1.89	0.81	4.85	0.81	1.89	38.81
2011—2015 年均值		0.20	0.40	0.80	0.00	2.00	0.00	0.60	12.80

表 4-3-4　中国民营样本企业并购投资标的国（地区）项目数量指数——北美洲

（单位：件）

年份		加拿大	美国	合计
2005	数量	0	0	0
	比例（%）	0.00	0.00	0.00
	指数	0.00	0.00	0.00
2006	数量	0	1	1
	比例（%）	0.00	33.33	33.33
	指数	0.00	22.73	20.00
2007	数量	0	0	0
	比例（%）	0.00	0.00	0.00
	指数		0.00	

年份		加拿大	美国	合计
2008	数量	0	1	1
	比例（%）	0.00	10.00	10.00
	指数	0.00	22.73	20.00
2009	数量	0	0	0
	比例（%）	0.00	0.00	0.00
	指数	0.00	0.00	0.00
2010	数量	0	1	1
	比例（%）	0.00	6.67	6.67
	指数	0.00	22.73	20.00
2011	数量	1	6	7
	比例（%）	3.33	20.00	23.33
	指数	166.67	136.36	140.00
2012	数量	0	4	4
	比例（%）	0.00	19.05	19.05
	指数	0.00	90.91	80.00
2013	数量	0	4	4
	比例（%）	0.00	17.39	17.39
	指数	0.00	90.91	80.00
2014	数量	1	4	5
	比例（%）	3.57	14.29	17.86
	指数	166.67	90.91	100.00
2015	数量	1	4	5
	比例（%）	2.13	8.51	10.64
	指数	166.67	90.91	100.00
2016	数量	1	18	19
	比例（%）	1.16	20.93	22.09
	指数	166.67	409.09	380.00
2017	数量	0	13	13
	比例（%）	0.00	14.77	14.77
	指数	0.00	295.45	260.00

续表

年份		加拿大	美国	合计
合计	数量	4	56	60
	比例（%）	1.08	15.09	16.17
2011—2015 年均值		0.60	4.40	5.00

表 4-3-5　中国民营样本企业并购投资标的国（地区）项目数量指数——其他发达经济体

（单位：件）

年份		澳大利亚	新西兰	百慕大群岛	开曼群岛	英属维尔京群岛
2005	数量	0	0	0	1	0
	比例（%）	0.00	0.00	0.00	50.00	0.00
	指数	0.00	n. a.	n. a.	35.71	0.00
2006	数量	0	0	0	0	0
	比例（%）	0.00	0.00	0.00	0.00	0.00
	指数	0.00	n. a.	n. a.	0.00	0.00
2007	数量	0	0	0	0	0
	比例（%）	0.00	0.00	0.00	0.00	0.00
	指数	0.00	n. a.	n. a.	0.00	0.00
2008	数量	0	0	0	1	1
	比例（%）	0.00	0.00	0.00	10.00	10.00
	指数	0.00	n. a.	n. a.	35.71	250.00
2009	数量	1	0	0	1	1
	比例（%）	11.11	0.00	0.00	11.11	11.11
	指数	50.00	n. a.	n. a.	35.71	250.00
2010	数量	0	0	2	1	0
	比例（%）	0.00	0.00	13.33	6.67	0.00
	指数	0.00	n. a.	n. a.	35.71	0.00
2011	数量	0	0	0	2	1
	比例（%）	0.00	0.00	0.00	6.67	3.33
	指数	0.00	n. a.	n. a.	71.43	250.00

续表

年份		澳大利亚	新西兰	百慕大群岛	开曼群岛	英属维尔京群岛
2012	数量	2	0	0	1	0
	比例（%）	9.52	0.00	0.00	4.76	0.00
	指数	100.00	n. a.	n. a.	35.71	0.00
2013	数量	2	0	0	2	1
	比例（%）	8.70	0.00	0.00	8.70	4.35
	指数	100.00	n. a.	n. a.	71.43	250.00
2014	数量	3	0	0	2	0
	比例（%）	10.71	0.00	0.00	7.14	0.00
	指数	150.00	n. a.	n. a.	71.43	0.00
2015	数量	3	0	0	7	0
	比例（%）	6.38	0.00	0.00	14.89	0.00
	指数	150.00	n. a.	n. a.	250.00	0.00
2016	数量	6	0	1	5	7
	比例（%）	6.98	0.00	1.16	5.81	8.14
	指数	300.00	n. a.	n. a.	178.57	1750.00
2017	数量	4	1	1	10	2
	比例（%）	4.55	1.14	1.14	11.36	2.27
	指数	200.00	n. a.	n. a.	357.14	500.00
合计	数量	21	1	4	33	13
	比例（%）	5.66	0.27	1.08	8.89	3.50
2011—2015 年均值		2.00	0.00	0.00	2.80	0.40

年份		其他发达经济体							总计
		以色列	日本	韩国	新加坡	中国台湾	中国香港	合计	
2005	数量	0	0	0	0	0	0	1	2
	比例（%）	0.00	0.00	0.00	0.00	0.00	0.00	50.00	100.00
	指数	n. a.	0.00	0.00	0.00	0.00	0.00	8.33	6.71

续表

年份		其他发达经济体							总计
		以色列	日本	韩国	新加坡	中国台湾	中国香港	合计	
2006	数量	0	0	0	0	0	0	0	3
	比例（%）	0.00	0.00	0.00	0.00	0.00	0.00	0.00	100.00
	指数	n.a.	0.00	0.00	0.00	0.00	0.00	0.00	10.07
2007	数量	0	0	0	1	0	2	3	9
	比例（%）	0.00	0.00	0.00	11.11	0.00	22.22	33.33	100.00
	指数	n.a.	0.00	0.00	166.67	0.00	43.48	25.00	30.20
2008	数量	0	0	0	0	0	4	6	10
	比例（%）	0.00	0.00	0.00	0.00	0.00	40.00	60.00	100.00
	指数	n.a.	0.00	0.00	0.00	0.00	86.96	50.00	33.56
2009	数量	0	1	0	0	0	2	6	9
	比例（%）	0.00	11.11	0.00	0.00	0.00	22.22	66.67	100.00
	指数	n.a.	500.00	0.00	0.00	0.00	43.48	50.00	30.20
2010	数量	1	2	0	1	0	1	8	15
	比例（%）	6.67	13.33	0.00	6.67	0.00	6.67	53.33	100.00
	指数	n.a.	1000.00	0.00	166.67	0.00	21.74	66.67	50.34
2011	数量	0	0	0	1	0	8	12	30
	比例（%）	0.00	0.00	0.00	3.33	0.00	26.67	40.00	100.00
	指数	n.a.	0.00	0.00	166.67	0.00	173.91	100.00	100.67
2012	数量	0	0	0	1	0	3	7	21
	比例（%）	0.00	0.00	0.00	4.76	0.00	14.29	33.33	100.00
	指数	n.a.	0.00	0.00	166.67	0.00	65.22	58.33	70.47
2013	数量	0	0	1	0	0	4	10	23
	比例（%）	0.00	0.00	4.35	0.00	0.00	17.39	43.48	100.00
	指数	n.a.	0.00	83.33	0.00	0.00	86.96	83.33	77.18
2014	数量	0	1	0	1	0	4	11	28
	比例（%）	0.00	3.57	0.00	3.57	0.00	14.29	39.29	100.00
	指数	n.a.	500.00	0.00	166.67	0.00	86.96	91.67	93.96

续表

年份		其他发达经济体							总计
		以色列	日本	韩国	新加坡	中国台湾	中国香港	合计	
2015	数量	0	0	5	0	1	4	20	47
	比例（%）	0.00	0.00	10.64	0.00	2.13	8.51	42.55	100.00
	指数	n. a.	0.00	416.67	0.00	500.00	86.96	166.67	157.72
2016	数量	1	0	2	3	0	17	42	86
	比例（%）	1.16	0.00	2.33	3.49	0.00	19.77	48.84	100.00
	指数	n. a.	0.00	166.67	500.00	0.00	369.57	350.00	288.59
2017	数量	3	3	1	3	1	12	41	88
	比例（%）	3.41	3.41	1.14	3.41	1.14	13.64	46.59	100.00
	指数	n. a.	1500.00	83.33	500.00	500.00	260.87	341.67	295.30
合计	数量	5	7	9	11	2	61	167	371
	比例（%）	1.35	1.89	2.43	2.96	0.54	16.44	45.01	100.00
2011—2015年均值		0.00	0.20	1.20	0.60	0.20	4.60	12.00	29.80

从 2005—2017 年我国民营样本企业向发展中经济体的投资项目数量分布来看，非洲地区以埃及为主要标的国，累计 3 项，在整个发展中经济体中占比 5.36%，其他国家累计项目件数均在 1—2 件，占比较小。亚洲地区以印度为主要标的国，累计接受并购投资项目 7 件，占整个发展中经济体所接受的并购投资项目数量的 12.50%；其次是泰国，累计 6 件，占比 10.71%；排在第三的是马来西亚，累计 5 件，占比 8.93%；其他亚洲发展中国家所接受的投资数量较少。在拉丁美洲和加勒比海地区以巴西为主，巴西在 13 年间接受了累计 6 件民营样本企业的并购投资，占发展中经济体总规模的 10.71%。从项目数量指数看，非洲、亚洲与拉丁美洲和加勒比海地区的标的国和地区在不同年份间的并购数量指数差异较大，波动幅度明显。

表 4-3-6　中国民营样本企业并购投资标的国（地区）项目数量指数——非洲

（单位：件）

年份		埃及	加纳	加蓬	埃塞俄比亚	坦桑尼亚	南非	津巴布韦	合计
2005	数量	0	0	0	0	0	0	0	0
	比例（%）	0.00	0.00	0.00	0.00	0.00	0.00	0.00	0.00
	指数	0.00	n.a.	0.00	n.a.	0.00	0.00	0.00	0.00
2006	数量	0	0	0	0	0	0	0	0
	比例（%）	0.00	0.00	0.00	0.00	0.00	0.00	0.00	0.00
	指数	0.00	n.a.	0.00	n.a.	0.00	0.00	0.00	0.00
2007	数量	0	0	0	0	0	0	0	0
	比例（%）	0.00	0.00	0.00	0.00	0.00	0.00	0.00	0.00
	指数	0.00	n.a.	0.00	n.a.	0.00	0.00	0.00	0.00
2008	数量	0	0	0	0	0	0	0	0
	比例（%）	0.00	0.00	0.00	0.00	0.00	0.00	0.00	0.00
	指数	0.00	n.a.	0.00	n.a.	0.00	0.00	0.00	0.00
2009	数量	0	0	0	0	0	0	0	0
	比例（%）	0.00	0.00	0.00	0.00	0.00	0.00	0.00	0.00
	指数	0.00	n.a.	0.00	n.a.	0.00	0.00	0.00	0.00
2010	数量	0	1	0	0	0	0	0	1
	比例（%）	0.00	100.00	0.00	0.00	0.00	0.00	0.00	100.00
	指数	0.00	n.a.	0.00	n.a.	0.00	0.00	0.00	83.33
2011	数量	0	0	0	0	0	0	0	0
	比例（%）	0.00	0.00	0.00	0.00	0.00	0.00	0.00	0.00
	指数	0.00	n.a.	0.00	n.a.	0.00	0.00	0.00	0.00
2012	数量	0	0	1	0	0	0	0	1
	比例（%）	0.00	0.00	50.00	0.00	0.00	0.00	0.00	50.00
	指数	0.00	n.a.	250.00	n.a.	0.00	0.00	0.00	83.33
2013	数量	0	0	0	0	1	0	0	1
	比例（%）	0.00	0.00	0.00	0.00	25.00	0.00	0.00	25.00
	指数	0.00	n.a.	0.00	n.a.	500.00	0.00	0.00	83.33

年份		埃及	加纳	加蓬	埃塞俄比亚	坦桑尼亚	南非	津巴布韦	合计
2014	数量	0	0	1	0	0	0	1	2
	比例（%）	0.00	0.00	25.00	0.00	0.00	0.00	25.00	50.00
	指数	0.00	n. a.	250.00	n. a.	0.00	0.00	500.00	166.67
2015	数量	1	0	0	0	0	1	0	2
	比例（%）	16.67	0.00	0.00	0.00	0.00	16.67	0.00	33.33
	指数	500.00	n. a.	0.00	n. a.	0.00	500.00	0.00	166.67
2016	数量	0	0	0	1	0	1	0	2
	比例（%）	0.00	0.00	0.00	10.00	0.00	10.00	0.00	20.00
	指数	0.00	n. a.	0.00	n. a.	0.00	500.00	0.00	166.67
2017	数量	2	0	0	0	0	0	0	2
	比例（%）	11.76	0.00	0.00	0.00	0.00	0.00	0.00	11.76
	指数	1000.00	n. a.	0.00	n. a.	0.00	0.00	0.00	166.67
合计	数量	3	1	2	1	1	2	1	11
	比例（%）	5.36	1.79	3.57	1.79	1.79	3.57	1.79	19.64
2011—2015年均值		0.20	0.00	0.40	0.00	0.20	0.20	0.20	1.20

表4-3-7　中国民营样本企业并购投资标的国（地区）项目数量指数——亚洲

（单位：件）

年份		蒙古国	印度尼西亚	马来西亚	泰国	越南	孟加拉国	印度
2005	数量	0	0	0	0	1	0	0
	比例（%）	0.00	0.00	0.00	0.00	100.00	0.00	0.00
	指数	0.00	n. a.	n. a.	0.00	500.00	n. a.	0.00
2006	数量	0	0	0	0	0	0	0
	比例（%）	0.00	0.00	0.00	0.00	0.00	0.00	0.00
	指数	0.00	n. a.	n. a.	0.00	0.00	n. a.	0.00
2007	数量	0	0	0	0	0	0	0
	比例（%）	0.00	0.00	0.00	0.00	0.00	0.00	0.00
	指数	0.00	n. a.	n. a.	0.00	0.00	n. a.	0.00

年份		蒙古国	印度尼西亚	马来西亚	泰国	越南	孟加拉国	印度
2008	数量	0	0	0	0	0	0	1
	比例（%）	0.00	0.00	0.00	0.00	0.00	0.00	100.00
	指数	0.00	n.a.	n.a.	0.00	0.00	n.a.	500.00
2009	数量	0	0	0	0	1	0	0
	比例（%）	0.00	0.00	0.00	0.00	33.33	0.00	0.00
	指数	0.00	n.a.	n.a.	0.00	500.00	n.a.	0.00
2010	数量	0	0	0	0	0	0	0
	比例（%）	0.00	0.00	0.00	0.00	0.00	0.00	0.00
	指数	0.00	n.a.	n.a.	0.00	0.00	n.a.	0.00
2011	数量	0	0	0	1	0	0	0
	比例（%）	0.00	0.00	0.00	20.00	0.00	0.00	0.00
	指数	0.00	n.a.	n.a.	166.67	0.00	n.a.	0.00
2012	数量	0	0	0	0	0	0	0
	比例（%）	0.00	0.00	0.00	0.00	0.00	0.00	0.00
	指数	0.00	n.a.	n.a.	0.00	0.00	n.a.	0.00
2013	数量	1	0	0	1	0	0	0
	比例（%）	25.00	0.00	0.00	25.00	0.00	0.00	0.00
	指数	250.00	n.a.	n.a.	166.67	0.00	n.a.	0.00
2014	数量	0	0	0	0	0	0	1
	比例（%）	0.00	0.00	0.00	0.00	0.00	0.00	25.00
	指数	0.00	n.a.	n.a.	0.00	0.00	n.a.	500.00
2015	数量	1	0	0	1	1	0	0
	比例（%）	16.67	0.00	0.00	16.67	16.67	0.00	0.00
	指数	250.00	n.a.	n.a.	166.67	500.00	n.a.	0.00
2016	数量	0	1	1	2	0	0	1
	比例（%）	0.00	10.00	10.00	20.00	0.00	0.00	10.00
	指数	0.00	n.a.	n.a.	333.33	0.00	n.a.	500.00

年份		蒙古国	印度尼西亚	马来西亚	泰国	越南	孟加拉国	印度
2017	数量	0	1	4	1	1	1	4
	比例（%）	0.00	5.88	23.53	5.88	5.88	5.88	23.53
	指数	0.00	n.a.	n.a.	166.67	500.00	n.a.	2000.00
合计	数量	2	2	5	6	4	1	7
	比例（%）	3.57	3.57	8.93	10.71	7.14	1.79	12.50
2011—2015年均值		0.40	0.00	0.00	0.60	0.20	0.00	0.20

年份		马尔代夫	斯里兰卡	伊朗伊斯兰共和国	土耳其	阿拉伯联合酋长国	合计
2005	数量	0	0	0	0	0	1
	比例（%）	0.00	0.00	0.00	0.00	0.00	100.00
	指数	n.a.	n.a.	n.a.	0.00	n.a.	55.56
2006	数量	0	0	0	0	0	0
	比例（%）	0.00	0.00	0.00	0.00	0.00	0.00
	指数	n.a.	n.a.	n.a.	0.00	n.a.	0.00
2007	数量	0	0	0	0	0	0
	比例（%）	0.00	0.00	0.00	0.00	0.00	0.00
	指数	n.a.	n.a.	n.a.	0.00	n.a.	0.00
2008	数量	0	0	0	0	0	1
	比例（%）	0.00	0.00	0.00	0.00	0.00	100.00
	指数	n.a.	n.a.	n.a.	0.00	n.a.	55.56
2009	数量	0	0	0	0	0	1
	比例（%）	0.00	0.00	0.00	0.00	0.00	33.33
	指数	n.a.	n.a.	n.a.	0.00	n.a.	55.56
2010	数量	0	0	0	0	0	0
	比例（%）	0.00	0.00	0.00	0.00	0.00	0.00
	指数	n.a.	n.a.	n.a.	0.00	n.a.	0.00
2011	数量	0	0	0	2	0	3
	比例（%）	0.00	0.00	0.00	40.00	0.00	60.00
	指数	n.a.	n.a.	n.a.	500.00	n.a.	166.67

年份		马尔代夫	斯里兰卡	伊朗伊斯兰共和国	土耳其	阿拉伯联合酋长国	合计
2012	数量	0	0	0	0	0	0
	比例（%）	0.00	0.00	0.00	0.00	0.00	0.00
	指数	n. a.	n. a.	n. a.	0.00	n. a.	0.00
2013	数量	0	0	0	0	0	2
	比例（%）	0.00	0.00	0.00	0.00	0.00	50.00
	指数	n. a.	n. a.	n. a.	0.00	n. a.	111.11
2014	数量	0	0	0	0	0	1
	比例（%）	0.00	0.00	0.00	0.00	0.00	25.00
	指数	n. a.	n. a.	n. a.	0.00	n. a.	55.56
2015	数量	0	0	0	0	0	3
	比例（%）	0.00	0.00	0.00	0.00	0.00	50.00
	指数	n. a.	n. a.	n. a.	0.00	n. a.	166.67
2016	数量	0	1	0	0	2	8
	比例（%）	0.00	10.00	0.00	0.00	20.00	80.00
	指数	n. a.	n. a.	n. a.	0.00	n. a.	444.44
2017	数量	1	0	1	0	1	15
	比例（%）	5.88	0.00	5.88	0.00	5.88	88.24
	指数	n. a.	n. a.	n. a.	0.00	n. a.	833.33
合计	数量		1	1	2	3	35
	比例（%）	1.79	1.79	1.79	3.57	5.36	62.50
2011—2015 年均值		0.00	0.00	0.00	0.40	0.00	1.80

表 4-3-8 中国民营样本企业并购投资标的国（地区）项目
数量指数——拉丁美洲和加勒比海地区

（单位：件）

年份		拉丁美洲和加勒比海地区					总计
		巴西	智利	圭亚那	巴巴多斯	合计	
2005	数量	0	0	0	0	0	1
	比例（%）	0.00	0.00	0.00	0.00	0.00	100.00
	指数	0.00	n. a.	n. a.	0.00	0.00	23.81

续表

年份		拉丁美洲和加勒比海地区					总计
		巴西	智利	圭亚那	巴巴多斯	合计	
2006	数量	0	0	1	0	1	1
	比例（%）	0.00	0.00	100.00	0.00	100.00	100.00
	指数	0.00	n. a.	n. a.	0.00	83.33	23.81
2007	数量	0	1	0	0	1	1
	比例（%）	0.00	100.00	0.00	0.00	100.00	100.00
	指数	0.00	n. a.	n. a.	0.00	83.33	23.81
2008	数量	0	0	0	0	0	1
	比例（%）	0.00	0.00	0.00	0.00	0.00	100.00
	指数	0.00	n. a.	n. a.	0.00	0.00	23.81
2009	数量	1	0	1	0	2	3
	比例（%）	33.33	0.00	33.33	0.00	66.67	100.00
	指数	100.00	n. a.	n. a.	0.00	166.67	71.43
2010	数量	0	0	0	0	0	1
	比例（%）	0.00	0.00	0.00	0.00	0.00	100.00
	指数	0.00	n. a.	n. a.	0.00	0.00	23.81
2011	数量	1	0	0	1	2	5
	比例（%）	20.00	0.00	0.00	20.00	40.00	100.00
	指数	100.00	n. a.	n. a.	500.00	166.67	119.05
2012	数量	1	0	0	0	1	2
	比例（%）	50.00	0.00	0.00	0.00	50.00	100.00
	指数	100.00	n. a.	n. a.	0.00	83.33	47.62
2013	数量	1	0	0	0	1	4
	比例（%）	25.00	0.00	0.00	0.00	25.00	100.00
	指数	100.00	n. a.	n. a.	0.00	83.33	95.24
2014	数量	1	0	0	0	1	4
	比例（%）	25.00	0.00	0.00	0.00	25.00	100.00
	指数	100.00	n. a.	n. a.	0.00	83.33	95.24

年份		拉丁美洲和加勒比海地区					总计
		巴西	智利	圭亚那	巴巴多斯	合计	
2015	数量	1	0	0	0	1	6
	比例（%）	16.67	0.00	0.00	0.00	16.67	100.00
	指数	100.00	n. a.	n. a.	0.00	83.33	142.86
2016	数量	0	0	0	0	0	10
	比例（%）	0.00	0.00	0.00	0.00	0.00	100.00
	指数	0.00	n. a.	n. a.	0.00	0.00	238.10
2017	数量	0	0	0	0	0	17
	比例（%）	0.00	0.00	0.00	0.00	0.00	100.00
	指数	0.00	n. a.	n. a.	0.00	0.00	404.76
合计	数量	6	1	2	1	10	56
	比例（%）	10.71	1.79	3.57	1.79	17.86	100.00
2011—2015 年均值		1.00	0.00	0.00	0.20	1.20	4.20

在转型经济体国家，我国民营样本企业的并购投资都投向了独联体国家，其中投向哈萨克斯坦的项目数量累计 5 件，占转型经济体国家所接受并购投资项目数量的 31.25%；投向俄罗斯联邦累计 4 件，占比 25%；投向白俄罗斯累计 3 件，占比 18.75%。投向其他独联体国家的数量较少。该地区不同年份的并购投资项目数量指数波动较大，单个国家的增长趋势不明显。

表 4-3-9　中国民营样本企业并购投资标的国（地区）项目数量指数——独联体国家

（单位：件）

年份		独联体国家							总计
		阿塞拜疆	白俄罗斯	哈萨克斯坦	俄罗斯联邦	乌兹别克斯坦	格鲁吉亚	合计	
2005	数量	0	0	0	0	0	0	0	0
	比例（%）	n. a.	n. a.	n. a.	n. a.	n. a.	n. a.	n. a.	n. a.
	指数	0.00	0.00	0.00	0.00	0.00	0.00	0.00	0.00

续表

年份		独联体国家							总计
		阿塞拜疆	白俄罗斯	哈萨克斯坦	俄罗斯联邦	乌兹别克斯坦	格鲁吉亚	合计	
2006	数量	0	0	0	0	0	0	0	0
	比例（%）	n. a.	n. a.	n. a.	n. a.	n. a.	n. a.	n. a.	n. a.
	指数	0.00	0.00	0.00	0.00	0.00	n. a.	0.00	0.00
2007	数量	0	0	0	0	0	0	0	0
	比例（%）	n. a.	n. a.	n. a.	n. a.	n. a.	n. a.	n. a.	n. a.
	指数	0.00	0.00	0.00	0.00	0.00	n. a.	0.00	0.00
2008	数量	0	0	0	0	0	0	0	0
	比例（%）	n. a.	n. a.	n. a.	n. a.	n. a.	n. a.	n. a.	n. a.
	指数	0.00	0.00	0.00	0.00	0.00	n. a.	0.00	0.00
2009	数量	1	0	0	0	0	0	1	1
	比例（%）	100.00	0.00	0.00	0.00	0.00	0.00	100.00	100.00
	指数	500.00	0.00	0.00	0.00	0.00	n. a.	71.43	71.43
2010	数量	0	0	0	0	0	0	0	0
	比例（%）	n. a.	n. a.	n. a.	n. a.	n. a.	n. a.	n. a.	n. a.
	指数	0.00	0.00	0.00	0.00	0.00	n. a.	0.00	0.00
2011	数量	1	2	0	1	0	0	4	4
	比例（%）	25.00	50.00	0.00	25.00	0.00	0.00	100.00	100.00
	指数	500.00	333.33	0.00	500.00	0.00	n. a.	285.71	285.71
2012	数量	0	0	0	0	1	0	1	1
	比例（%）	0.00	0.00	0.00	0.00	100.00	0.00	100.00	100.00
	指数	0.00	0.00	0.00	0.00	500.00	n. a.	71.43	71.43
2013	数量	0	1	0	0	0	0	1	1
	比例（%）	0.00	100.00	0.00	0.00	0.00	0.00	100.00	100.00
	指数	0.00	166.67	0.00	0.00	0.00	n. a.	71.43	71.43
2014	数量	0	0	0	0	0	0	0	0
	比例（%）	n. a.	n. a.	n. a.	n. a.	n. a.	n. a.	n. a.	n. a.
	指数	0.00	0.00	0.00	0.00	0.00	n. a.	0.00	0.00

续表

年份		独联体国家							总计
		阿塞拜疆	白俄罗斯	哈萨克斯坦	俄罗斯联邦	乌兹别克斯坦	格鲁吉亚	合计	
2015	数量	0	0	1	0	0	0	1	1
	比例（%）	0.00	0.00	100.00	0.00	0.00	0.00	100.00	100.00
	指数	0.00	0.00	500.00	0.00	0.00	n. a.	71.43	71.43
2016	数量	0	0	3	0	0	0	3	3
	比例（%）	0.00	0.00	100.00	0.00	0.00	0.00	100.00	100.00
	指数	0.00	0.00	1500.00	0.00	0.00	n. a.	214.29	214.29
2017	数量	0	0	1	3	0	1	5	5
	比例（%）	0.00	0.00	20.00	60.00	0.00	20.00	100.00	100.00
	指数	0.00	0.00	500.00	1500.00	0.00	n. a.	357.14	357.14
合计	数量	2	3	5	4	1	1	16	16
	比例（%）	12.50	18.75	31.25	25.00	6.25	6.25	100.00	100.00
2011—2015 年均值		0.20	0.60	0.20	0.20	0.20	0.00	1.40	1.40

2. 民营企业海外并购投资金额的标的国（地区）别分布

在 2005—2017 年间，我国民营样本企业投向发达国家的并购金额总体呈波动增长的趋势，单个标的国（地区）不同年份的金额指数相差较大。在欧洲的发达经济体中，荷兰为该地区接受我国民营样本企业并购投资金额最多的标的国，累计 361.06 亿美元，占投向欧洲发达地区投资金额的 23.83%，主要是由于荷兰在 2017 年的并购金额较大，赶超德国，成为民营样本企业在欧洲所接受并购投资金额规模最大的标的国；德国所接受的并购投资金额规模在欧洲排列第二位，累计 158.59 亿美元，占比 10.47%；排在第三的是瑞士，累计接受并购投资金额 60.06 亿美元，占比 3.96%。

在北美洲，美国仍然是接受我国民营样本企业并购投资金额规模最大的投资标的国，累计并购资金 309 亿美元，占发达经济体所接受并购投资总金额的 20.4%；其次是加拿大，累计 0.17 亿美元，占比 1%。

在其他发达经济体中，澳大利亚累计接受并购投资 135.7 亿美元，占其他发达经济体所接受总金额规模的 8.96%；其次是开曼群岛，累计 81.4 亿美元，占比 5.37%；排在第三的是中国香港地区，累计 58.27 亿美元，占比 3.85%。

从金额指数来看，欧洲国家金额指数在 2012 年之后增长较为明显。北美洲的金额指数在 2014—2017 年增长较为稳定；其他发达经济体则在 2014 年所接受的并购投资金额陡增。

表 4-3-10 中国民营样本企业并购投资标的国（地区）金额指数——欧洲

（单位：百万美元）

年份		奥地利	比利时	克罗地亚	塞浦路斯	捷克共和国	丹麦	芬兰
2005	金额	0.00	0.00	0.00	0.00	0.00	0.00	0.00
	比例（%）	0.00	0.00	0.00	0.00	0.00	0.00	0.00
	指数	0.00	0.00	n.a.	n.a.	0.00	n.a.	n.a.
2006	金额	0.00	0.00	0.00	0.00	0.00	0.00	0.00
	比例（%）	0.00	0.00	0.00	0.00	0.00	0.00	0.00
	指数	0.00	0.00	n.a.	n.a.	0.00	n.a.	n.a.
2007	金额	0.00	0.00	0.00	0.00	0.00	0.00	0.00
	比例（%）	0.00	0.00	0.00	0.00	0.00	0.00	0.00
	指数	0.00	0.00	n.a.	n.a.	0.00	n.a.	n.a.
2008	金额	0.00	0.00	0.00	0.00	0.00	0.00	0.00
	比例（%）	0.00	0.00	0.00	0.00	0.00	0.00	0.00
	指数	0.00	0.00	n.a.	n.a.	0.00	n.a.	n.a.
2009	金额	0.00	0.00	0.00	0.00	0.00	0.00	0.00
	比例（%）	0.00	0.00	0.00	0.00	0.00	0.00	0.00
	指数	0.00	0.00	n.a.	n.a.	0.00	n.a.	n.a.
2010	金额	0.00	0.00	0.00	0.00	0.00	0.00	0.00
	比例（%）	0.00	0.00	0.00	0.00	0.00	0.00	0.00
	指数	0.00	0.00	n.a.	n.a.	0.00	n.a.	n.a.

年份		奥地利	比利时	克罗地亚	塞浦路斯	捷克共和国	丹麦	芬兰
2011	金额	0.00	0.00	0.00	0.00	0.00	0.00	0.00
	比例（%）	0.00	0.00	0.00	0.00	0.00	0.00	0.00
	指数	0.00	0.00	n. a.	n. a.	0.00	n. a.	n. a.
2012	金额	0.00	1011.49	0.00	0.00	0.00	0.00	0.00
	比例（%）	0.00	17.25	0.00	0.00	0.00	0.00	0.00
	指数	0.00	500.00	n. a.	n. a.	0.00	n. a.	n. a.
2013	金额	148.10	0.00	0.00	0.00	0.00	0.00	0.00
	比例（%）	8.06	0.00	0.00	0.00	0.00	0.00	0.00
	指数	250.00	0.00	n. a.	n. a.	0.00	n. a.	n. a.
2014	金额	148.10	0.00	0.00	0.00	3.23	0.00	0.00
	比例（%）	0.68	0.00	0.00	0.00	0.01	0.00	0.00
	指数	250.00	0.00	n. a.	n. a.	1.41	n. a.	n. a.
2015	金额	0.00	0.00	0.00	0.00	1139.74	0.00	0.00
	比例（%）	0.00	0.00	0.00	0.00	5.21	0.00	0.00
	指数	0.00	0.00	n. a.	n. a.	498.59	n. a.	n. a.
2016	金额	0.00	0.00	0.00	0.00	1411.82	0.00	0.00
	比例（%）	0.00	0.00	0.00	0.00	6.50	0.00	0.00
	指数	0.00	0.00	n. a.	n. a.	617.61	n. a.	n. a.
2017	金额	25.93	0.00	35.82	797.24	1000.00	0.00	0.65
	比例（%）	0.04	0.00	0.05	1.13	1.42	0.00	0.00
	指数	43.77	0.00	n. a.	n. a.	437.46	n. a.	n. a.
合计	金额	322.13	1011.49	35.82	797.24	3554.79	0.00	0.65
	比例（%）	0.21	0.67	0.02	0.53	2.35	0.00	0.00
2011—2015 年均值		59.24	202.30	0.00	0.00	228.59	0.00	0.00
年份		法国	德国	意大利	立陶宛	卢森堡	荷兰	波兰	葡萄牙
2005	金额	0.00	0.00	2.00	0.00	0.00	0.00	0.00	0.00
	比例（%）	0.00	0.00	7.04	0.00	0.00	0.00	0.00	0.00
	指数	n. a.	0.00	0.57	n. a.	n. a.	0.00	n. a.	n. a.

续表

年份		法国	德国	意大利	立陶宛	卢森堡	荷兰	波兰	葡萄牙
2006	金额	0.00	0.00	0.00	0.00	0.00	0.00	0.00	0.00
	比例（%）	0.00	0.00	0.00	0.00	0.00	0.00	0.00	0.00
	指数	n. a.	0.00	0.00	n. a.	n. a.	0.00	n. a.	n. a.
2007	金额	0.00	0.00	2.00	0.00	0.00	0.00	0.00	0.00
	比例（%）	0.00	0.00	1.55	0.00	0.00	0.00	0.00	0.00
	指数	n. a.	0.00	0.57	n. a.	n. a.	0.00	n. a.	n. a.
2008	金额	0.00	0.00	395.10	0.00	0.00	0.00	0.00	0.00
	比例（%）	0.00	0.00	48.06	0.00	0.00	0.00	0.00	0.00
	指数	n. a.	0.00	113.16	n. a.	n. a.	0.00	n. a.	n. a.
2009	金额	0.00	0.00	0.00	0.00	0.00	0.00	0.00	0.00
	比例（%）	0.00	0.00	0.00	0.00	0.00	0.00	0.00	0.00
	指数	n. a.	0.00	0.00	n. a.	n. a.	0.00	n. a.	n. a.
2010	金额	0.00	11.15	0.00	0.00	0.00	0.00	0.00	0.00
	比例（%）	0.00	0.47	0.00	0.00	0.00	0.00	0.00	0.00
	指数	n. a.	0.63	0.00	n. a.	n. a.	0.00	n. a.	n. a.
2011	金额	0.00	681.72	833.45	0.00	0.00	186.40	0.00	0.00
	比例（%）	0.00	16.50	20.18	0.00	0.00	4.51	0.00	0.00
	指数	n. a.	38.59	238.71	n. a.	n. a.	93.93	n. a.	n. a.
2012	金额	0.00	668.79	0.00	0.00	0.00	13.03	0.00	0.00
	比例（%）	0.00	11.40	0.00	0.00	0.00	0.22	0.00	0.00
	指数	n. a.	37.86	0.00	n. a.	n. a.	6.57	n. a.	n. a.
2013	金额	0.00	41.97	0.00	0.00	0.00	199.43	0.00	0.00
	比例（%）	0.00	2.28	0.00	0.00	0.00	10.85	0.00	0.00
	指数	n. a.	2.38	0.00	n. a.	n. a.	100.49	n. a.	n. a.
2014	金额	0.00	7337.76	0.00	0.00	0.00	0.00	0.00	0.00
	比例（%）	0.00	33.69	0.00	0.00	0.00	0.00	0.00	0.00
	指数	n. a.	415.37	0.00	n. a.	n. a.	0.00	n. a.	n. a.
2015	金额	0.00	102.66	912.32	0.00	0.00	593.38	0.00	0.00
	比例（%）	0.00	0.47	4.17	0.00	0.00	2.71	0.00	0.00
	指数	n. a.	5.81	261.29	n. a.	n. a.	299.01	n. a.	n. a.

年份		法国	德国	意大利	立陶宛	卢森堡	荷兰	波兰	葡萄牙
2016	金额	319.81	335.80	306.64	0.00	0.00	83.38	0.00	0.00
	比例（%）	1.47	1.55	1.41	0.00	0.00	0.38	0.00	0.00
	指数	n.a.	19.01	87.82	n.a.	n.a.	42.02	n.a.	n.a.
2017	金额	0.00	6678.95	83.24	0.00	1767.88	35030.00	0.00	21.13
	比例（%）	0.00	9.49	0.12	0.00	2.51	49.78	0.00	0.03
	指数	n.a.	378.07	23.84	n.a.	n.a.	17651.98	n.a.	n.a.
合计	金额	319.81	15858.80	2534.75	0.00	1767.88	36105.62	0.00	21.13
	比例（%）	0.21	10.47	1.67	0.00	1.17	23.83	0.00	0.01
2011—2015 年均值		0.00	1766.58	349.15	0.00	0.00	198.45	0.00	0.00

年份		罗马尼亚	斯洛伐克	西班牙	瑞典	英国	挪威	瑞士	合计
2005	金额	0.00	0.00	0.00	0.00	0.00	0.00	0.00	2.00
	比例（%）	0.00	0.00	0.00	0.00	0.00	0.00	0.00	7.04
	指数	n.a.	0.00	0.00	n.a.	0.00	n.a.	0.00	0.04
2006	金额	0.00	0.00	0.00	0.00	6.70	0.00	0.00	6.70
	比例（%）	0.00	0.00	0.00	0.00	48.91	0.00	0.00	48.91
	指数	n.a.	0.00	0.00	n.a.	0.80	n.a.	0.00	0.13
2007	金额	0.00	0.00	0.00	0.00	6.07	0.00	0.00	8.07
	比例（%）	0.00	0.00	0.00	0.00	4.70	0.00	0.00	6.25
	指数	n.a.	0.00	0.00	n.a.	0.72	n.a.	0.00	0.16
2008	金额	0.00	0.00	0.00	0.00	0.00	0.00	0.00	395.10
	比例（%）	0.00	0.00	0.00	0.00	0.00	0.00	0.00	48.06
	指数	n.a.	0.00	0.00	n.a.	0.00	n.a.	0.00	7.70
2009	金额	0.00	0.00	0.00	0.00	0.00	0.00	0.00	0.00
	比例（%）	0.00	0.00	0.00	0.00	0.00	0.00	0.00	0.00
	指数	n.a.	0.00	0.00	n.a.	0.00	n.a.	0.00	0.00
2010	金额	0.00	0.00	48.84	1800.00	0.00	380.00	0.00	2239.99
	比例（%）	0.00	0.00	2.07	76.31	0.00	16.11	0.00	94.96
	指数	n.a.	0.00	10.13	n.a.	0.00	n.a.	0.00	43.68

续表

年份		罗马尼亚	斯洛伐克	西班牙	瑞典	英国	挪威	瑞士	合计
2011	金额	0.00	0.00	876.94	0.00	1102.33	0.00	0.00	3680.84
	比例（%）	0.00	0.00	21.23	0.00	26.69	0.00	0.00	89.11
	指数	n. a.	0.00	181.97	n. a.	131.12	n. a.	0.00	71.77
2012	金额	0.00	0.00	0.00	0.00	498.59	0.00	0.00	2191.90
	比例（%）	0.00	0.00	0.00	0.00	8.50	0.00	0.00	37.38
	指数	n. a.	0.00	0.00	n. a.	59.30	n. a.	0.00	42.74
2013	金额	0.00	0.00	0.00	0.00	542.81	0.00	0.00	932.31
	比例（%）	0.00	0.00	0.00	0.00	29.53	0.00	0.00	50.73
	指数	n. a.	0.00	0.00	n. a.	64.56	n. a.	0.00	18.18
2014	金额	0.00	0.00	0.00	0.00	1541.63	0.00	1160.75	10191.47
	比例（%）	0.00	0.00	0.00	0.00	7.08	0.00	5.33	46.80
	指数	n. a.	0.00	0.00	n. a.	183.37	n. a.	166.67	198.72
2015	金额	0.00	1525.17	1532.63	0.00	518.26	0.00	2321.50	8645.66
	比例（%）	0.00	6.97	7.00	0.00	2.37	0.00	10.61	39.51
	指数	n. a.	500.00	318.03	n. a.	61.64	n. a.	333.33	168.58
2016	金额	0.00	0.00	1300.90	0.00	656.54	0.00	12.31	4427.20
	比例（%）	0.00	0.00	5.99	0.00	3.02	0.00	0.06	20.39
	指数	n. a.	0.00	269.94	n. a.	78.09	n. a.	1.77	86.33
2017	金额	1000.00	1000.00	0.00	3201.16	203.95	7.75	2511.51	53365.21
	比例（%）	1.42	1.42	0.00	4.55	0.29	0.01	3.57	75.83
	指数	n. a.	327.83	0.00	n. a.	24.26	n. a.	360.62	1040.57
合计	金额	1000.00	2525.17	3759.31	5001.16	5076.88	387.75	6006.07	86086.45
	比例（%）	0.66	1.67	2.48	3.30	3.35	0.26	3.96	56.82
2011—2015年均值		0.00	305.03	481.91	0.00	840.72	0.00	696.45	5128.44

表 4-3-11　中国民营样本企业并购投资标的国（地区）金额指数——北美洲

（单位：百万美元）

年份		加拿大	美国	合计
2005	金额	0.00	0.00	0.00
	比例（%）	0.00	0.00	0.00
	指数	0.00	0.00	0.00
2006	金额	0.00	7.00	7.00
	比例（%）	0.00	51.09	51.09
	指数	0.00	0.24	0.24
2007	金额	0.00	0.00	0.00
	比例（%）	0.00	0.00	0.00
	指数	0.00	0.00	0.00
2008	金额	0.00	7.00	7.00
	比例（%）	0.00	0.85	0.85
	指数	0.00	0.24	0.24
2009	金额	0.00	0.00	0.00
	比例（%）	0.00	0.00	0.00
	指数	0.00	0.00	0.00
2010	金额	0.00	1.30	1.30
	比例（%）	0.00	0.06	0.06
	指数	0.00	0.04	0.04
2011	金额	0.00	82.07	82.07
	比例（%）	0.00	1.99	1.99
	指数	0.00	2.77	2.77
2012	金额	0.00	2769.00	2769.00
	比例（%）	0.00	47.22	47.22
	指数	0.00	93.40	93.32
2013	金额	0.00	61.69	61.69
	比例（%）	0.00	3.36	3.36
	指数	0.00	2.08	2.08

续表

年份		加拿大	美国	合计
2014	金额	0.00	1050.00	1050.00
	比例（%）	0.00	4.82	4.82
	指数	0.00	35.42	35.39
2015	金额	13.00	10860.00	10873.00
	比例（%）	0.06	49.63	49.69
	指数	500.00	366.33	366.45
2016	金额	3.60	7252.21	7255.81
	比例（%）	0.02	33.40	33.41
	指数	138.46	244.63	244.54
2017	金额	0.00	8810.75	8810.75
	比例（%）	0.00	12.52	12.52
	指数	0.00	297.20	296.94
合计	金额	16.60	30901.02	30917.62
	比例（%）	0.01	20.40	20.41
2011—2015 年均值		2.60	2964.55	2967.15

表 4-3-12　中国民营样本企业并购投资标的国（地区）金额指数——其他发达经济体

（单位：百万美元）

年份		澳大利亚	新西兰	百慕大群岛	开曼群岛	英属维尔京群岛
2005	金额	0.00	0.00	0.00	26.42	0.00
	比例（%）	0.00	0.00	0.00	92.96	0.00
	指数	0.00	n.a.	n.a.	5.18	0.00
2006	金额	0.00	0.00	0.00	0.00	0.00
	比例（%）	0.00	0.00	0.00	0.00	0.00
	指数	0.00	n.a.	n.a.	0.00	0.00
2007	金额	0.00	0.00	0.00	0.00	0.00
	比例（%）	0.00	0.00	0.00	0.00	0.00
	指数	0.00	n.a.	n.a.	0.00	0.00

续表

年份		澳大利亚	新西兰	百慕大群岛	开曼群岛	英属维尔京群岛
2008	金额	0.00	0.00	0.00	0.00	289.98
	比例（%）	0.00	0.00	0.00	0.00	35.28
	指数	0.00	n. a.	n. a.	0.00	717.70
2009	金额	138.60	0.00	0.00	0.00	289.98
	比例（%）	24.33	0.00	0.00	0.00	50.91
	指数	6.73	n. a.	n. a.	0.00	717.70
2010	金额	0.00	0.00	52.26	41.06	0.00
	比例（%）	0.00	0.00	2.22	1.74	0.00
	指数	0.00	n. a.	n. a.	8.05	0.00
2011	数量	0.00	0.00	0.00	1.87	202.02
	比例（%）	0.00	0.00	0.00	0.05	4.89
	指数	0.00	n. a.	n. a.	0.37	500.00
2012	数量	490.37	0.00	0.00	353.50	0.00
	比例（%）	8.36	0.00	0.00	6.03	0.00
	指数	23.81	n. a.	n. a.	69.34	0.00
2013	金额	45.81	0.00	0.00	230.86	0.00
	比例（%）	2.49	0.00	0.00	12.56	0.00
	指数	2.22	n. a.	n. a.	45.28	0.00
2014	金额	9367.58	0.00	0.00	277.58	0.00
	比例（%）	43.01	0.00	0.00	1.27	0.00
	指数	454.83	n. a.	n. a.	54.45	0.00
2015	金额	394.19	0.00	0.00	1685.31	0.00
	比例（%）	1.80	0.00	0.00	7.70	0.00
	指数	19.14	n. a.	n. a.	330.57	0.00
2016	金额	1807.68	0.00	41.02	3916.10	905.80
	比例（%）	8.32	0.00	0.19	18.03	4.17
	指数	87.77	n. a.	n. a.	768.13	2241.86

年份		澳大利亚	新西兰	百慕大群岛	开曼群岛	英属维尔京群岛
2017	金额	1325.36	479.58	284.13	1607.05	117.00
	比例（%）	1.88	0.68	0.40	2.28	0.17
	指数	64.35	n.a.	n.a.	315.22	289.58
合计	金额	13569.59	479.58	377.41	8139.75	1804.78
	比例（%）	8.96	0.32	0.25	5.37	1.19
2011—2015年均值		2059.59	0.00	0.00	509.82	40.40

年份		以色列	日本	韩国	新加坡	中国台湾	中国香港	合计	总计
2005	金额	0.00	0.00	0.00	0.00	0.00	0.00	26.42	28.42
	比例（%）	0.00	0.00	0.00	0.00	0.00	0.00	92.96	100.00
	指数	n.a.	0.00	0.00	0.00	0.00	0.00	0.88	0.26
2006	金额	0.00	0.00	0.00	0.00	0.00	0.00	0.00	13.70
	比例（%）	0.00	0.00	0.00	0.00	0.00	0.00	0.00	100.00
	指数	n.a.	0.00	0.00	0.00	0.00	0.00	0.00	0.12
2007	金额	0.00	0.00	0.00	0.00	0.00	121.00	121.00	129.07
	比例（%）	0.00	0.00	0.00	0.00	0.00	93.75	93.75	100.00
	指数	n.a.	0.00	0.00	0.00	0.00	46.63	4.03	1.16
2008	金额	0.00	0.00	0.00	0.00	0.00	129.96	419.94	822.04
	比例（%）	0.00	0.00	0.00	0.00	0.00	15.81	51.09	100.00
	指数	n.a.	0.00	0.00	0.00	0.00	50.09	13.98	7.41
2009	金额	0.00	8.82	0.00	0.00	0.00	132.23	569.63	569.63
	比例（%）	0.00	1.55	0.00	0.00	0.00	23.21	100.00	100.00
	指数	n.a.	882.00	0.00	0.00	0.00	50.96	18.97	5.13
2010	金额	0.00	3.26	0.00	0.00	0.00	21.00	117.58	2358.87
	比例（%）	0.00	0.14	0.00	0.00	0.00	0.89	4.98	100.00
	指数	n.a.	326.00	0.00	0.00	0.00	8.09	3.92	21.25

年份		以色列	日本	韩国	新加坡	中国台湾	中国香港	合计	总计
2011	金额	0.00	0.00	0.00	10.00	0.00	153.97	367.86	4130.77
	比例（%）	0.00	0.00	0.00	0.24	0.00	3.73	8.91	100.00
	指数	n. a.	0.00	0.00	384.62	0.00	59.34	12.25	37.22
2012	金额	0.00	0.00	0.00	3.00	0.00	56.73	903.60	5864.50
	比例（%）	0.00	0.00	0.00	0.05	0.00	0.97	15.41	100.00
	指数	n. a.	0.00	0.00	115.38	0.00	21.86	30.09	52.84
2013	金额	0.00	0.00	519.63	0.00	0.00	47.61	843.91	1837.91
	比例（%）	0.00	0.00	28.27	0.00	0.00	2.59	45.92	100.00
	指数	n. a.	0.00	416.46	0.00	0.00	18.35	28.10	16.56
2014	金额	0.00	5.00	0.00	0.00	0.00	886.79	10536.95	21778.42
	比例（%）	0.00	0.02	0.00	0.00	0.00	4.07	48.38	100.00
	指数	n. a.	500.00	0.00	0.00	0.00	341.78	350.86	196.22
2015	金额	0.00	0.00	104.23	0.00	27.73	152.22	2363.68	21882.34
	比例（%）	0.00	0.00	0.48	0.00	0.13	0.70	10.80	100.00
	指数	n. a.	0.00	83.54	0.00	500.00	58.67	78.71	197.16
2016	金额	1.00	0.00	61.31	342.72	0.00	2957.80	10033.43	21716.44
	比例（%）	0.00	0.00	0.28	1.58	0.00	13.62	46.20	100.00
	指数	n. a.	0.00	49.14	13181.54	0.00	1139.97	334.09	195.66
2017	金额	16.50	1805.32	14.73	1348.92	28.04	1168.02	8194.65	70370.61
	比例（%）	0.02	2.57	0.02	1.92	0.04	1.66	11.64	100.00
	指数	n. a.	180532.00	11.81	51881.54	505.59	450.17	272.86	634.04
合计	金额	17.50	1822.40	699.90	1704.64	55.77	5827.33	34498.65	151502.72
	比例（%）	0.01	1.20	0.46	1.13	0.04	3.85	22.77	100.00
2011—2015 年均值		0.00	1.00	124.77	2.60	5.55	259.46	3003.20	11098.79

从我国民营样本企业投向发展中经济体的并购金额分布中可以看出，

非洲地区所接受的并购投资金额集中于南非，累计 1.67 亿美元，占整个发展中经济体所接受并购投资金额规模的 1.8%。印度为亚洲地区接受并购投资金额规模最大的国家，累计接受金额 26.65 亿美元，与发展中经济体所接受并购投资金额规模的 28.85%；其次是阿拉伯联合酋长国，累计 17.97 亿美元，占比 19.45%；排在亚洲地区接受并购投资金额规模第三位的是泰国，累计 10.02 亿美元，占比 10.84%。在拉丁美洲和加勒比海地区，主要投向了巴巴多斯，累计 25 亿美元，占向发展中经济体总并购投资金额规模的 27.06%，且巴巴多斯的这一较大占比来源于 2011 年单年度 25 亿美元的并购投资金额。从金额指数看，非洲、亚洲与拉丁美洲和加勒比海地区的标的国和地区不同年份间的金额指数差异较大，且波动幅度较为明显。

表 4-3-13 中国民营样本企业并购投资标的国（地区）金额指数——非洲

（单位：百万美元）

年份		埃及	加纳	加蓬	埃塞俄比亚	坦桑尼亚	南非	津巴布韦	合计
2005	金额	0.00	0.00	0.00	0.00	0.00	0.00	0.00	0.00
	比例（%）	0.00	0.00	0.00	0.00	0.00	0.00	0.00	0.00
	指数	0.00	n. a.	0.00	n. a.	n. a.	0.00	n. a.	0.00
2006	金额	0.00	0.00	0.00	0.00	0.00	0.00	0.00	0.00
	比例（%）	0.00	0.00	0.00	0.00	0.00	0.00	0.00	0.00
	指数	0.00	n. a.	0.00	n. a.	n. a.	0.00	n. a.	0.00
2007	金额	0.00	0.00	0.00	0.00	0.00	0.00	0.00	0.00
	比例（%）	n. a.	n. a.	n. a.	n. a.	n. a.	n. a.	n. a.	n. a.
	指数	0.00	0.00	0.00	0.00	0.00	0.00	0.00	0.00
2008	金额	0.00	0.00	0.00	0.00	0.00	0.00	0.00	0.00
	比例（%）	0.00	0.00	0.00	0.00	0.00	0.00	0.00	0.00
	指数	0.00	0.00	0.00	0.00	0.00	0.00	0.00	0.00
2009	金额	0.00	0.00	0.00	0.00	0.00	0.00	0.00	0.00
	比例（%）	0.00	0.00	0.00	0.00	0.00	0.00	0.00	0.00
	指数	0.00	n. a.	0.00	n. a.	n. a.	0.00	n. a.	0.00

续表

年份		埃及	加纳	加蓬	埃塞俄比亚	坦桑尼亚	南非	津巴布韦	合计
2010	金额	0.00	0.00	0.00	0.00	0.00	0.00	0.00	0.00
	比例（％）	n. a.	n. a.	n. a.	n. a.	n. a.	n. a.	n. a.	n. a.
	指数	0.00	n. a.	0.00	n. a.	n. a.	0.00	n. a.	0.00
2011	金额	0.00	0.00	0.00	0.00	0.00	0.00	0.00	0.00
	比例（％）	0.00	0.00	0.00	0.00	0.00	0.00	0.00	0.00
	指数	0.00	n. a.	0.00	n. a.	n. a.	0.00	n. a.	0.00
2012	金额	0.00	0.00	38.36	0.00	0.00	0.00	0.00	38.36
	比例（％）	0.00	0.00	98.97	0.00	0.00	0.00	0.00	98.97
	指数	0.00	n. a.	250.00	n. a.	n. a.	0.00	n. a.	116.99
2013	金额	0.00	0.00	0.00	0.00	0.00	0.00	0.00	0.00
	比例（％）	0.00	0.00	0.00	0.00	0.00	0.00	0.00	0.00
	指数	0.00	n. a.	0.00	n. a.	n. a.	0.00	n. a.	0.00
2014	金额	0.00	0.00	38.36	0.00	0.00	0.00	0.00	38.36
	比例（％）	0.00	0.00	98.97	0.00	0.00	0.00	0.00	98.97
	指数	0.00	n. a.	250.00	n. a.	n. a.	0.00	n. a.	116.99
2015	金额	3.84	0.00	0.00	0.00	0.00	83.38	0.00	87.22
	比例（％）	2.90	0.00	0.00	0.00	0.00	62.94	0.00	65.84
	指数	500.00	n. a.	0.00	n. a.	n. a.	500.00	n. a.	266.01
2016	金额	0.00	0.00	0.00	5.00	0.00	83.38	0.00	88.38
	比例（％）	0.00	0.00	0.00	0.27	0.00	4.55	0.00	4.82
	指数	0.00	n. a.	0.00	n. a.	n. a.	500.00	n. a.	269.55
2017	金额	3.84	0.00	0.00	0.00	0.00	0.00	0.00	3.84
	比例（％）	0.09	0.00	0.00	0.00	0.00	0.00	0.00	0.09
	指数	500.00	n. a.	0.00	n. a.	n. a.	0.00	n. a.	11.71
合计	金额	7.68	0.00	76.72	5.00	0.00	166.76	0.00	256.16
	比例（％）	0.08	0.00	0.83	0.05	0.00	1.80	0.00	2.77
2011—2015 年均值		0.77	0.00	15.34	0.00	0.00	16.68	0.00	32.79

表 4-3-14　中国民营样本企业并购投资标的国（地区）金额指数——亚洲

（单位：百万美元）

年份		蒙古国	印度尼西亚	马来西亚	泰国	越南	孟加拉国	印度
2005	金额	0.00	0.00	0.00	0.00	39.86	0.00	0.00
	比例（%）	0.00	0.00	0.00	0.00	100.00	0.00	0.00
	指数	0.00	n.a.	n.a.	0.00	622.81	n.a.	n.a.
2006	金额	0.00	0.00	0.00	0.00	0.00	0.00	0.00
	比例（%）	0.00	0.00	0.00	0.00	0.00	0.00	0.00
	指数	0.00	n.a.	n.a.	0.00	0.00	n.a.	n.a.
2007	金额	0.00	0.00	0.00	0.00	0.00	0.00	0.00
	比例（%）	n.a.	n.a.	n.a.	n.a.	n.a.	n.a.	n.a.
	指数	0.00	0.00	0.00	0.00	0.00	0.00	0.00
2008	金额	0.00	0.00	0.00	0.00	0.00	0.00	19.81
	比例（%）	0.00	0.00	0.00	0.00	0.00	0.00	100.00
	指数	0.00	n.a.	n.a.	0.00	0.00	n.a.	n.a.
2009	金额	0.00	0.00	0.00	0.00	0.00	0.00	0.00
	比例（%）	0.00	0.00	0.00	0.00	0.00	0.00	0.00
	指数	0.00	n.a.	n.a.	0.00	0.00	n.a.	n.a.
2010	金额	0.00	0.00	0.00	0.00	0.00	0.00	0.00
	比例（%）	n.a.	n.a.	n.a.	n.a.	n.a.	n.a.	n.a.
	指数	0.00	n.a.	n.a.	0.00	0.00	n.a.	n.a.
2011	金额	0.00	0.00	0.00	3.59	0.00	0.00	0.00
	比例（%）	0.00	0.00	0.00	0.14	0.00	0.00	0.00
	指数	0.00	n.a.	n.a.	89.08	0.00	n.a.	n.a.
2012	金额	0.00	0.00	0.00	0.00	0.00	0.00	0.00
	比例（%）	0.00	0.00	0.00	0.00	0.00	0.00	0.00
	指数	0.00	n.a.	n.a.	0.00	0.00	n.a.	n.a.
2013	金额	0.28	0.00	0.00	3.59	0.00	0.00	0.00
	比例（%）	0.50	0.00	0.00	6.47	0.00	0.00	0.00
	指数	250.00	n.a.	n.a.	89.08	0.00	n.a.	n.a.

年份		蒙古国	印度尼西亚	马来西亚	泰国	越南	孟加拉国	印度
2014	金额	0.00	0.00	0.00	0.00	0.00	0.00	0.00
	比例（%）	0.00	0.00	0.00	0.00	0.00	0.00	0.00
	指数	0.00	n. a.	n. a.	0.00	0.00	n. a.	n. a.
2015	金额	0.28	0.00	0.00	12.97	32.00	0.00	0.00
	比例（%）	0.21	0.00	0.00	9.79	24.16	0.00	0.00
	指数	250.00	n. a.	n. a.	321.84	500.00	n. a.	n. a.
2016	金额	0.00	0.50	0.00	846.08	0.00	0.00	0.00
	比例（%）	0.00	0.03	0.00	46.14	0.00	0.00	0.00
	指数	0.00	n. a.	n. a.	20994.54	0.00	n. a.	n. a.
2017	金额	0.00	150.00	109.74	135.80	32.00	10.00	2645.36
	比例（%）	0.00	3.34	2.45	3.03	0.71	0.22	58.98
	指数	0.00	n. a.	n. a.	3369.73	500.00	n. a.	n. a.
合计	金额	0.56	150.50	109.74	1002.03	103.86	10.00	2665.17
	比例（%）	0.01	1.63	1.19	10.84	1.12	0.11	28.85
2011—2015 年均值		0.11	0.00	0.00	4.03	6.40	0.00	0.00

年份		马尔代夫	斯里兰卡	伊朗伊斯兰共和国	土耳其	阿拉伯联合酋长国	合计
2005	金额	0.00	0.00	0.00	0.00	0.00	39.86
	比例（%）	0.00	0.00	0.00	0.00	0.00	100.00
	指数	n. a.	n. a.	n. a.	n. a.	n. a.	378.11
2006	金额	0.00	0.00	0.00	0.00	0.00	0.00
	比例（%）	0.00	0.00	0.00	0.00	0.00	0.00
	指数	n. a.	n. a.	n. a.	n. a.	n. a.	0.00
2007	金额	0.00	0.00	0.00	0.00	0.00	0.00
	比例（%）	0.00	0.00	0.00	0.00	0.00	n. a.
	指数	n. a.	n. a.	n. a.	n. a.	n. a.	0.00
2008	金额	0.00	0.00	0.00	0.00	0.00	19.81
	比例（%）	0.00	0.00	0.00	0.00	0.00	100.00
	指数	n. a.	n. a.	n. a.	n. a.	n. a.	187.92

续表

年份		马尔代夫	斯里兰卡	伊朗伊斯兰共和国	土耳其	阿拉伯联合酋长国	合计
2009	金额	0.00	0.00	0.00	0.00	0.00	0.00
	比例（%）	0.00	0.00	0.00	0.00	0.00	0.00
	指数	n. a.	n. a.	n. a.	n. a.	n. a.	0.00
2010	金额	0.00	0.00	0.00	0.00	0.00	0.00
	比例（%）	n. a.	n. a.	n. a.	n. a.	n. a.	n. a.
	指数	n. a.	n. a.	n. a.	n. a.	n. a.	0.00
2011	金额	0.00	0.00	0.00	0.00	0.00	3.59
	比例（%）	0.00	0.00	0.00	0.00	0.00	0.14
	指数	n. a.	n. a.	n. a.	n. a.	n. a.	34.05
2012	金额	0.00	0.00	0.00	0.00	0.00	0.00
	比例（%）	0.00	0.00	0.00	0.00	0.00	0.00
	指数	n. a.	n. a.	n. a.	n. a.	n. a.	0.00
2013	金额	0.00	0.00	0.00	0.00	0.00	3.87
	比例（%）	0.00	0.00	0.00	0.00	0.00	6.98
	指数	n. a.	n. a.	n. a.	n. a.	n. a.	36.71
2014	金额	0.00	0.00	0.00	0.00	0.00	0.00
	比例（%）	0.00	0.00	0.00	0.00	0.00	0.00
	指数	n. a.	n. a.	n. a.	n. a.	n. a.	0.00
2015	金额	0.00	0.00	0.00	0.00	0.00	45.25
	比例（%）	0.00	0.00	0.00	0.00	0.00	34.16
	指数	n. a.	n. a.	n. a.	n. a.	n. a.	429.24
2016	金额	0.00	0.20	0.00	0.00	898.47	1745.25
	比例（%）	0.00	0.01	0.00	0.00	49.00	95.18
	指数	n. a.	n. a.	n. a.	n. a.	n. a.	16555.21
2017	金额	500.00	0.00	0.00	0.00	898.47	4481.37
	比例（%）	11.15	0.00	0.00	0.00	20.03	99.91
	指数	n. a.	n. a.	n. a.	n. a.	n. a.	42509.68
合计	金额	500.00	0.20	0.00	0.00	1796.94	6339.00
	比例（%）	5.41	0.00	0.00	0.00	19.45	68.61
2011—2015 年均值		0.00	0.00	0.00	0.00	0.00	10.54

表 4-3-15　中国民营样本企业并购投资标的国（地区）
金额指数——拉丁美洲和加勒比海地区

（单位：百万美元）

年份		巴西	智利	圭亚那	巴巴多斯	合计	总计
2005	金额	0.00	0.00	0.00	0.00	0.00	39.86
	比例（%）	0.00	0.00	0.00	0.00	0.00	100.00
	指数	0.00	n.a.	n.a.	0.00	0.00	7.20
2006	金额	0.00	0.00	46.00	0.00	46.00	46.00
	比例（%）	0.00	0.00	100.00	0.00	100.00	100.00
	指数	0.00	n.a.	n.a.	0.00	9.01	8.31
2007	金额	0.00	0.00	0.00	0.00	0.00	0.00
	比例（%）	n.a.	n.a.	n.a.	n.a.	n.a.	n.a.
	指数	0.00	n.a.	n.a.	0.00	0.00	0.00
2008	金额	0.00	0.00	0.00	0.00	0.00	19.81
	比例（%）	0.00	0.00	0.00	0.00	0.00	100.00
	指数	0.00	n.a.	n.a.	0.00	0.00	3.58
2009	金额	0.00	0.00	46.00	0.00	46.00	46.00
	比例（%）	0.00	0.00	100.00	0.00	100.00	100.00
	指数	0.00	n.a.	n.a.	0.00	9.01	8.31
2010	金额	0.00	0.00	0.00	0.00	0.00	0.00
	比例（%）	n.a.	n.a.	n.a.	n.a.	n.a.	n.a.
	指数	0.00	n.a.	n.a.	0.00	0.00	0.00
2011	金额	0.00	0.00	0.00	2500.00	2500.00	2503.59
	比例（%）	0.00	0.00	0.00	99.86	99.86	100.00
	指数	0.00	n.a.	n.a.	500.00	489.74	452.07
2012	金额	0.40	0.00	0.00	0.00	0.40	38.76
	比例（%）	1.03	0.00	0.00	0.00	1.03	100.00
	指数	3.82	n.a.	n.a.	0.00	0.08	7.00

年份		巴西	智利	圭亚那	巴巴多斯	合计	总计
2013	金额	51.60	0.00	0.00	0.00	51.60	55.47
	比例（%）	93.02	0.00	0.00	0.00	93.02	100.00
	指数	492.37	n. a.	n. a.	0.00	10.11	10.02
2014	金额	0.40	0.00	0.00	0.00	0.40	38.76
	比例（%）	1.03	0.00	0.00	0.00	1.03	100.00
	指数	3.82	n. a.	n. a.	0.00	0.08	7.00
2015	金额	0.00	0.00	0.00	0.00	0.00	132.47
	比例（%）	0.00	0.00	0.00	0.00	0.00	100.00
	指数	0.00	n. a.	n. a.	0.00	0.00	23.92
2016	金额	0.00	0.00	0.00	0.00	0.00	1833.63
	比例（%）	0.00	0.00	0.00	0.00	0.00	100.00
	指数	0.00	n. a.	n. a.	0.00	0.00	331.09
2017	金额	0.00	0.00	0.00	0.00	0.00	4485.21
	比例（%）	0.00	0.00	0.00	0.00	0.00	100.00
	指数	0.00	n. a.	n. a.	0.00	0.00	809.88
合计	金额	52.40	0.00	92.00	2500.00	2644.40	9239.56
	比例（%）	0.57	0.00	1.00	27.06	28.62	100.00
2011—2015年均值		10.48	0.00	0.00	500.00	510.48	553.81

同转型经济体所接受我国民营样本企业并购投资项目数量一致，独联体国家集中了所有向转型经济体国家的并购投资金额，其中以投向俄罗斯联邦的并购投资金额为主，俄罗斯联邦共计接受了来自我国民营样本企业累计约123.76亿美元的并购投资，占转型经济体国家所接受并购投资金额规模的92.9%；其次是投向哈萨克斯坦累计9.4亿美元的并购投资金额，占比7.06%；投向其他独联体国家的数量较少。

表 4-3-16 中国民营样本企业并购投资标的国（地区）金额指数——独联体国家

（单位：百万美元）

年份		阿塞拜疆	白俄罗斯	哈萨克斯坦	俄罗斯联邦	乌兹别克斯坦	格鲁吉亚	合计	总计
2005	金额	0.00	0.00	0.00	0.00	0.00	0.00	0.00	0.00
	比例（%）	n.a.	n.a.	n.a.	n.a.	n.a.	n.a.	n.a.	n.a.
	指数	n.a.	n.a.	0.00	n.a.	0.00	n.a.	0.00	0.00
2006	金额	0.00	0.00	0.00	0.00	0.00	0.00	0.00	0.00
	比例（%）	n.a.	n.a.	n.a.	n.a.	n.a.	n.a.	n.a.	n.a.
	指数	n.a.	n.a.	n.a.	n.a.	0.00	n.a.	0.00	0.00
2007	金额	0.00	0.00	0.00	0.00	0.00	0.00	0.00	0.00
	比例（%）	n.a.	n.a.	n.a.	n.a.	n.a.	n.a.	n.a.	n.a.
	指数	n.a.	n.a.	0.00	n.a.	0.00	n.a.	0.00	0.00
2008	金额	0.00	0.00	0.00	0.00	0.00	0.00	0.00	0.00
	比例（%）	n.a.	n.a.	n.a.	n.a.	n.a.	n.a.	n.a.	n.a.
	指数	n.a.	n.a.	0.00	n.a.	0.00	n.a.	0.00	0.00
2009	金额	0.00	0.00	0.00	0.00	0.00	0.00	0.00	0.00
	比例（%）	n.a.	n.a.	n.a.	n.a.	n.a.	n.a.	n.a.	n.a.
	指数	n.a.	n.a.	n.a.	n.a.	0.00	n.a.	0.00	0.00
2010	金额	0.00	0.00	0.00	0.00	0.00	0.00	0.00	0.00
	比例（%）	n.a.	n.a.	n.a.	n.a.	n.a.	n.a.	n.a.	n.a.
	指数	n.a.	n.a.	0.00	n.a.	0.00	n.a.	0.00	0.00
2011	金额	0.00	0.00	0.00	0.00	0.00	0.00	0.00	0.00
	比例（%）	n.a.	n.a.	n.a.	n.a.	n.a.	n.a.	n.a.	n.a.
	指数	n.a.	n.a.	0.00	n.a.	0.00	n.a.	0.00	0.00
2012	金额	0.00	0.00	0.00	0.00	5.00	0.00	5.00	5.00
	比例（%）	0.00	0.00	0.00	0.00	100.00	0.00	100.00	100.00
	指数	n.a.	n.a.	0.00	n.a.	500.00	n.a.	6.67	6.67
2013	金额	0.00	0.00	0.00	0.00	0.00	0.00	0.00	0.00
	比例（%）	n.a.	n.a.	n.a.	n.a.	n.a.	n.a.	n.a.	n.a.
	指数	n.a.	n.a.	0.00	n.a.	0.00	n.a.	0.00	0.00

续表

年份		阿塞拜疆	白俄罗斯	哈萨克斯坦	俄罗斯联邦	乌兹别克斯坦	格鲁吉亚	合计	总计
2014	金额	0.00	0.00	0.00	0.00	0.00	0.00	0.00	0.00
	比例（%）	n. a.	n. a.	n. a.	n. a.	n. a.	n. a.	n. a.	n. a.
	指数	n. a.	n. a.	0.00	n. a.	0.00	n. a.	0.00	0.00
2015	金额	0.00	0.00	370.00	0.00	0.00	0.00	370.00	370.00
	比例（%）	0.00	0.00	100.00	0.00	0.00	0.00	100.00	100.00
	指数	n. a.	n. a.	500.00	n. a.	0.00	n. a.	493.33	493.33
2016	金额	0.00	0.00	200.60	0.00	0.00	0.00	200.60	200.60
	比例（%）	0.00	0.00	100.00	0.00	0.00	0.00	100.00	100.00
	指数	n. a.	n. a.	271.08	n. a.	0.00	n. a.	267.47	267.47
2017	金额	0.00	0.00	370.00	12376.38	0.00	0.00	12746.38	12746.38
	比例（%）	0.00	0.00	2.90	97.10	0.00	0.00	100.00	100.00
	指数	n. a.	n. a.	500.00	n. a.	0.00	n. a.	16995.17	16995.17
合计	金额	0.00	0.00	940.60	12376.38	5.00	0.00	13321.98	13321.98
	比例（%）	0.00	0.00	7.06	92.90	0.04	0.00	100.00	100.00
2011—2015年均值		0.00	0.00	74.00	0.00	1.00	0.00	75.00	75.00

第四节 民营企业海外并购投资行业别指数

本节按照投资标的行业的不同对我国民营样本企业海外并购投资项目数量和金额分布情况进行分析。本节将投资标的行业分为两大部分，即制造业和非制造业。其中制造业按照 OECD 技术划分标准分为 4 大类，分别是高技术、中高技术、中低技术和低技术制造业；非制造业则划分为服务业，农、林、牧、渔业，采矿业，电力、热力、燃气及水生产和供应业，建筑业 5 大部类。

一、民营企业海外并购投资项目数量和金额在标的行业的分布

1. 民营企业海外并购投资项目数量在标的行业的分布

从行业视角来说，在 2005—2017 年间我国民营样本企业向各行业的并购投资项目总数为 447 件。投向制造业项目数量为 188 件，占 42.06%；投向非制造业累计 259 件，占比 57.94%。在投向制造业的项目数量中：中高技术制造业累计获得 99 件并购投资项目，占整个制造行业所接受并购投资项目的 52.66%；对低技术行业累计进行并购投资 38 件，占制造业并购投资项目数量的 20.21%；高技术行业累计 31 件，占比 16.49%；中低技术行业累计 20 件，占比 10.64%。

通过数据统计可以发现，民营样本企业投向非制造业的项目数量规模超过制造业所接受的项目数量，而且对非制造业的投资项目数量在 2011 年后增长迅速。在非制造业中，服务业累计接受投资 231 件，占非制造业接受并购投资总项目数量的 89.19%；对采矿业累计投资 17 件，占比 6.56%；第三位是电力、热力、燃气及水生产和供应业，累计接受投资 8 件，占比 3.09%。

表 4-4-1　中国民营企业并购投资项目数量在标的行业的分布及指数汇总表

（单位：件）

年份	制造业											
	高技术				中高技术				中低技术			
	项目数	同比增长（%）	占比（%）	指数	项目数	同比增长（%）	占比（%）	指数	项目数	同比增长（%）	占比（%）	指数
2005	1		33.33	71.43	1		33.33	10.42	1		33.33	83.33
2006	1	0.0	50.00	71.43	0	-100.0	0.00	0.00	0	-100.0	0.00	0.00
2007	0	-100.0	0.00	0.00	1	n. a.	16.67	10.42	2	n. a.	33.33	166.67
2008	1	n. a.	12.50	71.43	2	100.0	25.00	20.83	1	-50.0	12.50	83.33
2009	1	0.0	20.00	71.43	3	50.0	60.00	31.25	0	-100.0	0.00	0.00
2010	2	100.0	28.57	142.86	3	0.0	42.86	31.25	2	n. a.	28.57	166.67

续表

年份	制造业											
	高技术				中高技术				中低技术			
	项目数	同比增长（%）	占比（%）	指数	项目数	同比增长（%）	占比（%）	指数	项目数	同比增长（%）	占比（%）	指数
2011	3	50.0	18.75	214.29	11	266.7	68.75	114.58	2	0.0	12.50	166.67
2012	0	-100.0	0.00	0.00	9	-18.2	69.23	93.75	0	-100.0	0.00	0.00
2013	1	n.a.	8.33	71.43	9	0.0	75.00	93.75	1	n.a.	8.33	83.33
2014	0	-100.0	0.00	0.00	10	11.1	62.50	104.17	1	0.0	6.25	83.33
2015	3	n.a.	17.65	214.29	9	-10.0	52.94	93.75	2	100.0	11.76	166.67
2016	5	66.7	12.82	357.14	20	122.2	51.28	208.33	4	100.0	10.26	333.33
2017	13	160.0	29.55	928.57	21	5.0	47.73	218.75	4	0.0	9.09	333.33
合计	31		16.49		99		52.66		20		10.64	
2011—2015年均值	1.40			100.00	9.60			100.00	1.20			100.00

年份	制造业							
	低技术				合计			
	项目数	同比增长（%）	占比（%）	指数	项目数	同比增长（%）	占比（%）	指数
2005	0		0.00	0.00	3		100.00	20.27
2006	1	n.a.	50.00	38.46	2	-33.3	50.00	13.51
2007	3	200.0	50.00	115.38	6	200.0	60.00	40.54
2008	4	33.3	50.00	153.85	8	33.3	72.73	54.05
2009	1	-75.0	20.00	38.46	5	-37.5	38.46	33.78
2010	0	-100.0	0.00	0.00	7	40.0	43.75	47.30
2011	0	n.a.	0.00	0.00	16	128.6	41.03	108.11
2012	4	n.a.	30.77	153.85	13	-18.8	50.00	87.84
2013	1	-75.0	8.33	38.46	12	-7.7	42.86	81.08
2014	5	400.0	31.25	192.31	16	33.3	47.06	108.11
2015	3	-40.0	17.65	115.38	17	6.3	31.48	114.86
2016	10	233.3	25.64	384.62	39	129.4	38.61	263.51
2017	6	-40.0	13.64	230.77	44	12.8	40.74	297.30

续表

| 年份 | 制造业 | | | | | | | |
| | 低技术 | | | | 合计 | | | |
	项目数	同比增长（%）	占比（%）	指数	项目数	同比增长（%）	占比（%）	指数
合计	38		20.21		188		42.06	
2011—2015 年均值	2.60			100.00	14.80			100.00

| 年份 | 非制造业 | | | | | | | | | | | |
| | 服务业 | | | | 采矿业 | | | | 电力、热力、燃气及水生产和供应业 | | | |
	项目数	同比增长（%）	占比（%）	指数	项目数	同比增长（%）	占比（%）	指数	项目数	同比增长（%）	占比（%）	指数
2005	0		n. a.	0.00	0		n. a.	0.00	0		n. a.	0.00
2006	1	n. a.	50.00	5.10	1	n. a.	50.00	100.00	0	n. a.	0.00	0.00
2007	4	300.0	100.00	20.41	0	−100.0	0.00	0.00	0	n. a.	0.00	0.00
2008	3	−25.0	100.00	15.31	0	n. a.	0.00	0.00	0	n. a.	0.00	0.00
2009	7	133.3	87.50	35.71	1	n. a.	12.50	100.00	0	n. a.	0.00	0.00
2010	9	28.6	100.00	45.92	0	−100.0	0.00	0.00	0	n. a.	0.00	0.00
2011	22	144.4	95.65	112.24	1	n. a.	4.35	100.00	0	n. a.	0.00	0.00
2012	10	−54.5	76.92	51.02	1	0.0	7.69	100.00	1	n. a.	7.69	250.00
2013	15	50.0	93.75	76.53	1	0.0	6.25	100.00	0	−100.0	0.00	0.00
2014	17	13.3	94.44	86.73	0	−100.0	0.00	0.00	0	n. a.	0.00	0.00
2015	34	100.0	91.89	173.47	2	n. a.	5.41	200.00	1	n. a.	2.70	250.00
2016	53	55.9	85.48	270.41	3	50.0	4.84	300.00	5	400.0	8.06	1250.00
2017	56	5.7	87.50	285.71	7	133.3	10.94	700.00	1	−80.0	1.56	250.00
合计	231		89.19		17		6.56		8		3.09	
2011—2015 年均值	19.60		100.00		1			100.00	0.40			100.00

续表

年份	非制造业								总计			
	建筑业				合计							
	项目数	同比增长(%)	占比(%)	指数	项目数	同比增长(%)	占比(%)	指数	项目数	同比增长(%)	占比(%)	指数
2005	0		n. a.	0.00	0		0.00	0.00	3		100.00	8.29
2006	0	n. a.	0.00	0.00	2	n. a.	50.00	9.35	4	33.3	100.00	11.05
2007	0	n. a.	0.00	0.00	4	100.0	40.00	18.69	10	150.0	100.00	27.62
2008	0	n. a.	0.00	0.00	3	-25.0	27.27	14.02	11	10.0	100.00	30.39
2009	0	n. a.	0.00	0.00	8	166.7	61.54	37.38	13	18.2	100.00	35.91
2010	0	n. a.	0.00	0.00	9	12.5	56.25	42.06	16	23.1	100.00	44.20
2011	0	n. a.	0.00	0.00	23	155.6	58.97	107.48	39	143.8	100.00	107.73
2012	1	n. a.	7.69	250.00	13	-43.5	50.00	60.75	26	-33.3	100.00	71.82
2013	0	-100.0	0.00	0.00	16	23.1	57.14	74.77	28	7.7	100.00	77.35
2014	1	n. a.	5.56	250.00	18	12.5	52.94	84.11	34	21.4	100.00	93.92
2015	0	-100.0	0.00	0.00	37	105.6	68.52	172.90	54	58.8	100.00	149.17
2016	1	n. a.	1.61	250.00	62	67.6	61.39	289.72	101	87.0	100.00	279.01
2017	0	-100.0	0.00	0.00	64	3.2	59.26	299.07	108	6.9	100.00	298.34
合计	3		1.16		259		57.94		447		100.00	
2011—2015年均值	0.40			100.00	21.40			100.00	36.20			100.00

2. 民营企业海外并购投资金额在标的行业的分布

2005—2017 年我国民营样本企业海外并购投资各个行业的金额累计 1715.37 亿美元。其中，投向制造业的并购投资金额累计 636.88 亿美元，占总金额规模的 37.13%；投向非制造业的并购投资金额累计 1078.49 亿美元，占比 62.87%。由此可见，民营样本企业的并购投资主要投向非制造业，与其所接受的并购投资项目数量规模较为一致。

在投向制造业的并购投资金额中：中高技术制造业所接受的并购投资金额累计 486.39 亿美元，占整个制造业所接受并购投资金额规模的 76.37%；其次为低技术行业，所接受的并购投资金额累计 74.99 亿美元，占比 11.77%；中低技术行业的并购投资金额累计 40.18 亿美元，占比

6.31%，排列制造业所接受并购投资金额规模的第三位；高技术行业的并购投资金额总计 35.32 亿美元，占比 5.55%。可看出我国民营样本企业并购投资主要流向了中高技术行业。

在非制造业投资中，投向服务业的金额为 808.42 亿美元，占非制造行业所接受并购投资金额规模的 74.96%；其次是采矿业，累计投资金额 166.97 亿美元，占比 15.48%；再次是建筑业，累计投资金额 97.16 亿美元，占比 9.01%，其他非制造业所接受的并购投资金额在非制造行业中占比较少。各个行业的金额指数在 2014—2017 年呈现出较为稳定的增长趋势。

表 4-4-2　中国民营企业并购投资金额在标的行业的分布及指数汇总表

（单位：百万美元）

| 年份 | 制造业 | | | | | | | | | | | |
| | 高技术 | | | | 中高技术 | | | | 中低技术 | | | |
	金额	同比增长（%）	占比（%）	指数	金额	同比增长（%）	占比（%）	指数	金额	同比增长（%）	占比（%）	指数
2005	26.42		38.69	68.64	39.86		58.38	6.83	2.00		2.93	0.39
2006	7.00	-73.5	51.09	18.19	0.00	-100.00	0.00	0.00	0.00	-100.00	0.00	0.00
2007	0.00	-100.0	0.00	0.00	0.00	n. a.	0.00	0.00	2.00	n. a.	1.55	0.39
2008	7.00	n. a.	0.84	18.19	685.08	n. a.	82.25	117.46	19.81	890.50	2.38	3.89
2009	0.00	-100.0	0.00	0.00	289.98	-57.67	100.00	49.72	0.00	-100.00	0.00	0.00
2010	53.97	n. a.	2.89	140.23	1811.15	524.58	97.04	310.53	1.30	n. a.	0.07	0.26
2011	0.00	-100.0	0.00	0.00	908.82	-49.82	52.93	155.82	808.21	62070.00	47.07	158.54
2012	0.00	n. a.	0.00	0.00	766.22	-15.69	88.97	131.37	0.00	-100.00	0.00	0.00
2013	135.44	n. a.	21.69	351.90	446.94	-41.67	71.58	76.63	0.00	n. a.	0.00	0.00
2014	0.00	-100.0	0.00	0.00	176.48	-60.51	14.53	30.26	0.00	n. a.	0.00	0.00
2015	57.00	n. a.	2.26	148.10	617.73	250.03	24.53	105.91	1740.65	n. a.	69.13	341.46
2016	53.60	-6.0	1.01	139.26	1035.61	67.65	19.48	177.56	154.63	-91.12	2.91	30.33
2017	3191.08	5853.5	6.62	8291.10	41861.09	3942.17	86.79	7177.36	1289.75	734.09	2.67	253.01
合计	3531.51		5.55		48638.96		76.37		4018.35		6.31	
2011—2015 年均值	38.49		100.00		583.24		100.00		509.77		100.00	

续表

年份	制造业							
	低技术				合计			
	金额	同比增长（%）	占比（%）	指数	金额	同比增长（%）	占比（%）	指数
2005	0.00		0.00	0.00	68.28		100.00	4.92
2006	6.70	n.a.	48.91	2.62	13.70	−79.94	22.95	0.99
2007	127.07	1796.6	98.45	49.72	129.07	842.12	100.00	9.31
2008	121.00	−4.8	14.53	47.34	832.89	545.30	98.94	60.05
2009	0.00	−100.0	0.00	0.00	289.98	−65.18	47.10	20.91
2010	0.00	n.a.	0.00	0.00	1866.42	543.64	79.12	134.56
2011	0.00	n.a.	0.00	0.00	1717.03	−8.00	25.88	123.79
2012	94.99	n.a.	11.03	37.16	861.21	−49.84	14.39	62.09
2013	41.97	−55.8	6.72	16.42	624.35	−27.50	32.98	45.01
2014	1038.36	2374.1	85.47	406.25	1214.84	94.58	5.55	87.58
2015	102.66	−90.1	4.08	40.16	2518.04	107.27	11.29	181.53
2016	4073.53	3868.0	76.61	1593.74	5317.37	111.17	22.02	383.35
2017	1892.61	−53.5	3.92	740.47	48234.53	807.11	57.01	3477.38
合计	7498.89		11.77		63687.71		37.13	
2011—2015年均值	255.60			100.00	1387.09			100.00

年份	非制造业											
	服务业				采矿业				电力、热力、燃气及水生产和供应业			
	金额	同比增长（%）	占比（%）	指数	金额	同比增长（%）	占比（%）	指数	金额	同比增长（%）	占比（%）	指数
2005	0.00		n.a.	0.00	0.00		n.a.	0.00	0.00		n.a.	0.00
2006	46.00	n.a.	100.00	0.57	0.00	n.a.	0.00	0.00	0.00	n.a.	0.00	0.00
2007	0.00	−100.0	n.a.	0.00	0.00	n.a.	0.00	0.00	0.00	n.a.	0.00	0.00
2008	8.96	n.a.	100.00	0.11	0.00	n.a.	0.00	0.00	0.00	n.a.	0.00	0.00
2009	187.05	1987.6	57.44	2.30	138.60	n.a.	42.56	52.86	0.00	n.a.	0.00	0.00
2010	492.45	163.3	100.00	6.06	0.00	−100.0	0.00	0.00	0.00	n.a.	0.00	0.00

续表

年份	非制造业											
	服务业				采矿业				电力、热力、燃气及水生产和供应业			
	金额	同比增长（%）	占比（%）	指数	金额	同比增长（%）	占比（%）	指数	金额	同比增长（%）	占比（%）	指数
2011	4917.33	898.5	100.00	60.49	0.00	n. a.	0.00	0.00	0.00	n. a.	0.00	0.00
2012	4597.03	-6.5	89.72	56.55	448.74	n. a.	8.76	171.15	3.00	n. a.	0.06	4.02
2013	1269.03	-72.4	100.00	15.61	0.00	-100.0	0.00	0.00	0.00	-100.0	0.00	0.00
2014	11311.48	791.3	54.70	139.15	0.00	n. a.	0.00	0.00	0.00	n. a.	0.00	0.00
2015	18551.20	64.0	93.77	228.20	862.19	n. a.	4.36	328.85	370.00	n. a.	1.87	495.98
2016	17301.64	-6.7	91.86	212.83	1059.87	22.9	5.63	404.24	200.95	-45.7	1.07	269.37
2017	22159.64	28.1	60.93	272.59	14188.03	1238.7	39.02	5411.44	20.00	-90.0	0.05	26.81
合计	80841.81		74.96		16697.43		15.48		593.95		0.55	
2011—2015 年均值	8129.21			100.00	262.19			100.00	74.60			100.00

年份	非制造业								总计			
	建筑业				合计							
	金额	同比增长（%）	占比（%）	指数	金额	同比增长（%）	占比（%）	指数	金额	同比增长（%）	占比（%）	指数
2005	0.00		n. a.	0.00	0.00		0.00	0.00	68.28		100.00	0.58
2006	0.00	n. a.	0.00	0.00	46.00	n. a.	77.05	0.44	59.70	-12.6	100.00	0.51
2007	0.00	n. a.	n. a.	0.00	0.00	-100.0	0.00	0.00	129.07	116.2	100.00	1.10
2008	0.00	n. a.	0.00	0.00	8.96	n. a.	1.06	0.09	841.85	552.2	100.00	7.17
2009	0.00	n. a.	0.00	0.00	325.65	3534.5	52.90	3.15	615.63	-26.9	100.00	5.24
2010	0.00	n. a.	0.00	0.00	492.45	51.2	20.88	4.76	2358.87	283.2	100.00	20.09
2011	0.00	n. a.	0.00	0.00	4917.33	898.5	74.12	47.49	6634.36	181.3	100.00	56.50
2012	75.00	n. a.	1.46	3.97	5123.77	4.2	85.61	49.48	5984.98	-9.8	100.00	50.97
2013	0.00	-100.0	0.00	0.00	1269.03	-75.2	67.02	12.26	1893.38	-68.4	100.00	16.13
2014	9367.58	n. a.	45.30	496.03	20679.06	1529.5	94.45	199.71	21893.90	1056.3	100.00	186.46
2015	0.00	-100.0	0.00	0.00	19783.39	-4.3	88.71	191.06	22301.43	1.9	100.00	189.94

续表

年份	非制造业								总计			
	建筑业				合计							
	金额	同比增长(%)	占比(%)	指数	金额	同比增长(%)	占比(%)	指数	金额	同比增长(%)	占比(%)	指数
2016	273.24	n.a.	1.45	14.47	18835.70	-4.8	77.98	181.91	24153.07	8.3	100.00	205.70
2017	0.00	-100.0	0.00	0.00	36367.67	93.1	42.99	351.23	84602.20	250.3	100.00	720.53
合计	9715.82		9.01		107849.01		62.87		171536.70		100.00	
2011—2015年均值	1888.52			100.00	10354.51			100.00	11741.61			100.00

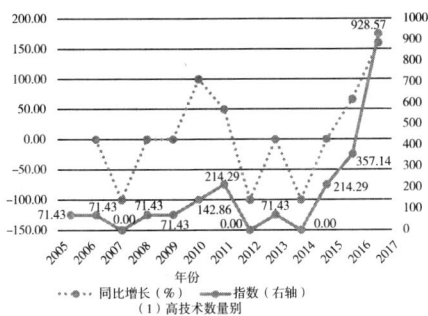

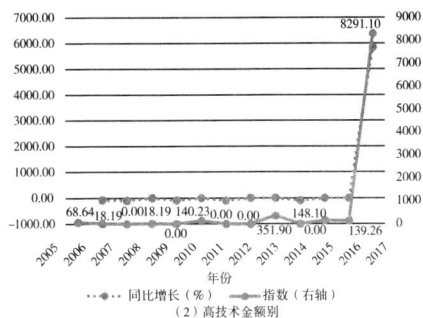

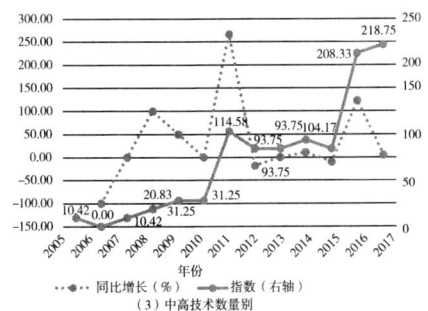

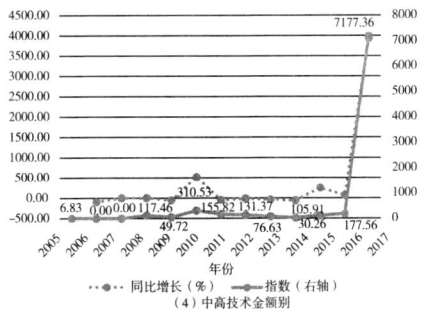

图 4-4-1　2005—2017 年海外并购制造业项目数量和金额指数走势图

（5）中低技术数量别

（6）中低技术金额别

（7）低技术数量别

（8）低技术金额别

（9）制造业总计数量别

（10）制造业总计金额别

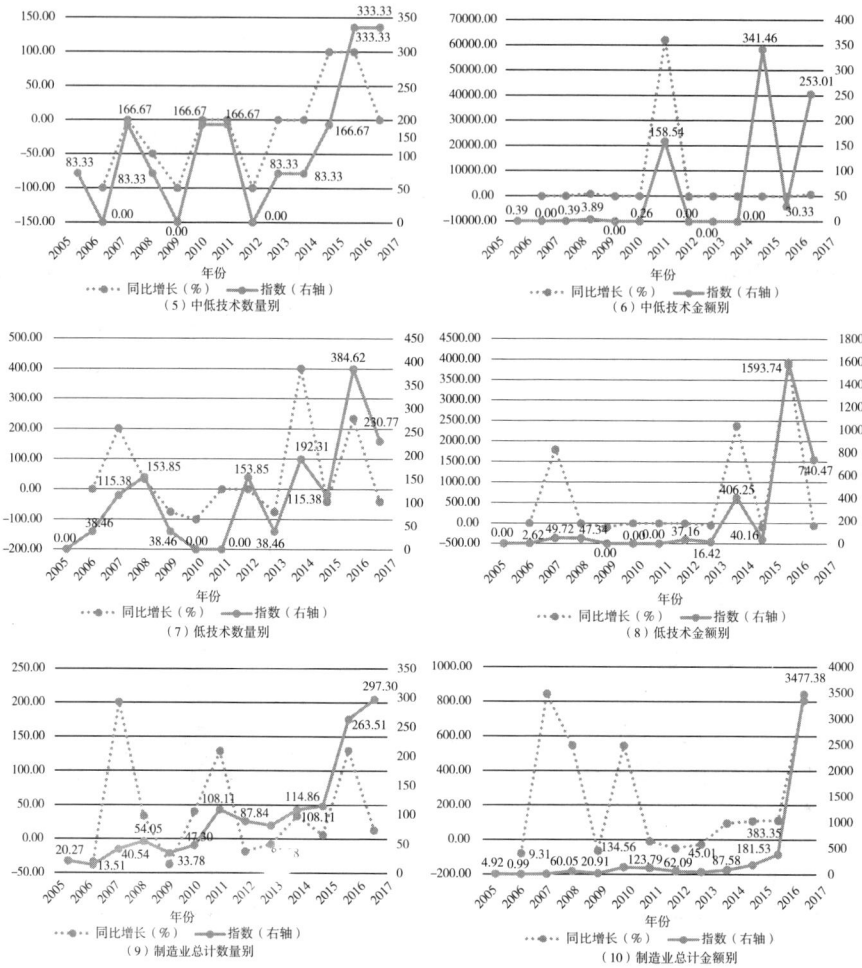

图 4-4-1　2005—2017 年海外并购制造业项目数量和金额指数走势图（续图）

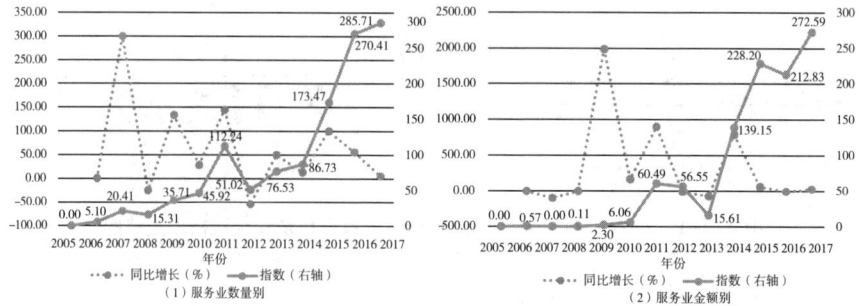

（1）服务业数量别

（2）服务业金额别

图 4-4-2　2005—2017 年海外并购非制造业项目数量和金额指数走势图

（3）采矿业数量别

（4）采矿业金额别

（5）电力、热力、燃气及水生产和供应业数量别

（6）电力、热力、燃气及水生产和供应业金额别

（7）建筑业数量别

（8）建筑业金额别

（9）非制造业合计数量别

（10）非制造业合计金额别

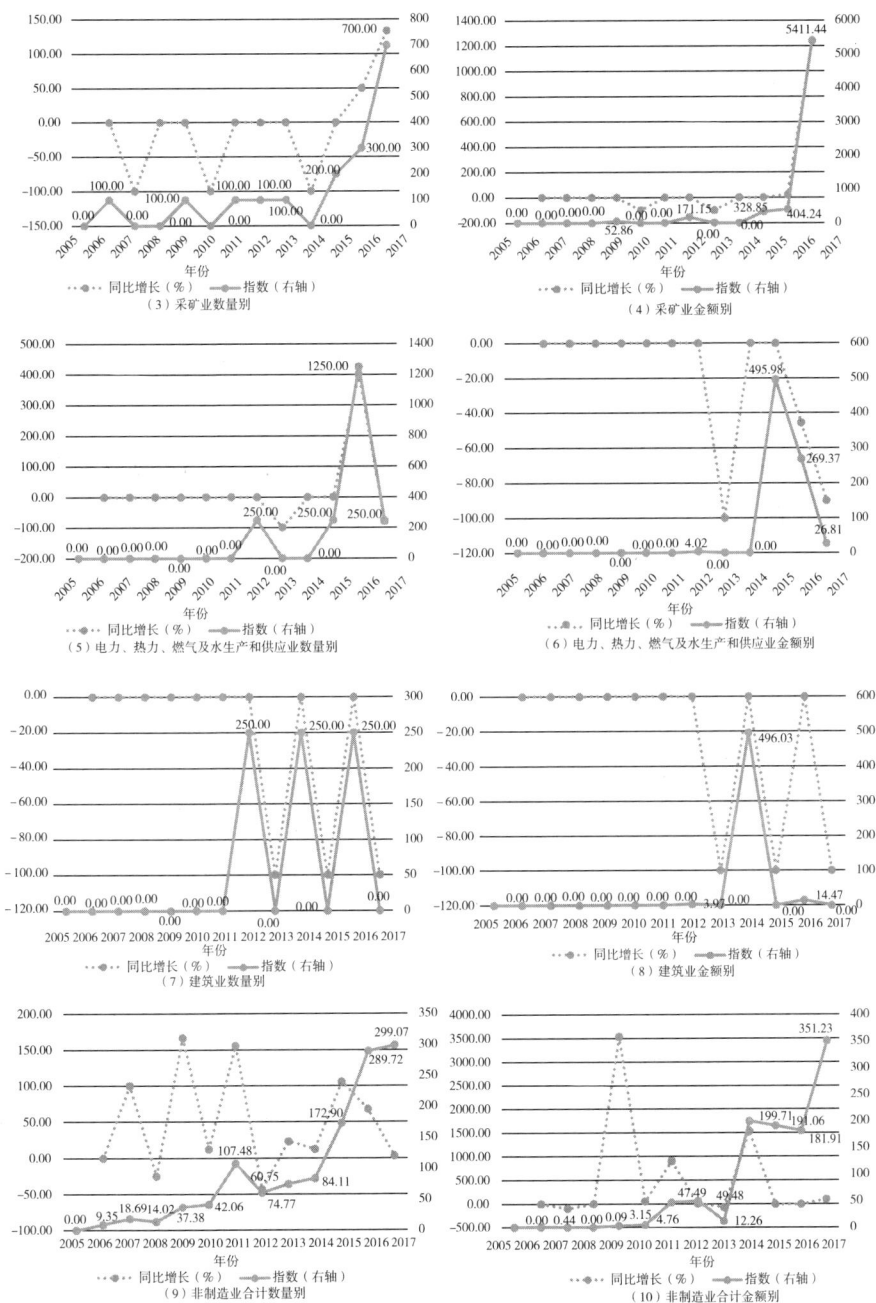

图 4-4-2　2005—2017 年海外并购非制造业项目数量和金额指数走势图（续图）

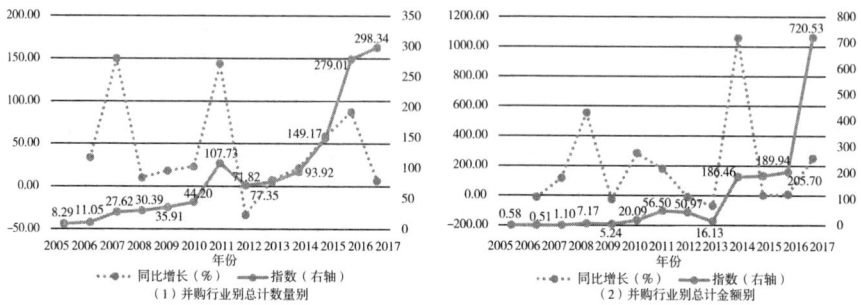

图 4-4-3　2005—2017 年海外并购行业别项目数量和金额指数走势图

二、民营企业海外并购投资项目数量和金额在各细分标的行业的分布

1. 民营企业海外并购投资项目数量在各细分标的行业的分布

表 4-4-3　中国民营样本企业并购投资项目行业别项目数量指数——制造业

（单位：件）

年份		高技术					合计
		航空航天	医药制造	办公、会计和计算机设备	广播、电视和通信设备	医疗器械、精密仪器和光学仪器、钟表	
2005	数量	0	0	0	0	1	1
	比例（%）	0.00	0.00	0.00	0.00	33.33	33.33
	指数	n. a.	0.00	n. a.	0.00	500.00	71.43
2006	数量	0	0	0	1	0	1
	比例（%）	0.00	0.00	0.00	50.00	0.00	50.00
	指数	n. a.	0.00	n. a.	166.67	0.00	71.43
2007	数量	0	0	0	0	0	0
	比例（%）	0.00	0.00	0.00	0.00	0.00	0.00
	指数	n. a.	0.00	n. a.	0.00	0.00	0.00
2008	数量	0	0	0	1	0	1
	比例（%）	0.00	0.00	0.00	12.50	0.00	12.50
	指数	n. a.	0.00	n. a.	166.67	0.00	71.43

年份		高技术					
		航空航天	医药制造	办公、会计和计算机设备	广播、电视和通信设备	医疗器械、精密仪器和光学仪器、钟表	合计
2009	数量	0	1	0	0	0	1
	比例（%）	0.00	20.00	0.00	0.00	0.00	20.00
	指数	n. a.	166.67	n. a.	0.00	0.00	71.43
2010	数量	0	0	1	0	1	2
	比例（%）	0.00	0.00	14.29	0.00	14.29	28.57
	指数	n. a.	0.00	n. a.	0.00	500.00	142.86
2011	数量	0	1	0	2	0	3
	比例（%）	0.00	6.25	0.00	12.50	0.00	18.75
	指数	n. a.	166.67	n. a.	333.33	0.00	214.29
2012	数量	0	0	0	0	0	0
	比例（%）	0.00	0.00	0.00	0.00	0.00	0.00
	指数	n. a.	0.00	n. a.	0.00	0.00	0.00
2013	数量	0	1	0	0	0	1
	比例（%）	0.00	8.33	0.00	0.00	0.00	8.33
	指数	n. a.	166.67	n. a.	0.00	0.00	71.43
2014	数量	0	0	0	0	0	0
	比例（%）	0.00	0.00	0.00	0.00	0.00	0.00
	指数	n. a.	0.00	n. a.	0.00	0.00	0.00
2015	数量	0	1	0	1	1	3
	比例（%）	0.00	5.88	0.00	5.88	5.88	17.65
	指数	n. a.	166.67	n. a.	166.67	500.00	214.29
2016	数量	0	3	0	0	2	5
	比例（%）	0.00	7.69	0.00	0.00	5.13	12.82
	指数	n. a.	500.00	n. a.	0.00	1000.00	357.14

续表

年份		高技术					
		航空航天	医药制造	办公、会计和计算机设备	广播、电视和通信设备	医疗器械、精密仪器和光学仪器、钟表	合计
2017	数量	0	5	4	3	1	13
	比例（%）	0.00	11.36	9.09	6.82	2.27	29.55
	指数	n. a.	833.33	n. a.	500.00	500.00	928.57
合计	数量	0	12	5	8	6	31
	比例（%）	0.00	6.38	2.66	4.26	3.19	16.49
2011—2015 年均值		0.00	0.60	0.00	0.60	0.20	1.40

年份		中高技术					
		其他电气机械和设备	汽车、挂车和半挂车	化学品及化学制品（不含制药）	其他铁道设备和运输设备	其他机械设备	合计
2005	数量	0	0	1	0	0	1
	比例（%）	0.00	0.00	33.33	0.00	0.00	33.33
	指数	0.00	0.00	500.00	0.00	0.00	10.42
2006	数量	0	0	0	0	0	0
	比例（%）	0.00	0.00	0.00	0.00	0.00	0.00
	指数	0.00	0.00	0.00	0.00	0.00	0.00
2007	数量	0	0	0	1	0	1
	比例（%）	0.00	0.00	0.00	16.67	0.00	16.67
	指数	0.00	0.00	0.00	500.00	0.00	10.42
2008	数量	0	1	0	0	1	2
	比例（%）	0.00	12.50	0.00	0.00	12.50	25.00
	指数	0.00	25.00	0.00	0.00	125.00	20.83
2009	数量	0	3	0	0	0	3
	比例（%）	0.00	60.00	0.00	0.00	0.00	60.00
	指数	0.00	75.00	0.00	0.00	0.00	31.25

年份		中高技术					
		其他电气机械和设备	汽车、挂车和半挂车	化学品及化学制品(不含制药)	其他铁道设备和运输设备	其他机械设备	合计
2010	数量	0	2	0	0	1	3
	比例（%）	0.00	28.57	0.00	0.00	14.29	42.86
	指数	0.00	50.00	0.00	0.00	125.00	31.25
2011	数量	4	4	0	0	3	11
	比例（%）	25.00	25.00	0.00	0.00	18.75	68.75
	指数	90.91	100.00	0.00	0.00	375.00	114.58
2012	数量	2	6	0	0	1	9
	比例（%）	15.38	46.15	0.00	0.00	7.69	69.23
	指数	45.45	150.00	0.00	0.00	125.00	93.75
2013	数量	5	4	0	0	0	9
	比例（%）	41.67	33.33	0.00	0.00	0.00	75.00
	指数	113.64	100.00	0.00	0.00	0.00	93.75
2014	数量	7	2	1	0	0	10
	比例（%）	43.75	12.50	6.25	0.00	0.00	62.50
	指数	159.09	50.00	500.00	0.00	0.00	104.17
2015	数量	4	4	0	1	0	9
	比例（%）	23.53	23.53	0.00	5.88	0.00	52.94
	指数	90.91	100.00	0.00	500.00	0.00	93.75
2016	数量	7	12	0	0	1	20
	比例（%）	17.95	30.77	0.00	0.00	2.56	51.28
	指数	159.09	300.00	0.00	0.00	125.00	208.33
2017	数量	8	6	0	6	1	21
	比例（%）	18.18	13.64	0.00	13.64	2.27	47.73
	指数	181.82	150.00	0.00	3000.00	125.00	218.75
合计	数量	37	44	2	8	8	99
	比例（%）	19.68	23.40	1.06	4.26	4.26	52.66
2011—2015 年均值		4.40	4.00	0.20	0.20	0.80	9.60

续表

年份		中低技术					
		船舶制造和修理	橡胶和塑料制品	焦炭、精炼石油产品及核燃料	其他非金属矿物制品	基本金属和金属制品	合计
2005	数量	0	0	0	0	1	1
	比例（%）	0.00	0.00	0.00	0.00	33.33	33.33
	指数	n.a.	n.a.	n.a.	n.a.	83.33	83.33
2006	数量	0	0	0	0	0	0
	比例（%）	0.00	0.00	0.00	0.00	0.00	0.00
	指数	n.a.	n.a.	n.a.	n.a.	0.00	0.00
2007	数量	0	0	1	0	1	2
	比例（%）	0.00	0.00	16.67	0.00	16.67	33.33
	指数	n.a.	n.a.	n.a.	n.a.	83.33	166.67
2008	数量	0	1	0	0	0	1
	比例（%）	0.00	12.50	0.00	0.00	0.00	12.50
	指数	n.a.	n.a.	n.a.	n.a.	0.00	83.33
2009	数量	0	0	0	0	0	0
	比例（%）	0.00	0.00	0.00	0.00	0.00	0.00
	指数	n.a.	n.a.	n.a.	n.a.	0.00	0.00
2010	数量	0	0	1	0	1	2
	比例（%）	0.00	0.00	14.29	0.00	14.29	28.57
	指数	n.a.	n.a.	n.a.	n.a.	83.33	166.67
2011	数量	0	0	0	0	2	2
	比例（%）	0.00	0.00	0.00	0.00	12.50	12.50
	指数	n.a.	n.a.	n.a.	n.a.	166.67	166.67
2012	数量	0	0	0	0	0	0
	比例（%）	0.00	0.00	0.00	0.00	0.00	0.00
	指数	n.a.	n.a.	n.a.	n.a.	0.00	0.00
2013	数量	0	0	0	0	1	1
	比例（%）	0.00	0.00	0.00	0.00	8.33	8.33
	指数	n.a.	n.a.	n.a.	n.a.	83.33	83.33

年份		中低技术					
		船舶制造和修理	橡胶和塑料制品	焦炭、精炼石油产品及核燃料	其他非金属矿物制品	基本金属和金属制品	合计
2014	数量	0	0	0	0	1	1
	比例（%）	0.00	0.00	0.00	0.00	6.25	6.25
	指数	n.a.	n.a.	n.a.	n.a.	83.33	83.33
2015	数量	0	0	0	0	2	2
	比例（%）	0.00	0.00	0.00	0.00	11.76	11.76
	指数	n.a.	n.a.	n.a.	n.a.	166.67	166.67
2016	数量	0	1	0	0	3	4
	比例（%）	0.00	2.56	0.00	0.00	7.69	10.26
	指数	n.a.	n.a.	n.a.	n.a.	250.00	333.33
2017	数量	0	1	0	0	3	4
	比例（%）	0.00	2.27	0.00	0.00	6.82	9.09
	指数	n.a.	n.a.	n.a.	n.a.	250.00	333.33
合计	数量	0	3	2	0	15	20
	比例（%）	0.00	1.60	1.06	0.00	7.98	10.64
2011—2015年均值		0.00	0.00	0.00	0.00	1.20	1.20

年份		低技术					
		其他制造业和再生产品	木材、纸浆、纸张、纸制品、印刷及出版	食品、饮料和烟草	纺织、纺织品、皮革及制鞋	合计	总计
2005	数量	0	0	0	0	0	3
	比例（%）	0.00	0.00	0.00	0.00	0.00	100.00
	指数	0.00	0.00	0.00	0.00	0.00	20.27
2006	数量	1	0	0	0	1	2
	比例（%）	50.00	0.00	0.00	0.00	50.00	100.00
	指数	166.67	0.00	0.00	0.00	38.46	13.51

年份		低技术					总计
		其他制造业和再生产品	木材、纸浆、纸张、纸制品、印刷及出版	食品、饮料和烟草	纺织、纺织品、皮革及制鞋	合计	
2007	数量	1	0	1	1	3	6
	比例（%）	16. 67	0. 00	16. 67	16. 67	50. 00	100. 00
	指数	166. 67	0. 00	125. 00	250. 00	115. 38	40. 54
2008	数量	0	0	0	4	4	8
	比例（%）	0. 00	0. 00	0. 00	50. 00	50. 00	100. 00
	指数	0. 00	0. 00	0. 00	1000. 00	153. 85	54. 05
2009	数量	0	1	0	0	1	5
	比例（%）	0. 00	20. 00	0. 00	0. 00	20. 00	100. 00
	指数	0. 00	125. 00	0. 00	0. 00	38. 46	33. 78
2010	数量	0	0	0	0	0	7
	比例（%）	0. 00	0. 00	0. 00	0. 00	0. 00	100. 00
	指数	0. 00	0. 00	0. 00	0. 00	0. 00	47. 30
2011	数量	0	0	0	0	0	16
	比例（%）	0. 00	0. 00	0. 00	0. 00	0. 00	100. 00
	指数	0. 00	0. 00	0. 00	0. 00	0. 00	108. 11
2012	数量	1	2	1	0	4	13
	比例（%）	7. 69	15. 38	7. 69	0. 00	30. 77	100. 00
	指数	166. 67	250. 00	125. 00	0. 00	153. 85	87. 84
2013	数量	1	0	0	0	1	12
	比例（%）	8. 33	0. 00	0. 00	0. 00	8. 33	100. 00
	指数	166. 67	0. 00	0. 00	0. 00	38. 46	81. 08
2014	数量	0	1	2	2	5	16
	比例（%）	0. 00	6. 25	12. 50	12. 50	31. 25	100. 00
	指数	0. 00	125. 00	250. 00	500. 00	192. 31	108. 11

年份		低技术					总计
		其他制造业和再生产品	木材、纸浆、纸张、纸制品、印刷及出版	食品、饮料和烟草	纺织、纺织品、皮革及制鞋	合计	
2015	数量	1	1	1	0	3	17
	比例（%）	5.88	5.88	5.88	0.00	17.65	100.00
	指数	166.67	125.00	125.00	0.00	115.38	114.86
2016	数量	2	1	4	3	10	39
	比例（%）	5.13	2.56	10.26	7.69	25.64	100.00
	指数	333.33	125.00	500.00	750.00	384.62	263.51
2017	数量	0	1	2	3	6	44
	比例（%）	0.00	2.27	4.55	6.82	13.64	100.00
	指数	0.00	125.00	250.00	750.00	230.77	297.30
合计	数量	7	7	11	13	38	188
	比例（%）	3.72	3.72	5.85	6.91	20.21	100.00
2011—2015 年均值		0.60	0.80	0.80	0.40	2.60	14.80

表 4-4-4　中国民营样本企业并购投资项目行业别项目数量指数——非制造业

（单位：件）

年份		服务业							
		批发和零售业	交通运输、仓储和邮政业	住宿和餐饮业	信息传输、软件和信息技术服务业	金融业	房地产业	租赁和商务服务业	科学研究和技术服务业
2005	数量	0	0	0	0	0	0	0	0
	比例（%）	n. a.	n. a.	n. a.	n. a.	n. a.	n. a.	n. a.	n. a.
	指数	0.00	0.00	0.00	0.00	0.00	0.00	0.00	n. a.
2006	数量	0	0	0	0	0	0	0	1
	比例（%）	0.00	0.00	0.00	0.00	0.00	0.00	0.00	50.00
	指数	0.00	0.00	0.00	0.00	0.00	0.00	0.00	n. a.

年份		服务业							
		批发和零售业	交通运输、仓储和邮政业	住宿和餐饮业	信息传输、软件和信息技术服务业	金融业	房地产业	租赁和商务服务业	科学研究和技术服务业
2007	数量	0	0	3	0	1	0	0	0
	比例（%）	0.00	0.00	75.00	0.00	25.00	0.00	0.00	0.00
	指数	0.00	0.00	214.29	0.00	33.33	0.00	0.00	n. a.
2008	数量	0	2	0	0	1	0	0	0
	比例（%）	0.00	66.67	0.00	0.00	33.33	0.00	0.00	0.00
	指数	0.00	200.00	0.00	0.00	33.33	0.00	0.00	n. a.
2009	数量	3	0	3	0	0	0	0	1
	比例（%）	37.50	0.00	37.50	0.00	0.00	0.00	0.00	12.50
	指数	38.46	0.00	214.29	0.00	0.00	0.00	0.00	n. a.
2010	数量	1	4	0	1	0	0	0	2
	比例（%）	11.11	44.44	0.00	11.11	0.00	0.00	0.00	22.22
	指数	12.82	400.00	0.00	83.33	0.00	0.00	0.00	n. a.
2011	数量	11	3	2	0	4	0	2	0
	比例（%）	47.83	13.04	8.70	0.00	17.39	0.00	8.70	0.00
	指数	141.03	300.00	142.86	0.00	133.33	0.00	500.00	n. a.
2012	数量	4	0	1	0	1	1	0	0
	比例（%）	30.77	0.00	7.69	0.00	7.69	7.69	0.00	0.00
	指数	51.28	0.00	71.43	0.00	33.33	250.00	0.00	n. a.
2013	数量	8	0	0	0	3	0	0	0
	比例（%）	50.00	0.00	0.00	0.00	18.75	0.00	0.00	0.00
	指数	102.56	0.00	0.00	0.00	100.00	0.00	0.00	n. a.
2014	数量	5	0	2	3	2	0	0	0
	比例（%）	27.78	0.00	11.11	16.67	11.11	0.00	0.00	0.00
	指数	64.10	0.00	142.86	250.00	66.67	0.00	0.00	n. a.

续表

年份		服务业							
		批发和零售业	交通运输、仓储和邮政业	住宿和餐饮业	信息传输、软件和信息技术服务业	金融业	房地产业	租赁和商务服务业	科学研究和技术服务业
2015	数量	11	2	2	3	5	1	0	0
	比例（%）	29.73	5.41	5.41	8.11	13.51	2.70	0.00	0.00
	指数	141.03	200.00	142.86	250.00	166.67	250.00	0.00	n.a.
2016	数量	10	1	2	4	11	1	3	0
	比例（%）	16.13	1.61	3.23	6.45	17.74	1.61	4.84	0.00
	指数	128.21	100.00	142.86	333.33	366.67	250.00	750.00	n.a.
2017	数量	11	4	1	5	18	2	0	1
	比例（%）	17.19	6.25	1.56	7.81	28.13	3.13	0.00	1.56
	指数	141.03	400.00	71.43	416.67	600.00	500.00	0.00	n.a.
合计	数量	64	16	16	16	46	5	5	5
	比例（%）	24.71	6.18	6.18	6.18	17.76	1.93	1.93	1.93
2011—2015年均值		7.80	1.00	1.40	1.20	3.00	0.40	0.40	0.00

年份		服务业							
		水利、环境和公共设施管理业	居民服务、修理和其他服务业	教育	卫生和社会工作	文化、体育和娱乐业	公共管理、社会保障和社会组织	国际组织	合计
2005	数量	0	0	0	0	0	0	0	0
	比例（%）	n.a.	n.a.	n.a.	n.a.	n.a.	n.a.	n.a.	n.a.
	指数	n.a.	0.00	n.a.	n.a.	0.00	n.a.	n.a.	0.00
2006	数量	0	0	0	0	0	0	0	1
	比例（%）	0.00	0.00	0.00	0.00	0.00	0.00	0.00	50.00
	指数	n.a.	0.00	n.a.	n.a.	0.00	n.a.	n.a.	5.10

续表

年份		服务业							
		水利、环境和公共设施管理业	居民服务、修理和其他服务业	教育	卫生和社会工作	文化、体育和娱乐业	公共管理、社会保障和社会组织	国际组织	合计
2007	数量	0	0	0	0	0	0	0	4
	比例（%）	0.00	0.00	0.00	0.00	0.00	0.00	0.00	100.00
	指数	n.a.	0.00	n.a.	n.a.	0.00	n.a.	n.a.	20.41
2008	数量	0	0	0	0	0	0	0	3
	比例（%）	0.00	0.00	0.00	0.00	0.00	0.00	0.00	100.00
	指数	n.a.	0.00	n.a.	n.a.	0.00	n.a.	n.a.	15.31
2009	数量	0	0	0	0	0	0	0	7
	比例（%）	0.00	0.00	0.00	0.00	0.00	0.00	0.00	87.50
	指数	n.a.	0.00	n.a.	n.a.	0.00	n.a.	n.a.	35.71
2010	数量	0	1	0	0	0	0	0	9
	比例（%）	0.00	11.11	0.00	0.00	0.00	0.00	0.00	100.00
	指数	n.a.	55.56	n.a.	n.a.	0.00	n.a.	n.a.	45.92
2011	数量	0	0	0	0	0	0	0	22
	比例（%）	0.00	0.00	0.00	0.00	0.00	0.00	0.00	95.65
	指数	n.a.	0.00	n.a.	n.a.	0.00	n.a.	n.a.	112.24
2012	数量	0	2	0	0	1	0	0	10
	比例（%）	0.00	15.38	0.00	0.00	7.69	0.00	0.00	76.92
	指数	n.a.	111.11	n.a.	n.a.	38.46	n.a.	n.a.	51.02
2013	数量	0	3	0	0	1	0	0	15
	比例（%）	0.00	18.75	0.00	0.00	6.25	0.00	0.00	93.75
	指数	n.a.	166.67	n.a.	n.a.	38.46	n.a.	n.a.	76.53
2014	数量	0	3	0	0	2	0	0	17
	比例（%）	0.00	16.67	0.00	0.00	11.11	0.00	0.00	94.44
	指数	n.a.	166.67	n.a.	n.a.	76.92	n.a.	n.a.	86.73

年份		服务业							
		水利、环境和公共设施管理业	居民服务、修理和其他服务业	教育	卫生和社会工作	文化、体育和娱乐业	公共管理、社会保障和社会组织	国际组织	合计
2015	数量	0	1	0	0	9	0	0	34
	比例（%）	0.00	2.70	0.00	0.00	24.32	0.00	0.00	91.89
	指数	n. a.	55.56	n. a.	n. a.	346.15	n. a.	n. a.	173.47
2016	数量	0	5	0	1	15	0	0	53
	比例（%）	0.00	8.06	0.00	1.61	24.19	0.00	0.00	85.48
	指数	n. a.	277.78	n. a.	n. a.	576.92	n. a.	n. a.	270.41
2017	数量	0	3	0	1	10	0	0	56
	比例（%）	0.00	4.69	0.00	1.56	15.63	0.00	0.00	87.50
	指数	n. a.	166.67	n. a.	n. a.	384.62	n. a.	n. a.	285.71
合计	数量	0	18	0	2	38	0	0	231
	比例（%）	0.00	6.95	0.00	0.77	14.67	0.00	0.00	89.19
2011—2015 年均值		0.00	1.80	0.00	0.00	2.60	0.00	0.00	19.60

年份		采矿业							
		煤炭开采和洗选业	石油和天然气开采业	黑色金属矿采选业	有色金属矿采选业	非金属矿采选业	开采专业及辅助性活动	其他采矿业	合计
2005	数量	0	0	0	0	0	0	0	0
	比例（%）	n. a.	n. a.	n. a.	n. a.	n. a.	n. a.	n. a.	n. a.
	指数	0.00	0.00	0.00	n. a.	n. a.	n. a.	n. a.	0.00
2006	数量	0	0	0	0	0	1	0	1
	比例（%）	0.00	0.00	0.00	0.00	0.00	50.00	0.00	50.00
	指数	0.00	0.00	0.00	n. a.	n. a.	n. a.	n. a.	100.00

续表

年份		采矿业							
		煤炭开采和洗选业	石油和天然气开采业	黑色金属矿采选业	有色金属矿采选业	非金属矿采选业	开采专业及辅助性活动	其他采矿业	合计
2007	数量	0	0	0	0	0	0	0	0
	比例（%）	0.00	0.00	0.00	0.00	0.00	0.00	0.00	0.00
	指数	0.00	0.00	0.00	n. a.	n. a.	n. a.	n. a.	0.00
2008	数量	0	0	0	0	0	0	0	0
	比例（%）	0.00	0.00	0.00	0.00	0.00	0.00	0.00	0.00
	指数	0.00	0.00	0.00	n. a.	n. a.	n. a.	n. a.	0.00
2009	数量	0	0	1	0	0	0	0	1
	比例（%）	0.00	0.00	12.50	0.00	0.00	0.00	0.00	12.50
	指数	0.00	0.00	500.00	n. a.	n. a.	n. a.	n. a.	100.00
2010	数量	0	0	0	0	0	0	0	0
	比例（%）	0.00	0.00	0.00	0.00	0.00	0.00	0.00	0.00
	指数	0.00	0.00	0.00	n. a.	n. a.	n. a.	n. a.	0.00
2011	数量	1	0	0	0	0	0	0	1
	比例（%）	4.35	0.00	0.00	0.00	0.00	0.00	0.00	4.35
	指数	250.00	0.00	0.00	n. a.	n. a.	n. a.	n. a.	100.00
2012	数量	0	0	1	0	0	0	0	1
	比例（%）	0.00	0.00	7.69	0.00	0.00	0.00	0.00	7.69
	指数	0.00	0.00	500.00	n. a.	n. a.	n. a.	n. a.	100.00
2013	数量	1	0	0	0	0	0	0	1
	比例（%）	6.25	0.00	0.00	0.00	0.00	0.00	0.00	6.25
	指数	250.00	0.00	0.00	n. a.	n. a.	n. a.	n. a.	100.00
2014	数量	0	0	0	0	0	0	0	0
	比例（%）	0.00	0.00	0.00	0.00	0.00	0.00	0.00	0.00
	指数	0.00	0.00	0.00	n. a.	n. a.	n. a.	n. a.	0.00

续表

年份		采矿业							
		煤炭开采和洗选业	石油和天然气开采业	黑色金属矿采选业	有色金属矿采选业	非金属矿采选业	开采专业及辅助性活动	其他采矿业	合计
2015	数量	0	2	0	0	0	0	0	2
	比例（%）	0.00	5.41	0.00	0.00	0.00	0.00	0.00	5.41
	指数	0.00	500.00	0.00	n.a.	n.a.	n.a.	n.a.	200.00
2016	数量	0	3	0	0	0	0	0	3
	比例（%）	0.00	4.84	0.00	0.00	0.00	0.00	0.00	4.84
	指数	0.00	750.00	0.00	n.a.	n.a.	n.a.	n.a.	300.00
2017	数量	0	6	1	0	0	0	0	7
	比例（%）	0.00	9.38	1.56	0.00	0.00	0.00	0.00	10.94
	指数	0.00	1500.00	500.00	n.a.	n.a.	n.a.	n.a.	700.00
合计	数量	2	11	3	0	0	1	0	17
	比例（%）	0.77	4.25	1.16	0.00	0.00	0.39	0.00	6.56
2011—2015年均值		0.40	0.40	0.20	0.00	0.00	0.00	0.00	1.00

年份		电力、热力、燃气及水生产和供应业			
		电力、热力生产和供应业	燃气生产和供应业	水生产和供应业	合计
2005	数量	0	0	0	0
	比例（%）	n.a.	n.a.	n.a.	n.a.
	指数	0.00	n.a.	n.a.	0.00
2006	数量	0	0	0	0
	比例（%）	0.00	0.00	0.00	0.00
	指数	0.00	n.a.	n.a.	0.00
2007	数量	0	0	0	0
	比例（%）	0.00	0.00	0.00	0.00
	指数	0.00	n.a.	n.a.	0.00

续表

年份		电力、热力、燃气及水生产和供应业			
		电力、热力生产和供应业	燃气生产和供应业	水生产和供应业	合计
2008	数量	0	0	0	0
	比例（%）	0.00	0.00	0.00	0.00
	指数	0.00	n. a.	n. a.	0.00
2009	数量	0	0	0	0
	比例（%）	0.00	0.00	0.00	0.00
	指数	0.00	n. a.	n. a.	0.00
2010	数量	0	0	0	0
	比例（%）	0.00	0.00	0.00	0.00
	指数	0.00	n. a.	n. a.	0.00
2011	数量	0	0	0	0
	比例（%）	0.00	0.00	0.00	0.00
	指数	0.00	n. a.	n. a.	0.00
2012	数量	1	0	0	1
	比例（%）	7.69	0.00	0.00	7.69
	指数	250.00	n. a.	n. a.	250.00
2013	数量	0	0	0	0
	比例（%）	0.00	0.00	0.00	0.00
	指数	0.00	n. a.	n. a.	0.00
2014	数量	0	0	0	0
	比例（%）	0.00	0.00	0.00	0.00
	指数	0.00	n. a.	n. a.	0.00
2015	数量	1	0	0	1
	比例（%）	2.70	0.00	0.00	2.70
	指数	250.00	n. a.	n. a.	250.00
2016	数量	5	0	0	5
	比例（%）	8.06	0.00	0.00	8.06
	指数	1250.00	n. a.	n. a.	1250.00

续表

年份		电力、热力、燃气及水生产和供应业			
		电力、热力生产和供应业	燃气生产和供应业	水生产和供应业	合计
2017	数量	1	0	0	1
	比例（%）	1.56	0.00	0.00	1.56
	指数	250.00	n.a.	n.a.	250.00
合计	数量	8	0	0	8
	比例（%）	3.09	0.00	0.00	3.09
2011—2015年均值		0.40	0.00	0.00	0.40

年份		建筑业					总计
		房屋建筑业	土木工程建筑业	建筑安装业	建筑装饰、装修和其他建筑业	合计	
2005	数量	0	0	0	0	0	0
	比例（%）	n.a.	n.a.	n.a.	n.a.	n.a.	n.a.
	指数	0.00	n.a.	n.a.	0.00	0.00	0.00
2006	数量	0	0	0	0	0	2
	比例（%）	0.00	0.00	0.00	0.00	0.00	100.00
	指数	0.00	n.a.	n.a.	0.00	0.00	9.35
2007	数量	0	0	0	0	0	4
	比例（%）	0.00	0.00	0.00	0.00	0.00	100.00
	指数	0.00	n.a.	n.a.	0.00	0.00	18.69
2008	数量	0	0	0	0	0	3
	比例（%）	0.00	0.00	0.00	0.00	0.00	100.00
	指数	0.00	n.a.	n.a.	0.00	0.00	14.02
2009	数量	0	0	0	0	0	8
	比例（%）	0.00	0.00	0.00	0.00	0.00	100.00
	指数	0.00	n.a.	n.a.	0.00	0.00	37.38
2010	数量	0	0	0	0	0	9
	比例（%）	0.00	0.00	0.00	0.00	0.00	100.00
	指数	0.00	n.a.	n.a.	0.00	0.00	42.06

续表

年份		建筑业					总计
		房屋建筑业	土木工程建筑业	建筑安装业	建筑装饰、装修和其他建筑业	合计	
2011	数量	0	0	0	0	0	23
	比例（%）	0.00	0.00	0.00	0.00	0.00	100.00
	指数	0.00	n.a.	n.a.	0.00	0.00	107.48
2012	数量	0	0	0	1	1	13
	比例（%）	0.00	0.00	0.00	7.69	7.69	100.00
	指数	0.00	n.a.	n.a.	500.00	250.00	60.75
2013	数量	0	0	0	0	0	16
	比例（%）	0.00	0.00	0.00	0.00	0.00	100.00
	指数	0.00	n.a.	n.a.	0.00	0.00	74.77
2014	数量	1	0	0	0	1	18
	比例（%）	5.56	0.00	0.00	0.00	5.56	100.00
	指数	500.00	n.a.	n.a.	0.00	250.00	84.11
2015	数量	0	0	0	0	0	37
	比例（%）	0.00	0.00	0.00	0.00	0.00	100.00
	指数	0.00	n.a.	n.a.	0.00	0.00	172.90
2016	数量	0	0	0	1	1	62
	比例（%）	0.00	0.00	0.00	1.61	1.61	100.00
	指数	0.00	n.a.	n.a.	500.00	250.00	289.72
2017	数量	0	0	0	0	0	64
	比例（%）	0.00	0.00	0.00	0.00	0.00	100.00
	指数	0.00	n.a.	n.a.	0.00	0.00	299.07
合计	数量	1	0	0	2	3	259
	比例（%）	0.39	0.00	0.00	0.77	1.16	100.00
2011—2015年均值		0.20	0.00	0.00	0.20	0.40	21.40

2. 民营企业海外并购投资金额在各细分标的行业的分布

表4-4-5 中国民营样本企业并购投资项目行业别金额指数——制造业

（单位：百万美元）

年份		高技术					合计
		航空航天	医药制造	办公、会计和计算机设备	广播、电视和通信设备	医疗器械、精密仪器和光学仪器、钟表	
2005	金额	0.00	0.00	0.00	0.00	26.42	26.42
	比例（%）	0.00	0.00	0.00	0.00	38.69	38.69
	指数	n. a.	0.00	n. a.	0.00	660.50	68.64
2006	金额	0.00	0.00	0.00	7.00	0.00	7.00
	比例（%）	0.00	0.00	0.00	51.09	0.00	51.09
	指数	n. a.	0.00	n. a.	109.38	0.00	18.19
2007	金额	0.00	0.00	0.00	0.00	0.00	0.00
	比例（%）	0.00	0.00	0.00	0.00	0.00	0.00
	指数	0.00	0.00	0.00	0.00	0.00	0.00
2008	金额	0.00	0.00	0.00	7.00	0.00	7.00
	比例（%）	0.00	0.00	0.00	0.84	0.00	0.84
	指数	n. a.	0.00	n. a.	109.38	0.00	18.19
2009	金额	0.00	0.00	0.00	0.00	0.00	0.00
	比例（%）	0.00	0.00	0.00	0.00	0.00	0.00
	指数	n. a.	0.00	n. a.	0.00	0.00	0.00
2010	金额	0.00	0.00	41.06	0.00	12.91	53.97
	比例（%）	0.00	0.00	2.20	0.00	0.69	2.89
	指数	n. a.	0.00	n. a.	0.00	322.75	140.23
2011	金额	0.00	0.00	0.00	0.00	0.00	0.00
	比例（%）	0.00	0.00	0.00	0.00	0.00	0.00
	指数	n. a.	0.00	n. a.	0.00	0.00	0.00
2012	金额	0.00	0.00	0.00	0.00	0.00	0.00
	比例（%）	0.00	0.00	0.00	0.00	0.00	0.00
	指数	n. a.	0.00	n. a.	0.00	0.00	0.00

年份		航空航天	医药制造	办公、会计和计算机设备	广播、电视和通信设备	医疗器械、精密仪器和光学仪器、钟表	合计
				高技术			
2013	金额	0.00	135.44	0.00	0.00	0.00	135.44
	比例（%）	0.00	21.69	0.00	0.00	0.00	21.69
	指数	n. a.	482.20	n. a.	0.00	0.00	351.90
2014	金额	0.00	0.00	0.00	0.00	0.00	0.00
	比例（%）	0.00	0.00	0.00	0.00	0.00	0.00
	指数	n. a.	0.00	n. a.	0.00	0.00	0.00
2015	金额	0.00	5.00	0.00	32.00	20.00	57.00
	比例（%）	0.00	0.20	0.00	1.27	0.79	2.26
	指数	n. a.	17.80	n. a.	500.00	500.00	148.10
2016	金额	0.00	28.75	0.00	0.00	24.85	53.60
	比例（%）	0.00	0.54	0.00	0.00	0.47	1.01
	指数	n. a.	102.36	n. a.	0.00	621.25	139.26
2017	金额	0.00	1138.68	247.08	1805.32	0.00	3191.08
	比例（%）	0.00	2.36	0.51	3.74	0.00	6.62
	指数	n. a.	4053.97	n. a.	28208.13	0.00	8291.10
合计	金额	0.00	1307.87	288.14	1851.32	84.18	3531.51
	比例（%）	0.00	2.05	0.45	2.91	0.13	5.55
2011—2015 年均值		0.00	28.09	0.00	6.40	4.00	38.49

年份		其他电气机械和设备	汽车、挂车和半挂车	化学品及化学制品（不含制药）	其他铁道设备和运输设备	其他机械设备	合计
				中高技术			
2005	金额	0.00	0.00	39.86	0.00	0.00	39.86
	比例（%）	0.00	0.00	58.38	0.00	0.00	58.38
	指数	0.00	0.00	n. a.	0.00	0.00	6.83

续表

年份		中高技术					
		其他电气机械和设备	汽车、挂车和半挂车	化学品及化学制品(不含制药)	其他铁道设备和运输设备	其他机械设备	合计
2006	金额	0.00	0.00	0.00	0.00	0.00	0.00
	比例（%）	0.00	0.00	0.00	0.00	0.00	0.00
	指数	0.00	0.00	n. a.	0.00	0.00	0.00
2007	金额	0.00	0.00	0.00	0.00	0.00	0.00
	比例（%）	0.00	0.00	0.00	0.00	0.00	0.00
	指数	0.00	0.00	n. a.	0.00	0.00	0.00
2008	金额	0.00	289.98	0.00	0.00	395.10	685.08
	比例（%）	0.00	34.82	0.00	0.00	47.44	82.25
	指数	0.00	172.15	n. a.	0.00	147.63	117.46
2009	金额	0.00	289.98	0.00	0.00	0.00	289.98
	比例（%）	0.00	100.00	0.00	0.00	0.00	100.00
	指数	0.00	172.15	n. a.	0.00	0.00	49.72
2010	金额	0.00	1800.00	0.00	0.00	11.15	1811.15
	比例（%）	0.00	96.44	0.00	0.00	0.60	97.04
	指数	0.00	1068.59	n. a.	0.00	4.17	310.53
2011	金额	40.70	186.40	0.00	0.00	681.72	908.82
	比例（%）	2.37	10.86	0.00	0.00	39.70	52.93
	指数	27.80	110.66	n. a.	0.00	254.73	155.82
2012	金额	0.40	109.40	0.00	0.00	656.42	766.22
	比例（%）	0.05	12.70	0.00	0.00	76.22	88.97
	指数	0.27	64.95	n. a.	0.00	245.27	131.37
2013	金额	203.29	243.65	0.00	0.00	0.00	446.94
	比例（%）	32.56	39.02	0.00	0.00	0.00	71.58
	指数	138.86	144.65	n. a.	0.00	0.00	76.63
2014	金额	176.48	0.00	0.00	0.00	0.00	176.48
	比例（%）	14.53	0.00	0.00	0.00	0.00	14.53
	指数	120.55	0.00	n. a.	0.00	0.00	30.26

续表

年份		中高技术					
		其他电气机械和设备	汽车、挂车和半挂车	化学品及化学制品（不含制药）	其他铁道设备和运输设备	其他机械设备	合计
2015	金额	311.11	302.78	0.00	3.84	0.00	617.73
	比例（%）	12.36	12.02	0.00	0.15	0.00	24.53
	指数	212.51	179.75	n.a.	500.00	0.00	105.91
2016	金额	335.06	670.55	0.00	0.00	30.00	1035.61
	比例（%）	6.30	12.61	0.00	0.00	0.56	19.48
	指数	228.87	398.08	n.a.	0.00	11.21	177.56
2017	金额	238.88	38379.96	0.00	3228.58	13.67	41861.09
	比例（%）	0.50	79.57	0.00	6.69	0.03	86.79
	指数	163.17	22784.73	n.a.	420388.02	5.11	7177.36
合计	金额	1305.92	42272.70	39.86	3232.42	1788.06	48638.96
	比例（%）	2.05	66.37	0.06	5.08	2.81	76.37
2011—2015 年均值		146.40	168.45	0.00	0.77	267.63	583.24
年份		中低技术					
		船舶制造和修理	橡胶和塑料制品	焦炭、精炼石油产品及核燃料	其他非金属矿物制品	基本金属和金属制品	合计
2005	金额	0.00	0.00	0.00	0.00	2.00	2.00
	比例（%）	0.00	0.00	0.00	0.00	2.93	2.93
	指数	n.a.	n.a.	n.a.	n.a.	0.39	0.39
2006	金额	0.00	0.00	0.00	0.00	0.00	0.00
	比例（%）	0.00	0.00	0.00	0.00	0.00	0.00
	指数	n.a.	n.a.	n.a.	n.a.	0.00	0.00
2007	金额	0.00	0.00	0.00	0.00	2.00	2.00
	比例（%）	0.00	0.00	0.00	0.00	1.55	1.55
	指数	n.a.	n.a.	n.a.	n.a.	0.39	0.39

续表

年份		中低技术					
		船舶制造和修理	橡胶和塑料制品	焦炭、精炼石油产品及核燃料	其他非金属矿物制品	基本金属和金属制品	合计
2008	金额	0.00	19.81	0.00	0.00	0.00	19.81
	比例（%）	0.00	2.38	0.00	0.00	0.00	2.38
	指数	n. a.	n. a.	n. a.	n. a.	0.00	3.89
2009	金额	0.00	0.00	0.00	0.00	0.00	0.00
	比例（%）	0.00	0.00	0.00	0.00	0.00	0.00
	指数	n. a.	n. a.	n. a.	n. a.	0.00	0.00
2010	金额	0.00	0.00	0.00	0.00	1.30	1.30
	比例（%）	0.00	0.00	0.00	0.00	0.07	0.07
	指数	n. a.	n. a.	n. a.	n. a.	0.26	0.26
2011	金额	0.00	0.00	0.00	0.00	808.21	808.21
	比例（%）	0.00	0.00	0.00	0.00	47.07	47.07
	指数	n. a.	n. a.	n. a.	n. a.	158.54	158.54
2012	金额	0.00	0.00	0.00	0.00	0.00	0.00
	比例（%）	0.00	0.00	0.00	0.00	0.00	0.00
	指数	n. a.	n. a.	n. a.	n. a.	0.00	0.00
2013	金额	0.00	0.00	0.00	0.00	0.00	0.00
	比例（%）	0.00	0.00	0.00	0.00	0.00	0.00
	指数	n. a.	n. a.	n. a.	n. a.	0.00	0.00
2014	金额	0.00	0.00	0.00	0.00	0.00	0.00
	比例（%）	0.00	0.00	0.00	0.00	0.00	0.00
	指数	n. a.	n. a.	n. a.	n. a.	0.00	0.00
2015	金额	0.00	0.00	0.00	0.00	1740.65	1740.65
	比例（%）	0.00	0.00	0.00	0.00	69.13	69.13
	指数	n. a.	n. a.	n. a.	n. a.	341.46	341.46
2016	金额	0.00	0.50	0.00	0.00	154.13	154.63
	比例（%）	0.00	0.01	0.00	0.00	2.90	2.91
	指数	n. a.	n. a.	n. a.	n. a.	30.24	30.33

续表

年份		船舶制造和修理	橡胶和塑料制品	焦炭、精炼石油产品及核燃料	其他非金属矿物制品	基本金属和金属制品	合计
				中低技术			
2017	金额	0.00	800.00	0.00	0.00	489.75	1289.75
	比例（%）	0.00	1.66	0.00	0.00	1.02	2.67
	指数	n.a.	n.a.	n.a.	n.a.	96.07	253.01
合计	金额	0.00	820.31	0.00	0.00	3198.04	4018.35
	比例（%）	0.00	1.29	0.00	0.00	5.02	6.31
2011—2015 年均值		0.00	0.00	0.00	0.00	509.77	509.77

年份		其他制造业和再生产品	木材、纸浆、纸张、纸制品、印刷及出版	食品、饮料和烟草	纺织、纺织品、皮革及制鞋	合计	总计
				低技术			
2005	金额	0.00	0.00	0.00	0.00	0.00	68.28
	比例（%）	0.00	0.00	0.00	0.00	0.00	100.00
	指数	0.00	0.00	0.00	n.a.	0.00	4.92
2006	金额	6.70	0.00	0.00	0.00	6.70	13.70
	比例（%）	48.91	0.00	0.00	0.00	48.91	100.00
	指数	22.39	0.00	0.00	n.a.	2.62	0.99
2007	金额	6.07	0.00	0.00	121.00	127.07	129.07
	比例（%）	4.70	0.00	0.00	93.75	98.45	100.00
	指数	20.28	0.00	0.00	n.a.	49.72	9.31
2008	金额	0.00	0.00	0.00	121.00	121.00	832.89
	比例（%）	0.00	0.00	0.00	14.53	14.53	100.00
	指数	0.00	0.00	0.00	n.a.	47.34	60.05
2009	金额	0.00	0.00	0.00	0.00	0.00	289.98
	比例（%）	0.00	0.00	0.00	0.00	0.00	100.00
	指数	0.00	0.00	0.00	n.a.	0.00	20.91

续表

年份		低技术					总计
		其他制造业和再生产品	木材、纸浆、纸张、纸制品、印刷及出版	食品、饮料和烟草	纺织、纺织品、皮革及制鞋	合计	
2010	金额	0.00	0.00	0.00	0.00	0.00	1866.42
	比例（%）	0.00	0.00	0.00	0.00	0.00	100.00
	指数	0.00	0.00	0.00	n. a.	0.00	134.56
2011	金额	0.00	0.00	0.00	0.00	0.00	1717.03
	比例（%）	0.00	0.00	0.00	0.00	0.00	100.00
	指数	0.00	0.00	0.00	n. a.	0.00	123.79
2012	金额	5.00	48.36	41.63	0.00	94.99	861.21
	比例（%）	0.58	5.62	4.83	0.00	11.03	100.00
	指数	16.71	278.83	19.98	n. a.	37.16	62.09
2013	金额	41.97	0.00	0.00	0.00	41.97	624.35
	比例（%）	6.72	0.00	0.00	0.00	6.72	100.00
	指数	140.25	0.00	0.00	n. a.	16.42	45.01
2014	金额	0.00	38.36	1000.00	0.00	1038.36	1214.84
	比例（%）	0.00	3.16	82.32	0.00	85.47	100.00
	指数	0.00	221.17	480.02	n. a.	406.25	87.58
2015	金额	102.66	0.00	0.00	0.00	102.66	2518.04
	比例（%）	4.08	0.00	0.00	0.00	4.08	100.00
	指数	343.05	0.00	0.00	n. a.	40.16	181.53
2016	金额	200.00	0.00	3675.47	198.06	4073.53	5317.37
	比例（%）	3.76	0.00	69.12	3.72	76.61	100.00
	指数	668.32	0.00	1764.29	n. a.	1593.74	383.35
2017	金额	0.00	400.00	766.11	726.50	1892.61	48234.53
	比例（%）	0.00	0.83	1.59	1.51	3.92	100.00
	指数	0.00	2306.27	367.75	n. a.	740.47	3477.38
合计	金额	362.40	486.72	5483.21	1166.56	7498.89	63687.71
	比例（%）	0.57	0.76	8.61	1.83	11.77	100.00
2011—2015年均值		29.93	17.34	208.33	0.00	255.60	1387.09

表 4-4-6　中国民营样本企业并购投资项目行业别金额指数——非制造业

（单位：百万美元）

年份		服务业							
		批发和零售业	交通运输、仓储和邮政业	住宿和餐饮业	信息传输、软件和信息技术服务业	金融业	房地产业	租赁和商务服务业	科学研究和技术服务业
2005	金额	0.00	0.00	0.00	0.00	0.00	0.00	0.00	0.00
	比例（%）	n. a.	n. a.	n. a.	n. a.	n. a.	n. a.	n. a.	n. a.
	指数	0.00	n. a.	0.00	0.00	0.00	0.00	0.00	n. a.
2006	金额	0.00	0.00	0.00	0.00	0.00	0.00	0.00	46.00
	比例（%）	0.00	0.00	0.00	0.00	0.00	0.00	0.00	100.00
	指数	0.00	0.00	0.00	0.00	0.00	0.00	0.00	n. a.
2007	金额	0.00	0.00	0.00	0.00	0.00	0.00	0.00	0.00
	比例（%）	n. a.	n. a.	n. a.	n. a.	n. a.	n. a.	n. a.	n. a.
	指数	0.00	0.00	0.00	0.00	0.00	0.00	0.00	0.00
2008	金额	0.00	0.00	0.00	0.00	8.96	0.00	0.00	0.00
	比例（%）	0.00	0.00	0.00	0.00	100.00	0.00	0.00	0.00
	指数	0.00	n. a.	0.00	0.00	0.43	0.00	0.00	n. a.
2009	金额	141.05	0.00	0.00	0.00	0.00	0.00	0.00	46.00
	比例（%）	43.31	0.00	0.00	0.00	0.00	0.00	0.00	14.13
	指数	12.17	n. a.	0.00	0.00	0.00	0.00	0.00	n. a.
2010	金额	21.00	428.84	3.26	0.00	0.00	0.00	0.00	0.00
	比例（%）	4.26	87.08	0.00	0.66	0.00	0.00	0.00	0.00
	指数	1.81	n. a.	0.00	0.70	0.00	0.00	0.00	n. a.
2011	金额	205.14	0.00	876.94	0.00	232.92	0.00	3602.33	0.00
	比例（%）	4.17	0.00	17.83	0.00	4.74	0.00	73.26	0.00
	指数	17.69	n. a.	110.97	0.00	11.11	0.00	500.00	n. a.
2012	金额	563.68	0.00	0.00	0.00	1011.49	353.50	0.00	0.00
	比例（%）	11.00	0.00	0.00	0.00	19.74	6.90	0.00	0.00
	指数	48.62	n. a.	0.00	0.00	48.24	482.30	0.00	n. a.

续表

年份		服务业							
		批发和零售业	交通运输、仓储和邮政业	住宿和餐饮业	信息传输、软件和信息技术服务业	金融业	房地产业	租赁和商务服务业	科学研究和技术服务业
2013	金额	586.23	0.00	0.00	0.00	67.75	0.00	0.00	0.00
	比例（%）	46.20	0.00	0.00	0.00	5.34	0.00	0.00	0.00
	指数	50.57	n.a.	n.a.	n.a.	3.23	0.00	0.00	n.a.
2014	金额	1517.67	0.00	1541.63	837.83	7340.99	0.00	0.00	0.00
	比例（%）	7.34	0.00	7.46	4.05	35.50	0.00	0.00	0.00
	指数	130.91	n.a.	195.08	179.82	350.07	0.00	0.00	n.a.
2015	金额	2924.06	0.00	1532.63	1491.78	1831.74	12.97	0.00	0.00
	比例（%）	14.78	0.00	7.75	7.54	9.26	0.07	0.00	0.00
	指数	252.21	n.a.	193.94	320.18	87.35	17.70	0.00	n.a.
2016	金额	1723.22	0.00	905.12	1271.71	2585.06	292.72	630.60	0.00
	比例（%）	9.15	0.00	4.81	6.75	13.72	1.55	3.35	0.00
	指数	148.64	n.a.	114.54	272.94	123.28	399.38	87.53	n.a.
2017	金额	2224.50	552.34	6500.00	949.89	7154.42	383.24	0.00	10.00
	比例（%）	6.12	1.52	17.87	2.61	19.67	1.05	0.00	0.03
	指数	191.87	n.a.	822.53	203.87	341.18	522.88	0.00	n.a.
合计	金额	9906.55	981.18	11356.32	4554.47	20233.33	1042.43	4232.93	102.00
	比例（%）	9.19	0.91	10.53	4.22	18.76	0.97	3.92	0.09
2011—2015年均值		1159.36	0.00	790.24	465.92	2096.98	73.29	720.47	0.00

年份		服务业							
		水利、环境和公共设施管理业	居民服务、修理和其他服务业	教育	卫生和社会工作	文化、体育和娱乐业	公共管理、社会保障和社会组织	国际组织	合计
2005	金额	0.00	0.00	0.00	0.00	0.00	0.00	0.00	0.00
	比例（%）	n.a.	n.a.	n.a.	n.a.	n.a.	n.a.	n.a.	n.a.
	指数	n.a.	0.00	0.00	0.00	0.00	n.a.	n.a.	0.00

续表

年份		服务业							
		水利、环境和公共设施管理业	居民服务、修理和其他服务业	教育	卫生和社会工作	文化、体育和娱乐业	公共管理、社会保障和社会组织	国际组织	合计
2006	金额	0.00	0.00	0.00	0.00	0.00	0.00	0.00	46.00
	比例（%）	0.00	0.00	0.00	0.00	0.00	0.00	0.00	100.00
	指数	n.a.	0.00	n.a.	n.a.	0.00	n.a.	n.a.	0.57
2007	金额	0.00	0.00	0.00	0.00	0.00	0.00	0.00	0.00
	比例（%）	n.a.	n.a.	n.a.	n.a.	n.a.	n.a.	n.a.	n.a.
	指数	n.a.	0.00	n.a.	n.a.	0.00	n.a.	n.a.	0.00
2008	金额	0.00	0.00	0.00	0.00	0.00	0.00	0.00	8.96
	比例（%）	0.00	0.00	0.00	0.00	0.00	0.00	0.00	100.00
	指数	n.a.	0.00	n.a.	n.a.	0.00	n.a.	n.a.	0.11
2009	金额	0.00	0.00	0.00	0.00	0.00	0.00	0.00	187.05
	比例（%）	0.00	0.00	0.00	0.00	0.00	0.00	0.00	57.44
	指数	n.a.	0.00	n.a.	n.a.	0.00	n.a.	n.a.	2.30
2010	金额	0.00	39.35	0.00	0.00	0.00	0.00	0.00	492.45
	比例（%）	0.00	7.99	0.00	0.00	0.00	0.00	0.00	100.00
	指数	n.a.	59.16	n.a.	n.a.	0.00	n.a.	n.a.	6.06
2011	金额	0.00	0.00	0.00	0.00	0.00	0.00	0.00	4917.33
	比例（%）	0.00	0.00	0.00	0.00	0.00	0.00	0.00	100.00
	指数	n.a.	0.00	n.a.	n.a.	0.00	n.a.	n.a.	60.49
2012	金额	0.00	68.36	0.00	0.00	2600.00	0.00	0.00	4597.03
	比例（%）	0.00	1.33	0.00	0.00	50.74	0.00	0.00	89.72
	指数	n.a.	102.78	n.a.	n.a.	94.32	n.a.	n.a.	56.55
2013	金额	0.00	95.42	0.00	0.00	519.63	0.00	0.00	1269.03
	比例（%）	0.00	7.52	0.00	0.00	40.95	0.00	0.00	100.00
	指数	n.a.	143.46	n.a.	n.a.	18.85	n.a.	n.a.	15.61

年份		服务业							
		水利、环境和公共设施管理业	居民服务、修理和其他服务业	教育	卫生和社会工作	文化、体育和娱乐业	公共管理、社会保障和社会组织	国际组织	合计
2014	金额	0.00	73.36	0.00	0.00	0.00	0.00	0.00	11311.48
	比例（%）	0.00	0.35	0.00	0.00	0.00	0.00	0.00	54.70
	指数	n.a.	110.30	n.a.	n.a.	0.00	n.a.	n.a.	139.15
2015	金额	0.00	95.42	0.00	0.00	10662.60	0.00	0.00	18551.20
	比例（%）	0.00	0.48	0.00	0.00	53.90	0.00	0.00	93.77
	指数	n.a.	143.46	n.a.	n.a.	386.82	n.a.	n.a.	228.20
2016	金额	0.00	485.83	0.00	43.35	9364.03	0.00	0.00	17301.64
	比例（%）	0.00	2.58	0.00	0.23	49.71	0.00	0.00	91.86
	指数	n.a.	730.44	n.a.	n.a.	339.71	n.a.	n.a.	212.83
2017	金额	0.00	60.37	0.00	337.61	3987.27	0.00	0.00	22159.64
	比例（%）	0.00	0.17	0.00	0.93	10.96	0.00	0.00	60.93
	指数	n.a.	90.77	n.a.	n.a.	144.65	n.a.	n.a.	272.59
合计	金额	0.00	918.11	0.00	380.96	27133.53	0.00	0.00	80841.81
	比例（%）	0.00	0.85	0.00	0.35	25.16	0.00	0.00	74.96
2011—2015年均值		0.00	66.51	0.00	0.00	2756.45	0.00	0.00	8129.21

年份		采矿业							
		煤炭开采和洗选业	石油和天然气开采业	黑色金属矿采选业	有色金属矿采选业	非金属矿采选业	开采专业及辅助性活动	其他采矿业	合计
2005	金额	0.00	0.00	0.00	0.00	0.00	0.00	0.00	0.00
	比例（%）	n.a.	n.a.	n.a.	n.a.	n.a.	n.a.	n.a.	n.a.
	指数	n.a.	0.00	0.00	0.00	0.00	0.00	0.00	0.00
2006	金额	0.00	0.00	0.00	0.00	0.00	0.00	0.00	0.00
	比例（%）	0.00	0.00	0.00	0.00	0.00	0.00	0.00	0.00
	指数	n.a.	0.00	0.00	0.00	0.00	0.00	0.00	0.00

续表

年份		采矿业							
		煤炭开采和洗选业	石油和天然气开采业	黑色金属矿采选业	有色金属矿采选业	非金属矿采选业	开采专业及辅助性活动	其他采矿业	合计
2007	金额	0.00	0.00	0.00	0.00	0.00	0.00	0.00	0.00
	比例（%）	n.a.	n.a.	n.a.	n.a.	n.a.	n.a.	n.a.	n.a.
	指数	n.a.	0.00	0.00	n.a.	n.a.	n.a.	n.a.	0.00
2008	金额	0.00	0.00	0.00	0.00	0.00	0.00	0.00	0.00
	比例（%）	0.00	0.00	0.00	0.00	0.00	0.00	0.00	0.00
	指数	n.a.	0.00	0.00	n.a.	n.a.	n.a.	n.a.	0.00
2009	金额	0.00	0.00	138.60	0.00	0.00	0.00	0.00	138.60
	比例（%）	0.00	0.00	42.56	0.00	0.00	0.00	0.00	42.56
	指数	n.a.	0.00	154.43	n.a.	n.a.	n.a.	n.a.	52.86
2010	金额	0.00	0.00	0.00	0.00	0.00	0.00	0.00	0.00
	比例（%）	0.00	0.00	0.00	0.00	0.00	0.00	0.00	0.00
	指数	n.a.	0.00	0.00	n.a.	n.a.	n.a.	n.a.	0.00
2011	金额	0.00	0.00	0.00	0.00	0.00	0.00	0.00	0.00
	比例（%）	0.00	0.00	0.00	0.00	0.00	0.00	0.00	0.00
	指数	n.a.	0.00	0.00	n.a.	n.a.	n.a.	n.a.	0.00
2012	金额	0.00	0.00	448.74	0.00	0.00	0.00	0.00	448.74
	比例（%）	0.00	0.00	8.76	0.00	0.00	0.00	0.00	8.76
	指数	n.a.	0.00	500.00	n.a.	n.a.	n.a.	n.a.	171.15
2013	金额	0.00	0.00	0.00	0.00	0.00	0.00	0.00	0.00
	比例（%）	0.00	0.00	0.00	0.00	0.00	0.00	0.00	0.00
	指数	n.a.	0.00	0.00	n.a.	n.a.	n.a.	n.a.	0.00
2014	金额	0.00	0.00	0.00	0.00	0.00	0.00	0.00	0.00
	比例（%）	0.00	0.00	0.00	0.00	0.00	0.00	0.00	0.00
	指数	n.a.	0.00	0.00	n.a.	n.a.	n.a.	n.a.	0.00
2015	金额	0.00	862.19	0.00	0.00	0.00	0.00	0.00	862.19
	比例（%）	0.00	4.36	0.00	0.00	0.00	0.00	0.00	4.36
	指数	n.a.	500.00	0.00	n.a.	n.a.	n.a.	n.a.	328.85

年份		采矿业							
		煤炭开采和洗选业	石油和天然气开采业	黑色金属矿采选业	有色金属矿采选业	非金属矿采选业	开采专业及辅助性活动	其他采矿业	合计
2016	金额	0.00	1059.87	0.00	0.00	0.00	0.00	0.00	1059.87
	比例（%）	0.00	5.63	0.00	0.00	0.00	0.00	0.00	5.63
	指数	n. a.	614.64	0.00	n. a.	n. a.	n. a.	n. a.	404.24
2017	金额	0.00	14154.85	33.18	0.00	0.00	0.00	0.00	14188.03
	比例（%）	0.00	38.92	0.09	0.00	0.00	0.00	0.00	39.01
	指数	n. a.	8208.66	36.97	n. a.	n. a.	n. a.	n. a.	5411.44
合计	金额	0.00	16076.91	620.52	0.00	0.00	0.00	0.00	16697.43
	比例（%）	0.00	14.91	0.58	0.00	0.00	0.00	0.00	15.48
2011—2015年均值		0.00	172.44	89.75	0.00	0.00	0.00	0.00	262.19

年份		电力、热力、燃气及水生产和供应业			
		电力、热力生产和供应业	燃气生产和供应业	水生产和供应业	合计
2005	金额	0.00	0.00	0.00	0.00
	比例（%）	n. a.	n. a.	n. a.	n. a.
	指数	0.00	n. a.	n. a.	0.00
2006	金额	0.00	0.00	0.00	0.00
	比例（%）	0.00	0.00	0.00	0.00
	指数	0.00	0.00	0.00	0.00
2007	金额	0.00	0.00	0.00	0.00
	比例（%）	n. a.	n. a.	n. a.	n. a.
	指数	0.00	0.00	0.00	0.00
2008	金额	0.00	0.00	0.00	0.00
	比例（%）	0.00	0.00	0.00	0.00
	指数	0.00	0.00	0.00	0.00
2009	金额	0.00	0.00	0.00	0.00
	比例（%）	0.00	0.00	0.00	0.00
	指数	0.00	n. a.	n. a.	0.00

续表

年份		电力、热力、燃气及水生产和供应业			
		电力、热力生产和供应业	燃气生产和供应业	水生产和供应业	合计
2010	金额	0.00	0.00	0.00	0.00
	比例（%）	0.00	0.00	0.00	0.00
	指数	0.00	n.a.	n.a.	0.00
2011	金额	0.00	0.00	0.00	0.00
	比例（%）	0.00	0.00	0.00	0.00
	指数	0.00	n.a.	n.a.	0.00
2012	金额	3.00	0.00	0.00	3.00
	比例（%）	0.06	0.00	0.00	0.06
	指数	4.02	n.a.	n.a.	4.02
2013	金额	0.00	0.00	0.00	0.00
	比例（%）	0.00	0.00	0.00	0.00
	指数	0.00	n.a.	n.a.	0.00
2014	金额	0.00	0.00	0.00	0.00
	比例（%）	0.00	0.00	0.00	0.00
	指数	0.00	n.a.	n.a.	0.00
2015	金额	370.00	0.00	0.00	370.00
	比例（%）	1.87	0.00	0.00	1.87
	指数	495.98	n.a.	n.a.	495.98
2016	金额	200.95	0.00	0.00	200.95
	比例（%）	1.07	0.00	0.00	1.07
	指数	269.37	n.a.	n.a.	269.37
2017	金额	20.00	0.00	0.00	20.00
	比例（%）	0.05	0.00	0.00	0.05
	指数	26.81	n.a.	n.a.	26.81
合计	金额	593.95	0.00	0.00	593.95
	比例（%）	0.55	0.00	0.00	0.55
2011—2015 年均值		74.60	0.00	0.00	74.60

续表

年份		建筑业					总计
		房屋建筑业	土木工程建筑业	建筑安装业	建筑装饰、装修和其他建筑业	合计	
2005	金额	0.00	0.00	0.00	0.00	0.00	0.00
	比例（%）	n. a.	n. a.	n. a.	n. a.	n. a.	n. a.
	指数	0.00	n. a.	n. a.	0.00	0.00	0.00
2006	金额	0.00	0.00	0.00	0.00	0.00	46.00
	比例（%）	0.00	0.00	0.00	0.00	0.00	100.00
	指数	0.00	n. a.	n. a.	0.00	0.00	0.44
2007	金额	0.00	0.00	0.00	0.00	0.00	0.00
	比例（%）	n. a.	n. a.	n. a.	n. a.	n. a.	n. a.
	指数	0.00	n. a.	n. a.	0.00	0.00	0.00
2008	金额	0.00	0.00	0.00	0.00	0.00	8.96
	比例（%）	0.00	0.00	0.00	0.00	0.00	100.00
	指数	0.00	n. a.	n. a.	0.00	0.00	0.09
2009	金额	0.00	0.00	0.00	0.00	0.00	325.65
	比例（%）	0.00	0.00	0.00	0.00	0.00	100.00
	指数	0.00	n. a.	n. a.	0.00	0.00	3.15
2010	金额	0.00	0.00	0.00	0.00	0.00	492.45
	比例（%）	0.00	0.00	0.00	0.00	0.00	100.00
	指数	0.00	n. a.	n. a.	0.00	0.00	4.76
2011	金额	0.00	0.00	0.00	0.00	0.00	4917.33
	比例（%）	0.00	0.00	0.00	0.00	0.00	100.00
	指数	0.00	n. a.	n. a.	0.00	0.00	47.49
2012	金额	0.00	0.00	0.00	75.00	75.00	5123.77
	比例（%）	0.00	0.00	0.00	1.46	1.46	100.00
	指数	0.00	n. a.	n. a.	500.00	3.97	49.48
2013	金额	0.00	0.00	0.00	0.00	0.00	1269.03
	比例（%）	0.00	0.00	0.00	0.00	0.00	100.00
	指数	0.00	n. a.	n. a.	0.00	0.00	12.26

续表

年份		建筑业					总计
		房屋建筑业	土木工程建筑业	建筑安装业	建筑装饰、装修和其他建筑业	合计	
2014	金额	9367.58	0.00	0.00	0.00	9367.58	20679.06
	比例（%）	45.30	0.00	0.00	0.00	45.30	100.00
	指数	500.00	n. a.	n. a.	0.00	496.03	199.71
2015	金额	0.00	0.00	0.00	0.00	0.00	19783.39
	比例（%）	0.00	0.00	0.00	0.00	0.00	100.00
	指数	0.00	0.00	0.00	0.00	0.00	191.06
2016	金额	0.00	0.00	0.00	273.24	273.24	18835.70
	比例（%）	0.00	0.00	0.00	1.45	1.45	100.00
	指数	0.00	0.00	0.00	1821.60	14.47	181.91
2017	金额	0.00	0.00	0.00	0.00	0.00	36367.67
	比例（%）	0.00	0.00	0.00	0.00	0.00	100.00
	指数	0.00	n. a.	n. a.	0.00	0.00	351.23
合计	金额	9367.58	0.00	0.00	348.24	9715.82	107849.01
	比例（%）	8.69	0.00	0.00	0.32	9.01	100.00
2011—2015 年均值		1873.52	0.00	0.00	15.00	1888.52	10354.52

第五节　民营企业海外并购投资融资模式别指数

本节通过筛选中国民营企业 500 强在海外并购时的融资渠道和支付方式相关数据作为样本，分析中国民营样本企业海外并购融资模式。

按照并购投资时的两种融资类型，本节计算出单一渠道融资指数和多渠道融资指数，以及包含其中的各种具体融资渠道的指数。另外，本节还计算了以现金为主的各种支付方式的指数。

一、民营企业海外并购融资渠道的总体情况

海外并购融资渠道，按照国内大多数研究采用的标准，分为内源融资和外源融资，而外源融资又可以分为4类：债务融资方式、股权融资方式、混合融资方式和特殊融资方式。[①] 为了保证数据的一致性，本报告采用了BvD-Zephyr 数据库的分类标准，将海外并购融资渠道分为 18 种，分别为：增资（capital increase）、增资-可转债（capital increase-converted debt）、增资-卖方配售（capital increase-vendor placing）、注资（capital injection）、发行可转债（convertible loan issue）、可转债证明（convertible loan notes）、企业风险投资（corporate venturing）、众筹（crowd funding）、杠杆收购（leveraged buy out）、夹层融资（mezzanine）、新银行信贷便利（new bank facilities）、通道融资（PIPE）、配售（placing）、私募股权（private equity）、私人配售（private placing）、公募（public offer）、新股发行（rights issue）和风险资本（venture capital）。按照这个标准，本节统计了BvD-Zephyr 数据库中有明确融资渠道信息的中国民营 500 强海外并购交易样本，共 170 件[②]。

表 4-5-1　2005—2017 年中国民营样本企业海外并购投资的融资渠道汇总表

融资渠道	并购项目（件）	并购金额（百万美元）	并购金额涉及的并购项目（件）
增资	54	4416.79	54
增资-可转债	0	0.00	0
增资-卖方配售	8	1236.08	8
注资	51	4013.59	51

① 刘坪：《不同类型中国企业的海外并购融资方式研究》，北京交通大学硕士学位论文，2014 年。

② 此处指 BvD-Zephyr 数据库中有明确融资渠道信息的中国民营 500 强海外并购交易项目数量共计 170 件，由于每笔交易可使用单一融资渠道或多种融资渠道，故与包含重复统计的表 4-5-1 中结果不一致。

融资渠道	并购项目（件）	并购金额 （百万美元）	并购金额涉及的 并购项目（件）
注资	51	4013.59	51
发行可转债	2	190.84	2
可转债证明	2	26.06	2
企业风险投资	14	3730.23	11
众筹	0	0.00	0
杠杆收购	5	13416.54	5
夹层融资	0	0.00	0
新银行信贷便利	8	16355.86	8
通道融资	0	0.00	0
配售	0	0.00	0
私募股权	37	21141.95	30
私人配售	56	3130.12	52
公募	0	0.00	0
新股发行	1	138.60	1
风险资本	11	223.20	8
合计	249	68019.86	232

注：存在重复统计的情况，处理方式和行业别统计一致。

通过这些民营样本企业数据可以看出，中国民营企业 500 强的海外并购融资模式有 3 个显著的特征：第一，从并购项目数量上看，以增资、注资、私募股权和私人配售 4 种融资方式为主，以增资-卖方配售、发行可转债、可转债证明、企业风险投资、杠杆收购、新银行信贷便利、新股发行和风险资本为辅，而公募、众筹、夹层融资等融资渠道根本没有被采用。第二，从并购金额上看，杠杆收购、新银行信贷便利和私募股权 3 个融资渠道涉及的资金明显大于其他几种融资渠道。第三，随着国内金融市场的发展，风险资本和杠杆收购两种融资模式开始出现，8 个涉及风险资本融资的并购项目分别出现在 2010 年、2012 年、2014 年、2015 年和 2017

年，5 个杠杆收购的并购项目分别出现在 2014 年、2016 年和 2017 年。另一方面，相较于 2016 年及其之前的融资模式[①]，2017 年出现了两个新现象：一是企业风险投资、杠杆收购、新银行信贷便利和风险资本 4 种融资渠道的使用频率明显提高；二是杠杆收购和新银行信贷便利融资渠道涉及的金额出现了单个项目近百亿美元的案例，具体金额为 93.76 亿美元，远远大于其他融资渠道涉及的金额。

表 4-5-2　2005—2017 年中国民营样本企业海外并购融资渠道的项目数量分布

（单位：件）

年份		增资	增资-可转债	增资-卖方配售	注资	发行可转债	可转债证明	企业风险投资	众筹	杠杆收购
2005	数量	0	0	0	0	0	0	0	0	0
	比例（%）	0.00	0.00	0.00	0.00	0.00	0.00	0.00	0.00	0.00
	指数	0.00	n.a.	0.00	0.00	0.00	0.00	0.00	n.a.	0.00
2006	数量	0	0	0	0	0	0	0	0	0
	比例（%）	n.a.	n.a.	n.a.	n.a.	n.a.	n.a.	n.a.	n.a.	n.a.
	指数	0.00	n.a.	0.00	0.00	0.00	0.00	0.00	n.a.	0.00
2007	数量	0	0	0	0	0	0	0	0	0
	比例（%）	n.a.	n.a.	n.a.	n.a.	n.a.	n.a.	n.a.	n.a.	n.a.
	指数	0.00	n.a.	0.00	0.00	0.00	0.00	0.00	n.a.	0.00
2008	数量	0	0	1	0	0	0	0	0	0
	比例（%）	0.00	0.00	25.00	0.00	0.00	0.00	0.00	0.00	0.00
	指数	0.00	n.a.	125.00	0.00	0.00	0.00	0.00	n.a.	0.00
2009	数量	0	0	1	0	0	0	0	0	0
	比例（%）	0.00	0.00	33.33	0.00	0.00	0.00	0.00	0.00	0.00
	指数	0.00	n.a.	125.00	0.00	0.00	0.00	0.00	n.a.	0.00

[①]　详细数据见薛军等著：《中国民营企业海外直接投资指数 2017 年度报告——基于中国民企 500 强的数据分析》，人民出版社 2018 年版。

年份		增资	增资-可转债	增资-卖方配售	注资	发行可转债	可转债证明	企业风险投资	众筹	杠杆收购
2010	数量	1	0	0	1	0	0	1	0	0
	比例（%）	12.50	0.00	0.00	12.50	0.00	0.00	12.50	0.00	0.00
	指数	22.73	n.a.	0.00	23.81	0.00	0.00	166.67	n.a.	0.00
2011	数量	5	0	2	5	0	0	0	0	0
	比例（%）	22.73	0.00	9.09	22.73	0.00	0.00	0.00	0.00	0.00
	指数	113.64	n.a.	250.00	119.05	0.00	0.00	0.00	n.a.	0.00
2012	数量	4	0	0	4	0	1	0	0	0
	比例（%）	26.67	0.00	0.00	26.67	0.00	6.67	0.00	0.00	0.00
	指数	90.91	n.a.	0.00	95.24	0.00	250.00	0.00	n.a.	0.00
2013	数量	4	0	2	4	1	1	0	0	0
	比例（%）	23.53	0.00	11.76	23.53	5.88	5.88	0.00	0.00	0.00
	指数	90.91	n.a.	250.00	95.24	250.00	250.00	0.00	n.a.	0.00
2014	数量	3	0	0	3	0	0	0	0	1
	比例（%）	20.00	0.00	0.00	20.00	0.00	0.00	0.00	0.00	6.67
	指数	68.18	n.a.	0.00	71.43	0.00	0.00	0.00	n.a.	500.00
2015	数量	6	0	0	5	1	0	3	0	0
	比例（%）	17.14	0.00	0.00	14.29	2.86	0.00	8.57	0.00	0.00
	指数	136.36	n.a.	0.00	119.05	250.00	0.00	500.00	n.a.	0.00
2016	数量	17	0	1	16	0	0	4	0	1
	比例（%）	29.82	0.00	1.75	28.07	0.00	0.00	7.02	0.00	1.75
	指数	386.36	n.a.	125.00	380.95	0.00	0.00	666.67	n.a.	500.00
2017	数量	14	0	1	13	0	0	6	0	3
	比例（%）	19.44	0.00	1.39	18.06	0.00	0.00	8.33	0.00	4.17
	指数	318.18	n.a.	125.00	309.52	0.00	0.00	1000.00	n.a.	1500.00
合计	数量	54	0	8	51	2	2	14	0	5
	比例（%）	21.69	0.00	3.21	20.48	0.80	0.80	5.62	0.00	2.01
2011—2015 年均值		4.40	0.00	0.80	4.20	0.40	0.40	0.60	0.00	0.20

续表

年份		夹层融资	新银行信贷便利	通道融资	配售	私募股权	私人配售	公募	新股发行	风险资本	合计
2005	数量	0	0	0	0	1	0	0	0	0	1
	比例（%）	0.00	0.00	0.00	0.00	100.00	0.00	0.00	0.00	0.00	100.00
	指数	n. a.	0.00	n. a.	n. a.	33.33	0.00	n. a.	n. a.	0.00	4.81
2006	数量	0	0	0	0	0	0	0	0	0	0
	比例（%）	n. a.	n. a.	n. a.	n. a.	n. a.	n. a.	n. a.	n. a.	n. a.	n. a.
	指数	n. a.	0.00	n. a.	n. a.	0.00	0.00	n. a.	n. a.	0.00	0.00
2007	数量	0	0	0	0	0	0	0	0	0	0
	比例（%）	n. a.	n. a.	n. a.	n. a.	n. a.	n. a.	n. a.	n. a.	n. a.	n. a.
	指数	n. a.	0.00	n. a.	n. a.	0.00	0.00	n. a.	n. a.	0.00	0.00
2008	数量	0	1	0	0	2	0	0	0	0	4
	比例（%）	0.00	25.00	0.00	0.00	50.00	0.00	0.00	0.00	0.00	100.00
	指数	n. a.	166.67	n. a.	n. a.	66.67	0.00	n. a.	n. a.	0.00	19.23
2009	数量	0	0	0	0	0	1	0	1	0	3
	比例（%）	0.00	0.00	0.00	0.00	0.00	33.33	0.00	33.33	0.00	100.00
	指数	n. a.	0.00	n. a.	n. a.	0.00	18.52	n. a.	n. a.	0.00	14.42
2010	数量	0	0	0	0	1	3	0	0	1	8
	比例（%）	0.00	0.00	0.00	0.00	12.50	37.50	0.00	0.00	12.50	100.00
	指数	n. a.	0.00	n. a.	n. a.	33.33	55.56	n. a.	n. a.	125.00	38.46
2011	数量	0	1	0	0	5	4	0	0	0	22
	比例（%）	0.00	4.55	0.00	0.00	22.73	18.18	0.00	0.00	0.00	100.00
	指数	n. a.	166.67	n. a.	n. a.	166.67	74.07	n. a.	n. a.	0.00	105.77
2012	数量	0	0	0	0	2	3	0	0	1	15
	比例（%）	0.00	0.00	0.00	0.00	13.33	20.00	0.00	0.00	6.67	100.00
	指数	n. a.	0.00	n. a.	n. a.	66.67	55.56	n. a.	n. a.	125.00	72.12
2013	数量	0	1	0	0	1	3	0	0	0	17
	比例（%）	0.00	5.88	0.00	0.00	5.88	17.65	0.00	0.00	0.00	100.00
	指数	n. a.	166.67	n. a.	n. a.	33.33	55.56	n. a.	n. a.	0.00	81.73

续表

年份		夹层融资	新银行信贷便利	通道融资	配售	私募股权	私人配售	公募	新股发行	风险资本	合计
2014	数量	0	1	0	0	2	4	0	0	1	15
	比例（%）	0.00	6.67	0.00	0.00	13.33	26.67	0.00	0.00	6.67	100.00
	指数	n. a.	166.67	n. a.	n. a.	66.67	74.07	n. a.	n. a.	125.00	72.12
2015	数量	0	0	0	0	5	13	0	0	2	35
	比例（%）	0.00	0.00	0.00	0.00	14.29	37.14	0.00	0.00	5.71	100.00
	指数	n. a.	0.00	n. a.	n. a.	166.67	240.74	n. a.	n. a.	250.00	168.27
2016	数量	0	1	0	0	9	8	0	0	0	57
	比例（%）	0.00	1.75	0.00	0.00	15.79	14.04	0.00	0.00	0.00	100.00
	指数	n. a.	166.67	n. a.	n. a.	300.00	148.15	n. a.	n. a.	0.00	274.04
2017	数量	0	3	0	0	9	17	0	0	6	72
	比例（%）	0.00	4.17	0.00	0.00	12.50	23.61	0.00	0.00	8.33	100.00
	指数	n. a.	500.00	n. a.	n. a.	300.00	314.81	n. a.	n. a.	750.00	346.15
合计	数量	0	8	0	0	37	56	0	1	11	249
	比例（%）	0.00	3.21	0.00	0.00	14.86	22.49	0.00	0.40	4.42	100.00
2011—2015 年均值		0.00	0.60	0.00	0.00	3.00	5.40	0.00	0.00	0.80	20.80

注：存在重复统计的情况，处理方式和行业别统计一致。

表 4-5-3　2005—2017 年中国民营样本企业海外并购融资渠道的金额分布

（单位：百万美元）

年份		增资	增资-可转债	增资-卖方配售	注资	发行可转债	可转债证明	企业风险投资	众筹	杠杆收购
2005	金额	0.00	0.00	0.00	0.00	0.00	0.00	0.00	0.00	0.00
	比例（%）	0.00	0.00	0.00	0.00	0.00	0.00	0.00	0.00	0.00
	指数	0.00	n. a.	0.00	0.00	0.00	0.00	0.00	n. a.	0.00
2006	金额	0.00	0.00	0.00	0.00	0.00	0.00	0.00	0.00	0.00
	比例（%）	n. a.	n. a.	n. a.	n. a.	n. a.	n. a.	n. a.	n. a.	n. a.
	指数	0.00	n. a.	0.00	0.00	0.00	0.00	0.00	n. a.	0.00

年份		增资	增资-可转债	增资-卖方配售	注资	发行可转债	可转债证明	企业风险投资	众筹	杠杆收购
2007	金额	0.00	0.00	0.00	0.00	0.00	0.00	0.00	0.00	0.00
	比例（%）	n.a.	n.a.	n.a.	n.a.	n.a.	n.a.	n.a.	n.a.	n.a.
	指数	0.00	n.a.	0.00	0.00	0.00	0.00	0.00	n.a.	0.00
2008	金额	0.00	0.00	289.98	0.00	0.00	0.00	0.00	0.00	0.00
	比例（%）	0.00	0.00	26.85	0.00	0.00	0.00	0.00	0.00	0.00
	指数	0.00	n.a.	2294.51	0.00	0.00	0.00	0.00	n.a.	0.00
2009	金额	0.00	0.00	289.98	0.00	0.00	0.00	0.00	0.00	0.00
	比例（%）	0.00	0.00	51.13	0.00	0.00	0.00	0.00	0.00	0.00
	指数	0.00	n.a.	2294.51	0.00	0.00	0.00	0.00	n.a.	0.00
2010	金额	21.00	0.00	0.00	21.00	0.00	0.00	0.00	0.00	0.00
	比例（%）	15.15	0.00	0.00	15.15	0.00	0.00	0.00	0.00	0.00
	指数	14.05	n.a.	0.00	19.18	0.00	0.00	0.00	n.a.	0.00
2011	金额	64.08	0.00	32.44	64.08	0.00	0.00	0.00	0.00	0.00
	比例（%）	0.74	0.00	0.37	0.74	0.00	0.00	0.00	0.00	0.00
	指数	42.86	n.a.	256.69	58.52	0.00	0.00	0.00	n.a.	0.00
2012	金额	66.73	0.00	0.00	66.73	0.00	13.03	0.00	0.00	0.00
	比例（%）	3.46	0.00	0.00	3.46	0.00	0.68	0.00	0.00	0.00
	指数	44.63	n.a.	0.00	60.94	0.00	250.00	0.00	n.a.	0.00
2013	金额	97.50	0.00	30.75	97.50	95.42	13.03	0.00	0.00	0.00
	比例（%）	9.69	0.00	3.06	9.69	9.48	1.30	0.00	0.00	0.00
	指数	65.21	n.a.	243.31	89.04	250.00	250.00	0.00	n.a.	0.00
2014	金额	115.00	0.00	0.00	115.00	0.00	0.00	0.00	0.00	1541.63
	比例（%）	1.91	0.00	0.00	1.91	0.00	0.00	0.00	0.00	25.65
	指数	76.92	n.a.	0.00	105.02	0.00	0.00	0.00	n.a.	500.00
2015	金额	404.22	0.00	0.00	204.22	95.42	0.00	868.50	0.00	0.00
	比例（%）	10.27	0.00	0.00	5.19	2.42	0.00	22.07	0.00	0.00
	指数	270.37	n.a.	0.00	186.49	250.00	0.00	500.00	n.a.	0.00

年份		增资	增资-可转债	增资-卖方配售	注资	发行可转债	可转债证明	企业风险投资	众筹	杠杆收购
2016	金额	2528.55	0.00	404.47	2525.35	0.00	0.00	2500.00	0.00	1510.07
	比例（%）	15.36	0.00	2.46	15.34	0.00	0.00	15.18	0.00	9.17
	指数	1691.27	n.a.	3200.43	2306.13	0.00	0.00	1439.26	n.a.	489.76
2017	金额	1119.71	0.00	188.46	919.71	0.00	0.00	361.73	0.00	10364.84
	比例（%）	3.97	0.00	0.67	3.26	0.00	0.00	1.28	0.00	36.74
	指数	748.92	n.a.	1490.98	839.84	0.00	0.00	208.25	n.a.	3361.61
合计	金额	4416.79	0.00	1236.08	4013.59	190.84	26.06	3730.23	0.00	13416.54
	比例（%）	6.49	0.00	1.82	5.90	0.28	0.04	5.48	0.00	19.72
2011—2015 年均值		149.51	0.00	12.64	109.51	38.17	5.21	173.70	0.00	308.33

年份		夹层融资	新银行信贷便利	通道融资	配售	私募股权	私人配售	公募	新股发行	风险资本	合计
2005	金额	0.00	0.00	0.00	0.00	26.42	0.00	0.00	0.00	0.00	26.42
	比例（%）	0.00	0.00	0.00	0.00	100.00	0.00	0.00	0.00	0.00	100.00
	指数	n.a.	0.00	n.a.	0.00	1.14	0.00	n.a.	n.a.	0.00	0.61
2006	金额	0.00	0.00	0.00	0.00	0.00	0.00	0.00	0.00	0.00	0.00
	比例（%）	n.a.	n.a.	n.a.	n.a.	n.a.	n.a.	n.a.	n.a.	n.a.	n.a.
	指数	n.a.	0.00	n.a.	0.00	0.00	0.00	n.a.	n.a.	0.00	0.00
2007	金额	0.00	0.00	0.00	0.00	0.00	0.00	0.00	0.00	0.00	0.00
	比例（%）	n.a.	n.a.	n.a.	n.a.	n.a.	n.a.	n.a.	n.a.	n.a.	n.a.
	指数	n.a.	0.00	n.a.	0.00	0.00	0.00	n.a.	n.a.	0.00	0.00
2008	金额	0.00	395.10	0.00	395.10	0.00	0.00	0.00	0.00	0.00	1080.18
	比例（%）	0.00	36.58	0.00	0.00	36.58	0.00	0.00	0.00	0.00	100.00
	指数	n.a.	48.35	n.a.	0.00	17.07	0.00	n.a.	n.a.	0.00	25.09
2009	金额	0.00	0.00	0.00	0.00	0.00	138.60	0.00	138.60	0.00	567.18
	比例（%）	0.00	0.00	0.00	0.00	0.00	24.44	0.00	24.44	0.00	100.00
	指数	n.a.	0.00	n.a.	0.00	125.00	39.44	n.a.	n.a.	0.00	13.17

续表

年份		夹层融资	新银行信贷便利	通道融资	配售	私募股权	私人配售	公募	新股发行	风险资本	合计
2010	金额	0.00	0.00	0.00	0.00	41.06	55.52	0.00	0.00	0.00	138.58
	比例（%）	0.00	0.00	0.00	0.00	29.63	40.06	0.00	0.00	0.00	100.00
	指数	n.a.	0.00	n.a.	0.00	1.77	15.80	n.a.	n.a.	0.00	3.22
2011	金额	0.00	2500.00	0.00	0.00	5065.09	925.09	0.00	0.00	0.00	8650.78
	比例（%）	0.00	28.90	0.00	0.00	58.55	10.69	0.00	0.00	0.00	100.00
	指数	n.a.	305.93	n.a.	500.00	218.90	263.27	n.a.	n.a.	0.00	200.91
2012	金额	0.00	0.00	0.00	0.00	1667.91	28.40	0.00	0.00	84.00	1926.80
	比例（%）	0.00	0.00	0.00	0.00	86.56	1.47	0.00	0.00	4.36	100.00
	指数	n.a.	0.00	n.a.	0.00	72.08	8.08	n.a.	n.a.	319.46	44.75
2013	金额	0.00	44.22	0.00	0.00	519.63	108.12	0.00	0.00	0.00	1006.17
	比例（%）	0.00	4.39	0.00	0.00	51.64	10.75	0.00	0.00	0.00	100.00
	指数	n.a.	5.41	n.a.	0.00	22.46	30.77	n.a.	n.a.	0.00	23.37
2014	金额	0.00	1541.63	0.00	0.00	2541.63	155.26	0.00	0.00	0.00	6010.15
	比例（%）	0.00	25.65	0.00	0.00	42.29	2.58	0.00	0.00	0.00	100.00
	指数	n.a.	188.65	n.a.	0.00	109.84	44.18	n.a.	n.a.	0.00	139.58
2015	金额	0.00	0.00	0.00	0.00	1775.32	540.07	0.00	0.00	47.47	3935.22
	比例（%）	0.00	0.00	0.00	0.00	45.11	13.72	0.00	0.00	1.21	100.00
	指数	n.a.	0.00	n.a.	0.00	76.72	153.70	n.a.	n.a.	180.54	91.39
2016	金额	0.00	1510.07	0.00	0.00	5140.06	346.23	0.00	0.00	0.00	16464.80
	比例（%）	0.00	9.17	0.00	0.00	31.22	2.10	0.00	0.00	0.00	100.00
	指数	n.a.	184.79	n.a.	500.00	222.14	98.53	n.a.	n.a.	0.00	382.38
2017	金额	0.00	10364.84	0.00	0.00	3969.73	832.83	0.00	0.00	91.73	28213.58
	比例（%）	0.00	36.74	0.00	0.00	14.07	2.95	0.00	0.00	0.33	100.00
	指数	n.a.	1268.38	n.a.	n.a.	171.56	237.01	n.a.	n.a.	348.92	655.24
合计	金额	0.00	16355.86	0.00	0.00	21141.95	3130.12	0.00	138.6	223.2	68019.86
	比例（%）	0.00	24.05	0.00	0.00	31.08	4.60	0.00	0.20	0.33	100.00
2011—2015年均值		0.00	817.17	0.00	0.00	2313.92	351.39	0.00	0.00	26.29	4305.82

注：存在重复统计的情况，处理方式和行业别统计一致。

数据来源：BvD-Zephyr。

二、单一渠道融资和多渠道融资的选择

在民营样本企业跨国并购的融资渠道方面，单一渠道和多渠道的使用上并没有太大的偏向性，单一渠道的为 95 件并购项目，多渠道的为 75 件并购项目（涉及年份的重复统计，处理方式和报告与前文一致）。

表 4-5-4　2005—2017 年中国民营样本企业海外并购中
单一渠道融资和多渠道融资的汇总表

项目	融资模式	并购项目（件）	并购金额（百万美元）	并购金额涉及的并购项目（件）
单一融资渠道	增资	3	403.20	3
	增资-可转债	0	0.00	0
	增资-卖方配售	7	1047.62	7
	注资	0	0.00	0
	发行可转债	2	190.84	2
	可转债证明	0	0.00	0
	企业风险投资	0	0.00	0
	众筹	0	0.00	0
	杠杆收购	0	0.00	0
	夹层融资	0	0.00	0
	新银行信贷便利	1	44.22	1
	通道融资	0	0.00	0
	配售	0	0.00	0
	私募股权	25	12073.76	19
	私人配售	53	2965.46	49
	公募	0	0.00	0
	新股发行	0	0.00	0
	风险资本	4	135.97	3
	合计	95	16861.07	84

续表

项目	融资模式	并购项目（件）	并购金额（百万美元）	并购金额涉及的并购项目（件）
多融资渠道	增资+注资	51	4013.59	51
	企业风险投资+私募股权	7	3643.00	6
	新银行信贷便利+杠杆收购	2	10886.45	2
	新银行信贷便利+私募股权	2	2895.10	2
	私人配售+可转债证明	2	26.06	2
	私人配售+新股发行	1	138.60	1
	风险资本+企业风险投资	7	87.23	5
	新银行信贷便利+杠杆收购+私募股权	2	2341.63	2
	增资-卖方配售+新银行信贷便利+杠杆收购+私募股权	1	188.46	1
	合计	75	24220.12	72

通过进一步地展开分析，可以发现两种不同选择下有 4 个特点：第一，注资、可转债证明、企业风险投资、杠杆收购和新股发行只出现在多渠道融资方式中，没有作为单一融资方式出现。第二，从整体上而言，多渠道融资模式所涉及的并购投资金额高于单渠道融资模式下的并购金额。第三，从整体上看，单一融资渠道主要集中在私募股权和私人配售，多渠道融资模式就交易数量而言，集中在"增资+注资"模式，而就金额上来说，主要分布在"增资+注资""新银行信贷便利+杠杆收购""新银行信贷便利+私募股权""新银行信贷便利+杠杆收购+私募股权"。第四，从平均单个项目融资金融来看，"新银行信贷便利+杠杆收购"的融资能力最强，平均每个项目的融资金额为 54.43 亿美元，远远高于其他的融资模式。

表 4-5-5　2005—2017 年中国民营样本企业海外并购

投资中单一渠道融资的项目数量分布

（单位：件）

年份		增资	增资-可转债	增资-卖方配售	注资	发行可转债	可转债证明	企业风险投资	众筹	杠杆收购
2005	数量	0	0	0	0	0	0	0	0	0
	比例（%）	0.00	0.00	0.00	0.00	0.00	0.00	0.00	0.00	0.00
	指数	0.00	n.a.	0.00	n.a.	0.00	n.a.	n.a.	n.a.	n.a.
2006	数量	0	0	0	0	0	0	0	0	0
	比例（%）	n.a.	n.a.	n.a.	n.a.	n.a.	n.a.	n.a.	n.a.	n.a.
	指数	0.00	n.a.	0.00	n.a.	0.00	n.a.	n.a.	n.a.	n.a.
2007	数量	0	0	0	0	0	0	0	0	0
	比例（%）	n.a.	n.a.	n.a.	n.a.	n.a.	n.a.	n.a.	n.a.	n.a.
	指数	0.00	n.a.	0.00	n.a.	0.00	n.a.	n.a.	n.a.	n.a.
2008	数量	0	0	1	0	0	0	0	0	0
	比例（%）	0.00	0.00	50.00	0.00	0.00	0.00	0.00	0.00	0.00
	指数	0.00	n.a.	125.00	n.a.	0.00	n.a.	n.a.	n.a.	n.a.
2009	数量	0	0	1	0	0	0	0	0	0
	比例（%）	0.00	0.00	100.00	0.00	0.00	0.00	0.00	0.00	0.00
	指数	0.00	n.a.	125.00	n.a.	0.00	n.a.	n.a.	n.a.	n.a.
2010	数量	0	0	0	0	0	0	0	0	0
	比例（%）	0.00	0.00	0.00	0.00	0.00	0.00	0.00	0.00	0.00
	指数	0.00	n.a.	0.00	n.a.	0.00	n.a.	n.a.	n.a.	n.a.
2011	数量	0	0	2	0	0	0	0	0	0
	比例（%）	0.00	0.00	20.00	0.00	0.00	0.00	0.00	0.00	0.00
	指数	0.00	n.a.	250.00	n.a.	0.00	n.a.	n.a.	n.a.	n.a.
2012	数量	0	0	0	0	0	0	0	0	0
	比例（%）	0.00	0.00	0.00	0.00	0.00	0.00	0.00	0.00	0.00
	指数	0.00	n.a.	0.00	n.a.	0.00	n.a.	n.a.	n.a.	n.a.
2013	数量	0	0	2	0	1	0	0	0	0
	比例（%）	0.00	0.00	28.57	0.00	14.29	0.00	0.00	0.00	0.00
	指数	0.00	n.a.	250.00	n.a.	250.00	n.a.	n.a.	n.a.	n.a.

续表

年份		增资	增资-可转债	增资-卖方配售	注资	发行可转债	可转债证明	企业风险投资	众筹	杠杆收购
2014	数量	0	0	0	0	0	0	0	0	0
	比例（%）	0.00	0.00	0.00	0.00	0.00	0.00	0.00	0.00	0.00
	指数	0.00	n. a.	0.00	n. a.	0.00	n. a.	n. a.	n. a.	n. a.
2015	数量	1	0	0	0	1	0	0	0	0
	比例（%）	5.26	0.00	0.00	0.00	5.26	0.00	0.00	0.00	0.00
	指数	500.00	n. a.	0.00	n. a.	250.00	n. a.	n. a.	n. a.	n. a.
2016	数量	1	0	1	0	0	0	0	0	0
	比例（%）	6.67	0.00	6.67	0.00	0.00	0.00	0.00	0.00	0.00
	指数	500.00	n. a.	125.00	n. a.	0.00	n. a.	n. a.	n. a.	n. a.
2017	数量	1	0	0	0	0	0	0	0	0
	比例（%）	4.00	0.00	0.00	0.00	0.00	0.00	0.00	0.00	0.00
	指数	500.00	n. a.	0.00	n. a.	0.00	n. a.	n. a.	n. a.	n. a.
合计	数量	3	0	7	0	2	0	0	0	0
	比例（%）	3.16	0.00	7.37	0.00	2.11	0.00	0.00	0.00	0.00
2011—2015年均值		0.20	0.00	0.80	0.00	0.40	0.00	0.00	0.00	0.00

年份		夹层融资	新银行信贷便利	通道融资	配售	私募股权	私人配售	公募	新股发行	风险资本	合计
2005	数量	0	0	0	0	1	0	0	0	0	1
	比例（%）	0.00	0.00	0.00	0.00	100.00	0.00	0.00	0.00	0.00	100.00
	指数	n. a.	0.00	n. a.	n. a.	45.45	0.00	n. a.	n. a.	0.00	10.64
2006	数量	0	0	0	0	0	0	0	0	0	0
	比例（%）	n. a.	n. a.	n. a.	n. a.	n. a.	n. a.	n. a.	n. a.	n. a.	n. a.
	指数	n. a.	0.00	n. a.	n. a.	0.00	0.00	n. a.	n. a.	0.00	0.00
2007	数量	0	0	0	0	0	0	0	0	0	0
	比例（%）	n. a.	n. a.	n. a.	n. a.	n. a.	n. a.	n. a.	n. a.	n. a.	n. a.
	指数	n. a.	0.00	n. a.	n. a.	0.00	0.00	n. a.	n. a.	0.00	0.00

续表

年份		夹层融资	新银行信贷便利	通道融资	配售	私募股权	私人配售	公募	新股发行	风险资本	合计
2008	数量	0	0	0	0	1	0	0	0	0	2
	比例（%）	0.00	0.00	0.00	0.00	50.00	0.00	0.00	0.00	0.00	100.00
	指数	n. a.	0.00	n. a.	n. a.	45.45	0.00	n. a.	n. a.	0.00	21.28
2009	数量	0	0	0	0	0	0	0	0	0	1
	比例（%）	0.00	0.00	0.00	0.00	0.00	0.00	0.00	0.00	0.00	100.00
	指数	n. a.	0.00	n. a.	n. a.	0.00	0.00	n. a.	n. a.	0.00	10.64
2010	数量	0	0	0	0	1	3	0	0	0	4
	比例（%）	0.00	0.00	0.00	0.00	25.00	75.00	0.00	0.00	0.00	100.00
	指数	n. a.	0.00	n. a.	n. a.	45.45	60.00	n. a.	n. a.	0.00	42.55
2011	数量	0	0	0	0	4	4	0	0	0	10
	比例（%）	0.00	0.00	0.00	0.00	40.00	40.00	0.00	0.00	0.00	100.00
	指数	n. a.	0.00	n. a.	n. a.	181.82	80.00	n. a.	n. a.	0.00	106.38
2012	数量	0	0	0	0	2	2	0	0	1	5
	比例（%）	0.00	0.00	0.00	0.00	40.00	40.00	0.00	0.00	20.00	100.00
	指数	n. a.	0.00	n. a.	n. a.	90.91	40.00	n. a.	n. a.	166.67	53.19
2013	数量	0	1	0	0	1	2	0	0	0	7
	比例（%）	0.00	14.29	0.00	0.00	14.29	28.57	0.00	0.00	0.00	100.00
	指数	n. a.	500.00	n. a.	n. a.	45.45	40.00	n. a.	n. a.	0.00	74.47
2014	数量	0	0	0	0	1	4	0	0	1	6
	比例（%）	0.00	0.00	0.00	0.00	16.67	66.67	0.00	0.00	16.67	100.00
	指数	n. a.	0.00	n. a.	n. a.	45.45	80.00	n. a.	n. a.	166.67	63.83
2015	数量	0	0	0	0	3	13	0	0	1	19
	比例（%）	0.00	0.00	0.00	0.00	15.79	68.42	0.00	0.00	5.26	100.00
	指数	n. a.	0.00	n. a.	n. a.	136.36	260.00	n. a.	n. a.	166.67	202.13
2016	数量	0	0	0	0	5	8	0	0	0	15
	比例（%）	0.00	0.00	0.00	0.00	33.33	53.33	0.00	0.00	0.00	100.00
	指数	n. a.	0.00	n. a.	n. a.	227.27	160.00	n. a.	n. a.	0.00	159.57

续表

年份		夹层融资	新银行信贷便利	通道融资	配售	私募股权	私人配售	公募	新股发行	风险资本	合计
2017	数量	0	0	0	0	6	17	0	0	1	25
	比例（%）	0.00	0.00	0.00	0.00	24.00	68.00	0.00	0.00	4.00	100.00
	指数	n.a.	0.00	n.a.	n.a.	272.73	340.00	n.a.	n.a.	166.67	265.96
合计	数量	0	1	0	0	25	53	0	0	4	95
	比例（%）	0.00	1.05	0.00	0.00	26.32	55.79	0.00	0.00	4.21	100.00
2011—2015年均值		0.00	0.20	0.00	0.00	2.20	5.00	0.00	0.00	0.60	9.40

表 4-5-6　2005—2017 年中国民营样本企业海外并购投资中单一渠道融资的金额分布

（单位：百万美元）

年份		增资	增资-可转债	增资-卖方配售	注资	发行可转债	可转债证明	企业风险投资	众筹	杠杆收购
2005	金额	0.00	0.00	0.00	0.00	0.00	0.00	0.00	0.00	0.00
	比例（%）	0.00	0.00	0.00	0.00	0.00	0.00	0.00	0.00	0.00
	指数	0.00	n.a.	0.00	n.a.	0.00	n.a.	n.a.	n.a.	n.a.
2006	金额	0.00	0.00	0.00	0.00	0.00	0.00	0.00	0.00	0.00
	比例（%）	n.a.	n.a.	n.a.	n.a.	n.a.	n.a.	n.a.	n.a.	n.a.
	指数	0.00	0.00	0.00	0.00	0.00	0.00	0.00	0.00	0.00
2007	金额	0.00	0.00	0.00	0.00	0.00	0.00	0.00	0.00	0.00
	比例（%）	n.a.	n.a.	n.a.	n.a.	n.a.	n.a.	n.a.	n.a.	n.a.
	指数	0.00	0.00	0.00	0.00	0.00	0.00	0.00	0.00	0.00
2008	金额	0.00	0.00	289.98	0.00	0.00	0.00	0.00	0.00	0.00
	比例（%）	0.00	0.00	100.00	0.00	0.00	0.00	0.00	0.00	0.00
	指数	0.00	n.a.	2294.51	n.a.	0.00	n.a.	n.a.	n.a.	n.a.
2009	金额	0.00	0.00	289.98	0.00	0.00	0.00	0.00	0.00	0.00
	比例（%）	0.00	0.00	100.00	0.00	0.00	0.00	0.00	0.00	0.00
	指数	0.00	n.a.	2294.51	n.a.	0.00	n.a.	n.a.	n.a.	n.a.

续表

年份		增资	增资-可转债	增资-卖方配售	注资	发行可转债	可转债证明	企业风险投资	众筹	杠杆收购
2010	金额	0.00	0.00	0.00	0.00	0.00	0.00	0.00	0.00	0.00
	比例（%）	0.00	0.00	0.00	0.00	0.00	0.00	0.00	0.00	0.00
	指数	0.00	n. a.	0.00	n. a.	0.00	n. a.	n. a.	n. a.	n. a.
2011	金额	0.00	0.00	32.44	0.00	0.00	0.00	0.00	0.00	0.00
	比例（%）	0.00	0.00	0.92	0.00	0.00	0.00	0.00	0.00	0.00
	指数	0.00	n. a.	256.69	n. a.	0.00	n. a.	n. a.	n. a.	n. a.
2012	金额	0.00	0.00	0.00	0.00	0.00	0.00	0.00	0.00	0.00
	比例（%）	0.00	0.00	0.00	0.00	0.00	0.00	0.00	0.00	0.00
	指数	0.00	n. a.	0.00	n. a.	0.00	n. a.	n. a.	n. a.	n. a.
2013	金额	0.00	0.00	30.75	0.00	95.42	0.00	0.00	0.00	0.00
	比例（%）	0.00	0.00	3.92	0.00	12.15	0.00	0.00	0.00	0.00
	指数	0.00		243.31		250.00				
2014	金额	0.00	0.00	0.00	0.00	0.00	0.00	0.00	0.00	0.00
	比例（%）	0.00	0.00	0.00	0.00	0.00	0.00	0.00	0.00	0.00
	指数	0.00	n. a.	0.00	n. a.	0.00	n. a.	n. a.	n. a.	n. a.
2015	金额	200.00	0.00	0.00	0.00	95.42	0.00	0.00	0.00	0.00
	比例（%）	11.17	0.00	0.00	0.00	5.33	0.00	0.00	0.00	0.00
	指数	500.00	n. a.	0.00	n. a.	250.00	n. a.	n. a.	n. a.	n. a.
2016	金额	3.20	0.00	404.47	0.00	0.00	0.00	0.00	0.00	0.00
	比例（%）	0.09	0.00	11.92	0.00	0.00	0.00	0.00	0.00	0.00
	指数	8.00	n. a.	3200.43	n. a.	0.00	n. a.	n. a.	n. a.	n. a.
2017	金额	200.00	0.00	0.00	0.00	0.00	0.00	0.00	0.00	0.00
	比例（%）	5.34	0.00	0.00	0.00	0.00	0.00	0.00	0.00	0.00
	指数	500.00	n. a.	0.00	n. a.	0.00	n. a.	n. a.	n. a.	n. a.
合计	金额	403.20	0.00	1047.62	0.00	190.84	0.00	0.00	0.00	0.00
	比例（%）	2.39	0.00	6.21	0.00	1.13	0.00	0.00	0.00	0.00
2011—2015 年均值		40.00	0.00	12.64	0.00	38.17	0.00	0.00	0.00	0.00

年份		夹层融资	新银行信贷便利	通道融资	配售	私募股权	私人配售	公募	新股发行	风险资本	合计
2005	金额	0.00	0.00	0.00	0.00	26.42	0.00	0.00	0.00	0.00	26.42
	比例（%）	0.00	0.00	0.00	0.00	100.00	0.00	0.00	0.00	0.00	100.00
	指数	n.a.	0.00	n.a.	n.a.	1.98	0.00	n.a.	n.a.	0.00	1.46
2006	金额	0.00	0.00	0.00	0.00	0.00	0.00	0.00	0.00	0.00	0.00
	比例（%）	n.a.	n.a.	n.a.	n.a.	n.a.	n.a.	n.a.	n.a.	n.a.	n.a.
	指数	n.a.	0.00	n.a.	n.a.	0.00	0.00	n.a.	n.a.	0.00	0.00
2007	金额	0.00	0.00	0.00	0.00	0.00	0.00	0.00	0.00	0.00	0.00
	比例（%）	n.a.	n.a.	n.a.	n.a.	n.a.	n.a.	n.a.	n.a.	n.a.	n.a.
	指数	n.a.	0.00	n.a.	n.a.	0.00	0.00	n.a.	n.a.	0.00	0.00
2008	金额	0.00	0.00	0.00	0.00	0.00	0.00	0.00	0.00	0.00	289.98
	比例（%）	0.00	0.00	0.00	0.00	0.00	0.00	0.00	0.00	0.00	100.00
	指数	n.a.	0.00	n.a.	n.a.	0.00	0.00	n.a.	n.a.	0.00	16.07
2009	金额	0.00	0.00	0.00	0.00	0.00	0.00	0.00	0.00	0.00	289.98
	比例（%）	0.00	0.00	0.00	0.00	0.00	0.00	0.00	0.00	0.00	100.00
	指数	n.a.	0.00	n.a.	n.a.	0.00	0.00	n.a.	n.a.	0.00	16.07
2010	金额	0.00	0.00	0.00	0.00	41.06	55.52	0.00	0.00	0.00	96.58
	比例（%）	0.00	0.00	0.00	0.00	42.51	57.49	0.00	0.00	0.00	100.00
	指数	n.a.	0.00	n.a.	n.a.	3.08	16.04	n.a.	n.a.	0.00	5.35
2011	金额	0.00	0.00	0.00	0.00	2565.09	925.09	0.00	0.00	0.00	3522.62
	比例（%）	0.00	0.00	0.00	0.00	72.82	26.26	0.00	0.00	0.00	100.00
	指数	n.a.	0.00	n.a.	n.a.	192.43	267.23	n.a.	n.a.	0.00	195.27
2012	金额	0.00	0.00	0.00	0.00	1667.91	15.37	0.00	0.00	84.00	1767.28
	比例（%）	0.00	0.00	0.00	0.00	94.38	0.87	0.00	0.00	4.75	100.00
	指数	n.a.	0.00	n.a.	n.a.	125.13	4.44	n.a.	n.a.	333.41	97.96
2013	金额	0.00	44.22	0.00	0.00	519.63	95.09	0.00	0.00	0.00	785.11
	比例（%）	0.00	5.63	0.00	0.00	66.19	12.11	0.00	0.00	0.00	100.00
	指数	n.a.	500.00	n.a.	n.a.	38.98	27.47	n.a.	n.a.	0.00	43.52

续表

年份		夹层融资	新银行信贷便利	通道融资	配售	私募股权	私人配售	公募	新股发行	风险资本	合计
2014	金额	0.00	0.00	0.00	0.00	1000.00	155.26	0.00	0.00	0.00	1155.26
	比例（%）	0.00	0.00	0.00	0.00	86.56	13.44	0.00	0.00	0.00	100.00
	指数	n.a.	0.00	n.a.	n.a.	75.02	44.85	n.a.	n.a.	0.00	64.04
2015	金额	0.00	0.00	0.00	0.00	912.32	540.07	0.00	0.00	41.97	1789.78
	比例（%）	0.00	0.00	0.00	0.00	50.97	30.18	0.00	0.00	2.34	100.00
	指数	n.a.	0.00	n.a.	n.a.	68.44	156.01	n.a.	n.a.	166.59	99.21
2016	金额	0.00	0.00	0.00	0.00	2640.06	346.23	0.00	0.00	0.00	3393.96
	比例（%）	0.00	0.00	0.00	0.00	77.79	10.20	0.00	0.00	0.00	100.00
	指数	n.a.	0.00	n.a.	n.a.	198.06	100.02	n.a.	n.a.	0.00	188.13
2017	金额	0.00	0.00	0.00	0.00	2701.27	832.83	0.00	0.00	10.00	3744.10
	比例（%）	0.00	0.00	0.00	0.00	72.15	22.24	0.00	0.00	0.27	100.00
	指数	n.a.	0.00	n.a.	n.a.	202.65	240.58	n.a.	n.a.	39.70	207.54
合计	金额	0.00	44.22	0.00	0.00	12073.76	2965.46	0.00	0.00	135.97	16861.07
	比例（%）	0.00	0.26	0.00	0.00	71.61	17.59	0.00	0.00	0.81	100.00
2011—2015 年均值		0.00	8.84	0.00	0.00	1332.99	346.18	0.00	0.00	25.19	1804.01

表 4-5-7　2005—2017 年中国民营样本企业海外并购
投资中多渠道融资的项目数量分布

（单位：件）

年份		增资＋注资	企业风险投资＋私募股权	新银行信贷便利＋杠杆收购	新银行信贷便利＋私募股权	私人配售＋可转债证明	私人配售＋新股发行	风险资本＋企业风险投资	新银行信贷便利＋杠杆收购＋私募股权	增资-卖方配售＋新银行信贷便利＋杠杆收购＋私募股权	合计
2005	数量	0	0	0	0	0	0	0	0	0	0
	比例（%）	n.a.	n.a.	n.a.	n.a.	n.a.	n.a.	n.a.	n.a.	n.a.	n.a.
	指数	0.00	0.00	0.00	0.00	0.00	0.00	0.00	0.00	0.00	0.00

续表

年份		增资＋注资	企业风险投资＋私募股权	新银行信贷便利＋杠杆收购	新银行信贷便利＋私募股权	私人配售＋可转债证明	私人配售＋新股发行	风险资本＋企业风险投资	新银行信贷便利＋杠杆收购＋私募股权	增资－卖方配售＋新银行信贷便利＋杠杆收购＋私募股权	合计
2006	数量	0	0	0	0	0	0	0	0	0	0
	比例（%）	n. a.	n. a.	n. a.	n. a.	n. a.	n. a.	n. a.	n. a.	n. a.	n. a.
	指数	0.00	0.00	n. a.	0.00	0.00	n. a.	0.00	0.00	0.00	0.00
2007	数量	0	0	0	0	0	0	0	0	0	0
	比例（%）	n. a.	n. a.	n. a.	n. a.	n. a.	n. a.	n. a.	n. a.	n. a.	n. a.
	指数	0.00	0.00	n. a.	0.00	0.00	n. a.	0.00	0.00	0.00	0.00
2008	数量	0	0	0	1	0	0	0	0	0	1
	比例（%）	0.00	0.00	0.00	100.00	0.00	0.00	0.00	0.00	0.00	100.00
	指数	0.00	0.00	n. a.	500.00	0.00	n. a.	0.00	0.00	0.00	17.86
2009	数量	0	0	0	0	0	1	0	0	0	1
	比例（%）	0.00	0.00	0.00	0.00	0.00	100.00	0.00	0.00	0.00	100.00
	指数	0.00	0.00	n. a.	0.00	0.00	n. a.	0.00	0.00	0.00	17.86
2010	数量	1	0	0	0	0	0	1	0	0	2
	比例（%）	50.00	0.00	0.00	0.00	0.00	0.00	50.00	0.00	0.00	100.00
	指数	23.81	0.00	n. a.	0.00	0.00	n. a.	500.00	0.00	0.00	35.71
2011	数量	5	0	0	1	0	0	0	0	0	6
	比例（%）	83.33	0.00	0.00	16.67	0.00	0.00	0.00	0.00	0.00	100.00
	指数	119.05	0.00	n. a.	500.00	0.00	n. a.	0.00	0.00	0.00	107.14
2012	数量	4	0	0	0	1	0	0	0	0	5
	比例（%）	80.00	0.00	0.00	0.00	20.00	0.00	0.00	0.00	0.00	100.00
	指数	95.24	0.00	n. a.	0.00	250.00	n. a.	0.00	0.00	0.00	89.29
2013	数量	4	0	0	0	1	0	0	0	0	5
	比例（%）	80.00	0.00	0.00	0.00	20.00	0.00	0.00	0.00	0.00	100.00
	指数	95.24	0.00	n. a.	0.00	250.00	n. a.	0.00	0.00	0.00	89.29

续表

年份		增资＋注资	企业风险投资＋私募股权	新银行信贷便利＋杠杆收购	新银行信贷便利＋私募股权	私人配售＋可转债证明	私人配售＋新股发行	风险资本＋企业风险投资	新银行信贷便利＋杠杆收购＋私募股权	增资－卖方配售＋新银行信贷便利＋杠杆收购＋私募股权	合计
2014	数量	3	0	0	0	0	0	0	1	0	4
	比例（％）	75.00	0.00	0.00	0.00	0.00	0.00	0.00	25.00	0.00	100.00
	指数	71.43	0.00	n.a.	0.00	0.00	n.a.	0.00	500.00	0.00	71.43
2015	数量	5	2	0	0	0	0	1	0	0	8
	比例（％）	62.50	25.00	0.00	0.00	0.00	0.00	12.50	0.00	0.00	100.00
	指数	119.05	500.00	n.a.	0.00	0.00	n.a.	500.00	0.00	0.00	142.86
2016	数量	16	4	1	0	0	0	0	0	0	21
	比例（％）	76.19	19.05	4.76	0.00	0.00	0.00	0.00	0.00	0.00	100.00
	指数	380.95	1000.00	n.a.	0.00	0.00	n.a.	0.00	0.00	0.00	375.00
2017	数量	13	1	1	0	0	0	5	1	1	22
	比例（％）	59.09	4.55	4.55	0.00	0.00	0.00	22.73	4.55	4.55	100.00
	指数	309.52	250.00	n.a.	0.00	0.00	0.00	2500.00	500.00	n.a.	392.86
合计	数量	51	7	2	2	2	1	7	2	1	75
	比例（％）	68.00	9.33	2.67	2.67	2.67	1.33	9.33	2.67	1.33	100.00
2011—2015 年均值		4.20	0.40	0.00	0.20	0.40	0.00	0.20	0.20	0.00	5.60

表 4-5-8　2005—2017 年中国民营样本企业海外并购投资中多渠道融资的金额分布

（单位：百万美元）

年份		增资＋注资	企业风险投资＋私募股权	新银行信贷便利＋杠杆收购	新银行信贷便利＋私募股权	私人配售＋可转债证明	私人配售＋新股发行	风险资本＋企业风险投资	新银行信贷便利＋杠杆收购＋私募股权	增资－卖方配售＋新银行信贷便利＋杠杆收购＋私募股权	合计
2005	金额	0.00	0.00	0.00	0.00	0.00	0.00	0.00	0.00	0.00	0.00
	比例（％）	n.a.	n.a.	n.a.	n.a.	n.a.	n.a.	n.a.	n.a.	n.a.	n.a.
	指数	0.00	0.00	0.00	0.00	0.00	0.00	0.00	0.00	0.00	0.00

年份		增资＋注资	企业风险投资＋私募股权	新银行信贷便利＋杠杆收购	新银行信贷便利＋私募股权	私人配售＋可转债证明	私人配售＋新股发行	风险资本＋企业风险投资	新银行信贷便利＋杠杆收购＋私募股权	增资－卖方配售＋新银行信贷便利＋杠杆收购＋私募股权	合计
2006	金额	0.00	0.00	0.00	0.00	0.00	0.00	0.00	0.00	0.00	0.00
	比例（%）	n.a.	n.a.	n.a.	n.a.	n.a.	n.a.	n.a.	n.a.	n.a.	n.a.
	指数	0.00	0.00	n.a.	0.00	0.00	n.a.	0.00	0.00	0.00	0.00
2007	金额	0.00	0.00	0.00	0.00	0.00	0.00	0.00	0.00	0.00	0.00
	比例（%）	n.a.	n.a.	n.a.	n.a.	n.a.	n.a.	n.a.	n.a.	n.a.	n.a.
	指数	0.00	0.00	n.a.	0.00	0.00	n.a.	0.00	0.00	0.00	0.00
2008	金额	0.00	0.00	0.00	395.10	0.00	0.00	0.00	0.00	0.00	395.10
	比例（%）	0.00	0.00	0.00	100.00	0.00	0.00	0.00	0.00	n.a.	100.00
	指数	0.00	0.00	n.a.	79.02	0.00	n.a.	0.00	0.00	0.00	36.02
2009	金额	0.00	0.00	0.00	0.00	0.00	138.60	0.00	0.00	0.00	138.60
	比例（%）	0.00	0.00	0.00	0.00	0.00	100.00	0.00	0.00	n.a.	100.00
	指数	0.00	0.00	n.a.	0.00	0.00	n.a.	0.00	0.00	0.00	12.64
2010	金额	21.00	0.00	0.00	0.00	0.00	0.00	0.00	0.00	0.00	21.00
	比例（%）	100.00	0.00	0.00	0.00	0.00	0.00	0.00	0.00	n.a.	100.00
	指数	19.18	0.00	n.a.	0.00	0.00	n.a.	0.00	0.00	0.00	1.91
2011	金额	64.08	0.00	0.00	2500.00	0.00	0.00	0.00	0.00	0.00	2564.08
	比例（%）	2.50	0.00	0.00	97.50	0.00	0.00	0.00	0.00	n.a.	100.00
	指数	58.52	0.00	n.a.	500.00	0.00	n.a.	0.00	0.00	0.00	233.79
2012	金额	66.73	0.00	0.00	13.03	0.00	16.34	0.00	0.00	0.00	79.76
	比例（%）	83.66	0.00	0.00	0.00	16.34	0.00	0.00	0.00	n.a.	100.00
	指数	60.94	0.00	n.a.	0.00	250.00	n.a.	0.00	0.00	0.00	7.27
2013	金额	97.50	0.00	0.00	0.00	13.03	0.00	0.00	0.00	0.00	110.53
	比例（%）	88.21	0.00	0.00	0.00	11.79	0.00	0.00	0.00	n.a.	100.00
	指数	89.04	0.00	n.a.	0.00	250.00	n.a.	0.00	0.00	0.00	10.08

续表

年份		增资+注资	企业风险投资+私募股权	新银行信贷便利+杠杆收购	新银行信贷便利+私募股权	私人配售+可转债证明	私人配售+新股发行	风险资本+企业风险投资	新银行信贷便利+杠杆收购+私募股权	增资-卖方配售+新银行信贷便利+杠杆收购+私募股权	合计
2014	金额	115.00	0.00	0.00	0.00	0.00	0.00	0.00	1541.63	0.00	1656.63
	比例（%）	6.94	0.00	0.00	0.00	0.00	0.00	0.00	93.06	n.a.	100.00
	指数	105.02	0.00	n.a.	0.00	0.00	n.a.	0.00	500.00	0.00	151.05
2015	金额	204.22	863.00	0.00	0.00	0.00	0.00	5.50	0.00	0.00	1072.72
	比例（%）	19.04	80.45	0.00	0.00	0.00	0.00	0.51	0.00	n.a.	100.00
	指数	186.49	500.00	n.a.	0.00	0.00	n.a.	500.00	0.00	0.00	97.81
2016	金额	2525.35	2500.00	1510.07	0.00	0.00	0.00	0.00	0.00	0.00	6535.42
	比例（%）	38.64	38.25	23.11	0.00	0.00	0.00	0.00	0.00	0.00	100.00
	指数	2306.13	1448.44	n.a.	0.00	0.00	0.00	0.00	0.00	0.00	595.89
2017	金额	919.71	280.00	9376.38	0.00	0.00	0.00	81.73	800.00	188.46	11646.28
	比例（%）	5.98	1.82	60.92	0.00	0.00	0.00	0.53	5.20	1.22	100.00
	指数	839.84	162.22	n.a.	0.00	0.00	n.a.	7430.00	259.46	n.a.	1061.90
合计	金额	4013.59	3643.00	10886.45	2895.10	26.06	138.60	87.23	2341.63	188.46	24220.12
	比例（%）	16.57	15.04	44.95	11.95	0.11	0.57	0.36	9.67	0.78	100.00
2011—2015 均值		109.51	172.60	0.00	500.00	5.21	0.00	1.10	308.33	0.00	1096.74

三、民营企业海外并购投资支付方式的总体情况

本报告采用 BvD-Zephyr 数据库的分类方式，把海外并购投资的支付方式分为 9 类，分别为：现金（cash）、现金承担（cash assumed）、可转债（converted debt）、债务承担（debt assumed）、延期支付（deferred payment）、支付计划（earn-out）、银行授信（loan notes）、股份（shares）和其他（other）。依照这个标准，本小节统计了 BvD-Zephyr 数据库中有明确支付方式的中国民营企业 500 强的海外并购项目，共 224 件。①

---

① 此处指 BvD-Zephyr 数据库中有明确支付方式的民企 500 强的海外并购项目数量共计 224 件，由于每笔交易可选择使用单一支付方式或多支付方式，故与包含重复统计的表 4-5-9 中结果不一致。

表 4-5-9　2005—2017 年中国民营样本企业海外并购投资的支付方式汇总表

支付方式	并购项目（件）	并购金额（百万美元）	并购金额涉及的并购项目（件）
现金	202	33707.28	192
现金承担	0	0.00	0
可转债	1	25.00	1
债务承担	22	11889.03	21
延期支付	9	1765.85	8
支付计划	0	0.00	0
银行授信	1	1800.00	1
股份	8	1236.08	8
其他	5	243.62	4
合计	248	50666.86	235

注：存在重复统计的情况，处理方式和行业别统计一致。

如表 4-5-9 所示，中国民营样本企业海外并购投资的支付方式特征显著，具体如下：第一，从整体上看，涉及的支付方式有现金、可转债、债务承担、延期支付、银行授信、股份和其他方式，现金承担和支付计划两种方式没有出现。第二，支付方式以现金为主，涉及现金支付的交易项目占比达到 90% 以上。第三，有银行授信涉及的并购项目的金额远远大于其他方式的平均值。

表 4-5-10　2005—2017 年中国民营样本企业海外并购投资支付方式的项目数量分布

（单位：件）

年份		现金	现金承担	可转债	债务承担	延期支付	支付计划	银行授信	股份	其他	合计
2005	数量	2	0	0	0	0	0	0	0	0	2
	比例（%）	100.00	0.00	0.00	0.00	0.00	0.00	0.00	0.00	0.00	100.00
	指数	13.51	n. a.	n. a.	0.00	0.00	n. a.	n. a.	0.00	0.00	10.99
2006	数量	1	0	0	1	0	0	0	0	0	2
	比例（%）	50.00	0.00	0.00	50.00	0.00	0.00	0.00	0.00	0.00	100.00
	指数	6.76	n. a.	n. a.	71.43	0.00	0.00	n. a.	0.00	0.00	10.99

续表

年份		现金	现金承担	可转债	债务承担	延期支付	支付计划	银行授信	股份	其他	合计
2007	数量	1	0	0	0	0	0	0	0	0	1
	比例（%）	100.00	0.00	0.00	0.00	0.00	0.00	0.00	0.00	0.00	100.00
	指数	6.76	n. a.	n. a.	0.00	0.00	n. a.	n. a.	0.00	0.00	5.49
2008	数量	3	0	0	0	0	0	0	1	0	4
	比例（%）	75.00	0.00	0.00	0.00	0.00	0.00	0.00	25.00	0.00	100.00
	指数	20.27	n. a.	n. a.	0.00	0.00	n. a.	n. a.	125.00	0.00	21.98
2009	数量	4	0	0	1	0	0	0	1	0	6
	比例（%）	66.67	0.00	0.00	16.67	0.00	0.00	0.00	16.67	0.00	100.00
	指数	27.03	n. a.	n. a.	71.43	0.00	n. a.	n. a.	125.00	0.00	32.97
2010	数量	9	0	0	0	0	0	1	0	0	10
	比例（%）	90.00	0.00	0.00	0.00	0.00	0.00	10.00	0.00	0.00	100.00
	指数	60.81	n. a.	n. a.	0.00	0.00	n. a.	n. a.	0.00	0.00	54.95
2011	数量	12	0	0	2	0	0	0	2	1	17
	比例（%）	70.59	0.00	0.00	11.76	0.00	0.00	0.00	11.76	5.88	100.00
	指数	81.08	n. a.	n. a.	142.86	0.00	n. a.	n. a.	250.00	500.00	93.41
2012	数量	10	0	0	2	1	0	0	0	0	13
	比例（%）	76.92	0.00	0.00	15.38	7.69	0.00	0.00	0.00	0.00	100.00
	指数	67.57	n. a.	n. a.	142.86	100.00	n. a.	n. a.	0.00	0.00	71.43
2013	数量	10	0	0	0	1	0	0	2	0	13
	比例（%）	76.92	0.00	0.00	0.00	7.69	0.00	0.00	15.38	0.00	100.00
	指数	67.57	n. a.	n. a.	0.00	100.00	n. a.	n. a.	250.00	0.00	71.43
2014	数量	11	0	0	1	1	0	0	0	0	13
	比例（%）	84.62	0.00	0.00	7.69	7.69	0.00	0.00	0.00	0.00	100.00
	指数	74.32	n. a.	n. a.	71.43	100.00	n. a.	n. a.	0.00	0.00	71.43
2015	数量	31	0	0	2	2	0	0	0	0	35
	比例（%）	88.57	0.00	0.00	5.71	5.71	0.00	0.00	0.00	0.00	100.00
	指数	209.46	n. a.	n. a.	142.86	200.00	n. a.	n. a.	0.00	0.00	192.31

续表

年份		现金	现金承担	可转债	债务承担	延期支付	支付计划	银行授信	股份	其他	合计
2016	数量	53	0	1	9	3	0	0	1	2	69
	比例（%）	76.81	0.00	1.45	13.04	4.35	0.00	0.00	1.45	2.90	100.00
	指数	358.11	n.a.	n.a.	642.86	300.00	n.a.	n.a.	125.00	1000.00	379.12
2017	数量	55	0	0	4	1	0	0	1	2	63
	比例（%）	87.30	0.00	0.00	6.35	1.59	0.00	0.00	1.59	3.17	100.00
	指数	371.62	n.a.	n.a.	285.71	100.00	n.a.	n.a.	125.00	1000.00	346.15
合计	数量	202	0	1	22	9	0	1	8	5	248
	比例（%）	81.45	0.00	0.40	8.87	3.63	0.00	0.40	3.23	2.02	100.00
2011—2015年均值		14.80	0.00	0.00	1.40	1.00	0.00	0.00	0.80	0.20	18.20

表4-5-11 2005—2017年中国民营样本企业海外并购投资支付方式的金额分布

（单位：百万美元）

年份		现金	现金承担	可转债	债务承担	延期支付	支付计划	银行授信	股份	其他	合计
2005	金额	66.28	0.00	0.00	0.00	0.00	0.00	0.00	0.00	0.00	66.28
	比例（%）	100.00	0.00	0.00	0.00	0.00	0.00	0.00	0.00	0.00	100.00
	指数	5.41	n.a.	n.a.	0.00	0.00	n.a.	n.a.	0.00	0.00	2.24
2006	金额	46.00	0.00	0.00	46.00	0.00	0.00	0.00	0.00	0.00	92.00
	比例（%）	50.00	0.00	0.00	50.00	0.00	0.00	0.00	0.00	0.00	100.00
	指数	3.76	n.a.	n.a.	3.22	0.00	n.a.	n.a.	0.00	0.00	3.11
2007	金额	121.00	0.00	0.00	0.00	0.00	0.00	0.00	0.00	0.00	121.00
	比例（%）	100.00	0.00	0.00	0.00	0.00	0.00	0.00	0.00	0.00	100.00
	指数	9.88	n.a.	n.a.	0.00	0.00	n.a.	n.a.	0.00	0.00	4.09
2008	金额	525.06	0.00	0.00	0.00	0.00	0.00	0.00	289.98	0.00	815.04
	比例（%）	64.42	0.00	0.00	0.00	0.00	0.00	0.00	35.58	0.00	100.00
	指数	42.89	n.a.	n.a.	0.00	0.00	n.a.	n.a.	2294.51	0.00	27.52
2009	金额	316.83	0.00	0.00	46.00	0.00	0.00	0.00	289.98	0.00	652.81
	比例（%）	48.53	0.00	0.00	7.05	0.00	0.00	0.00	44.42	0.00	100.00
	指数	25.88	n.a.	n.a.	3.22	0.00	n.a.	n.a.	2294.51	0.00	22.04

续表

年份		现金	现金承担	可转债	债务承担	延期支付	支付计划	银行授信	股份	其他	合计
2010	金额	1930.03	0.00	0.00	0.00	0.00	0.00	1800.00	0.00	0.00	3730.03
	比例（%）	51.74	0.00	0.00	0.00	0.00	0.00	48.26	0.00	0.00	100.00
	指数	157.66	n.a.	n.a.	0.00	0.00	n.a.	n.a.	0.00	0.00	125.93
2011	金额	1061.70	0.00	0.00	3156.42	0.00	0.00	0.00	32.44	10.00	4260.56
	比例（%）	24.92	0.00	0.00	74.08	0.00	0.00	0.00	0.76	0.23	100.00
	指数	86.73	n.a.	n.a.	220.85	0.00	n.a.	n.a.	256.69	500.00	143.84
2012	金额	627.87	0.00	0.00	3256.42	13.03	0.00	0.00	0.00	0.00	3897.32
	比例（%）	16.11	0.00	0.00	83.56	0.33	0.00	0.00	0.00	0.00	100.00
	指数	51.29	n.a.	n.a.	227.84	4.43	n.a.	n.a.	0.00	0.00	131.58
2013	金额	380.01	0.00	0.00	0.00	13.03	0.00	0.00	30.75	0.00	423.79
	比例（%）	89.67	0.00	0.00	0.00	3.07	0.00	0.00	7.26	0.00	100.00
	指数	31.04	n.a.	n.a.	0.00	4.43	n.a.	n.a.	243.31	0.00	14.31
2014	金额	621.89	0.00	0.00	0.00	238.56	0.00	0.00	0.00	0.00	860.45
	比例（%）	72.27	0.00	0.00	0.00	27.73	0.00	0.00	0.00	0.00	100.00
	指数	50.80	n.a.	n.a.	0.00	81.15	n.a.	n.a.	0.00	0.00	29.05
2015	金额	3429.45	0.00	0.00	733.38	1205.24	0.00	0.00	0.00	0.00	5368.07
	比例（%）	63.89	0.00	0.00	13.66	22.45	0.00	0.00	0.00	0.00	100.00
	指数	280.14	n.a.	n.a.	51.31	409.98	n.a.	n.a.	0.00	0.00	181.23
2016	金额	12359.66	0.00	25.00	2618.17	295.99	0.00	0.00	404.47	3.16	15706.45
	比例（%）	78.69	0.00	0.16	16.67	1.88	0.00	0.00	2.58	0.02	100.00
	指数	1009.62	n.a.	n.a.	183.19	100.69	n.a.	n.a.	3200.43	158.00	530.26
2017	金额	12221.50	0.00	0.00	2032.64	0.00	0.00	0.00	188.46	230.46	14673.06
	比例（%）	83.29	0.00	0.00	13.85	0.00	0.00	0.00	1.28	1.57	100.00
	指数	998.34	n.a.	n.a.	142.22	0.00	n.a.	n.a.	1490.98	11523.00	495.37
合计	金额	33707.28	0.00	25.00	11889.03	1765.85	0.00	1800.00	1236.08	243.62	50666.86
	比例（%）	66.53	0.00	0.05	23.47	3.49	0.00	3.55	2.44	0.48	100.00
2011—2015年均值		1224.18	0.00	0.00	1429.24	293.97	0.00	0.00	12.64	2.00	2962.04

四、单一支付方式和多支付方式的选择

在民营样本企业跨国并购的支付方式方面，单一支付方式和多支付方式的使用上偏向显著，单一支付方式的为 201 件并购项目，多支付方式的为 23 件并购项目（涉及年份的重复统计，处理方式和报告与前文一致）。

表 4-5-12 2005—2017 年中国民营样本企业海外并购中
单一支付方式和多支付方式的汇总表

项目	支付方式	并购项目（件）	并购金额（百万美元）	并购金额涉及的并购项目（件）
单一支付方式	现金	179	28245.03	170
	现金承担	0	0.00	0
	可转债	1	25.00	1
	债务承担	12	9726.56	11
	延期支付	2	576.46	1
	支付计划	0	0.00	0
	银行授信	0	0.00	0
	股份	6	643.15	6
	其他	1	121.69	1
	合计	201	39337.89	190
多支付方式	现金+债务承担	9	1758.00	9
	现金+延期支付	7	1189.39	7
	现金+其他	4	121.93	3
	现金+银行授信	1	1800.00	1
	现金+股份	1	188.46	1
	现金+股份+债务承担	1	404.47	1
	合计	23	5462.25	22

通过进一步地展开分析，可以发现两种不同选择下有 3 个特点：第一，单一支付方式中现金支付是最主要的方式，占比接近 90%。第二，多支付

方式中都包含现金支付这一方式。第三，就支付方式涉及的金额而言，
"现金+银行授信"这一方式具有最强的支付能力。

表 4-5-13　2005—2017 年中国民营样本企业海外并购
投资中单一支付方式的项目数量分布

（单位：件）

年份		现金	现金承担	可转债	债务承担	延期支付	支付计划	银行授信	股份	其他	合计
2005	数量	2	0	0	0	0	0	0	0	0	2
	比例（%）	100.00	0.00	0.00	0.00	0.00	0.00	0.00	0.00	0.00	100.00
	指数	14.71	n.a.	n.a.	0.00	0.00	n.a.	n.a.	0.00	n.a.	12.66
2006	数量	0	0	0	0	0	0	0	0	0	0
	比例（%）	n.a.	n.a.	n.a.	n.a.	n.a.	n.a.	n.a.	n.a.	n.a.	n.a.
	指数	0.00	n.a.	n.a.	0.00	0.00	n.a.	n.a.	0.00	n.a.	0.00
2007	数量	1	0	0	0	0	0	0	0	0	1
	比例（%）	100.00	0.00	0.00	0.00	0.00	0.00	0.00	0.00	0.00	100.00
	指数	7.35	n.a.	n.a.	0.00	0.00	n.a.	n.a.	0.00	n.a.	6.33
2008	数量	3	0	0	0	0	0	0	1	0	4
	比例（%）	75.00	0.00	0.00	0.00	0.00	0.00	0.00	25.00	0.00	100.00
	指数	22.06	n.a.	n.a.	0.00	0.00	n.a.	n.a.	125.00	n.a.	25.32
2009	数量	3	0	0	0	0	0	0	1	0	4
	比例（%）	75.00	0.00	0.00	0.00	0.00	0.00	0.00	25.00	0.00	100.00
	指数	22.06	n.a.	n.a.	0.00	0.00	n.a.	n.a.	125.00	n.a.	25.32
2010	数量	8	0	0	0	0	0	0	0	0	8
	比例（%）	100.00	0.00	0.00	0.00	0.00	0.00	0.00	0.00	0.00	100.00
	指数	58.82	n.a.	n.a.	0.00	0.00	n.a.	n.a.	0.00	n.a.	50.63
2011	数量	11	0	0	2	0	0	0	2	0	15
	比例（%）	73.33	0.00	0.00	13.33	0.00	0.00	0.00	13.33	0.00	100.00
	指数	80.88	n.a.	n.a.	166.67	0.00	n.a.	n.a.	250.00	n.a.	94.94
2012	数量	9	0	0	2	0	0	0	0	0	11
	比例（%）	81.82	0.00	0.00	18.18	0.00	0.00	0.00	0.00	0.00	100.00
	指数	66.18	n.a.	n.a.	166.67	0.00	n.a.	n.a.	0.00	n.a.	69.62

续表

年份		现金	现金承担	可转债	债务承担	延期支付	支付计划	银行授信	股份	其他	合计
2013	数量	9	0	0	0	0	0	0	2	0	11
	比例（%）	81.82	0.00	0.00	0.00	0.00	0.00	0.00	18.18	0.00	100.00
	指数	66.18	n.a.	n.a.	0.00	0.00	n.a.	n.a.	250.00	n.a.	69.62
2014	数量	10	0	0	1	0	0	0	0	0	11
	比例（%）	90.91	0.00	0.00	9.09	0.00	0.00	0.00	0.00	0.00	100.00
	指数	73.53	n.a.	n.a.	83.33	0.00	n.a.	n.a.	0.00	n.a.	69.62
2015	数量	29	0	0	1	1	0	0	0	0	31
	比例（%）	93.55	0.00	0.00	3.23	3.23	0.00	0.00	0.00	0.00	100.00
	指数	213.24	n.a.	n.a.	83.33	500.00	n.a.	n.a.	0.00	n.a.	196.20
2016	数量	43	0	1	4	0	0	0	0	0	48
	比例（%）	89.58	0.00	2.08	8.33	0.00	0.00	0.00	0.00	0.00	100.00
	指数	316.18	n.a.	n.a.	333.33	0.00	n.a.	n.a.	0.00	n.a.	303.80
2017	数量	51	0	0	2	1	0	0	0	1	55
	比例（%）	92.73	0.00	0.00	3.64	1.82	0.00	0.00	0.00	1.82	100.00
	指数	375.00	n.a.	n.a.	166.67	500.00	n.a.	n.a.	0.00	n.a.	348.10
合计	数量	179	0	1	12	2	0	0	6	1	201
	比例（%）	89.05	0.00	0.50	5.97	1.00	0.00	0.00	2.99	0.50	100.00
2011—2015年均值		13.60	0.00	0.00	1.20	0.20	0.00	0.00	0.80	0.00	15.80

表4-5-14　2005—2017年中国民营样本企业海外并购投资中单一支付方式的金额分布

（单位：百万美元）

年份		现金	现金承担	可转债	债务承担	延期支付	支付计划	银行授信	股份	其他	合计
2005	金额	66.28	0.00	0.00	0.00	0.00	0.00	0.00	0.00	0.00	66.28
	比例（%）	100.00	0.00	0.00	0.00	0.00	0.00	0.00	0.00	0.00	100.00
	指数	6.45	n.a.	n.a.	0.00	0.00	n.a.	n.a.	0.00	n.a.	2.58
2006	金额	0.00	0.00	0.00	0.00	0.00	0.00	0.00	0.00	0.00	0.00
	比例（%）	n.a.	n.a.	n.a.	n.a.	n.a.	n.a.	n.a.	n.a.	n.a.	n.a.
	指数	0.00	n.a.	n.a.	0.00	0.00	n.a.	n.a.	0.00	n.a.	0.00

续表

年份		现金	现金承担	可转债	债务承担	延期支付	支付计划	银行授信	股份	其他	合计
2007	金额	121.00	0.00	0.00	0.00	0.00	0.00	0.00	0.00	0.00	121.00
	比例（%）	100.00	0.00	0.00	0.00	0.00	0.00	0.00	0.00	0.00	100.00
	指数	11.78	n. a.	n. a.	0.00	0.00	n. a.	n. a.	0.00	n. a.	4.71
2008	金额	525.06	0.00	0.00	0.00	0.00	0.00	0.00	289.98	0.00	815.04
	比例（%）	64.42	0.00	0.00	0.00	0.00	0.00	0.00	35.58	0.00	100.00
	指数	51.13	n. a.	n. a.	0.00	0.00	n. a.	n. a.	2294.51	n. a.	31.75
2009	金额	270.83	0.00	0.00	0.00	0.00	0.00	0.00	289.98	0.00	560.81
	比例（%）	48.29	0.00	0.00	0.00	0.00	0.00	0.00	51.71	0.00	100.00
	指数	26.38	n. a.	n. a.	0.00	0.00	n. a.	n. a.	2294.51	n. a.	21.84
2010	金额	130.03	0.00	0.00	0.00	0.00	0.00	0.00	0.00	0.00	130.03
	比例（%）	100.00	0.00	0.00	0.00	0.00	0.00	0.00	0.00	0.00	100.00
	指数	12.66	n. a.	n. a.	0.00	0.00	n. a.	n. a.	0.00	n. a.	5.06
2011	金额	1051.70	0.00	0.00	3156.42	0.00	0.00	0.00	32.44	0.00	4240.56
	比例（%）	24.80	0.00	0.00	74.43	0.00	0.00	0.00	0.76	0.00	100.00
	指数	102.42	n. a.	n. a.	223.45	0.00	n. a.	n. a.	256.69	n. a.	165.17
2012	金额	614.84	0.00	0.00	3256.42	0.00	0.00	0.00	0.00	0.00	3871.26
	比例（%）	15.88	0.00	0.00	84.12	0.00	0.00	0.00	0.00	0.00	100.00
	指数	59.88	n. a.	n. a.	230.53	0.00	n. a.	n. a.	0.00	n. a.	150.79
2013	金额	366.98	0.00	0.00	0.00	0.00	0.00	0.00	30.75	0.00	397.73
	比例（%）	92.27	0.00	0.00	0.00	0.00	0.00	0.00	7.73	0.00	100.00
	指数	35.74	n. a.	n. a.	0.00	0.00	n. a.	n. a.	243.31	n. a.	15.49
2014	金额	383.33	0.00	0.00	0.00	0.00	0.00	0.00	0.00	0.00	383.33
	比例（%）	100.00	0.00	0.00	0.00	0.00	0.00	0.00	0.00	0.00	100.00
	指数	37.33	n. a.	n. a.	0.00	0.00	n. a.	n. a.	0.00	n. a.	14.93
2015	金额	2717.29	0.00	0.00	650.00	576.46	0.00	0.00	0.00	0.00	3943.75
	比例（%）	68.90	0.00	0.00	16.48	14.62	0.00	0.00	0.00	0.00	100.00
	指数	264.63	n. a.	n. a.	46.02	500.00	n. a.	n. a.	0.00	n. a.	153.61

续表

年份		现金	现金承担	可转债	债务承担	延期支付	支付计划	银行授信	股份	其他	合计
2016	金额	10968.45	0.00	25.00	1526.11	0.00	0.00	0.00	0.00	0.00	12519.56
	比例（%）	87.61	0.00	0.20	12.19	0.00	0.00	0.00	0.00	0.00	100.00
	指数	1068.19	n.a.	n.a.	108.04	0.00	n.a.	n.a.	0.00	n.a.	487.65
2017	金额	11029.24	0.00	0.00	1137.61	0.00	0.00	0.00	0.00	121.69	12288.54
	比例（%）	89.75	0.00	0.00	9.26	0.00	0.00	0.00	0.00	0.99	100.00
	指数	1074.11	n.a.	n.a.	80.53	0.00	n.a.	n.a.	0.00	n.a.	478.65
合计	金额	28245.03	0.00	25.00	9726.56	576.46	0.00	0.00	643.15	121.69	39337.89
	比例（%）	71.80	0.00	0.06	24.73	1.47	0.00	0.00	1.63	0.31	100.00
2011—2015年均值		1026.83	0.00	0.00	1412.57	115.29	0.00	0.00	12.64	0.00	2567.33

表 4-5-15　2005—2017 年中国民营样本企业海外并购
投资中多支付方式的项目数量分布

（单位：件）

年份		现金+债务承担	现金+延期支付	现金+其他	现金+银行授信	现金+股份	现金+股份+债务承担	合计
2005	数量	0	0	0	0	0	0	0
	比例（%）	n.a.	n.a.	n.a.	n.a.	n.a.	n.a.	n.a.
	指数	0.00	0.00	0.00	n.a.	n.a.	n.a.	0.00
2006	数量	1	0	0	0	0	0	1
	比例（%）	100.00	0.00	0.00	0.00	0.00	0.00	100.00
	指数	500.00	0.00	0.00	n.a.	n.a.	n.a.	83.33
2007	数量	0	0	0	0	0	0	0
	比例（%）	n.a.	n.a.	n.a.	n.a.	n.a.	n.a.	n.a.
	指数	0.00	0.00	0.00	n.a.	n.a.	n.a.	0.00
2008	数量	0	0	0	0	0	0	0
	比例（%）	n.a.	n.a.	n.a.	n.a.	n.a.	n.a.	n.a.
	指数	0.00	0.00	0.00	n.a.	n.a.	n.a.	0.00

年份		现金+债务承担	现金+延期支付	现金+其他	现金+银行授信	现金+股份	现金+股份+债务承担	合计
2009	数量	1	0	0	0	0	0	1.00
	比例（%）	100.00	0.00	0.00	0.00	0.00	0.00	100.00
	指数	500.00	0.00	0.00	n. a.	n. a.	n. a.	83.33
2010	数量	0	0	0	1	0	0	1
	比例（%）	0.00	0.00	0.00	100.00	0.00	0.00	100.00
	指数	0.00	0.00	0.00	n. a.	n. a.	n. a.	83.33
2011	数量	0	0	1	0	0	0	1
	比例（%）	0.00	0.00	100.00	0.00	0.00	0.00	100.00
	指数	0.00	0.00	500.00	n. a.	n. a.	n. a.	83.33
2012	数量	0	1	0	0	0	0	1
	比例（%）	0.00	100.00	0.00	0.00	0.00	0.00	100.00
	指数	0.00	125.00	0.00	n. a.	n. a.	n. a.	83.33
2013	数量	0	1	0	0	0	0	1
	比例（%）	0.00	100.00	0.00	0.00	0.00	0.00	100.00
	指数	0.00	125.00	0.00	n. a.	n. a.	n. a.	83.33
2014	数量	0	1	0	0	0	0	1
	比例（%）	0.00	100.00	0.00	0.00	0.00	0.00	100.00
	指数	0.00	125.00	0.00	n. a.	n. a.	n. a.	83.33
2015	数量	1	1	0	0	0	0	2
	比例（%）	50.00	50.00	0.00	0.00	0.00	0.00	100.00
	指数	500.00	125.00	0.00	n. a.	n. a.	n. a.	166.67
2016	数量	4	3	2	0	0	1	10
	比例（%）	40.00	30.00	20.00	0.00	0.00	10.00	100.00
	指数	2000.00	375.00	1000.00	n. a.	n. a.	n. a.	833.33
2017	数量	2	0	1	0	1	0	4
	比例（%）	50.00	0.00	25.00	0.00	25.00	0.00	100.00
	指数	1000.00	0.00	500.00	n. a.	n. a.	n. a.	333.33

年份		现金+债务承担	现金+延期支付	现金+其他	现金+银行授信	现金+股份	现金+股份+债务承担	合计
合计	数量	9	7	4	1	1	1	23
	比例（%）	39.13	30.43	17.39	4.35	4.35	4.35	100.00
2011—2015年均值		0.20	0.80	0.20	0.00	0.00	0.00	1.20

表 4-5-16　2005—2017 年中国民营样本企业海外
并购投资中多支付方式的金额分布

（单位：百万美元）

年份		现金+债务承担	现金+延期支付	现金+其他	现金+银行授信	现金+股份	现金+股份+债务承担	合计
2005	金额	0.00	0.00	0.00	0.00	0.00	0.00	0.00
	比例（%）	n.a.	n.a.	n.a.	n.a.	n.a.	n.a.	n.a.
	指数	0.00	0.00	0.00	0.00	0.00	0.00	0.00
2006	金额	46.00	0.00	0.00	0.00	0.00	0.00	46.00
	比例（%）	100.00	0.00	0.00	0.00	0.00	0.00	100.00
	指数	275.85	0.00	0.00	n.a.	n.a.	n.a.	23.31
2007	金额	0.00	0.00	0.00	0.00	0.00	0.00	0.00
	比例（%）	n.a.	n.a.	n.a.	n.a.	n.a.	n.a.	n.a.
	指数	0.00	0.00	0.00	0.00	0.00	0.00	0.00
2008	金额	0.00	0.00	0.00	0.00	0.00	0.00	0.00
	比例（%）	n.a.	n.a.	n.a.	n.a.	n.a.	n.a.	n.a.
	指数	0.00	0.00	0.00	0.00	0.00	0.00	0.00
2009	金额	46.00	0.00	0.00	0.00	0.00	0.00	46.00
	比例（%）	100.00	0.00	0.00	0.00	0.00	0.00	100.00
	指数	275.85	0.00	0.00	n.a.	n.a.	n.a.	23.31

续表

年份		现金+债务承担	现金+延期支付	现金+其他	现金+银行授信	现金+股份	现金+股份+债务承担	合计
2010	金额	0.00	0.00	0.00	1800.00	0.00	0.00	1800.00
	比例（%）	0.00	0.00	0.00	100.00	0.00	0.00	100.00
	指数	0.00	0.00	0.00	n.a.	n.a.	n.a.	912.06
2011	金额	0.00	0.00	10.00	0.00	0.00	0.00	10.00
	比例（%）	0.00	0.00	100.00	0.00	0.00	0.00	100.00
	指数	0.00	0.00	500.00	n.a.	n.a.	n.a.	5.07
2012	金额	0.00	13.03	0.00	0.00	0.00	0.00	13.03
	比例（%）	0.00	100.00	0.00	0.00	0.00	0.00	100.00
	指数	0.00	7.29	0.00	n.a.	n.a.	n.a.	6.60
2013	金额	0.00	13.03	0.00	0.00	0.00	0.00	13.03
	比例（%）	0.00	100.00	0.00	0.00	0.00	0.00	100.00
	指数	0.00	7.29	0.00	n.a.	n.a.	n.a.	6.60
2014	金额	0.00	238.56	0.00	0.00	0.00	0.00	238.56
	比例（%）	0.00	100.00	0.00	0.00	0.00	0.00	100.00
	指数	0.00	133.51	0.00	n.a.	n.a.	n.a.	120.88
2015	金额	83.38	628.78	0.00	0.00	0.00	0.00	712.16
	比例（%）	11.71	88.29	0.00	0.00	0.00	0.00	100.00
	指数	500.00	351.90	0.00	n.a.	n.a.	n.a.	360.85
2016	金额	687.59	295.99	3.16	0.00	0.00	404.47	1391.21
	比例（%）	49.42	21.28	0.23	0.00	0.00	29.07	100.00
	指数	4123.23	165.65	158.00	n.a.	n.a.	n.a.	704.92
2017	金额	895.03	0.00	108.77	0.00	188.46	0.00	1192.26
	比例（%）	75.07	0.00	9.12	0.00	15.81	0.00	100.00
	指数	5367.17	0.00	5438.50	n.a.	n.a.	n.a.	604.12
合计	金额	1758.00	1189.39	121.93	1800.00	188.46	404.47	5462.25
	比例（%）	32.18	21.77	2.23	32.95	3.45	7.40	100.00
2011—2015年均值		16.68	178.68	2.00	0.00	0.00	0.00	197.36

五、民营企业海外并购投资的融资渠道和支付方式指数

表 4-5-17　2005—2017 年中国民营样本企业海外并购投资的融资指数

年份	融资指数					
	融资渠道汇总指数		单一渠道融资指数		多渠道融资指数	
	数量	金额	数量	金额	数量	金额
2005	4.81	0.61	10.64	1.46	0.00	0.00
2006	0.00	0.00	0.00	0.00	0.00	0.00
2007	0.00	0.00	0.00	0.00	0.00	0.00
2008	19.23	25.09	21.28	16.07	17.86	36.02
2009	14.42	13.17	10.64	16.07	17.86	12.64
2010	38.46	3.22	42.55	5.35	35.71	1.91
2011	105.77	200.91	106.38	195.27	107.14	233.79
2012	72.12	44.75	53.19	97.96	89.29	7.27
2013	81.73	23.37	74.47	43.52	89.29	10.08
2014	72.12	139.58	63.83	64.04	71.43	151.05
2015	168.27	91.39	202.13	99.21	142.86	97.81
2016	274.04	382.38	159.57	188.13	375.00	595.89
2017	346.15	655.24	265.96	207.54	392.86	1061.90

注：指数以 2011—2015 年均值为基期计算得出。

表 4-5-18　2005—2017 年中国民营样本企业海外并购投资的支付指数

年份	支付指数					
	支付方式汇总指数		单一支付方式指数		多支付方式指数	
	数量	金额	数量	金额	数量	金额
2005	10.99	2.24	12.66	2.58	0.00	0.00
2006	10.99	3.11	0.00	0.00	83.33	23.31
2007	5.49	4.09	6.33	4.71	0.00	0.00

续表

年份	支付指数					
	支付方式汇总指数		单一支付方式指数		多支付方式指数	
	数量	金额	数量	金额	数量	金额
2008	21.98	27.52	25.32	31.75	0.00	0.00
2009	32.97	22.04	25.32	21.84	83.33	23.31
2010	54.95	125.93	50.63	5.06	83.33	912.06
2011	93.41	143.84	94.94	165.17	83.33	5.07
2012	71.43	131.58	69.62	150.79	83.33	6.60
2013	71.43	14.31	69.62	15.49	83.33	6.60
2014	71.43	29.05	69.62	14.93	83.33	120.88
2015	192.31	181.23	196.20	153.61	166.67	360.85
2016	379.12	530.26	303.80	487.65	833.33	704.92
2017	346.15	495.37	348.10	478.65	333.33	604.12

注：指数以 2011—2015 年均值为基期计算得出。

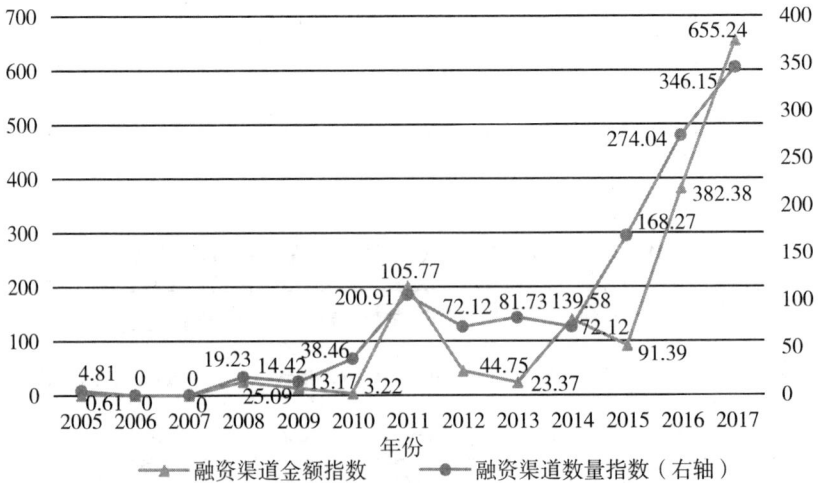

图 4-5-1　2005—2017 年中国民营样本企业海外并购投资的融资渠道指数

图 4-5-2　2005—2017 年中国民营样本企业海外并购投资的单一渠道和多渠道指数

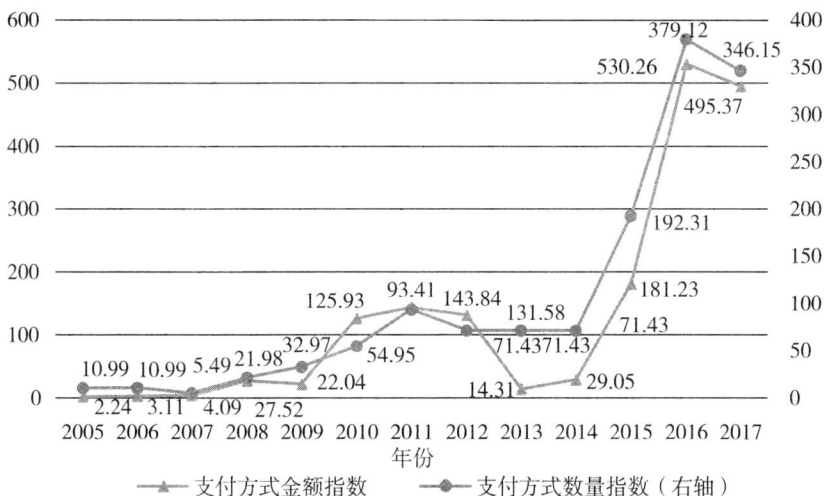

图 4-5-3　2005—2017 年中国民营样本企业海外并购投资的支付方式指数

通过对指数的分析，我们发现：第一，无论是融资指数还是支付指数，都在近几年实现了非常大的增长，融资渠道数量指数从 2014 年的 72.12 增长到 2017 年的 346.15，融资渠道金额指数从 2013 年的 23.37 增长到 2017 年的 655.24；单一渠道融资数量指数从 2014 年的 63.83 增长到

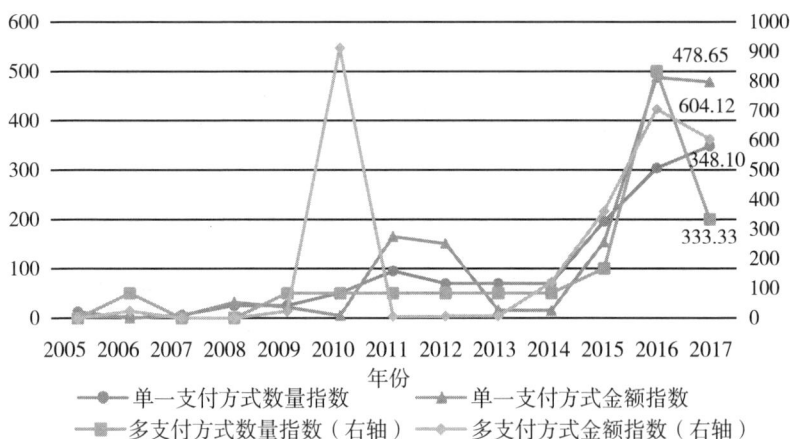

图 4-5-4　2005—2017 年中国民营样本企业海外并购
投资的单一支付方式和多支付方式指数

2015 年的 202.13，单一渠道融资金额指数从 2013 年的 43.52 增长到 2016
年的 188.13；多渠道融资数量指数从 2014 年的 71.43 增长到 2016 年的
375.00，多渠道融资金额指数从 2013 年的 10.08 增长到 2017 年的
1403.28；支付方式数量指数从 2014 年的 71.43 增长到 2016 年的 379.12，
支付方式金额指数从 2013 年的 14.31 增长到 2016 年的 530.26，单一支付
方式数量指数从 2014 年的 69.62 增长到 2016 年的 303.80，单一支付方式
金额指数从 2014 年的 14.93 增长到 2016 年的 487.65，多支付方式数量指
数从 2014 年的 83.33 增长到 2016 年的 833.33，多支付方式金额指数从
2013 年的 6.60 增长到 2016 年的 704.92；第二，近几年的多渠道融资模式
的增长比单一渠道融资模式的增长快，这不仅体现了国内金融市场的发
展，还意味着国际上对于中国国内金融的认可；第三，融资渠道汇总指数
和支付方式汇总指数同时在 2011 年达到了新的增长阶段，也从侧面佐证了
本研究课题组指出 2011 年是中国民营企业"走出去"的"元年"这个提
法。另外，相较于 2016 年及其之前的融资模式①，2017 年出现了两个新特
征：一是无论从融资渠道指数还是支付指数来看，2017 年的增长并没有延

————————

　　①　详细数据见薛军等著：《中国民营企业海外直接投资指数 2017 年度报告——基于中
国民企 500 强的数据分析》，人民出版社 2018 年版。

续之前的高速增长趋势，增长出现了一定程度的放缓；二是融资渠道的项目数量指数和金额指数在 2017 年出现了明显分化，特别是多渠道数量指数和金额指数之间，两者分别为 392.86 和 1403.28，差异巨大。

本章小结

一、民营企业海外并购投资项目数量与金额规模在 2015— 2017 年增长较快

2014 年 5 月，国务院办公厅发文鼓励企业采取绿地投资、企业并购等方式到境外投资，促进部分产业向境外转移，支持企业开展境外品牌、技术和生产线等并购，提高国际竞争力。在此号召和多项针对民营企业"走出去"的政策支持下，我国民营企业走向海外的步伐逐步加快。从总量上看，2015—2017 年民营样本企业海外并购的项目数量指数与金额指数基本大于 2011—2015 年的均值，项目数量与金额增长趋势快于以往增长水平。

虽然 2017 年整体上看中国企业跨境并购不如 2016 年，但是民营样本企业海外并购项目数量和金额在 2017 年依然保持高速增长，并购金额更是在 2017 年实现了突破性的增长，远超 2016 年并购投资金额水平，增速快于并购投资项目数量规模的增长。可以看出尽管在 2017 年下半年，国家出台政策为过热的海外投资降温，但是对于进行海外并购投资的民营企业来说所受影响不大。

二、从投资来源地看，长三角地区民营企业海外并购投资项目数量位居五地区之首，环渤海地区海外并购投资金额规模领跑全国

2005—2017 年间，从并购项目数量上看，长三角地区的民营样本企业进行并购投资项目数量最多，总计 195 件，占总投资项目数量的 44.72%；其次是环渤海地区的民营样本企业，累计海外并购投资项目为 84 件，占比

19.27%；第三是珠三角地区，海外并购投资项目总计 75 件，占比 17.2%。从民营 500 强的分布上看，长三角是我国民营 500 强分布最为集中的地区，以 2017 年的民营企业 500 强名单来看，民营 500 强中有 120 家来自浙江省，82 家来自江苏省，分别居全国各省市前两位。优越的地理环境以及商业集聚优势使得该地区的民营企业积极地走出国门，进行了多笔海外并购项目。不过长三角地区的民营样本企业平均并购金额规模相对较小。

从并购金额上看，环渤海地区民营样本企业进行海外并购投资 13 年间累计金额达 831.53 亿美元，占总金额规模的 48.58%，为我国民营样本企业海外并购投资金额最大的来源地区；其次是长三角地区，累计并购金额达 441.09 亿美元，占比 25.77%；排在第三的是珠三角地区，累计并购金额达 230.9 亿美元，占比 13.49%。由此可看出环渤海地区民营样本企业在海外并购金额上领跑全国。具体来看，环渤海地区的联想、万达等企业一直是民营 500 强中的领先企业，也是海外并购的主力军。而且近年来该地区发生了几起超大规模的并购，例如：2017 年河北省的长城汽车并购 Jeep 公司，并购金额高达 335 亿美元；2015 年辽宁省的万达并购派拉蒙影业公司，并购金额高达 100 亿美元。

三、从投资标的国（地区）看，发达经济体是民营企业主要并购标的区域

2005—2017 年间，发达经济体所接受的我国民营样本企业并购投资项目数量累计 371 件，占总投资项目数量的 83.75%。根据统计，并购数量排前五位的标的国（地区）分别是：中国香港 61 件，美国 56 件，开曼群岛 33 件，德国 23 件，澳大利亚 21 件，这 5 个国家（地区）均属于发达经济体。

13 年间投向发达经济体的并购资金共计 1515.03 亿美元，占总并购投资金额规模的 87.04%，接受并购投资金额排前五位的标的国（地区）分别是：荷兰 361.05 亿美元，美国 309.01 亿美元，德国 158.58 亿美元，澳大利亚 135.69 亿美元，俄罗斯联邦 123.76 亿美元，且前四名国家均属于

发达经济体。2017 年荷兰成为接受我国民营样本企业并购金额最大的标的国，金额达到 350.47 亿美元，其中长城汽车并购菲亚特－克莱斯勒旗下 Jeep 一案金额就高达 335 亿美元，该案也成为 2017 年中国民营样本企业海外并购的第一大案。荷兰之所以吸引我国民营企业大规模的投资，主要因为荷兰正在通过对自身税法的修订使其成为更具有竞争力的投资标的国，市场信号往往提前被企业知晓，民企开始大量向荷兰投资以获取投资先机，荷兰政府也通过持续的努力在 2017 年 12 月正式通过并采纳了修订后的《荷兰股息预提所得税法》，扩大了荷兰对外支付股息预提税的免税范围[①]，同时也为外资在荷兰设立机构去并购欧洲其他标的企业提供了更有利的条件，显然未来荷兰将成为我国民企投资的热点国家。

因此无论从数量还是金额上看，民营样本企业倾向于投资美国、欧洲等发达国家。一方面民营样本企业在欧美发达国家更易找到拥有先进知识技术的并购对象；另一方面发达国家市场较为成熟，税收制度、法律规章等更加完善，投资环境优越，相较于部分发展中国家来说投资风险较小。但部分发展中国家近年来为吸引投资所作出的努力也不容小觑。2017 年印度成为接受民营 500 强并购金额最大的发展中国家，接受金额达到 29.66 亿美元。这不仅因为在发展中国家中印度拥有较为领先的科技实力，而且在 2017 年 7 月 1 日，印度实施了自独立以来最大的一次税制改革，用货物和劳务税（The Good and Services Tax，GST）取代了之前较为复杂的间接税，力图简化税收流程、增加税收透明度。[②] 长期来看这会为我国企业在印度投资创造更为良好的商业环境。

四、从投资标的行业看，13 年间非制造业为主要海外并购标的行业，但 2017 年海外非制造业并购投资金额规模显著下降

从 2005—2017 年我国民企海外直接投资的标的行业别来看，并购投资标的行业以非制造业为主，且国外服务业受到民营企业广泛欢迎。投向

---

① 唐福勇：《中国企业面临国际税收变革下的机遇》，《中国经济时报》2018 年 1 月 16 日。
② 陶凤：《税改启动　印度市场"猛虎"出笼还差几步》，《北京商报》2017 年 7 月 2 日。

非制造业的项目数量累计 259 件，占总并购投资项目数量的 57.94%。从并购金额上看，投向非制造业的并购投资金额累计 1078.49 亿美元，在总并购投资金额中占比 62.87%。服务业的投资数量与金额分别占非制造业投资规模的 89.19% 和 74.96%。

然而近些年集中在非制造业的高价并购中存在着高杠杆、高溢价的非理性投资，甚至一些并购仅是为将资产转移到海外。针对这种现象，2017年 8 月国家发展改革委、商务部、人民银行、外交部联合发布《关于进一步引导和规范境外投资方向的指导意见》，限制对房地产、酒店、影城、娱乐业体育俱乐部等的境外投资。2017 年非制造业并购金额占比减少，制造业并购金额占比增加，自 2011 年以来首次占比超过 50%，达到57.01%，较 2016 年上涨 807.11%，达到 482.34 亿美元。并且 2017 年非制造业中服务业占比大幅减少，与之相反，采矿业等能源行业的并购金额大幅上升，2016 年相比 2017 年在该领域的投资金额上涨 1238.70%。值得提出的是 2017 年华信能源在该领域进行了多笔较大金额的并购，其中对俄罗斯能源巨头 Rosneft 旗下 Neftyanaya Kompaniya 的股份收购，投资金额高达 93.46 亿美元，位居中国民营企业 500 强 2017 年并购金额的第二。

五、从并购投资融资模式看，近年来我国金融市场迅速发展带动并购融资指数与支付指数快速增长

通过统计分析可以看出，和并购项目数量以及金额整体趋势一致，融资指数和支付指数在近年来均增长较快。其中融资渠道数量指数从 2014 年的 72.12 增长到 2017 年的 346.15，融资渠道金额指数从 2013 年的 23.37增长到 2017 年的 655.24；支付数量指数从 2014 年的 71.43 增长到 2016 年的 379.12，支付金额指数从 2013 年的 14.31 增长到 2016 年的 530.26。虽然 2017 年支付项目数量指数和金额指数均有所回落，但是近几年的整体增长趋势是稳定的。

从具体的融资渠道和支付方式上看，民营企业 500 强海外并购融资渠道上以增资、注资、私募股权和私人配售为主，但是随着我国金融市场的

发展，2017 年企业风险投资、杠杆收购、新银行信贷便利和风险资本的使用频率明显提高。在跨境并购中，交易价款的支付对时限要求较高，为尽快完成股权或资产交割，并购企业更愿意采取现金收购方式。因而可看出民营样本企业海外并购的支付方式以现金为主，涉及现金支付的交易项目占比达到 90% 以上。并且由于我国金融市场发展还不完善，民营企业"走出去"也还欠缺经验，支付方式上显著偏向单一支付方式。显然，通过多样化的融资渠道与支付方式来分散企业"走出去"的成本和风险是我国民营企业未来要努力提升的方向。

第五章　中国民营企业海外直接
投资指数：绿地投资篇

本章对我国民营企业海外绿地投资的项目数量和金额分布情况进行统计描述。从总量出发，分别按照海外绿地投资来源地、投资标的国（地区）、投资标的行业3种分类方式对样本数据进行指数测算，同时与2017年度报告相比，本年度报告增加了对绿地投资就业贡献指数的测算，全面分析我国民营企业海外绿地投资特征变化。

第一节　民营企业海外绿地投资指数

本节对民营企业海外绿地投资进行总体分析。

一、民营企业海外绿地投资与全国海外绿地投资的比较

通过对数据的分析能够看出，虽然民营样本企业海外绿地投资的项目数量在2009—2010年和2012年、2017年都有所下降，但总体趋势仍趋于增长。2017年的绿地投资项目数量相较2016年来说减少的幅度不大，呈现了比较稳定的状态。在我国民营样本企业绿地投资金额方面，可以发现在2005—2015年这11年间绿地投资金额规模呈现波动增长的趋势，到了2016年则有了非常明显的增长，而2017年又大幅下降。若将绿地投资项目数量规模与金额规模结合来看，2017年只比2016年少了5个绿地投资项目，但金额却同比减少了82.9%，这说明我国民营样本企业进行绿地投资的金额总量较项目数量总量来说波动更大。

从绿地投资项目数量与金额指数趋势图（见图 5-1-1）可以看出，我国民营样本企业海外绿地投资在项目数量和金额上均与全国的增长趋势基本一致。但是从总体来看，民营样本企业在 2005—2017 年的 13 年间，绿地投资项目数量占到全国总和的 13%，而金额占到 20%，由此可推测我国民营样本企业绿地投资项目的平均金额规模较大。

表 5-1-1　2005—2017 年民营样本企业海外绿地投资项目数量和
金额汇总及与全国海外绿地投资的比较

（单位：件、亿美元、%）

年份	民营样本企业海外绿地投资				全国海外绿地投资			
	数量	同比增长	金额	同比增长	数量	同比增长	金额	同比增长
2005	4		0.6		126		84	
2006	4	0.0	2	224.3	123	-2.4	158	89.3
2007	15	275.0	21	1067.3	220	78.9	312	97.2
2008	32	113.3	23	9.4	276	25.5	476	52.6
2009	24	-25.0	13	-42.6	340	23.2	262	-45.0
2010	19	-20.8	14	9.4	354	4.1	198	-24.3
2011	60	215.8	76	423.8	430	21.5	389	96.5
2012	44	-26.7	29	-61.9	353	-17.9	115	-70.4
2013	45	2.3	20	-29.2	322	-8.8	132	14.5
2014	56	24.4	180	783.6	378	17.4	539	309.3
2015	65	16.1	82	-54.5	483	27.8	531	-1.5
2016	119	83.1	426	419.9	632	30.8	1103	107.9
2017	114	-4.2	73	-82.9	576	-8.9	527	-52.3
合计	601		960		4613		4824	

注：①此处金额按照保留四位小数进行加总计算；②此处民营企业海外绿地投资与全国海外绿地投资统计标准不同，详见序章第三节。

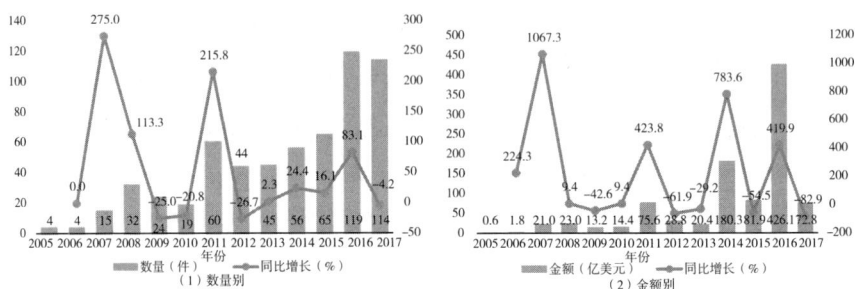

图 5-1-1　2005—2017 年民营样本企业海外绿地投资项目数量和金额增长变化图

二、民营企业海外绿地投资项目数量指数和金额指数

从表 5-1-2 和图 5-1-2 可以看出，不论从项目数量指数还是金额指数上看我国民营企业海外绿地投资总体呈增长趋势，而且海外绿地投资项目数量指数较金额指数变化更稳定。从项目数量指数的变动上看，2011 年、2014—2016 年增势显著；金额指数在 2014 年和 2016 年也有显著的增长趋势，这二者基本重合，唯一出入比较大的是 2017 年的指数数据。2017 年的项目数量指数是 211.11，比 2016 年同比下降 4.2%，而金额指数却比 2016 年同比下降了 82.92%，这种变化从图 5-1-2 上看则更加突出。我国民营样本企业海外绿地投资项目数量指数的变化趋势是波动上升的，在 2017 年有微弱的下降趋势，而金额指数虽然从 2005 年到 2016 年呈现波动上升趋势，但在 2017 年有了明显的下跌趋势，这说明民营样本企业在 2017 年平均每个项目的投资金额减小，在一定程度上可能受到我国政府对投资监管增强的影响。

表 5-1-2　2005—2017 年民营样本企业海外绿地投资项目数量及金额指数

年份	项目数量指数	金额指数
2005	7.41	0.72
2006	7.41	2.33
2007	27.78	27.15
2008	59.26	29.69
2009	44.44	17.04
2010	35.19	18.65

续表

年份	项目数量指数	金额指数
2011	111.11	97.66
2012	81.48	37.22
2013	83.33	26.36
2014	103.70	232.89
2015	120.37	105.87
2016	220.37	550.46
2017	211.11	94.00
2011—2015 年均值	100.00	100.00

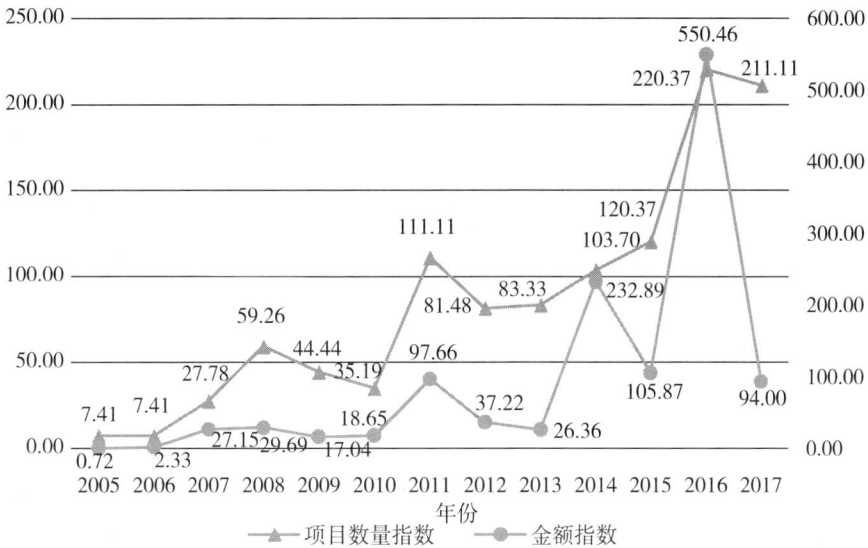

图 5-1-2　2005—2017 年民营样本企业海外绿地投资项目数量及金额指数

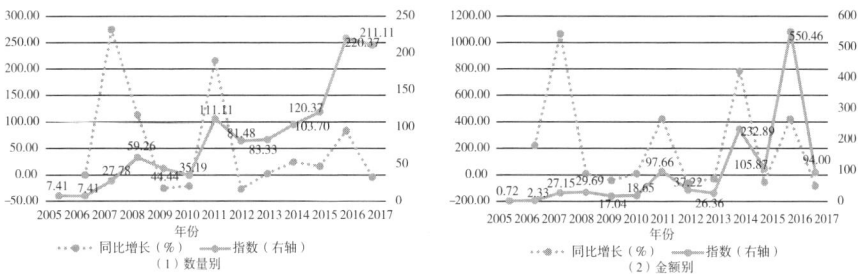

图 5-1-3　2005—2017 年民营样本企业海外绿地投资项目
数量、金额指数及同比增长率变化图

综合来看，2005—2017 年这 13 年间，民营样本企业海外绿地投资不论在项目数量还是金额上总体均呈增长趋势，虽然在个别年份绿地投资的金额指数波动明显，但整体趋势向好，特别是自 2014 年以来我国民营样本企业海外绿地投资项目数量和金额规模迅速发展，进一步表明海外绿地投资模式正逐渐成为民营企业走向国际市场的重要战略选择。

第二节　民营企业海外绿地投资来源地别指数

本节对民营企业海外绿地投资的项目数量与金额按照投资来源地进行统计分析，主要划分为环渤海地区、长三角地区、珠三角地区、中部地区与西部地区五大区域。同时按照各区域特点进一步细分，其中环渤海地区包括京津冀地区和环渤海地区其他区域（辽宁和山东）；长三角地区包括上海和长三角地区其他区域（江苏和浙江）；珠三角地区包括深圳、广东（不含深圳）与珠三角地区其他区域（福建和海南）；中部地区包括华北东北地区和中原华中地区；西部地区包括西北地区和西南地区，涵盖 31 个省、自治区、直辖市和深圳经济特区。①

一、民营企业海外绿地投资项目数量和金额在不同投资来源地的分布

1. 民营企业海外绿地投资项目数量在不同投资来源地的分布

从整体上来看，在 2005—2016 年间，5 个来源地的民营样本企业绿地投资项目数量在总体上呈现波动增长的趋势，且到了 2016 年有较为明显的增长，但 2017 年珠三角地区、中部地区和西部地区绿地投资数量规模小幅下降。其中，珠三角地区的民营样本企业进行绿地投资的项目数量在五大区域中最多，总计 258 件，在民营样本企业绿地投资项目数量占比 42.93%，然后依次是长三角地区占比 30.28%、环渤海地区占比 11.65%，

---

① 详见序章第一节"中国民营企业海外直接投资指数"六级指标体系的构成。

西部地区占比 7.99%，最后是中部地区占比 7.15%。

在五大区域中，环渤海地区 2005—2017 年间的绿地投资数量呈现稳定增长的趋势，虽然环渤海地区的绿地投资数量占比在 5 个来源地中的占比不算多，但是其增长态势十分稳定，预计以后会有更大的发展潜力；长三角地区民营样本企业在 2005—2017 年间的绿地投资项目数量呈波动上升趋势；珠三角地区的绿地投资项目数量在 5 个来源地中排列首位，且可发现广东的民营企业占了绝大部分比例，珠三角地区民营样本企业绿地投资项目数量增长趋势在 2016 年之前呈现出波动增长的趋势，但在 2017 年项目数量有所减少，这与整体趋势较为相符；中部地区民营样本企业绿地投资项目数量在 2014 年之前呈现稳定的趋势，2014 年以后有比较明显的变化，且在 2016 年达到了最高点，2017 年有所下降；西部地区民营样本企业绿地投资项目数量在 2005—2017 年间的波动较大，基本呈现一年增长一年减少的趋势，这也表明西部地区的民营样本企业对外绿地投资状态稳定性差，其绿地投资环境还需要进一步改善。

表 5-2-1　中国民营企业绿地投资项目数量在不同投资来源地的分布及指数汇总表

（单位：件）

年份	环渤海地区											
	京津冀				其他				合计			
	项目数	同比增长（%）	占比（%）	指数	项目数	同比增长（%）	占比（%）	指数	项目数	同比增长（%）	占比（%）	指数
2005	1	—	50.00	29.41	1	—	50.00	27.78	2	—	50.00	28.57
2006	0	-100.0	n. a.	0.00	0	-100.0	n. a.	0.00	0	-100.0	0.00	0.00
2007	1	n. a.	100.00	29.41	0	n. a.	0.00	0.00	1	n. a.	6.67	14.29
2008	1	0.0	100.00	29.41	0	0.0	0.00	0.00	1	0.0	3.13	14.29
2009	0	-100.0	0.00	0.00	2	n. a.	100.00	55.56	2	100.0	8.33	28.57
2010	0	n. a.	n. a.	0.00	0	-100.0	n. a.	0.00	0	-100.0	0.00	0.00
2011	4	n. a.	66.67	117.65	2	33.33	33.33	55.56	6	n. a.	10.00	85.71
2012	4	0.0	66.67	117.65	2	0.0	33.33	55.56	6	0.0	13.64	85.71
2013	3	-25.0	60.00	88.24	2	0.0	40.00	55.56	5	-16.7	11.11	71.43
2014	2	-33.3	16.67	58.82	10	400.0	83.33	277.78	12	140.0	21.43	171.43

续表

年份	环渤海地区											
	京津冀				其他				合计			
	项目数	同比增长(%)	占比(%)	指数	项目数	同比增长(%)	占比(%)	指数	项目数	同比增长(%)	占比(%)	指数
2015	4	100.0	66.67	117.65	2	−80.0	33.33	55.56	6	−50.0	9.23	85.71
2016	8	100.0	66.67	235.29	4	100.0	33.33	111.11	12	100.0	10.08	171.43
2017	14	75.0	82.35	411.76	3	−25.0	17.65	83.33	17	41.7	14.91	242.86
合计	42		60.00		28		40.00		70		11.65	
2011—2015年均值	3.40			100.00	3.60			100.00	7.00			100.00

年份	长三角地区											
	上海				其他				合计			
	项目数	同比增长(%)	占比(%)	指数	项目数	同比增长(%)	占比(%)	指数	项目数	同比增长(%)	占比(%)	指数
2005	0	—	0.00	0.00	2	—	100.00	17.54	2	—	50.00	14.29
2006	0	n. a.	0.00	0.00	1	−50.0	100.00	8.77	1	−50.0	25.00	7.14
2007	2	n. a.	22.22	76.92	7	600.0	77.78	61.40	9	800.0	60.00	64.29
2008	0	−100.0	0.00	0.00	24	242.9	100.00	210.53	24	166.7	75.00	171.43
2009	1	n. a.	8.33	38.46	11	−54.2	91.67	96.49	12	−50.0	50.00	85.71
2010	0	−100.0	0.00	0.00	9	−18.2	100.00	78.95	9	−25.0	47.37	64.29
2011	0	n. a.	0.00	0.00	13	44.4	100.00	114.04	13	44.4	21.67	92.86
2012	5	n. a.	29.41	192.31	12	−7.7	70.59	105.26	17	30.8	38.64	121.43
2013	2	−60.0	18.18	76.92	9	−25.0	81.82	78.95	11	−35.3	24.44	78.57
2014	5	150.0	50.00	192.31	5	−44.4	50.00	43.86	10	−9.1	17.86	71.43
2015	1	−80.0	5.26	38.46	18	260.0	94.74	157.89	19	90.0	29.23	135.71
2016	6	500.0	26.09	230.77	17	−5.6	73.91	149.12	23	21.1	19.33	164.29
2017	6	0.0	18.75	230.77	26	52.9	81.25	228.07	32	39.1	28.07	228.57
合计	28		15.38		154		84.62		182		30.28	
2011—2015年均值	2.60			100.00	11.40			100.00	14.00			100.00

续表

年份	珠三角地区											
	广东				其他				合计			
	项目数	同比增长(%)	占比(%)	指数	项目数	同比增长(%)	占比(%)	指数	项目数	同比增长(%)	占比(%)	指数
2005	0	—	n.a.	0.00	0	—	n.a.	0.00	0	—	0.00	0.00
2006	0	n.a.	n.a.	0.00	0	n.a.	n.a.	0.00	0	n.a.	0.00	0.00
2007	0	n.a.	n.a.	0.00	0	n.a.	n.a.	0.00	0	n.a.	0.00	0.00
2008	3	n.a.	75.00	12.40	1	n.a.	25.00	125.00	4	n.a.	12.50	16.00
2009	3	0.0	75.00	12.40	1	0.0	25.00	125.00	4	0.0	16.67	16.00
2010	5	66.7	100.00	20.66	0	−100.0	0.00	0.00	5	25.0	26.32	20.00
2011	27	440.0	96.43	111.57	1	n.a.	3.57	125.00	28	460.0	46.67	112.00
2012	13	−51.9	100.00	53.72	0	−100.0	0.00	0.00	13	−53.6	29.55	52.00
2013	27	107.7	96.43	111.57	1	n.a.	3.57	125.00	28	115.4	62.22	112.00
2014	24	−11.1	96.00	99.17	1	0.0	4.00	125.00	25	−10.7	44.64	100.00
2015	30	25.0	96.77	123.97	1	0.0	3.23	125.00	31	24.0	47.69	124.00
2016	63	110.0	96.92	260.33	2	100.0	3.08	250.00	65	109.7	54.62	260.00
2017	48	−23.8	87.27	198.35	7	250.0	12.73	875.00	55	−15.4	48.25	220.00
合计	243		94.19		15		5.81		258		42.93	
2011—2015年均值	24.20			100.00	0.80			100.00	25.00			100.00

年份	中部地区											
	华北东北				中原华中				合计			
	项目数	同比增长(%)	占比(%)	指数	项目数	同比增长(%)	占比(%)	指数	项目数	同比增长(%)	占比(%)	指数
2005	0	—	n.a.	0.00	0	—	n.a.	0.00	0	—	0.00	0.00
2006	0	n.a.	0.00	0.00	3	n.a.	100.00	115.38	3	n.a.	75.00	107.14
2007	0	n.a.	0.00	0.00	2	−33.3	100.00	76.92	2	−33.3	13.33	71.43
2008	0	n.a.	0.00	0.00	2	0.0	100.00	76.92	2	0.0	6.25	71.43
2009	0	n.a.	0.00	0.00	1	−50.0	100.00	38.46	1	−50.0	4.17	35.71
2010	0	n.a.	0.00	0.00	3	200.0	100.00	115.38	3	200.0	15.79	107.14

续表

年份	中部地区											
	华北东北				中原华中				合计			
	项目数	同比增长（%）	占比（%）	指数	项目数	同比增长（%）	占比（%）	指数	项目数	同比增长（%）	占比（%）	指数
2011	0	n.a.	0.00	0.00	2	−33.3	100.00	76.92	2	−33.3	3.33	71.43
2012	0	n.a.	0.00	0.00	3	50.0	100.00	115.38	3	50.0	6.82	107.14
2013	0	n.a.	0.00	0.00	1	−66.7	100.00	38.46	1	−66.7	2.22	35.71
2014	0	n.a.	0.00	0.00	4	300.0	100.00	153.85	4	300.0	7.14	142.86
2015	1	n.a.	25.00	500.00	3	−25.0	75.00	115.38	4	0.0	6.15	142.86
2016	0	−100.0	0.00	0.00	12	300.0	100.00	461.54	12	200.0	10.08	428.57
2017	0	n.a.	0.00	0.00	6	−50.0	100.00	230.77	6	−50.0	5.26	214.29
合计	1		2.33		42		97.67		43		7.15	
2011—2015 年均值	0.20		100.00		2.60		100.00		2.80			100.00

年份	西部地区											
	西北				西南				合计			
	项目数	同比增长（%）	占比（%）	指数	项目数	同比增长（%）	占比（%）	指数	项目数	同比增长（%）	占比（%）	指数
2005	0	—	n.a.	0.00	0	—	n.a.	0.00	0	—	0.00	0.00
2006	0	n.a.	n.a.	0.00	0	n.a.	n.a.	0.00	0	n.a.	0.00	0.00
2007	0	n.a.	0.00	0.00	3	n.a.	100.00	68.18	3	n.a.	20.00	57.69
2008	0	n.a.	0.00	0.00	1	−66.7	100.00	22.73	1	−66.7	3.13	19.23
2009	0	n.a.	0.00	0.00	5	400.0	100.00	113.64	5	400.0	20.83	96.15
2010	0	n.a.	0.00	0.00	2	−60.0	100.00	45.45	2	−60.0	10.53	38.46
2011	1	n.a.	9.09	125.00	10	400.0	90.91	227.27	11	450.0	18.33	211.54
2012	1	0.0	20.00	125.00	4	−60.0	80.00	90.91	5	−54.5	11.36	96.15
2013	0	−100.0	n.a.	0.00	0	−100.0	n.a.	0.00	0	−100.0	0.00	0.00
2014	1	n.a.	20.00	125.00	4	n.a.	80.00	90.91	5	n.a.	8.93	96.15
2015	1	0.0	20.00	125.00	4	0.0	80.00	90.91	5	0.0	7.69	96.15

续表

年份	西部地区											
	西北				西南				合计			
	项目数	同比增长(%)	占比(%)	指数	项目数	同比增长(%)	占比(%)	指数	项目数	同比增长(%)	占比(%)	指数
2016	3	200.0	42.86	375.00	4	0.0	57.14	90.91	7	40.0	5.88	134.62
2017	0	-100.0	0.00	0.00	4	0.0	100.00	90.91	4	-42.9	3.51	76.92
合计	7		14.58		41		85.42		48		7.99	
2011—2015年均值	0.80			100.00	4.40			100.00	5.20			100.00

年份	总计			
	项目数	同比增长（%）	占比（%）	指数
2005	4	—	100.00	7.41
2006	4	0.0	100.00	7.41
2007	15	275.0	100.00	27.78
2008	32	113.3	100.00	59.26
2009	24	-25.0	100.00	44.44
2010	19	-20.8	100.00	35.19
2011	60	215.8	100.00	111.11
2012	44	-26.7	100.00	81.48
2013	45	2.3	100.00	83.33
2014	56	24.4	100.00	103.70
2015	65	16.1	100.00	120.37
2016	119	83.1	100.00	220.37
2017	114	-4.2	100.00	211.11
合计	601		100.00	
2011—2015年均值	54.00			100.00

2. 民营企业海外并购投资金额在不同投资来源地的分布

在2005—2017年间，5个来源地的民营样本企业海外绿地投资金额在整体上呈现波动增长趋势。其中，环渤海地区的民营样本企业集中了我国民营样本企业总绿地投资金额规模的 43.72%，合计为 419.62 亿美元；其次是长三角地区，金额合计 242.33 亿美元，占比为 25.25%；然后为珠三角地区，金额合计为 137.85 亿美元，占比为 14.36%；中部地区位居第四，绿地投资金额合计为 107.44 亿美元，占比为 11.19%；最后为西部地区，投资金额合计 52.57 亿美元，占比为 5.48%。通过来源地总体的金额指数变化趋势可以看出，在 2005—2013 年间，绿地投资金额指数一直呈现比较稳定的发展趋势，2013 年以后开始有了比较明显的变化，其中 2014 年和 2016 年的金额指数增长显著，但 2017 年的金额指数却急剧下降。

分区域来看，环渤海地区民营样本企业在 2005—2012 年中进行绿地投资的金额规模较小，2013 年后出现明显增长，特别是 2014 年和 2016 年的金额增长趋势显著，但 2017 年由 2016 年的 308.44 亿美元大幅下降至 12.17 亿美元；长三角地区绿地投资金额的波动趋势更加明显，其中 2011 年和 2014 年的投资金额变化较为突出，2017 年虽有所下降，但下降趋势不大；珠三角地区民营样本企业绿地投资金额规模的变化在 2008 年之前比较平稳，2008 年以后出现较为剧烈的变化，其中在 2016 年达到了最高点，2017 年下降至 28.24 亿美元；中部地区和西部地区民营样本企业绿地投资金额规模的变化趋势与项目数量规模的变化趋势基本一致，中部地区金额规模于 2014 年以后出现显著增长，西部地区绿地投资金额规模各年份波动较大。

综合我国民营样本企业海外绿地投资项目数量与金额规模分析，可发现民营样本企业的绿地投资在项目数量占比和金额占比的排名上有很大的区别。在项目数量方面，珠三角地区占比最高，达到 42.93%，中部地区占比最小，仅为 7.15%；而在金额方面则是环渤海地区占比最高，达到 43.72%，而西部地区占比最小，为 5.48%。经过计算可以得出各来源地每个项目的平均金额以环渤海地区为最高，达到了 5.99 亿美元，然后依次是中部地区 2.5 亿美元、长三角地区 1.33 亿美元和西部地区 1.33 亿美元，而珠三角地区平均绿地投资金额规模最小，约为 0.53 亿美元。由此可以看出，来源于环渤海地区、中部地区的绿地投资项目数量虽然相对较少，但其项目平均投资金额规模较大；珠三角地区的绿地投资项目数量虽然最多，但项目的平均金额规模较小。

表 5-2-2　中国民营企业绿地投资金额在不同投资来源地的分布及指数汇总表

（单位：百万美元）

年份	环渤海地区											
	京津冀				其他				合计			
	金额	同比增长（%）	占比（%）	指数	金额	同比增长（%）	占比（%）	指数	金额	同比增长（%）	占比（%）	指数
2005	10.30	—	85.12	8.22	1.80	—	14.88	0.10	12.10	—	21.80	0.63
2006	0.00	-100.0	n. a.	0.00	0.00	-100.0	n. a.	0.00	0.00	-100.0	0.00	0.00
2007	200.00	n. a.	100.00	159.52	0.00	n. a.	0.00	0.00	200.00	n. a.	9.52	10.45
2008	1.50	-99.3	100.00	1.20	0.00	n. a.	0.00	0.00	1.50	-99.3	0.07	0.08
2009	0.00	-100.0	0.00	0.00	121.90	100.00	100.00	6.82	121.90	8026.7	9.24	6.37
2010	0.00	n. a.	n. a.	0.00	0.00	-100.0	n. a.	0.00	0.00	-100.0	0.00	0.00
2011	271.10	n. a.	83.49	216.22	53.60	16.51	3.00		324.70	n. a.	4.30	16.97
2012	0.00	-100.0	0.00	0.00	537.80	903.4	100.00	30.08	537.80	65.6	18.67	28.11
2013	0.00	n. a.	0.00	0.00	1164.83	116.6	100.00	65.16	1164.83	116.6	57.10	60.89
2014	300.00	n. a.	4.63	239.27	6175.60	430.2	95.37	345.47	6475.60	455.9	35.92	338.51
2015	55.80	-81.4	5.25	44.50	1006.20	-83.7	94.75	56.29	1062.00	-83.6	12.96	55.52
2016	26519.30	47425.6	85.98	21151.14	4325.12	329.8	14.02	241.95	30844.42	2804.4	72.39	1612.37
2017	198.41	-99.3	16.31	158.25	1018.40	-76.5	83.69	56.97	1216.81	-96.1	16.72	63.61
合计	27556.41		65.67		14405.24		34.33		41961.65		43.72	
2011—2015年均值	125.38			100.00	1787.61			100.00	1912.99			100.00

年份	长三角地区											
	上海				其他				合计			
	金额	同比增长（%）	占比（%）	指数	金额	同比增长（%）	占比（%）	指数	金额	同比增长（%）	占比（%）	指数
2005	0.00	—	0.00	0.00	43.40	—	100.00	2.43	43.40	—	78.20	1.27
2006	0.00	n. a.	0.00	0.00	15.00	-65.4	100.00	0.84	15.00	-65.4	8.33	0.44
2007	793.40	n. a.	49.77	48.57	800.60	5237.3	50.23	44.79	1594.00	10526.7	75.87	46.60
2008	0.00	-100.0	0.00	0.00	1175.08	46.8	100.00	65.75	1175.08	-26.3	51.13	34.35

续表

年份	长三角地区											
	上海				其他				合计			
	金额	同比增长(%)	占比(%)	指数	金额	同比增长(%)	占比(%)	指数	金额	同比增长(%)	占比(%)	指数
2009	58.00	n.a.	23.76	3.55	186.07	-84.2	76.24	10.41	244.07	-79.2	18.51	7.13
2010	0.00	-100.0	0.00	0.00	421.00	126.3	100.00	23.56	421.00	72.5	29.17	12.31
2011	0.00	n.a.	0.00	0.00	5219.90	1139.9	100.00	292.06	5219.90	1139.9	69.05	152.59
2012	2.30	n.a.	0.57	0.14	402.40	-92.3	99.43	22.51	404.70	-92.2	14.05	11.83
2013	429.96	18593.9	98.81	26.32	5.19	-98.7	1.19	0.29	435.15	7.5	21.33	12.72
2014	7650.00	1679.2	91.63	468.30	698.80	13369.5	8.37	39.10	8348.80	1818.6	46.32	244.06
2015	85.50	-98.9	3.17	5.23	2610.04	273.5	96.83	146.04	2695.54	-67.7	32.89	78.80
2016	1046.72	1124.2	43.57	64.08	1355.60	-48.1	56.43	75.85	2402.32	-10.9	5.64	70.23
2017	114.50	-89.1	9.28	7.01	1119.40	-17.4	90.72	62.63	1233.90	-48.6	16.96	36.07
合计	10180.38		42.01		14052.48		57.99		24232.86		25.25	
2011—2015年均值	1633.55			100.00	1787.27			100.00	3420.82			100.00

年份	珠三角地区											
	广东				其他				合计			
	金额	同比增长(%)	占比(%)	指数	金额	同比增长(%)	占比(%)	指数	金额	同比增长(%)	占比(%)	指数
2005	0.00	—	n.a.	0.00	0.00	—	n.a.	0.00	0.00	—	0.00	0.00
2006	0.00	n.a.	n.a.	0.00	0.00	n.a.	0.00	0.00	0.00	n.a.	0.00	0.00
2007	0.00	n.a.	n.a.	0.00	0.00	n.a.	0.00	0.00	0.00	n.a.	0.00	0.00
2008	22.80	n.a.	82.01	2.33	5.00	n.a.	17.99	5.99	27.80	n.a.	1.21	2.62
2009	70.30	208.3	12.82	7.19	478.00	9460.0	87.18	572.73	548.30	1872.3	41.57	51.69
2010	314.20	346.9	100.00	32.15	0.00	-100.0	0.00	0.00	314.20	-42.7	21.77	29.62
2011	998.79	217.9	83.32	102.21	200.00	n.a.	16.68	239.64	1198.79	281.5	15.86	113.02
2012	423.90	-57.6	100.00	43.38	0.00	-100.0	0.00	0.00	423.90	-64.6	14.72	39.97
2013	240.00	-43.4	54.55	24.56	200.00	n.a.	45.45	239.64	440.00	3.8	21.57	41.48
2014	2187.16	811.3	99.31	223.82	15.30	-92.4	0.69	18.33	2202.46	400.6	12.22	207.65

年份	珠三角地区											
	广东				其他				合计			
	金额	同比增长（%）	占比（%）	指数	金额	同比增长（%）	占比（%）	指数	金额	同比增长（%）	占比（%）	指数
2015	1036.16	-52.6	99.81	106.03	2.00	-86.9	0.19	2.40	1038.16	-52.9	12.67	97.88
2016	4512.50	335.5	94.66	461.78	254.60	12630.0	5.34	305.06	4767.10	359.2	11.19	449.45
2017	2464.76	-45.4	87.26	252.23	359.70	41.3	12.74	430.98	2824.46	-40.8	38.82	266.29
合计	12270.57		89.01		1514.60		10.99		13785.17		14.36	
2011—2015年均值	977.20			100.00	83.46			100.00	1060.66			100.00

年份	中部地区											
	华北东北				中原华中				合计			
	金额	同比增长（%）	占比（%）	指数	金额	同比增长（%）	占比（%）	指数	金额	同比增长（%）	占比（%）	指数
2005	0.00	—	n. a.	0.00	0.00	—	n. a.	0.00	0.00	—	0.00	0.00
2006	0.00	n. a.	0.00	0.00	165.00	n. a.	100.00	23.52	165.00	n. a.	91.67	23.22
2007	0.00	n. a.	0.00	0.00	76.80	-53.5	100.00	10.95	76.80	-53.5	3.66	10.81
2008	0.00	n. a.	0.00	0.00	93.87	22.2	100.00	13.38	93.87	22.2	4.08	13.21
2009	0.00	n. a.	0.00	0.00	250.00	166.3	100.00	35.64	250.00	166.3	18.96	35.19
2010	0.00	n. a.	0.00	0.00	470.00	88.0	100.00	67.00	470.00	88.0	32.57	66.15
2011	0.00	n. a.	0.00	0.00	80.00	-83.0	100.00	11.40	80.00	-83.0	1.06	11.26
2012	0.00	n. a.	0.00	0.00	78.80	-1.5	100.00	11.23	78.80	-1.5	2.74	11.09
2013	0.00	n. a.	n. a.	0.00	0.00	-100.0	n. a.	0.00	0.00	-100.0	0.00	0.00
2014	0.00	n. a.	0.00	0.00	238.52	n. a.	100.00	34.00	238.52	n. a.	1.32	33.57
2015	45.10	n. a.	1.43	500.00	3110.20	1203.9	98.57	443.36	3155.30	1222.8	38.50	444.08
2016	0.00	n. a.	0.00	0.00	4336.35	39.4	100.00	618.15	4336.35	37.4	10.18	610.30
2017	0.00	n. a.	0.00	0.00	1799.30	-58.5	100.00	256.49	1799.30	-58.5	24.73	253.24
合计	45.10		0.42		10698.84		99.58		10743.94		11.19	
2011—2015年均值	9.02			100.00	701.50			100.00	710.52			100.00

续表

年份	西部地区											
	西北				西南				合计			
	金额	同比增长(%)	占比(%)	指数	金额	同比增长(%)	占比(%)	指数	金额	同比增长(%)	占比(%)	指数
2005	0.00	—	n.a.	0.00	0.00	—	n.a.	0.00	0.00	—	0.00	0.00
2006	0.00	n.a.	n.a.	0.00	0.00	n.a.	n.a.	0.00	0.00	n.a.	0.00	0.00
2007	0.00	n.a.	0.00	0.00	230.29	n.a.	100.00	40.06	230.29	n.a.	10.96	36.26
2008	0.00	n.a.	0.00	0.00	1000.00	334.2	100.00	173.94	1000.00	334.2	43.51	157.44
2009	0.00	n.a.	0.00	0.00	154.60	−84.5	100.00	26.89	154.60	−84.5	11.72	24.34
2010	0.00	n.a.	0.00	0.00	238.00	53.9	100.00	41.40	238.00	53.9	16.49	37.47
2011	141.00	n.a.	19.16	234.05	594.97	150.0	80.84	103.49	735.97	209.2	9.74	115.87
2012	0.00	−100.0	n.a.	0.00	1435.40	141.3	100.00	249.68	1435.40	95.0	49.83	226.00
2013	0.00	n.a.	n.a.	0.00	0.00	−100.0	n.a.	0.00	0.00	−100.0	0.00	0.00
2014	100.00	n.a.	13.15	165.99	660.51	n.a.	86.85	114.89	760.51	n.a.	4.22	119.74
2015	60.22	−39.8	24.70	99.96	183.62	−72.2	75.30	31.94	243.84	−67.9	2.98	38.39
2016	223.90	271.8	87.29	371.66	32.60	−82.2	12.71	5.67	256.50	5.2	0.60	40.38
2017	0.00	−100.0	0.00	0.00	201.60	518.4	100.00	35.07	201.60	−21.4	2.77	31.74
合计	525.12		9.99		4731.59		90.01		5256.71		5.48	
2011—2015年均值	60.24			100.00	574.90			100.00	635.14			100.00

年份	总计			
	金额	同比增长（%）	占比（%）	指数
2005	55.50	—	100.00	0.7170
2006	180.00	224.3	100.00	2.3255
2007	2101.09	1067.3	100.00	27.1454
2008	2298.25	9.4	100.00	29.6927
2009	1318.87	−42.6	100.00	17.0394
2010	1443.20	9.4	100.00	18.6457
2011	7559.36	423.8	100.00	97.6645
2012	2880.60	−61.9	100.00	37.2164
2013	2039.97	−29.2	100.00	26.3558
2014	18025.89	783.6	100.00	232.8887

续表

年份	总计			
	金额	同比增长（%）	占比（%）	指数
2015	8194.84	-54.5	100.00	105.8747
2016	42606.69	419.9	100.00	550.4647
2017	7276.07	-82.9	100.00	94.0045
合计	95980.33		100.00	
2011—2015年均值	7740.13			100.00

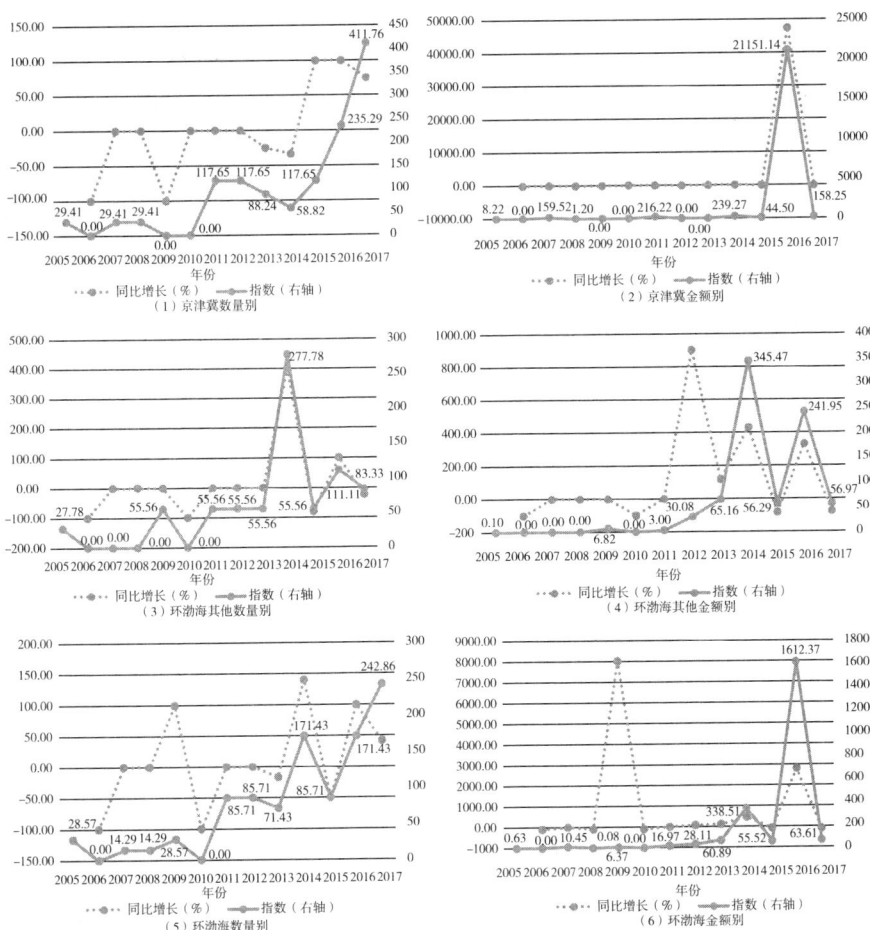

图 5-2-1　2005—2017 年绿地投资环渤海地区项目数量和金额指数走势图

（1）上海数量别

（2）上海金额别

（3）长三角其他数量别

（4）长三角其他金额别

（5）长三角数量别

（6）长三角金额别

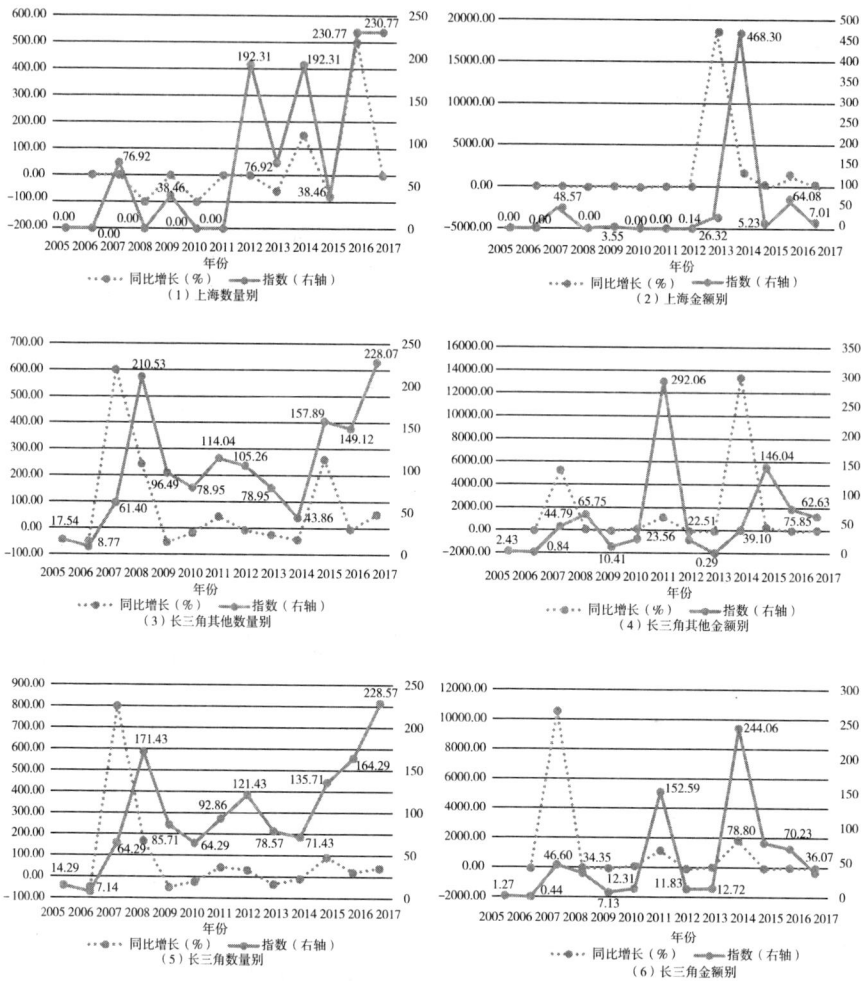

图 5-2-2　2005—2017 年绿地投资长三角地区项目数量和金额指数走势图

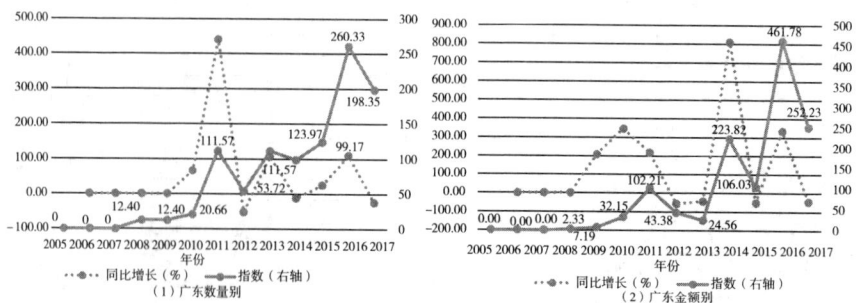

（1）广东数量别

（2）广东金额别

图 5-2-3　2005—2017 年绿地投资珠三角地区项目数量和金额指数走势图

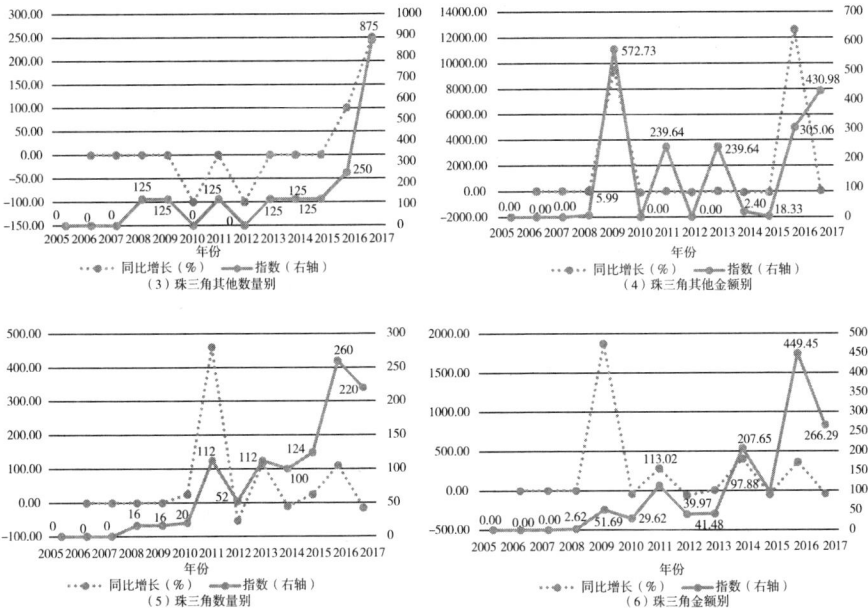

图5-2-3　2005—2017年绿地投资珠三角地区项目数量和金额指数走势图（续图）

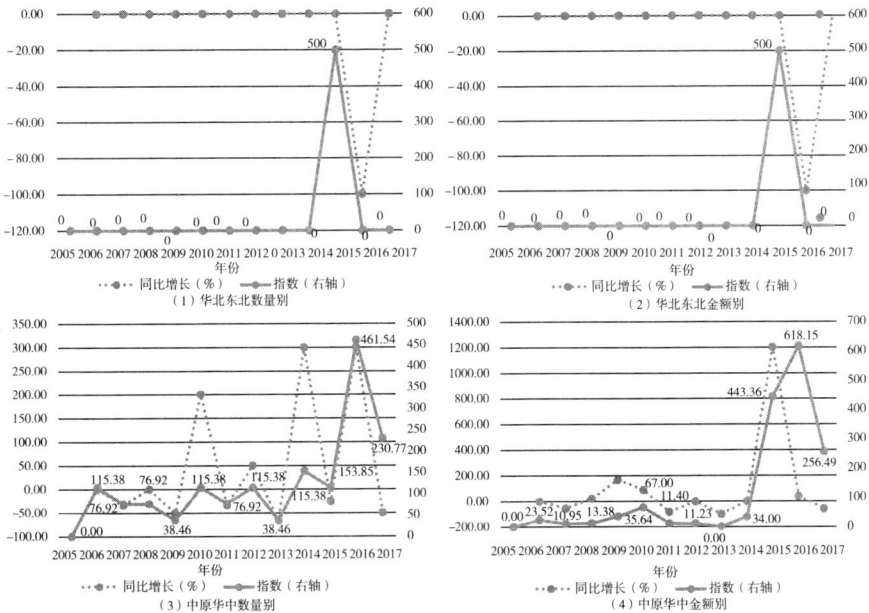

图5-2-4　2005—2017年绿地投资中部地区项目数量和金额指数走势图

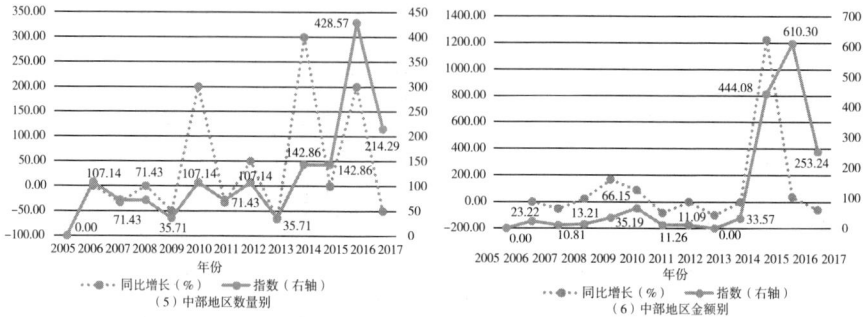

图 5-2-4　2005—2017 年绿地投资中部地区项目数量和金额指数走势图（续图）

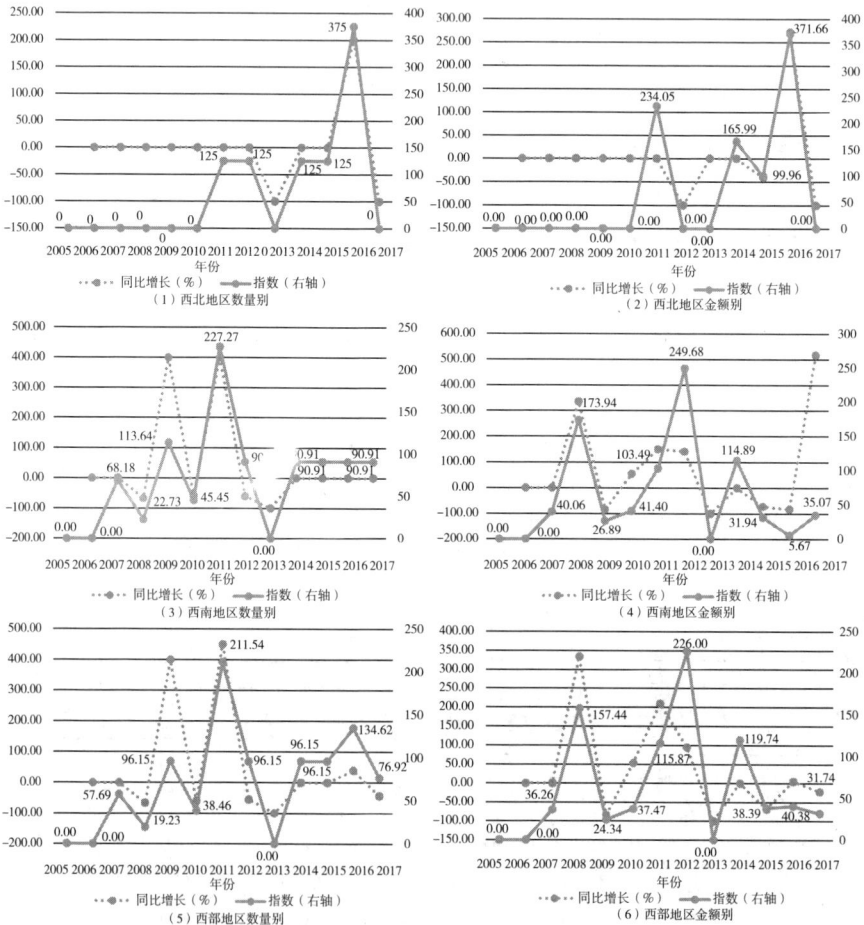

图 5-2-5　2005—2017 年绿地投资西部地区项目数量和金额指数走势图

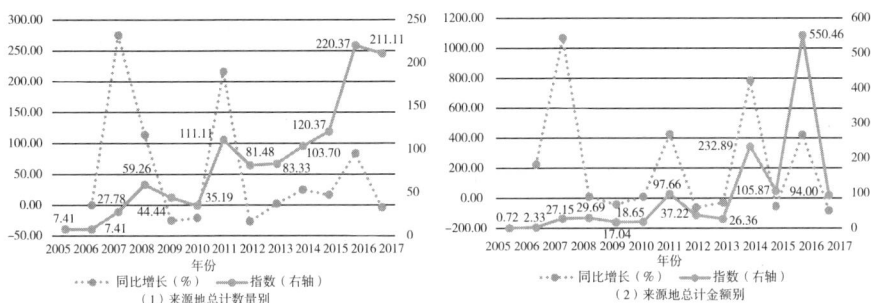

图5-2-6　2005—2017年绿地投资来源地各地区项目数量和金额指数走势图

二、各省市民营企业海外绿地投资项目数量和金额分布

1. 各省市民营企业海外绿地投资项目数量分布

本报告的统计结果显示京津冀地区2005—2017年的绿地投资合计为42件，而环渤海地区其他区域（辽宁、山东）共进行绿地投资28件。京津冀地区主要以北京市为主，北京市民营样本企业13年间共计进行了25件绿地投资，占比整个环渤海地区的35.71%，接近辽宁、山东两省的绿地投资项目总数。

表5-2-3　中国民营样本企业绿地投资来源地项目数量——环渤海地区

（单位：件）

年份		环渤海地区							总计
		京津冀地区				其他			
		北京	天津	河北	小计	辽宁	山东	合计	
2005	数量	0	1	0	1	1	0	1	2
	比例（%）	0.00	50.00	0.00	50.00	50.00	0.00	50.00	100.00
	指数	0.00	125.00	0.00	29.41	38.46	0.00	27.78	28.57
2006	数量	0	0	0	0	0	0	0	0
	比例（%）	n.a.	n.a.	n.a.	n.a.	n.a.	n.a.	n.a.	n.a.
	指数	0.00	0.00	0.00	0.00	0.00	0.00	0.00	0.00
2007	数量	0	1	0	1	0	0	0	1
	比例（%）	0.00	100.00	0.00	100.00	0.00	0.00	0.00	100.00
	指数	0.00	125.00	0.00	29.41	0.00	0.00	0.00	14.29

续表

年份		环渤海地区							总计
		京津冀地区				其他			
		北京	天津	河北	小计	辽宁	山东	合计	
2008	数量	1	0	0	1	0	0	0	1
	比例（%）	100.00	0.00	0.00	100.00	0.00	0.00	0.00	100.00
	指数	50.00	0.00	0.00	29.41	0.00	0.00	0.00	14.29
2009	数量	0	0	0	0	0	2	2	2
	比例（%）	0.00	0.00	0.00	0.00	0.00	100.00	100.00	100.00
	指数	0.00	0.00	0.00	0.00	0.00	200.00	55.56	28.57
2010	数量	0	0	0	0	0	0	0	0
	比例（%）	n.a.	n.a.	n.a.	n.a.	n.a.	n.a.	n.a.	n.a.
	指数	0.00	0.00	0.00	0.00	0.00	0.00	0.00	0.00
2011	数量	2	2	0	4	0	2	2	6
	比例（%）	33.33	33.33	0.00	66.67	0.00	33.33	33.33	100.00
	指数	100.00	250.00	0.00	117.65	0.00	200.00	55.56	85.71
2012	数量	3	1	0	4	2	0	2	6
	比例（%）	50.00	16.67	0.00	66.67	33.33	0.00	33.33	100.00
	指数	150.00	125.00	0.00	117.65	76.92	0.00	55.56	85.71
2013	数量	1	0	2	3	2	0	2	5
	比例（%）	20.00	0.00	40.00	60.00	40.00	0.00	40.00	100.00
	指数	50.00	0.00	333.33	88.24	76.92	0.00	55.56	71.43
2014	数量	2	0	0	2	8	2	10	12
	比例（%）	16.67	0.00	0.00	16.67	66.67	16.67	83.33	100.00
	指数	100.00	0.00	0.00	58.82	307.69	200.00	277.78	171.43
2015	数量	2	1	1	4	1	1	2	6
	比例（%）	33.33	16.67	16.67	66.67	16.67	16.67	33.33	100.00
	指数	100.00	125.00	166.67	117.65	38.46	100.00	55.56	85.71
2016	数量	5	1	2	8	3	1	4	12
	比例（%）	41.67	8.33	16.67	66.67	25.00	8.33	33.33	100.00
	指数	250.00	125.00	333.33	235.29	115.38	100.00	111.11	171.43

年份		环渤海地区							总计
		京津冀地区				其他			
		北京	天津	河北	小计	辽宁	山东	合计	
2017	数量	9	2	3	14	0	3	3	17
	比例（%）	52.94	11.76	17.65	82.35	0.00	17.65	17.65	100.00
	指数	450.00	250.00	500.00	411.76	0.00	300.00	83.33	242.86
合计	数量	25	9	8	42	17	11	28	70
	比例（%）	35.71	12.86	11.43	60.00	24.29	15.71	40.00	100.00
2011—2015年均值		2.00	0.80	0.60	3.40	2.60	1.00	3.60	7.00

从长三角地区民营样本企业海外绿地投资项目数量指数分布可以看出，上海市与其他地区的民营样本企业在2005—2017年的绿地投资项目数量都呈现波动上升的趋势，其中浙江省13年来合计进行了94件绿地投资，占长三角地区的51.65%，其次为江苏省的60件绿地投资项目。

表5-2-4　中国民营样本企业绿地投资来源地项目数量——长三角地区

（单位：件）

年份		长三角地区					总计
		上海		其他			
		上海	小计	江苏	浙江	合计	
2005	数量	0	0	0	2	2	2
	比例（%）	0.00	0.00	0.00	100.00	100.00	100.00
	指数	0.00	0.00	0.00	33.33	17.54	14.29
2006	数量	0	0	0	1	1	1
	比例（%）	0.00	0.00	0.00	100.00	100.00	100.00
	指数	0.00	0.00	0.00	16.67	8.77	7.14
2007	数量	2	2	3	4	7	9
	比例（%）	22.22	22.22	33.33	44.44	77.78	100.00
	指数	76.92	76.92	55.56	66.67	61.40	64.29

续表

年份		长三角地区					总计
		上海		其他			
		上海	小计	江苏	浙江	合计	
2008	数量	0	0	14	10	24	24
	比例（%）	0.00	0.00	58.33	41.67	100.00	100.00
	指数	0.00	0.00	259.26	166.67	210.53	171.43
2009	数量	1	1	3	8	11	12
	比例（%）	8.33	8.33	25.00	66.67	91.67	100.00
	指数	38.46	38.46	55.56	133.33	96.49	85.71
2010	数量	0	0	2	7	9	9
	比例（%）	0.00	0.00	22.22	77.78	100.00	100.00
	指数	0.00	0.00	37.04	116.67	78.95	64.29
2011	数量	0	0	4	9	13	13
	比例（%）	0.00	0.00	30.77	69.23	100.00	100.00
	指数	0.00	0.00	74.07	150.00	114.04	92.86
2012	数量	5	5	7	5	12	17
	比例（%）	29.41	29.41	41.18	29.41	70.59	100.00
	指数	192.31	192.31	129.63	83.33	105.26	121.43
2013	数量	2	2	8	1	9	11
	比例（%）	18.18	18.18	72.73	9.09	81.82	100.00
	指数	76.92	76.92	148.15	16.67	78.95	78.57
2014	数量	5	5	2	3	5	10
	比例（%）	50.00	50.00	20.00	30.00	50.00	100.00
	指数	192.31	192.31	37.04	50.00	43.86	71.43
2015	数量	1	1	6	12	18	19
	比例（%）	5.26	5.26	31.58	63.16	94.74	100.00
	指数	38.46	38.46	111.11	200.00	157.89	135.71
2016	数量	6	6	5	12	17	23
	比例（%）	26.09	26.09	21.74	52.17	73.91	100.00
	指数	230.77	230.77	92.59	200.00	149.12	164.29

续表

年份		长三角地区					
		上海		其他			总计
		上海	小计	江苏	浙江	合计	
2017	数量	6	6	6	20	26	32
	比例（%）	18.75	18.75	18.75	62.50	81.25	100.00
	指数	230.77	230.77	111.11	333.33	228.07	228.57
合计	数量	28	28	60	94	154	182
	比例（%）	15.38	15.38	32.97	51.65	84.62	100.00
2011—2015 年均值		2.60	2.60	5.40	6.00	11.40	14.00

从总体来看，广东省民营样本企业 13 年间绿地投资项目数量合计占珠三角地区的 94.19%，共计 243 件，且 2005—2016 年间广东省民营样本企业海外绿地投资项目数量呈现出波动上升趋势，但到了 2017 年却同比下降 23.81%。因此可以看出广东省的民营样本企业在珠三角地区绿地投资总规模中占据了重要地位，特别是深圳贡献了 209 件绿地投资项目，极大地带动了广东民营样本企业绿地投资项目数量的增长。

表 5-2-5　中国民营样本企业绿地投资来源地项目数量——珠三角地区

（单位：件）

年份		珠三角地区						
		广东			其他			总计
		深圳	广东（不含深圳）	小计	福建	海南	合计	
2005	数量	0	0	0	0	0	0	0
	比例（%）	n. a.	n. a.	n. a.	n. a.	n. a.	n. a.	n. a.
	指数	0.00	0.00	0.00	0.00	0.00	0.00	0.00
2006	数量	0	0	0	0	0	0	0
	比例（%）	n. a.	n. a.	n. a.	n. a.	n. a.	n. a.	n. a.
	指数	0.00	0.00	0.00	0.00	0.00	0.00	0.00

续表

年份		珠三角地区						总计
		广东			其他			
		深圳	广东 （不含深圳）	小计	福建	海南	合计	
2007	数量	0	0	0	0	0	0	0
	比例（%）	n. a.	n. a.	n. a.	n. a.	n. a.	n. a.	n. a.
	指数	0.00	0.00	0.00	0.00	n. a.	0.00	0.00
2008	数量	0	3	3	1	0	1	4
	比例（%）	0.00	75.00	75.00	25.00	0.00	25.00	100.00
	指数	0.00	214.29	12.40	125.00	n. a.	125.00	16.00
2009	数量	3	0	3	1	0	1	4
	比例（%）	75.00	0.00	75.00	25.00	0.00	25.00	100.00
	指数	13.16	0.00	12.40	125.00	n. a.	125.00	16.00
2010	数量	4	1	5	0	0	0	5
	比例（%）	80.00	20.00	100.00	0.00	0.00	0.00	100.00
	指数	17.54	71.43	20.66	0.00	n. a.	0.00	20.00
2011	数量	27	0	27	1	0	1	28
	比例（%）	96.43	0.00	96.43	3.57	0.00	3.57	100.00
	指数	118.42	0.00	111.57	125.00	n. a.	125.00	112.00
2012	数量	13	0	13	0	0	0	13
	比例（%）	100.00	0.00	100.00	0.00	0.00	0.00	100.00
	指数	57.02	0.00	53.72	0.00	n. a.	0.00	52.00
2013	数量	27	0	27	1	0	1	28
	比例（%）	96.43	0.00	96.43	3.57	0.00	3.57	100.00
	指数	118.42	0.00	111.57	125.00	n. a.	125.00	112.00
2014	数量	23	1	24	1	0	1	25
	比例（%）	92.00	4.00	96.00	4.00	0.00	4.00	100.00
	指数	100.88	71.43	99.17	125.00	n. a.	125.00	100.00
2015	数量	24	6	30	1	0	1	31
	比例（%）	77.42	19.35	96.77	3.23	0.00	3.23	100.00
	指数	105.26	428.57	123.97	125.00	n. a.	125.00	124.00

续表

年份		珠三角地区						
		广东			其他			总计
		深圳	广东（不含深圳）	小计	福建	海南	合计	
2016	数量	47	16	63	2	0	2	65
	比例（%）	72.31	24.62	96.92	3.08	0.00	3.08	100.00
	指数	206.14	1142.86	260.33	250.00	n.a.	250.00	260.00
2017	数量	41	7	48	3	4	7	55
	比例（%）	74.55	12.73	87.27	5.45	7.27	12.73	100.00
	指数	179.82	500.00	198.35	375.00	n.a.	875.00	220.00
合计	数量	209	34	243	11	4	15	258
	比例（%）	81.01	13.18	94.19	4.26	1.55	5.81	100.00
2011—2015年均值		22.80	1.40	24.20	0.80	0.00	0.80	25.00

　　本报告将中部地区划分为华北东北和中原华中两个分区。在2005—2017年间华北东北地区只有内蒙古在2015年有1个项目，其他省份民营样本企业均无绿地投资；而中原华中地区民营样本企业绿地投资以湖南省为主，占据了中部地区65.12%的绿地投资项目数量，其他省份的绿地投资项目数量占比较小。这说明中部地区的海外绿地投资发展较为不平衡，还需要进一步发展规划。

表5-2-6　中国民营样本企业绿地投资来源地项目数量——中部地区

（单位：件）

年份		中部地区				
		华北东北				
		山西	内蒙古	黑龙江	吉林	合计
2005	数量	0	0	0	0	0
	比例（%）	n.a.	n.a.	n.a.	n.a.	n.a.
	指数	n.a.	0.00	n.a.	n.a.	0.00

续表

年份		中部地区				
		华北东北				
		山西	内蒙古	黑龙江	吉林	合计
2006	数量	0	0	0	0	0
	比例（%）	0.00	0.00	0.00	0.00	0.00
	指数	n. a.	0.00	n. a.	n. a.	0.00
2007	数量	0	0	0	0	0
	比例（%）	0.00	0.00	0.00	0.00	0.00
	指数	n. a.	0.00	n. a.	n. a.	0.00
2008	数量	0	0	0	0	0
	比例（%）	0.00	0.00	0.00	0.00	0.00
	指数	n. a.	0.00	n. a.	n. a.	0.00
2009	数量	0	0	0	0	0
	比例（%）	0.00	0.00	0.00	0.00	0.00
	指数	n. a.	0.00	n. a.	n. a.	0.00
2010	数量	0	0	0	0	0
	比例（%）	0.00	0.00	0.00	0.00	0.00
	指数	n. a.	0.00	n. a.	n. a.	0.00
2011	数量	0	0	0	0	0
	比例（%）	0.00	0.00	0.00	0.00	0.00
	指数	n. a.	0.00	n. a.	n. a.	0.00
2012	数量	0	0	0	0	0
	比例（%）	0.00	0.00	0.00	0.00	0.00
	指数	n. a.	0.00	n. a.	n. a.	0.00
2013	数量	0	0	0	0	0
	比例（%）	0.00	0.00	0.00	0.00	0.00
	指数	n. a.	0.00	n. a.	n. a.	0.00
2014	数量	0	0	0	0	0
	比例（%）	0.00	0.00	0.00	0.00	0.00
	指数	n. a.	0.00	n. a.	n. a.	0.00

年份		中部地区				
		华北东北				
		山西	内蒙古	黑龙江	吉林	合计
2015	数量	0	1	0	0	1
	比例（%）	0.00	25.00	0.00	0.00	25.00
	指数	n.a.	500.00	n.a.	n.a.	500.00
2016	数量	0	0	0	0	0
	比例（%）	0.00	0.00	0.00	0.00	0.00
	指数	n.a.	0.00	n.a.	n.a.	0.00
2017	数量	0	0	0	0	0
	比例（%）	0.00	0.00	0.00	0.00	0.00
	指数	n.a.	0.00	n.a.	n.a.	0.00
合计	数量	0	1	0	0	1
	比例（%）	0.00	2.33	0.00	0.00	2.33
2011—2015 年均值		0.00	0.20	0.00	0.00	0.20

年份		中部地区						总计
		中原华中						
		河南	安徽	江西	湖北	湖南	合计	
2005	数量	0	0	0	0	0	0	0
	比例（%）	n.a.	n.a.	n.a.	n.a.	n.a.	n.a.	n.a.
	指数	0.00	n.a.	0.00	0.00	0.00	0.00	0.00
2006	数量	0	0	0	1	2	3	3
	比例（%）	0.00	0.00	0.00	33.33	66.67	100.00	100.00
	指数	0.00	n.a.	0.00	500.00	125.00	115.38	107.14
2007	数量	0	0	0	0	2	2	2
	比例（%）	0.00	0.00	0.00	0.00	100.00	100.00	100.00
	指数	0.00	n.a.	0.00	0.00	125.00	76.92	71.43
2008	数量	0	0	0	0	2	2	2
	比例（%）	0.00	0.00	0.00	0.00	100.00	100.00	100.00
	指数	0.00	n.a.	0.00	0.00	125.00	76.92	71.43

年份	中部地区							总计
	中原华中							
		河南	安徽	江西	湖北	湖南	合计	
2009	数量	0	0	0	1	0	1	1
	比例（%）	0.00	0.00	0.00	100.00	0.00	100.00	100.00
	指数	0.00	n.a.	0.00	500.00	0.00	38.46	35.71
2010	数量	0	0	0	0	3	3	3
	比例（%）	0.00	0.00	0.00	0.00	100.00	100.00	100.00
	指数	0.00	n.a.	0.00	0.00	187.50	115.38	107.14
2011	数量	0	0	0	0	2	2	2
	比例（%）	0.00	0.00	0.00	0.00	100.00	100.00	100.00
	指数	0.00	n.a.	0.00	0.00	125.00	76.92	71.43
2012	数量	0	0	0	1	2	3	3
	比例（%）	0.00	0.00	0.00	33.33	66.67	100.00	100.00
	指数	0.00	n.a.	0.00	500.00	125.00	115.38	107.14
2013	数量	1	0	0	0	0	1	1
	比例（%）	100.00	0.00	0.00	0.00	0.00	100.00	100.00
	指数	250.00	n.a.	0.00	0.00	0.00	38.46	35.71
2014	数量	0	0	1	0	3	4	4
	比例（%）	0.00	0.00	25.00	0.00	75.00	100.00	100.00
	指数	0.00	n.a.	250.00	0.00	187.50	153.85	142.86
2015	数量	1	0	1	0	1	3	4
	比例（%）	25.00	0.00	25.00	0.00	25.00	75.00	100.00
	指数	250.00	n.a.	250.00	0.00	62.50	115.38	142.86
2016	数量	1	1	3	0	7	12	12
	比例（%）	8.33	8.33	25.00	0.00	58.33	100.00	100.00
	指数	250.00	n.a.	750.00	0.00	437.50	461.54	428.57
2017	数量	1	0	0	1	4	6	6
	比例（%）	16.67	0.00	0.00	16.67	66.67	100.00	100.00
	指数	250.00	n.a.	0.00	500.00	250.00	230.77	214.29

年份		中部地区						总计
		中原华中						
		河南	安徽	江西	湖北	湖南	合计	
合计	数量	4	1	5	4	28	42	43
	比例（%）	9.30	2.33	11.63	9.30	65.12	97.67	100.00
2011—2015 年均值		0.40	0.00	0.40	0.20	1.60	2.60	2.80

按照本报告对西部地区的划分方法可发现，西北地区民营样本企业绿地投资项目数量主要集中在新疆维吾尔自治区，共计 6 件绿地投资项目，其余省份基本没有民营样本企业进行绿地投资；西南地区则主要集中在四川省和重庆市，二者合计占西南地区总体绿地投资项目数量的 97.56%。

表 5-2-7　中国民营样本企业绿地投资来源地项目数量——西部地区

（单位：件）

年份		西部地区					
		西北					
		陕西	甘肃	宁夏	青海	新疆	合计
2005	数量	0	0	0	0	0	0
	比例（%）	n.a.	n.a.	n.a.	n.a.	n.a.	n.a.
	指数	n.a.	n.a.	0.00	n.a.	0.00	0.00
2006	数量	0	0	0	0	0	0
	比例（%）	n.a.	n.a.	n.a.	n.a.	n.a.	n.a.
	指数	n.a.	n.a.	0.00	n.a.	0.00	0.00
2007	数量	0	0	0	0	0	0
	比例（%）	0.00	0.00	0.00	0.00	0.00	0.00
	指数	n.a.	n.a.	0.00	n.a.	0.00	0.00
2008	数量	0	0	0	0	0	0
	比例（%）	0.00	0.00	0.00	0.00	0.00	0.00
	指数	n.a.	n.a.	0.00	n.a.	0.00	0.00

续表

年份		西部地区					
		西北					
		陕西	甘肃	宁夏	青海	新疆	合计
2009	数量	0	0	0	0	0	0
	比例（%）	0.00	0.00	0.00	0.00	0.00	0.00
	指数	n. a.	n. a.	0.00	n. a.	0.00	0.00
2010	数量	0	0	0	0	0	0
	比例（%）	0.00	0.00	0.00	0.00	0.00	0.00
	指数	n. a.	n. a.	0.00	n. a.	0.00	0.00
2011	数量	0	0	0	0	1	1
	比例（%）	0.00	0.00	0.00	0.00	9.09	9.09
	指数	n. a.	n. a.	0.00	n. a.	166.67	125.00
2012	数量	0	0	1	0	0	1
	比例（%）	0.00	0.00	20.00	0.00	0.00	20.00
	指数	n. a.	n. a.	500.00	n. a.	0.00	125.00
2013	数量	0	0	0	0	0	0
	比例（%）	n. a.	n. a.	n. a.	n. a.	n. a.	n. a.
	指数	n. a.	n. a.	0.00	n. a.	0.00	0.00
2014	数量	0	0	0	0	1	1
	比例（%）	0.00	0.00	0.00	0.00	20.00	20.00
	指数	n. a.	n. a.	0.00	n. a.	166.67	125.00
2015	数量	0	0	0	0	1	1
	比例（%）	0.00	0.00	0.00	0.00	20.00	20.00
	指数	n. a.	n. a.	0.00	n. a.	166.67	125.00
2016	数量	0	0	0	0	3	3
	比例（%）	0.00	0.00	0.00	0.00	42.86	42.86
	指数	n. a.	n. a.	0.00	n. a.	500.00	375.00
2017	数量	0	0	0	0	0	0
	比例（%）	0.00	0.00	0.00	0.00	0.00	0.00
	指数	n. a.	n. a.	0.00	n. a.	0.00	0.00

续表

年份	西部地区						
	西北						
		陕西	甘肃	宁夏	青海	新疆	合计
合计	数量	0	0	1	0	6	7
	比例（%）	0.00	0.00	2.08	0.00	12.50	14.58
2011—2015年均值		0.00	0.00	0.20	0.00	0.60	0.80

年份	西部地区							总计
	西南							
		四川	重庆	云南	广西	贵州	西藏	合计	
2005	数量	0	0	0	0	0	0	0	0
	比例（%）	n.a.	n.a.	n.a.	n.a.	n.a.	n.a.	n.a.	n.a.
	指数	0.00	0.00	0.00	n.a.	n.a.	n.a.	0.00	0.00
2006	数量	0	0	0	0	0	0	0	0
	比例（%）	n.a.	n.a.	n.a.	n.a.	n.a.	n.a.	n.a.	n.a.
	指数	0.00	0.00	0.00	n.a.	n.a.	n.a.	0.00	0.00
2007	数量	1	2	0	0	0	0	3	3
	比例（%）	33.33	66.67	0.00	0.00	0.00	0.00	100.00	100.00
	指数	55.56	83.33	0.00	n.a.	n.a.	n.a.	68.18	57.69
2008	数量	0	1	0	0	0	0	1	1
	比例（%）	0.00	100.00	0.00	0.00	0.00	0.00	100.00	100.00
	指数	0.00	41.67	0.00	n.a.	n.a.	n.a.	22.73	19.23
2009	数量	0	5	0	0	0	0	5	5
	比例（%）	0.00	100.00	0.00	0.00	0.00	0.00	100.00	100.00
	指数	0.00	208.33	0.00	n.a.	n.a.	n.a.	113.64	96.15
2010	数量	0	2	0	0	0	0	2	2
	比例（%）	0.00	100.00	0.00	0.00	0.00	0.00	100.00	100.00
	指数	0.00	83.33	0.00	n.a.	n.a.	n.a.	45.45	38.46

年份		西部地区							总计
		西南							
		四川	重庆	云南	广西	贵州	西藏	合计	
2011	数量	4	6	0	0	0	0	10	11
	比例（%）	36.36	54.55	0.00	0.00	0.00	0.00	90.91	100.00
	指数	222.22	250.00	0.00	n.a.	n.a.	n.a.	227.27	211.54
2012	数量	1	3	0	0	0	0	4	5
	比例（%）	20.00	60.00	0.00	0.00	0.00	0.00	80.00	100.00
	指数	55.56	125.00	0.00	n.a.	n.a.	n.a.	90.91	96.15
2013	数量	0	0	0	0	0	0	0	0
	比例（%）	n.a.	n.a.	n.a.	n.a.	n.a.	n.a.	n.a.	n.a.
	指数	0.00	0.00	0.00	0.00	0.00	0.00	0.00	0.00
2014	数量	2	2	0	0	0	0	4	5
	比例（%）	40.00	40.00	0.00	0.00	0.00	0.00	80.00	100.00
	指数	111.11	83.33	0.00	n.a.	n.a.	n.a.	90.91	96.15
2015	数量	2	1	1	0	0	0	4	5
	比例（%）	40.00	20.00	20.00	0.00	0.00	0.00	80.00	100.00
	指数	111.11	41.67	500.00	n.a.	n.a.	n.a.	90.91	96.15
2016	数量	2	2	0	0	0	0	4	7
	比例（%）	28.57	28.57	0.00	0.00	0.00	0.00	57.14	100.00
	指数	111.11	83.33	0.00	n.a.	n.a.	n.a.	90.91	134.62
2017	数量	3	1	0	0	0	0	4	4
	比例（%）	75.00	25.00	0.00	0.00	0.00	0.00	100.00	100.00
	指数	166.67	41.67	0.00	n.a.	n.a.	n.a.	90.91	76.92
合计	数量	15	25	1	0	0	0	41	48
	比例（%）	31.25	52.08	2.08	0.00	0.00	0.00	85.42	100.00
2011—2015 年均值		1.80	2.40	0.20	0.00	0.00	0.00	4.40	5.20

2. 各省市民营企业海外绿地投资金额分布

在环渤海地区民营样本企业的绿地投资金额规模分布中，京津冀仍然占据了投资金额的大部分比例，但是京津冀内部的金额占比却差异较大，北京市占京津冀地区总投资金额规模的98%，其他地区中则以辽宁省民营样本企业绿地投资金额较多。但是通过观察绿地投资金额的变化趋势可以发现，天津市、河北省以及山东省2005—2017年都是呈现波动上升趋势，北京市和辽宁省在2005—2016年间总体波动上涨，但是到了2017年两地均有十分明显的下降，北京市从2016年绿地投资金额264.2亿美元下降至2017年的0.8亿美元；辽宁省2017年则没有民营样本企业进行海外绿地投资。

表5-2-8 中国民营样本企业绿地投资来源地金额——环渤海地区

（单位：百万美元）

年份		环渤海地区							总计
		京津冀地区				其他			
		北京	天津	河北	小计	辽宁	山东	合计	
2005	金额	0.00	10.30	0.00	10.30	1.80	0.00	1.80	12.10
	比例（%）	0.00	85.12	0.00	85.12	14.88	0.00	14.88	100.00
	指数	0.00	82.53	0.00	8.22	0.15	0.00	0.10	0.63
2006	金额	0.00	0.00	0.00	0.00	0.00	0.00	0.00	0.00
	比例（%）	n. a.	n. a.	n. a.	n. a.	n. a.	n. a.	n. a.	n. a.
	指数	0.00	0.00	0.00	0.00	0.00	0.00	0.00	0.00
2007	金额	0.00	200.00	0.00	200.00	0.00	0.00	0.00	200.00
	比例（%）	0.00	100.00	0.00	100.00	0.00	0.00	0.00	100.00
	指数	0.00	1602.56	0.00	159.52	0.00	0.00	0.00	10.45
2008	金额	1.50	0.00	0.00	1.50	0.00	0.00	0.00	1.50
	比例（%）	100.00	0.00	0.00	100.00	0.00	0.00	0.00	100.00
	指数	1.34	0.00	0.00	1.20	0.00	0.00	0.00	0.08
2009	金额	0.00	0.00	0.00	0.00	0.00	121.90	121.90	121.90
	比例（%）	0.00	0.00	0.00	0.00	0.00	100.00	100.00	100.00
	指数	0.00	0.00	0.00	0.00	0.00	19.60	6.82	6.37

续表

年份		环渤海地区							总计
		京津冀地区				其他			
		北京	天津	河北	小计	辽宁	山东	合计	
2010	金额	0.00	0.00	0.00	0.00	0.00	0.00	0.00	0.00
	比例（％）	n.a.	n.a.	n.a.	n.a.	n.a.	n.a.	n.a.	n.a.
	指数	0.00	0.00	0.00	0.00	0.00	0.00	0.00	0.00
2011	金额	226.20	44.90	0.00	271.10	0.00	53.60	53.60	324.70
	比例（％）	69.66	13.83	0.00	83.49	0.00	16.51	16.51	100.00
	指数	202.40	359.78	0.00	216.22	0.00	8.62	3.00	16.97
2012	金额	0.00	0.00	0.00	0.00	537.80	0.00	537.80	537.80
	比例（％）	0.00	0.00	0.00	0.00	100.00	0.00	100.00	100.00
	指数	0.00	0.00	0.00	0.00	46.14	0.00	30.08	28.11
2013	金额	0.00	0.00	0.00	0.00	1164.83	0.00	1164.83	1164.83
	比例（％）	0.00	0.00	0.00	0.00	100.00	0.00	100.00	100.00
	指数	0.00	0.00	0.00	0.00	99.93	0.00	65.16	60.89
2014	金额	300.00	0.00	0.00	300.00	3125.60	3050.00	6175.60	6475.60
	比例（％）	4.63	0.00	0.00	4.63	48.27	47.10	95.37	100.00
	指数	268.43	0.00	0.00	239.27	268.14	490.39	345.47	338.51
2015	金额	32.60	17.50	5.70	55.80	1000.00	6.20	1006.20	1062.00
	比例（％）	3.07	1.65	0.54	5.25	94.16	0.58	94.75	100.00
	指数	29.17	140.22	500.00	44.50	85.79	1.00	56.29	55.52
2016	金额	26422.80	36.20	60.30	26519.30	4298.92	26.20	4325.12	30844.42
	比例（％）	85.66	0.12	0.20	85.98	13.94	0.08	14.02	100.00
	指数	23642.45	290.06	5289.47	21151.14	368.80	4.21	241.95	1612.37
2017	金额	81.20	46.20	71.01	198.41	0.00	1018.40	1018.40	1216.81
	比例（％）	6.67	3.80	5.84	16.31	0.00	83.69	83.69	100.00
	指数	72.66	370.19	6228.95	158.25	0.00	163.74	56.97	63.61
合计	金额	27064.30	355.10	137.01	27556.41	10128.94	4276.30	14405.24	41961.65
	比例（％）	64.50	0.85	0.33	65.67	24.14	10.19	34.33	100.00
2011— 2015 年均值		111.76	12.48	1.14	125.38	1165.65	621.96	1787.61	1912.99

长三角地区中其他区域（江苏、浙江）2005—2017年间的绿地投资金额规模大于上海绿地投资金额规模，且主要集中于浙江，其绿地投资金额规模合计约为111.73亿美元。从绿地投资金额指数的变化趋势可以看出，上海在2014年和2016年绿地投资金额规模出现大幅增长，特别是2014年金额指数达到468.30；江苏2015—2016年的指数水平均较高；浙江2011年的民营样本企业绿地投资金额规模出现较高增长。从总体上看，上海和江苏绿地投资金额规模在2017年均有较大幅度的下滑。

表5-2-9　中国民营样本企业绿地投资来源地金额——长三角地区

（单位：百万美元）

| 年份 | | 长三角地区 | | | | | 总计 |
| | | 上海 | | 其他 | | | |
		上海	小计	江苏	浙江	合计	
2005	金额	0.00	0.00	0.00	43.40	43.40	43.40
	比例（%）	0.00	0.00	0.00	100.00	100.00	100.00
	指数	0.00	0.00	0.00	2.77	2.43	1.27
2006	金额	0.00	0.00	0.00	15.00	15.00	15.00
	比例（%）	0.00	0.00	0.00	100.00	100.00	100.00
	指数	0.00	0.00	0.00	0.96	0.84	0.44
2007	金额	793.40	793.40	508.10	292.50	800.60	1594.00
	比例（%）	49.77	49.77	31.88	18.35	50.23	100.00
	指数	48.57	48.57	231.99	18.65	44.79	46.60
2008	金额	0.00	0.00	124.70	1050.38	1175.08	1175.08
	比例（%）	0.00	0.00	10.61	89.39	100.00	100.00
	指数	0.00	0.00	56.94	66.98	65.75	34.35
2009	金额	58.00	58.00	37.20	148.87	186.07	244.07
	比例（%）	23.76	23.76	15.24	60.99	76.24	100.00
	指数	3.55	3.55	16.98	9.49	10.41	7.13
2010	金额	0.00	0.00	13.80	407.20	421.00	421.00
	比例（%）	0.00	0.00	3.28	96.72	100.00	100.00
	指数	0.00	0.00	6.30	25.97	23.56	12.31

续表

年份		长三角地区					
		上海		其他			总计
		上海	小计	江苏	浙江	合计	
2011	金额	0.00	0.00	298.80	4921.10	5219.90	5219.90
	比例（%）	0.00	0.00	5.72	94.28	100.00	100.00
	指数	0.00	0.00	136.43	313.80	292.06	152.59
2012	金额	2.30	2.30	82.40	320.00	402.40	404.70
	比例（%）	0.57	0.57	20.36	79.07	99.43	100.00
	指数	0.14	0.14	37.62	20.40	22.51	11.83
2013	金额	429.96	429.96	5.19	0.00	5.19	435.15
	比例（%）	98.81	98.81	1.19	0.00	1.19	100.00
	指数	26.32	26.32	2.37	0.00	0.29	12.72
2014	金额	7650.00	7650.00	19.00	679.80	698.80	8348.80
	比例（%）	91.63	91.63	0.23	8.14	8.37	100.00
	指数	468.30	468.30	8.68	43.35	39.10	244.06
2015	金额	85.50	85.50	689.70	1920.34	2610.04	2695.54
	比例（%）	3.17	3.17	25.59	71.24	96.83	100.00
	指数	5.23	5.23	314.91	122.45	146.04	78.80
2016	金额	1046.72	1046.72	712.00	643.60	1355.60	2402.32
	比例（%）	43.57	43.57	29.64	26.79	56.43	100.00
	指数	64.08	64.08	325.09	41.04	75.85	70.23
2017	金额	114.50	114.50	388.86	730.54	1119.40	1233.90
	比例（%）	9.28	9.28	31.51	59.21	90.72	100.00
	指数	7.01	7.01	177.55	46.58	62.63	36.07
合计	金额	10180.38	10180.38	2879.75	11172.73	14052.48	24232.86
	比例（%）	42.01	42.01	11.88	46.11	57.99	100.00
2011—2015 年均值		1633.55	1633.55	219.02	1568.25	1787.27	3420.82

　　珠三角地区中，广东 13 年来的金额合计占了珠三角整体绿地投资金额规模的 89%，其中深圳民营样本企业绿地投资金额规模是广东（不含深

圳）地区的近两倍。从 13 年来这几个地区绿地投资金额指数变化来看，深圳 2011 年、2014 年和 2016 年的指数水平较高，这也体现出深圳民营样本企业绿地投资金额规模在这三年发展较快；广东（不含深圳）从 2014 年才开始有所发展，并在 2016 年得以迅速发展，指数水平达到 3000 以上，发展潜力不容小觑，但在 2017 年，广东（不含深圳）绿地投资金额规模出现急剧下降，指数水平由 2016 年的 3020.86 骤降到 305.55。

表 5-2-10　中国民营样本企业绿地投资来源地金额——珠三角地区

（单位：百万美元）

年份		珠三角地区						总计
		广东			其他			
		深圳	广东（不含深圳）	小计	福建	海南	合计	
2005	金额	0.00	0.00	0.00	0.00	0.00	0.00	0.00
	比例（%）	n. a.	n. a.	n. a.	n. a.	n. a.	n. a.	n. a.
	指数	0.00	0.00	0.00	0.00	0.00	0.00	0.00
2006	金额	0.00	0.00	0.00	0.00	0.00	0.00	0.00
	比例（%）	n. a.	n. a.	n. a.	n. a.	n. a.	n. a.	n. a.
	指数	0.00	0.00	0.00	0.00	0.00	0.00	0.00
2007	金额	0.00	0.00	0.00	0.00	0.00	0.00	0.00
	比例（%）	n. a.	n. a.	n. a.	n. a.	n. a.	n. a.	n. a.
	指数	0.00	0.00	0.00	0.00	0.00	0.00	0.00
2008	金额	0.00	22.80	22.80	5.00	0.00	5.00	27.80
	比例（%）	0.00	82.01	82.01	17.99	0.00	17.99	100.00
	指数	0.00	21.49	2.33	5.99	n. a.	5.99	2.62
2009	金额	70.30	0.00	70.30	478.00	0.00	478.00	548.30
	比例（%）	12.82	0.00	12.82	87.18	0.00	87.18	100.00
	指数	8.07	0.00	7.19	572.73	n. a.	572.73	51.69
2010	金额	304.30	9.90	314.20	0.00	0.00	0.00	314.20
	比例（%）	96.85	3.15	100.00	0.00	0.00	0.00	100.00
	指数	34.93	9.33	32.15	0.00	n. a.	0.00	29.62

续表

年份		珠三角地区						总计
		广东			其他			
		深圳	广东（不含深圳）	小计	福建	海南	合计	
2011	金额	998.79	0.00	998.79	200.00	0.00	200.00	1198.79
	比例（%）	83.32	0.00	83.32	16.68	0.00	16.68	100.00
	指数	114.66	0.00	102.21	239.64	n. a.	239.64	113.02
2012	金额	423.90	0.00	423.90	0.00	0.00	0.00	423.90
	比例（%）	100.00	0.00	100.00	0.00	0.00	0.00	100.00
	指数	48.66	0.00	43.38	0.00	n. a.	0.00	39.97
2013	金额	240.00	0.00	240.00	200.00	0.00	200.00	440.00
	比例（%）	54.55	0.00	54.55	45.45	0.00	45.45	100.00
	指数	27.55	0.00	24.56	239.64	n. a.	239.64	41.48
2014	金额	2157.16	30.00	2187.16	15.30	0.00	15.30	2202.46
	比例（%）	97.94	1.36	99.31	0.69	0.00	0.69	100.00
	指数	247.64	28.27	223.82	18.33	n. a.	18.33	207.65
2015	金额	535.64	500.52	1036.16	2.00	0.00	2.00	1038.16
	比例（%）	51.60	48.21	99.81	0.19	0.00	0.19	100.00
	指数	61.49	471.73	106.03	2.40	n. a.	2.40	97.88
2016	金额	1307.25	3205.25	4512.50	254.60	0.00	254.60	4767.10
	比例（%）	27.42	67.24	94.66	5.34	0.00	5.34	100.00
	指数	150.07	3020.86	461.78	305.06	n. a.	305.06	449.45
2017	金额	2140.56	324.20	2464.76	214.50	145.20	359.70	2824.46
	比例（%）	75.79	11.48	87.26	7.59	5.14	12.74	100.00
	指数	245.73	305.55	252.23	257.01	n. a.	430.98	266.29
合计	金额	8177.90	4092.67	12270.57	1369.40	145.20	1514.60	13785.17
	比例（%）	59.32	29.69	89.01	9.93	1.05	10.99	100.00
2011—2015 年均值		871.10	106.10	977.20	83.46	0.00	83.46	1060.66

　　中部地区中，华北东北只有内蒙古在 2015 年有对外绿地投资项目，金额为 0.45 亿美元，其他省的民营样本企业在 2005—2017 年间均未进行过海外绿地投资；中原华中地区中河南、安徽和江西的民营样本企业在 2015 年左右才开始有海外绿地投资项目，但是不能忽视它们的发展前景，湖北 2009 年和 2012 年的指数水平比较突出，湖南民营样本企业自 2014 年开始海外绿地投资金额不断增长，而且增长速度较高。

表 5-2-11　中国民营样本企业绿地投资来源地金额——中部地区

（单位：百万美元）

年份		中部地区				
		华北东北				
		山西	内蒙古	黑龙江	吉林	合计
2005	金额	0.00	0.00	0.00	0.00	0.00
	比例（%）	n. a.	n. a.	n. a.	n. a.	n. a.
	指数	n. a.	0.00	n. a.	n. a.	0.00
2006	金额	0.00	0.00	0.00	0.00	0.00
	比例（%）	0.00	0.00	0.00	0.00	0.00
	指数	n. a.	0.00	n. a.	n. a.	0.00
2007	金额	0.00	0.00	0.00	0.00	0.00
	比例（%）	0.00	0.00	0.00	0.00	0.00
	指数	n. a.	0.00	n. a.	n. a.	0.00
2008	金额	0.00	0.00	0.00	0.00	0.00
	比例（%）	0.00	0.00	0.00	0.00	0.00
	指数	n. a.	0.00	n. a.	n. a.	0.00
2009	金额	0.00	0.00	0.00	0.00	0.00
	比例（%）	0.00	0.00	0.00	0.00	0.00
	指数	n. a.	0.00	n. a.	n. a.	0.00
2010	金额	0.00	0.00	0.00	0.00	0.00
	比例（%）	0.00	0.00	0.00	0.00	0.00
	指数	n. a.	0.00	n. a.	n. a.	0.00

续表

年份		中部地区				
		华北东北				
		山西	内蒙古	黑龙江	吉林	合计
2011	金额	0.00	0.00	0.00	0.00	0.00
	比例（%）	0.00	0.00	0.00	0.00	0.00
	指数	n. a.	0.00	n. a.	n. a.	0.00
2012	金额	0.00	0.00	0.00	0.00	0.00
	比例（%）	0.00	0.00	0.00	0.00	0.00
	指数	n. a.	0.00	n. a.	n. a.	0.00
2013	金额	0.00	0.00	0.00	0.00	0.00
	比例（%）	n. a.	n. a.	n. a.	n. a.	n. a.
	指数	n. a.	0.00	n. a.	n. a.	0.00
2014	金额	0.00	0.00	0.00	0.00	0.00
	比例（%）	0.00	0.00	0.00	0.00	0.00
	指数	n. a.	0.00	n. a.	n. a.	0.00
2015	金额	0.00	45.10	0.00	0.00	45.10
	比例（%）	0.00	1.43	0.00	0.00	1.43
	指数	n. a.	500.00	n. a.	n. a.	500.00
2016	金额	0.00	0.00	0.00	0.00	0.00
	比例（%）	0.00	0.00	0.00	0.00	0.00
	指数	n. a.	0.00	n. a.	n. a.	0.00
2017	金额	0.00	0.00	0.00	0.00	0.00
	比例（%）	0.00	0.00	0.00	0.00	0.00
	指数	n. a.	0.00	n. a.	n. a.	0.00
合计	金额	0.00	45.10	0.00	0.00	45.10
	比例（%）	0.00	0.42	0.00	0.00	0.42
2011—2015 年均值		0.00	9.02	0.00	0.00	9.02

年份		中部地区						总计
		中原华中						
		河南	安徽	江西	湖北	湖南	合计	
2005	金额	0.00	0.00	0.00	0.00	0.00	0.00	0.00
	比例（%）	n. a.	n. a.	n. a.	n. a.	n. a.	n. a.	n. a.
	指数	0.00	n. a.	0.00	0.00	0.00	0.00	0.00
2006	金额	0.00	0.00	0.00	35.00	130.00	165.00	165.00
	比例（%）	0.00	0.00	0.00	21.21	78.79	100.00	100.00
	指数	0.00	n. a.	0.00	222.10	19.63	23.52	23.22
2007	金额	0.00	0.00	0.00	0.00	76.80	76.80	76.80
	比例（%）	0.00	0.00	0.00	0.00	100.00	100.00	100.00
	指数	0.00	n. a.	0.00	0.00	11.60	10.95	10.81
2008	金额	0.00	0.00	0.00	0.00	93.87	93.87	93.87
	比例（%）	0.00	0.00	0.00	0.00	100.00	100.00	100.00
	指数	0.00	n. a.	0.00	0.00	14.18	13.38	13.21
2009	金额	0.00	0.00	0.00	250.00	0.00	250.00	250.00
	比例（%）	0.00	0.00	0.00	100.00	0.00	100.00	100.00
	指数	0.00	n. a.	0.00	1586.40	0.00	35.64	35.19
2010	金额	0.00	0.00	0.00	0.00	470.00	470.00	470.00
	比例（%）	0.00	0.00	0.00	0.00	100.00	100.00	100.00
	指数	0.00	n. a.	0.00	0.00	70.98	67.00	66.15
2011	金额	0.00	0.00	0.00	0.00	80.00	80.00	80.00
	比例（%）	0.00	0.00	0.00	0.00	100.00	100.00	100.00
	指数	0.00	n. a.	0.00	0.00	12.08	11.40	11.26
2012	金额	0.00	0.00	0.00	78.80	0.00	78.80	78.80
	比例（%）	0.00	0.00	0.00	100.00	0.00	100.00	100.00
	指数	0.00	n. a.	0.00	500.00	0.00	11.23	11.09
2013	金额	0.00	0.00	0.00	0.00	0.00	0.00	0.00
	比例（%）	n. a.	n. a.	n. a.	n. a.	n. a.	n. a.	n. a.
	指数	0.00	n. a.	0.00	0.00	0.00	0.00	0.00

年份		中部地区						总计
		中原华中						
		河南	安徽	江西	湖北	湖南	合计	
2014	金额	0.00	0.00	7.52	0.00	231.00	238.52	238.52
	比例（%）	0.00	0.00	3.15	0.00	96.85	100.00	100.00
	指数	0.00	n. a.	34.98	0.00	34.88	34.00	33.57
2015	金额	10.20	0.00	100.00	0.00	3000.00	3110.20	3155.30
	比例（%）	0.32	0.00	3.17	0.00	95.08	98.57	100.00
	指数	500.00	n. a.	465.02	0.00	453.04	443.36	444.08
2016	金额	2000.00	27.13	491.92	0.00	1817.30	4336.35	4336.35
	比例（%）	46.12	0.63	11.34	0.00	41.91	100.00	100.00
	指数	98039.22	n. a.	2287.51	0.00	274.43	618.15	610.30
2017	金额	14.40	0.00	0.00	2.50	1782.40	1799.30	1799.30
	比例（%）	0.80	0.00	0.00	0.14	99.06	100.00	100.00
	指数	705.88	n. a.	0.00	15.86	269.16	256.49	253.24
合计	金额	2024.60	27.13	599.44	366.30	7681.37	10698.84	10743.94
	比例（%）	18.84	0.25	5.58	3.41	71.49	99.58	100.00
2011—2015 年均值		2.04	0.00	21.50	15.76	662.20	701.50	710.52

　　西部地区民营样本企业绿地投资金额分布与其项目数量规模分布较为一致，主要集中于四川、重庆、新疆，特别是重庆在 2005—2017 年间共计进行了约为 38.69 亿美元的绿地投资，占比整个西部地区的 73.60%，这也主要得益于重庆的民营样本企业进行绿地投资较早，且发展较为稳定。从总体上看，西部地区的民营企业对外绿地投资发展不平衡程度高，主要集中在少数几个省市。

表 5-2-12　中国民营样本企业绿地投资来源地金额——西部地区

（单位：百万美元）

年份		西部地区					
		西北					
		陕西	甘肃	宁夏	青海	新疆	合计
2005	金额	0.00	0.00	0.00	0.00	0.00	0.00
	比例（%）	n. a.	n. a.	n. a.	n. a.	n. a.	n. a.
	指数	n. a.	n. a.	n. a.	n. a.	0.00	0.00
2006	金额	0.00	0.00	0.00	0.00	0.00	0.00
	比例（%）	n. a.	n. a.	n. a.	n. a.	n. a.	n. a.
	指数	n. a.	n. a.	n. a.	n. a.	0.00	0.00
2007	金额	0.00	0.00	0.00	0.00	0.00	0.00
	比例（%）	0.00	0.00	0.00	0.00	0.00	0.00
	指数	n. a.	n. a.	n. a.	n. a.	0.00	0.00
2008	金额	0.00	0.00	0.00	0.00	0.00	0.00
	比例（%）	0.00	0.00	0.00	0.00	0.00	0.00
	指数	n. a.	n. a.	n. a.	n. a.	0.00	0.00
2009	金额	0.00	0.00	0.00	0.00	0.00	0.00
	比例（%）	0.00	0.00	0.00	0.00	0.00	0.00
	指数	n. a.	n. a.	n. a.	n. a.	0.00	0.00
2010	金额	0.00	0.00	0.00	0.00	0.00	0.00
	比例（%）	0.00	0.00	0.00	0.00	0.00	0.00
	指数	n. a.	n. a.	n. a.	n. a.	0.00	0.00
2011	金额	0.00	0.00	0.00	0.00	141.00	141.00
	比例（%）	0.00	0.00	0.00	0.00	19. 16	19. 16
	指数	n. a.	n. a.	n. a.	n. a.	234.05	234.05
2012	金额	0.00	0.00	0.00	0.00	0.00	0.00
	比例（%）	0.00	0.00	0.00	0.00	0.00	0.00
	指数	n. a.	n. a.	n. a.	n. a.	0.00	0.00
2013	金额	0.00	0.00	0.00	0.00	0.00	0.00
	比例（%）	n. a.	n. a.	n. a.	n. a.	n. a.	n. a.
	指数	n. a.	n. a.	n. a.	n. a.	0.00	0.00

续表

年份		西部地区					
		西北					
		陕西	甘肃	宁夏	青海	新疆	合计
2014	金额	0.00	0.00	0.00	0.00	100.00	100.00
	比例（%）	0.00	0.00	0.00	0.00	13.15	13.15
	指数	n. a.	n. a.	n. a.	n. a.	165.99	165.99
2015	金额	0.00	0.00	0.00	0.00	60.22	60.22
	比例（%）	0.00	0.00	0.00	0.00	24.70	24.70
	指数	n. a.	n. a.	n. a.	n. a.	99.96	99.96
2016	金额	0.00	0.00	0.00	0.00	223.90	223.90
	比例（%）	0.00	0.00	0.00	0.00	87.29	87.29
	指数	n. a.	n. a.	n. a.	n. a.	371.66	371.66
2017	金额	0.00	0.00	0.00	0.00	0.00	0.00
	比例（%）	0.00	0.00	0.00	0.00	0.00	0.00
	指数	n. a.	n. a.	n. a.	n. a.	0.00	0.00
合计	金额	0.00	0.00	0.00	0.00	525.12	525.12
	比例（%）	0.00	0.00	0.00	0.00	9.99	9.99
2011—2015 年均值		0.00	0.00	0.00	0.00	60.24	60.24

年份		西部地区							总计
		西南							
		四川	重庆	云南	广西	贵州	西藏	合计	
2005	金额	0.00	0.00	0.00	0.00	0.00	0.00	0.00	0.00
	比例（%）	n. a.	n. a.	n. a.	n. a.	n. a.	n. a.	n. a.	n. a.
	指数	0.00	0.00	0.00	0.00	0.00	0.00	0.00	0.00
2006	金额	0.00	0.00	0.00	0.00	0.00	0.00	0.00	0.00
	比例（%）	n. a.	n. a.	n. a.	n. a.	n. a.	n. a.	n. a.	n. a.
	指数	0.00	0.00	0.00	0.00	0.00	0.00	0.00	0.00

续表

年份		西部地区							总计
		西南							
		四川	重庆	云南	广西	贵州	西藏	合计	
2007	金额	10.00	220.29	0.00	0.00	0.00	0.00	230.29	230.29
	比例（%）	4.34	95.66	0.00	0.00	0.00	0.00	100.00	100.00
	指数	7.18	52.82	0.00	n.a.	n.a.	n.a.	40.06	36.26
2008	金额	0.00	1000.00	0.00	0.00	0.00	0.00	1000.00	1000.00
	比例（%）	0.00	100.00	0.00	0.00	0.00	0.00	100.00	100.00
	指数	0.00	239.75	0.00	n.a.	n.a.	n.a.	173.94	157.44
2009	金额	0.00	154.60	0.00	0.00	0.00	0.00	154.60	154.60
	比例（%）	0.00	100.00	0.00	0.00	0.00	0.00	100.00	100.00
	指数	0.00	37.07	0.00	n.a.	n.a.	n.a.	26.89	24.34
2010	金额	0.00	238.00	0.00	0.00	0.00	0.00	238.00	238.00
	比例（%）	0.00	100.00	0.00	0.00	0.00	0.00	100.00	100.00
	指数	0.00	57.06	0.00	n.a.	n.a.	n.a.	41.40	37.47
2011	金额	63.40	531.57	0.00	0.00	0.00	0.00	594.97	735.97
	比例（%）	8.61	72.23	0.00	0.00	0.00	0.00	80.84	100.00
	指数	45.49	127.45	0.00	n.a.	n.a.	n.a.	103.49	115.87
2012	金额	73.40	1362.00	0.00	0.00	0.00	0.00	1435.40	1435.40
	比例（%）	5.11	94.89	0.00	0.00	0.00	0.00	100.00	100.00
	指数	52.67	326.54	0.00	n.a.	n.a.	n.a.	249.68	226.00
2013	金额	0.00	0.00	0.00	0.00	0.00	0.00	0.00	0.00
	比例（%）	n.a.	n.a.	n.a.	n.a.	n.a.	n.a.	n.a.	n.a.
	指数	0.00	0.00	0.00	0.00	0.00	0.00	0.00	0.00
2014	金额	510.00	150.51	0.00	0.00	0.00	0.00	660.51	760.51
	比例（%）	67.06	19.79	0.00	0.00	0.00	0.00	86.85	100.00
	指数	365.96	36.08	0.00	n.a.	n.a.	n.a.	114.89	119.74
2015	金额	50.00	41.40	92.22	0.00	0.00	0.00	183.62	243.84
	比例（%）	20.51	16.98	37.82	0.00	0.00	0.00	75.30	100.00
	指数	35.88	9.93	500.00	n.a.	n.a.	n.a.	31.94	38.39

年份		西部地区							总计
		西南							
		四川	重庆	云南	广西	贵州	西藏	合计	
2016	金额	11.80	20.80	0.00	0.00	0.00	0.00	32.60	256.50
	比例（%）	4.60	8.11	0.00	0.00	0.00	0.00	12.71	100.00
	指数	8.47	4.99	0.00	n. a.	n. a.	n. a.	5.67	40.38
2017	金额	51.60	150.00	0.00	0.00	0.00	0.00	201.60	201.60
	比例（%）	25.60	74.40	0.00	0.00	0.00	0.00	100.00	100.00
	指数	37.03	35.96	0.00	n. a.	n. a.	n. a.	35.07	31.74
合计	金额	770.20	3869.17	92.22	0.00	0.00	0.00	4731.59	5256.71
	比例（%）	14.65	73.60	1.75	0.00	0.00	0.00	90.01	100.00
2011—2015 年均值		139.36	417.10	18.44	0.00	0.00	0.00	574.90	635.14

综合观察按照来源地划分的我国民营样本企业绿地投资项目数量和金额分布情况，可看出在绿地投资项目数量上，排名前 5 位的的分别是广东、浙江、江苏、湖南和重庆；在绿地投资金额上，排名前 5 位的分别是北京、浙江、辽宁、上海和广东。项目数量和金额的排序有很大不同，这表明不同地区民营样本企业平均绿地投资金额规模有较大差异。根据统计测算，北京民营样本企业平均投资金额规模最大，平均绿地投资金额约为 16.86 亿美元；其次是河南，虽然项目数量只有 3 个，但其金额合计却达 20.1 亿美元，平均每个项目约为 6.7 亿美元；第三位是辽宁，其项目的平均金额规模约为 5.95 亿美元；第四位和第五位是上海与湖南，平均金额分别约为 4.57 亿美元和 2.45 亿美元。

第三节　民营企业海外绿地投资标的国（地区）别指数

本节对我国民营样本企业海外绿地投资项目数量与金额规模按照投资

标的国（地区）进行划分，其中根据标的国（地区）的经济发展水平不同，将标的国（地区）分为发达经济体、发展中经济体和转型经济体三大类型，本节将针对这三类经济体以及其细分国家（地区）所接受的我国民营样本企业海外直接投资的项目数量与金额规模进行统计分析。

一、民营企业海外绿地投资项目数量和金额在不同经济体的分布

1. 民营企业海外绿地项目数量在不同经济体的分布

我国民营样本企业对于发达经济体的绿地投资项目数量在所有的经济体中最多，在2005—2017年间共计达到326件，占比所有经济体接受绿地投资项目数量的54.24%；其次是发展中经济体，占比总项目数量的39.93%；转型经济体所接受的绿地投资数量最少，13年间仅有35件。

在发达经济体中，欧洲的标的国（地区）接受了我国民营样本企业总计177件绿地投资项目，在发达经济体所接受的项目总数中占比54.29%，北美洲和其他发达经济体占比则较为平均，分别为发达经济体所接受总绿地投资的23.62%和22.09%。从指数变化趋势上看，发达经济体接受我国民营样本企业绿地投资项目数量于2016年出现较快增长，并且在2017年继续保持原有增势，在2005—2015年间增势较为稳定。单独观察发达经济体各大洲所接受的绿地投资项目数量又可发现，欧洲2017年所接受绿地投资项目数量增势明显变缓，不及北美洲和其他发达经济体项目数量指数变化的增势。

发展中经济体以亚洲国家接受的绿地投资项目数量为主，共计128件，占整个发展中经济体的53.33%；非洲与拉丁美洲和加勒比海地区的发展中国家所接受的绿地投资项目数量较为平均。但是通过项目指数变化图可以看出，我国民营样本企业对于发展中经济体的投资项目数量在2017年出现显著下滑，不同于发达经济体所接受绿地投资项目数量的继续上升。特别是对亚洲国家的绿地投资项目数量下降快于对非洲发展中国家的绿地投资，而拉丁美洲和加勒比海地区发展中国家接受的绿地投资项目数量却多于2016年的项目数。

　　我国民营样本企业对于转型经济体的绿地投资项目数量集中于独联体国家，占比整个转型经济体所接受绿地投资数量的 97.14%。自 2014 年以来独联体国家接受绿地投资项目数量持续上升，而 2017 年出现下滑。但从总体来看，独联体国家所接受我国民营样本企业绿地投资项目数量在近年来呈现出增长趋势。

表 5-3-1　中国民营企业绿地投资项目数量在不同经济体的分布及其指数汇总表

（单位：件）

年份	发达经济体							
	欧洲				北美洲			
	项目数	同比增长（%）	占比（%）	指数	项目数	同比增长（%）	占比（%）	指数
2005	2	—	100.00	12.20	0	—	0.00	0.00
2006	0	−100.0	0.00	0.00	1	n. a.	100.00	13.16
2007	2	n. a.	50.00	12.20	2	100.0	50.00	26.32
2008	17	750.0	80.95	103.66	1	−50.0	4.76	13.16
2009	6	−64.7	42.86	36.59	2	100.0	14.29	26.32
2010	8	33.3	66.67	48.78	3	50.0	25.00	39.47
2011	21	162.5	52.50	128.05	7	133.3	17.50	92.11
2012	14	−33.3	63.64	85.37	3	−57.1	13.64	39.47
2013	17	21.4	53.13	103.66	10	233.3	31.25	131.58
2014	17	0.0	54.84	103.66	8	−20.0	25.81	105.26
2015	13	−23.5	46.43	79.27	10	25.0	35.71	131.58
2016	30	130.8	58.82	182.93	11	10.0	21.57	144.74
2017	30	0.0	44.12	182.93	19	72.7	27.94	250.00
合计	177		54.29		77		23.62	
2011—2015 年均值	16.40			100.00	7.60			100.00

年份	发达经济体							
	其他发达经济体				合计			
	项目数	同比增长（%）	占比（%）	指数	项目数	同比增长（%）	占比（%）	指数
2005	0	—	0.00	0.00	2	—	50.00	6.54
2006	0	n. a.	0.00	0.00	1	−50.0	25.00	3.27

续表

年份	发达经济体							
	其他发达经济体				合计			
	项目数	同比增长（%）	占比（%）	指数	项目数	同比增长（%）	占比（%）	指数
2007	0	n. a.	0.00	0.00	4	300.0	26.67	13.07
2008	3	n. a.	14.29	45.45	21	425.0	65.63	68.63
2009	6	100.0	42.86	90.91	14	−33.3	58.33	45.75
2010	1	−83.3	8.33	15.15	12	−14.3	63.16	39.22
2011	12	1100.0	30.00	181.82	40	233.3	66.67	130.72
2012	5	−58.3	22.73	75.76	22	−45.0	50.00	71.90
2013	5	0.0	15.63	75.76	32	45.5	71.11	104.58
2014	6	20.0	19.35	90.91	31	−3.1	55.36	101.31
2015	5	−16.7	17.86	75.76	28	−9.7	43.08	91.50
2016	10	100.0	19.61	151.52	51	82.1	42.86	166.67
2017	19	90.0	27.94	287.88	68	33.3	59.65	222.22
合计	72		22.09		326		54.24	
2011—2015 年均值	6.60			100.00	30.60			100.00

年份	发展中经济体							
	非洲				亚洲			
	项目数	同比增长（%）	占比（%）	指数	项目数	同比增长（%）	占比（%）	指数
2005	0	—	0.00	0.00	2	—	100.00	21.74
2006	0	n. a.	0.00	0.00	2	0.0	100.00	21.74
2007	2	n. a.	22.22	58.82	7	250.0	77.78	76.09
2008	0	−100.0	0.00	0.00	8	14.3	80.00	86.96
2009	2	n. a.	22.22	58.82	7	−12.5	77.78	76.09
2010	0	−100.0	0.00	0.00	2	−71.4	50.00	21.74
2011	4	n. a.	22.22	117.65	5	150.0	27.78	54.35
2012	7	75.0	35.00	205.88	6	20.0	30.00	65.22
2013	2	−71.4	16.67	58.82	6	0.0	50.00	65.22
2014	2	0.0	8.70	58.82	9	50.0	39.13	97.83

年份	发展中经济体							
	非洲				亚洲			
	项目数	同比增长（%）	占比（%）	指数	项目数	同比增长（%）	占比（%）	指数
2015	2	0.0	6.45	58.82	20	122.2	64.52	217.39
2016	16	700.0	26.67	470.59	37	85.0	61.67	402.17
2017	14	−12.5	35.00	411.76	17	−54.1	42.50	184.78
合计	51		21.25		128		53.33	
2011—2015 年均值	3.40			100.00	9.20			100.00

年份	发展中经济体							
	拉丁美洲和加勒比海地区				合计			
	项目数	同比增长（%）	占比（%）	指数	项目数	同比增长（%）	占比（%）	指数
2005	0	—	0.00	0.00	2	—	50.00	9.62
2006	0	n. a.	0.0	0.00	2	0.0	50.00	9.62
2007	0	n. a.	0.00	0.00	9	350.0	60.00	43.27
2008	2	n. a.	20.00	24.39	10	11.1	31.25	48.08
2009	0	−100.0	0.00	0.00	9	−10.0	37.50	43.27
2010	2	n. a.	50.00	24.39	4	−55.6	21.05	19.23
2011	9	350.0	50.00	109.76	18	350.0	30.00	86.54
2012	7	−22.2	35.00	85.37	20	11.1	45.45	96.15
2013	4	−42.9	33.33	48.78	12	−40.0	26.67	57.69
2014	12	200.0	52.17	146.34	23	91.7	41.07	110.58
2015	9	−25.0	29.03	109.76	31	34.8	47.69	149.04
2016	7	−22.2	11.67	85.37	60	93.6	50.42	288.46
2017	9	28.6	22.50	109.76	40	−33.3	35.09	192.31
合计	61		25.42		240		39.93	
2011—2015 年均值	8.20			100.00	20.80			100.00

续表

年份	转型经济体											
	东南欧				独联体国家				合计			
	项目数	同比增长（%）	占比（%）	指数	项目数	同比增长（%）	占比（%）	指数	项目数	同比增长（%）	占比（%）	指数
2005	0	—	n. a.	n. a.	0	—	n. a.	0.00	0	—	0.00	0.00
2006	0	n. a.	0.00	n. a.	1	n. a.	100.00	38.46	1	n. a.	25.00	38.46
2007	0	n. a.	0.00	n. a.	2	100.0	100.00	76.92	2	100.0	13.33	76.92
2008	0	n. a.	0.00	n. a.	1	−50.0	100.00	38.46	1	−50.0	3.13	38.46
2009	0	n. a.	0.00	n. a.	1	0.0	100.00	38.46	1	0.0	4.17	38.46
2010	0	n. a.	0.00	n. a.	3	200.0	100.00	115.38	3	200.0	15.79	115.38
2011	0	n. a.	0.00	n. a.	2	−33.3	100.00	76.92	2	−33.3	3.33	76.92
2012	0	n. a.	0.00	n. a.	2	0.0	100.00	76.92	2	0.0	4.55	76.92
2013	0	n. a.	0.00	n. a.	1	−50.0	100.00	38.46	1	−50.0	2.22	38.46
2014	0	n. a.	0.00	n. a.	2	100.0	100.00	76.92	2	100.0	3.57	76.92
2015	0	n. a.	0.00	n. a.	6	200.0	100.00	230.77	6	200.0	9.23	230.77
2016	1	n. a.	12.50	n. a.	7	16.7	87.50	269.23	8	33.3	6.72	307.69
2017	0	−100.0	0.00	n. a.	6	−14.3	100.00	230.77	6	−25.0	5.26	230.77
合计	1		2.86		34		97.14		35		5.82	
2011—2015年均值	0.00			100.00	2.60			100.00	2.60			100.00

年份	总计			
	项目数	同比增长（%）	占比（%）	指数
2005	4	—	100.00	7.41
2006	4	0.0	100.00	7.41
2007	15	275.0	100.00	27.78
2008	32	113.3	100.00	59.26
2009	24	−25.0	100.00	44.44
2010	19	−20.8	100.00	35.19
2011	60	215.8	100.00	111.11
2012	44	−26.7	100.00	81.48
2013	45	2.3	100.00	83.33

年份	总计			
	项目数	同比增长（%）	占比（%）	指数
2014	56	24.4	100.00	103.70
2015	65	16.1	100.00	120.37
2016	119	83.1	100.00	220.37
2017	114	-4.2	100.00	211.11
合计	601		100.00	
2011—2015 年均值	54.00			100.00

2. 民营企业海外绿地投资金额在不同经济体的分布

我国民营样本企业对于不同经济体的绿地投资金额分布与项目数量分布有较大的差异，主要体现在发达经济体与发展中经济体。根据统计，民营样本企业对于发达经济体的绿地投资金额占比绿地投资金额总量的29.62%，共约 284.3 亿美元；对于发展中经济体的绿地投资金额则在 13 年间高达 644.9 亿美元，相当于发达经济体总接受金额规模的 2.3 倍，占整个金额规模的 67.19%。结合我国民营样本企业对于发达经济体和发展中经济体绿地投资项目数量可看出，发达经济体接受的绿地投资平均金额规模相对于发展中经济体来说较小。

欧洲的发达国家依然是发达经济体中接受我国民营样本企业绿地投资金额规模最大的地区，占整个发达经济体总金额规模的 43.1%，13 年间绿地投资金额共计约 122.6 亿美元；北美洲次之，在发达经济体所接受的绿地投资金额规模中占比 30.91%；其他发达经济体所接受的绿地投资金额规模最少，占比 25.99%。从绿地投资的金额指数变化趋势来看，发达经济体所接受的我国民营样本企业绿地投资金额规模自 2014 年出现较大幅度增长后，开始出现大起大落的变化趋势，稳定性较差。

在发展中经济体中，2005—2017 年间亚洲发展中国家是接受我国民营样本企业绿地投资金额最多的地区，共计约 340.9 亿美元，在发展中经济体接受绿地投资金额规模中占比 52.78%，超过整个发达经济体所接受的绿地投

资金额规模；其次是非洲的发展中经济体，13 年间共计接受约 232.0 亿美元
的绿地投资；拉丁美洲和加勒比海地区则接受了约 71.9 亿美元的投资。我
国民营样本企业对于发展中经济体的绿地投资金额规模大于发达经济体并
不是某一年份投资金额突增导致的，而是在大部分年份都保持了较高的绿
地投资金额。其中，在 2014 年、2016 年实现绿地投资金额的快速增长，
在 2016 年单年度发展中经济体共计接受了约 353.9 亿美元的投资金额。

　　相比于对发达国家和发展中国家的绿地投资金额规模变化来说，民营
样本企业对转型经济体的投资金额规模变化在 2005—2017 年间波动性较
高，增长趋势不明显。

表 5-3-2　中国民营企业绿地投资金额在不同经济体的分布及其指数汇总表

（单位：百万美元）

| 年份 | 发达经济体 | | | | | | | |
| | 欧洲 | | | | 北美洲 | | | |
	金额	同比增长（%）	占比（%）	指数	金额	同比增长（%）	占比（%）	指数
2005	5.50	—	100.00	0.53	0.00	—	0.00	0.00
2006	0.00	−100.0	0.00	0.00	60.00	n. a.	100.00	5.40
2007	50.40	n. a.	59.36	4.89	34.50	−42.5	40.64	3.11
2008	654.98	1199.6	98.75	63.59	3.50	−89.9	0.53	0.32
2009	487.67	−25.5	81.13	47.35	14.30	308.6	2.38	1.29
2010	212.40	−56.4	46.65	20.62	210.60	1372.7	46.26	18.96
2011	1120.99	427.8	64.71	108.84	195.67	−7.1	11.30	17.61
2012	414.90	−63.0	100.00	40.28	0.00	−100.0	0.00	0.00
2013	1365.01	229.0	68.25	132.53	205.00	n. a.	10.25	18.45
2014	1953.50	43.1	18.37	189.67	4526.30	2108.0	42.57	407.42
2015	295.39	−84.9	14.43	28.68	627.80	−86.1	30.67	56.51
2016	4800.01	1525.0	70.51	466.04	1671.40	166.2	24.55	150.45
2017	894.74	−81.4	30.55	86.87	1239.91	−25.8	42.34	111.61
合计	12255.49		43.10		8788.98		30.91	
2011—2015 年均值	1029.96			100.00	1110.95			100.00

续表

年份	发达经济体							
	其他发达经济体				合计			
	金额	同比增长（%）	占比（%）	指数	金额	同比增长（%）	占比（%）	指数
2005	0.00	—	0.00	0.00	5.50	—	9.91	0.16
2006	0.00	n.a.	0.00	0.00	60.00	990.9	33.33	1.78
2007	0.00	n.a.	0.00	0.00	84.90	41.5	4.04	2.52
2008	4.80	n.a.	0.72	0.39	663.28	681.2	28.86	19.71
2009	99.10	1964.6	16.49	8.09	601.07	−9.4	45.57	17.86
2010	32.30	−67.4	7.09	2.64	455.30	−24.3	31.55	13.53
2011	415.60	1186.7	23.99	33.94	1732.26	280.5	22.92	51.47
2012	0.00	−100.0	0.00	0.00	414.90	−76.0	14.40	12.33
2013	429.96	n.a.	21.50	35.11	1999.97	382.0	98.04	59.43
2014	4153.30	866.0	39.06	339.18	10633.10	431.7	58.99	315.95
2015	1123.66	−72.9	54.90	91.76	2046.85	−80.8	24.98	60.82
2016	336.10	−70.1	4.94	27.45	6807.51	232.6	15.98	202.28
2017	793.90	136.2	27.11	64.83	2928.55	−57.0	40.25	87.02
合计	7388.72		25.99		28433.19		29.62	
2011—2015 年均值	1224.50		100.00		3365.42			100.00

年份	发展中经济体							
	非洲				亚洲			
	金额	同比增长（%）	占比（%）	指数	金额	同比增长（%）	占比（%）	指数
2005	0.00	—	0.00	0.00	50.00	—	100.00	1.56
2006	0.00	n.a.	0.00	0.00	85.00	70.0	100.00	2.66
2007	59.90	n.a.	3.74	81.12	1542.69	1714.9	96.26	48.28
2008	0.00	−100.0	0.00	0.00	129.77	−91.6	7.96	4.06
2009	117.60	n.a.	16.51	159.25	594.50	358.1	83.49	18.60
2010	0.00	−100.0	0.00	0.00	270.00	−54.6	56.10	8.45
2011	139.20	n.a.	2.57	188.50	4560.60	1589.1	84.14	142.72

年份	发展中经济体							
	非洲				亚洲			
	金额	同比增长 （%）	占比 （%）	指数	金额	同比增长 （%）	占比 （%）	指数
2012	171.90	23.5	6.97	232.79	1544.00	−66.1	62.62	48.32
2013	0.00	−100.0	0.00	0.00	20.00	−98.7	50.00	0.63
2014	18.32	n.a.	0.27	24.81	4930.00	24550.0	73.12	154.28
2015	39.80	117.2	0.67	53.90	4922.40	−0.2	82.85	154.05
2016	21676.20	54362.8	61.26	29353.81	13112.68	166.4	37.06	410.36
2017	982.00	−95.5	25.00	1329.82	2329.70	−82.0	59.31	72.91
合计	23204.92		35.98		34091.34		52.87	
2011— 2015年均值	73.84			100.00	3195.40			100.00

年份	发展中经济体							
	拉丁美洲和加勒比海地区				合计			
	金额	同比增长 （%）	占比 （%）	指数	金额	同比增长 （%）	占比 （%）	指数
2005	0.00	—	0.00	0.00	50.00	—	90.09	1.21
2006	0.00	n.a.	0.00	0.00	85.00	70.0	47.22	2.06
2007	0.00	n.a.	0.00	0.00	1602.59	1785.4	76.27	38.88
2008	1500.00	n.a.	92.04	175.89	1629.77	1.7	70.91	39.54
2009	0.00	−100.0	0.00	0.00	712.10	−56.3	53.99	17.28
2010	211.30	n.a.	43.90	24.78	481.30	−32.4	33.35	11.68
2011	720.50	620.5	13.29	84.49	5420.30	1026.2	71.70	131.50
2012	749.80	649.5	30.41	87.92	2465.70	−54.5	85.60	59.82
2013	20.00	−80.0	50.00	2.35	40.00	−98.4	1.96	0.97
2014	1794.47	1694.5	26.61	210.42	6742.79	16757.0	37.41	163.58
2015	979.17	879.2	16.48	114.82	5941.37	−11.9	72.50	144.14
2016	597.20	497.2	1.69	70.03	35386.08	495.6	83.05	858.46
2017	616.49	516.5	15.69	72.29	3928.19	−88.9	53.99	95.30
合计	7188.92		11.15		64485.18		67.19	
2011— 2015年均值	852.79			100.00	4122.03			100.00

续表

年份	转型经济体											
	东南欧				独联体国家				合计			
	金额	同比增长(%)	占比(%)	指数	金额	同比增长(%)	占比(%)	指数	金额	同比增长(%)	占比(%)	指数
2005	0.00	—	n.a.	n.a.	0.00	—	n.a.	0.00	0.00	—	0.00	0.00
2006	0.00	n.a.	0.00	n.a.	35.00	n.a.	100.00	13.85	35.00	n.a.	19.44	13.85
2007	0.00	n.a.	0.00	n.a.	413.60	1081.7	100.00	163.68	413.60	1081.7	19.69	163.68
2008	0.00	n.a.	0.00	n.a.	5.20	-98.7	100.00	2.06	5.20	-98.7	0.23	2.06
2009	0.00	n.a.	0.00	n.a.	5.70	9.6	100.00	2.26	5.70	9.6	0.43	2.26
2010	0.00	n.a.	0.00	n.a.	506.60	8787.7	100.00	200.49	506.60	8787.7	35.10	200.49
2011	0.00	n.a.	0.00	n.a.	406.80	-19.7	100.00	160.99	406.80	-19.7	5.38	160.99
2012	0.00	n.a.	n.a.	n.a.	0.00	-100.0	n.a.	0.00	0.00	-100.0	0.00	0.00
2013	0.00	n.a.	0.00	n.a.	0.00	n.a.	0.00	0.00	0.00	n.a.	0.00	0.00
2014	0.00	n.a.	0.00	n.a.	650.00	n.a.	100.00	257.24	650.00	n.a.	3.61	257.24
2015	0.00	n.a.	0.00	n.a.	206.62	-68.2	100.00	81.77	206.62	-68.2	2.52	81.77
2016	13.00	n.a.	3.15	n.a.	400.10	93.6	96.85	158.34	413.10	99.9	0.97	163.48
2017	0.00	-100.0	0.00	n.a.	419.33	4.8	100.00	165.95	419.33	1.5	5.76	165.95
合计	13.00		0.42		3048.95		99.58		3061.95		3.19	
2011—2015 年均值	0.00			100.00	252.68			100.00	252.68			100.00

年份	总计			
	金额	同比增长(%)	占比(%)	指数
2005	55.50		100.00	0.72
2006	180.00	224.3	100.00	2.33
2007	2101.09	1067.3	100.00	27.15
2008	2298.25	9.4	100.00	29.69
2009	1318.87	-42.6	100.00	17.04
2010	1443.20	9.4	100.00	18.65
2011	7559.36	423.8	100.00	97.66
2012	2880.60	-61.9	100.00	37.22
2013	2039.97	-29.2	100.00	26.36
2014	18025.89	783.6	100.00	232.89
2015	8194.84	-54.5	100.00	105.87

续表

年份	总计			
	金额	同比增长（%）	占比（%）	指数
2016	42606.69	419.9	100.00	550.46
2017	7276.07	-82.9	100.00	94.00
合计	95980.33		100.00	
2011—2015年均值	7740.13			100.00

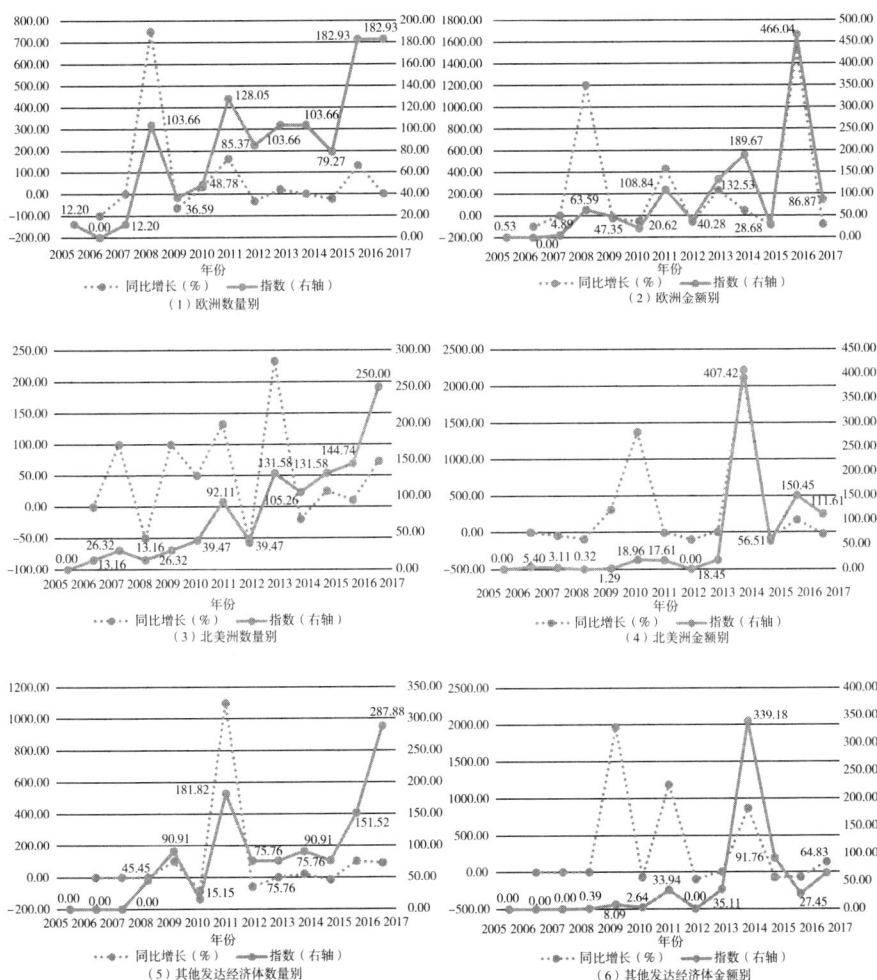

图5-3-1 2005—2017年发达经济体绿地投资项目数量和金额指数走势图

（7）发达经济体合计数量别

（8）发达经济体合计金额别

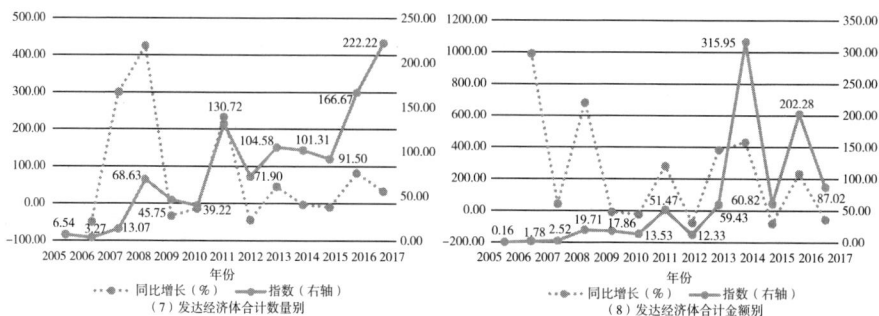

图 5-3-1　2005—2017 年发达经济体绿地投资项目数量和金额指数走势图（续图）

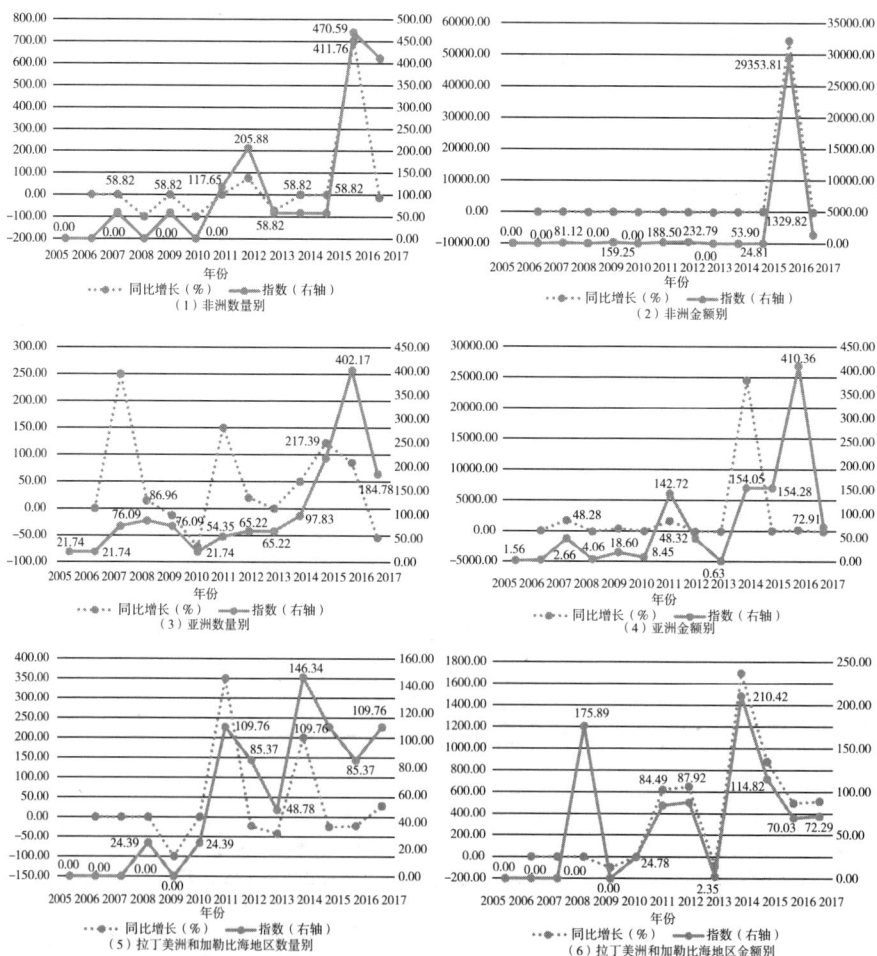

（1）非洲数量别

（2）非洲金额别

（3）亚洲数量别

（4）亚洲金额别

（5）拉丁美洲和加勒比海地区数量别

（6）拉丁美洲和加勒比海地区金额别

图 5-3-2　2005—2017 年发展中经济体绿地投资项目数量和金额指数走势图

（7）发展中经济体合计数量别

（8）发展中经济体合计金额别

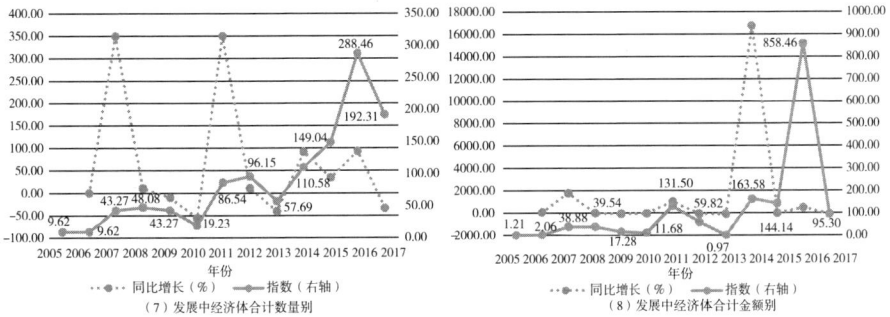

图 5-3-2　2005—2017 年发展中经济体绿地投资项目数量和金额指数走势图（续图）

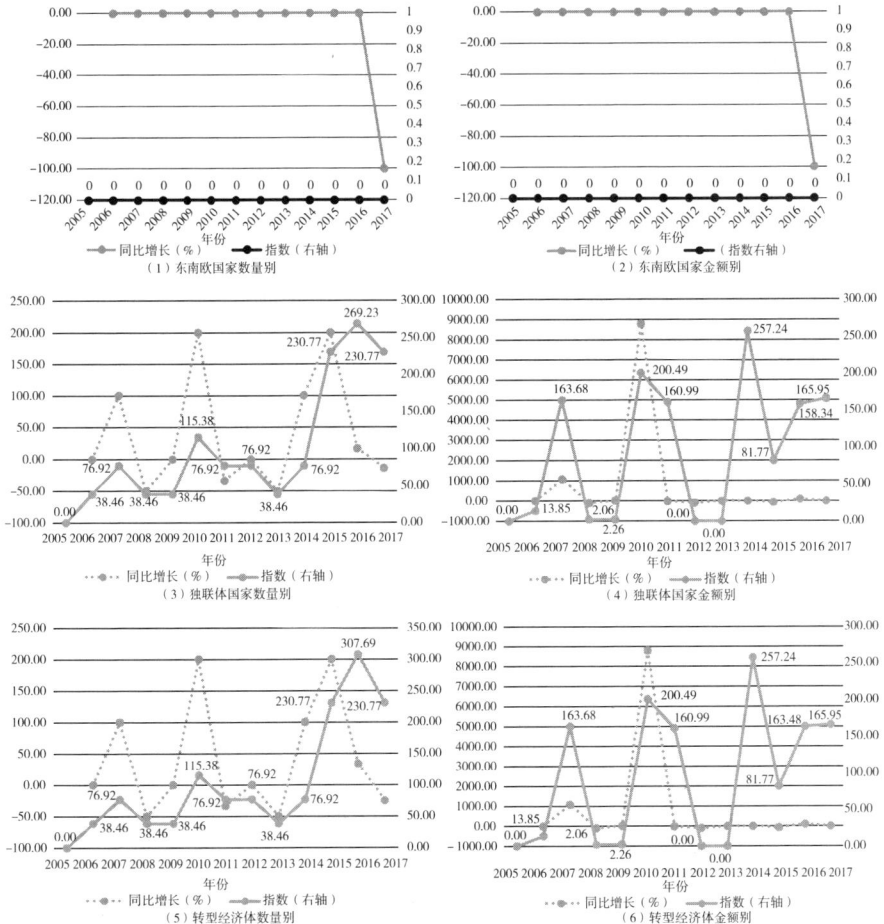

（1）东南欧国家数量别

（2）东南欧国家金额别

（3）独联体国家数量别

（4）独联体国家金额别

（5）转型经济体数量别

（6）转型经济体金额别

图 5-3-3　2005—2017 年转型经济体绿地投资项目数量和金额指数走势图

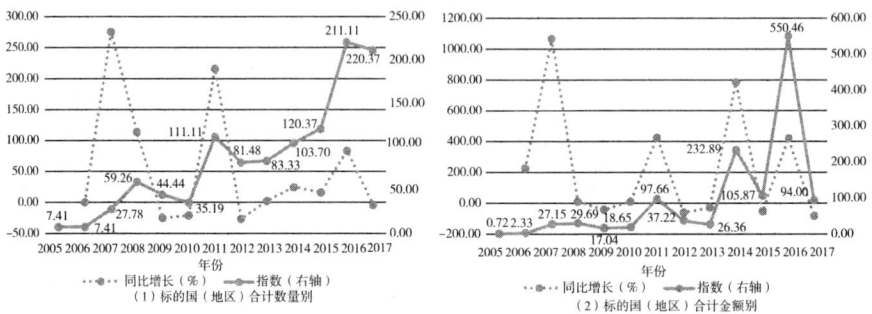

图 5-3-4　2005—2017 年绿地投资标的国（地区）项目数量和金额指数走势图

二、民营企业海外绿地投资项目数量和金额的标的国（地区）别分布

1. 民营企业海外绿地投资项目数量的标的国（地区）别分布

在欧洲，德国是主要的绿地投资标的国，2005—2017 年间共计接受了 37 个绿地投资项目，占欧洲总体投资数量的 20.9%。自 2008 年开始，民营样本企业对德国的绿地投资就呈现稳定增长的趋势，这与我国向来与欧洲国家经贸往来密切有关，特别是中德两国不断实施互利互惠的贸易和投资政策，也使我国民营企业特别是中小企业对其投资的热情高涨。

表 5-3-3　中国民营样本企业绿地投资标的国（地区）的项目数量指数——欧洲

（单位：件）

年份		奥地利	比利时	保加利亚	克罗地亚	捷克共和国	丹麦	芬兰
2005	数量	0	1	0	0	0	0	0
	比例（%）	0.00	50.00	0.00	0.00	0.00	0.00	0.00
	指数	0.00	166.67	0.00	n. a.	n. a.	0.00	0.00
2006	数量	0	0	0	0	0	0	0
	比例（%）	0.00	0.00	0.00	0.00	0.00	0.00	0.00
	指数	0.00	0.00	0.00	n. a.	n. a.	0.00	0.00
2007	数量	0	1	0	0	0	0	0
	比例（%）	0.00	25.00	0.00	0.00	0.00	0.00	0.00
	指数	0.00	166.67	0.00	n. a.	n. a.	0.00	0.00

续表

年份		奥地利	比利时	保加利亚	克罗地亚	捷克共和国	丹麦	芬兰
2008	数量	0	0	0	0	0	0	0
	比例（%）	0.00	0.00	0.00	0.00	0.00	0.00	0.00
	指数	0.00	0.00	0.00	n.a.	n.a.	0.00	0.00
2009	数量	0	0	0	0	0	0	0
	比例（%）	0.00	0.00	0.00	0.00	0.00	0.00	0.00
	指数	0.00	0.00	0.00	n.a.	n.a.	0.00	0.00
2010	数量	0	2	0	1	0	0	0
	比例（%）	0.00	16.67	0.00	8.33	0.00	0.00	0.00
	指数	0.00	333.33	0.00	n.a.	n.a.	0.00	0.00
2011	数量	1	1	0	0	0	0	0
	比例（%）	2.50	2.50	0.00	0.00	0.00	0.00	0.00
	指数	250.00	166.67	0.00	n.a.	n.a.	0.00	0.00
2012	数量	1	0	3	0	0	0	1
	比例（%）	4.55	0.00	13.64	0.00	0.00	0.00	4.55
	指数	250.00	0.00	500.00	n.a.	n.a.	0.00	500.00
2013	数量	0	0	0	0	0	1	0
	比例（%）	0.00	0.00	0.00	0.00	0.00	3.13	0.00
	指数	0.00	0.00	0.00	n.a.	n.a.	500.00	0.00
2014	数量	0	0	0	0	0	0	0
	比例（%）	0.00	0.00	0.00	0.00	0.00	0.00	0.00
	指数	0.00	0.00	0.00	n.a.	n.a.	0.00	0.00
2015	数量	0	2	0	0	0	0	0
	比例（%）	0.00	7.14	0.00	0.00	0.00	0.00	0.00
	指数	0.00	333.33	0.00	n.a.	n.a.	0.00	0.00
2016	数量	1	0	0	0	0	0	1
	比例（%）	1.96	0.00	0.00	0.00	0.00	0.00	1.96
	指数	250.00	0.00	0.00	n.a.	n.a.	0.00	500.00

续表

年份		奥地利	比利时	保加利亚	克罗地亚	捷克共和国	丹麦	芬兰
2017	数量	1	2	1	0	1	1	0
	比例（%）	1.47	2.94	1.47	0.00	1.47	1.47	0.00
	指数	250.00	333.33	166.67	n. a.	n. a.	500.00	0.00
合计	数量	4	9	4	1	1	2	2
	比例（%）	1.23	2.76	1.23	0.31	0.31	0.61	0.61
2011—2015 年均值		0.40	0.60	0.60	0.00	0.00	0.20	0.20

年份		法国	德国	希腊	匈牙利	爱尔兰	意大利	立陶宛	马耳他
2005	数量	0	0	0	0	0	0	0	0
	比例（%）	0.00	0.00	0.00	0.00	0.00	0.00	0.00	0.00
	指数	0.00	0.00	0.00	0.00	0.00	n. a.	0.00	n. a.
2006	数量	0	0	0	0	0	0	0	0
	比例（%）	0.00	0.00	0.00	0.00	0.00	0.00	0.00	0.00
	指数	0.00	0.00	0.00	0.00	0.00	n. a.	0.00	n. a.
2007	数量	0	0	0	0	0	0	0	0
	比例（%）	0.00	0.00	0.00	0.00	0.00	0.00	0.00	0.00
	指数	0.00	0.00	0.00	0.00	0.00	n. a.	0.00	n. a.
2008	数量	0	4	1	0	0	2	0	0
	比例（%）	0.00	19.05	4.76	0.00	0.00	9.52	0.00	0.00
	指数	0.00	117.65	250.00	0.00	0.00	n. a.	0.00	n. a.
2009	数量	0	2	0	1	0	1	0	0
	比例（%）	0.00	14.29	0.00	7.14	0.00	7.14	0.00	0.00
	指数	0.00	58.82	0.00	166.67	0.00	n. a.	0.00	n. a.
2010	数量	0	2	0	0	0	0	0	0
	比例（%）	0.00	16.67	0.00	0.00	0.00	0.00	0.00	0.00
	指数	0.00	58.82	0.00	0.00	0.00	n. a.	0.00	n. a.
2011	数量	1	6	1	1	0	0	1	0
	比例（%）	2.50	15.00	2.50	2.50	0.00	0.00	2.50	0.00
	指数	83.33	176.47	250.00	166.67	0.00	n. a.	500.00	n. a.

年份		法国	德国	希腊	匈牙利	爱尔兰	意大利	立陶宛	马耳他
2012	数量	1	3	0	1	0	0	0	0
	比例（%）	4.55	13.64	0.00	4.55	0.00	0.00	0.00	0.00
	指数	83.33	88.24	0.00	166.67	0.00	n.a.	0.00	n.a.
2013	数量	1	1	1	0	2	0	0	0
	比例（%）	3.13	3.13	3.13	0.00	6.25	0.00	0.00	0.00
	指数	83.33	29.41	250.00	0.00	333.33	n.a.	0.00	n.a.
2014	数量	2	4	0	1	0	0	0	0
	比例（%）	6.45	12.90	0.00	3.23	0.00	0.00	0.00	0.00
	指数	166.67	117.65	0.00	166.67	0.00	n.a.	0.00	n.a.
2015	数量	1	3	0	0	1	0	0	0
	比例（%）	3.57	10.71	0.00	0.00	3.57	0.00	0.00	0.00
	指数	83.33	88.24	0.00	0.00	166.67	n.a.	0.00	n.a.
2016	数量	3	6	0	1	1	1	0	1
	比例（%）	5.88	11.76	0.00	1.96	1.96	1.96	0.00	1.96
	指数	250.00	176.47	0.00	166.67	166.67	n.a.	0.00	n.a.
2017	数量	4	6	0	0	2	1	0	0
	比例（%）	5.88	8.82	0.00	0.00	2.94	1.47	0.00	0.00
	指数	333.33	176.47	0.00	0.00	333.33	n.a.	0.00	n.a.
合计	数量	13	37	3	5	6	5	1	1
	比例（%）	3.99	11.35	0.92	1.53	1.84	1.53	0.31	0.31
2011—2015年均值		1.20	3.40	0.40	0.60	0.60	0.00	0.20	0.00

年份		荷兰	波兰	葡萄牙	罗马尼亚	西班牙	瑞典	英国	瑞士	合计
2005	数量	0	0	0	0	0	0	1	0	2
	比例（%）	0.00	0.00	0.00	0.00	0.00	0.00	50.00	0.00	100.00
	指数	0.00	0.00	0.00	0.00	0.00	0.00	26.32	0.00	12.20
2006	数量	0	0	0	0	0	0	0	0	0
	比例（%）	0.00	0.00	0.00	0.00	0.00	0.00	0.00	0.00	0.00
	指数	0.00	0.00	0.00	0.00	0.00	0.00	0.00	0.00	0.00

年份		荷兰	波兰	葡萄牙	罗马尼亚	西班牙	瑞典	英国	瑞士	合计
2007	数量	0	0	0	0	0	0	1	0	2
	比例（%）	0.00	0.00	0.00	0.00	0.00	0.00	25.00	0.00	50.00
	指数	0.00	0.00	0.00	0.00	0.00	0.00	26.32	0.00	12.20
2008	数量	1	0	0	0	8	0	0	1	17
	比例（%）	4.76	0.00	0.00	0.00	38.10	0.00	0.00	4.76	80.95
	指数	83.33	0.00	0.00	0.00	2000.00	0.00	0.00	250.00	103.66
2009	数量	2	0	0	0	0	0	0	0	6
	比例（%）	14.29	0.00	0.00	0.00	0.00	0.00	0.00	0.00	42.86
	指数	166.67	0.00	0.00	0.00	0.00	0.00	0.00	0.00	36.59
2010	数量	1	0	0	0	1	0	0	1	8
	比例（%）	8.33	0.00	0.00	0.00	8.33	0.00	0.00	8.33	66.67
	指数	83.33	0.00	0.00	0.00	250.00	0.00	0.00	250.00	48.78
2011	数量	1	1	1	1	1	1	3	0	21
	比例（%）	2.50	2.50	2.50	2.50	2.50	2.50	7.50	0.00	52.50
	指数	83.33	250.00	500.00	100.00	250.00	166.67	78.95	0.00	128.05
2012	数量	0	0	0	1	0	0	2	1	14
	比例（%）	0.00	0.00	0.00	4.55	0.00	0.00	9.09	4.55	63.64
	指数	0.00	0.00	0.00	100.00	0.00	0.00	52.63	250.00	85.37
2013	数量	2	0	0	2	0	1	6	0	17
	比例（%）	6.25	0.00	0.00	6.25	0.00	3.13	18.75	0.00	53.13
	指数	166.67	0.00	0.00	200.00	0.00	166.67	157.89	0.00	103.66
2014	数量	1	1	0	0	1	1	6	0	17
	比例（%）	3.23	3.23	0.00	0.00	3.23	3.23	19.35	0.00	54.84
	指数	83.33	250.00	0.00	0.00	250.00	166.67	157.89	0.00	103.66
2015	数量	2	0	0	1	0	0	2	1	13
	比例（%）	7.14	0.00	0.00	3.57	0.00	0.00	7.14	3.57	46.43
	指数	166.67	0.00	0.00	100.00	0.00	0.00	52.63	250.00	79.27
2016	数量	2	0	1	1	2	2	7	0	30
	比例（%）	3.92	0.00	1.96	1.96	3.92	3.92	13.73	0.00	58.82
	指数	166.67	0.00	500.00	100.00	500.00	333.33	184.21	0.00	182.93

续表

年份		荷兰	波兰	葡萄牙	罗马尼亚	西班牙	瑞典	英国	瑞士	合计
2017	数量	1	0	0	1	1	2	5	1	30
	比例（%）	1.47	0.00	0.00	1.47	1.47	2.94	7.35	1.47	44.12
	指数	83.33	0.00	0.00	100.00	250.00	333.33	131.58	250.00	182.93
合计	数量	13	2	2	7	14	7	33	5	177
	比例（%）	3.99	0.61	0.61	2.15	4.29	2.15	10.12	1.53	54.29
2011—2015年均值		1.20	0.40	0.20	1.00	0.40	0.60	3.80	0.40	16.40

在北美洲的两个主要国家中，美国是我国民营样本企业的主要绿地投资标的国，2005—2017年间共计接受67个绿地投资项目，占北美洲13年间总接受项目数量的87.01%。从投资项目数量的变化来看，民营样本企业对美国的绿地投资一直呈现波动上涨趋势。

表5-3-4　中国民营样本企业绿地投资标的国（地区）的项目数量指数——北美洲

（单位：件）

年份		加拿大	美国	合计
2005	数量	0	0	0
	比例（%）	0.00	0.00	0.00
	指数	0.00	0.00	0.00
2006	数量	0	1	1
	比例（%）	0.00	100.00	100.00
	指数	0.00	17.24	13.16
2007	数量	0	2	2
	比例（%）	0.00	50.00	50.00
	指数	0.00	34.48	26.32
2008	数量	0	1	1
	比例（%）	0.00	4.76	4.76
	指数	0.00	17.24	13.16
2009	数量	0	2	2
	比例（%）	0.00	14.29	14.29
	指数	0.00	34.48	26.32

续表

年份		加拿大	美国	合计
2010	数量	0	3	3
	比例（%）	0.00	25.00	25.00
	指数	0.00	51.72	39.47
2011	数量	2	5	7
	比例（%）	5.00	12.50	17.50
	指数	111.11	86.21	92.11
2012	数量	2	1	3
	比例（%）	9.09	4.55	13.64
	指数	111.11	17.24	39.47
2013	数量	3	7	10
	比例（%）	9.38	21.88	31.25
	指数	166.67	120.69	131.58
2014	数量	1	7	8
	比例（%）	3.23	22.58	25.81
	指数	55.56	120.69	105.26
2015	数量	1	9	10
	比例（%）	3.57	32.14	35.71
	指数	55.56	155.17	131.58
2016	数量	0	11	11
	比例（%）	0.00	21.57	21.57
	指数	0.00	189.66	144.74
2017	数量	1	18	19
	比例（%）	1.47	26.47	27.94
	指数	55.56	310.34	250.00
合计	数量	10	67	77
	比例（%）	3.07	20.55	23.62
2011—2015 年均值		1.80	5.80	7.60

在其他发达经济体中，澳大利亚是民营样本企业的主要投资标的国，2005—2017 年间共接受 21 个绿地投资项目，占其他发达经济体整体的29.17%，特别是 2011 年民营样本企业对其绿地投资数量快速增长，达到13 年间的峰值。

表5-3-5　中国民营样本企业绿地投资标的国（地区）的
项目数量指数——其他发达经济体　（单位：件）

年份		澳大利亚	新西兰	日本	韩国	新加坡	中国台湾	中国香港	合计	总计
2005	数量	0	0	0	0	0	0	0	0	2
	比例（%）	0.00	0.00	0.00	0.00	0.00	0.00	0.00	0.00	100.00
	指数	0.00	n. a.	0.00	0.00	0.00	0.00	0.00	0.00	6.54
2006	数量	0	0	0	0	0	0	0	0	1
	比例（%）	0.00	0.00	0.00	0.00	0.00	0.00	0.00	0.00	100.00
	指数	0.00	n. a.	0.00	0.00	0.00	0.00	0.00	0.00	3.27
2007	数量	0	0	0	0	0	0	0	0	4
	比例（%）	0.00	0.00	0.00	0.00	0.00	0.00	0.00	0.00	100.00
	指数	0.00	n. a.	0.00	0.00	0.00	0.00	0.00	0.00	13.07
2008	数量	1	0	0	2	0	0	0	3	21
	比例（%）	4.76	0.00	0.00	9.52	0.00	0.00	0.00	14.29	100.00
	指数	33.33	n. a.	0.00	333.33	0.00	0.00	0.00	45.45	68.63
2009	数量	0	0	2	0	2	0	2	6	14
	比例（%）	0.00	0.00	14.29	0.00	14.29	0.00	14.29	42.86	100.00
	指数	0.00	n. a.	250.00	0.00	166.67	0.00	333.33	90.91	45.75
2010	数量	0	0	0	0	0	1	0	1	12
	比例（%）	0.00	0.00	0.00	0.00	0.00	8.33	0.00	8.33	100.00
	指数	0.00	n. a.	0.00	0.00	0.00	250.00	0.00	15.15	39.22
2011	数量	7	0	0	1	3	0	1	12	40
	比例（%）	17.50	0.00	0.00	2.50	7.50	0.00	2.50	30.00	100.00
	指数	233.33	n. a.	0.00	166.67	250.00	0.00	166.67	181.82	130.72
2012	数量	2	0	1	0	2	0	0	5	22
	比例（%）	9.09	0.00	4.55	0.00	9.09	0.00	0.00	22.73	100.00
	指数	66.67	n. a.	125.00	0.00	166.67	0.00	0.00	75.76	71.90
2013	数量	2	0	1	0	1	1	0	5	32
	比例（%）	6.25	0.00	3.13	0.00	3.13	3.13	0.00	15.63	100.00
	指数	66.67	n. a.	125.00	0.00	83.33	250.00	0.00	75.76	104.58
2014	数量	1	0	1	2	0	1	1	6	31
	比例（%）	3.23	0.00	3.23	6.45	0.00	3.23	3.23	19.35	100.00
	指数	33.33	n. a.	125.00	333.33	0.00	250.00	166.67	90.91	101.31

年份		澳大利亚	新西兰	日本	韩国	新加坡	中国台湾	中国香港	合计	总计
2015	数量	3	0	1	0	0	0	1	5	28
	比例（%）	10.71	0.00	3.57	0.00	0.00	0.00	3.57	17.86	100.00
	指数	100.00	n. a.	125.00	0.00	0.00	0.00	166.67	75.76	91.50
2016	数量	1	0	5	1	3	0	0	10	51
	比例（%）	1.96	0.00	9.80	1.96	5.88	0.00	0.00	19.61	100.00
	指数	33.33	n. a.	625.00	166.67	250.00	0.00	0.00	151.52	166.67
2017	数量	4	3	3	3	3	1	2	19	68
	比例（%）	5.88	4.41	4.41	4.41	4.41	1.47	2.94	27.94	100.00
	指数	133.33	n. a.	375.00	500.00	250.00	250.00	333.33	287.88	222.22
合计	数量	21	3	14	9	14	4	7	72	326
	比例（%）	6.44	0.92	4.29	2.76	4.29	1.23	2.15	22.09	100.00
2011—2015 年均值		3.00	0.00	0.80	0.60	1.20	0.40	0.60	6.60	30.60

　　南非是民营样本企业向非洲发展中经济体绿地投资的重要标的国，2005—2017 年共计接受 11 个绿地投资项目，占非洲整体接受绿地投资项目数量的 21.57%。我国民营样本企业对埃及的绿地投资项目合计也达到 10 个，这两个国家绿地投资项目相加占了非洲整体接受绿地投资项目数量的将近一半。我国与非洲国家历来投资合作较为密切，民营企业对非洲的绿地投资不仅是为了企业自身的发展，更是为了承担大国在世界经济发展中的责任，更好地促进非洲国家的经济发展。

表 5-3-6　中国民营样本企业绿地投资标的国（地区）的项目数量指数——非洲

（单位：件）

年份		阿尔及利亚	埃及	摩洛哥	科特迪瓦	加纳	尼日利亚
2005	数量	0	0	0	0	0	0
	比例（%）	0.00	0.00	0.00	0.00	0.00	0.00
	指数	0.00	0.00	0.00	0.00	0.00	0.00

续表

年份		阿尔及利亚	埃及	摩洛哥	科特迪瓦	加纳	尼日利亚
2006	数量	0	0	0	0	0	0
	比例（%）	0.00	0.00	0.00	0.00	0.00	0.00
	指数	0.00	0.00	0.00	0.00	0.00	0.00
2007	数量	0	0	0	0	0	1
	比例（%）	0.00	0.00	0.00	0.00	0.00	11.11
	指数	0.00	0.00	0.00	0.00	0.00	500.00
2008	数量	0	0	0	0	0	0
	比例（%）	0.00	0.00	0.00	0.00	0.00	0.00
	指数	0.00	0.00	0.00	0.00	0.00	0.00
2009	数量	1	0	0	0	0	0
	比例（%）	11.11	0.00	0.00	0.00	0.00	0.00
	指数	500.00	0.00	0.00	0.00	0.00	0.00
2010	数量	0	0	0	0	0	0
	比例（%）	0.00	0.00	0.00	0.00	0.00	0.00
	指数	0.00	0.00	0.00	0.00	0.00	0.00
2011	数量	0	0	0	0	0	0
	比例（%）	0.00	0.00	0.00	0.00	0.00	0.00
	指数	0.00	0.00	0.00	0.00	0.00	0.00
2012	数量	0	2	1	1	1	1
	比例（%）	0.00	10.00	5.00	5.00	5.00	5.00
	指数	0.00	500.00	250.00	500.00	500.00	500.00
2013	数量	1	0	0	0	0	0
	比例（%）	8.33	0.00	0.00	0.00	0.00	0.00
	指数	500.00	0.00	0.00	0.00	0.00	0.00
2014	数量	0	0	0	0	0	0
	比例（%）	0.00	0.00	0.00	0.00	0.00	0.00
	指数	0.00	0.00	0.00	0.00	0.00	0.00
2015	数量	0	0	1	0	0	0
	比例（%）	0.00	0.00	3.23	0.00	0.00	0.00
	指数	0.00	0.00	250.00	0.00	0.00	0.00

续表

年份		阿尔及利亚	埃及	摩洛哥	科特迪瓦	加纳	尼日利亚
2016	数量	0	6	0	1	1	1
	比例（%）	0.00	10.00	0.00	1.67	1.67	1.67
	指数	0.00	1500.00	0.00	500.00	500.00	500.00
2017	数量	5	2	3	0	0	2
	比例（%）	12.50	5.00	7.50	0.00	0.00	5.00
	指数	2500.00	500.00	750.00	0.00	0.00	1000.00
合计	数量	7	10	5	2	2	5
	比例（%）	2.92	4.17	2.08	0.83	0.83	2.08
2011—2015 年均值		0.20	0.40	0.40	0.20	0.20	0.20

年份		塞内加尔	埃塞俄比亚	肯尼亚	南非	赞比亚	合计
2005	数量	0	0	0	0	0	0
	比例（%）	0.00	0.00	0.00	0.00	0.00	0.00
	指数	n. a.	0.00	n. a.	0.00	0.00	0.00
2006	数量	0	0	0	0	0	0
	比例（%）	0.00	0.00	0.00	0.00	0.00	0.00
	指数	n. a.	0.00	n. a.	0.00	0.00	0.00
2007	数量	0	0	0	1	0	2
	比例（%）	0.00	0.00	0.00	11.11	0.00	22.22
	指数	n. a.	0.00	n. a.	71.43	0.00	58.82
2008	数量	0	0	0	0	0	0
	比例（%）	0.00	0.00	0.00	0.00	0.00	0.00
	指数	n. a.	0.00	n. a.	0.00	0.00	0.00
2009	数量	0	1	0	0	0	2
	比例（%）	0.00	11.11	0.00	0.00	0.00	22.22
	指数	n. a.	500.00	n. a.	0.00	0.00	58.82
2010	数量	0	0	0	0	0	0
	比例（%）	0.00	0.00	0.00	0.00	0.00	0.00
	指数	n. a.	0.00	n. a.	0.00	0.00	0.00

续表

年份		塞内加尔	埃塞俄比亚	肯尼亚	南非	赞比亚	合计
2011	数量	0	1	0	3	0	4
	比例（%）	0.00	5.56	0.00	16.67	0.00	22.22
	指数	n. a.	500.00	n. a.	214.29	0.00	117.65
2012	数量	0	0	0	0	1	7
	比例（%）	0.00	0.00	0.00	0.00	5.00	35.00
	指数	n. a.	0.00	n. a.	0.00	500.00	205.88
2013	数量	0	0	0	1	0	2
	比例（%）	0.00	0.00	0.00	8.33	0.00	16.67
	指数	n. a.	0.00	n. a.	71.43	0.00	58.82
2014	数量	0	0	0	2	0	2
	比例（%）	0.00	0.00	0.00	8.70	0.00	8.70
	指数	n. a.	0.00	n. a.	142.86	0.00	58.82
2015	数量	0	0	0	1	0	2
	比例（%）	0.00	0.00	0.00	3.23	0.00	6.45
	指数	n. a.	0.00	n. a.	71.43	0.00	58.82
2016	数量	1	3	0	2	1	16
	比例（%）	1.67	5.00	0.00	3.33	1.67	26.67
	指数	n. a.	1500.00	n. a.	142.86	500.00	470.59
2017	数量	0	0	1	1	0	14
	比例（%）	0.00	0.00	2.50	2.50	0.00	35.00
	指数	n. a.	0.00	n. a.	71.43	0.00	411.76
合计	数量	1	5	1	11	2	51
	比例（%）	0.42	2.08	0.42	4.58	0.83	21.25
2011—2015 年均值		0.00	0.20	0.00	1.40	0.20	3.40

　　在亚洲，民营样本企业绿地投资标的国（地区）主要集中于东南亚和南亚，其中以印度为重要投资标的国。2005—2017 年间民营样本企业对印度共计绿地投资了 39 个项目，占亚洲发展中经济体整体接受绿地投资的

30. 47%，特别是 2016 年的印度接受的绿地投资数量达到了 14 个。印度是世界第二大人口大国，劳动力市场广阔，在很大程度上成为我国通过海外投资实现劳动密集型产业转移的重要标的国，所以民营企业对印度的绿地投资在未来年份预估仍将不断增长。

表 5-3-7　中国民营样本企业绿地投资标的国（地区）的项目数量指数——亚洲

（单位：件）

年份		文莱	柬埔寨	印度尼西亚	老挝	马来西亚	菲律宾	泰国	越南	孟加拉国	印度
2005	数量	0	0	0	0	1	0	0	0	0	1
	比例（%）	0.00	0.00	0.00	0.00	50.00	0.00	0.00	0.00	0.00	50.00
	指数	0.00	n. a.	0.00	n. a.	83.33	n. a.	0.00	0.00	n. a.	35.71
2006	数量	0	0	0	0	0	0	0	1	0.00	1.00
	比例（%）	0.00	0.00	0.00	0.00	0.00	0.00	0.00	50.00	0.00	50.00
	指数	0.00	n. a.	0.00	n. a.	0.00	n. a.	0.00	250.00	n. a.	35.71
2007	数量	0	0	2	0	1	2	0	1	0	0
	比例（%）	0.00	0.00	22.22	0.00	11.11	22.22	0.00	11.11	0.00	0.00
	指数	0.00	n. a.	166.67	n. a.	83.33	n. a.	0.00	250.00	n. a.	0.00
2008	数量	0	0	0	0	0	0	1	4	0	2
	比例（%）	0.00	0.00	0.00	0.00	0.00	0.00	10.00	40.00	0.00	20.00
	指数	0.00	n. a.	n. a.	0.00	n. a.	0.00	71.43	1000.00	n. a.	71.43
2009	数量	0	0	3	1	0	1	0	1	0	0
	比例（%）	0.00	0.00	33.33	11.11	0.00	11.11	0.00	11.11	0.00	0.00
	指数	0.00	n. a.	250.00	n. a.	0.00	n. a.	0.00	250.00	n. a.	0.00
2010	数量	0	0	1	0	0	0	0	0	0	1
	比例（%）	0.00	0.00	25.00	0.00	0.00	0.00	0.00	0.00	0.00	25.00
	指数	0.00	n. a.	83.33	n. a.	0.00	n. a.	0.00	0.00	n. a.	35.71
2011	数量	1	0	0	0	0	0	1	0	0	2
	比例（%）	5.56	0.00	0.00	0.00	0.00	0.00	5.56	0.00	0.00	11.11
	指数	500.00	n. a.	0.00	n. a.	0.00	n. a.	71.43	0.00	n. a.	71.43
2012	数量	0	0	1	0	1	0	0	0	0	3
	比例（%）	0.00	0.00	5.00	0.00	5.00	0.00	0.00	0.00	0.00	15.00
	指数	0.00	n. a.	83.33	n. a.	83.33	n. a.	0.00	0.00	n. a.	107.14

续表

年份		文莱	柬埔寨	印度尼西亚	老挝	马来西亚	菲律宾	泰国	越南	孟加拉国	印度
2013	数量	0	0	0	0	1	0	0	0	0	2
	比例（%）	0.00	0.00	0.00	0.00	8.33	0.00	0.00	0.00	0.00	16.67
	指数	0.00	n. a.	0.00	n. a.	83.33	n. a.	0.00	0.00	n. a.	71.43
2014	数量	0	0	3	0	1	0	1	2	0	1
	比例（%）	0.00	0.00	13.04	0.00	4.35	0.00	4.35	8.70	0.00	4.35
	指数	0.00	n. a.	250.00	n. a.	83.33	n. a.	71.43	500.00	n. a.	35.71
2015	数量	0	0	2	0	3	0	5	0	0	6
	比例（%）	0.00	0.00	6.45	0.00	9.68	0.00	16.13	0.00	0.00	19.35
	指数	0.00	n. a.	166.67	n. a.	250.00	n. a.	357.14	n. a.	n. a.	214.29
2016	数量	0	2	2	0	5	2	4	1	1	14
	比例（%）	0.00	3.33	3.33	0.00	8.33	3.33	6.67	1.67	1.67	23.33
	指数	0.00	n. a.	166.67	n. a.	416.67	n. a.	285.71	250.00	n. a.	500.00
2017	数量	0	0	1	0	3	0	0	3	0	6
	比例（%）	0.00	0.00	2.50	0.00	7.50	0.00	0.00	7.50	0.00	15.00
	指数	0.00	n. a.	83.33	n. a.	250.00	n. a.	0.00	750.00	n. a.	214.29
合计	数量	1	2	15	1	16	5	12	13	1	39
	比例（%）	0.42	0.83	6.25	0.42	6.67	2.08	5.00	5.42	0.42	16.25
2011—2015年均值		0.20	0.00	1.20	0.00	1.20	0.00	1.40	0.40	0.00	2.80

年份		尼泊尔	巴基斯坦	斯里兰卡	巴林	伊拉克	伊朗伊斯兰共和国	科威特	沙特阿拉伯	土耳其	阿拉伯联合酋长国	合计
2005	数量	0	0	0	0	0	0	0	0	0	0	2
	比例（%）	0.00	0.00	0.00	0.00	0.00	0.00	0.00	0.00	0.00	0.00	100.00
	指数	0.00	n. a.	n. a.	0.00	0.00	n. a.	0.00	0.00	0.00	0.00	21.74
2006	数量	0	0	0	0	0	0	0	0	0	0	2
	比例（%）	0.00	0.00	0.00	0.00	0.00	0.00	0.00	0.00	0.00	0.00	100.00
	指数	0.00	n. a.	n. a.	0.00	0.00	n. a.	0.00	0.00	0.00	0.00	21.74

年份		尼泊尔	巴基斯坦	斯里兰卡	巴林	伊拉克	伊朗伊斯兰共和国	科威特	沙特阿拉伯	土耳其	阿拉伯联合酋长国	合计
2007	数量	0	0	0	0	0	1	0	0	0	0	7
	比例（%）	0.00	0.00	0.00	0.00	0.00	11.11	0.00	0.00	0.00	0.00	77.78
	指数	0.00	n. a.	n. a.	0.00	0.00	n. a.	0.00	0.00	0.00	0.00	76.09
2008	数量	0	1	0	0	0	0	0	0	0	0	8
	比例（%）	0.00	10.00	0.00	0.00	0.00	0.00	0.00	0.00	0.00	0.00	80.00
	指数	0.00	n. a.	n. a.	0.00	0.00	n. a.	0.00	0.00	0.00	0.00	86.96
2009	数量	0	0	0	0	0	0	0	0	1	0	7
	比例（%）	0.00	0.00	0.00	0.00	0.00	0.00	0.00	0.00	11.11	0.00	77.78
	指数	0.00	n. a.	n. a.	0.00	0.00	n. a.	0.00	0.00	500.00	0.00	76.09
2010	数量	0	0	0	0	0	0	0	0	0	0	2
	比例（%）	0.00	0.00	0.00	0.00	0.00	0.00	0.00	0.00	0.00	0.00	50.00
	指数	0.00	n. a.	n. a.	0.00	0.00	n. a.	0.00	0.00	0.00	0.00	21.74
2011	数量	0	0	0	0	1	0	0	0	0	0	5
	比例（%）	0.00	0.00	0.00	0.00	5.56	0.00	0.00	0.00	0.00	0.00	27.78
	指数	0.00	n. a.	n. a.	0.00	500.00	n. a.	0.00	0.00	0.00	0.00	54.35
2012	数量	0	0	0	0	0	0	0	0	0	1	6
	比例（%）	0.00	0.00	0.00	0.00	0.00	0.00	0.00	0.00	0.00	5.00	30.00
	指数	0.00	n. a.	n. a.	0.00	0.00	n. a.	0.00	0.00	0.00	250.00	65.22
2013	数量	0	0	0	1	0	0	0	0	1	1	6
	比例（%）	0.00	0.00	0.00	8.33	0.00	0.00	0.00	0.00	8.33	8.33	50.00
	指数	0.00	n. a.	n. a.	250.00	0.00	n. a.	0.00	0.00	500.00	250.00	65.22
2014	数量	0	0	0	0	0	0	1	0	0	0	9
	比例（%）	0.00	0.00	0.00	0.00	0.00	0.00	4.35	0.00	0.00	0.00	39.13
	指数	0.00	n. a.	n. a.	0.00	0.00	n. a.	250.00	0.00	0.00	0.00	97.83
2015	数量	1	0	0	1	0	0	1	1	0	0	20
	比例（%）	3.23	0.00	0.00	3.23	0.00	0.00	3.23	3.23	0.00	0.00	64.52
	指数	500.00	n. a.	n. a.	250.00	0.00	n. a.	250.00	500.00	0.00	0.00	217.39

续表

年份		尼泊尔	巴基斯坦	斯里兰卡	巴林	伊拉克	伊朗伊斯兰共和国	科威特	沙特阿拉伯	土耳其	阿拉伯联合酋长国	合计
2016	数量	0	0	3	0	0	0	0	1	1	1	37
	比例（%）	0.00	0.00	5.00	0.00	0.00	0.00	0.00	1.67	1.67	1.67	61.67
	指数	0.00	n. a.	n. a.	0.00	0.00	n. a.	0.00	500.00	500.00	250.00	402.17
2017	数量	0	1	0	0	0	1	0	0	1	1	17
	比例（%）	0.00	2.50	0.00	0.00	0.00	2.50	0.00	0.00	2.50	2.50	42.50
	指数	0.00	n. a.	n. a.	0.00	0.00	n. a.	0.00	0.00	500.00	250.00	184.78
合计	数量	1	2	3	2	1	2	2	2	4	4	128
	比例（%）	0.42	0.83	1.25	0.83	0.42	0.83	0.83	0.83	1.67	1.67	53.33
2011—2015年均值		0.20	0.00	0.00	0.40	0.20	0.00	0.40	0.20	0.20	0.40	9.20

在拉丁美洲和加勒比海地区，巴西是民营样本企业选择的重要的绿地投资标的国，2005—2017年间接受的绿地投资数量共24个，占该地区整体的39.34%。我国民营样本企业对巴西的绿地投资出现于2010年，在随后年份中绿地投资项目数量的波动较大。

表5-3-8 中国民营样本企业绿地投资标的国（地区）的
项目数量指数——拉丁美洲和加勒比海地区

（单位：件）

年份		阿根廷	玻利维亚	巴西	智利	哥伦比亚	圭亚那	秘鲁
2005	数量	0	0	0	0	0	0	0
	比例（%）	0.00	0.00	0.00	0.00	0.00	0.00	0.00
	指数	0.00	n. a.	0.00	0.00	0.00	0.00	0.00
2006	数量	0	0	0	0	0	0	0
	比例（%）	0.00	0.00	0.00	0.00	0.00	0.00	0.00
	指数	0.00	n. a.	0.00	0.00	0.00	0.00	0.00
2007	数量	0	0	0	0	0	0	0
	比例（%）	0.00	0.00	0.00	0.00	0.00	0.00	0.00
	指数	0.00	n. a.	0.00	0.00	0.00	0.00	0.00

年份		阿根廷	玻利维亚	巴西	智利	哥伦比亚	圭亚那	秘鲁
2008	数量	0	0	0	0	0	1	0
	比例（%）	0.00	0.00	0.00	0.00	0.00	10.00	0.00
	指数	0.00	n. a.	0.00	0.00	0.00	500.00	0.00
2009	数量	0	0	0	0	0	0	0
	比例（%）	0.00	0.00	0.00	0.00	0.00	0.00	0.00
	指数	0.00	n. a.	0.00	0.00	0.00	0.00	0.00
2010	数量	0	0	2	0	0	0	0
	比例（%）	0.00	0.00	50.00	0.00	0.00	0.00	0.00
	指数	0.00	n. a.	52.63	0.00	0.00	0.00	0.00
2011	数量	1	0	5	0	1	0	0
	比例（%）	5.56	0.00	27.78	0.00	5.56	0.00	0.00
	指数	250.00	n. a.	131.58	0.00	500.00	0.00	0.00
2012	数量	0	0	4	1	0	1	1
	比例（%）	0.00	0.00	20.00	5.00	0.00	5.00	5.00
	指数	0.00	n. a.	105.26	250.00	0.00	500.00	500.00
2013	数量	1	0	1	1	0	0	0
	比例（%）	8.33	0.00	8.33	8.33	0.00	0.00	0.00
	指数	250.00	n. a.	26.32	250.00	0.00	0.00	0.00
2014	数量	0	0	6	0	0	0	0
	比例（%）	0.00	0.00	26.09	0.00	0.00	0.00	0.00
	指数	0.00	n. a.	157.89	0.00	0.00	0.00	0.00
2015	数量	0	0	3	0	0	0	0
	比例（%）	0.00	0.00	9.68	0.00	0.00	0.00	0.00
	指数	0.00	n. a.	78.95	0.00	0.00	0.00	0.00
2016	数量	2	1	0	0	0	0	0
	比例（%）	3.33	1.67	0.00	0.00	0.00	0.00	0.00
	指数	500.00	n. a.	0.00	0.00	0.00	0.00	0.00
2017	数量	1	1	3	0	1	0	0
	比例（%）	2.50	2.50	7.50	0.00	2.50	0.00	0.00
	指数	250.00	n. a.	78.95	0.00	500.00	0.00	0.00

续表

年份		阿根廷	玻利维亚	巴西	智利	哥伦比亚	圭亚那	秘鲁
合计	数量	5	2	24	2	2	2	1
	比例（%）	2.08	0.83	10.00	0.83	0.83	0.83	0.42
2011—2015年均值		0.40	0.00	3.80	0.40	0.20	0.20	0.20

年份		乌拉圭	委内瑞拉	墨西哥	巴拿马	合计	总计
2005	数量	0	0	0	0	0	2
	比例（%）	0.00	0.00	0.00	0.00	0.00	100.00
	指数	0.00	0.00	0.00	0.00	0.00	9.62
2006	数量	0	0	0	0	0	2
	比例（%）	0.00	0.00	0.00	0.00	0.00	100.00
	指数	0.00	0.00	0.00	0.00	0.00	9.62
2007	数量	0	0	0	0	0	9
	比例（%）	0.00	0.00	0.00	0.00	0.00	100.00
	指数	0.00	0.00	0.00	0.00	0.00	43.27
2008	数量	0	0	1	0	2	10
	比例（%）	0.00	0.00	10.00	0.00	20.00	100.00
	指数	0.00	0.00	62.50	0.00	24.39	48.08
2009	数量	0	0	0	0	0	9
	比例（%）	0.00	0.00	0.00	0.00	0.00	100.00
	指数	0.00	0.00	0.00	0.00	0.00	43.27
2010	数量	0	0	0	0	2	4
	比例（%）	0.00	0.00	0.00	0.00	50.00	100.00
	指数	0.00	0.00	0.00	0.00	24.39	19.23
2011	数量	1	0	0	1	9	18
	比例（%）	5.56	0.00	0.00	5.56	50.00	100.00
	指数	500.00	0.00	0.00	250.00	109.76	86.54
2012	数量	0	0	0	0	7	20
	比例（%）	0.00	0.00	0.00	0.00	35.00	100.00
	指数	0.00	0.00	0.00	0.00	85.37	96.15

年份		乌拉圭	委内瑞拉	墨西哥	巴拿马	合计	总计
2013	数量	0	1	0	0	4	12
	比例（%）	0.00	8.33	0.00	0.00	33.33	100.00
	指数	0.00	125.00	0.00	0.00	48.78	57.69
2014	数量	0	1	5	0	12	23
	比例（%）	0.00	4.35	21.74	0.00	52.17	100.00
	指数	0.00	125.00	312.50	0.00	146.34	110.58
2015	数量	0	2	3	1	9	31
	比例（%）	0.00	6.45	9.68	3.23	29.03	100.00
	指数	0.00	250.00	187.50	250.00	109.76	149.04
2016	数量	0	0	3	1	7	60
	比例（%）	0.00	0.00	5.00	1.67	11.67	100.00
	指数	0.00	0.00	187.50	250.00	85.37	288.46
2017	数量	0	0	3	0	9	40
	比例（%）	0.00	0.00	7.50	0.00	22.50	100.00
	指数	0.00	0.00	187.50	0.00	109.76	192.31
合计	数量	1	4	15	3	61	240
	比例（%）	0.42	1.67	6.25	1.25	25.42	100.00
2011—2015 年均值		0.20	0.80	1.60	0.40	8.20	20.80

表 5-3-9　中国民营样本企业绿地投资标的国（地区）的项目数量指数——东南欧

（单位：件）

年份		塞尔维亚	合计
2005	数量	0	0
	比例（%）	n. a.	n. a.
	指数	n. a.	n. a.
2006	数量	0	0
	比例（%）	0.00	0.00
	指数	n. a.	n. a.

续表

年份		塞尔维亚	合计
2007	数量	0	0
	比例（%）	0.00	0.00
	指数	n. a.	n. a.
2008	数量	0	0
	比例（%）	0.00	0.00
	指数	n. a.	n. a.
2009	数量	0	0
	比例（%）	0.00	0.00
	指数	n. a.	n. a.
2010	数量	0	0
	比例（%）	0.00	0.00
	指数	n. a.	n. a.
2011	数量	0	0
	比例（%）	0.00	0.00
	指数	n. a.	n. a.
2012	数量	0	0
	比例（%）	0.00	0.00
	指数	n. a.	n. a.
2013	数量	0	0
	比例（%）	0.00	0.00
	指数	n. a.	n. a.
2014	数量	0	0
	比例（%）	0.00	0.00
	指数	n. a.	n. a.
2015	数量	0	0
	比例（%）	0.00	0.00
	指数	n. a.	n. a.
2016	数量	1	1
	比例（%）	12.50	12.50
	指数	n. a.	n. a.

续表

年份		塞尔维亚	合计
2017	数量	0	0
	比例（%）	0.00	0.00
	指数	n. a.	n. a.
合计	数量	1	1
	比例（%）	2.86	2.86
2011—2015 年均值		0.00	0.00

在独联体中，俄罗斯是民营样本企业主要的绿地投资标的国，2005—2017 年间接受的绿地投资数量共有 21 个，占独联体整体的 61.76%。俄罗斯作为世界上国土面积最广阔的国家，物质资源丰厚，且与我国外交关系良好，贸易往来密切，所以对于中国民营企业的绿地投资吸引力很大。

表 5-3-10　中国民营样本企业绿地投资标的国（地区）的项目数量指数——独联体国家

（单位：件）

年份		阿塞拜疆	白俄罗斯	哈萨克斯坦	俄罗斯联邦	乌克兰	乌兹别克斯坦	合计	总计
2005	数量	0	0	0	0	0	0	0	0
	比例（%）	n. a.	n. a.	n. a.	n. a.	n. a.	n. a.	n. a.	n. a.
	指数	n. a.	0.00	0.00	0.00	n. a.	0.00	0.00	0.00
2006	数量	0	0	0	0	1	0	1	1
	比例（%）	0.00	0.00	0.00	0.00	100.00	0.00	100.00	100.00
	指数	n. a.	0.00	0.00	0.00	n. a.	0.00	38.46	38.46
2007	数量	0	0	0	2	0	0	2	2
	比例（%）	0.00	0.00	0.00	100.00	0.00	0.00	100.00	100.00
	指数	n. a.	0.00	0.00	111.11	n. a.	0.00	76.92	76.92
2008	数量	0	0	0	1	0	0	1	1
	比例（%）	0.00	0.00	0.00	100.00	0.00	0.00	100.00	100.00
	指数	n. a.	0.00	0.00	55.56	n. a.	0.00	38.46	38.46

续表

年份		阿塞拜疆	白俄罗斯	哈萨克斯坦	俄罗斯联邦	乌克兰	乌兹别克斯坦	合计	总计
2009	数量	1	0	0	0	0	0	1	1
	比例（%）	100.00	0.00	0.00	0.00	0.00	0.00	100.00	100.00
	指数	n. a.	0.00	0.00	0.00	n. a.	0.00	38.46	38.46
2010	数量	1	0	0	2	0	0	3	3
	比例（%）	33.33	0.00	0.00	66.67	0.00	0.00	100.00	100.00
	指数	n. a.	0.00	0.00	111.11	n. a.	0.00	115.38	115.38
2011	数量	0	0	0	2	0	0	2	2
	比例（%）	0.00	0.00	0.00	100.00	0.00	0.00	100.00	100.00
	指数	n. a.	0.00	0.00	111.11	n. a.	0.00	76.92	76.92
2012	数量	0	0	0	2	0	0	2	2
	比例（%）	0.00	0.00	0.00	100.00	0.00	0.00	100.00	100.00
	指数	n. a.	0.00	0.00	111.11	n. a.	0.00	76.92	76.92
2013	数量	0	1	0	0	0	0	1	1
	比例（%）	0.00	100.00	0.00	0.00	0.00	0.00	100.00	100.00
	指数	n. a.	500.00	0.00	0.00	n. a.	0.00	38.46	38.46
2014	数量	0	0	0	2	0	0	2	2
	比例（%）	0.00	0.00	0.00	100.00	0.00	0.00	100.00	100.00
	指数	n. a.	0.00	0.00	111.11	n. a.	0.00	76.92	76.92
2015	数量	0	0	2	3	0	1	6	6
	比例（%）	0.00	0.00	33.33	50.00	0.00	16.67	100.00	100.00
	指数	n. a.	0.00	500.00	166.67	n. a.	500.00	230.77	230.77
2016	数量	1	1	0	4	0	1	7	8
	比例（%）	12.50	12.50	0.00	50.00	0.00	12.50	87.50	100.00
	指数	n. a.	500.00	0.00	222.22	n. a.	500.00	269.23	307.69
2017	数量	0	1	1	3	1	0	6	6
	比例（%）	0.00	16.67	16.67	50.00	16.67	0.00	100.00	100.00
	指数	n. a.	500.00	250.00	166.67	n. a.	0.00	230.77	230.77

续表

年份		阿塞拜疆	白俄罗斯	哈萨克斯坦	俄罗斯联邦	乌克兰	乌兹别克斯坦	合计	总计
合计	数量	3	3	3	21	2	2	34	35
	比例（%）	8.57	8.57	8.57	60.00	5.71	5.71	97.14	100.00
2011—2015 年均值		0.00	0.20	0.40	1.80	0.00	0.20	2.60	2.60

2. 民营企业海外绿地投资金额的标的国（地区）别分布

欧洲所接受的绿地投资金额主要集中于英国，对英国的绿地投资 13 年间合计达到了 40.85 亿美元，占欧洲所接受总绿地投资金额的 33.33%，特别是在 2013 年和 2016 年接受的投资金额出现较快增长，但 2017 年英国所接受的绿地投资金额下降明显，由 2016 年的 9.9 亿美元下降到 0.9 亿美元，同比降低 90.1%。

表 5-3-11　中国民营样本企业绿地投资标的国（地区）的金额指数——欧洲

（单位：百万美元）

年份		奥地利	比利时	保加利亚	克罗地亚	捷克共和国	丹麦	芬兰
2005	金额	0.00	3.70	0.00	0.00	0.00	0.00	0.00
	比例（%）	0.00	67.27	0.00	0.00	0.00	0.00	0.00
	指数	0.00	26.43	0.00	n.a.	n.a.	n.a.	0.00
2006	金额	0.00	0.00	0.00	0.00	0.00	0.00	0.00
	比例（%）	0.00	0.00	0.00	0.00	0.00	0.00	0.00
	指数	0.00	0.00	0.00	n.a.	n.a.	n.a.	0.00
2007	金额	0.00	46.80	0.00	0.00	0.00	0.00	0.00
	比例（%）	0.00	55.12	0.00	0.00	0.00	0.00	0.00
	指数	0.00	334.29	0.00	n.a.	n.a.	n.a.	0.00
2008	金额	0.00	0.00	0.00	0.00	0.00	0.00	0.00
	比例（%）	0.00	0.00	0.00	0.00	0.00	0.00	0.00
	指数	0.00	0.00	0.00	n.a.	n.a.	n.a.	0.00

年份		奥地利	比利时	保加利亚	克罗地亚	捷克共和国	丹麦	芬兰
2009	金额	0.00	0.00	0.00	0.00	0.00	0.00	0.00
	比例（%）	0.00	0.00	0.00	0.00	0.00	0.00	0.00
	指数	0.00	0.00	0.00	n.a.	n.a.	n.a.	0.00
2010	金额	0.00	57.50	0.00	92.40	0.00	0.00	0.00
	比例（%）	0.00	12.63	0.00	20.29	0.00	0.00	0.00
	指数	0.00	410.71	0.00	n.a.	n.a.	n.a.	0.00
2011	金额	60.00	70.00	0.00	0.00	0.00	0.00	0.00
	比例（%）	3.46	4.04	0.00	0.00	0.00	0.00	0.00
	指数	500.00	500.00	0.00	n.a.	n.a.	n.a.	0.00
2012	金额	0.00	0.00	279.90	0.00	0.00	0.00	90.50
	比例（%）	0.00	0.00	67.46	0.00	0.00	0.00	21.81
	指数	0.00	0.00	500.00	n.a.	n.a.	n.a.	500.00
2013	金额	0.00	0.00	0.00	0.00	0.00	0.00	0.00
	比例（%）	0.00	0.00	0.00	0.00	0.00	0.00	0.00
	指数	0.00	0.00	0.00	n.a.	n.a.	n.a.	0.00
2014	金额	0.00	0.00	0.00	0.00	0.00	0.00	0.00
	比例（%）	0.00	0.00	0.00	0.00	0.00	0.00	0.00
	指数	0.00	0.00	0.00	n.a.	n.a.	n.a.	0.00
2015	金额	0.00	0.00	0.00	0.00	0.00	0.00	0.00
	比例（%）	0.00	0.00	0.00	0.00	0.00	0.00	0.00
	指数	0.00	0.00	0.00	n.a.	n.a.	n.a.	0.00
2016	金额	45.10	0.00	0.00	0.00	0.00	0.00	3.40
	比例（%）	0.66	0.00	0.00	0.00	0.00	0.00	0.05
	指数	375.83	0.00	0.00	n.a.	n.a.	n.a.	18.78
2017	金额	23.90	119.10	2.90	0.00	5.20	1.80	0.00
	比例（%）	0.82	4.07	0.10	0.00	0.18	0.06	0.00
	指数	199.17	850.71	5.18	n.a.	n.a.	n.a.	0.00

续表

年份		奥地利	比利时	保加利亚	克罗地亚	捷克共和国	丹麦	芬兰
合计	金额	129.00	297.10	282.80	92.40	5.20	1.80	93.90
	比例（%）	0.45	1.04	0.99	0.32	0.02	0.01	0.33
2011—2015 年均值		12.00	14.00	55.98	0.00	0.00	0.00	18.10

年份		法国	德国	希腊	匈牙利	爱尔兰	意大利	立陶宛	马耳他
2005	金额	0.00	0.00	0.00	0.00	0.00	0.00	0.00	0.00
	比例（%）	0.00	0.00	0.00	0.00	0.00	0.00	0.00	0.00
	指数	0.00	0.00	0.00	0.00	0.00	n. a.	0.00	n. a.
2006	金额	0.00	0.00	0.00	0.00	0.00	0.00	0.00	0.00
	比例（%）	0.00	0.00	0.00	0.00	0.00	0.00	0.00	0.00
	指数	0.00	0.00	0.00	0.00	0.00	n. a.	0.00	n. a.
2007	金额	0.00	0.00	0.00	0.00	0.00	0.00	0.00	0.00
	比例（%）	0.00	0.00	0.00	0.00	0.00	0.00	0.00	0.00
	指数	0.00	0.00	0.00	0.00	0.00	n. a.	0.00	n. a.
2008	金额	0.00	96.47	2.30	0.00	0.00	4.60	0.00	0.00
	比例（%）	0.00	14.54	0.35	0.00	0.00	0.69	0.00	0.00
	指数	0.00	325.74	6.33	0.00	0.00	n. a.	0.00	n. a.
2009	金额	0.00	2.17	0.00	478.00	0.00	5.50	0.00	0.00
	比例（%）	0.00	0.36	0.00	79.52	0.00	0.92	0.00	0.00
	指数	0.00	7.33	0.00	2769.41	0.00	n. a.	0.00	n. a.
2010	金额	0.00	30.80	0.00	0.00	0.00	0.00	0.00	0.00
	比例（%）	0.00	6.76	0.00	0.00	0.00	0.00	0.00	0.00
	指数	0.00	104.00	0.00	0.00	0.00	n. a.	0.00	n. a.
2011	金额	3.10	35.59	181.80	55.40	0.00	0.00	38.90	0.00
	比例（%）	0.18	2.05	10.49	3.20	0.00	0.00	2.25	0.00
	指数	101.97	120.17	500.00	320.97	0.00	n. a.	500.00	n. a.
2012	金额	2.30	9.00	0.00	30.90	0.00	0.00	0.00	0.00
	比例（%）	0.55	2.17	0.00	7.45	0.00	0.00	0.00	0.00
	指数	75.66	30.39	0.00	179.03	0.00	n. a.	0.00	n. a.

续表

年份		法国	德国	希腊	匈牙利	爱尔兰	意大利	立陶宛	马耳他
2013	金额	0.00	0.19	0.00	0.00	0.00	0.00	0.00	0.00
	比例（%）	0.00	0.01	0.00	0.00	0.00	0.00	0.00	0.00
	指数	0.00	0.63	0.00	0.00	0.00	n.a.	0.00	n.a.
2014	金额	7.00	97.70	0.00	0.00	0.00	0.00	0.00	0.00
	比例（%）	0.07	0.92	0.00	0.00	0.00	0.00	0.00	0.00
	指数	230.26	329.89	0.00	0.00	0.00	n.a.	0.00	n.a.
2015	金额	2.80	5.60	0.00	0.00	14.20	0.00	0.00	0.00
	比例（%）	0.14	0.27	0.00	0.00	0.69	0.00	0.00	0.00
	指数	92.11	18.91	0.00	0.00	500.00	n.a.	0.00	n.a.
2016	金额	3324.77	43.82	0.00	21.77	16.60	6.40	0.00	23.10
	比例（%）	48.84	0.64	0.00	0.32	0.24	0.09	0.00	0.34
	指数	109367.43	147.96	0.00	126.12	584.51	n.a.	0.00	n.a.
2017	金额	27.81	220.66	0.00	0.00	73.60	11.30	0.00	0.00
	比例（%）	0.95	7.53	0.00	0.00	2.51	0.39	0.00	0.00
	指数	914.80	745.08	0.00	0.00	2591.55	n.a.	0.00	n.a.
合计	金额	3367.78	542.00	184.10	586.07	104.40	27.80	38.90	23.10
	比例（%）	11.84	1.91	0.65	2.06	0.37	0.10	0.14	0.08
2011—2015年均值		3.04	29.62	36.36	17.26	2.84	0.00	7.78	0.00

年份		荷兰	波兰	葡萄牙	罗马尼亚	西班牙	瑞典	英国	瑞士	合计
2005	金额	0.00	0.00	0.00	0.00	0.00	0.00	1.80	0.00	5.50
	比例（%）	0.00	0.00	0.00	0.00	0.00	0.00	32.73	0.00	100.00
	指数	0.00	0.00	0.00	0.00	0.00	0.00	0.30	0.00	0.53
2006	金额	0.00	0.00	0.00	0.00	0.00	0.00	0.00	0.00	0.00
	比例（%）	0.00	0.00	0.00	0.00	0.00	0.00	0.00	0.00	0.00
	指数	0.00	0.00	0.00	0.00	0.00	0.00	0.00	0.00	0.00
2007	金额	0.00	0.00	0.00	0.00	0.00	0.00	3.60	0.00	50.40
	比例（%）	0.00	0.00	0.00	0.00	0.00	0.00	4.24	0.00	59.36
	指数	0.00	0.00	0.00	0.00	0.00	0.00	0.60	0.00	4.89

年份		荷兰	波兰	葡萄牙	罗马尼亚	西班牙	瑞典	英国	瑞士	合计
2008	金额	10.20	0.00	0.00	0.00	539.11	0.00	0.00	2.30	654.98
	比例（%）	1.54	0.00	0.00	0.00	81.28	0.00	0.00	0.35	98.75
	指数	158.39	0.00	0.00	0.00	2653.10	0.00	0.00	65.71	63.59
2009	金额	2.00	0.00	0.00	0.00	0.00	0.00	0.00	0.00	487.67
	比例（%）	0.33	0.00	0.00	0.00	0.00	0.00	0.00	0.00	81.13
	指数	31.06	0.00	0.00	0.00	0.00	0.00	0.00	0.00	47.35
2010	金额	22.80	0.00	0.00	0.00	5.30	0.00	0.00	3.60	212.40
	比例（%）	5.01	0.00	0.00	0.00	1.16	0.00	0.00	0.79	46.65
	指数	354.04	0.00	0.00	0.00	26.08	0.00	0.00	102.86	20.62
2011	金额	14.60	55.00	1.70	23.10	3.30	389.00	189.50	0.00	1120.99
	比例（%）	0.84	3.18	0.10	1.33	0.19	22.46	10.94	0.00	64.71
	指数	226.71	500.00	500.00	424.63	16.24	209.41	31.57	0.00	108.84
2012	金额	0.00	0.00	0.00	0.00	0.00	0.00	2.30	0.00	414.90
	比例（%）	0.00	0.00	0.00	0.00	0.00	0.00	0.55	0.00	100.00
	指数	0.00	0.00	0.00	0.00	0.00	0.00	0.38	0.00	40.28
2013	金额	0.00	0.00	0.00	0.00	0.00	0.00	1364.83	0.00	1365.01
	比例（%）	0.00	0.00	0.00	0.00	0.00	0.00	68.24	0.00	68.25
	指数	0.00	0.00	0.00	0.00	0.00	0.00	227.40	0.00	132.53
2014	金额	0.00	0.00	0.00	0.00	98.30	539.80	1210.70	0.00	1953.50
	比例（%）	0.00	0.00	0.00	0.00	0.92	5.08	11.39	0.00	18.37
	指数	0.00	0.00	0.00	0.00	483.76	290.59	201.72	0.00	189.67
2015	金额	17.60	0.00	0.00	4.10	0.00	0.00	233.59	17.50	295.39
	比例（%）	0.86	0.00	0.00	0.20	0.00	0.00	11.41	0.85	14.43
	指数	273.29	0.00	0.00	75.37	0.00	0.00	38.92	500.00	28.68
2016	金额	44.70	0.00	36.80	26.20	157.82	62.60	986.93	0.00	4800.01
	比例（%）	0.66	0.00	0.54	0.38	2.32	0.92	14.50	0.00	70.51
	指数	694.10	0.00	10823.53	481.62	776.69	33.70	164.44	0.00	466.04
2017	金额	17.00	0.00	0.00	5.50	71.40	219.00	92.07	3.50	894.74
	比例（%）	0.58	0.00	0.00	0.19	2.44	7.48	3.14	0.12	30.55
	指数	263.98	0.00	0.00	101.10	351.38	117.89	15.34	100.00	86.87

年份		荷兰	波兰	葡萄牙	罗马尼亚	西班牙	瑞典	英国	瑞士	合计
合计	金额	128.90	55.00	38.50	58.90	875.23	1210.40	4085.31	26.90	12255.49
	比例（%）	0.45	0.19	0.14	0.21	3.08	4.26	14.37	0.09	43.10
2011—2015 年均值		6.44	11.00	0.34	5.44	20.32	185.76	600.18	3.50	1029.96

　　我国民营样本企业对北美洲的绿地投资金额主要集中于美国，13 年间对美国的绿地投资合计达到 80.25 亿美元，占对北美洲绿地投资整体金额规模的 91.31%。从总体绿地投资金额指数变化来看，2005—2016 年民营企业对美国的投资金额呈现波动上升的趋势，而在 2017 年投资金额出现显著下降。

表 5-3-12　中国民营样本企业绿地投资标的国（地区）的金额指数——北美洲

（单位：百万美元）

年份		加拿大	美国	合计
2005	金额	0.00	0.00	0.00
	比例（%）	0.00	0.00	0.00
	指数	0.00	0.00	0.00
2006	金额	0.00	60.00	60.00
	比例（%）	0.00	100.00	100.00
	指数	0.00	5.65	5.40
2007	金额	0.00	34.50	34.50
	比例（%）	0.00	40.64	40.64
	指数	0.00	3.25	3.11
2008	金额	0.00	3.50	3.50
	比例（%）	0.00	0.53	0.53
	指数	0.00	0.33	0.32
2009	金额	0.00	14.30	14.30
	比例（%）	0.00	2.38	2.38
	指数	0.00	1.35	1.29

续表

年份		加拿大	美国	合计
2010	金额	0.00	210.60	210.60
	比例（%）	0.00	46.26	46.26
	指数	0.00	19.83	18.96
2011	金额	32.57	163.10	195.67
	比例（%）	1.88	9.42	11.30
	指数	66.34	15.36	17.61
2012	金额	0.00	0.00	0.00
	比例（%）	0.00	0.00	0.00
	指数	0.00	0.00	0.00
2013	金额	0.00	205.00	205.00
	比例（%）	0.00	10.25	10.25
	指数	0.00	19.31	18.45
2014	金额	210.00	4316.30	4526.30
	比例（%）	1.97	40.59	42.57
	指数	427.75	406.48	407.42
2015	金额	2.90	624.90	627.80
	比例（%）	0.14	30.53	30.67
	指数	5.91	58.85	56.51
2016	金额	0.00	1671.40	1671.40
	比例（%）	0.00	24.55	24.55
	指数	0.00	157.40	150.45
2017	金额	518.60	721.31	1239.91
	比例（%）	17.71	24.63	42.34
	指数	1056.34	67.93	111.61
合计	金额	764.07	8024.91	8788.98
	比例（%）	2.69	28.22	30.91
2011—2015 年均值		49.09	1061.86	1110.95

　　我国民营样本企业对于其他发达经济体的绿地投资金额规模主要分布于韩国、澳大利亚，其中对韩国的绿地投资金额达到了 33.31 亿美元，占该地区整体接受绿地投资金额规模的 45.08%。对韩国的绿地投资金额较多主要源于其 2014 年单年度接受了高达 32.33 亿美元的投资，占韩国 13 年间接受绿地投资整体规模的 97.06%。但通过对比投资项目数量可发现，2014 年对韩国的绿地投资项目数量只有 2 个，这表明 2014 年我国民营样本企业对韩国进行的绿地投资平均金额规模较大。

表 5-3-13　中国民营样本企业绿地投资标的国（地区）的
金额指数——其他发达经济体

（单位：百万美元）

年份		澳大利亚	新西兰	日本	韩国	新加坡	中国台湾	中国香港	合计	总计
2005	金额	0.00	0.00	0.00	0.00	0.00	0.00	0.00	0.00	5.50
	比例（%）	0.00	0.00	0.00	0.00	0.00	0.00	0.00	0.00	100.00
	指数	0.00	n.a.	0.00	0.00	0.00	0.00	0.00	0.00	0.16
2006	金额	0.00	0.00	0.00	0.00	0.00	0.00	0.00	0.00	60.00
	比例（%）	0.00	0.00	0.00	0.00	0.00	0.00	0.00	0.00	100.00
	指数	0.00	n.a.	0.00	0.00	0.00	0.00	0.00	0.00	1.78
2007	金额	0.00	0.00	0.00	0.00	0.00	0.00	0.00	0.00	84.90
	比例（%）	0.00	0.00	0.00	0.00	0.00	0.00	0.00	0.00	100.00
	指数	0.00	n.a.	0.00	0.00	0.00	0.00	0.00	0.00	2.52
2008	金额	2.00	0.00	0.00	2.80	0.00	0.00	0.00	4.80	663.28
	比例（%）	0.30	0.00	0.00	0.42	0.00	0.00	0.00	0.72	100.00
	指数	0.41	0.00	0.00	0.43	0.00	0.00	0.00	0.39	19.71
2009	金额	0.00	0.00	26.40	0.00	69.50	0.00	3.20	99.10	601.07
	比例（%）	0.00	0.00	4.39	0.00	11.56	0.00	0.53	16.49	100.00
	指数	0.00	n.a.	148.82	0.00	128.47	0.00	15.36	8.09	17.86
2010	金额	0.00	0.00	0.00	0.00	0.00	32.30	0.00	32.30	455.30
	比例（%）	0.00	0.00	0.00	0.00	0.00	7.09	0.00	7.09	100.00
	指数	0.00	n.a.	0.00	0.00	0.00	1814.61	0.00	2.64	13.53

续表

年份		澳大利亚	新西兰	日本	韩国	新加坡	中国台湾	中国香港	合计	总计
2011	金额	58.00	0.00	0.00	2.00	270.50	0.00	85.10	415.60	1732.26
	比例（%）	3.35	0.00	0.00	0.12	15.62	0.00	4.91	23.99	100.00
	指数	12.01	n. a.	0.00	0.31	500.00	0.00	408.35	33.94	51.47
2012	金额	0.00	0.00	0.00	0.00	0.00	0.00	0.00	0.00	414.90
	比例（%）	0.00	0.00	0.00	0.00	0.00	0.00	0.00	0.00	100.00
	指数	0.00	n. a.	0.00	0.00	0.00	0.00	0.00	0.00	12.33
2013	金额	429.26	0.00	0.00	0.00	0.00	0.70	0.00	429.96	1999.97
	比例（%）	21.46	0.00	0.00	0.00	0.00	0.04	0.00	21.50	100.00
	指数	88.87	n. a.	0.00	0.00	0.00	39.33	0.00	35.11	59.43
2014	金额	900.00	0.00	3.20	3233.10	0.00	8.20	8.80	4153.30	10633.10
	比例（%）	8.46	0.00	0.03	30.41	0.00	0.08	0.08	39.06	100.00
	指数	186.33	n. a.	18.04	499.69	0.00	460.67	42.23	339.18	315.95
2015	金额	1027.86	0.00	85.50	0.00	0.00	0.00	10.30	1123.66	2046.85
	比例（%）	50.22	0.00	4.18	0.00	0.00	0.00	0.50	54.90	100.00
	指数	212.80	n. a.	481.96	0.00	0.00	0.00	49.42	91.76	60.82
2016	金额	5.80	0.00	222.70	34.90	72.70	0.00	0.00	336.10	6807.51
	比例（%）	0.09	0.00	3.27	0.51	1.07	0.00	0.00	4.94	100.00
	指数	1.20	n. a.	1255.36	5.39	134.38	0.00	0.00	27.45	202.28
2017	金额	85.50	148.90	76.20	58.40	20.50	6.40	398.00	793.90	2928.55
	比例（%）	2.92	5.08	2.60	1.99	0.70	0.22	13.59	27.11	100.00
	指数	17.70	n. a.	429.54	9.03	37.89	359.55	1909.79	64.83	87.02
合计	金额	2508.42	148.90	414.00	3331.20	433.20	47.60	505.40	7388.72	28433.19
	比例（%）	8.82	0.52	1.46	11.72	1.52	0.17	1.78	25.99	100.00
2011—2015 年均值		483.02	0.00	17.74	647.02	54.10	1.78	20.84	1224.50	3365.42

　　我国民营样本企业对非洲的绿地投资金额主要集中于埃及，2005—2017 年间合计接受高达 203.76 亿美元的绿地投资，占对非洲整体接受绿地投资的 87.81%，其中主要在于 2016 年对埃及进行了 202.3 亿美

元的绿地投资金额。其他接受我国民营样本企业绿地投资金额的国家
还有南非、加纳，而且对于南非的绿地投资金额在 2017 年实现了高速
增长。

表 5-3-14　中国民营样本企业绿地投资标的国（地区）的金额指数——非洲

（单位：百万美元）

年份		阿尔及利亚	埃及	摩洛哥	科特迪瓦	加纳	尼日利亚
2005	金额	0.00	0.00	0.00	0.00	0.00	0.00
	比例（%）	0.00	0.00	0.00	0.00	0.00	0.00
	指数	n. a.	0.00	0.00	0.00	0.00	n. a.
2006	金额	0.00	0.00	0.00	0.00	0.00	0.00
	比例（%）	0.00	0.00	0.00	0.00	0.00	0.00
	指数	n. a.	0.00	0.00	0.00	0.00	n. a.
2007	金额	0.00	0.00	0.00	0.00	0.00	49.80
	比例（%）	0.00	0.00	0.00	0.00	0.00	3.11
	指数	n. a.	0.00	0.00	0.00	0.00	n. a.
2008	金额	0.00	0.00	0.00	0.00	0.00	0.00
	比例（%）	0.00	0.00	0.00	0.00	0.00	0.00
	指数	n. a.	0.00	0.00	0.00	0.00	n. a.
2009	金额	107.60	0.00	0.00	0.00	0.00	0.00
	比例（%）	15.11	0.00	0.00	0.00	0.00	0.00
	指数	n. a.	0.00	0.00	0.00	0.00	n. a.
2010	金额	0.00	0.00	0.00	0.00	0.00	0.00
	比例（%）	0.00	0.00	0.00	0.00	0.00	0.00
	指数	n. a.	0.00	0.00	0.00	0.00	n. a.
2011	金额	0.00	0.00	0.00	0.00	0.00	0.00
	比例（%）	0.00	0.00	0.00	0.00	0.00	0.00
	指数	n. a.	0.00	0.00	0.00	0.00	n. a.
2012	金额	0.00	73.40	6.50	30.00	62.00	0.00
	比例（%）	0.00	2.98	0.26	1.22	2.51	0.00
	指数	n. a.	500.00	74.88	500.00	500.00	n. a.

续表

年份		阿尔及利亚	埃及	摩洛哥	科特迪瓦	加纳	尼日利亚
2013	金额	0.00	0.00	0.00	0.00	0.00	0.00
	比例（%）	0.00	0.00	0.00	0.00	0.00	0.00
	指数	n. a.	0.00	0.00	0.00	0.00	n. a.
2014	金额	0.00	0.00	0.00	0.00	0.00	0.00
	比例（%）	0.00	0.00	0.00	0.00	0.00	0.00
	指数	n. a.	0.00	0.00	0.00	0.00	n. a.
2015	金额	0.00	0.00	36.90	0.00	0.00	0.00
	比例（%）	0.00	0.00	0.62	0.00	0.00	0.00
	指数	n. a.	0.00	425.12	0.00	0.00	n. a.
2016	金额	0.00	20230.30	0.00	9.70	36.90	6.00
	比例（%）	0.00	57.17	0.00	0.03	0.10	0.02
	指数	n. a.	137808.58	0.00	161.67	297.58	n. a.
2017	金额	37.50	72.30	186.60	0.00	0.00	618.10
	比例（%）	0.95	1.84	4.75	0.00	0.00	15.73
	指数	n. a.	492.51	2149.77	0.00	0.00	n. a.
合计	金额	145.10	20376.00	230.00	39.70	98.90	673.90
	比例（%）	0.23	31.60	0.36	0.06	0.15	1.05
2011—2015 年均值		0.00	14.68	8.68	6.00	12.40	0.00

年份		塞内加尔	埃塞俄比亚	肯尼亚	南非	赞比亚	合计
2005	金额	0.00	0.00	0.00	0.00	0.00	0.00
	比例（%）	0.00	0.00	0.00	0.00	0.00	0.00
	指数	n. a.	0.00	n. a.	0.00	n. a.	0.00
2006	金额	0.00	0.00	0.00	0.00	0.00	0.00
	比例（%）	0.00	0.00	0.00	0.00	0.00	0.00
	指数	n. a.	0.00	n. a.	0.00	n. a.	0.00
2007	金额	0.00	0.00	0.00	10.10	0.00	59.90
	比例（%）	0.00	0.00	0.00	0.63	0.00	3.74
	指数	n. a.	0.00	n. a.	76.60	n. a.	81.12

续表

年份		塞内加尔	埃塞俄比亚	肯尼亚	南非	赞比亚	合计
2008	金额	0.00	0.00	0.00	0.00	0.00	0.00
	比例（%）	0.00	0.00	0.00	0.00	0.00	0.00
	指数	n. a.	0.00	n. a.	0.00	n. a.	0.00
2009	金额	0.00	10.00	0.00	0.00	0.00	117.60
	比例（%）	0.00	1.40	0.00	0.00	0.00	16.51
	指数	n. a.	52.91	n. a.	0.00	n. a.	159.25
2010	金额	0.00	0.00	0.00	0.00	0.00	0.00
	比例（%）	0.00	0.00	0.00	0.00	0.00	0.00
	指数	n. a.	0.00	n. a.	0.00	n. a.	0.00
2011	金额	0.00	94.50	0.00	44.70	0.00	139.20
	比例（%）	0.00	1.74	0.00	0.82	0.00	2.57
	指数	n. a.	500.00	n. a.	339.03	n. a.	188.50
2012	金额	0.00	0.00	0.00	0.00	0.00	171.90
	比例（%）	0.00	0.00	0.00	0.00	0.00	6.97
	指数	n. a.	0.00	n. a.	0.00	n. a.	232.79
2013	金额	0.00	0.00	0.00	0.00	0.00	0.00
	比例（%）	0.00	0.00	0.00	0.00	0.00	0.00
	指数	n. a.	0.00	n. a.	0.00	n. a.	0.00
2014	金额	0.00	0.00	0.00	18.32	0.00	18.32
	比例（%）	0.00	0.00	0.00	0.27	0.00	0.27
	指数	n. a.	0.00	n. a.	138.97	n. a.	24.81
2015	金额	0.00	0.00	0.00	2.90	0.00	39.80
	比例（%）	0.00	0.00	0.00	0.05	0.00	0.67
	指数	n. a.	0.00	n. a.	22.00	n. a.	53.90
2016	金额	9.70	1226.70	0.00	6.90	150.00	21676.20
	比例（%）	0.03	3.47	0.02	0.42		61.26
	指数	n. a.	6490.48	n. a.	52.33	n. a.	29353.81
2017	金额	0.00	0.00	7.00	60.50	0.00	982.00
	比例（%）	0.00	0.00	0.18	1.54	0.00	25.00
	指数	n. a.	0.00	n. a.	458.87	n. a.	1329.82

续表

年份		塞内加尔	埃塞俄比亚	肯尼亚	南非	赞比亚	合计
合计	金额	9.70	1331.20	7.00	143.42	150.00	23204.92
	比例（%）	0.02	2.06	0.01	0.22	0.23	35.98
2011—2015 年均值		0.00	18.90	0.00	13.18	0.00	73.84

　　我国民营样本企业对印度的绿地投资金额在 2005—2017 年间合计达到了 128.51 亿美元，占亚洲发展中经济体接受绿地投资金额规模的 37.7%，且从绿地投资金额指数变化来看，2011—2016 年民营样本企业对印度的绿地投资金额呈现不断上升的趋势，但到了 2017 年有比较明显的下降。

表 5-3-15　中国民营样本企业绿地投资标的国（地区）的金额指数——亚洲

（单位：百万美元）

年份		文莱	柬埔寨	印度尼西亚	老挝	马来西亚	菲律宾	泰国	越南	孟加拉国	印度
2005	金额	0.00	0.00	0.00	0.00	39.70	0.00	0.00	0.00	0.00	10.30
	比例（%）	0.00	0.00	0.00	0.00	79.40	0.00	0.00	0.00	0.00	20.60
	指数	0.00	n.a.	0.00	n.a.	5.72	n.a.	0.00	0.00	n.a.	1.18
2006	金额	0.00	0.00	0.00	0.00	0.00	0.00	0.00	15.00	0.00	70.00
	比例（%）	0.00	0.00	0.00	0.00	0.00	0.00	0.00	17.65	0.00	82.35
	指数	0.00	n.a.	0.00	n.a.	0.00	n.a.	0.00	50.00	n.a.	8.02
2007	金额	0.00	0.00	953.20	0.00	340.20	225.80	0.00	10.00	0.00	0.00
	比例（%）	0.00	0.00	59.48	0.00	21.23	14.09	0.00	0.62	0.00	0.00
	指数	0.00	n.a.	190.94	n.a.	49.02	n.a.	0.00	33.33	n.a.	0.00
2008	金额	0.00	0.00	0.00	0.00	0.00	0.00	9.39	59.28	0.00	56.10
	比例（%）	0.00	0.00	0.00	0.00	0.00	0.00	0.58	3.64	0.00	3.44
	指数	0.00	n.a.	0.00	n.a.	0.00	n.a.	6.47	197.60	n.a.	6.43
2009	金额	0.00	0.00	196.80	106.90	0.00	25.80	0.00	15.00	0.00	0.00
	比例（%）	0.00	0.00	27.64	15.01	0.00	3.62	0.00	2.11	0.00	0.00
	指数	0.00	n.a.	39.42	n.a.	0.00	n.a.	0.00	50.00	n.a.	0.00

续表

年份		文莱	柬埔寨	印度尼西亚	老挝	马来西亚	菲律宾	泰国	越南	孟加拉国	印度
2010	金额	0.00	0.00	200.00	0.00	0.00	0.00	0.00	0.00	0.00	70.00
	比例（%）	0.00	0.00	41.55	0.00	0.00	0.00	0.00	0.00	0.00	14.54
	指数	0.00	n. a.	40.06	n. a.	0.00	n. a.	0.00	0.00	n. a.	8.02
2011	金额	4300.00	0.00	0.00	0.00	0.00	0.00	55.70	0.00	0.00	149.80
	比例（%）	79.33	0.00	0.00	0.00	0.00	0.00	1.03	0.00	0.00	2.76
	指数	500.00	n. a.	0.00	n. a.	0.00	n. a.	38.40	0.00	n. a.	17.17
2012	金额	0.00	0.00	1000.00	0.00	0.00	0.00	0.00	0.00	0.00	537.80
	比例（%）	0.00	0.00	40.56	0.00	0.00	0.00	0.00	0.00	0.00	21.81
	指数	0.00	n. a.	200.31	n. a.	0.00	n. a.	0.00	0.00	n. a.	61.65
2013	金额	0.00	0.00	0.00	0.00	0.00	0.00	0.00	0.00	0.00	0.00
	比例（%）	0.00	0.00	0.00	0.00	0.00	0.00	0.00	0.00	0.00	0.00
	指数	0.00	n. a.	0.00	n. a.	0.00	n. a.	0.00	0.00	n. a.	0.00
2014	金额	0.00	0.00	1430.00	0.00	3250.00	0.00	0.00	150.00	0.00	100.00
	比例（%）	0.00	0.00	21.21	0.00	48.20	0.00	0.00	2.22	0.00	1.48
	指数	0.00	n. a.	286.45	n. a.	468.30	n. a.	0.00	500.00	n. a.	11.46
2015	金额	0.00	0.00	66.10	0.00	220.00	0.00	669.58	0.00	0.00	3574.02
	比例（%）	0.00	0.00	1.11	0.00	3.70	0.00	11.27	0.00	0.00	60.15
	指数	0.00	n. a.	13.24	0.00	31.70	n. a.	461.60	0.00	n. a.	409.71
2016	金额	0.00	2006.00	1806.51	0.00	1102.21	42.60	55.82	53.72	8.80	7963.02
	比例（%）	0.00	5.67	5.11	0.00	3.11	0.12	0.16	0.15	0.02	22.50
	指数	0.00	n. a.	361.87	n. a.	158.82	n. a.	38.48	179.07	n. a.	912.85
2017	金额	0.00	0.00	150.00	0.00	122.20	0.00	0.00	147.90	0.00	320.40
	比例（%）	0.00	0.00	3.82	0.00	3.11	0.00	0.00	3.77	0.00	8.16
	指数	0.00	n. a.	30.05	n. a.	17.61	n. a.	0.00	493.00	n. a.	36.73
合计	金额	4300.00	2006.00	5802.61	106.90	5074.31	294.20	790.49	450.90	8.80	12851.44
	比例（%）	6.67	3.11	9.00	0.17	7.87	0.46	1.23	0.70	0.01	19.93
2011—2015年均值		860.00	0.00	499.22	0.00	694.00	0.00	145.06	30.00	0.00	872.32

续表

年份		尼泊尔	巴基斯坦	斯里兰卡	巴林	伊拉克	伊朗伊斯兰共和国	科威特	沙特阿拉伯	土耳其	阿拉伯联合酋长国	合计
2005	金额	0.00	0.00	0.00	0.00	0.00	0.00	0.00	0.00	0.00	0.00	50.00
	比例（%）	0.00	0.00	0.00	0.00	0.00	0.00	0.00	0.00	0.00	0.00	100.00
	指数	0.00	n.a.	n.a.	0.00	0.00	n.a.	0.00	0.00	n.a.	0.00	1.56
2006	金额	0.00	0.00	0.00	0.00	0.00	0.00	0.00	0.00	0.00	0.00	85.00
	比例（%）	0.00	0.00	0.00	0.00	0.00	0.00	0.00	0.00	0.00	0.00	100.00
	指数	0.00	n.a.	n.a.	0.00	0.00	n.a.	0.00	0.00	n.a.	0.00	2.66
2007	金额	0.00	0.00	0.00	0.00	0.00	13.49	0.00	0.00	0.00	0.00	1542.69
	比例（%）	0.00	0.00	0.00	0.00	0.00	0.84	0.00	0.00	0.00	0.00	96.26
	指数	0.00	n.a.	n.a.	0.00	0.00	n.a.	0.00	0.00	n.a.	0.00	48.28
2008	金额	0.00	5.00	0.00	0.00	0.00	0.00	0.00	0.00	0.00	0.00	129.77
	比例（%）	0.00	0.31	0.00	0.00	0.00	0.00	0.00	0.00	0.00	0.00	7.96
	指数	0.00	n.a.	n.a.	0.00	0.00	n.a.	0.00	0.00	n.a.	0.00	4.06
2009	金额	0.00	0.00	0.00	0.00	0.00	0.00	0.00	0.00	250.00	0.00	594.50
	比例（%）	0.00	0.00	0.00	0.00	0.00	0.00	0.00	0.00	35.11	0.00	83.49
	指数	0.00	n.a.	n.a.	0.00	0.00	n.a.	0.00	0.00	n.a.	0.00	18.60
2010	金额	0.00	0.00	0.00	0.00	0.00	0.00	0.00	0.00	0.00	0.00	270.00
	比例（%）	0.00	0.00	0.00	0.00	0.00	0.00	0.00	0.00	0.00	0.00	56.10
	指数	0.00	n.a.	n.a.	0.00	0.00	n.a.	0.00	0.00	n.a.	0.00	8.45
2011	金额	0.00	0.00	0.00	0.00	55.10	0.00	0.00	0.00	0.00	0.00	4560.60
	比例（%）	0.00	0.00	0.00	0.00	1.02	0.00	0.00	0.00	0.00	0.00	84.14
	指数	0.00	n.a.	n.a.	0.00	500.00	n.a.	0.00	0.00	n.a.	0.00	142.72
2012	金额	0.00	0.00	0.00	0.00	0.00	0.00	0.00	0.00	0.00	6.20	1544.00
	比例（%）	0.00	0.00	0.00	0.00	0.00	0.00	0.00	0.00	0.00	0.25	62.62
	指数	0.00	n.a.	n.a.	0.00	0.00	n.a.	0.00	0.00	n.a.	118.32	48.32
2013	金额	0.00	0.00	0.00	0.00	0.00	0.00	0.00	0.00	0.00	20.00	20.00
	比例（%）	0.00	0.00	0.00	0.00	0.00	0.00	0.00	0.00	0.00	50.00	50.00
	指数	0.00	n.a.	n.a.	0.00	0.00	n.a.	0.00	0.00	n.a.	381.68	0.63

续表

年份		尼泊尔	巴基斯坦	斯里兰卡	巴林	伊拉克	伊朗伊斯兰共和国	科威特	沙特阿拉伯	土耳其	阿拉伯联合酋长国	合计
2014	金额	0.00	0.00	0.00	0.00	0.00	0.00	0.00	0.00	0.00	0.00	4930.00
	比例（%）	0.00	0.00	0.00	0.00	0.00	0.00	0.00	0.00	0.00	0.00	73.12
	指数	0.00	n. a.	n. a.	0.00	0.00	n. a.	0.00	0.00	n. a.	0.00	154.28
2015	金额	300.00	0.00	0.00	45.10	0.00	0.00	7.50	40.10	0.00	0.00	4922.40
	比例（%）	5.05	0.00	0.00	0.76	0.00	0.00	0.13	0.67	0.00	0.00	82.85
	指数	500.00	n. a.	n. a.	500.00	0.00	n. a.	500.00	500.00	0.00	0.00	154.05
2016	金额	0.00	0.00	26.40	0.00	0.00	0.00	0.00	7.00	0.50	40.10	13112.68
	比例（%）	0.00	0.00	0.07	0.00	0.00	0.00	0.00	0.02	0.00	0.11	37.06
	指数	0.00	n. a.	n. a.	0.00	0.00	n. a.	0.00	87.28	n. a.	765.27	410.36
2017	金额	0.00	1500.00	0.00	0.00	27.50	0.00	0.00	0.00	1.20	60.50	2329.70
	比例（%）	0.00	38.19	0.00	0.00	0.70	0.00	0.00	0.00	0.03	1.54	59.31
	指数	0.00	n. a.	n. a.	0.00	0.00	n. a.	0.00	0.00	n. a.	1154.58	72.91
合计	金额	300.00	1505.00	26.40	45.10	55.10	40.99	7.50	47.10	251.70	126.80	34091.34
	比例（%）	0.47	2.33	0.04	0.07	0.09	0.06	0.01	0.07	0.39	0.20	52.87
2011—2015年均值		60.00	0.00	0.00	9.02	11.02	0.00	1.50	8.02	0.00	5.24	3195.40

　　在拉丁美洲和加勒比海地区的发展中经济体内，我国民营样本企业进行绿地投资金额主要投向墨西哥，其13年间接受的绿地投资金额共计约为32.11亿美元，占该地区发展中国家整体接受绿地投资金额的44.67%，特别是2014年我国民营样本企业对墨西哥的投资金额规模突增，随后开始下降并逐步呈现出相对稳定的趋势。

表5-3-16　中国民营样本企业绿地投资标的国（地区）的

金额指数——拉丁美洲和加勒比海地区

（单位：百万美元）

年份		阿根廷	玻利维亚	巴西	智利	哥伦比亚	圭亚那	秘鲁
2005	金额	0.00	0.00	0.00	0.00	0.00	0.00	0.00
	比例（%）	0.00	0.00	0.00	0.00	0.00	0.00	0.00
	指数	0.00	n. a.	0.00	0.00	n. a.	n. a.	n. a.

年份		阿根廷	玻利维亚	巴西	智利	哥伦比亚	圭亚那	秘鲁
2006	金额	0.00	0.00	0.00	0.00	0.00	0.00	0.00
	比例（%）	0.00	0.00	0.00	0.00	0.00	0.00	0.00
	指数	0.00	n.a.	0.00	n.a.	0.00	0.00	n.a.
2007	金额	0.00	0.00	0.00	0.00	0.00	0.00	0.00
	比例（%）	0.00	0.00	0.00	0.00	0.00	0.00	0.00
	指数	0.00	n.a.	0.00	n.a.	0.00	0.00	n.a.
2008	金额	0.00	0.00	0.00	0.00	0.00	1000.00	0.00
	比例（%）	0.00	0.00	0.00	0.00	0.00	61.36	0.00
	指数	0.00	n.a.	0.00	n.a.	0.00	1666.67	n.a.
2009	金额	0.00	0.00	0.00	0.00	0.00	0.00	0.00
	比例（%）	0.00	0.00	0.00	0.00	0.00	0.00	0.00
	指数	0.00	n.a.	0.00	n.a.	0.00	0.00	n.a.
2010	金额	0.00	0.00	211.30	0.00	0.00	0.00	0.00
	比例（%）	0.00	0.00	43.90	0.00	0.00	0.00	0.00
	指数	0.00	n.a.	61.15	n.a.	0.00	0.00	n.a.
2011	金额	144.60	0.00	529.00	0.00	4.90	0.00	0.00
	比例（%）	2.67	0.00	9.76	0.00	0.09	0.00	0.00
	指数	439.25	n.a.	153.10	n.a.	500.00	0.00	n.a.
2012	金额	0.00	0.00	449.80	0.00	0.00	300.00	0.00
	比例（%）	0.00	0.00	18.24	0.00	0.00	12.17	0.00
	指数	0.00	n.a.	130.17	n.a.	0.00	500.00	n.a.
2013	金额	20.00	0.00	0.00	0.00	0.00	0.00	0.00
	比例（%）	50.00	0.00	0.00	0.00	0.00	0.00	0.00
	指数	60.75	n.a.	0.00	n.a.	0.00	0.00	n.a.
2014	金额	0.00	0.00	263.47	0.00	0.00	0.00	0.00
	比例（%）	0.00	0.00	3.91	0.00	0.00	0.00	0.00
	指数	0.00	n.a.	76.25	n.a.	0.00	0.00	n.a.
2015	金额	0.00	0.00	485.40	0.00	0.00	0.00	0.00
	比例（%）	0.00	0.00	8.17	0.00	0.00	0.00	0.00
	指数	0.00	n.a.	140.48	n.a.	0.00	0.00	n.a.

续表

年份		阿根廷	玻利维亚	巴西	智利	哥伦比亚	圭亚那	秘鲁
2016	金额	139.80	6.40	0.00	0.00	0.00	0.00	0.00
	比例（%）	0.40	0.02	0.00	0.00	0.00	0.00	
	指数	424.67	n.a.	0.00	n.a.	0.00	0.00	n.a.
2017	金额	100.00	3.90	118.39	0.00	67.80	0.00	0.00
	比例（%）	2.55	0.10	3.01	0.00	1.73	0.00	0.00
	指数	303.77	n.a.	34.26	n.a.	6918.37	0.00	n.a.
合计	金额	404.40	10.30	2057.35	0.00	72.70	1300.00	0.00
	比例（%）	0.63	0.02	3.19	0.00	0.11	2.02	0.00
2011—2015年均值		32.92	0.00	345.53	0.00	0.98	60.00	0.00

年份		乌拉圭	委内瑞拉	墨西哥	巴拿马	合计	总计
2005	金额	0.00	0.00	0.00	0.00	0.00	50.00
	比例（%）	0.00	0.00	0.00	0.00	0.00	100.00
	指数	0.00	0.00	0.00	0.00	0.00	1.21
2006	金额	0.00	0.00	0.00	0.00	0.00	85.00
	比例（%）	0.00	0.00	0.00	0.00	0.00	100.00
	指数	0.00	0.00	0.00	0.00	0.00	2.06
2007	金额	0.00	0.00	0.00	0.00	0.00	1602.59
	比例（%）	0.00	0.00	0.00	0.00	0.00	100.00
	指数	0.00	0.00	0.00	0.00	0.00	38.88
2008	金额	0.00	0.00	500.00	0.00	1500.00	1629.77
	比例（%）	0.00	0.00	30.68	0.00	92.04	100.00
	指数	0.00	0.00	128.87	0.00	175.89	39.54
2009	金额	0.00	0.00	0.00	0.00	0.00	712.10
	比例（%）	0.00	0.00	0.00	0.00	0.00	100.00
	指数	0.00	0.00	0.00	0.00	0.00	17.28
2010	金额	0.00	0.00	0.00	0.00	211.30	481.30
	比例（%）	0.00	0.00	0.00	0.00	43.90	100.00
	指数	0.00	0.00	0.00	0.00	24.78	11.68

年份		乌拉圭	委内瑞拉	墨西哥	巴拿马	合计	总计
2011	金额	35.00	0.00	0.00	7.00	720.50	5420.30
	比例（%）	0.65	0.00	0.00	0.13	13.29	100.00
	指数	500.00	0.00	0.00	104.79	84.49	131.50
2012	金额	0.00	0.00	0.00	0.00	749.80	2465.70
	比例（%）	0.00	0.00	0.00	0.00	30.41	100.00
	指数	0.00	0.00	0.00	0.00	87.92	59.82
2013	金额	0.00	0.00	0.00	0.00	20.00	40.00
	比例（%）	0.00	0.00	0.00	0.00	50.00	100.00
	指数	0.00	0.00	0.00	0.00	2.35	0.97
2014	金额	0.00	31.00	1500.00	0.00	1794.47	6742.79
	比例（%）	0.00	0.46	22.25	0.00	26.61	100.00
	指数	0.00	265.41	386.60	0.00	210.42	163.58
2015	金额	0.00	27.40	439.97	26.40	979.17	5941.37
	比例（%）	0.00	0.46	7.41	0.44	16.48	100.00
	指数	0.00	234.59	113.40	395.21	114.82	144.14
2016	金额	0.00	0.00	444.60	6.40	597.20	35386.08
	比例（%）	0.00	0.00	1.26	0.02	1.69	100.00
	指数	0.00	0.00	114.59	95.81	70.03	858.46
2017	金额	0.00	0.00	326.40	0.00	616.49	3928.19
	比例（%）	0.00	0.00	8.31	0.00	15.69	100.00
	指数	0.00	0.00	84.13	0.00	72.29	95.30
合计	金额	35.00	58.40	3210.97	39.80	7188.92	64485.18
	比例（%）	0.05	0.09	4.98	0.06	11.15	100.00
2011—2015 年均值		7.00	11.68	387.99	6.68	852.79	4122.03

俄罗斯联邦所接受的我国民营样本企业的绿地投资在投资金额规模上与投资项目数量上保持一致，均为转型经济体国家中占比最大的国家。2005—2017 年间，俄罗斯联邦所接受的绿地投资金额合计达到了 20.38 亿

美元，占转型经济体国家所接受绿地投资金额规模整体的 66.55%。从绿地投资金额指数变化上看，2007—2014 年民营样本企业对俄罗斯联邦的绿地投资金额呈现波动上升趋势，2015—2017 年呈现下降趋势。

表 5-3-17　中国民营样本企业绿地投资标的国（地区）的金额指数——东南欧

（单位：百万美元）

年份		塞尔维亚	合计
2005	金额	0.00	0.00
	比例（%）	n. a.	n. a.
	指数	n. a.	n. a.
2006	金额	0.00	0.00
	比例（%）	0.00	0.00
	指数	n. a.	n. a.
2007	金额	0.00	0.00
	比例（%）	0.00	0.00
	指数	n. a.	n. a.
2008	金额	0.00	0.00
	比例（%）	0.00	0.00
	指数	n. a.	n. a.
2009	金额	0.00	0.00
	比例（%）	0.00	0.00
	指数	n. a.	n. a.
2010	金额	0.00	0.00
	比例（%）	0.00	0.00
	指数	n. a.	n. a.
2011	金额	0.00	0.00
	比例（%）	0.00	0.00
	指数	n. a.	n. a.
2012	金额	0.00	0.00
	比例（%）	n. a.	n. a.
	指数	n. a.	n. a.

续表

年份		塞尔维亚	合计
2013	金额	0.00	0.00
	比例（%）	n. a.	n. a.
	指数	n. a.	n. a.
2014	金额	0.00	0.00
	比例（%）	0.00	0.00
	指数	n. a.	n. a.
2015	金额	0.00	0.00
	比例（%）	0.00	0.00
	指数	n. a.	n. a.
2016	金额	13.00	13.00
	比例（%）	3.15	3.15
	指数	n. a.	n. a.
2017	金额	0.00	0.00
	比例（%）	0.00	0.00
	指数	n. a.	n. a.
合计	金额	13.00	13.00
	比例（%）	0.42	0.42
2011—2015 年均值		0.00	0.00

表 5-3-18　中国民营样本企业绿地投资标的国（地区）的金额指数——独联体国家

（单位：百万美元）

年份		阿塞拜疆	白俄罗斯	哈萨克斯坦	俄罗斯联邦	乌克兰	乌兹别克斯坦	合计	总计
2005	金额	0.00	0.00	0.00	0.00	0.00	0.00	0.00	0.00
	比例（%）	n. a.	n. a.	n. a.	n. a.	n. a.	n. a.	n. a.	n. a.
	指数	n. a.	n. a.	0.00	0.00	n. a.	n. a.	0.00	0.00
2006	金额	0.00	0.00	0.00	0.00	35.00	0.00	35.00	35.00
	比例（%）	0.00	0.00	0.00	0.00	100.00	0.00	100.00	100.00
	指数	n. a.	n. a.	0.00	0.00	n. a.	n. a.	13.85	13.85

年份		阿塞拜疆	白俄罗斯	哈萨克斯坦	俄罗斯联邦	乌克兰	乌兹别克斯坦	合计	总计
2007	金额	0.00	0.00	0.00	413.60	0.00	0.00	413.60	413.60
	比例（%）	0.00	0.00	0.00	100.00	0.00	0.00	100.00	100.00
	指数	n.a.	n.a.	0.00	179.33	n.a.	n.a.	163.68	163.68
2008	金额	0.00	0.00	0.00	5.20	0.00	0.00	5.20	5.20
	比例（%）	0.00	0.00	0.00	100.00	0.00	0.00	100.00	100.00
	指数	n.a.	n.a.	0.00	2.25	n.a.	n.a.	2.06	2.06
2009	金额	5.70	0.00	0.00	0.00	0.00	0.00	5.70	5.70
	比例（%）	100.00	0.00	0.00	0.00	0.00	0.00	100.00	100.00
	指数	n.a.	n.a.	0.00	0.00	n.a.	n.a.	2.26	2.26
2010	金额	226.70	0.00	0.00	279.90	0.00	0.00	506.60	506.60
	比例（%）	44.75	0.00	0.00	55.25	0.00	0.00	100.00	100.00
	指数	n.a.	n.a.	0.00	121.36	n.a.	n.a.	200.49	200.49
2011	金额	0.00	0.00	0.00	406.80	0.00	0.00	406.80	406.80
	比例（%）	0.00	0.00	0.00	100.00	0.00	0.00	100.00	100.00
	指数	n.a.	n.a.	0.00	176.38	n.a.	n.a.	160.99	160.99
2012	金额	0.00	0.00	0.00	0.00	0.00	0.00	0.00	0.00
	比例（%）	n.a.	n.a.	n.a.	n.a.	n.a.	n.a.	n.a.	n.a.
	指数	n.a.	n.a.	0.00	0.00	n.a.	n.a.	0.00	0.00
2013	金额	0.00	0.00	0.00	0.00	0.00	0.00	0.00	0.00
	比例（%）	n.a.	n.a.	n.a.	n.a.	n.a.	n.a.	n.a.	n.a.
	指数	n.a.	n.a.	0.00	0.00	n.a.	n.a.	0.00	0.00
2014	金额	0.00	0.00	0.00	650.00	0.00	0.00	650.00	650.00
	比例（%）	0.00	0.00	0.00	100.00	0.00	0.00	100.00	100.00
	指数	n.a.	n.a.	0.00	281.82	n.a.	n.a.	257.24	257.24
2015	金额	0.00	0.00	110.22	96.40	0.00	0.00	206.62	206.62
	比例（%）	0.00	0.00	53.34	46.66	0.00	0.00	100.00	100.00
	指数	n.a.	n.a.	500.00	41.80	n.a.	n.a.	81.77	81.77

续表

年份		阿塞拜疆	白俄罗斯	哈萨克斯坦	俄罗斯联邦	乌克兰	乌兹别克斯坦	合计	总计
2016	金额	107.00	199.80	0.00	84.50	0.00	8.80	400.10	413.10
	比例（%）	25.90	48.37	0.00	20.46	0.00	2.13	96.85	100.00
	指数	n. a.	n. a.	0.00	36.64	n. a.	n. a.	158.34	163.48
2017	金额	0.00	23.10	271.90	101.23	23.10	0.00	419.33	419.33
	比例（%）	0.00	5.51	64.84	24.14	5.51	0.00	100.00	100.00
	指数	n. a.	n. a.	1233.44	43.89	n. a.	n. a.	165.95	165.95
合计	金额	339.40	222.90	382.12	2037.63	58.10	8.80	3048.95	3061.95
	比例（%）	11.08	7.28	12.48	66.55	1.90	0.29	99.58	100.00
2011—2015 年均值		0.00	0.00	22.04	230.64	0.00	0.00	252.68	252.68

第四节　民营企业海外绿地投资行业别指数

本节按照投资标的行业的不同对我国民营样本企业海外绿地投资项目数量和金额分布情况进行分析。本节将投资标的行业分为两大部分，即制造业和非制造业。其中制造业按照 OECD 技术划分标准分为 4 大类，分别是高技术、中高技术、中低技术和低技术制造业；非制造业则划分为服务业，农、林、牧、渔业，采矿业，电力、热力、燃气及水生产和供应业，建筑业 5 大部类。

一、民营企业海外绿地投资项目数量和金额在标的行业的分布

1. 民营企业海外绿地投资项目数量在标的行业的分布

在 2005—2017 年的 13 年间，我国民营样本企业向海外制造业进行绿地投资的项目数量占比达到 78.87%，远远高于非制造业的 21.13%。在整个制造业所接受的绿地投资项目数量中，高技术行业占比达 55.49%，中高技术行业占比 29.11%，中低技术占比 10.13%，低技术占比 5.27%；在

非制造业中我国民营样本企业向服务业进行的绿地投资项目数量占比较大，为79.53%，而电力、热力、燃气及水生产和供应业占比18.11%，建筑业占比2.36%，国外采矿业没有民营样本企业对其进行绿地投资。

根据我国民营样本企业对不同行业绿地投资项目数量的指数变化趋势可以看出，高技术制造业在2005—2016年所接受的投资项目数量呈稳定增长的趋势，但到2017年有所下降；对中高技术制造业的绿地投资项目数量在2005—2016年一直保持稳定，到2017年有比较明显的上升；中低技术制造业所接受的绿地投资项目数量在2005—2016年呈波动上升趋势，到2017年也稍有下降；低技术制造业所接受的投资项目数量总体呈现增长趋势，但在2015年之前波动幅度较大，2015年之后持续增长且增长速度较快。我国民营样本企业对于非制造业的绿地投资在2011年和2016年增势显著，整体呈上升趋势，但到2017年有微弱的下降。

表5-4-1　中国民营企业绿地投资项目数量在标的行业的分布及指数汇总表

（单位：件）

年份	制造业											
	高技术				中高技术				中低技术			
	项目数	同比增长（%）	占比（%）	指数	项目数	同比增长（%）	占比（%）	指数	项目数	同比增长（%）	占比（%）	指数
2005	0	—	0.00	0.00	2	—	66.67	19.23	1	—	33.33	23.81
2006	0	n. a.	0.00	0.00	3	50.0	100.00	28.85	0	-100.0	0.00	0.00
2007	2	n. a.	14.29	7.69	7	133.3	50.00	67.31	4	n. a.	28.57	95.24
2008	19	850.0	67.86	73.08	6	-14.3	21.43	57.69	2	-50.0	7.14	47.62
2009	5	-73.7	23.81	19.23	10	66.7	47.62	96.15	3	50.0	14.29	71.43
2010	5	0.0	27.78	19.23	13	30.0	72.22	125.00	0	-100.0	0.00	0.00
2011	31	520.0	57.41	119.23	16	23.1	29.63	153.85	4	n. a.	7.41	95.24
2012	20	-35.5	58.82	76.92	7	-56.3	20.59	67.31	4	0.0	11.76	95.24
2013	26	30.0	78.79	100.00	3	-57.1	9.09	28.85	4	0.0	12.12	95.24
2014	21	-19.2	50.00	80.77	13	333.3	30.95	125.00	5	25.0	11.90	119.05
2015	32	52.4	62.75	123.08	13	0.0	25.49	125.00	4	-20.0	7.84	95.24

续表

年份	制造业											
	高技术				中高技术				中低技术			
	项目数	同比增长（%）	占比（%）	指数	项目数	同比增长（%）	占比（%）	指数	项目数	同比增长（%）	占比（%）	指数
2016	54	68.8	62.79	207.69	20	53.8	23.26	192.31	9	125.0	10.47	214.29
2017	48	-11.1	55.17	184.62	25	25.0	28.74	240.38	8	-11.1	9.20	190.48
合计	263		55.49		138		29.11		48		10.13	
2011—2015 年均值	26.00			100.00	10.40			100.00	4.20			100.00

年份	制造业							
	低技术				合计			
	项目数	同比增长（%）	占比（%）	指数	项目数	同比增长（%）	占比（%）	指数
2005	0	—	0.00	0.00	3	—	75.00	7.01
2006	0	n. a.	0.00	0.00	3	0.0	75.00	7.01
2007	1	n. a.	7.14	45.45	14	366.7	93.33	32.71
2008	1	0.0	3.57	45.45	28	100.0	87.50	65.42
2009	3	200.0	14.29	136.36	21	-25.0	87.50	49.07
2010	0	-100.0	0.00	0.00	18	-14.3	94.74	42.06
2011	3	n. a.	5.56	136.36	54	200.0	90.00	126.17
2012	3	0.0	8.82	136.36	34	-37.0	77.27	79.44
2013	0	-100.0	0.00	0.00	33	-2.9	73.33	77.10
2014	3	n. a.	7.14	136.36	42	27.3	75.00	98.13
2015	2	-33.3	3.92	90.91	51	21.4	78.46	119.16
2016	3	50.0	3.49	136.36	86	68.6	72.27	200.93
2017	6	100.0	6.90	272.73	87	1.2	76.32	203.27
合计	25		5.27		474		78.87	
2011—2015 年均值	2.20			100.00	42.80			100.00

续表

年份	非制造业							
	服务业				电力、热力、燃气及水生产和供应业			
	项目数	同比增长（%）	占比（%）	指数	项目数	同比增长（%）	占比（%）	指数
2005	1	—	100.00	10.87	0	—	0.00	0.00
2006	1	0.0	100.00	10.87	0	n.a.	0.00	0.00
2007	1	0.0	100.00	10.87	0	n.a.	0.00	0.00
2008	1	0.0	25.00	10.87	3	n.a.	75.00	166.67
2009	2	100.0	66.67	21.74	1	−66.7	33.33	55.56
2010	1	−50.0	100.00	10.87	0	−100.0	0.00	0.00
2011	3	200.0	50.00	32.61	3	n.a.	50.00	166.67
2012	7	133.3	70.00	76.09	3	0.0	30.00	166.67
2013	10	42.9	83.33	108.70	2	−33.3	16.67	111.11
2014	14	40.0	100.00	152.17	0	−100.0	0.00	0.00
2015	12	−14.3	85.71	130.43	1	n.a.	7.14	55.56
2016	26	116.7	78.79	282.61	6	500.0	18.18	333.33
2017	22	−15.4	81.48	239.13	4	−33.3	14.81	222.22
合计	101		79.53		23		18.11	
2011—2015年均值	9.20			100.00	1.80			100.00

年份	非制造业								总计			
	建筑业				合计							
	项目数	同比增长（%）	占比（%）	指数	项目数	同比增长（%）	占比（%）	指数	项目数	同比增长（%）	占比（%）	指数
2005	0	—	0.00	0.00	1	—	25.00	8.93	4	—	100.00	7.41
2006	0	n.a.	0.00	0.00	1	0.0	25.00	8.93	4	0.0	100.00	7.41
2007	0	n.a.	0.00	0.00	1	0.0	6.67	8.93	15	275.0	100.00	27.78
2008	0	n.a.	0.00	0.00	4	300.0	12.50	35.71	32	113.3	100.00	59.26
2009	0	n.a.	0.00	0.00	3	−25.0	12.50	26.79	24	−25.0	100.00	44.44
2010	0	n.a.	0.00	0.00	1	−66.7	5.26	8.93	19	−20.8	100.00	35.19
2011	0	n.a.	0.00	0.00	6	500.0	10.00	53.57	60	215.8	100.00	111.11

续表

年份	非制造业								总计			
	建筑业				合计							
	项目数	同比增长（%）	占比（%）	指数	项目数	同比增长（%）	占比（%）	指数	项目数	同比增长（%）	占比（%）	指数
2012	0	n. a.	0.00	0.00	10	66.7	22.73	89.29	44	−26.7	100.00	81.48
2013	0	n. a.	0.00	0.00	12	20.0	26.67	107.14	45	2.3	100.00	83.33
2014	0	n. a.	0.00	0.00	14	16.7	25.00	125.00	56	24.4	100.00	103.70
2015	1	n. a.	7.14	500.00	14	0.0	21.54	125.00	65	16.1	100.00	120.37
2016	1	0.0	3.03	500.00	33	135.7	27.73	294.64	119	83.1	100.00	220.37
2017	1	0.0	3.70	500.00	27	−18.2	23.68	241.07	114	−4.2	100.00	211.11
合计	3		2.36		127		21.13		601		100.00	
2011—2015 年均值	0.20			100.00	11.20			100.00	54			100.00

2. 民营企业海外绿地投资金额在标的行业的分布

从我国民营本企业对于标的行业的绿地投资金额分布来看，对于制造行业的绿地投资金额规模为 345.05 亿美元，占比投资总金额规模的 35.95%；而非制造业 13 年间接受了 614.75 亿美元的绿地投资，占比投资总金额规模的 64.05%。综合绿地投资数量规模与金额规模来看，制造业接受了 78.87% 的民营样本企业绿地投资项目数量，而金额却只占 35.95%；非制造业的数量占比为 21.13%，但金额占比却达到 64.05%，这表明我国民营样本企业在制造业方面的绿地投资平均金额规模相对较小，而在非制造业领域的绿地投资平均金额规模较大。

在制造业中，中高技术行业所接受民营样本企业绿地投资金额规模最大，占整个制造行业的 36.22%；随后为中低技术行业占比 31.38%、高技术行业占比 25.25%、低技术行业所接受的绿地投资金额规模在制造业中最少，占比 7.15%。从综合项目数量与金额分布来看，在制造行业中，中低技术制造业相对接受的民营样本企业平均绿地投资金额规模较大；而高技术制造业的平均绿地投资金额规模较小；对于低技术制造业的绿地投资不论在项目数量还是在金额上都较少，这也表明我国民营样本企业更侧重于向技术水平相对较高的行业投资，但向高技术行业的投资往往面临着一些国家的技术壁垒及其他管制，所以进行大型的绿地投资项目会比较困难。

非制造行业所接受的我国民营样本企业的绿地投资金额规模仍以服务业为主，在2005—2017年间，服务业共计接受了约为541.27亿美元的绿地投资金额，在整个非制造行业中占比88.05%，特别是服务业在2012年、2014年和2016年均出现突破性的增长。

表5-4-2　中国民营企业绿地投资金额在标的行业的分布及指数汇总表

（单位：百万美元）

年份	制造业											
	高技术				中高技术				中低技术			
	金额	同比增长（%）	占比（%）	指数	金额	同比增长（%）	占比（%）	指数	金额	同比增长（%）	占比（%）	指数
2005	0.00	—	0.00	0.00	43.40	—	96.02	3.55	1.80	—	3.98	0.12
2006	0.00	n. a.	0.00	0.00	165.00	280.2	100.00	13.51	0.00	-100.0	0.00	0.00
2007	8.10	n. a.	0.39	0.82	539.79	227.2	26.31	44.19	1493.40	n. a.	72.80	100.39
2008	189.71	2242.1	10.02	19.27	610.06	13.0	32.21	49.94	1047.18	-29.9	55.28	70.39
2009	85.80	-54.8	6.64	8.72	1023.80	67.8	79.23	83.81	2.70	-99.7	0.21	0.18
2010	115.00	34.0	8.51	11.68	1235.80	20.7	91.49	101.17	0.00	-100.0	0.00	0.00
2011	970.00	743.5	13.30	98.53	1685.50	36.4	23.11	137.98	4553.60	n. a.	62.42	306.09
2012	138.20	-85.8	6.36	14.04	598.60	-64.5	27.56	49.00	1362.00	-70.1	62.70	91.55
2013	240.00	73.7	54.52	24.38	0.19	-100.0	0.04	0.02	200.00	-85.	45.44	13.44
2014	2132.42	788.5	30.56	216.61	2952.57	1570413.3	42.31	241.71	1242.60	521.3	17.81	83.53
2015	1441.55	-32.4	60.25	146.43	870.89	-70.5	36.40	71.29	80.12	-93.6	3.35	5.39
2016	2014.23	39.7	51.59	204.61	1015.70	16.6	26.02	83.15	517.66	546.1	13.26	34.80
2017	1378.34	-31.6	30.46	140.01	1757.03	73.0	38.83	143.84	328.10	-36.6	7.25	22.05
合计	8713.36		25.25		12498.32		36.22		10829.16		31.38	
2011—2015年均值	984.43		100.00		1221.55		100.00		1487.66		100.00	

续表

年份	制造业							
	低技术				合计			
	金额	同比增长（%）	占比（%）	指数	金额	同比增长（%）	占比（%）	指数
2005	0.00		0.00	0.00	45.20		81.44	1.17
2006	0.00	n.a.	0.00	0.00	165.00	265.0	91.67	4.28
2007	10.00	n.a.	0.49	6.18	2051.29	1143.2	97.63	53.20
2008	47.30	373.0	2.50	29.23	1894.25	-7.7	82.42	49.13
2009	179.90	280.3	13.92	111.19	1292.20	-31.8	97.98	33.52
2010	0.00	-100.0	0.00	0.00	1350.80	4.5	93.60	35.04
2011	85.60	n.a.	1.17	52.90	7294.70	440.0	96.50	189.21
2012	73.40	-14.3	3.38	45.36	2172.20	-70.2	75.41	56.34
2013	0.00	-100.0	0.00	0.00	440.19	-79.7	21.58	11.42
2014	650.00	n.a.	9.32	401.73	6977.59	1485.1	38.71	180.98
2015	0.00	-100.0	0.00	0.00	2392.56	-65.7	29.20	62.06
2016	356.40	n.a.	9.13	220.27	3903.99	63.2	9.16	101.26
2017	1062.00	198.0	23.47	656.37	4525.47	15.9	62.20	117.38
合计	2464.60		7.14		34505.43		35.95	
2011—2015年均值	161.80			100.00	3855.45			100.00

年份	非制造业							
	服务业				电力、热力、燃气及水生产和供应业			
	金额	同比增长（%）	占比（%）	指数	金额	同比增长（%）	占比（%）	指数
2005	10.30	—	100.00	0.33	0.00	—	0.00	0.00
2006	15.00	45.6	100.00	0.47	0.00	n.a.	0.00	0.00
2007	49.80	232.0	100.00	1.58	0.00	n.a.	0.00	0.00
2008	1.50	-97.0	0.37	0.05	402.50	n.a.	99.63	60.57
2009	25.20	1580.0	94.49	0.80	1.47	-99.6	5.51	0.22
2010	92.40	266.7	100.00	2.92	0.00	-100.0	0.00	0.00
2011	21.99	-76.2	8.31	0.70	242.67	n.a.	91.69	36.52
2012	628.30	2757.2	88.69	19.88	80.10	-67.0	11.31	12.05

续表

年份	非制造业							
	服务业				电力、热力、燃气及水生产和供应业			
	金额	同比增长（%）	占比（%）	指数	金额	同比增长（%）	占比（%）	指数
2013	1599.79	154.6	100.00	50.62	0.00	−100.0	0.00	0.00
2014	11048.30	590.6	100.00	349.62	0.00	n. a.	0.00	0.00
2015	2502.28	−77.4	43.13	79.18	3000.00	n. a.	51.70	451.43
2016	37391.68	1394.3	96.61	1183.23	1168.32	−61.1	3.02	175.81
2017	740.00	−98.0	26.90	23.42	2001.30	71.3	72.76	301.15
合计	54126.54		88.05		6896.36		11.22	
2011—2015 年均值	3160.13			100.00	664.55			100.00

年份	非制造业								总计			
	建筑业				合计							
	金额	同比增长（%）	占比（%）	指数	金额	同比增长（%）	占比（%）	指数	金额	同比增长（%）	占比（%）	指数
2005	0.00		0.00	0.00	10.30		18.56	0.27	55.50		100.00	0.72
2006	0.00	n. a.	0.00	0.00	15.00	45.6	8.33	0.39	180.00	224.3	100.00	2.33
2007	0.00	n. a.	0.00	0.00	49.80	232.0	2.37	1.28	2101.09	1067.3	100.00	27.15
2008	0.00	n. a.	0.00	0.00	404.00	711.2	17.58	10.40	2298.25	9.4	100.00	29.69
2009	0.00	n. a.	0.00	0.00	26.67	−93.4	2.02	0.69	1318.87	−42.6	100.00	17.04
2010	0.00	n. a.	0.00	0.00	92.40	246.5	6.40	2.38	1443.2	9.4	100.00	18.65
2011	0.00	n. a.	0.00	0.00	264.66	186.4	3.50	6.81	7559.36	423.8	100.00	97.66
2012	0.00	n. a.	0.00	0.00	708.40	167.7	24.59	18.24	2880.60	−61.9	100.00	37.22
2013	0.00	n. a.	0.00	0.00	1599.79	125.8	78.42	41.18	2039.97	−29.2	100.00	26.36
2014	0.00	n. a.	0.00	0.00	11048.30	590.6	61.29	284.41	18025.89	783.6	100.00	232.89
2015	300.00	n. a.	5.17	500.00	5802.28	−47.5	70.80	149.36	8194.84	−54.5	100.00	105.87
2016	142.70	−52.4	0.37	237.83	38702.70	567.0	90.84	996.29	42606.69	419.9	100.00	550.46
2017	9.30	−93.5	0.34	15.50	2750.60	−92.9	37.80	70.81	7276.07	−82.9	100.00	94.00
合计	452.00		0.74		61474.90		64.05		95980.33		100.00	
2011—2015 年均值	60.00			100.00	3884.69			100.00	7740.131			100.00

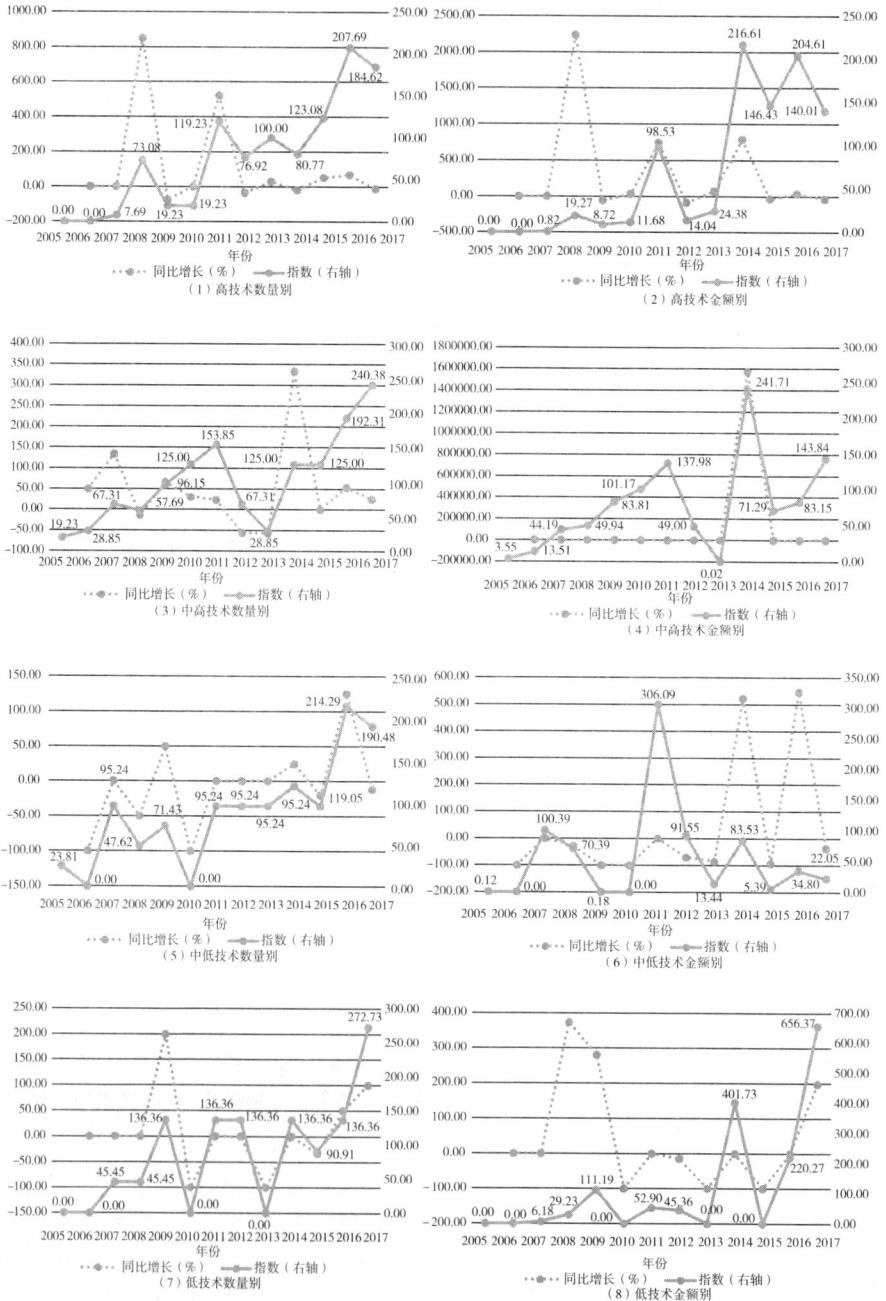

图 5-4-1　绿地投资制造业项目数量和金额指数走势图

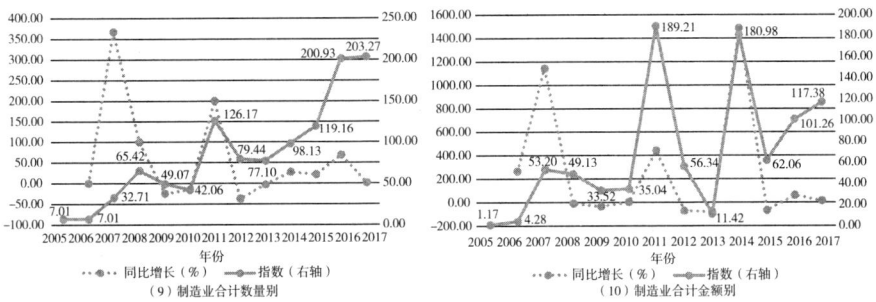

（9）制造业合计数量别

（10）制造业合计金额别

图5-4-1　绿地投资制造业项目数量和金额指数走势图（续图）

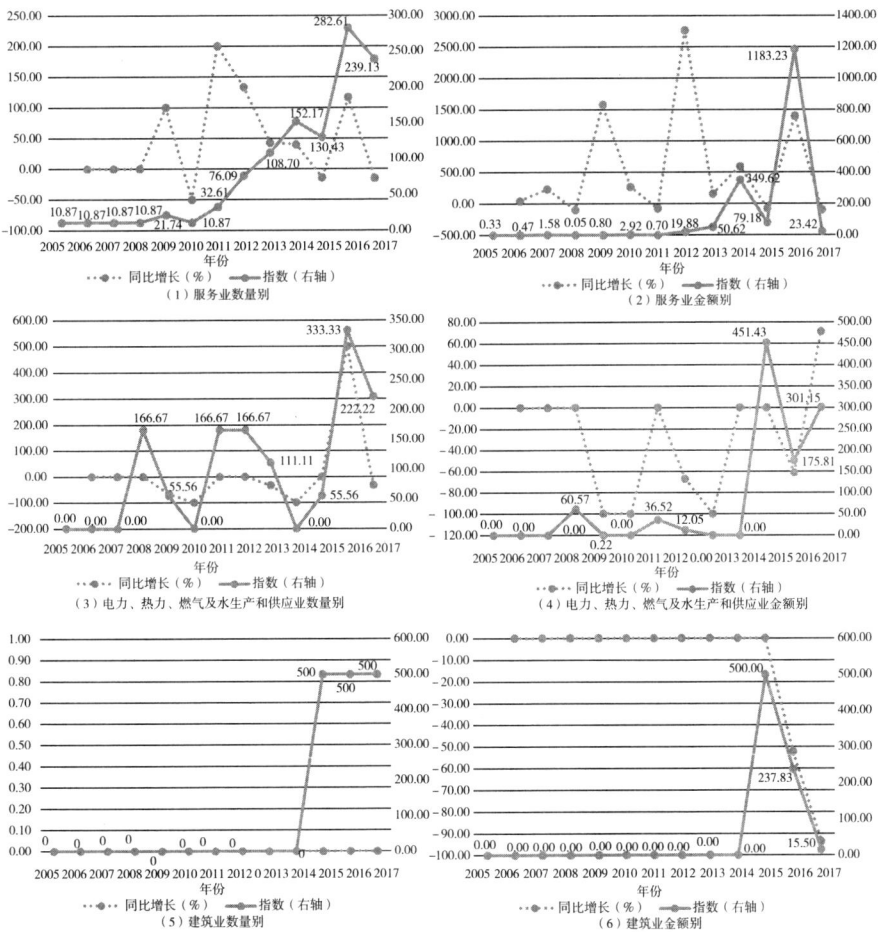

（1）服务业数量别

（2）服务业金额别

（3）电力、热力、燃气及水生产和供应业数量别

（4）电力、热力、燃气及水生产和供应业金额别

（5）建筑业数量别

（6）建筑业金额别

图5-4-2　绿地投资非制造业项目数量和金额指数走势图

（7）非制造业合计数量别

（8）非制造业合计金额别

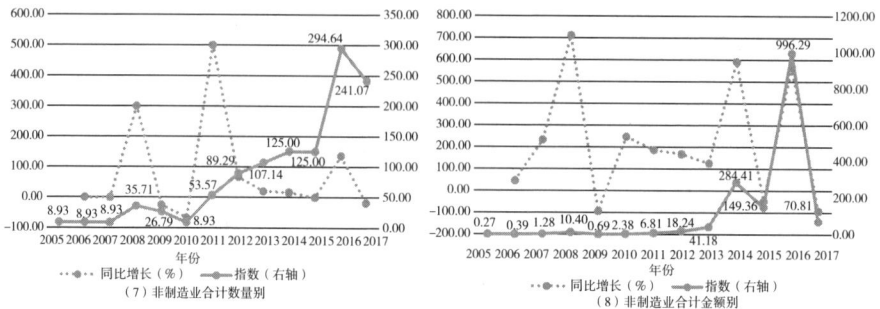

图 5-4-2　绿地投资非制造业项目数量和金额指数走势图（续图）

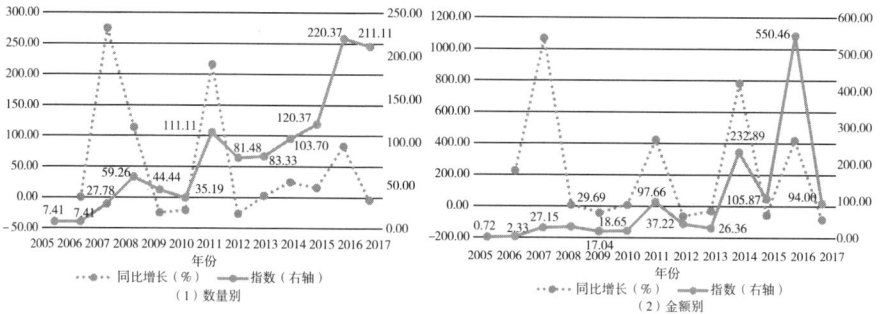

（1）数量别

（2）金额别

图 5-4-3　绿地投资行业别项目数量和金额指数走势图

二、民营企业海外绿地投资项目数量和金额在各细分标的行业的分布

再将各行业进行更加细致的分类之后，通过观察可以发现绿地投资项目数量排名前 5 位的行业分别是高技术中的广播、电视和通信设备部门（173 件），中高技术中的汽车、挂车和半挂车部门（100 件），高技术中的办公、会计和计算机设备部门（80 件），服务业中的房地产业（35 件），中高技术中的其他机械设备部门（32 件）；绿地投资金额排名前 5 位的行业分别是服务业中的房地产业（498.52 亿美元），中高技术中的汽车、挂车和半挂车（89.49 亿美元），电力、热力、燃气及水生产和供应业中的电力、热力生产和供应业（68.96 亿美元），高技术中的广播、电视和通信设备（63.67 亿美元），中低技术中的基本金属和金属制品（52.82 亿美元）。

1. 民营企业海外绿地投资项目数量在各细分标的行业的分布

表5-4-3 中国民营样本企业绿地投资行业别项目数量指数——制造业

（单位：件）

年份		高技术					合计
		航空航天	医药制造	办公、会计和计算机设备	广播、电视和通信设备	医疗器械、精密仪器和光学仪器、钟表	
2005	数量	0	0	0	0	0	0
	比例（%）	0.00	0.00	0.00	0.00	0.00	0.00
	指数	n. a.	0.00	0.00	0.00	n. a.	0.00
2006	数量	0	0	0	0	0	0
	比例（%）	0.00	0.00	0.00	0.00	0.00	0.00
	指数	n. a.	0.00	0.00	0.00	n. a.	0.00
2007	数量	0	0	2	0	0	2
	比例（%）	0.00	0.00	14.29	0.00	0.00	14.29
	指数	n. a.	0.00	31.25	0.00	n. a.	7.69
2008	数量	0	0	16	3	0	19
	比例（%）	0.00	0.00	57.14	10.71	0.00	67.86
	指数	n. a.	0.00	250.00	15.96	n. a.	73.08
2009	数量	0	0	5	0	0	5
	比例（%）	0.00	0.00	23.81	0.00	0.00	23.81
	指数	n. a.	0.00	78.13	0.00	n. a.	19.23
2010	数量	0	1	4	0	0	5
	比例（%）	0.00	5.56	22.22	0.00	0.00	27.78
	指数	n. a.	125.00	62.50	0.00	n. a.	19.23
2011	数量	0	2	5	24	0	31
	比例（%）	0.00	3.70	9.26	44.44	0.00	57.41
	指数	n. a.	250.00	78.13	127.66	n. a.	119.23
2012	数量	0	0	9	11	0	20
	比例（%）	0.00	0.00	26.47	32.35	0.00	58.82
	指数	n. a.	0.00	140.63	58.51	n. a.	76.92

续表

年份		航空航天	医药制造	办公、会计和计算机设备	广播、电视和通信设备	医疗器械、精密仪器和光学仪器、钟表	合计
					高技术		
2013	数量	0	0	3	23	0	26
	比例（%）	0.00	0.00	9.09	69.70	0.00	78.79
	指数	n.a.	0.00	46.88	122.34	n.a.	100.00
2014	数量	0	0	4	17	0	21
	比例（%）	0.00	0.00	9.52	40.48	0.00	50.00
	指数	n.a.	0.00	62.50	90.43	n.a.	80.77
2015	数量	0	2	11	19	0	32
	比例（%）	0.00	3.92	21.57	37.25	0.00	62.75
	指数	n.a.	250.00	171.88	101.06	n.a.	123.08
2016	数量	0	0	9	45	0	54
	比例（%）	0.00	0.00	10.47	52.33	0.00	62.79
	指数	n.a.	0.00	140.63	239.36	n.a.	207.69
2017	数量	2	3	12	31	0	48
	比例（%）	2.30	3.45	13.79	35.63	0.00	55.17
	指数	n.a.	375.00	187.50	164.89	n.a.	184.62
合计	数量	2	8	80	173	0	263
	比例（%）	0.42	1.69	16.88	36.50	0.00	55.49
2011—2015年均值		0.00	0.80	6.40	18.80	0.00	26.00

年份		其他电气机械和设备	汽车、挂车和半挂车	化学品及化学制品(不含制药)	其他铁道设备和运输设备	其他机械设备	合计
					中高技术		
2005	数量	0	2	0	0	0	2
	比例（%）	0.00	66.67	0.00	0.00	0.00	66.67
	指数	n.a.	27.78	0.00	0.00	0.00	19.23

续表

年份		中高技术					
		其他电气机械和设备	汽车、挂车和半挂车	化学品及化学制品(不含制药)	其他铁道设备和运输设备	其他机械设备	合计
2006	数量	0	1	0	0	2	3
	比例（%）	0.00	33.33	0.00	0.00	66.67	100.00
	指数	n.a.	13.89	0.00	0.00	83.33	28.85
2007	数量	0	5	0	0	2	7
	比例（%）	0.00	35.71	0.00	0.00	14.29	50.00
	指数	n.a.	69.44	0.00	0.00	83.33	67.31
2008	数量	0	2	0	0	4	6
	比例（%）	0.00	7.14	0.00	0.00	14.29	21.43
	指数	n.a.	27.78	0.00	0.00	166.67	57.69
2009	数量	0	10	0	0	0	10
	比例（%）	0.00	47.62	0.00	0.00	0.00	47.62
	指数	n.a.	138.89	0.00	0.00	0.00	96.15
2010	数量	0	9	0	1	3	13
	比例（%）	0.00	50.00	0.00	5.56	16.67	72.22
	指数	n.a.	125.00	0.00	500.00	125.00	125.00
2011	数量	0	12	0	1	3	16
	比例（%）	0.00	22.22	0.00	1.85	5.56	29.63
	指数	n.a.	166.67	0.00	500.00	125.00	153.85
2012	数量	0	4	1	0	2	7
	比例（%）	0.00	11.76	2.94	0.00	5.88	20.59
	指数	n.a.	55.56	166.67	0.00	83.33	67.31
2013	数量	0	2	0	0	1	3
	比例（%）	0.00	6.06	0.00	0.00	3.03	9.09
	指数	n.a.	27.78	0.00	0.00	41.67	28.85
2014	数量	0	8	1	0	4	13
	比例（%）	0.00	19.05	2.38	0.00	9.52	30.95
	指数	n.a.	111.11	166.67	0.00	166.67	125.00

年份		中高技术					
		其他电气机械和设备	汽车、挂车和半挂车	化学品及化学制品（不含制药）	其他铁道设备和运输设备	其他机械设备	合计
2015	数量	0	10	1	0	2	13
	比例（%）	0.00	19.61	1.96	0.00	3.92	25.49
	指数	n.a.	138.89	166.67	0.00	83.33	125.00
2016	数量	0	15	0	0	5	20
	比例（%）	0.00	17.44	0.00	0.00	5.81	23.26
	指数	n.a.	208.33	0.00	0.00	208.33	192.31
2017	数量	0	20	0	1	4	25
	比例（%）	0.00	22.99	0.00	1.15	4.60	28.74
	指数	n.a.	277.78	0.00	500.00	166.67	240.38
合计	数量	0	100	3	3	32	138
	比例（%）	0.00	21.10	0.63	0.63	6.75	29.11
2011—2015 年均值		0.00	7.20	0.60	0.20	2.40	10.40

年份		中低技术					
		船舶制造和修理	橡胶和塑料制品	焦炭、精炼石油产品及核燃料	其他非金属矿物制品	基本金属和金属制品	合计
2005	数量	0	0	0	0	1	1
	比例（%）	0.00	0.00	0.00	0.00	33.33	33.33
	指数	n.a.	0.00	0.00	0.00	55.56	23.81
2006	数量	0	0	0	0	0	0
	比例（%）	0.00	0.00	0.00	0.00	0.00	0.00
	指数	n.a.	0.00	0.00	0.00	0.00	0.00
2007	数量	0	0	0	0	4	4
	比例（%）	0.00	0.00	0.00	0.00	28.57	28.57
	指数	n.a.	0.00	0.00	0.00	222.22	95.24
2008	数量	0	0	0	0	2	2
	比例（%）	0.00	0.00	0.00	0.00	7.14	7.14
	指数	n.a.	0.00	0.00	0.00	111.11	47.62

年份		中低技术					
		船舶制造和修理	橡胶和塑料制品	焦炭、精炼石油产品及核燃料	其他非金属矿物制品	基本金属和金属制品	合计
2009	数量	0	0	0	0	3	3
	比例（%）	0.00	0.00	0.00	0.00	14.29	14.29
	指数	n. a.	0.00	0.00	0.00	166.67	71.43
2010	数量	0	0	0	0	0	0
	比例（%）	0.00	0.00	0.00	0.00	0.00	0.00
	指数	n. a.	0.00	0.00	0.00	0.00	0.00
2011	数量	0	0	1	3	0	4
	比例（%）	0.00	0.00	1.85	5.56	0.00	7.41
	指数	n. a.	0.00	125.00	250.00	0.00	95.24
2012	数量	0	0	0	0	4	4
	比例（%）	0.00	0.00	0.00	0.00	11.76	11.76
	指数	n. a.	0.00	0.00	0.00	222.22	95.24
2013	数量	0	0	2	1	1	4
	比例（%）	0.00	0.00	6.06	3.03	3.03	12.12
	指数	n. a.	0.00	250.00	83.33	55.56	95.24
2014	数量	0	0	0	1	4	5
	比例（%）	0.00	0.00	0.00	2.38	9.52	11.90
	指数	n. a.	0.00	0.00	83.33	222.22	119.05
2015	数量	0	2	1	1	0	4
	比例（%）	0.00	3.92	1.96	1.96	0.00	7.84
	指数	n. a.	500.00	125.00	83.33	0.00	95.24
2016	数量	0	4	2	1	2	9
	比例（%）	0.00	4.65	2.33	1.16	2.33	10.47
	指数	n. a.	1000.00	250.00	83.33	111.11	214.29
2017	数量	0	2	2	3	1	8
	比例（%）	0.00	2.30	2.30	3.45	1.15	9.20
	指数	n. a.	500.00	250.00	250.00	55.56	190.48

续表

年份		中低技术					
		船舶制造和修理	橡胶和塑料制品	焦炭、精炼石油产品及核燃料	其他非金属矿物制品	基本金属和金属制品	合计
合计	数量	0	8	8	10	22	48
	比例（%）	0.00	1.69	1.69	2.11	4.64	10.13
2011—2015 年均值		0.00	0.40	0.80	1.20	1.80	4.20

年份		低技术					
		其他制造业和再生产品	木材、纸浆、纸张、纸制品、印刷及出版	食品、饮料和烟草	纺织、纺织品、皮革及制鞋	合计	总计
2005	数量	0	0	0	0	0	3
	比例（%）	0.00	0.00	0.00	0.00	0.00	100.00
	指数	n.a.	n.a.	0.00	0.00	-0.00	7.01
2006	数量	0	0	0	0	0	3
	比例（%）	0.00	0.00	0.00	0.00	0.00	100.00
	指数	n.a.	n.a.	0.00	0.00	0.00	7.01
2007	数量	0	0	1	0	1	14
	比例（%）	0.00	0.00	7.14	0.00	7.14	100.00
	指数	n.a.	n.a.	62.50	0.00	45.45	32.71
2008	数量	0	0	0	1	1	28
	比例（%）	0.00	0.00	0.00	3.57	3.57	100.00
	指数	n.a.	n.a.	0.00	166.67	45.45	65.42
2009	数量	0	2	1	0	3	21
	比例（%）	0.00	9.52	4.76	0.00	14.29	100.00
	指数	n.a.	n.a.	62.50	0.00	136.36	49.07
2010	数量	0	0	0	0	0	18
	比例（%）	0.00	0.00	0.00	0.00	0.00	100.00
	指数	n.a.	n.a.	0.00	0.00	0.00	42.06

年份		低技术					总计
		其他制造业和再生产品	木材、纸浆、纸张、纸制品、印刷及出版	食品、饮料和烟草	纺织、纺织品、皮革及制鞋	合计	
2011	数量	0	0	2	1	3	54
	比例（%）	0.00	0.00	3.70	1.85	5.56	100.00
	指数	n. a.	n. a.	125.00	166.67	136.36	126.17
2012	数量	0	0	3	0	3	34
	比例（%）	0.00	0.00	8.82	0.00	8.82	100.00
	指数	n. a.	n. a.	187.50	0.00	136.36	79.44
2013	数量	0	0	0	0	0	33
	比例（%）	0.00	0.00	0.00	0.00	0.00	100.00
	指数	n. a.	n. a.	0.00	0.00	0.00	77.10
2014	数量	0	0	2	1	3	42
	比例（%）	0.00	0.00	4.76	2.38	7.14	100.00
	指数	n. a.	n. a.	125.00	166.67	136.36	98.13
2015	数量	0	0	1	1	2	51
	比例（%）	0.00	0.00	1.96	1.96	3.92	100.00
	指数	n. a.	n. a.	62.50	166.67	90.91	119.16
2016	数量	0	0	1	2	3	86
	比例（%）	0.00	0.00	1.16	2.33	3.49	100.00
	指数	n. a.	n. a.	62.50	333.33	136.36	200.93
2017	数量	0	0	3	3	6	87
	比例（%）	0.00	0.00	3.45	3.45	6.90	100.00
	指数	n. a.	n. a.	187.50	500.00	272.73	203.27
合计	数量	0	2	14	9	25	474
	比例（%）	0.00	0.42	2.95	1.90	5.27	100.00
2011—2015年均值		0.00	0.00	1.60	0.60	2.20	42.80

表 5-4-4　中国民营样本企业绿地投资行业别项目数量指数——非制造业

（单位：件）

年份		服务业							
		批发和零售业	交通运输、仓储和邮政业	住宿和餐饮业	信息传输、软件和信息技术服务业	金融业	房地产业	租赁和商务服务业	科学研究和技术服务业
2005	数量	1	0	0	0	0	0	0	0
	比例（%）	100.00	0.00	0.00	0.00	0.00	0.00	0.00	0.00
	指数	250.00	0.00	n. a.	0.00	0.00	0.00	0.00	0.00
2006	数量	0	0	0	1	0	0	0	0
	比例（%）	0.00	0.00	0.00	100.00	0.00	0.00	0.00	0.00
	指数	0.00	0.00	n. a.	166.67	0.00	0.00	0.00	0.00
2007	数量	0	0	0	0	0	1	0	0
	比例（%）	0.00	0.00	0.00	0.00	0.00	100.00	0.00	0.00
	指数	0.00	0.00	n. a.	0.00	0.00	29.41	0.00	0.00
2008	数量	1	0	0	0	0	0	0	0
	比例（%）	25.00	0.00	0.00	0.00	0.00	0.00	0.00	0.00
	指数	250.00	0.00	n. a.	0.00	0.00	0.00	0.00	0.00
2009	数量	1	0	0	0	0	0	0	0
	比例（%）	33.33	0.00	0.00	0.00	0.00	0.00	0.00	0.00
	指数	250.00	0.00	n. a.	0.00	0.00	0.00	0.00	0.00
2010	数量	0	0	0	0	0	1	0	0
	比例（%）	0.00	0.00	0.00	0.00	0.00	100.00	0.00	0.00
	指数	0.00	0.00	n. a.	0.00	0.00	29.41	0.00	0.00
2011	数量	0	0	0	0	0	0	0	3
	比例（%）	0.00	0.00	0.00	0.00	0.00	0.00	0.00	50.00
	指数	0.00	0.00	n. a.	0.00	0.00	0.00	0.00	88.24
2012	数量	1	0	0	0	0	2	1	3
	比例（%）	10.00	0.00	0.00	0.00	0.00	20.00	10.00	30.00
	指数	250.00	0.00	n. a.	0.00	0.00	58.82	500.00	88.24

续表

年份		服务业							
		批发和零售业	交通运输、仓储和邮政业	住宿和餐饮业	信息传输、软件和信息技术服务业	金融业	房地产业	租赁和商务服务业	科学研究和技术服务业
2013	数量	0	1	0	0	0	1	0	6
	比例（%）	0.00	8.33	0.00	0.00	0.00	8.33	0.00	50.00
	指数	0.00	250.00	n. a.	0.00	0.00	29.41	0.00	176.47
2014	数量	0	0	0	0	0	10	0	3
	比例（%）	0.00	0.00	0.00	0.00	0.00	71.43	0.00	21.43
	指数	0.00	0.00	n. a.	0.00	0.00	294.12	0.00	88.24
2015	数量	1	1	0	3	1	4	0	2
	比例（%）	7.14	7.14	0.00	21.43	7.14	28.57	0.00	14.29
	指数	250.00	250.00	n. a.	500.00	500.00	117.65	0.00	58.82
2016	数量	3	0	0	4	1	14	0	2
	比例（%）	9.09	0.00	0.00	12.12	3.03	42.42	0.00	6.06
	指数	750.00	0.00	n. a.	666.67	500.00	411.76	0.00	58.82
2017	数量	6	1	0	4	2	2	0	6
	比例（%）	22.22	3.70	0.00	14.81	7.41	7.41	0.00	22.22
	指数	1500.00	250.00	n. a.	666.67	1000.00	58.82	0.00	176.47
合计	数量	14	3	0	12	4	35	1	25
	比例（%）	11.02	2.36	0.00	9.45	3.15	27.56	0.79	19.69
2011—2015年均值		0.40	0.40	0.00	0.60	0.20	3.40	0.20	3.40

年份		服务业							
		水利、环境和公共设施管理业	居民服务、修理和其他服务业	教育	卫生和社会工作	文化、体育和娱乐业	公共管理、社会保障和社会组织	国际组织	合计
2005	数量	0	0	0	0	0	0	0	1
	比例（%）	0.00	0.00	0.00	0.00	0.00	0.00	0.00	100.00
	指数	n. a.	n. a.	n. a.	0.00	n. a.	n. a.	n. a.	10.87

续表

年份		服务业							
		水利、环境和公共设施管理业	居民服务、修理和其他服务业	教育	卫生和社会工作	文化、体育和娱乐业	公共管理、社会保障和社会组织	国际组织	合计
2006	数量	0	0	0	0	0	0	0	1
	比例（%）	0.00	0.00	0.00	0.00	0.00	0.00	0.00	100.00
	指数	n. a.	n. a.	n. a.	n. a.	0.00	n. a.	n. a.	10.87
2007	数量	0	0	0	0	0	0	0	1
	比例（%）	0.00	0.00	0.00	0.00	0.00	0.00	0.00	100.00
	指数	n. a.	n. a.	n. a.	n. a.	0.00	n. a.	n. a.	10.87
2008	数量	0	0	0	0	0	0	0	1
	比例（%）	0.00	0.00	0.00	0.00	0.00	0.00	0.00	25.00
	指数	n. a.	n. a.	n. a.	n. a.	0.00	n. a.	n. a.	10.87
2009	数量	0	0	0	0	1	0	0	2
	比例（%）	0.00	0.00	0.00	0.00	33.33	0.00	0.00	66.67
	指数	n. a.	n. a.	n. a.	n. a.	166.67	n. a.	n. a.	21.74
2010	数量	0	0	0	0	0	0	0	1
	比例（%）	0.00	0.00	0.00	0.00	0.00	0.00	0.00	100.00
	指数	n. a.	n. a.	n. a.	n. a.	0.00	n. a.	n. a.	10.87
2011	数量	0	0	0	0	0	0	0	3
	比例（%）	0.00	0.00	0.00	0.00	0.00	0.00	0.00	50.00
	指数	n. a.	n. a.	n. a.	n. a.	0.00	n. a.	n. a.	32.61
2012	数量	0	0	0	0	0	0	0	7
	比例（%）	0.00	0.00	0.00	0.00	0.00	0.00	0.00	70.00
	指数	n. a.	n. a.	n. a.	n. a.	0.00	n. a.	n. a.	76.09
2013	数量	0	0	0	0	2	0	0	10
	比例（%）	0.00	0.00	0.00	0.00	16.67	0.00	0.00	83.33
	指数	n. a.	n. a.	n. a.	n. a.	333.33	n. a.	n. a.	108.70

年份		服务业							
		水利、环境和公共设施管理业	居民服务、修理和其他服务业	教育	卫生和社会工作	文化、体育和娱乐业	公共管理、社会保障和社会组织	国际组织	合计
2014	数量	0	0	0	0	1	0	0	14
	比例（%）	0.00	0.00	0.00	0.00	7.14	0.00	0.00	100.00
	指数	n.a.	n.a.	n.a.	n.a.	166.67	n.a.	n.a.	152.17
2015	数量	0	0	0	0	0	0	0	12
	比例（%）	0.00	0.00	0.00	0.00	0.00	0.00	0.00	85.71
	指数	n.a.	n.a.	n.a.	n.a.	0.00	n.a.	n.a.	130.43
2016	数量	0	0	0	0	2	0	0	26
	比例（%）	0.00	0.00	0.00	0.00	6.06	0.00	0.00	78.79
	指数	n.a.	n.a.	n.a.	n.a.	333.33	n.a.	n.a.	282.61
2017	数量	0	0	0	1	0	0	0	22
	比例（%）	0.00	0.00	0.00	3.70	0.00	0.00	0.00	81.48
	指数	n.a.	n.a.	n.a.	n.a.	0.00	n.a.	n.a.	239.13
合计	数量	0	0	0	1	6	0	0	101
	比例（%）	0.00	0.00	0.00	0.79	4.72	0.00	0.00	79.53
2011—2015年均值		0.00	0.00	0.00	0.00	0.60	0.00	0.00	9.20

年份		电力、热力、燃气及水生产和供应业			
		电力、热力生产和供应业	燃气生产和供应业	水生产和供应业	合计
2005	数量	0	0	0	0
	比例（%）	0.00	0.00	0.00	0.00
	指数	0.00	n.a.	n.a.	0.00
2006	数量	0	0	0	0
	比例（%）	0.00	0.00	0.00	0.00
	指数	0.00	n.a.	n.a.	0.00

续表

年份		电力、热力、燃气及水生产和供应业			
		电力、热力生产和供应业	燃气生产和供应业	水生产和供应业	合计
2007	数量	0	0	0	0
	比例（%）	0.00	0.00	0.00	0.00
	指数	0.00	n. a.	n. a.	0.00
2008	数量	3	0	0	3
	比例（%）	75.00	0.00	0.00	75.00
	指数	166.67	n. a.	n. a.	166.67
2009	数量	1	0	0	1
	比例（%）	33.33	0.00	0.00	33.33
	指数	55.56	n. a.	n. a.	55.56
2010	数量	0	0	0	0
	比例（%）	0.00	0.00	0.00	0.00
	指数	0.00	n. a.	n. a.	0.00
2011	数量	3	0	0	3
	比例（%）	50.00	0.00	0.00	50.00
	指数	166.67	n. a.	n. a.	166.67
2012	数量	3	0	0	3
	比例（%）	30.00	0.00	0.00	30.00
	指数	166.67	n. a.	n. a.	166.67
2013	数量	2	0	0	2
	比例（%）	16.67	0.00	0.00	16.67
	指数	111.11	n. a.	n. a.	111.11
2014	数量	0	0	0	0
	比例（%）	0.00	0.00	0.00	0.00
	指数	0.00	n. a.	n. a.	0.00
2015	数量	1	0	0	1
	比例（%）	7.14	0.00	0.00	7.14
	指数	55.56	n. a.	n. a.	55.56

续表

年份	电力、热力、燃气及水生产和供应业				
		电力、热力生产和供应业	燃气生产和供应业	水生产和供应业	合计
2016	数量	6	0	0	6
	比例（%）	18.18	0.00	0.00	18.18
	指数	333.33	n.a.	n.a.	333.33
2017	数量	4	0	0	4
	比例（%）	14.81	0.00	0.00	14.81
	指数	222.22	n.a.	n.a.	222.22
合计	数量	23	0	0	23
	比例（%）	18.11	0.00	0.00	18.11
2011—2015 年均值		1.80	0.00	0.00	1.80

年份	建筑业						总计
		房屋建筑业	土木工程建筑业	建筑安装业	建筑装饰、装修和其他建筑业	合计	
2005	数量	0	0	0	0	0	1
	比例（%）	0.00	0.00	0.00	0.00	0.00	100.00
	指数	0.00	n.a.	n.a.	n.a.	0.00	8.93
2006	数量	0	0	0	0	0	1
	比例（%）	0.00	0.00	0.00	0.00	0.00	100.00
	指数	0.00	n.a.	n.a.	n.a.	0.00	8.93
2007	数量	0	0	0	0	0	1
	比例（%）	0.00	0.00	0.00	0.00	0.00	100.00
	指数	0.00	n.a.	n.a.	n.a.	0.00	8.93
2008	数量	0	0	0	0	0	4
	比例（%）	0.00	0.00	0.00	0.00	0.00	100.00
	指数	0.00	n.a.	n.a.	n.a.	0.00	35.71
2009	数量	0	0	0	0	0	3
	比例（%）	0.00	0.00	0.00	0.00	0.00	100.00
	指数	0.00	n.a.	n.a.	n.a.	0.00	26.79

续表

年份		建筑业					总计
		房屋建筑业	土木工程建筑业	建筑安装业	建筑装饰、装修和其他建筑业	合计	
2010	数量	0	0	0	0	0	1
	比例（%）	0.00	0.00	0.00	0.00	0.00	100.00
	指数	0.00	n. a.	n. a.	n. a.	0.00	8.93
2011	数量	0	0	0	0	0	6
	比例（%）	0.00	0.00	0.00	0.00	0.00	100.00
	指数	0.00	n. a.	n. a.	n. a.	0.00	53.57
2012	数量	0	0	0	0	0	10
	比例（%）	0.00	0.00	0.00	0.00	0.00	100.00
	指数	0.00	n. a.	n. a.	n. a.	0.00	89.29
2013	数量	0	0	0	0	0	12
	比例（%）	0.00	0.00	0.00	0.00	0.00	100.00
	指数	0.00	n. a.	n. a.	n. a.	0.00	107.14
2014	数量	0	0	0	0	0	14
	比例（%）	0.00	0.00	0.00	0.00	0.00	100.00
	指数	0.00	n. a.	n. a.	n. a.	0.00	125.00
2015	数量	1	0	0	0	1	14
	比例（%）	7.14	0.00	0.00	0.00	7.14	100.00
	指数	500.00	n. a.	n. a.	n. a.	500.00	125.00
2016	数量	1	0	0	0	1	33
	比例（%）	3.03	0.00	0.00	0.00	3.03	100.00
	指数	500.00	n. a.	n. a.	n. a.	500.00	294.64
2017	数量	1	0	0	0	1	27
	比例（%）	3.70	0.00	0.00	0.00	3.70	100.00
	指数	500.00	n. a.	n. a.	n. a.	500.00	241.07
合计	数量	3	0	0	0	3	127
	比例（%）	2.36	0.00	0.00	0.00	2.36	100.00
2011—2015 年均值		0.20	0.00	0.00	0.00	0.20	11.20

2. 民营企业海外绿地投资金额在各细分标的行业的分布

表5-4-5　中国民营样本企业绿地投资行业别金额指数——制造业

（单位：百万美元）

年份		航空航天	医药制造	办公、会计和计算机设备	广播、电视和通信设备	医疗器械、精密仪器和光学仪器、钟表	合计
		高技术					
2005	金额	0.00	0.00	0.00	0.00	0.00	0.00
	比例（%）	0.00	0.00	0.00	0.00	0.00	0.00
	指数	n. a.	0.00	0.00	0.00	n. a.	0.00
2006	金额	0.00	0.00	0.00	0.00	0.00	0.00
	比例（%）	0.00	0.00	0.00	0.00	0.00	0.00
	指数	n. a.	0.00	0.00	0.00	n. a.	0.00
2007	金额	0.00	0.00	8.10	0.00	0.00	8.10
	比例（%）	0.00	0.00	0.39	0.00	0.00	0.39
	指数	n. a.	0.00	3.28	0.00	n. a.	0.82
2008	金额	0.00	0.00	166.91	22.80	0.00	189.71
	比例（%）	0.00	0.00	8.81	1.20	0.00	10.02
	指数	n. a.	0.00	67.62	3.19	n. a.	19.27
2009	金额	0.00	0.00	85.80	0.00	0.00	85.80
	比例（%）	0.00	0.00	6.64	0.00	0.00	6.64
	指数	n. a.	0.00	34.76	0.00	n. a.	8.72
2010	金额	0.00	22.80	92.20	0.00	0.00	115.00
	比例（%）	0.00	1.69	6.83	0.00	0.00	8.51
	指数	n. a.	101.42	37.35	0.00	n. a.	11.68
2011	金额	0.00	44.90	160.30	764.80	0.00	970.00
	比例（%）	0.00	0.62	2.20	10.48	0.00	13.30
	指数	n. a.	199.73	64.94	106.95	n. a.	98.53
2012	金额	0.00	0.00	4.60	133.60	0.00	138.20
	比例（%）	0.00	0.00	0.21	6.15	0.00	6.36
	指数	n. a.	0.00	1.86	18.68	n. a.	14.04

续表

年份		高技术					
		航空航天	医药制造	办公、会计和计算机设备	广播、电视和通信设备	医疗器械、精密仪器和光学仪器、钟表	合计
2013	金额	0.00	0.00	0.00	240.00	0.00	240.00
	比例（%）	0.00	0.00	0.00	54.52	0.00	54.52
	指数	n.a.	0.00	0.00	33.56	n.a.	24.38
2014	金额	0.00	0.00	140.42	1992.00	0.00	2132.42
	比例（%）	0.00	0.00	2.01	28.55	0.00	30.56
	指数	n.a.	0.00	56.89	278.56	n.a.	216.61
2015	金额	0.00	67.50	928.87	445.18	0.00	1441.55
	比例（%）	0.00	2.82	38.82	18.61	0.00	60.25
	指数	n.a.	300.27	376.31	62.25	n.a.	146.43
2016	金额	0.00	0.00	178.22	1836.01	0.00	2014.23
	比例（%）	0.00	0.00	4.57	47.03	0.00	51.59
	指数	n.a.	0.00	72.20	256.74	n.a.	204.61
2017	金额	28.70	43.60	373.15	932.89	0.00	1378.34
	比例（%）	0.63	0.96	8.25	20.61	0.00	30.46
	指数	n.a.	193.95	151.17	130.45	n.a.	140.01
合计	金额	28.70	178.80	2138.58	6367.28	0.00	8713.36
	比例（%）	0.08	0.52	6.20	18.45	0.00	25.25
2011—2015 年均值		0.00	22.48	246.84	715.12	0.00	984.43

年份		中高技术					
		其他电气机械和设备	汽车、挂车和半挂车	化学品及化学制品(不含制药)	其他铁道设备和运输设备	其他机械设备	合计
2005	金额	0.00	43.40	0.00	0.00	0.00	43.40
	比例（%）	0.00	96.02	0.00	0.00	0.00	96.02
	指数	n.a.	5.93	0.00	0.00	0.00	3.55

续表

年份		中高技术					
		其他电气机械和设备	汽车、挂车和半挂车	化学品及化学制品（不含制药）	其他铁道设备和运输设备	其他机械设备	合计
2006	金额	0.00	35.00	0.00	0.00	130.00	165.00
	比例（%）	0.00	21.21	0.00	0.00	78.79	100.00
	指数	n. a.	4.78	0.00	0.00	134.52	13.51
2007	金额	0.00	462.99	0.00	0.00	76.80	539.79
	比例（%）	0.00	22.57	0.00	0.00	3.74	26.31
	指数	n. a.	63.28	0.00	0.00	79.47	44.19
2008	金额	0.00	505.00	0.00	0.00	105.06	610.06
	比例（%）	0.00	26.66	0.00	0.00	5.55	32.21
	指数	n. a.	69.02	0.00	0.00	108.72	49.94
2009	金额	0.00	1023.80	0.00	0.00	0.00	1023.80
	比例（%）	0.00	79.23	0.00	0.00	0.00	79.23
	指数	n. a.	139.93	0.00	0.00	0.00	83.81
2010	金额	0.00	754.50	0.00	11.30	470.00	1235.80
	比例（%）	0.00	55.86	0.00	0.84	34.79	91.49
	指数	n. a.	103.12	0.00	51.36	486.35	101.17
2011	金额	0.00	1354.50	0.00	110.00	221.00	1685.50
	比例（%）	0.00	18.57	0.00	1.51	3.03	23.11
	指数	n. a.	185.12	0.00	500.00	228.69	137.98
2012	金额	0.00	598.60	0.00	0.00	0.00	598.60
	比例（%）	0.00	27.56	0.00	0.00	0.00	27.56
	指数	n. a.	81.81	0.00	0.00	0.00	49.00
2013	金额	0.00	0.00	0.00	0.00	0.19	0.19
	比例（%）	0.00	0.00	0.00	0.00	0.04	0.04
	指数	n. a.	0.00	0.00	0.00	0.19	0.02
2014	金额	0.00	863.37	1850.00	0.00	239.20	2952.57
	比例（%）	0.00	12.37	26.51	0.00	3.43	42.31
	指数	n. a.	118.00	498.33	0.00	247.52	241.71

续表

年份		其他电气机械和设备	汽车、挂车和半挂车	化学品及化学制品（不含制药）	其他铁道设备和运输设备	其他机械设备	合计
		中高技术					
2015	金额	0.00	841.89	6.20	0.00	22.80	870.89
	比例（%）	0.00	35.19	0.26	0.00	0.95	36.40
	指数	n. a.	115.06	1.67	0.00	23.59	71.29
2016	金额	0.00	952.60	0.00	0.00	63.10	1015.70
	比例（%）	0.00	24.40	0.00	0.00	1.62	26.02
	指数	n. a.	130.20	0.00	0.00	65.30	83.15
2017	金额	0.00	1513.03	0.00	81.40	162.60	1757.03
	比例（%）	0.00	33.43	0.00	1.80	3.59	38.83
	指数	n. a.	206.79	0.00	370.00	168.26	143.84
合计	金额	0.00	8948.67	1856.20	202.70	1490.75	12498.32
	比例（%）	0.00	25.93	5.38	0.59	4.32	36.22
2011—2015 年均值		0.00	731.67	371.24	22.00	96.64	1221.55

年份		船舶制造和修理	橡胶和塑料制品	焦炭、精炼石油产品及核燃料	其他非金属矿物制品	基本金属和金属制品	合计
		中低技术					
2005	金额	0.00	0.00	0.00	0.00	1.80	1.80
	比例（%）	0.00	0.00	0.00	0.00	3.98	3.98
	指数	n. a.	0.00	0.00	0.00	0.35	0.12
2006	金额	0.00	0.00	0.00	0.00	0.00	0.00
	比例（%）	0.00	0.00	0.00	0.00	0.00	0.00
	指数	n. a.	0.00	0.00	0.00	0.00	0.00
2007	金额	0.00	0.00	0.00	0.00	1493.40	1493.40
	比例（%）	0.00	0.00	0.00	0.00	72.80	72.80
	指数	n. a.	0.00	0.00	0.00	288.38	100.39

续表

年份		中低技术					
		船舶制造和修理	橡胶和塑料制品	焦炭、精炼石油产品及核燃料	其他非金属矿物制品	基本金属和金属制品	合计
2008	金额	0.00	0.00	0.00	0.00	1047.18	1047.18
	比例（%）	0.00	0.00	0.00	0.00	55.28	55.28
	指数	n.a.	0.00	0.00	0.00	202.21	70.39
2009	金额	0.00	0.00	0.00	0.00	2.70	2.70
	比例（%）	0.00	0.00	0.00	0.00	0.21	0.21
	指数	n.a.	0.00	0.00	0.00	0.52	0.18
2010	金额	0.00	0.00	0.00	0.00	0.00	0.00
	比例（%）	0.00	0.00	0.00	0.00	0.00	0.00
	指数	n.a.	0.00	0.00	0.00	0.00	0.00
2011	金额	0.00	0.00	4300.00	253.60	0.00	4553.60
	比例（%）	0.00	0.00	58.95	3.48	0.00	62.42
	指数	n.a.	0.00	493.09	269.27	0.00	306.09
2012	金额	0.00	0.00	0.00	0.00	1362.00	1362.00
	比例（%）	0.00	0.00	0.00	0.00	62.70	62.70
	指数	n.a.	0.00	0.00	0.00	263.01	91.55
2013	金额	0.00	0.00	0.00	200.00	0.00	200.00
	比例（%）	0.00	0.00	0.00	45.44	0.00	45.44
	指数	n.a.	0.00	0.00	212.36	0.00	13.44
2014	金额	0.00	0.00	0.00	15.30	1227.30	1242.60
	比例（%）	0.00	0.00	0.00	0.22	17.59	17.81
	指数	n.a.	0.00	0.00	16.25	236.99	83.53
2015	金额	0.00	17.90	60.22	2.00	0.00	80.12
	比例（%）	0.00	0.75	2.52	0.08	0.00	3.35
	指数	n.a.	500.00	6.91	2.12	0.00	5.39
2016	金额	0.00	117.01	13.00	254.20	133.45	517.66
	比例（%）	0.00	3.00	0.33	6.51	3.42	13.26
	指数	n.a.	3268.44	1.49	269.91	25.77	34.80

续表

年份		中低技术					
		船舶制造和修理	橡胶和塑料制品	焦炭、精炼石油产品及核燃料	其他非金属矿物制品	基本金属和金属制品	合计
2017	金额	0.00	84.50	14.70	214.50	14.40	328.10
	比例（%）	0.00	1.87	0.32	4.74	0.32	7.25
	指数	n.a.	2360.34	1.69	227.76	2.78	22.05
合计	金额	0.00	219.41	4387.92	939.60	5282.23	10829.16
	比例（%）	0.00	0.64	12.72	2.72	15.31	31.38
2011—2015 年均值		0.00	3.58	872.04	94.18	517.86	1487.66

年份		低技术					
		其他制造业和再生产品	木材、纸浆、纸张、纸制品、印刷及出版	食品、饮料和烟草	纺织、纺织品、皮革及制鞋	合计	总计
2005	金额	0.00	0.00	0.00	0.00	0.00	45.20
	比例（%）	0.00	0.00	0.00	0.00	0.00	100.00
	指数	n.a.	n.a.	0.00	0.00	0.00	1.17
2006	金额	0.00	0.00	0.00	0.00	0.00	165.00
	比例（%）	0.00	0.00	0.00	0.00	0.00	100.00
	指数	n.a.	n.a.	0.00	0.00	0.00	4.28
2007	金额	0.00	0.00	10.00	0.00	10.00	2051.29
	比例（%）	0.00	0.00	0.49	0.00	0.49	100.00
	指数	n.a.	n.a.	7.95	0.00	6.18	53.20
2008	金额	0.00	0.00	0.00	47.30	47.30	1894.25
	比例（%）	0.00	0.00	0.00	2.50	2.50	100.00
	指数	n.a.	n.a.	0.00	131.46	29.23	49.13
2009	金额	0.00	121.90	58.00	0.00	179.90	1292.20
	比例（%）	0.00	9.43	4.49	0.00	13.92	100.00
	指数	n.a.	n.a.	46.10	0.00	111.19	33.52

续表

年份		低技术					总计
		其他制造业和再生产品	木材、纸浆、纸张、纸制品、印刷及出版	食品、饮料和烟草	纺织、纺织品、皮革及制鞋	合计	
2010	金额	0.00	0.00	0.00	0.00	0.00	1350.80
	比例（%）	0.00	0.00	0.00	0.00	0.00	100.00
	指数	n.a.	n.a.	0.00	0.00	0.00	35.04
2011	金额	0.00	0.00	45.70	39.90	85.60	7294.70
	比例（%）	0.00	0.00	0.63	0.55	1.17	100.00
	指数	n.a.	n.a.	36.32	110.89	52.90	189.21
2012	金额	0.00	0.00	73.40	0.00	73.40	2172.20
	比例（%）	0.00	0.00	3.38	0.00	3.38	100.00
	指数	n.a.	n.a.	58.34	0.00	45.36	56.34
2013	金额	0.00	0.00	0.00	0.00	0.00	440.19
	比例（%）	0.00	0.00	0.00	0.00	0.00	100.00
	指数	n.a.	n.a.	0.00	0.00	0.00	11.42
2014	金额	0.00	0.00	510.00	140.00	650.00	6977.59
	比例（%）	0.00	0.00	7.31	2.01	9.32	100.00
	指数	n.a.	n.a.	405.34	389.11	401.73	180.98
2015	金额	0.00	0.00	0.00	0.00	0.00	2392.56
	比例（%）	0.00	0.00	0.00	0.00	0.00	100.00
	指数	n.a.	n.a.	0.00	0.00	0.00	62.06
2016	金额	0.00	0.00	6.00	350.40	356.40	3903.99
	比例（%）	0.00	0.00	0.15	8.98	9.13	100.00
	指数	n.a.	n.a.	4.77	973.87	220.27	101.26
2017	金额	0.00	0.00	51.60	1010.40	1062.00	4525.47
	比例（%）	0.00	0.00	1.14	22.33	23.47	100.00
	指数	n.a.	n.a.	41.01	2808.23	656.37	117.38
合计	金额	0.00	121.90	754.70	1588.00	2464.60	34505.43
	比例（%）	0.00	0.35	2.19	4.60	7.14	100.00
2011—2015年均值		0.00	0.00	125.82	35.98	161.80	3855.45

表 5-4-6　中国民营样本企业绿地投资行业别金额指数——非制造业

（单位：百万美元）

年份		服务业							
		批发和零售业	交通运输、仓储和邮政业	住宿和餐饮业	信息传输、软件和信息技术服务业	金融业	房地产业	租赁和商务服务业	科学研究和技术服务业
2005	金额	10.30	0.00	0.00	0.00	0.00	0.00	0.00	0.00
	比例（%）	100.00	0.00	0.00	0.00	0.00	0.00	0.00	0.00
	指数	500.00	0.00	n.a.	0.00	0.00	0.00	n.a.	0.00
2006	金额	0.00	0.00	0.00	15.00	0.00	0.00	0.00	0.00
	比例（%）	0.00	0.00	0.00	100.00	0.00	0.00	0.00	0.00
	指数	0.00	0.00	n.a.	16.17	0.00	0.00	n.a.	0.00
2007	金额	0.00	0.00	0.00	0.00	0.00	49.80	0.00	0.00
	比例（%）	0.00	0.00	0.00	0.00	0.00	100.00	0.00	0.00
	指数	0.00	0.00	n.a.	0.00	0.00	1.96	n.a.	0.00
2008	金额	1.50	0.00	0.00	0.00	0.00	0.00	0.00	0.00
	比例（%）	0.37	0.00	0.00	0.00	0.00	0.00	0.00	0.00
	指数	72.82	0.00	n.a.	0.00	0.00	0.00	n.a.	0.00
2009	金额	24.40	0.00	0.00	0.00	0.00	0.00	0.00	0.00
	比例（%）	91.49	0.00	0.00	0.00	0.00	0.00	0.00	0.00
	指数	1184.47	0.00	n.a.	0.00	0.00	0.00	n.a.	0.00
2010	金额	0.00	0.00	0.00	0.00	0.00	92.40	0.00	0.00
	比例（%）	0.00	0.00	0.00	0.00	0.00	100.00	0.00	0.00
	指数	0.00	0.00	n.a.	0.00	0.00	3.64	n.a.	0.00
2011	金额	0.00	0.00	0.00	0.00	0.00	0.00	0.00	21.99
	比例（%）	0.00	0.00	0.00	0.00	0.00	0.00	0.00	8.31
	指数	0.00	0.00	n.a.	0.00	0.00	0.00	n.a.	24.69
2012	金额	0.00	0.00	0.00	0.00	0.00	537.80	0.00	90.50
	比例（%）	0.00	0.00	0.00	0.00	0.00	75.92	0.00	12.78
	指数	0.00	0.00	n.a.	0.00	0.00	21.20	n.a.	101.60

续表

年份		服务业							
		批发和零售业	交通运输、仓储和邮政业	住宿和餐饮业	信息传输、软件和信息技术服务业	金融业	房地产业	租赁和商务服务业	科学研究和技术服务业
2013	金额	0.00	0.70	0.00	0.00	0.00	429.26	0.00	5.00
	比例（%）	0.00	0.04	0.00	0.00	0.00	26.83	0.00	0.31
	指数	0.00	4.06	n. a.	0.00	0.00	16.92	n. a.	5.61
2014	金额	0.00	0.00	0.00	0.00	0.00	9848.30	0.00	300.00
	比例（%）	0.00	0.00	0.00	0.00	0.00	89.14	0.00	2.72
	指数	0.00	0.00	n. a.	0.00	0.00	388.19	n. a.	336.78
2015	金额	10.30	85.50	0.00	463.90	45.10	1869.58	0.00	27.90
	比例（%）	0.18	1.47	0.00	8.00	0.78	32.22	0.00	0.48
	指数	500.00	495.94	n. a.	500.00	500.00	73.69	n. a.	31.32
2016	金额	261.40	0.00	0.00	25.20	1.20	36686.17	0.00	66.10
	比例（%）	0.68	0.00	0.00	0.07	0.00	94.79	0.00	0.17
	指数	12689.32	0.00	n. a.	27.16	13.30	1446.05	n. a.	74.20
2017	金额	58.70	45.10	0.00	145.80	65.70	338.80	0.00	81.20
	比例（%）	2.13	1.64	0.00	5.30	2.39	12.32	0.00	2.95
	指数	2849.51	261.60	n. a.	157.15	728.38	13.35	n. a.	91.16
合计	金额	366.60	131.30	0.00	649.90	112.00	49852.11	0.00	592.69
	比例（%）	0.60	0.21	0.00	1.06	0.18	81.09	0.00	0.96
2011—2015年均值		2.06	17.24	0.00	92.78	9.02	2536.99	0.00	89.08

年份		服务业							
		水利、环境和公共设施管理业	居民服务、修理和其他服务业	教育	卫生和社会工作	文化、体育和娱乐业	公共管理、社会保障和社会组织	国际组织	合计
2005	金额	0.00	0.00	0.00	0.00	0.00	0.00	0.00	10.30
	比例（%）	0.00	0.00	0.00	0.00	0.00	0.00	0.00	100.00
	指数	n. a.	n. a.	n. a.	n. a.	0.00	n. a.	n. a.	0.33

续表

年份		服务业							
		水利、环境和公共设施管理业	居民服务、修理和其他服务业	教育	卫生和社会工作	文化、体育和娱乐业	公共管理、社会保障和社会组织	国际组织	合计
2006	金额	0.00	0.00	0.00	0.00	0.00	0.00	0.00	15.00
	比例（%）	0.00	0.00	0.00	0.00	0.00	0.00	0.00	100.00
	指数	n. a.	n. a.	n. a.	n. a.	0.00	n. a.	n. a.	0.47
2007	金额	0.00	0.00	0.00	0.00	0.00	0.00	0.00	49.80
	比例（%）	0.00	0.00	0.00	0.00	0.00	0.00	0.00	100.00
	指数	n. a.	n. a.	n. a.	n. a.	0.00	n. a.	n. a.	1.58
2008	金额	0.00	0.00	0.00	0.00	0.00	0.00	0.00	1.50
	比例（%）	0.00	0.00	0.00	0.00	0.00	0.00	0.00	0.37
	指数	n. a.	n. a.	n. a.	n. a.	0.00	n. a.	n. a.	0.05
2009	金额	0.00	0.00	0.00	0.00	0.80	0.00	0.00	25.20
	比例（%）	0.00	0.00	0.00	0.00	3.00	0.00	0.00	94.49
	指数	n. a.	n. a.	n. a.	n. a.	0.19	n. a.	n. a.	0.80
2010	金额	0.00	0.00	0.00	0.00	0.00	0.00	0.00	92.40
	比例（%）	0.00	0.00	0.00	0.00	0.00	0.00	0.00	100.00
	指数	n. a.	n. a.	n. a.	n. a.	0.00	n. a.	n. a.	2.92
2011	金额	0.00	0.00	0.00	0.00	0.00	0.00	0.00	21.99
	比例（%）	0.00	0.00	0.00	0.00	0.00	0.00	0.00	8.31
	指数	n. a.	n. a.	n. a.	n. a.	0.00	n. a.	n. a.	0.70
2012	金额	0.00	0.00	0.00	0.00	0.00	0.00	0.00	628.30
	比例（%）	0.00	0.00	0.00	0.00	0.00	0.00	0.00	88.69
	指数	n. a.	n. a.	n. a.	n. a.	0.00	n. a.	n. a.	19.88
2013	金额	0.00	0.00	0.00	0.00	1164.83	0.00	0.00	1599.79
	比例（%）	0.00	0.00	0.00	0.00	72.81	0.00	0.00	100.00
	指数	n. a.	n. a.	n. a.	n. a.	282.06	n. a.	n. a.	50.62

年份		服务业							
		水利、环境和公共设施管理业	居民服务、修理和其他服务业	教育	卫生和社会工作	文化、体育和娱乐业	公共管理、社会保障和社会组织	国际组织	合计
2014	金额	0.00	0.00	0.00	0.00	900.00	0.00	0.00	11048.30
	比例（%）	0.00	0.00	0.00	0.00	8.15	0.00	0.00	100.00
	指数	n.a.	n.a.	n.a.	n.a.	217.94	n.a.	n.a.	349.62
2015	金额	0.00	0.00	0.00	0.00	0.00	0.00	0.00	2502.28
	比例（%）	0.00	0.00	0.00	0.00	0.00	0.00	0.00	43.13
	指数	n.a.	n.a.	n.a.	n.a.	0.00	n.a.	n.a.	79.18
2016	金额	0.00	0.00	0.00	0.00	351.61	0.00	0.00	37391.68
	比例（%）	0.00	0.00	0.00	0.00	0.91	0.00	0.00	96.61
	指数	n.a.	n.a.	n.a.	n.a.	85.14	n.a.	n.a.	1183.23
2017	金额	0.00	0.00	0.00	4.70	0.00	0.00	0.00	740.00
	比例（%）	0.00	0.00	0.00	0.17	0.00	0.00	0.00	26.90
	指数	n.a.	n.a.	n.a.	n.a.	0.00	n.a.	n.a.	23.42
合计	金额	0.00	0.00	0.00	4.70	2417.24	0.00	0.00	54126.54
	比例（%）	0.00	0.00	0.00	0.01	3.93	0.00	0.00	88.05
2011—2015年均值		0.00	0.00	0.00	0.00	412.97	0.00	0.00	3160.13

年份		电力、热力、燃气及水生产和供应业			
		电力、热力生产和供应业	燃气生产和供应业	水生产和供应业	合计
2005	金额	0.00	0.00	0.00	0.00
	比例（%）	0.00	0.00	0.00	0.00
	指数	0.00	n.a.	n.a.	0.00
2006	金额	0.00	0.00	0.00	0.00
	比例（%）	0.00	0.00	0.00	0.00
	指数	0.00	n.a.	n.a.	0.00

续表

年份		电力、热力、燃气及水生产和供应业			
		电力、热力生产和供应业	燃气生产和供应业	水生产和供应业	合计
2007	金额	0.00	0.00	0.00	0.00
	比例（%）	0.00	0.00	0.00	0.00
	指数	0.00	n. a.	n. a.	0.00
2008	金额	402.50	0.00	0.00	402.50
	比例（%）	99.63	0.00	0.00	99.63
	指数	60.57	n. a.	n. a.	60.57
2009	金额	1.47	0.00	0.00	1.47
	比例（%）	5.51	0.00	0.00	5.51
	指数	0.22	n. a.	n. a.	0.22
2010	金额	0.00	0.00	0.00	0.00
	比例（%）	0.00	0.00	0.00	0.00
	指数	0.00	n. a.	n. a.	0.00
2011	金额	242.67	0.00	0.00	242.67
	比例（%）	91.69	0.00	0.00	91.69
	指数	36.52	n. a.	n. a.	36.52
2012	金额	80.10	0.00	0.00	80.10
	比例（%）	11.31	0.00	0.00	11.31
	指数	12.05	n. a.	n. a.	12.05
2013	金额	0.00	0.00	0.00	0.00
	比例（%）	0.00	0.00	0.00	0.00
	指数	0.00	n. a.	n. a.	0.00
2014	金额	0.00	0.00	0.00	0.00
	比例（%）	0.00	0.00	0.00	0.00
	指数	0.00	n. a.	n. a.	0.00
2015	金额	3000.00	0.00	0.00	3000.00
	比例（%）	51.70	0.00	0.00	51.70
	指数	451.43	n. a.	n. a.	451.43

续表

年份		电力、热力、燃气及水生产和供应业			
		电力、热力生产和供应业	燃气生产和供应业	水生产和供应业	合计
2016	金额	1168.32	0.00	0.00	1168.32
	比例（％）	3.02	0.00	0.00	3.02
	指数	175.81	n.a.	n.a.	175.81
2017	金额	2001.30	0.00	0.00	2001.30
	比例（％）	72.76	0.00	0.00	72.76
	指数	301.15	n.a.	n.a.	301.15
合计	金额	6896.36	0.00	0.00	6896.36
	比例（％）	11.22	0.00	0.00	11.22
2011—2015年均值		664.55	0.00		664.55

年份		建筑业					总计
		房屋建筑业	土木工程建筑业	建筑安装业	建筑装饰、装修和其他建筑业	合计	
2005	金额	0.00	0.00	0.00	0.00	0.00	10.30
	比例（％）	0.00	0.00	0.00	0.00	0.00	100.00
	指数	0.00	n.a.	n.a.	n.a.	0.00	0.27
2006	金额	0.00	0.00	0.00	0.00	0.00	15.00
	比例（％）	0.00	0.00	0.00	0.00	0.00	100.00
	指数	0.00	n.a.	n.a.	n.a.	0.00	0.39
2007	金额	0.00	0.00	0.00	0.00	0.00	49.80
	比例（％）	0.00	0.00	0.00	0.00	0.00	100.00
	指数	0.00	n.a.	n.a.	n.a.	0.00	1.28
2008	金额	0.00	0.00	0.00	0.00	0.00	404.00
	比例（％）	0.00	0.00	0.00	0.00	0.00	100.00
	指数	0.00	n.a.	n.a.	n.a.	0.00	10.40
2009	金额	0.00	0.00	0.00	0.00	0.00	26.67
	比例（％）	0.00	0.00	0.00	0.00	0.00	100.00
	指数	0.00	n.a.	n.a.	n.a.	0.00	0.69

年份		建筑业					总计
		房屋建筑业	土木工程建筑业	建筑安装业	建筑装饰、装修和其他建筑业	合计	
2010	金额	0.00	0.00	0.00	0.00	0.00	92.40
	比例（%）	0.00	0.00	0.00	0.00	0.00	100.00
	指数	0.00	n.a.	n.a.	n.a.	0.00	2.38
2011	金额	0.00	0.00	0.00	0.00	0.00	264.66
	比例（%）	0.00	0.00	0.00	0.00	0.00	100.00
	指数	0.00	n.a.	n.a.	n.a.	0.00	6.81
2012	金额	0.00	0.00	0.00	0.00	0.00	708.40
	比例（%）	0.00	0.00	0.00	0.00	0.00	100.00
	指数	0.00	n.a.	n.a.	n.a.	0.00	18.24
2013	金额	0.00	0.00	0.00	0.00	0.00	1599.79
	比例（%）	0.00	0.00	0.00	0.00	0.00	100.00
	指数	0.00	n.a.	n.a.	n.a.	0.00	41.18
2014	金额	0.00	0.00	0.00	0.00	0.00	11048.30
	比例（%）	0.00	0.00	0.00	0.00	0.00	100.00
	指数	0.00	n.a.	n.a.	n.a.	0.00	284.41
2015	金额	300.00	0.00	0.00	0.00	300.00	5802.28
	比例（%）	5.17	0.00	0.00	0.00	5.17	100.00
	指数	500.00	n.a.	n.a.	n.a.	500.00	149.36
2016	金额	142.70	0.00	0.00	0.00	142.70	38702.70
	比例（%）	0.37	0.00	0.00	0.00	0.37	100.00
	指数	237.83	n.a.	n.a.	n.a.	237.83	996.29
2017	金额	9.30	0.00	0.00	0.00	9.30	2750.60
	比例（%）	0.34	0.00	0.00	0.00	0.34	100.00
	指数	15.50	n.a.	n.a.	n.a.	15.50	70.81
合计	金额	452.00	0.00	0.00	0.00	452.00	61474.90
	比例（%）	0.74	0.00	0.00	0.00	0.74	100.00
2011—2015 年均值		60.00	0.00	0.00	0.00	60.00	3884.69

第五节 民营企业海外绿地投资就业贡献指数

一、民营企业海外绿地投资就业贡献指数

表5-5-1 中国民营企业海外绿地投资就业数量及其贡献指数汇总表

（单位：人）

年份	就业数量	就业数量贡献指数
2005	1141	7.70
2006	3536	23.86
2007	11073	74.70
2008	6964	46.98
2009	6794	45.84
2010	6710	45.27
2011	15298	103.21
2012	8329	56.19
2013	2403	16.21
2014	22172	149.58
2015	25910	174.80
2016	51418	346.89
2017	24760	167.04
2011—2015年均值	14822.40	100.00

总体上看，2005—2017年中国民营样本企业通过绿地投资为标的国（地区）直接创造的就业量同绿地投资的金额变化趋势相同。受金融危机冲击，在2007—2008年通过绿地投资为标的国（地区）创造的就业量有所下降，且这种趋势一直延续到2009年。2010年民营样本企业为标的国（地区）直接创造就业量明显上升，但2011—2013年创造就业量出现大幅度下降，2014年触底反弹，创造的就业量有了强劲增长，并于2016年达到民营样本企业绿地投资直接创造就业的历史最高值，共计为51418人提

供就业。与绿地投资金额规模下降一致，2017 年通过绿地投资直接创造的就业量同步大幅下降。

二、民营企业海外绿地投资创造就业数量的来源地分布

1. 分区域下民营企业海外绿地投资创造就业数量分布

民营样本企业绿地投资来源地不同，其在标的国（地区）创造的就业量也产生了明显的区域差异。在 2005—2017 年间，长三角地区、珠三角地区以及环渤海地区民营样本企业通过绿地投资在标的国（地区）所创造的就业量总体变动趋势较为一致，其中长三角地区创造的就业量在总量中占比 29%，位居五大区域首位；其次是珠三角地区，占比 27%；环渤海地区占比 25%。而西部地区和中部地区民营样本企业绿地投资创造的就业量则较少，分别占比 10% 与 9%。

通过创造就业量的指数变化趋势可以看出，多数区域的民营样本企业为标的国（地区）创造就业量在 2014 年之前变化较为稳定，随后在 2014—2016 年间呈整体增长趋势，2017 年创造就业量出现较大幅度的下降。而西部地区则是例外，相较 2016 年，来源于西部的民营样本企业为投资标的国（地区）创造的就业增长了 155.7%。单从 2017 年来看，珠三角地区的企业绿地投资为标的国（地区）创造的就业占比最大，达到了该年度总创造就业量的 42%；其次是长三角，占比 28%；之后是环渤海地区和西部地区，占比分别为 22% 和 7%；中部地区占比最少，仅有 1%。

表 5-5-2　中国民营企业海外绿地投资就业来源地数量及其指数汇总表

（单位：人）

年份	环渤海地区											
	京津冀				其他				合计			
	就业人数	同比增长（%）	占比（%）	指数	就业人数	同比增长（%）	占比（%）	指数	就业人数	同比增长（%）	占比（%）	指数
2005	26	—	47.27	17.06	29	—	52.73	0.80	55	—	4.82	1.46

续表

年份	环渤海地区											
	京津冀				其他				合计			
	就业人数	同比增长(%)	占比(%)	指数	就业人数	同比增长(%)	占比(%)	指数	就业人数	同比增长(%)	占比(%)	指数
2006	0	-100.0	n.a.	0.00	0	-100.0	n.a.	0.00	0	-100.0	0.00	0.00
2007	5000	n.a.	100.00	3280.84	0	n.a.	0.00	0.00	5000	n.a.	45.15	132.35
2008	20	-99.6	100.00	13.12	0	n.a.	0.00	0.00	20	-99.6	0.29	0.53
2009	0	-100.0	0.00	0.00	194	n.a.	100.00	5.35	194	870.0	2.86	5.13
2010	0	n.a.	n.a.	0.00	0	-100.0	n.a.	0.00	0	-100.0	0.00	0.00
2011	317	n.a.	62.77	208.01	188	n.a.	37.23	5.19	505	n.a.	3.30	13.37
2012	40	-87.4	1.45	26.25	2712	1342.6	98.55	74.80	2752	445.0	33.04	72.84
2013	0	-100.0	n.a.	0.00	0	-100.0	n.a.	0.00	0	-100.0	0.00	0.00
2014	200	n.a.	1.62	131.23	12173	n.a.	98.38	335.75	12373	n.a.	55.80	327.50
2015	205	2.5	6.29	134.51	3055	-74.9	93.71	84.26	3260	-73.7	12.58	86.29
2016	10034	4794.6	61.78	6583.99	6208	103.2	38.22	171.23	16242	398.2	31.59	429.91
2017	1590	-84.2	29.38	1043.31	3822	-38.4	70.62	105.42	5412	-66.7	21.86	143.25
合计	17432		38.05		28381		61.95		45813		24.56	
2011—2015年均值	152.40			100.00	3625.60			100.00	3778.00			100.00

年份	长三角地区											
	上海				其他				合计			
	就业人数	同比增长(%)	占比(%)	指数	就业人数	同比增长(%)	占比(%)	指数	就业人数	同比增长(%)	占比(%)	指数
2005	0	—	0.00	0.00	1086	—	100.00	24.55	1086	—	95.18	24.43
2006	0	n.a.	0.00	0.00	261	-76.0	100.00	5.90	261	-76.0	7.38	5.87
2007	388	n.a.	9.37	1883.50	3755	1338.7	90.63	84.87	4143	1487.4	37.42	93.21
2008	0	-100.0	0.00	0.00	3332	-11.3	100.00	75.31	3332	-19.6	47.85	74.96
2009	258	n.a.	11.03	1252.43	2081	-37.5	88.97	47.03	2339	-29.8	34.43	52.62
2010	0	-100.0	0.00	0.00	2183	4.9	100.00	49.34	2183	-6.7	32.53	49.11
2011	0	n.a.	0.00	0.00	5360	145.5	100.00	121.15	5360	145.5	35.04	120.58

续表

年份	长三角地区											
	上海				其他				合计			
	就业人数	同比增长(%)	占比(%)	指数	就业人数	同比增长(%)	占比(%)	指数	就业人数	同比增长(%)	占比(%)	指数
2012	9	n.a.	0.59	43.69	1511	-71.8	99.41	34.15	1520	-71.6	18.25	34.20
2013	0	-100.0	0.00	0.00	254	-83.2	100.00	5.74	254	-83.3	10.57	5.71
2014	0	n.a.	0.00	0.00	1540	506.3	100.00	34.81	1540	506.3	6.95	34.65
2015	94	n.a.	0.69	456.31	13457	773.8	99.31	304.15	13551	779.9	52.30	304.86
2016	3234	3340.4	28.45	15699.03	8135	-39.5	71.55	183.87	11369	-16.1	22.11	255.77
2017	497	-84.6	7.19	2412.62	6416	-21.1	92.81	145.01	6913	-39.2	27.92	155.52
合计	4480		8.32		49371		91.68		53851		28.87	
2011—2015 年均值	20.60			100.00	4424.40			100.00	4445.00			100.00

年份	珠三角地区											
	广东				其他				合计			
	就业人数	同比增长(%)	占比(%)	指数	就业人数	同比增长(%)	占比(%)	指数	就业人数	同比增长(%)	占比(%)	指数
2005	0	—	n.a.	0.00	0	—	n.a.	0.00	0	—	0.00	0.00
2006	0	n.a.	0.00	0.00	0	n.a.	0.00	0.00	0	n.a.	0.00	0.00
2007	0	n.a.	0.00	0.00	0	n.a.	0.00	0.00	0	n.a.	0.00	0.00
2008	71	n.a.	71.00	1.85	29	n.a.	29.00	10.72	100	n.a.	1.44	2.43
2009	167	135.2	12.10	4.35	1213	4082.8	87.90	448.26	1380	1280.0	20.31	33.60
2010	756	352.7	100.00	19.70	0	-100.0	0.00	0.00	756	-45.2	11.27	18.41
2011	4052	436.0	90.14	105.61	443	n.a.	9.86	163.71	4495	494.6	29.38	109.44
2012	2248	-44.5	100.00	58.59	0	-100.0	0.00	0.00	2248	-50.0	26.99	54.73
2013	1349	-40.0	62.77	35.16	800	n.a.	37.23	295.64	2149	-4.4	89.43	52.32
2014	4597	240.8	97.83	119.82	102	-87.3	2.17	37.69	4699	118.7	21.19	114.41
2015	6937	50.9	99.88	180.81	8	-92.2	0.12	2.96	6945	47.8	26.80	169.09
2016	16042	131.3	94.39	418.13	954	11825.0	5.61	352.55	16996	144.7	33.05	413.81

续表

年份	珠三角地区											
	广东				其他				合计			
	就业人数	同比增长(%)	占比(%)	指数	就业人数	同比增长(%)	占比(%)	指数	就业人数	同比增长(%)	占比(%)	指数
2017	9619	-40.0	92.39	250.72	792	-17.0	7.61	292.68	10411	-38.7	42.05	253.48
合计	45838		91.35		4341		8.65		50179		26.90	
2011—2015年均值	3836.60			100.00	270.60			100.00	4107.20			100.00

年份	中部地区											
	华北东北				中原华中				合计			
	就业人数	同比增长(%)	占比(%)	指数	就业人数	同比增长(%)	占比(%)	指数	就业人数	同比增长(%)	占比(%)	指数
2005	0	—	n.a.	0.00	0	—	n.a.	0.00	0	—	0.00	0.00
2006	0	n.a.	0.00	0.00	3275	n.a.	100.00	504.47	3275	n.a.	92.62	490.71
2007	0	n.a.	0.00	0.00	328	-90.0	100.00	50.52	328	-90.0	2.96	49.15
2008	0	n.a.	0.00	0.00	512	56.1	100.00	78.87	512	56.1	7.35	76.72
2009	0	n.a.	0.00	0.00	773	51.0	100.00	119.07	773	51.0	11.38	115.82
2010	0	n.a.	0.00	0.00	2546	229.4	100.00	392.17	2546	229.4	37.94	381.48
2011	0	n.a.	0.00	0.00	300	-88.2	100.00	46.21	300	-88.2	1.96	44.95
2012	0	n.a.	n.a.	0.00	0	-100.0	n.a.	0.00	0	-100.0	0.00	0.00
2013	0	n.a.	0.00	0.00	0	n.a.	0.00	0.00	0	n.a.	0.00	0.00
2014	0	n.a.	0.00	0.00	1984	n.a.	100.00	305.61	1984	n.a.	8.95	297.27
2015	91	n.a.	8.64	500.00	962	-51.5	91.36	148.18	1053	-46.9	4.06	157.78
2016	0	-100.0	0.00	0.00	6143	538.6	100.00	946.24	6143	483.4	11.95	920.44
2017	0	n.a.	0.00	0.00	316	-94.9	100.00	48.68	316	-94.9	1.28	47.35
合计	91		0.53		17139		99.47		17230		9.24	
2011—2015年均值	18.20			100.00	649.20			100.00	667.40			100.00

续表

年份	西部地区											
	西北				西南				合计			
	就业人数	同比增长(%)	占比(%)	指数	就业人数	同比增长(%)	占比(%)	指数	就业人数	同比增长(%)	占比(%)	指数
2005	0	—	n. a.	0.00	0	—	n. a.	0.00	0	—	0.00	0.00
2006	0	n. a.	n. a.	0.00	0	n. a.	n. a.	0.00	0	n. a.	0.00	0.00
2007	0	n. a.	0.00	0.00	1602	n. a.	100.00	106.21	1602	n. a.	14.47	87.79
2008	0	n. a.	0.00	0.00	3000	87.3	100.00	198.89	3000	87.3	43.08	164.40
2009	0	n. a.	0.00	0.00	2108	-29.7	100.00	139.75	2108	-29.7	31.03	115.52
2010	0	n. a.	0.00	0.00	1225	-41.9	100.00	81.21	1225	-41.9	18.26	67.13
2011	1043	n. a.	22.49	329.65	3595	193.5	77.51	238.33	4638	278.6	30.32	254.16
2012	0	-100.0	0.00	0.00	1809	-49.7	100.00	119.93	1809	-61.0	21.72	99.13
2013	0	n. a.	n. a.	0.00	0	-100.0	n. a.	0.00	0	-100.0	0.00	0.00
2014	500	n. a.	31.73	158.03	1076	n. a.	68.27	71.33	1576	n. a.	7.11	86.37
2015	39	-92.2	3.54	12.33	1062	-1.3	96.46	70.41	1101	-30.1	4.25	60.34
2016	368	843.6	55.09	116.31	300	-71.8	44.91	19.89	668	-39.3	1.30	36.61
2017	0	-100.0	0.00	0.00	1708	469.3	100.00	113.23	1708	155.7	6.90	93.60
合计	1950		10.03		17485		89.97		19435		10.42	
2011—2015 年均值	316.40			100.00	1508.40			100.00	1824.80			100.00

年份	总计			
	就业人数	同比增长(%)	占比(%)	指数
2005	1141	—	100.00	7.70
2006	3536	209.9	100.00	23.86
2007	11073	213.2	100.00	74.70
2008	6964	-37.1	100.00	46.98
2009	6794	-2.4	100.00	45.84
2010	6710	-1.2	100.00	45.27
2011	15298	128.0	100.00	103.21
2012	8329	-45.6	100.00	56.19
2013	2403	-71.1	100.00	16.21

续表

年份	总计			
	就业人数	同比增长（％）	占比（％）	指数
2014	22172	822.7	100.00	149.58
2015	25910	16.9	100.00	174.80
2016	51418	98.4	100.00	346.89
2017	24760	-51.8	100.00	167.04
合计	186508		100.00	
2011—2015年均值	14822.40			100.00

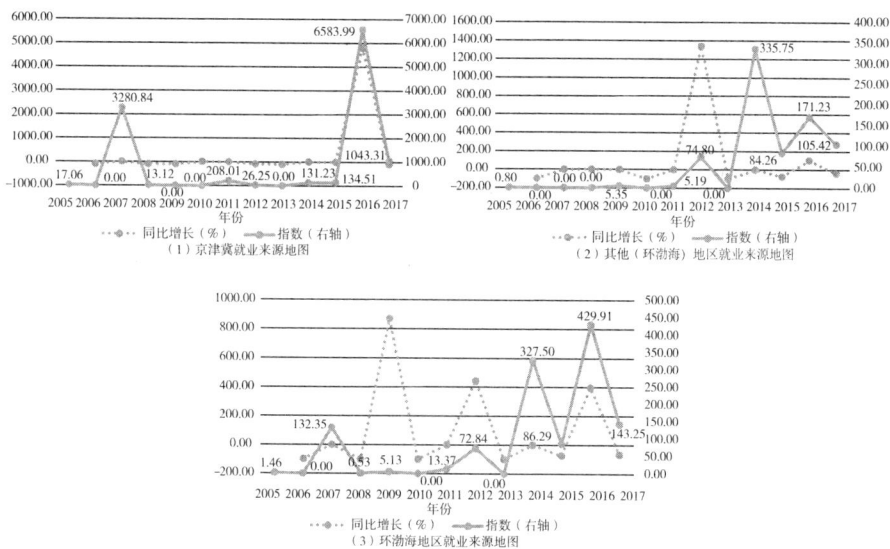

（1）京津冀就业来源地图

（2）其他（环渤海）地区就业来源地图

（3）环渤海地区就业来源地图

图 5-5-1　2005—2017 年绿地投资环渤海地区就业数量指数走势图

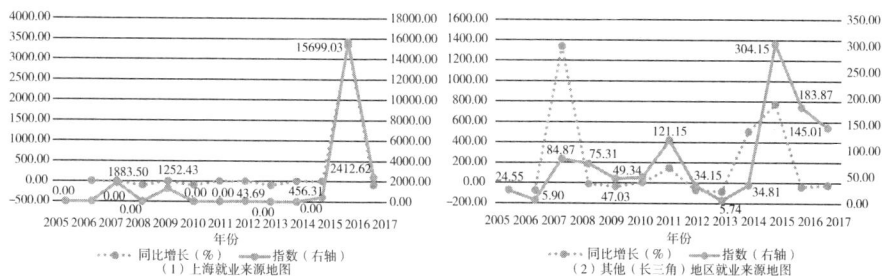

（1）上海就业来源地图

（2）其他（长三角）地区就业来源地图

图 5-5-2　2005—2017 年绿地投资长三角地区就业数量指数走势图

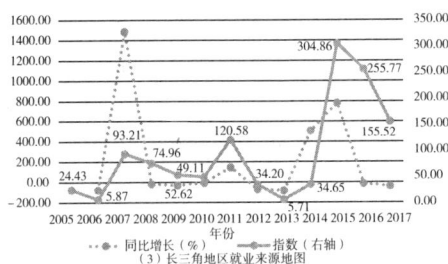

图 5-5-2 2005—2017 年绿地投资长三角地区就业数量指数走势图（续图）

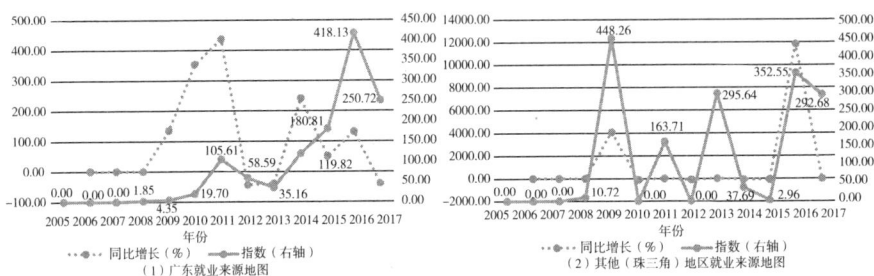

图 5-5-3 2005—2017 年绿地投资珠三角地区就业数量指数走势图

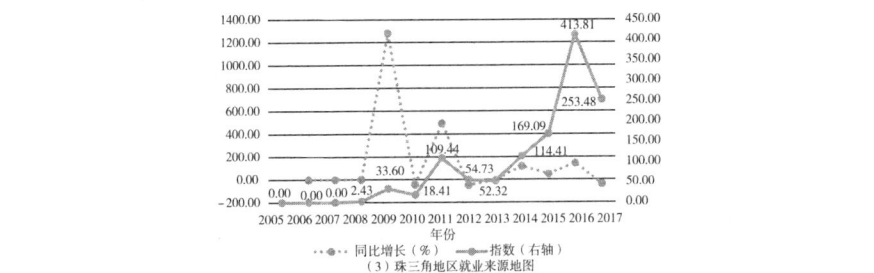

图 5-5-4 2005—2017 年绿地投资中部地区就业数量指数走势图

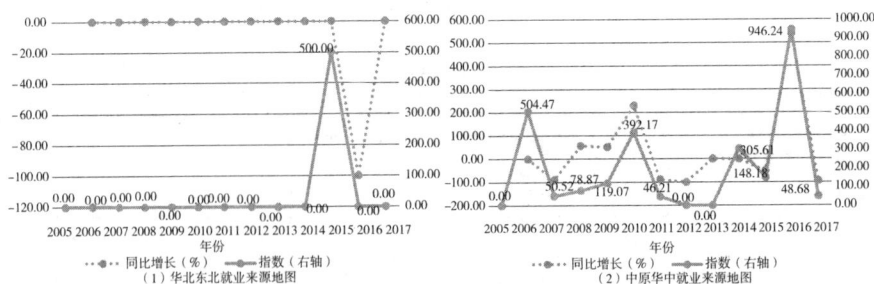

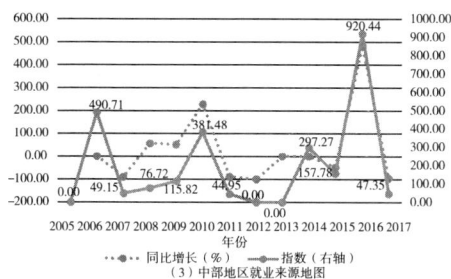

图 5-5-4 2005—2017 年绿地投资中部地区就业数量指数走势图（续图）

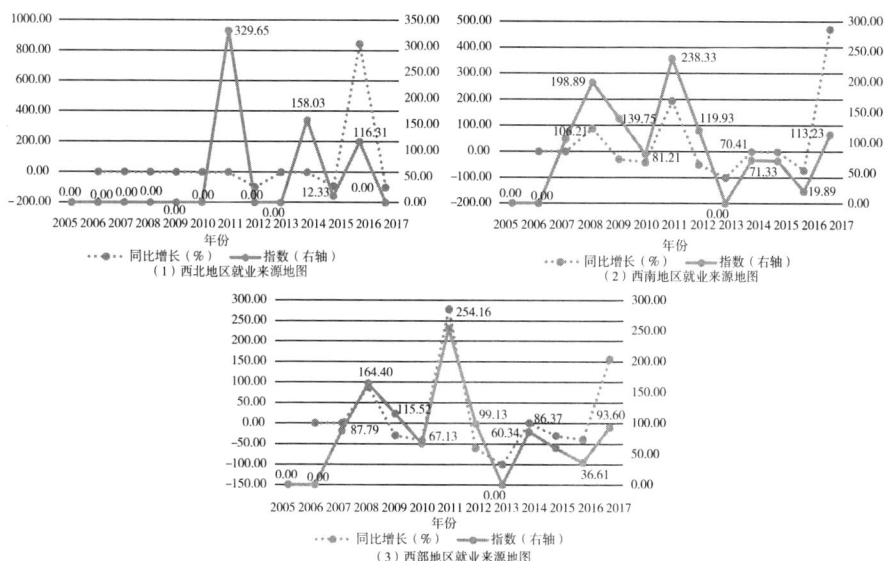

图 5-5-5 2005—2017 年绿地投资西部地区就业数量指数走势图

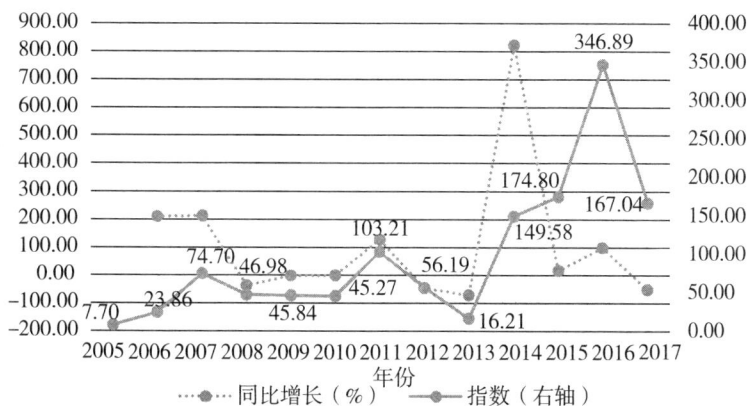

图 5-5-6 2005—2017 年绿地投资就业来源地数量指数走势图

2. 各省市民营企业绿地投资创造就业数量分布

在环渤海地区，民营样本企业通过绿地投资为标的国（地区）创造就业量在 2005—2017 年间整体呈增长态势。其中京津冀地区 2006—2007 年和 2015—2016 年有明显上涨，但已分别于 2007 年和 2017 年出现回落；处于环渤海的非京津冀地区（辽宁、山东）2011—2017 年出现 3 次较大幅度的波动，尤其是 2014 年就业数量指数达到了 335.75 的峰值。

表 5-5-3　中国民营样本企业绿地投资就业来源地数量——环渤海地区

（单位：人）

年份		环渤海地区							
		京津冀地区				其他			总计
		北京	天津	河北	小计	辽宁	山东	合计	
2005	数量	0	26	0	26	29	0	29	55
	比例（%）	0	47.27	0	47.27	52.73	0	52.73	100
	指数	0	86.09	0	17.06	0.93	0	0.80	1.46
2006	数量	0	0	0	0	0	0	0	0
	比例（%）	n.a.	n.a.	n.a.	n.a.	n.a.	n.a.	n.a.	n.a.
	指数	0	0	0	0	0	0	0	0
2007	数量	0	5000	0	5000	0	0	0	5000
	比例（%）	0	100	0	100	0	0	0	100
	指数	0	16556.29	0	3280.84	0	0	0	132.35
2008	数量	20	0	0	20	0	0	0	20
	比例（%）	100	0	0	100	0	0	0	100
	指数	17.24	0	0	13.12	0	0	0	0.53
2009	数量	0	0	0	0	0	194	194	194
	比例（%）	0	0	0	0	0	100	100	100
	指数	0	0	0	0	0	38.69	5.35	5.13
2010	数量	0	0	0	0	0	0	0	0
	比例（%）	n.a.	n.a.	n.a.	n.a.	n.a.	n.a.	n.a.	n.a.
	指数	0	0	0	0	0	0	0	0

续表

年份		环渤海地区							总计
		京津冀地区				其他			
		北京	天津	河北	小计	辽宁	山东	合计	
2011	数量	214	103	0	317	0	188	188	505
	比例（%）	42.38	20.4	0	62.77	0	37.23	37.23	100
	指数	184.48	341.06	0	208.01	0	37.5	5.19	13.37
2012	数量	40	0	0	40	2712	0	2712	2752
	比例（%）	1.45	0	0	1.45	98.55	0	98.55	100
	指数	34.48	0	0	26.25	86.81	0	74.8	72.84
2013	数量	0	0	0	0	0	0	0	0
	比例（%）	n. a.	n. a.	n. a.	n. a.	n. a.	n. a.	n. a.	n. a.
	指数	0	0	0	0	0	0	0	0
2014	数量	200	0	0	200	9909	2264	12173	12373
	比例（%）	1.62	0	0	1.62	80.09	18.3	98.38	100
	指数	172.41	0	0	131.23	317.17	451.54	335.75	327.5
2015	数量	126	48	31	205	3000	55	3055	3260
	比例（%）	3.87	1.47	0.95	6.29	92.02	1.69	93.71	100
	指数	108.62	158.94	500	134.51	96.02	10.97	84.26	86.29
2016	数量	9060	631	343	10034	6020	188	6208	16242
	比例（%）	55.78	3.88	2.11	61.78	37.06	1.16	38.22	100
	指数	7810.34	2089.4	5532.26	6583.99	192.69	37.5	171.23	429.91
2017	数量	367	857	366	1590	0	3822	3822	5412
	比例（%）	6.78	15.84	6.76	29.38	0	70.62	70.62	100
	指数	316.38	2837.75	5903.23	1043.31	0	762.27	105.42	143.25
合计	数量	10027	6665	740	17432	21670	6711	28381	45813
	比例（%）	21.89	14.55	1.62	38.05	47.3	14.65	61.95	100
2011—2015年均值		116.00	30.20	6.20	152.40	3124.20	501.40	3625.60	3778.00

　　长三角地区民营样本企业通过绿地投资在标的国（地区）创造的就业总体呈波动上升趋势。来源于上海的绿地投资创造就业量在 2016 年达到高

峰，但于 2017 年出现大幅下降，而长三角的其他地区（江苏、浙江）则在 2015 年达到了创造就业的峰值，之后的 2016 年和 2017 年均有所下降。进一步细分省市我们发现在长三角地区，浙江省民营样本企业表现抢眼，在 2005—2017 年间通过绿地投资为标的国（地区）创造的就业达到了 38124 个，占长三角地区创造就业总量的 70.80%。

表 5-5-4　中国民营样本企业绿地投资就业来源地数量——长三角地区

（单位：人）

| 年份 | | 长三角地区 | | | | | 总计 |
| | | 上海 | | 其他 | | | |
		上海	小计	江苏	浙江	合计	
2005	数量	0	0	0	1086	1086	1086
	比例（%）	0.00	0.00	0.00	100.00	100.00	100.00
	指数	0.00	0.00	0.00	29.14	24.55	24.43
2006	数量	0	0	0	261	261	261
	比例（%）	0.00	0.00	0.00	100.00	100.00	100.00
	指数	0.00	0.00	0.00	7.00	5.90	5.87
2007	数量	388	388	926	2829	3755	4143
	比例（%）	9.37	9.37	22.35	68.28	90.63	100.00
	指数	1883.50	1883.50	132.63	75.92	84.87	93.21
2008	数量	0	0	235	3097	3332	3332
	比例（%）	0.00	0.00	7.05	92.95	100.00	100.00
	指数	0.00	0.00	33.66	83.11	75.31	74.96
2009	数量	258	258	75	2006	2081	2339
	比例（%）	11.03	11.03	3.21	85.76	88.97	100.00
	指数	1252.43	1252.43	10.74	53.84	47.03	52.62
2010	数量	0	0	72	2111	2183	2183
	比例（%）	0.00	0.00	3.30	96.70	100.00	100.00
	指数	0.00	0.00	10.31	56.65	49.34	49.11
2011	数量	0	0	525	4835	5360	5360
	比例（%）	0.00	0.00	9.79	90.21	100.00	100.00
	指数	0.00	0.00	75.19	129.76	121.15	120.58

续表

年份		长三角地区					总计
		上海		其他			
		上海	小计	江苏	浙江	合计	
2012	数量	9	9	11	1500	1511	1520
	比例（%）	0.59	0.59	0.72	98.68	99.41	100.00
	指数	43.69	43.69	1.58	40.26	34.15	34.20
2013	数量	0	0	54	200	254	254
	比例（%）	0.00	0.00	21.26	78.74	100.00	100.00
	指数	0.00	0.00	7.73	5.37	5.74	5.71
2014	数量	0	0	240	1300	1540	1540
	比例（%）	0.00	0.00	15.58	84.42	100.00	100.00
	指数	0.00	0.00	34.37	34.89	34.81	34.65
2015	数量	94	94	2661	10796	13457	13551
	比例（%）	0.69	0.69	19.64	79.67	99.31	100.00
	指数	456.31	456.31	381.12	289.73	304.15	304.86
2016	数量	3234	3234	3930	4205	8135	11369
	比例（%）	28.45	28.45	34.57	36.99	71.55	100.00
	指数	15699.03	15699.03	562.88	112.85	183.87	255.77
2017	数量	497	497	2518	3898	6416	6913
	比例（%）	7.19	7.19	36.42	56.39	92.81	100.00
	指数	2412.62	2412.62	360.64	104.61	145.01	155.52
合计	数量	4480	4480	11247	38124	49371	53851
	比例（%）	8.32	8.32	20.89	70.80	91.68	100.00
2011—2015 年均值		20.60	20.60	698.20	3726.20	4424.40	4445.00

通过数据统计可以发现，广东省民营样本企业绿地投资 2005—2017年在标的国（地区）共计创造了 45838 个就业量，占比整个珠三角地区的91.35%。广东省民营样本企业创造就业量在 2016 年快速增加，2016 年单年度共计为标的国（地区）创造 16042 个就业量。从总体上看，虽然 2017年珠三角地区较 2016 年创造就业量有所下降，但是总体上珠三角创造就业

的增长态势较为稳定。

表 5-5-5　中国民营样本企业绿地投资就业来源地数量——珠三角地区

（单位：人）

年份		珠三角地区						
		广东			其他			总计
		深圳	广东（不含深圳）	小计	福建	海南	合计	
2005	数量	0	0	0	0	0	0	0
	比例（%）	n. a.	n. a.	n. a.	n. a.	n. a.	n. a.	n. a.
	指数	0.00	0.00	0.00	0.00	n. a.	0.00	0.00
2006	数量	0	0	0	0	0	0	0
	比例（%）	n. a.	n. a.	n. a.	n. a.	n. a.	n. a.	n. a.
	指数	0.00	0.00	0.00	0.00	n. a.	0.00	0.00
2007	数量	0	0	0	0	0	0	0
	比例（%）	n. a.	n. a.	n. a.	n. a.	n. a.	n. a.	n. a.
	指数	0.00	0.00	0.00	0.00	n. a.	0.00	0.00
2008	数量	0	71	71	29	0	29	100
	比例（%）	0.00	71.00	71.00	29.00	0.00	29.00	100.00
	指数	0.00	8.08	1.85	10.72	n. a.	10.72	2.43
2009	数量	167	0	167	1213	0	1213	1380
	比例（%）	12.10	0.00	12.10	87.90	0.00	87.90	100.00
	指数	5.65	0.00	4.35	448.26	n. a.	448.26	33.60
2010	数量	744	12	756	0	0	0	756
	比例（%）	98.41	1.59	100.00	0.00	0.00	0.00	100.00
	指数	25.15	1.37	19.70	0.00	n. a.	0.00	18.41
2011	数量	4052	0	4052	443	0	443	4495
	比例（%）	90.14	0.00	90.14	9.86	0.00	9.86	100.00
	指数	136.98	0.00	105.61	163.71	n. a.	163.71	109.44
2012	数量	2248	0	2248	0	0	0	2248
	比例（%）	100.00	0.00	100.00	0.00	0.00	0.00	100.00
	指数	75.99	0.00	58.59	0.00	n. a.	0.00	54.73

续表

年份		珠三角地区						总计
		广东			其他			
		深圳	广东（不含深圳）	小计	福建	海南	合计	
2013	数量	1349	0	1349	800	0	800	2149
	比例（%）	62.77	0.00	62.77	37.23	0.00	37.23	100.00
	指数	45.60	0.00	35.16	295.64	n. a.	295.64	52.32
2014	数量	4121	476	4597	102	0	102	4699
	比例（%）	87.70	10.13	97.83	2.17	0.00	2.17	100.00
	指数	139.31	54.19	119.82	37.69	n. a.	37.69	114.41
2015	数量	3021	3916	6937	8	0	8	6945
	比例（%）	43.50	56.39	99.88	0.12	0.00	0.12	100.00
	指数	102.12	445.81	180.81	2.96	n. a.	2.96	169.09
2016	数量	4860	11182	16042	954	0	954	16996
	比例（%）	28.59	65.79	94.39	5.61	0.00	5.61	100.00
	指数	164.29	1273.00	418.13	352.55	n. a.	352.55	413.81
2017	数量	8161	1458	9619	471	321	792	10411
	比例（%）	78.39	14.00	92.39	4.52	3.08	7.61	100.00
	指数	275.88	165.98	250.72	174.06	n. a.	292.68	253.48
合计	数量	28723	17115	45838	4020	321	4341	50179
	比例（%）	57.24	34.11	91.35	8.01	0.64	8.65	100.00
2011—2015 年均值		2958.20	878.40	3836.60	270.60	0.00	270.60	4107.20

中部地区和西部地区民营样本企业通过绿地投资为标的国（地区）创造就业的情况一直处于上下波动的状态，还没有体现出一定的规律性。这可能和中西部民营样本企业绿地投资还不够成熟、处于不稳定的状态有关。并且中部地区各省份民营样本企业创造就业分布较为不均衡，2005—2017 年间，约 99.47% 创造的就业量来自中原华中地区的民营样本企业。而来源于西部地区民营样本企业绿地投资创造量集中于重庆、四川和新疆。

表 5-5-6　中国民营样本企业绿地投资就业来源地数量——中部地区

（单位：人）

年份		中部地区				
		华北东北				
		山西	内蒙古	黑龙江	吉林	合计
2005	数量	0	0	0	0	0
	比例（%）	n. a.	n. a.	n. a.	n. a.	n. a.
	指数	n. a.	0.00	n. a.	n. a.	0.00
2006	数量	0	0	0	0	0
	比例（%）	0.00	0.00	0.00	0.00	0.00
	指数	n. a.	0.00	n. a.	n. a.	0.00
2007	数量	0	0	0	0	0
	比例（%）	0.00	0.00	0.00	0.00	0.00
	指数	n. a.	0.00	n. a.	n. a.	0.00
2008	数量	0	0	0	0	0
	比例（%）	0.00	0.00	0.00	0.00	0.00
	指数	n. a.	0.00	n. a.	n. a.	0.00
2009	数量	0	0	0	0	0
	比例（%）	0.00	0.00	0.00	0.00	0.00
	指数	n. a.	0.00	n. a.	n. a.	0.00
2010	数量	0	0	0	0	0
	比例（%）	0.00	0.00	0.00	0.00	0.00
	指数	n. a.	0.00	n. a.	n. a.	0.00
2011	数量	0	0	0	0	0
	比例（%）	0.00	0.00	0.00	0.00	0.00
	指数	n. a.	0.00	n. a.	n. a.	0.00
2012	数量	0	0	0	0	0
	比例（%）	n. a.	n. a.	n. a.	n. a.	n. a.
	指数	n. a.	0.00	n. a.	n. a.	0.00

续表

年份		中部地区				
		华北东北				
		山西	内蒙古	黑龙江	吉林	合计
2013	数量	0	0	0	0	0
	比例（%）	n. a.	n. a.	n. a.	n. a.	n. a.
	指数	n. a.	0.00	n. a.	n. a.	0.00
2014	数量	0	0	0	0	0
	比例（%）	0.00	0.00	0.00	0.00	0.00
	指数	n. a.	0.00	n. a.	n. a.	0.00
2015	数量	0	91	0	0	91
	比例（%）	0.00	8.64	0.00	0.00	8.64
	指数	n. a.	500.00	n. a.	n. a.	500.00
2016	数量	0	0	0	0	0
	比例（%）	0.00	0.00	0.00	0.00	0.00
	指数	n. a.	0.00	n. a.	n. a.	0.00
2017	数量	0	0	0	0	0
	比例（%）	0.00	0.00	0.00	0.00	0.00
	指数	n. a.	0.00	n. a.	n. a.	0.00
合计	数量	0	91	0	0	91
	比例（%）	0.00	0.53	0.00	0.00	0.53
2011—2015 年均值		0.00	18.20	0.00	0.00	18.20

年份		中部地区						总计
		中原华中						
		河南	安徽	江西	湖北	湖南	合计	
2005	数量	0	0	0	0	0	0	0
	比例（%）	n. a.	n. a.	n. a.	n. a.	n. a.	n. a.	n. a.
	指数	0.00	n. a.	0.00	n. a.	0.00	0.00	0.00

续表

年份		中部地区						总计
		中原华中						
		河南	安徽	江西	湖北	湖南	合计	
2006	数量	0	0	0	1000	2275	3275	3275
	比例（%）	0.00	0.00	0.00	30.53	69.47	100.00	100.00
	指数	0.00	n. a.	0.00	n. a.	450.14	504.47	490.71
2007	数量	0	0	0	0	328	328	328
	比例（%）	0.00	0.00	0.00	0.00	100.00	100.00	100.00
	指数	0.00	n. a.	0.00	n. a.	64.90	50.52	49.15
2008	数量	0	0	0	0	512	512	512
	比例（%）	0.00	0.00	0.00	0.00	100.00	100.00	100.00
	指数	0.00	n. a.	0.00	n. a.	101.31	78.87	76.72
2009	数量	0	0	0	773	0	773	773
	比例（%）	0.00	0.00	0.00	100.00	0.00	100.00	100.00
	指数	0.00	n. a.	0.00	n. a.	0.00	119.07	115.82
2010	数量	0	0	0	0	2546	2546	2546
	比例（%）	0.00	0.00	0.00	0.00	100.00	100.00	100.00
	指数	0.00	n. a.	0.00	n. a.	503.76	392.17	381.48
2011	数量	0	0	0	0	300	300	300
	比例（%）	0.00	0.00	0.00	0.00	100.00	100.00	100.00
	指数	0.00	n. a.	0.00	n. a.	59.36	46.21	44.95
2012	数量	0	0	0	0	0	0	0
	比例（%）	n. a.	n. a.	n. a.	n. a.	n. a.	n. a.	n. a.
	指数	0.00	n. a.	0.00	n. a.	0.00	0.00	0.00
2013	数量	0	0	0	0	0	0	0
	比例（%）	n. a.	n. a.	n. a.	n. a.	n. a.	n. a.	n. a.
	指数	0.00	n. a.	0.00	n. a.	0.00	0.00	0.00
2014	数量	0	0	83	0	1901	1984	1984
	比例（%）	0.00	0.00	4.18	0.00	95.82	100.00	100.00
	指数	0.00	n. a.	61.03	n. a.	376.14	305.61	297.27

续表

年份		中部地区						总计
		中原华中						
		河南	安徽	江西	湖北	湖南	合计	
2015	数量	39	0	597	0	326	962	1053
	比例（%）	3.70	0.00	56.70	0.00	30.96	91.36	100.00
	指数	500.00	n.a.	438.97	n.a.	64.50	148.18	157.78
2016	数量	3000	62	246	0	2835	6143	6143
	比例（%）	48.84	1.01	4.00	0.00	46.15	100.00	100.00
	指数	38461.54	n.a.	180.88	n.a.	560.94	946.24	920.44
2017	数量	35	0	0	30	251	316	316
	比例（%）	11.08	0.00	0.00	9.49	79.43	100.00	100.00
	指数	448.72	n.a.	0.00	n.a.	49.66	48.68	47.35
合计	数量	3074	62	926	1803	11274	17139	17230
	比例（%）	17.84	0.36	5.37	10.46	65.43	99.47	100.00
2011—2015 年均值		7.80	0.00	136.00	0.00	505.40	649.20	667.40

表5-5-7　中国民营样本企业绿地投资就业来源地数量——西部地区

（单位：人）

年份		西部地区					
		西北					
		陕西	甘肃	宁夏	青海	新疆	合计
2005	数量	0	0	0	0	0	0
	比例（%）	n.a.	n.a.	n.a.	n.a.	n.a.	n.a.
	指数	n.a.	n.a.	n.a.	n.a.	0.00	0.00
2006	数量	0	0	0	0	0	0
	比例（%）	n.a.	n.a.	n.a.	n.a.	n.a.	n.a.
	指数	n.a.	n.a.	n.a.	n.a.	0.00	0.00

续表

年份		西部地区					
		西北					
		陕西	甘肃	宁夏	青海	新疆	合计
2007	数量	0	0	0	0	0	0
	比例（%）	0.00	0.00	0.00	0.00	0.00	0.00
	指数	n. a.	n. a.	n. a.	n. a.	0.00	0.00
2008	数量	0	0	0	0	0	0
	比例（%）	0.00	0.00	0.00	0.00	0.00	0.00
	指数	n. a.	n. a.	n. a.	n. a.	0.00	0.00
2009	数量	0	0	0	0	0	0
	比例（%）	0.00	0.00	0.00	0.00	0.00	0.00
	指数	n. a.	n. a.	n. a.	n. a.	0.00	0.00
2010	数量	0	0	0	0	0	0
	比例（%）	0.00	0.00	0.00	0.00	0.00	0.00
	指数	n. a.	n. a.	n. a.	n. a.	0.00	0.00
2011	数量	0	0	0	0	1043	1043
	比例（%）	0.00	0.00	0.00	0.00	22.49	22.49
	指数	n. a.	n. a.	n. a.	n. a.	329.65	329.65
2012	数量	0	0	0	0	0	0
	比例（%）	0.00	0.00	0.00	0.00	0.00	0.00
	指数	n. a.	n. a.	n. a.	n. a.	0.00	0.00
2013	数量	0	0	0	0	0	0
	比例（%）	n. a.	n. a.	n. a.	n. a.	n. a.	n. a.
	指数	n. a.	n. a.	n. a.	n. a.	0.00	0.00
2014	数量	0	0	0	0	500	500
	比例（%）	0.00	0.00	0.00	0.00	31.73	31.73
	指数	n. a.	n. a.	n. a.	n. a.	158.03	158.03
2015	数量	0	0	0	0	39	39
	比例（%）	0.00	0.00	0.00	0.00	3.54	3.54
	指数	n. a.	n. a.	n. a.	n. a.	12.33	12.33

续表

年份		西部地区					
		西北					
		陕西	甘肃	宁夏	青海	新疆	合计
2016	数量	0	0	0	0	368	368
	比例（%）	0.00	0.00	0.00	0.00	55.09	55.09
	指数	n.a.	n.a.	n.a.	n.a.	116.31	116.31
2017	数量	0	0	0	0	0	0
	比例（%）	0.00	0.00	0.00	0.00	0.00	0.00
	指数	n.a.	n.a.	n.a.	n.a.	0.00	0.00
合计	数量	0	0	0	0	1950	1950
	比例（%）	0.00	0.00	0.00	0.00	10.03	10.03
2011—2015年均值		0.00	0.00	0.00	0.00	316.40	316.40

年份		西部地区							
		西南							总计
		四川	重庆	云南	广西	贵州	西藏	合计	
2005	数量	0	0	0	0	0	0	0	0
	比例（%）	n.a.	n.a.	n.a.	n.a.	n.a.	n.a.	n.a.	n.a.
	指数	0.00	0.00	0.00	n.a.	n.a.	n.a.	0.00	0.00
2006	数量	0	0	0	0	0	0	0	0
	比例（%）	n.a.	n.a.	n.a.	n.a.	n.a.	n.a.	n.a.	n.a.
	指数	0.00	0.00	0.00	n.a.	n.a.	n.a.	0.00	0.00
2007	数量	200	1402	0	0	0	0	1602	1602
	比例（%）	12.48	87.52	0.00	0.00	0.00	0.00	100.00	100.00
	指数	93.20	117.95	0.00	0.00	0.00	0.00	106.21	87.79
2008	数量	0	3000	0	0	0	0	3000	3000
	比例（%）	0.00	100.00	0.00	0.00	0.00	0.00	100.00	100.00
	指数	0.00	252.40	0.00	n.a.	n.a.	n.a.	198.89	164.40

续表

年份		西部地区							
		西南							总计
		四川	重庆	云南	广西	贵州	西藏	合计	
2009	数量	0	2108	0	0	0	0	2108	2108
	比例（%）	0.00	100.00	0.00	0.00	0.00	0.00	100.00	100.00
	指数	0.00	177.35	0.00	n.a.	n.a.	n.a.	139.75	115.52
2010	数量	0	1225	0	0	0	0	1225	1225
	比例（%）	0.00	100.00	0.00	0.00	0.00	0.00	100.00	100.00
	指数	0.00	103.06	0.00	n.a.	n.a.	n.a.	81.21	67.13
2011	数量	186	3409	0	0	0	0	3595	4638
	比例（%）	4.01	73.50	0.00	0.00	0.00	0.00	77.51	100.00
	指数	86.67	286.81	0.00	n.a.	n.a.	n.a.	238.33	254.16
2012	数量	387	1422	0	0	0	0	1809	1809
	比例（%）	21.39	78.61	0.00	0.00	0.00	0.00	100.00	100.00
	指数	180.34	119.64	0.00	n.a.	n.a.	n.a.	119.93	99.13
2013	数量	0	0	0	0	0	0	0	0
	比例（%）	n.a.	n.a.	n.a.	n.a.	n.a.	n.a.	n.a.	n.a.
	指数	0.00	0.00	0.00	n.a.	n.a.	n.a.	0.00	0.00
2014	数量	200	876	0	0	0	0	1076	1576
	比例（%）	12.69	55.58	0.00	0.00	0.00	0.00	68.27	100.00
	指数	93.20	73.70	0.00	n.a.	n.a.	n.a.	71.33	86.37
2015	数量	300	236	526	0	0	0	1062	1101
	比例（%）	27.25	21.44	47.77	0.00	0.00	0.00	96.46	100.00
	指数	139.79	19.86	500.00	n.a.	n.a.	n.a.	70.41	60.34
2016	数量	75	225	0	0	0	0	300	668
	比例（%）	11.23	33.68	0.00	0.00	0.00	0.00	44.91	100.00
	指数	34.95	18.93	0.00	n.a.	n.a.	n.a.	19.89	36.61
2017	数量	345	1363	0	0	0	0	1708	1708
	比例（%）	20.20	79.80	0.00	0.00	0.00	0.00	100.00	100.00
	指数	160.76	114.67	0.00	n.a.	n.a.	n.a.	113.23	93.60

续表

年份		西部地区							总计
		西南							
		四川	重庆	云南	广西	贵州	西藏	合计	
合计	数量	1693	15266	526	0	0	0	17485	19435
	比例（%）	8.71	78.55	2.71	0.00	0.00	0.00	89.97	100.00
2011—2015年均值		214.60	1188.60	105.20	0.00	0.00	0.00	1508.40	1824.80

三、民营企业海外绿地投资创造就业数量的标的国（地区）别分布

1. 民营企业海外绿地投资创造就业数量在不同经济体的分布

从标的国（地区）来看，2005—2017年中国民营样本企业通过绿地投资在发展中国家创造就业量在总就业规模中占比最大，为63.54%，共计为发展中国家创造118511个就业量。其中，因受地理距离等因素影响，我国民营样本企业通过绿地投资向亚洲发展中国家创造的就业量最多，占发展中国家总创造就业量的65.28%，可见亚洲是民营样本企业绿地投资创造就业的主要标的地区；其次是拉丁美洲和加勒比海地区；而民营样本企业为非洲创造的就业最少，占比为14.76%，但2016年、2017年民营样本企业通过绿地投资在非洲创造就业的占比有了明显提升，特别是2017年民营样本企业通过绿地投资为非洲发展中国家直接创造就业在发展中经济体中占比达到36.38%。

我国民营样本企业在发达经济体创造的就业占总创造就业量的29.73%，共计达到55446个。在发达经济体中，民营样本企业通过绿地投资为欧洲发达国家创造的就业最多，占整个发达经济体的40.35%。

我国民营样本企业通过绿地投资在转型经济体创造的就业最少，仅占总创造就业量的6.73%，而且主要集中于独联体国家，这与我国民营样本企业倾向于对独联体国家进行绿地投资有关。

从总体来看，民营样本企业通过绿地投资为发达经济体和发展中经济体创造就业量呈现出波动上升的态势，对于转型经济体创造的就业量而言则波动比较频繁，稳定性差。

表 5-5-8　中国民营样本企业绿地投资标的国（地区）就业数量在不同经济体的分布

（单位：人）

年份	发达经济体							
	欧洲				北美洲			
	就业人数	同比增长（%）	占比（%）	指数	就业人数	同比增长（%）	占比（%）	指数
2005	40	—	100.00	2.09	0	—	0.00	0.00
2006	0	−100.0	0.00	0.00	275	n. a.	100.00	11.56
2007	85	n. a.	21.46	4.43	311	13.1	78.54	13.07
2008	930	994.1	91.63	48.50	67	−78.5	6.60	2.82
2009	1322	42.2	79.49	68.95	105	56.7	6.31	4.41
2010	724	−45.2	49.76	37.76	474	351.4	32.58	19.92
2011	3429	373.6	67.50	178.84	1008	112.7	19.84	42.36
2012	1656	−51.7	98.81	86.37	0	−100.0	0.00	0.00
2013	686	−58.6	42.79	35.78	858	n. a.	53.52	36.05
2014	2623	282.4	19.99	136.80	7118	729.6	54.26	299.10
2015	1193	−54.5	16.12	62.22	2915	−59.0	39.38	122.49
2016	6612	454.2	51.01	344.84	5683	95.0	43.84	238.80
2017	3073	−53.5	35.08	160.27	2560	−55.0	29.23	107.57
合计	22373		40.35		21374		38.55	
2011—2015 年均值	1917.40		100.00		2379.80		100.00	

年份	其他发达经济体				合计			
	就业人数	同比增长（%）	占比（%）	指数	就业人数	同比增长（%）	占比（%）	指数
2005	0	—	0.00	0.00	40	—	3.51	0.69
2006	0	n. a.	0.00	0.00	275	587.5	7.78	4.76
2007	0	n. a.	0.00	0.00	396	44.0	3.58	6.86
2008	18	n. a.	1.77	1.22	1015	156.3	14.57	17.57

续表

年份	其他发达经济体				合计			
	就业人数	同比增长（%）	占比（%）	指数	就业人数	同比增长（%）	占比（%）	指数
2009	236	1211.1	14.19	15.96	1663	63.8	24.48	28.79
2010	257	8.9	17.66	17.38	1455	-12.5	21.68	25.19
2011	643	150.2	12.66	43.48	5080	249.1	33.21	87.95
2012	20	-96.9	1.19	1.35	1676	-67.0	20.12	29.02
2013	59	195.0	3.68	3.99	1603	-4.4	66.71	27.75
2014	3378	5625.4	25.75	228.43	13119	718.4	59.17	227.13
2015	3294	-2.5	44.50	222.75	7402	-43.6	28.57	128.15
2016	668	-79.7	5.15	45.17	12963	75.1	25.21	224.43
2017	3126	368.0	35.69	211.39	8759	-32.4	35.38	151.64
合计	11699		21.10		55446		29.73	
2011—2015年均值	1478.8			100.00	5776			100.00

年份	发展中经济体							
	非洲				亚洲			
	就业人数	同比增长（%）	占比（%）	指数	就业人数	同比增长（%）	占比（%）	指数
2005	0	—	0.00	0.00	1101	—	100.00	22.29
2006	0	n. a.	0.00	0.00	2261	105.4	100.00	45.77
2007	394	n. a.	4.95	89.71	7563	234.5	95.05	153.10
2008	0	-100.0	0.00	0.00	913	-87.9	15.44	18.48
2009	963	n. a.	18.89	219.26	4134	352.8	81.11	83.68
2010	0	-100.0	0.00	0.00	2018	-51.2	74.85	40.85
2011	1032	n. a.	12.26	234.97	4424	119.2	52.57	89.55
2012	934	-9.5	14.04	212.66	2724	-38.4	40.94	55.14
2013	0	-100.0	0.00	0.00	600	-78.0	75.00	12.15
2014	139	n. a.	1.70	31.65	4716	686.0	57.67	95.47
2015	91	-34.5	0.51	20.72	12236	159.5	68.38	247.69
2016	8346	9071.4	23.08	1900.27	27209	122.4	75.23	550.79

年份	发展中经济体							
	非洲				亚洲			
	就业人数	同比增长（%）	占比（%）	指数	就业人数	同比增长（%）	占比（%）	指数
2017	5594	-33.0	36.38	1273.68	7465	-72.6	48.54	151.11
合计	17493		14.76		77364		65.28	
2011—2015 年均值	439.2		100.00		4940		100.00	

年份	发展中经济体							
	拉丁美洲和加勒比海地区				合计			
	就业人数	同比增长（%）	占比（%）	指数	就业人数	同比增长（%）	占比（%）	指数
2005	0	—	0.00	0.00	1101	—	96.49	13.13
2006	0	n. a.	0.00	0.00	2261	105.4	63.94	26.96
2007	0	n. a.	0.00	0.00	7957	251.9	71.86	94.86
2008	5000	n. a.	84.56	166.18	5913	-25.7	84.91	70.49
2009	0	-100.0	0.00	0.00	5097	-13.8	75.02	60.77
2010	678	n. a.	25.15	22.53	2696	-47.1	40.18	32.14
2011	2959	336.4	35.16	98.34	8415	212.1	55.01	100.32
2012	2995	1.2	45.02	99.54	6653	-20.9	79.88	79.32
2013	200	-93.3	25.00	6.65	800	-88.0	33.29	9.54
2014	3322	1561.0	40.63	110.41	8177	922.1	36.88	97.48
2015	5568	67.6	31.11	185.06	17895	118.8	69.07	213.34
2016	613	-89.0	1.69	20.37	36168	102.1	70.34	431.19
2017	2319	278.3	15.08	77.07	15378	-57.5	62.11	183.33
合计	23654		19.96		118511		63.54	
2011—2015 年均值	3008.8		100.00		8388		100.00	

续表

年份	转型经济体											
	东南欧				独联体国家				合计			
	就业人数	同比增长（%）	占比（%）	指数	就业人数	同比增长（%）	占比（%）	指数	就业人数	同比增长（%）	占比（%）	指数
2005	0	—	n. a.	n. a.	0	—	n. a.	0.00	0	—	0.00	0.00
2006	0	n. a.	0.00	n. a.	1000	n. a.	100.00	151.88	1000	n. a.	28.28	151.88
2007	0	n. a.	0.00	n. a.	2720	172.0	100.00	413.12	2720	172.0	24.56	413.12
2008	0	n. a.	0.00	n. a.	36	−98.7	100.00	5.47	36	−98.7	0.52	5.47
2009	0	n. a.	0.00	n. a.	34	−5.6	100.00	5.16	34	−5.6	0.50	5.16
2010	0	n. a.	0.00	n. a.	2559	7426.5	100.00	388.67	2559	7426.5	38.14	388.67
2011	0	n. a.	0.00	n. a.	1803	−29.5	100.00	273.85	1803	−29.5	11.79	273.85
2012	0	n. a.	n. a.	n. a.	0	−100.0	n. a.	0.00	0	−100.0	0.00	0.00
2013	0	n. a.	n. a.	n. a.	0	n. a.	n. a.	0.00	0	n. a.	0.00	0.00
2014	0	n. a.	0.00	n. a.	876	n. a.	100.00	133.05	876	n. a.	3.95	133.05
2015	0	n. a.	0.00	n. a.	613	−30.0	100.00	93.10	613	−30.0	2.37	93.10
2016	13	n. a.	0.57	n. a.	2274	271.0	99.43	345.38	2287	273.1	4.45	347.36
2017	0	−100.0	0.00	n. a.	623	−72.6	100.00	94.62	623	−72.8	2.52	94.62
合计	13		0.10		12538		99.90		12551		6.73	
2011—2015年均值	0			100.00	658.4			100.00	658.4			100.00

年份	总计			
	就业人数	同比增长（%）	占比（%）	指数
2005	1141	—	100.00	7.70
2006	3536	209.9	100.00	23.86
2007	11073	213.2	100.00	74.70
2008	6964	−37.1	100.00	46.98
2009	6794	−2.4	100.00	45.84
2010	6710	−1.2	100.00	45.27
2011	15298	128.0	100.00	103.21
2012	8329	−45.6	100.00	56.19
2013	2403	−71.1	100.00	16.21

续表

年份	总计			
	就业人数	同比增长（%）	占比（%）	指数
2014	22172	822.7	100.00	149.58
2015	25910	16.9	100.00	174.80
2016	51418	98.4	100.00	346.89
2017	24760	−51.8	100.00	167.04
合计	186508		100.00	
2011—2015 年均值	14822.40			100.00

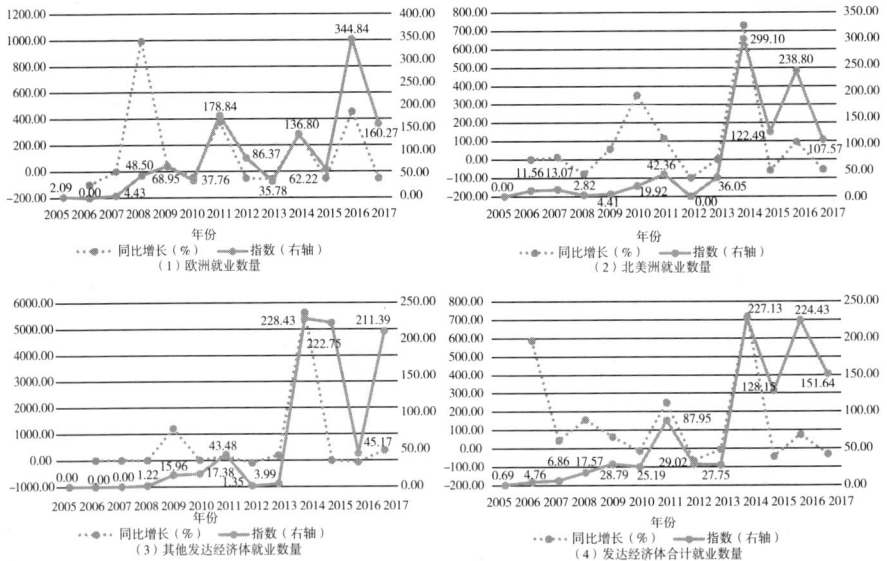

图 5-5-7　2005—2017 年发达经济体绿地投资就业数量指数走势图

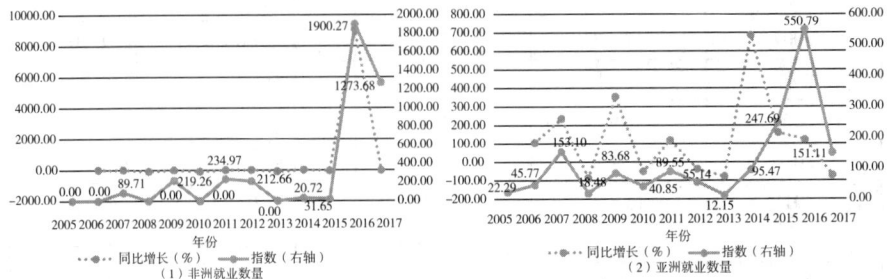

图 5-5-8　2005—2017 年发展中经济体绿地投资就业数量指数走势图

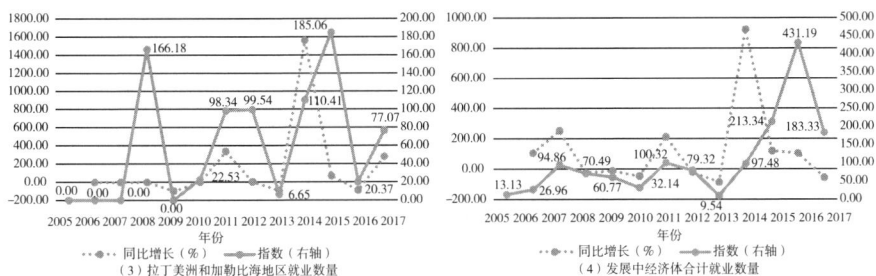

图5-5-8　2005—2017年发展中经济体绿地投资就业数量指数走势图（续图）

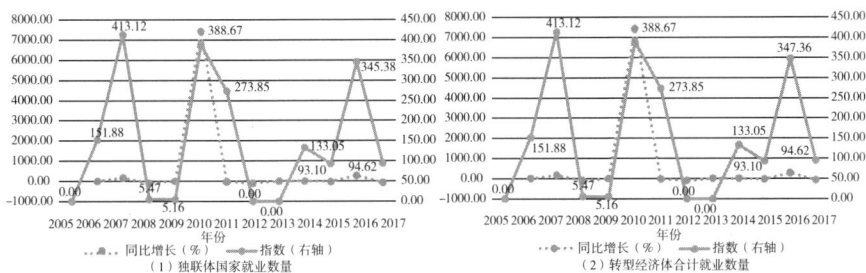

图5-5-9　2005—2017年转型经济体绿地投资就业数量指数走势图

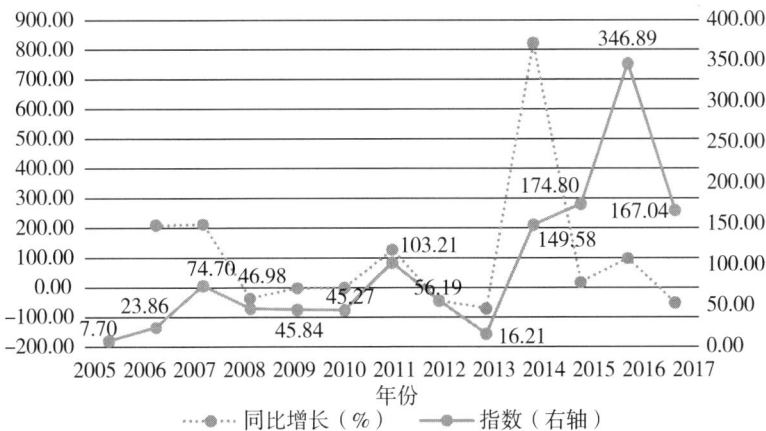

图5-5-10　2005—2017年标的国（地区）绿地投资就业数量指数走势图

2. 海外绿地投资创造就业数量在各标的国（地区）的分布

从国家角度来看，2005—2017年间，欧洲国家中我国民营样本企业在法国、英国、瑞典创造了相对多的就业量；对北美洲发达经济体创造的就业量集中于美国，占据了民营样本企业为北美洲创造就业量的 94.69%；在其他发达经济体中，民营样本企业为澳大利亚创造了最多的就业。而对于亚洲发展中经济体的绿地投资中，民营样本企业对印度的绿地投资创造的就业最多，占绿地投资为整个发展中国家创造就业量的 25.12%。在独联体国家中，我国民营样本企业通过绿地投资所创造就业量集中分布于俄罗斯。

表 5-5-9　中国民营样本企业绿地投资标的国（地区）的就业数量指数——欧洲

（单位：人）

年份		奥地利	比利时	保加利亚	克罗地亚	捷克共和国	丹麦	芬兰
2005	数量	0	11	0	0	0	0	0
	比例（%）	0.00	27.50	0.00	0.00	0.00	0.00	0.00
	指数	0.00	9.65	0.00	n.a.	n.a.	n.a.	0.00
2006	数量	0	0	0	0	0	0	0
	比例（%）	0.00	0.00	0.00	0.00	0.00	0.00	0.00
	指数	0.00	0.00	0.00	n.a.	n.a.	n.a.	0.00
2007	数量	0	67	0	0	0	0	0
	比例（%）	0.00	16.92	0.00	0.00	0.00	0.00	0.00
	指数	0.00	58.77	0.00	n.a.	n.a.	n.a.	0.00
2008	数量	0	0	0	0	0	0	0
	比例（%）	0.00	0.00	0.00	0.00	0.00	0.00	0.00
	指数	0.00	0.00	0.00	n.a.	n.a.	n.a.	0.00
2009	数量	0	0	0	0	0	0	0
	比例（%）	0.00	0.00	0.00	0.00	0.00	0.00	0.00
	指数	0.00	0.00	0.00	n.a.	n.a.	n.a.	0.00
2010	数量	0	329	0	128	0	0	0
	比例（%）	0.00	22.61	0.00	8.80	0.00	0.00	0.00
	指数	0.00	288.60	0.00	n.a.	n.a.	n.a.	0.00

续表

年份		奥地利	比利时	保加利亚	克罗地亚	捷克共和国	丹麦	芬兰
2011	数量	319	400	0	0	0	0	0
	比例（%）	6.28	7.87	0.00	0.00	0.00	0.00	0.00
	指数	500.00	350.88	0.00	n.a.	n.a.	n.a.	0.00
2012	数量	0	0	686	0	0	0	100
	比例（%）	0.00	0.00	40.93	0.00	0.00	0.00	5.97
	指数	0.00	0.00	500.00	n.a.	n.a.	n.a.	500.00
2013	数量	0	0	0	0	0	0	0
	比例（%）	0.00	0.00	0.00	0.00	0.00	0.00	0.00
	指数	0.00	0.00	0.00	n.a.	n.a.	n.a.	0.00
2014	数量	0	0	0	0	0	0	0
	比例（%）	0.00	0.00	0.00	0.00	0.00	0.00	0.00
	指数	0.00	0.00	0.00	n.a.	n.a.	n.a.	0.00
2015	数量	0	170	0	0	0	0	0
	比例（%）	0.00	2.30	0.00	0.00	0.00	0.00	0.00
	指数	0.00	149.12	0.00	n.a.	n.a.	n.a.	0.00
2016	数量	109	0	0	0	0	0	40
	比例（%）	0.84	0.00	0.00	0.00	0.00	0.00	0.31
	指数	170.85	0.00	0.00	n.a.	n.a.	n.a.	200.00
2017	数量	150	400	9	0	44	6	0
	比例（%）	1.71	4.57	0.10	0.00	0.50	0.07	0.00
	指数	235.11	350.88	6.56	n.a.	n.a.	n.a.	0.00
合计	数量	578	1377	695	128	44	6	140
	比例（%）	1.04	2.48	1.25	0.23	0.08	0.01	0.25
2011—2015 年均值		63.80	114.00	137.20	0.00	0.00	0.00	20.00

年份		法国	德国	希腊	匈牙利	爱尔兰	意大利	立陶宛	马耳他
2005	数量	0	0	0	0	0	0	0	0
	比例（%）	0.00	0.00	0.00	0.00	0.00	0.00	0.00	0.00
	指数	0.00	0.00	0.00	0.00	0.00	n.a.	0.00	n.a.

续表

年份		法国	德国	希腊	匈牙利	爱尔兰	意大利	立陶宛	马耳他
2006	数量	0	0	0	0	0	0	0	0
	比例（%）	0.00	0.00	0.00	0.00	0.00	0.00	0.00	0.00
	指数	0.00	0.00	0.00	0.00	0.00	n. a.	0.00	n. a.
2007	数量	0	0	0	0	0	0	0	0
	比例（%）	0.00	0.00	0.00	0.00	0.00	0.00	0.00	0.00
	指数	0.00	0.00	0.00	0.00	0.00	n. a.	0.00	n. a.
2008	数量	0	520	6	0	0	12	0	0
	比例（%）	0.00	51.23	0.59	0.00	0.00	1.18	0.00	0.00
	指数	0.00	635.70	45.45	0.00	0.00	n. a.	0.00	n. a.
2009	数量	0	57	0	1213	0	36	0	0
	比例（%）	0.00	3.43	0.00	72.94	0.00	2.16	0.00	0.00
	指数	0.00	69.68	0.00	570.02	0.00	n. a.	0.00	n. a.
2010	数量	0	160	0	0	0	0	0	0
	比例（%）	0.00	11.00	0.00	0.00	0.00	0.00	0.00	0.00
	指数	0.00	195.60	0.00	0.00	0.00	n. a.	0.00	n. a.
2011	数量	17	185	66	214	0	0	59	0
	比例（%）	0.33	3.64	1.30	4.21	0.00	0.00	1.16	0.00
	指数	118.06	226.16	500.00	100.56	0.00	n. a.	500.00	n. a.
2012	数量	9	0	0	850	0	0	0	0
	比例（%）	0.54	0.00	0.00	50.72	0.00	0.00	0.00	0.00
	指数	62.50	0.00	0.00	399.44	0.00	n. a.	0.00	n. a.
2013	数量	12	4	0	0	50	0	0	0
	比例（%）	0.75	0.25	0.00	0.00	3.12	0.00	0.00	0.00
	指数	83.33	4.89	0.00	0.00	250.00	n. a.	0.00	n. a.
2014	数量	24	131	0	0	0	0	0	0
	比例（%）	0.18	1.00	0.00	0.00	0.00	0.00	0.00	0.00
	指数	166.67	160.15	0.00	0.00	0.00	n. a.	0.00	n. a.
2015	数量	10	89	0	0	50	0	0	0
	比例（%）	0.14	1.20	0.00	0.00	0.68	0.00	0.00	0.00
	指数	69.44	108.80	0.00	0.00	250.00	n. a.	0.00	n. a.

续表

年份		法国	德国	希腊	匈牙利	爱尔兰	意大利	立陶宛	马耳他
2016	数量	3164	135	0	300	60	54	0	115
	比例（%）	24.41	1.04	0.00	2.31	0.46	0.42	0.00	0.89
	指数	21972.22	165.04	0.00	140.98	300.00	n. a.	0.00	n. a.
2017	数量	198	754	0	0	124	72	0	0
	比例（%）	2.26	8.61	0.00	0.00	1.42	0.82	0.00	0.00
	指数	1375.00	921.76	0.00	0.00	620.00	n. a.	0.00	n. a.
合计	数量	3434	2035	72	2577	284	174	59	115
	比例（%）	6.19	3.67	0.13	4.65	0.51	0.31	0.11	0.21
2011—2015 年均值		14.40	81.80	13.20	212.80	20.00	0.00	11.80	0.00

年份		荷兰	波兰	葡萄牙	罗马尼亚	西班牙	瑞典	英国	瑞士	合计
2005	数量	0	0	0	0	0	0	29	0	40
	比例（%）	0.00	0.00	0.00	0.00	0.00	0.00	72.50	0.00	100.00
	指数	0.00	n. a.	0.00	0.00	0.00	0.00	8.25	0.00	2.09
2006	数量	0	0	0	0	0	0	0	0	0
	比例（%）	0.00	0.00	0.00	0.00	0.00	0.00	0.00	0.00	0.00
	指数	0.00	n. a.	0.00	0.00	0.00	0.00	0.00	0.00	0.00
2007	数量	0	0	0	0	0	0	18	0	85
	比例（%）	0.00	0.00	0.00	0.00	0.00	0.00	4.55	0.00	21.46
	指数	0.00	n. a.	0.00	0.00	0.00	0.00	5.12	0.00	4.43
2008	数量	59	0	0	0	327	0	0	6	930
	比例（%）	5.81	0.00	0.00	0.00	32.22	0.00	0.00	0.59	91.63
	指数	69.58	n. a.	0.00	0.00	180.07	0.00	0.00	62.50	48.50
2009	数量	16	0	0	0	0	0	0	0	1322
	比例（%）	0.96	0.00	0.00	0.00	0.00	0.00	0.00	0.00	79.49
	指数	18.87	n. a.	0.00	0.00	0.00	0.00	0.00	0.00	68.95
2010	数量	55	0	0	0	39	0	0	13	724
	比例（%）	3.78	0.00	0.00	0.00	2.68	0.00	0.00	0.89	49.76
	指数	64.86	n. a.	0.00	0.00	21.48	0.00	0.00	135.42	37.76

年份		荷兰	波兰	葡萄牙	罗马尼亚	西班牙	瑞典	英国	瑞士	合计
2011	数量	100	0	25	118	20	1000	906	0	3429
	比例（%）	1.97	0.00	0.49	2.32	0.39	19.69	17.83	0.00	67.50
	指数	117.92	n.a.	500.00	122.92	11.01	200.00	257.83	0.00	178.84
2012	数量	0	0	0	0	0	0	11	0	1656
	比例（%）	0.00	0.00	0.00	0.00	0.00	0.00	0.66	0.00	98.81
	指数	0.00	n.a.	0.00	0.00	0.00	0.00	3.13	0.00	86.37
2013	数量	0	0	0	200	0	200	220	0	686
	比例（%）	0.00	0.00	0.00	12.48	0.00	12.48	13.72	0.00	42.79
	指数	0.00	n.a.	0.00	208.33	0.00	40.00	62.61	0.00	35.78
2014	数量	250	0	0	0	888	1300	30	0	2623
	比例（%）	1.91	0.00	0.00	0.00	6.77	9.91	0.23	0.00	19.99
	指数	294.81	n.a.	0.00	0.00	488.99	260.00	8.54	0.00	136.80
2015	数量	74	0	0	162	0	0	590	48	1193
	比例（%）	1.00	0.00	0.00	2.19	0.00	0.00	7.97	0.65	16.12
	指数	87.26	n.a.	0.00	168.75	0.00	0.00	167.90	500.00	62.22
2016	数量	100	0	63	188	257	400	1627	0	6612
	比例（%）	0.77	0.00	0.49	1.45	1.98	3.09	12.55	0.00	51.01
	指数	117.92	n.a.	1260.00	195.83	141.52	80.00	463.01	0.00	344.84
2017	数量	101	0	0	50	500	402	243	20	3073
	比例（%）	1.15	0.00	0.00	0.57	5.71	4.59	2.77	0.23	35.08
	指数	119.10	n.a.	0.00	52.08	275.33	80.40	69.15	208.33	160.27
合计	数量	755	0	88	718	2031	3302	3674	87	22373
	比例（%）	1.36	0.00	0.16	1.29	3.66	5.96	6.63	0.16	40.35
2011—2015年均值		84.80	0.00	5.00	96.00	181.60	500.00	351.40	9.60	1917.40

表 5-5-10 中国民营样本企业绿地投资标的国（地区）的就业数量指数——北美洲

（单位：人）

年份		加拿大	美国	合计
2005	数量	0	0	0
	比例（%）	0.00	0.00	0.00
	指数	0.00	0.00	0.00
2006	数量	0	275	275
	比例（%）	0.00	100.00	100.00
	指数	0.00	12.15	11.56
2007	数量	0	311	311
	比例（%）	0.00	78.54	78.54
	指数	0.00	13.75	13.07
2008	数量	0	67	67
	比例（%）	0.00	6.60	6.60
	指数	0.00	2.96	2.82
2009	数量	0	105	105
	比例（%）	0.00	6.31	6.31
	指数	0.00	4.64	4.41
2010	数量	0	474	474
	比例（%）	0.00	32.58	32.58
	指数	0.00	20.95	19.92
2011	数量	232	776	1008
	比例（%）	4.57	15.28	19.84
	指数	197.95	34.30	42.36
2012	数量	0	0	0
	比例（%）	0.00	0.00	0.00
	指数	0.00	0.00	0.00
2013	数量	8	850	858
	比例（%）	0.50	53.03	53.52
	指数	6.83	37.57	36.05

年份		加拿大	美国	合计
2014	数量	325	6793	7118
	比例（%）	2.48	51.78	54.26
	指数	277.30	300.23	299.10
2015	数量	21	2894	2915
	比例（%）	0.28	39.10	39.38
	指数	17.92	127.91	122.49
2016	数量	0	5683	5683
	比例（%）	0.00	43.84	43.84
	指数	0.00	251.17	238.80
2017	数量	549	2011	2560
	比例（%）	6.27	22.96	29.23
	指数	468.43	88.88	107.57
合计	数量	1135	20239	21374
	比例（%）	2.05	36.50	38.55
2011—2015 年均值		117.20	2262.60	2379.80

表 5-5-11　中国民营样本企业绿地投资标的国（地区）的
就业数量指数——其他发达经济体

（单位：人）

年份		澳大利亚	新西兰	日本	韩国	新加坡	中国台湾	中国香港	合计	总计
2005	数量	0	0	0	0	0	0	0	0	40
	比例（%）	0.00	0.00	0.00	0.00	0.00	0.00	0.00	0.00	100.00
	指数	0.00	n.a.	0.00	0.00	0.00	0.00	0.00	0.00	0.69
2006	数量	0	0	0	0	0	0	0	0	275
	比例（%）	0.00	0.00	0.00	0.00	0.00	0.00	0.00	0.00	100.00
	指数	0.00	n.a.	0.00	0.00	0.00	0.00	0.00	0.00	4.76
2007	数量	0	0	0	0	0	0	0	0	396
	比例（%）	0.00	0.00	0.00	0.00	0.00	0.00	0.00	0.00	100.00
	指数	0.00	n.a.	0.00	0.00	0.00	0.00	0.00	0.00	6.86

续表

年份		澳大利亚	新西兰	日本	韩国	新加坡	中国台湾	中国香港	合计	总计
2008	数量	7	0	0	11	0	0	0	18	1015
	比例（%）	0.69	0.00	0.00	1.08	0.00	0.00	0.00	1.77	100.00
	指数	0.55	n. a.	0.00	31.43	0.00	0.00	0.00	1.22	17.57
2009	数量	0	0	37	0	157	0	42	236	1663
	比例（%）	0.00	0.00	2.22	0.00	9.44	0.00	2.53	14.19	100.00
	指数	0.00	n. a.	120.92	0.00	373.81	0.00	73.17	15.96	28.79
2010	数量	0	0	0	0	0	257	0	257	1455
	比例（%）	0.00	0.00	0.00	0.00	0.00	17.66	0.00	17.66	100.00
	指数	0.00	n. a.	0.00	0.00	0.00	698.37	0.00	17.38	25.19
2011	数量	202	0	0	7	190	0	244	643	5080
	比例（%）	3.98	0.00	0.00	0.14	3.74	0.00	4.80	12.66	100.00
	指数	15.82	n. a.	0.00	20.00	452.38	0.00	425.09	43.48	87.95
2012	数量	0	0	0	0	20	0	0	20	1676
	比例（%）	0.00	0.00	0.00	0.00	1.19	0.00	0.00	1.19	100.00
	指数	0.00	n. a.	0.00	0.00	47.62	0.00	0.00	1.35	29.02
2013	数量	9	0	50	0	0	0	0	59	1603
	比例（%）	0.56	0.00	3.12	0.00	0.00	0.00	0.00	3.68	100.00
	指数	0.70	n. a.	163.40	0.00	0.00	0.00	0.00	3.99	27.75
2014	数量	3000	0	9	168	0	184	17	3378	13119
	比例（%）	22.87	0.00	0.07	1.28	0.00	1.40	0.13	25.75	100.00
	指数	234.93	n. a.	29.41	480.00	0.00	500.00	29.62	228.43	227.13
2015	数量	3174	0	94	0	0	0	26	3294	7402
	比例（%）	42.88	0.00	1.27	0.00	0.00	0.00	0.35	44.50	100.00
	指数	248.55	n. a.	307.19	0.00	0.00	0.00	45.30	222.75	128.15
2016	数量	52	0	348	147	121	0	0	668	12963
	比例（%）	0.40	0.00	2.68	1.13	0.93	0.00	0.00	5.15	100.00
	指数	4.07	n. a.	1137.25	420.00	288.10	0.00	0.00	45.17	224.43

年份		澳大利亚	新西兰	日本	韩国	新加坡	中国台湾	中国香港	合计	总计
2017	数量	126	259	986	195	102	31	1427	3126	8759
	比例（%）	1.44	2.96	11.26	2.23	1.16	0.35	16.29	35.69	100.00
	指数	9.87	n.a.	3222.22	557.14	242.86	84.24	2486.06	211.39	151.64
合计	数量	6570	259	1524	528	590	472	1756	11699	55446
	比例（%）	11.85	0.47	2.75	0.95	1.06	0.85	3.17	21.10	100.00
2011—2015 年均值		1277.00	0.00	30.60	35.00	42.00	36.80	57.40	1478.80	5776.00

表 5-5-12　中国民营样本企业绿地投资标的国（地区）的就业数量指数——非洲

（单位：人）

年份		阿尔及利亚	埃及	摩洛哥	科特迪瓦	加纳	尼日利亚
2005	数量	0	0	0	0	0	0
	比例（%）	0.00	0.00	0.00	0.00	0.00	0.00
	指数	n.a.	0.00	0.00	n.a.	0.00	n.a.
2006	数量	0	0	0	0	0	0
	比例（%）	0.00	0.00	0.00	0.00	0.00	0.00
	指数	n.a.	0.00	0.00	n.a.	0.00	n.a.
2007	数量	0	0	0	0	0	356
	比例（%）	0.00	0.00	0.00	0.00	0.00	4.47
	指数	n.a.	0.00	0.00	n.a.	0.00	n.a.
2008	数量	0	0	0	0	0	0
	比例（%）	0.00	0.00	0.00	0.00	0.00	0.00
	指数	n.a.	0.00	0.00	n.a.	0.00	n.a.
2009	数量	888	0	0	0	0	0
	比例（%）	17.42	0.00	0.00	0.00	0.00	0.00
	指数	n.a.	0.00	0.00	n.a.	0.00	n.a.
2010	数量	0	0	0	0	0	0
	比例（%）	0.00	0.00	0.00	0.00	0.00	0.00
	指数	n.a.	0.00	0.00	n.a.	0.00	n.a.

续表

年份		阿尔及利亚	埃及	摩洛哥	科特迪瓦	加纳	尼日利亚
2011	数量	0	0	0	0	0	0
	比例（%）	0.00	0.00	0.00	0.00	0.00	0.00
	指数	n. a.	0.00	0.00	n. a.	0.00	n. a.
2012	数量	0	387	200	0	347	0
	比例（%）	0.00	5.82	3.01	0.00	5.22	0.00
	指数	n. a.	500.00	357.14	n. a.	500.00	n. a.
2013	数量	0	0	0	0	0	0
	比例（%）	0.00	0.00	0.00	0.00	0.00	0.00
	指数	n. a.	0.00	0.00	n. a.	0.00	n. a.
2014	数量	0	0	0	0	0	0
	比例（%）	0.00	0.00	0.00	0.00	0.00	0.00
	指数	n. a.	0.00	0.00	n. a.	0.00	n. a.
2015	数量	0	0	80	0	0	0
	比例（%）	0.00	0.00	0.45	0.00	0.00	0.00
	指数	n. a.	0.00	142.86	n. a.	0.00	n. a.
2016	数量	0	3729	0	151	80	23
	比例（%）	0.00	10.31	0.00	0.42	0.22	0.06
	指数	n. a.	4817.83	0.00	n. a.	115.27	n. a.
2017	数量	80	280	1875	0	0	3142
	比例（%）	0.52	1.82	12.19	0.00	0.00	20.43
	指数	n. a.	361.76	3348.21	n. a.	0.00	n. a.
合计	数量	968	4396	2155	151	427	3521
	比例（%）	0.82	3.71	1.82	0.13	0.36	2.97
2011—2015年均值		0.00	77.40	56.00	0.0	69.40	0.00

年份		塞内加尔	埃塞俄比亚	肯尼亚	南非	赞比亚	合计
2005	数量	0	0	0	0	0	0
	比例（%）	0.00	0.00	0.00	0.00	0.00	0.00
	指数	n. a.	0.00	n. a.	0.00	n. a.	0.00

年份		塞内加尔	埃塞俄比亚	肯尼亚	南非	赞比亚	合计
2006	数量	0	0	0	0	0	0
	比例（%）	0.00	0.00	0.00	0.00	0.00	0.00
	指数	n. a.	0.00	n. a.	0.00	n. a.	0.00
2007	数量	0	0	0	38	0	394
	比例（%）	0.00	0.00	0.00	0.48	0.00	4.95
	指数	n. a.	0.00	n. a.	64.63	n. a.	89.71
2008	数量	0	0	0	0	0	0
	比例（%）	0.00	0.00	0.00	0.00	0.00	0.00
	指数	n. a.	0.00	n. a.	0.00	n. a.	0.00
2009	数量	0	75	0	0	0	963
	比例（%）	0.00	1.47	0.00	0.00	0.00	18.89
	指数	n. a.	42.23	n. a.	0.00	n. a.	219.26
2010	数量	0	0	0	0	0	0
	比例（%）	0.00	0.00	0.00	0.00	0.00	0.00
	指数	n. a.	0.00	n. a.	0.00	n. a.	0.00
2011	数量	0	888	0	144	0	1032
	比例（%）	0.00	10.55	0.00	1.71	0.00	12.26
	指数	n. a.	500.00	n. a.	244.90	n. a.	234.97
2012	数量	0	0	0	0	0	934
	比例（%）	0.00	0.00	0.00	0.00	0.00	14.04
	指数	n. a.	0.00	n. a.	0.00	n. a.	212.66
2013	数量	0	0	0	0	0	0
	比例（%）	0.00	0.00	0.00	0.00	0.00	0.00
	指数	n. a.	0.00	n. a.	0.00	n. a.	0.00
2014	数量	0	0	0	139	0	139
	比例（%）	0.00	0.00	0.00	1.70	0.00	1.70
	指数	n. a.	0.00	n. a.	236.39	n. a.	31.65

年份		塞内加尔	埃塞俄比亚	肯尼亚	南非	赞比亚	合计
2015	数量	0	0	0	11	0	91
	比例（%）	0.00	0.00	0.00	0.06	0.00	0.51
	指数	n.a.	0.00	n.a.	18.71	n.a.	20.72
2016	数量	151	4032	0	91	89	8346
	比例（%）	0.42	11.15	0.00	0.25	0.25	23.08
	指数	n.a.	2270.27	n.a.	154.76	n.a.	1900.27
2017	数量	0	0	94	123	0	5594
	比例（%）	0.00	0.00	0.61	0.80	0.00	36.38
	指数	n.a.	0.00	n.a.	209.18	n.a.	1273.68
合计	数量	151	4995	94	546	89	17493
	比例（%）	0.13	4.21	0.08	0.46	0.08	14.76
2011—2015年均值		0.00	177.60	0.00	58.80	0.00	439.20

表5-5-13　中国民营样本企业绿地投资标的国（地区）的就业数量指数——亚洲

（单位：人）

年份		文莱	柬埔寨	印度尼西亚	老挝	马来西亚	菲律宾	泰国	越南	孟加拉国	印度
2005	数量	0	0	0	0	1075	0	0	0	0	26
	比例（%）	0.00	0.00	0.00	0.00	97.64	0.00	0.00	0.00	0.00	2.36
	指数	0.00	n.a.	0.00	n.a.	432.77	n.a.	0.00	0.00	n.a.	1.60
2006	数量	0	0	0	0	0	0	0	261	0	2000
	比例（%）	0.00	0.00	0.00	0.00	0.00	0.00	0.00	11.54	0.00	88.46
	指数	0.00	n.a.	0.00	n.a.	0.00	n.a.	0.00	652.50	n.a.	122.79
2007	数量	0	0	1050	0	196	6075	0	200	0	0
	比例（%）	0.00	0.00	13.20	0.00	2.46	76.35	0.00	2.51	0.00	0.00
	指数	0.00	n.a.	107.21	n.a.	78.90	n.a.	0.00	500.00	n.a.	0.00
2008	数量	0	0	0	0	0	0	570	96	0	218
	比例（%）	0.00	0.00	0.00	0.00	0.00	0.00	9.64	1.62	0.00	3.69
	指数	0.00	n.a.	0.00	n.a.	0.00	n.a.	52.68	240.00	n.a.	13.38

续表

年份		文莱	柬埔寨	印度尼西亚	老挝	马来西亚	菲律宾	泰国	越南	孟加拉国	印度
2009	数量	0	0	2092	142	0	1075	0	52	0	0
	比例（%）	0.00	0.00	41.04	2.79	0.00	21.09	0.00	1.02	0.00	0.00
	指数	0.00	n. a.	213.60	n. a.	0.00	n. a.	0.00	130.00	n. a.	0.00
2010	数量	0	0	1500	0	0	0	0	0	0	518
	比例（%）	0.00	0.00	55.64	0.00	0.00	0.00	0.00	0.00	0.00	19.21
	指数	0.00	n. a.	153.15	n. a.	0.00	0.00	0.00	0.00	n. a.	31.80
2011	数量	2717	0	0	0	0	0	20	0	0	1061
	比例（%）	32.29	0.00	0.00	0.00	0.00	0.00	0.24	0.00	0.00	12.61
	指数	500.00	n. a.	0.00	n. a.	0.00	n. a.	1.85	0.00	n. a.	65.14
2012	数量	0	0	0	0	0	0	0	0	0	2712
	比例（%）	0.00	0.00	0.00	0.00	0.00	0.00	0.00	0.00	0.00	40.76
	指数	0.00	n. a.	0.00	n. a.	0.00	0.00	0.00	0.00	n. a.	166.50
2013	数量	0	0	0	0	600	0	0	0	0	0
	比例（%）	0.00	0.00	0.00	0.00	75.00	0.00	0.00	0.00	0.00	0.00
	指数	0.00	n. a.	0.00	n. a.	241.55	n. a.	0.00	0.00	n. a.	0.00
2014	数量	0	0	4016	0	0	0	0	200	0	500
	比例（%）	0.00	0.00	49.11	0.00	0.00	0.00	0.00	2.45	0.00	6.11
	指数	0.00	n. a.	410.05	n. a.	0.00	0.00	0.00	500.00	n. a.	30.70
2015	数量	0	0	881	0	642	0	5390	0	0	3871
	比例（%）	0.00	0.00	4.92	0.00	3.59	0.00	30.12	0.00	0.00	21.63
	指数	0.00	n. a.	89.95	n. a.	258.45	0.00	498.15	0.00	n. a.	237.66
2016	数量	0	3023	3418	0	2827	682	309	6	19	16648
	比例（%）	0.00	8.36	9.45	0.00	7.82	1.89	0.85	0.02	0.05	46.03
	指数	0.00	n. a.	348.99	n. a.	1138.08	n. a.	28.56	15.00	n. a.	1022.10
2017	数量	0	0	1363	0	1334	0	0	2143	0	2212
	比例（%）	0.00	0.00	8.86	0.00	8.67	0.00	0.00	13.94	0.00	14.38
	指数	0.00	n. a.	139.17	n. a.	537.04	n. a.	0.00	5357.50	n. a.	135.81

续表

年份		文莱	柬埔寨	印度尼西亚	老挝	马来西亚	菲律宾	泰国	越南	孟加拉国	印度
合计	数量	2717	3023	14320	142	6674	7832	6289	2958	19	29766
	比例（%）	2.29	2.55	12.08	0.12	5.63	6.61	5.31	2.50	0.02	25.12
2011—2015年均值		543.40	0.00	979.40	0.00	248.40	0.00	1082.00	40.00	0.00	1628.80

年份		尼泊尔	巴基斯坦	斯里兰卡	巴林	伊拉克	伊朗伊斯兰共和国	科威特	沙特阿拉伯	土耳其	阿拉伯联合酋长国	合计
2005	数量	0	0	0	0	0	0	0	0	0	0	1101
	比例（%）	0.00	0.00	0.00	0.00	0.00	0.00	0.00	0.00	0.00	0.00	100.00
	指数	0.00	n. a.	n. a.	0.00	0.00	n. a.	0.00	0.00	n. a.	0.00	22.29
2006	数量	0	0	0	0	0	0	0	0	0	0	2261
	比例（%）	0.00	0.00	0.00	0.00	0.00	0.00	0.00	0.00	0.00	0.00	100.00
	指数	0.00	n. a.	n. a.	0.00	0.00	n. a.	0.00	0.00	n. a.	0.00	45.77
2007	数量	0	0	0	0	0	42	0	0	0	0	7563
	比例（%）	0.00	0.00	0.00	0.00	0.00	0.53	0.00	0.00	0.00	0.00	95.05
	指数	0.00	n. a.	n. a.	0.00	0.00	n. a.	0.00	0.00	n. a.	0.00	153.10
2008	数量	0	29	0	0	0	0	0	0	0	0	913
	比例（%）	0.00	0.49	0.00	0.00	0.00	0.00	0.00	0.00	0.00	0.00	15.44
	指数	0.00	n. a.	n. a.	0.00	0.00	n. a.	0.00	0.00	n. a.	0.00	18.48
2009	数量	0	0	0	0	0	0	0	0	773	0	4134
	比例（%）	0.00	0.00	0.00	0.00	0.00	0.00	0.00	0.00	15.17	0.00	81.11
	指数	0.00	n. a.	n. a.	0.00	0.00	n. a.	0.00	0.00	n. a.	0.00	83.68
2010	数量	0	0	0	0	0	0	0	0	0	0	2018
	比例（%）	0.00	0.00	0.00	0.00	0.00	0.00	0.00	0.00	0.00	0.00	74.85
	指数	0.00	n. a.	n. a.	0.00	0.00	n. a.	0.00	0.00	n. a.	0.00	40.85
2011	数量	0	0	0	0	626	0	0	0	0	0	4424
	比例（%）	0.00	0.00	0.00	0.00	7.44	0.00	0.00	0.00	0.00	0.00	52.57
	指数	0.00	n. a.	n. a.	0.00	500.00	n. a.	0.00	0.00	n. a.	0.00	89.55

续表

年份		尼泊尔	巴基斯坦	斯里兰卡	巴林	伊拉克	伊朗伊斯兰共和国	科威特	沙特阿拉伯	土耳其	阿拉伯联合酋长国	合计
2012	数量	0	0	0	0	0	0	0	0	0	12	2724
	比例（%）	0.00	0.00	0.00	0.00	0.00	0.00	0.00	0.00	0.00	0.18	40.94
	指数	0.00	n.a.	n.a.	0.00	0.00	n.a.	0.00	0.00	n.a.	500.00	55.14
2013	数量	0	0	0	0	0	0	0	0	0	0	600
	比例（%）	0.00	0.00	0.00	0.00	0.00	0.00	0.00	0.00	0.00	0.00	75.00
	指数	0.00	n.a.	n.a.	0.00	0.00	n.a.	0.00	0.00	n.a.	0.00	12.15
2014	数量	0	0	0	0	0	0	0	0	0	0	4716
	比例（%）	0.00	0.00	0.00	0.00	0.00	0.00	0.00	0.00	0.00	0.00	57.67
	指数	0.00	n.a.	n.a.	0.00	0.00	n.a.	0.00	0.00	n.a.	0.00	95.47
2015	数量	1191	0	0	91	0	0	12	158	0	0	12236
	比例（%）	6.66	0.00	0.00	0.51	0.00	0.00	0.07	0.88	0.00	0.00	68.38
	指数	500.00	n.a.	n.a.	500.00	0.00	n.a.	500.00	500.00	n.a.	0.00	247.69
2016	数量	0	0	57	0	0	0	0	40	22	158	27209
	比例（%）	0.00	0.00	0.16	0.00	0.00	0.00	0.00	0.11	0.06	0.44	75.23
	指数	0.00	n.a.	n.a.	0.00	0.00	n.a.	0.00	126.58	n.a.	6583.33	550.79
2017	数量	0	170	0	0	0	100	0	0	20	123	7465
	比例（%）	0.00	1.11	0.00	0.00	0.00	0.65	0.00	0.00	0.13	0.80	48.54
	指数	0.00	n.a.	n.a.	0.00	0.00	n.a.	0.00	0.00	n.a.	5125.00	151.11
合计	数量	1191	199	57	91	626	142	12	198	815	293	77364
	比例（%）	1.00	0.17	0.05	0.08	0.53	0.12	0.01	0.17	0.69	0.25	65.28
2011—2015年均值		238.20	0.00	0.00	18.20	125.20	0.00	2.40	31.60	0.00	2.40	4940.00

表 5-5-14 中国民营样本企业绿地投资标的国（地区）的就业
数量指数——拉丁美洲和加勒比海地区

（单位：人）

年份		阿根廷	玻利维亚	巴西	智利	哥伦比亚	圭亚那	秘鲁
2005	数量	0	0	0	0	0	0	0
	比例（%）	0.00	0.00	0.00	0.00	0.00	0.00	0.00
	指数	0.00	n. a.	0.00	n. a.	0.00	0.00	n. a.
2006	数量	0	0	0	0	0	0	0
	比例（%）	0.00	0.00	0.00	0.00	0.00	0.00	0.00
	指数	0.00	n. a.	0.00	n. a.	0.00	0.00	n. a.
2007	数量	0	0	0	0	0	0	0
	比例（%）	0.00	0.00	0.00	0.00	0.00	0.00	0.00
	指数	0.00	n. a.	0.00	n. a.	0.00	0.00	n. a.
2008	数量	0	0	0	0	0	3000	0
	比例（%）	0.00	0.00	0.00	0.00	0.00	50.74	0.00
	指数	0.00	n. a.	0.00	n. a.	0.00	1395.35	n. a.
2009	数量	0	0	0	0	0	0	0
	比例（%）	0.00	0.00	0.00	0.00	0.00	0.00	0.00
	指数	0.00	n. a.	0.00	n. a.	0.00	0.00	n. a.
2010	数量	0	0	678	0	0	0	0
	比例（%）	0.00	0.00	25.15	0.00	0.00	0.00	0.00
	指数	0.00	n. a.	51.49	n. a.	0.00	0.00	n. a.
2011	数量	582	0	1975	0	41	0	0
	比例（%）	6.92	0.00	23.47	0.00	0.49	0.00	0.00
	指数	372.12	n. a.	149.98	n. a.	500.00	0.00	n. a.
2012	数量	0	0	1920	0	0	1075	0
	比例（%）	0.00	0.00	28.86	0.00	0.00	16.16	0.00
	指数	0.00	n. a.	145.81	n. a.	0.00	500.00	n. a.
2013	数量	200	0	0	0	0	0	0
	比例（%）	25.00	0.00	0.00	0.00	0.00	0.00	0.00
	指数	127.88	n. a.	0.00	n. a.	0.00	0.00	n. a.

续表

年份		阿根廷	玻利维亚	巴西	智利	哥伦比亚	圭亚那	秘鲁
2014	数量	0	0	1997	0	0	0	0
	比例（%）	0.00	0.00	24.42	0.00	0.00	0.00	0.00
	指数	0.00	n.a.	151.66	n.a.	0.00	0.00	n.a.
2015	数量	0	0	692	0	0	0	0
	比例（%）	0.00	0.00	3.87	0.00	0.00	0.00	0.00
	指数	0.00	n.a.	52.55	n.a.	0.00	0.00	n.a.
2016	数量	220	51	0	0	0	0	0
	比例（%）	0.61	0.14	0.00	0.00	0.00	0.00	0.00
	指数	140.66	n.a.	0.00	n.a.	0.00	0.00	n.a.
2017	数量	274	23	605	0	370	0	0
	比例（%）	1.78	0.15	3.93	0.00	2.41	0.00	0.00
	指数	175.19	n.a.	45.94	n.a.	4512.20	0.00	n.a.
合计	数量	1276	74	7867	0	411	4075	0
	比例（%）	1.08	0.06	6.64	0.00	0.35	3.44	0.00
2011—2015 年均值		156.40	0.00	1316.80	0.00	8.20	215.00	0.00

年份		乌拉圭	委内瑞拉	墨西哥	巴拿马	合计	总计
2005	数量	0	0	0	0	0	1101
	比例（%）	0.00	0.00	0.00	0.00	0.00	100.00
	指数	0.00	0.00	0.00	0.00	0.00	13.13
2006	数量	0	0	0	0	0	2261
	比例（%）	0.00	0.00	0.00	0.00	0.00	100.00
	指数	0.00	0.00	0.00	0.00	0.00	26.96
2007	数量	0	0	0	0	0	7957
	比例（%）	0.00	0.00	0.00	0.00	0.00	100.00
	指数	0.00	0.00	0.00	0.00	0.00	94.86

年份		乌拉圭	委内瑞拉	墨西哥	巴拿马	合计	总计
2008	数量	0	0	2000	0	5000	5913
	比例（%）	0.00	0.00	33.82	0.00	84.56	100.00
	指数	0.00	0.00	182.98	0.00	166.18	70.49
2009	数量	0	0	0	0	0	5097
	比例（%）	0.00	0.00	0.00	0.00	0.00	100.00
	指数	0.00	0.00	0.00	0.00	0.00	60.77
2010	数量	0	0	0	0	678	2696
	比例（%）	0.00	0.00	0.00	0.00	25.15	100.00
	指数	0.00	0.00	0.00	0.00	22.53	32.14
2011	数量	300	0	0	61	2959	8415
	比例（%）	3.57	0.00	0.00	0.72	35.16	100.00
	指数	500.00	0.00	0.00	116.86	98.34	100.32
2012	数量	0	0	0	0	2995	6653
	比例（%）	0.00	0.00	0.00	0.00	45.02	100.00
	指数	0.00	0.00	0.00	0.00	99.54	79.32
2013	数量	0	0	0	0	200	800
	比例（%）	0.00	0.00	0.00	0.00	25.00	100.00
	指数	0.00	0.00	0.00	0.00	6.65	9.54
2014	数量	0	225	1100	0	3322	8177
	比例（%）	0.00	2.75	13.45	0.00	40.63	100.00
	指数	0.00	209.89	100.64	0.00	110.41	97.48
2015	数量	0	311	4365	200	5568	17895
	比例（%）	0.00	1.74	24.39	1.12	31.11	100.00
	指数	0.00	290.11	399.36	383.14	185.06	213.34
2016	数量	0	0	291	51	613	36168
	比例（%）	0.00	0.00	0.80	0.14	1.69	100.00
	指数	0.00	0.00	26.62	97.70	20.37	431.19

续表

年份		乌拉圭	委内瑞拉	墨西哥	巴拿马	合计	总计
2017	数量	0	0	1047	0	2319	15378
	比例（%）	0.00	0.00	6.81	0.00	15.08	100.00
	指数	0.00	0.00	95.79	0.00	77.07	183.33
合计	数量	300	536	8803	312	23654	118511
	比例（%）	0.25	0.45	7.43	0.26	19.96	100.00
2011—2015 年均值		60.00	107.20	1093.00	52.20	3008.80	8388.00

表 5-5-15　中国民营样本企业绿地投资标的国（地区）的就业数量指数——东南欧

（单位：人）

年份		塞尔维亚	合计
2005	数量	0	0
	比例（%）	n.a.	n.a.
	指数	n.a.	n.a.
2006	数量	0	0
	比例（%）	0.00	0.00
	指数	n.a.	n.a.
2007	数量	0	0
	比例（%）	0.00	0.00
	指数	n.a.	n.a.
2008	数量	0	0
	比例（%）	0.00	0.00
	指数	n.a.	n.a.
2009	数量	0	0
	比例（%）	0.00	0.00
	指数	n.a.	n.a.
2010	数量	0	0
	比例（%）	0.00	0.00
	指数	n.a.	n.a.

续表

年份		塞尔维亚	合计
2011	数量	0	0
	比例（%）	0.00	0.00
	指数	n. a.	n. a.
2012	数量	0	0
	比例（%）	n. a.	n. a.
	指数	n. a.	n. a.
2013	数量	0	0
	比例（%）	n. a.	n. a.
	指数	n. a.	n. a.
2014	数量	0	0
	比例（%）	0.00	0.00
	指数	n. a.	n. a.
2015	数量	0	0
	比例（%）	0.00	0.00
	指数	n. a.	n. a.
2016	数量	13	13
	比例（%）	0.57	0.57
	指数	n. a.	n. a.
2017	数量	0	0
	比例（%）	0.00	0.00
	指数	n. a.	n. a.
合计	数量	13	13
	比例（%）	0.10	0.10
2011—2015 年均值		0.00	0.00

表 5-5-16　中国民营样本企业绿地投资标的国（地区）的
就业数量指数——独联体国家

（单位：人）

年份		阿塞拜疆	白俄罗斯	哈萨克斯坦	俄罗斯联邦	乌克兰	乌兹别克斯坦	合计	总计
2005	数量	0	0	0	0	0	0	0	0
	比例（%）	n. a.	n. a.	n. a.	n. a.	n. a.	n. a.	n. a.	n. a.
	指数	n. a.	n. a.	0.00	0.00	n. a.	n. a.	0.00	0.00
2006	数量	0	0	0	0	1000	0	1000	1000
	比例（%）	0.00	0.00	0.00	0.00	100.00	0.00	100.00	100.00
	指数	n. a.	n. a.	0.00	0.00	n. a.	n. a.	151.88	151.88
2007	数量	0	0	0	2720	0	0	2720	2720
	比例（%）	0.00	0.00	0.00	100.00	0.00	0.00	100.00	100.00
	指数	n. a.	n. a.	0.00	460.55	n. a.	n. a.	413.12	413.12
2008	数量	0	0	0	36	0	0	36	36
	比例（%）	0.00	0.00	0.00	100.00	0.00	0.00	100.00	100.00
	指数	n. a.	n. a.	0.00	6.10	n. a.	n. a.	5.47	5.47
2009	数量	34	0	0	0	0	0	34	34
	比例（%）	100.00	0.00	0.00	0.00	0.00	0.00	100.00	100.00
	指数	n. a.	n. a.	0.00	0.00	n. a.	n. a.	5.16	5.16
2010	数量	1075	0	0	1484	0	0	2559	2559
	比例（%）	42.01	0.00	0.00	57.99	0.00	0.00	100.00	100.00
	指数	n. a.	n. a.	0.00	251.27	n. a.	n. a.	388.67	388.67
2011	数量	0	0	0	1803	0	0	1803	1803
	比例（%）	0.00	0.00	0.00	100.00	0.00	0.00	100.00	100.00
	指数	n. a.	n. a.	0.00	305.28	n. a.	n. a.	273.85	273.85
2012	数量	0	0	0	0	0	0	0	0
	比例（%）	n. a.	n. a.	n. a.	n. a.	n. a.	n. a.	n. a.	n. a.
	指数	n. a.	n. a.	0.00	0.00	n. a.	n. a.	0.00	0.00
2013	数量	0	0	0	0	0	0	0	0
	比例（%）	n. a.	n. a.	n. a.	n. a.	n. a.	n. a.	n. a.	n. a.
	指数	n. a.	n. a.	0.00	0.00	n. a.	n. a.	0.00	0.00

续表

年份		阿塞拜疆	白俄罗斯	哈萨克斯坦	俄罗斯联邦	乌克兰	乌兹别克斯坦	合计	总计
2014	数量	0	0	0	876	0	0	876	876
	比例（%）	0.00	0.00	0.00	100.00	0.00	0.00	100.00	100.00
	指数	n. a.	n. a.	0.00	148.32	n. a.	n. a.	133.05	133.05
2015	数量	0	0	339	274	0	0	613	613
	比例（%）	0.00	0.00	55.30	44.70	0.00	0.00	100.00	100.00
	指数	n. a.	n. a.	500.00	46.39	n. a.	n. a.	93.10	93.10
2016	数量	77	802	0	1376	0	19	2274	2287
	比例（%）	3.37	35.07	0.00	60.17	0.00	0.83	99.43	100.00
	指数	n. a.	n. a.	n. a.	232.98	n. a.	n. a.	345.38	347.36
2017	数量	0	115	24	369	115	0	623	623
	比例（%）	0.00	18.46	3.85	59.23	18.46	0.00	100.00	100.00
	指数	n. a.	n. a.	35.40	62.48	n. a.	n. a.	94.62	94.62
合计	数量	1186	917	363	8938	1115	19	12538	12551
	比例（%）	9.45	7.31	2.89	71.21	8.88	0.15	99.90	100.00
2011—2015年均值		0.00	0.00	67.80	590.60	0.00	0.00	658.40	658.40

四、民营企业海外绿地投资创造就业数量的行业别分布

1. 民营企业海外绿地投资创造就业数量在五类标的行业的分布

在 2005—2017 年间，中国民营样本企业通过绿地投资为标的国（地区）所创造的就业量集中在制造业。2012 年之前每年我国民营样本企业为国外制造业创造占比 90% 以上的就业量，2012 年之后为非制造业创造的就业份额有所上升，尤其是 2014—2016 年，为非制造业创造的就业份额占比达到了 50% 左右。但在 2017 年，我国民营样本企业通过绿地投资为非制造业创造的就业量快速下降到总创造就业量的 16.39%。

对制造行业按技术水平高低进行划分，可发现民营样本企业通过绿地

投资为中高技术和高技术行业创造的就业量相对较多，在制造业所创造的就业规模中分别占比 44.96% 和 32.45%；为中低技术制造业创造的就业量则占比 15.32%；为低技术制造业创造的就业量在制造业中占比最少，仅为 7.27%。在非制造业中，我国民营样本企业通过绿地投资为国外服务业所创造的就业量最多，占比非制造业创造就业总量的 95.56%。

从就业贡献指数图（见图 5-5-11—图 5-5-13）可以发现，虽然民营样本企业对国外高技术制造业在 2017 年创造就业量有所下降，但是整体趋势是稳步上升的；中高技术制造业在 2012—2013 年遭遇低谷之后触底反弹，值得提出的是在总体绿地投资收紧的 2017 年，我国民营样本企业通过绿地投资为国外中高技术制造业的就业较 2016 年仍然有所上升。民营样本企业对于低技术制造业创造的就业量虽然在总量占比中一直较小，但 2016 年曾呈现出增长趋势，2017 年又出现大幅下降。

表 5-5-17　中国民营企业绿地投资行业别就业数量分布及指数汇总表

（单位：人）

年份	制造业											
	高技术				中高技术				中低技术			
	就业人数	同比增长（%）	占比（%）	指数	就业人数	同比增长（%）	占比（%）	指数	就业人数	同比增长（%）	占比（%）	指数
2005	0	—	0.00	0.00	1086	—	97.40	27.96	29	—	2.60	1.89
2006	0	n. a.	0.00	0.00	3275	201.6	100.00	84.32	0	-100.0	0.00	0.00
2007	68	n. a.	0.63	1.68	4203	28.3	39.22	108.21	6246	n. a.	58.28	408.08
2008	446	555.9	6.54	11.05	3127	-25.6	45.88	80.51	3043	-51.3	44.64	198.81
2009	269	-39.7	3.99	6.66	5960	90.6	88.47	153.45	56	-98.2	0.83	3.66
2010	290	7.8	4.41	7.18	6292	5.6	95.59	162.00	0	-100.0	0.00	0.00
2011	3551	1124.5	23.62	87.95	7645	21.5	50.85	196.83	3348	n. a.	22.27	218.74
2012	1482	-58.3	27.06	36.71	2186	-71.4	39.91	56.28	1422	-57.5	25.96	92.90
2013	1299	-12.3	56.40	32.17	204	-90.7	8.86	5.25	800	-43.7	34.74	52.27
2014	4336	233.8	35.77	107.40	5561	2626.0	45.88	143.18	2024	153.0	16.70	132.24
2015	9519	119.5	71.03	235.77	3824	-31.2	28.53	98.46	59	-97.1	0.44	3.85

续表

年份	制造业											
	高技术				中高技术				中低技术			
	就业人数	同比增长(%)	占比(%)	指数	就业人数	同比增长(%)	占比(%)	指数	就业人数	同比增长(%)	占比(%)	指数
2016	11532	21.1	55.16	285.63	4845	26.7	23.18	124.74	1501	2444.1	7.18	98.07
2017	7828	-32.1	37.81	193.89	8074	66.6	39.00	207.88	651	-56.6	3.14	42.53
合计	40620		32.45		56282		44.96		19179		15.32	
2011—2015年均值	4037.40			100.00	3884.00			100.00	1530.60			100.00

年份	制造业							
	低技术				合计			
	就业人数	同比增长(%)	占比(%)	指数	就业人数	同比增长(%)	占比(%)	指数
2005	0		0.00	0.00	1115		97.72	11.53
2006	0	n. a.	0.00	0.00	3275	193.7	92.62	33.88
2007	200	n. a.	1.87	92.85	10717	227.2	96.78	110.86
2008	200	0.0	2.93	92.85	6816	-36.4	97.87	70.50
2009	452	126.0	6.71	209.84	6737	-1.2	99.16	69.69
2010	0	-100.0	0.00	0.00	6582	-2.3	98.09	68.08
2011	490	n. a.	3.26	227.48	15034	128.4	98.27	155.51
2012	387	-21.0	7.07	179.67	5477	-63.6	65.76	56.65
2013	0	-100.0	0.00	0.00	2303	-58.0	95.84	23.82
2014	200	n. a.	1.65	92.85	12121	426.3	54.67	125.38
2015	0	-100.0	0.00	0.00	13402	10.6	51.73	138.63
2016	3027	n. a.	14.48	1405.29	20905	56.0	40.66	216.24
2017	4148	37.0	20.04	1925.72	20701	-1.0	83.61	214.13
合计	9104		7.27		125185		67.12	
2011—2015年均值	215.40			100.00	9667.40		65.22	100.00

续表

年份	非制造业							
	服务业				电力、热力、燃气及水生产和供应业			
	就业人数	同比增长（%）	占比（%）	指数	就业人数	同比增长（%）	占比（%）	指数
2005	26		100.00	0.54	0		0.00	0.00
2006	261	903.8	100.00	5.42	0	n.a.	0.00	0.00
2007	356	36.4	100.00	7.39	0	n.a.	0.00	0.00
2008	20	−94.4	13.51	0.42	128	n.a.	86.49	125.00
2009	40	100.0	70.18	0.83	17	−86.7	29.82	16.60
2010	128	220.0	100.00	2.66	0	−100.0	0.00	0.00
2011	78	−39.1	29.55	1.62	186	n.a.	70.45	181.64
2012	2852	3556.4	100.00	59.24	0	−100.0	0.00	0.00
2013	100	−96.5	100.00	2.08	0	n.a.	0.00	0.00
2014	10051	9951.0	100.00	208.77	0	n.a.	0.00	0.00
2015	10991	9.4	87.87	228.29	326	n.a.	2.61	318.36
2016	30019	173.1	98.38	623.53	348	6.7	1.14	339.84
2017	3678	−87.7	90.61	76.40	344	−1.1	8.47	335.94
合计	58600		95.56		1349		2.20	
2011—2015 年均值	4814.40		100.00	102.40				100.00

年份	非制造业								总计			
	建筑业				合计							
	就业人数	同比增长（%）	占比（%）	指数	就业人数	同比增长（%）	占比（%）	指数	就业人数	同比增长（%）	占比（%）	指数
2005	0		0.00	0.00	26		2.28	0.50	1141		100.00	7.70
2006	0	n.a.	0.00	0.00	261	903.8	7.38	5.06	3536	209.9	100.00	23.86
2007	0	n.a.	0.00	0.00	356	36.4	3.22	6.91	11073	213.2	100.00	74.70
2008	0	n.a.	0.00	0.00	148	−58.4	2.13	2.87	6964	−37.1	100.00	46.98
2009	0	n.a.	0.00	0.00	57	−61.5	0.84	1.11	6794	−2.4	100.00	45.84
2010	0	n.a.	0.00	0.00	128	124.6	1.91	2.48	6710	−1.2	100.00	45.27

续表

| 年份 | 非制造业 | | | | | | | | 总计 | | | |
| | 建筑业 | | | | 合计 | | | | | | | |
	就业人数	同比增长(%)	占比(%)	指数	就业人数	同比增长(%)	占比(%)	指数	就业人数	同比增长(%)	占比(%)	指数
2011	0	n.a.	0.00	0.00	264	106.3	1.73	5.12	15298	128.0	100.00	103.21
2012	0	n.a.	0.00	0.00	2852	980.3	34.24	55.32	8329	-45.6	100.00	56.19
2013	0	n.a.	0.00	0.00	100	-96.5	4.16	1.94	2403	-71.1	100.00	16.21
2014	0	n.a.	0.00	0.00	10051	9951.0	45.33	194.98	22172	822.7	100.00	149.58
2015	1191	n.a.	9.52	500.00	12508	24.4	48.27	242.64	25910	16.9	100.00	174.80
2016	146	-87.7	0.48	61.29	30513	143.9	59.34	591.91	51418	98.4	100.00	346.89
2017	37	-74.7	0.91	15.53	4059	-86.7	16.39	78.74	24760	-51.8	100.00	167.04
合计	1374		2.24		61323		32.88		186508		100.00	
2011—2015年均值	238.20			100.00	5155.00		34.78	100.00	14822.40		100.00	100.00

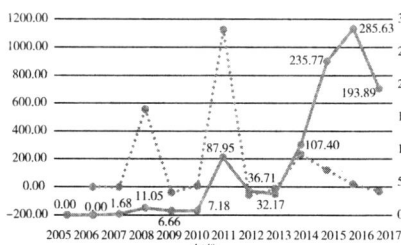

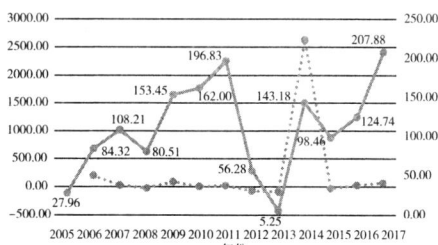

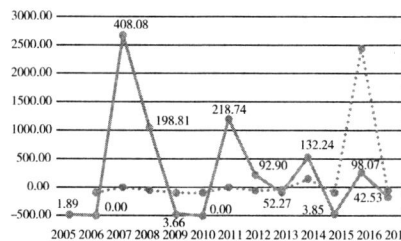

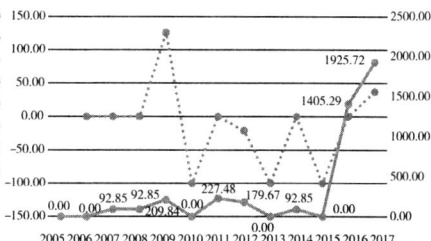

图 5-5-11　2005—2017 年制造业绿地投资就业数量指数走势图

（5）制造业合计就业数量

图 5-5-11　2005—2017 年制造业绿地投资就业数量指数走势图（续图）

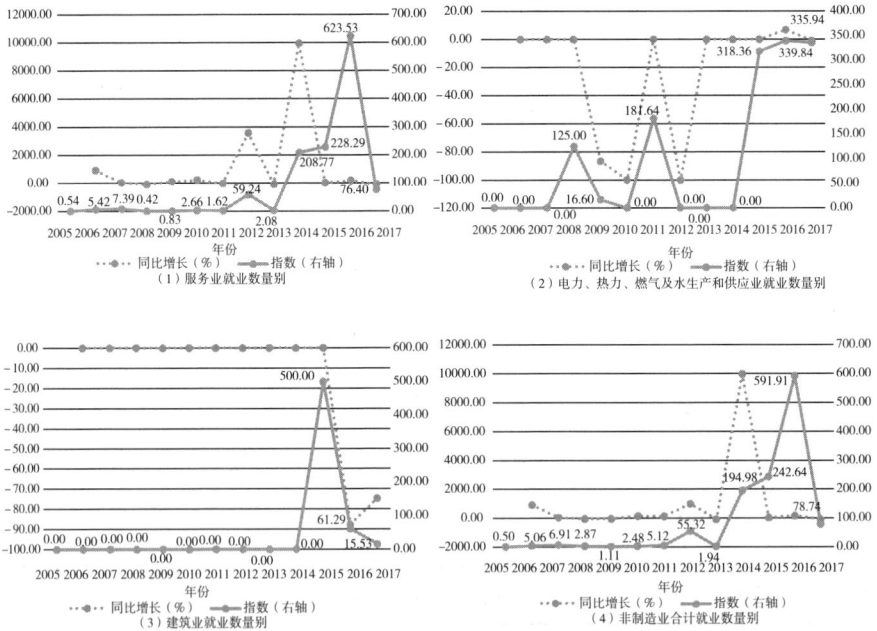

（1）服务业就业数量别

（2）电力、热力、燃气及水生产和供应业就业数量别

（3）建筑业就业数量别

（4）非制造业合计就业数量别

图 5-5-12　2005—2017 年非制造业绿地投资就业数量指数走势图

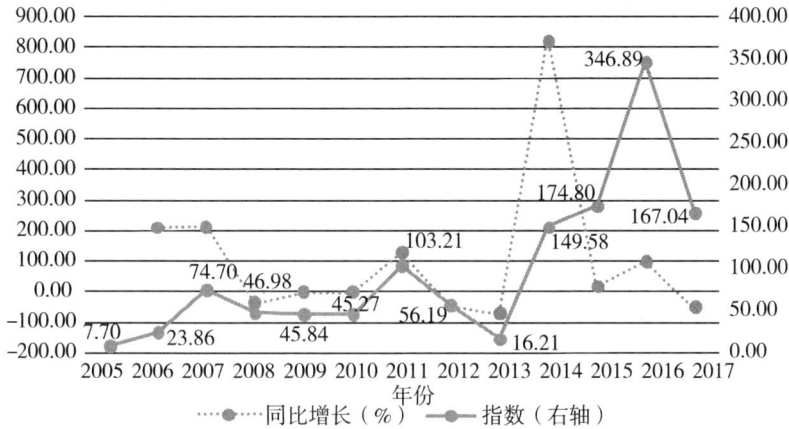

图 5-5-13 2005—2017 年绿地投资行业别就业数量指数走势图

2. 民营企业海外绿地投资创造就业数量在各细分行业的分布

表 5-5-18 中国民营样本企业绿地投资行业别就业数量指数——制造业

（单位：人）

年份		高技术				
		航空航天	医药制造	办公、会计和计算机设备	广播、电视和通信设备	合计
2005	数量	0	0	0	0	0
	比例（%）	0.00	0.00	0.00	0.00	0.00
	指数	n. a.	0.00	0.00	0.00	0.00
2006	数量	0	0	0	0	0
	比例（%）	0.00	0.00	0.00	0.00	0.00
	指数	n. a.	0.00	0.00	0.00	0.00
2007	数量	0	0	68	0	68
	比例（%）	0.00	0.00	0.63	0.00	0.63
	指数	n. a.	0.00	5.69	0.00	1.68
2008	数量	0	0	375	71	446
	比例（%）	0.00	0.00	5.50	1.04	6.54
	指数	n. a.	0.00	31.35	2.58	11.05

续表

年份		航空航天	医药制造	办公、会计和计算机设备	广播、电视和通信设备	合计
			高技术			
2009	数量	0	0	269	0	269
	比例（%）	0.00	0.00	3.99	0.00	3.99
	指数	n. a.	0.00	22.49	0.00	6.66
2010	数量	0	55	235	0	290
	比例（%）	0.00	0.84	3.57	0.00	4.41
	指数	n. a.	60.98	19.65	0.00	7.18
2011	数量	0	103	252	3196	3551
	比例（%）	0.00	0.69	1.68	21.26	23.62
	指数	n. a.	114.19	21.07	116.17	87.95
2012	数量	0	0	20	1462	1482
	比例（%）	0.00	0.00	0.37	26.69	27.06
	指数	n. a.	0.00	1.67	53.14	36.71
2013	数量	0	0	0	1299	1299
	比例（%）	0.00	0.00	0.00	56.40	56.40
	指数	n. a.	0.00	0.00	47.22	32.17
2014	数量	0	0	858	3478	4336
	比例（%）	0.00	0.00	7.08	28.69	35.77
	指数	n. a.	0.00	71.74	126.42	107.40
2015	数量	0	348	4850	4321	9519
	比例（%）	0.00	2.60	36.19	32.24	71.03
	指数	n. a.	385.81	405.52	157.06	235.77
2016	数量	0	0	1419	10113	11532
	比例（%）	0.00	0.00	6.79	48.38	55.16
	指数	n. a.	0.00	118.65	367.59	285.63
2017	数量	222	192	3840	3574	7828
	比例（%）	1.07	0.93	18.55	17.26	37.81
	指数	n. a.	212.86	321.07	129.91	193.89

续表

年份		高技术				
		航空航天	医药制造	办公、会计和计算机设备	广播、电视和通信设备	合计
合计	数量	222	698	12186	27514	40620
	比例（%）	0.18	0.56	9.73	21.98	32.45
2011—2015年均值		0.00	90.20	1196.00	2751.20	4037.40

年份		中高技术				
		汽车、挂车和半挂车	化学品及化学制品（不含制药）	其他铁道设备和运输设备	其他机械设备	合计
2005	数量	1086	0	0	0	1086
	比例（%）	97.40	0.00	0.00	0.00	97.40
	指数	35.24	0.00	n.a.	0.00	27.96
2006	数量	1000	0	0	2275	3275
	比例（%）	30.53	0.00	0.00	69.47	100.00
	指数	32.45	0.00	n.a.	319.97	84.32
2007	数量	3875	0	0	328	4203
	比例（%）	36.16	0.00	0.00	3.06	39.22
	指数	125.73	0.00	n.a.	46.13	108.21
2008	数量	2029	0	0	1098	3127
	比例（%）	29.77	0.00	0.00	16.11	45.88
	指数	65.83	0.00	n.a.	154.43	80.51
2009	数量	5960	0	0	0	5960
	比例（%）	88.47	0.00	0.00	0.00	88.47
	指数	193.38	0.00	n.a.	0.00	153.45
2010	数量	3596	0	150	2546	6292
	比例（%）	54.63	0.00	2.28	38.68	95.59
	指数	116.68	0.00	n.a.	358.09	162.00
2011	数量	6302	0	0	1343	7645
	比例（%）	41.92	0.00	0.00	8.93	50.85
	指数	204.48	0.00	n.a.	188.89	196.83

续表

年份		中高技术				
		汽车、挂车和半挂车	化学品及化学制品（不含制药）	其他铁道设备和运输设备	其他机械设备	合计
2012	数量	2186	0	0	0	2186
	比例（%）	39.91	0.00	0.00	0.00	39.91
	指数	70.93	0.00	n.a.	0.00	56.28
2013	数量	200	0	0	4	204
	比例（%）	8.68	0.00	0.00	0.17	8.86
	指数	6.49	0.00	n.a.	0.56	5.25
2014	数量	3076	400	0	2085	5561
	比例（%）	25.38	3.30	0.00	17.20	45.88
	指数	99.81	439.56	n.a.	293.25	143.18
2015	数量	3646	55	0	123	3824
	比例（%）	27.20	0.41	0.00	0.92	28.53
	指数	118.30	60.44	n.a.	17.30	98.46
2016	数量	4388	0	0	457	4845
	比例（%）	20.99	0.00	0.00	2.19	23.18
	指数	142.38	0.00	n.a.	64.28	124.74
2017	数量	6456	0	625	993	8074
	比例（%）	31.19	0.00	3.02	4.80	39.00
	指数	209.47	0.00	n.a.	139.66	207.88
合计	数量	43800	455	775	11252	56282
	比例（%）	34.99	0.36	0.62	8.99	44.96
2011—2015 年均值		3082.00	91.00	0.00	711.00	3884.00

年份		中低技术				
		橡胶和塑料制品	焦炭、精炼石油产品及核燃料	其他非金属矿物制品	基本金属和金属制品	合计
2005	数量	0	0	0	29	29
	比例（%）	0.00	0.00	0.00	2.60	2.60
	指数	0.00	0.00	0.00	4.34	1.89

续表

年份		中低技术				
		橡胶和塑料制品	焦炭、精炼石油产品及核燃料	其他非金属矿物制品	基本金属和金属制品	合计
2006	数量	0	0	0	0	0
	比例（%）	0.00	0.00	0.00	0.00	0.00
	指数	0.00	0.00	0.00	0.00	0.00
2007	数量	0	0	0	6246	6246
	比例（%）	0.00	0.00	0.00	58.28	58.28
	指数	0.00	0.00	0.00	933.91	408.08
2008	数量	0	0	0	3043	3043
	比例（%）	0.00	0.00	0.00	44.64	44.64
	指数	0.00	0.00	0.00	454.99	198.81
2009	数量	0	0	0	56	56
	比例（%）	0.00	0.00	0.00	0.83	0.83
	指数	0.00	0.00	0.00	8.37	3.66
2010	数量	0	0	0	0	0
	比例（%）	0.00	0.00	0.00	0.00	0.00
	指数	0.00	0.00	0.00	0.00	0.00
2011	数量	0	2717	631	0	3348
	比例（%）	0.00	18.07	4.20	0.00	22.27
	指数	0.00	492.92	204.74	0.00	218.74
2012	数量	0	0	0	1422	1422
	比例（%）	0.00	0.00	0.00	25.96	25.96
	指数	0.00	0.00	0.00	212.62	92.90
2013	数量	0	0	800	0	800
	比例（%）	0.00	0.00	34.74	0.00	34.74
	指数	0.00	0.00	259.57	0.00	52.27
2014	数量	0	0	102	1922	2024
	比例（%）	0.00	0.00	0.84	15.86	16.70
	指数	0.00	0.00	33.10	287.38	132.24

年份		中低技术				
		橡胶和塑料制品	焦炭、精炼石油产品及核燃料	其他非金属矿物制品	基本金属和金属制品	合计
2015	数量	12	39	8	0	59
	比例（%）	0.09	0.29	0.06	0.00	0.44
	指数	500.00	7.08	2.60	0.00	3.85
2016	数量	357	15	950	179	1501
	比例（%）	1.71	0.07	4.54	0.86	7.18
	指数	14875.00	2.72	308.24	26.76	98.07
2017	数量	95	50	471	35	651
	比例（%）	0.46	0.24	2.28	0.17	3.14
	指数	3958.33	9.07	152.82	5.23	42.53
合计	数量	464	2821	2962	12932	19179
	比例（%）	0.37	2.25	2.37	10.33	15.32
2011—2015 年均值		2.40	551.20	308.20	668.80	1530.60

年份		低技术				
		木材、纸浆、纸张、纸制品、印刷及出版	食品、饮料和烟草	纺织、纺织品、皮革及制鞋	合计	总计
2005	数量	0	0	0	0	1115
	比例（%）	0.00	0.00	0.00	0.00	100.00
	指数	n.a.	0.00	0.00	0.00	11.53
2006	数量	0	0	0	0	3275
	比例（%）	0.00	0.00	0.00	0.00	100.00
	指数	n.a.	0.00	0.00	0.00	33.88
2007	数量	0	200	0	200	10717
	比例（%）	0.00	1.87	0.00	1.87	100.00
	指数	n.a.	137.93	0.00	92.85	110.86
2008	数量	0	0	200	200	6816
	比例（%）	0.00	0.00	2.93	2.93	100.00
	指数	n.a.	0.00	284.09	92.85	70.50

续表

年份		木材、纸浆、纸张、纸制品、印刷及出版	食品、饮料和烟草	纺织、纺织品、皮革及制鞋	合计	总计
		低技术				
2009	数量	194	258	0	452	6737
	比例（%）	2.88	3.83	0.00	6.71	100.00
	指数	n.a.	177.93	0.00	209.84	69.69
2010	数量	0	0	0	0	6582
	比例（%）	0.00	0.00	0.00	0.00	100.00
	指数	n.a.	0.00	0.00	0.00	68.08
2011	数量	0	138	352	490	15034
	比例（%）	0.00	0.92	2.34	3.26	100.00
	指数	n.a.	95.17	500.00	227.48	155.51
2012	数量	0	387	0	387	5477
	比例（%）	0.00	7.07	0.00	7.07	100.00
	指数	n.a.	266.90	0.00	179.67	56.65
2013	数量	0	0	0	0	2303
	比例（%）	0.00	0.00	0.00	0.00	100.00
	指数	n.a.	0.00	0.00	0.00	23.82
2014	数量	0	200	0	200	12121
	比例（%）	0.00	1.65	0.00	1.65	100.00
	指数	n.a.	137.93	0.00	92.85	125.38
2015	数量	0	0	0	0	13402
	比例（%）	0.00	0.00	0.00	0.00	100.00
	指数	n.a.	0.00	0.00	0.00	138.63
2016	数量	0	23	3004	3027	20905
	比例（%）	0.00	0.11	14.37	14.48	100.00
	指数	n.a.	15.86	4267.05	1405.29	216.24
2017	数量	0	345	3803	4148	20701
	比例（%）	0.00	1.67	18.37	20.04	100.00
	指数	n.a.	237.93	5401.99	1925.72	214.13

续表

年份		低技术				总计
		木材、纸浆、纸张、纸制品、印刷及出版	食品、饮料和烟草	纺织、纺织品、皮革及制鞋	合计	
合计	数量	194	1551	7359	9104	125185
	比例（％）	0.15	1.24	5.88	7.27	100.00
2011—2015 年均值		0.00	145.00	70.40	215.40	9667.40

表 5-5-19　中国民营样本企业绿地投资行业别就业数量指数——非制造业

（单位：人）

年份		服务业									
		批发和零售业	交通运输、仓储和邮政业	信息传输、软件和信息技术服务业	金融业	房地产业	租赁和商务服务业	科学研究和技术服务业	卫生和社会工作	文化、体育和娱乐业	合计
2005	数量	26	0	0	0	0	0	0	0	0	26
	比例（％）	100.00	0.00	0.00	0.00	0.00	0.00	0.00	0.00	0.00	100.00
	指数	500.00	0.00	0.00	0.00	0.00	n.a.	0.00	n.a.	0.00	0.54
2006	数量	0	0	261	0	0	0	0	0	0	261
	比例（％）	0.00	0.00	100.00	0.00	0.00	0.00	0.00	0.00	0.00	100.00
	指数	0.00	0.00	76.58	0.00	0.00	n.a.	0.00	n.a.	0.00	5.42
2007	数量	0	0	0	0	356	0	0	0	0	356
	比例（％）	0.00	0.00	0.00	0.00	100.00	0.00	0.00	0.00	0.00	100.00
	指数	0.00	0.00	0.00	0.00	9.62	n.a.	0.00	n.a.	0.00	7.39
2008	数量	20	0	0	0	0	0	0	0	0	20
	比例（％）	13.51	0.00	0.00	0.00	0.00	0.00	0.00	0.00	0.00	13.51
	指数	384.62	0.00	0.00	0.00	0.00	n.a.	0.00	n.a.	0.00	0.42
2009	数量	30	0	0	0	0	0	0	0	10	40
	比例（％）	52.63	0.00	0.00	0.00	0.00	0.00	0.00	0.00	17.54	70.18
	指数	576.92	0.00	0.00	0.00	0.00	n.a.	0.00	n.a.	1.69	0.83

年份		批发和零售业	交通运输、仓储和邮政业	信息传输、软件和信息技术服务业	金融业	房地产业	租赁和商务服务业	科学研究和技术服务业	卫生和社会工作	文化、体育和娱乐业	合计
						服务业					
2010	数量	0	0	0	0	128	0	0	0	0	128
	比例（%）	0.00	0.00	0.00	0.00	100.00	0.00	0.00	0.00	0.00	100.00
	指数	0.00	0.00	0.00	0.00	3.46	n. a.	0.00	n. a.	0.00	2.66
2011	数量	0	0	0	0	0	0	78	0	0	78
	比例（%）	0.00	0.00	0.00	0.00	0.00	0.00	29.55	0.00	0.00	29.55
	指数	0.00	0.00	0.00	0.00	0.00	n. a.	56.69	n. a.	0.00	1.62
2012	数量	0	0	0	0	2712	0	140	0	0	2852
	比例（%）	0.00	0.00	0.00	0.00	95.09	0.00	4.91	0.00	0.00	100.00
	指数	0.00	0.00	0.00	0.00	73.27	n. a.	101.74	n. a.	0.00	59.24
2013	数量	0	0	0	0	0	0	100	0	0	100
	比例（%）	0.00	0.00	0.00	0.00	0.00	0.00	100.00	0.00	0.00	100.00
	指数	0.00	0.00	0.00	0.00	0.00	n. a.	72.67	n. a.	0.00	2.08
2014	数量	0	0	0	0	6888	0	200	0	2963	10051
	比例（%）	0.00	0.00	0.00	0.00	68.53	0.00	1.99	0.00	29.48	100.00
	指数	0.00	0.00	0.00	0.00	186.10	n. a.	145.35	n. a.	500.00	208.77
2015	数量	26	94	1704	91	8906	0	170	0	0	10991
	比例（%）	0.21	0.75	13.62	0.73	71.20	0.00	1.36	0.00	0.00	87.87
	指数	500.00	500.00	500.00	500.00	240.62	n. a.	123.55	n. a.	0.00	228.29
2016	数量	1950	0	398	5	26765	0	374	0	527	30019
	比例（%）	6.39	0.00	1.30	0.00	87.72	0.00	1.23	0.00	1.73	98.38
	指数	37500.00	0.00	116.78	27.47	723.14	n. a.	271.80	n. a.	88.93	623.53
2017	数量	895	100	780	81	1408	0	379	35	0	3678
	比例（%）	22.05	2.46	19.22	2.00	34.69	0.00	9.34	0.86	0.00	90.61
	指数	17211.54	531.91	228.87	445.05	38.04	n. a.	275.44	n. a.	0.00	76.40

续表

年份		服务业									
		批发和零售业	交通运输、仓储和邮政业	信息传输、软件和信息技术服务业	金融业	房地产业	租赁和商务服务业	科学研究和技术服务业	卫生和社会工作	文化、体育和娱乐业	合计
合计	数量	2947	194	3143	177	47163	0	1441	35	3500	58600
	比例（%）	4.81	0.32	5.13	0.29	76.91	0.00	2.35	0.06	5.71	95.56
2011—2015 年均值		5.20	18.80	340.80	18.20	3701.20	0.00	137.60	0.00	592.60	4814.40

年份		电力、热力、燃气及水生产和供应业		建筑业		总计
		电力、热力生产和供应业	合计	房屋建筑业	合计	
2005	数量	0	0	0	0	26
	比例（%）	0.00	0.00	0.00	0.00	100.00
	指数	0.00	0.00	0.00	0.00	0.50
2006	数量	0	0	0	0	261
	比例（%）	0.00	0.00	0.00	0.00	100.00
	指数	0.00	0.00	0.00	0.00	5.06
2007	数量	0	0	0	0	356
	比例（%）	0.00	0.00	0.00	0.00	100.00
	指数	0.00	0.00	0.00	0.00	6.91
2008	数量	128	128	0	0	148
	比例（%）	86.49	86.49	0.00	0.00	100.00
	指数	125.00	125.00	0.00	0.00	2.87
2009	数量	17	17	0	0	57
	比例（%）	29.82	29.82	0.00	0.00	100.00
	指数	16.60	16.60	0.00	0.00	1.11
2010	数量	0	0	0	0	128
	比例（%）	0.00	0.00	0.00	0.00	100.00
	指数	0.00	0.00	0.00	0.00	2.48

续表

年份		电力、热力、燃气及水生产和供应业		建筑业		总计
		电力、热力生产和供应业	合计	房屋建筑业	合计	
2011	数量	186	186	0	0	264
	比例（%）	70.45	70.45	0.00	0.00	100.00
	指数	181.64	181.64	0.00	0.00	5.12
2012	数量	0	0	0	0	2852
	比例（%）	0.00	0.00	0.00	0.00	100.00
	指数	0.00	0.00	0.00	0.00	55.32
2013	数量	0	0	0	0	100
	比例（%）	0.00	0.00	0.00	0.00	100.00
	指数	0.00	0.00	0.00	0.00	1.94
2014	数量	0	0	0	0	10051
	比例（%）	0.00	0.00	0.00	0.00	100.00
	指数	0.00	0.00	0.00	0.00	194.98
2015	数量	326	326	1191	1191	12508
	比例（%）	2.61	2.61	9.52	9.52	100.00
	指数	318.36	318.36	500.00	500.00	242.64
2016	数量	348	348	146	146	30513
	比例（%）	1.14	1.14	0.48	0.48	100.00
	指数	339.84	339.84	61.29	61.29	591.91
2017	数量	344	344	37	37	4059
	比例（%）	8.47	8.47	0.91	0.91	100.00
	指数	335.94	335.94	15.53	15.53	78.74
合计	数量	1349	1349	1374	1374	61323
	比例（%）	2.20	2.20	2.24	2.24	100.00
2011—2015 年均值		102.40	102.40	238.20	238.20	5155.00

本章小结

一、民营企业海外绿地投资趋于理性

从 2005—2017 年整体来看，我国民营样本企业绿地投资趋势向好，其中以 2014—2016 年表现尤为突出。2015 年是我国"十二五"规划的收官之年，在"十二五"期间，我国政府积极地推进"一带一路"建设，不断对"走出去"政策进行完善；2016 年是我国"十三五"规划的开局之年，这一年习近平总书记提出的"创新、协调、绿色、开放、共享"五大发展理念成为中国企业"走出去"的重要指导方针，这一系列政策支持和发展理念的创新都对我国民营企业绿地投资起到了推进作用。

进入 2017 年，全球经济复苏范围扩大，发达经济体和新兴经济体货币政策逐步出现分化，世界主要国家经济政策及国际地缘政治局势变化等因素共同影响了国际金融市场走势，国际金融市场持续动荡。受国际金融市场影响，我国企业 2017 年进行绿地投资更加谨慎，民营样本企业绿地投资项目数量和金额规模均出现下降趋势，金额下降趋势还较为明显。从国内视角来看，一方面源于 2017 年我国经济下行压力仍然较大，民营企业绿地投资受到一定限制；另一方面我国政府加强了对企业海外投资真实合规性审核，一些非理性的对外投资得到了遏制，民营企业海外投资趋于理性。但是随着全球经济发展日趋稳定，以及我国国内政策的大力支持，2017 年民营企业绿地投资规模虽有下降，但从整体发展变化来看民营企业海外绿地投资的前景仍然比较乐观。

二、从投资来源地看，民营企业绿地投资项目数量与金额规模受来源地差异影响明显

从我国民营样本企业绿地投资的来源地别看，位于环渤海地区的民营样本企业平均绿地投资金额规模较大，而珠三角地区虽然绿地投资项目数

量最多，但投资金额规模普遍较小。通过统计数据可以看出，2016 年京津冀地区虽然只有 8 起绿地投资项目，但是投资金额达到 265.19 亿美元，占据环渤海地区民营样本企业 3 年间绿地投资金额的 96.24%。位于河北省的华夏幸福基业股份有限公司 2016 年 3 件绿地投资项目的金额规模在民营 500 强排行榜中排列第 1、2、5 位，特别是对于埃及的高达 200 亿美元的绿地投资使得整个环渤海地区绿地投资金额规模得以大幅提高。长三角地区近年来投资项目数量和金额都保持较为稳定的增长。浙江省自 2005 年开始每年均有绿地投资项目，虽然金额规模不大，但是发展的态势稳定；上海市自 2012 年投资项目数量增长开始趋于稳定，即使在经济下行压力和政策限制较大的 2017 年，上海的绿地投资项目也保持了正向增长。

中部、西部地区民营样本企业绿地投资规模均小于其他 3 个地区。13 年来中部地区的华北东北部仅内蒙古的民营企业在 2015 年进行 1 件绿地投资，投资金额为 0.45 亿美元；中原华中地区则以湖南省为主，其绿地投资数量占据整个中部地区的 65.12%，且其绿地投资金额规模于 2014 年才开始高速增长，而河南、安徽和江西的民营企业则在 2015 年前后才开始有海外绿地投资项目。西部地区中的西北地区民营企业绿地投资项目主要集中在新疆维吾尔自治区，西南地区则以四川省和重庆市为主，二者合计占西南地区总投资数量的 97.56%。

这些统计数据真实反映出我国各省市民营企业绿地投资规模不平衡现象较为严重，特别是集中了我国大部分人口的中西部地区。我国应该对这些地区致力于"走出去"的民营企业加大政策扶持力度，促进民营企业的发展壮大，助力于中国经济高质量增长。

三、从投资标的国（地区）看，民营企业对不同标的国平均绿地投资金额规模差异显著

从所有标的国（地区）所接受的绿地投资项目数量规模与金额规模来看，欧洲一直是最吸引我国民营企业"走出去"的地区，而且对欧洲绿地投资项目数量的规模呈现逐年稳步增加的态势。这与欧洲经济较为发达，

以及通过绿地投资能够给本国企业带来管理经验的提高和技术的进步有着密切关系。但是结合对欧洲绿地投资的项目数量规模与金额规模来看，我国民营样本企业对欧洲的绿地投资金额规模相对较小，这可能与欧洲国家设置的进入壁垒有一定关系。德国作为我国民企在欧洲绿地投资的主要标的国（地区），但在公司注册、人员进入、招标资格等方面对非欧盟国家（第三国）建筑企业进入德国市场从严掌握，在事实上造成我国民企难以以平等的身份（国民待遇）进入德国市场。①

　　相反的，我国民营企业对于非洲国家绿地投资项目数量虽然不多，但是项目的平均金额规模较大。具体来看，我国民营样本企业对非洲发展中经济体的绿地投资金额主要集中于埃及，13 年间共计接受高达203.76 亿美元的绿地投资，占对非洲整体接受绿地投资金额的 87.81%，特别是 2016 年民营 500 强企业——华夏幸福基业股份有限公司对埃及房地产行业进行了单笔约为 200 亿美元的绿地投资。我国民营企业对于非洲绿地投资平均金额规模较大与企业投资动机密切相关，一方面对市场导向型的中国企业来说，随着近年来非洲各国经济改革进程加快，其农业、基础设施建设、交通运输业、家电业、纺织业、服务业、房地产业及通信业都存有巨大的发展空间和潜在的投资机遇，非洲已然成为我国企业开拓国外市场的重要标的地区；另一方面现阶段我国产业结构亟待调整优化，呈现出由初级制造业向较高技术水平制造业、向服务业调整，由劳动密集型向资源和技术密集型调整的趋势，而非洲国家凭借其相对廉价劳动力及广阔的市场开拓空间，极大程度地满足我国企业转移过剩产能的需求。同时，中国政府还一直在加强非洲国家的外交关系，在以"平等磋商，增进了解，扩大共识，加强友谊，促进合作"为宗旨的中非合作论坛的促进下，中非合作不断拓展和深化，也进一步扩大了我国企业对非洲的绿地投资规模。

---

　　① 胡小兵：《中企投资德国应注意细节性问题——访中国驻德国使馆经商处参赞王卫东》，2015 年 8 月 7 日，见 http://www.xinhuanet.com//world/2015-08/07/c_ 1116185917.htm。

四、从投资标的行业看，海外非制造业在 2013 — 2016 年间接受绿地投资金额规模远超制造业

从我国民营样本企业对国外制造业与非制造业绿地投资金额规模变化来看，2013 年作为一个重要的转折点，非制造业单年度接受达 16 亿美元的绿地投资金额，约为制造业 2013 年接受绿地投资金额规模的 4 倍。自2013 年以后，我国民营企业对于非制造业的绿地投资金额的规模持续领先制造业，并且于 2016 年以 387 亿美元——在该年度总投资金额规模中占比90.84%，达到了 13 年来所接受绿地投资金额的峰值。

从非制造业的细分部门来看，2013 年和 2016 年非制造业接受的绿地投资金额规模突增均主要来源于对服务业绿地投资金额规模的增长。其中文化、体育和娱乐业逐渐成为企业青睐的投资产业。根据统计数据显示，2013 年我国民营样本企业首次对文化、体育和娱乐业进行绿地投资，投资金额规模便达 11.65 亿美元，占比当年度服务业所接受绿地投资金额规模的 72.81%。

房地产行业作为另一个我国民营企业绿地投资金额规模较大的产业部门，近年来吸引了我国民营样本企业大规模的绿地投资，国内房价攀升迅速带动国外购房热潮，部分非理性的企业投资为我国经济发展注入较高的风险因素，特别是仅 2016 年一年我国企业流向房地产业的投资就高达366.86 亿美元，相当于当年度服务业所接受绿地投资金额规模的 94.79%。2017 年我国政府开始对海外房地产的投资规模进行限制，海外投资项目的审批及时间成本增加，敦促企业投资行为趋于理性化，为经济发展增添稳定因子。

五、从创造就业视角看，民营企业对标的国（地区）的绿地投资促进了标的国（地区）就业水平的提高

我国民营样本企业通过绿地投资为标的国（地区）创造的就业量的发展变化与企业绿地投资规模变化息息相关。伴随着我国民营企业绿地投资

金额规模自 2011 年以来波动增长，在 2005—2017 年间，我国民营样本企业通过绿地投资共计为标的国（地区）创造了 186508 个就业量，其中 2011 年、2014 年、2016 年作为创造就业量的重要转折点，分别同比增长 128.00%、822.70%、98.40%，仅就 2016 年我国民营样本企业通过绿地投资为标的国（地区）创造了 51418 个就业量，达到 13 年来创造就业量的峰值，同时民营样本企业绿地投资金额规模也达到 13 年间的最高水平。

民营企业通过绿地投资不仅能够提高企业自身的发展水平，优化企业资源配置，为母国创造收益，而且还能通过在标的国（地区）设厂有效地促进投资标的国（地区）就业水平的提高，特别是对于作为人口大国的部分亚洲发展中国家就业压力的缓解起到一定的改善作用，如 13 年间共计为印度创造 29766 个就业量，为印度尼西亚解决 14320 个就业岗位。

附　录

附录1　2017年中国民营企业500强海外直接投资——投资来源地别TOP10

附表 1-1　2017 年中国民营企业 500 强海外直接投资——投资来源地 TOP10（项目数量）

排序	投资方来源地	项目数量（件）
1	广东	63
2	浙江	38
3	上海	25
4	江苏	18
5	北京	15
6	辽宁	15
7	安徽	10
8	湖南	6
9	山东	5
10	江西	5

附表 1-2　2017 年中国民营企业 500 强海外直接投资——投资来源地 TOP10（金额）

排序	投资方来源地	金额（百万美元）
1	河北	33604
2	上海	16441
3	海南	11995
4	浙江	9799

排序	投资方来源地	金额（百万美元）
5	广东	5150
6	北京	4886
7	山东	2192
8	江苏	2149
9	湖南	1782.4
10	湖北	974

附表 1-3　2017 年中国民营企业 500 强海外并购投资——投资来源地 TOP10（项目数量）

排序	投资方来源地	项目数量（件）
1	上海	19
2	浙江	18
3	广东	15
4	海南	11
5	北京	9
6	江苏	9
7	山东	7
8	湖北	5
9	安徽	2
10	河北	2

附表 1-4　2017 年中国民营企业 500 强海外并购投资——投资来源地 TOP10（金额）

排序	投资方来源地	金额（百万美元）
1	河北	33533
2	上海	16327
3	海南	11850
4	浙江	9068
5	北京	4805
6	广东	2685
7	江苏	1760

续表

排序	投资方来源地	金额（百万美元）
8	山东	1173
9	湖北	971
10	山西	935

附表1-5　2017年中国民营企业500强海外绿地投资——投资来源地TOP10（项目数量）

排序	投资方来源地	项目数量（件）
1	广东	48
2	浙江	20
3	北京	9
4	江苏	6
5	上海	6
6	海南	4
7	湖南	4
8	福建	3
9	河北	3
10	山东	3

注：2017年四川项目数是3件，在该排序中与山东并列第十。

附表1-6　2017年中国民营企业500强海外绿地投资——投资来源地TOP10（金额）

排序	投资方来源地	金额（百万美元）
1	广东	2465
2	湖南	1782
3	山东	1018
4	浙江	731
5	江苏	389
6	福建	215
7	重庆	150
8	海南	145
9	上海	115

排序	投资方来源地	金额（百万美元）
10	北京	81

附录2 2017 年中国民营企业 500 强海外直接投资——投资标的国（地区）别 TOP10

附表 2-1 2017 年中国民营企业 500 强海外直接投资集中地 TOP10（项目数量）

排序	标的国（地区）	项目数量（件）
1	美国	31
2	中国香港	16
3	印度	10
4	开曼群岛	10
5	德国	9
6	英国	8
7	澳大利亚	8
8	马来西亚	7
9	法国	6
10	俄罗斯联邦	6

注：2017 年日本、新加坡的项目数是 6 件，在该排序中与俄罗斯联邦并列第十。

附表 2-2 2017 年中国民营企业 500 强海外直接投资集中地 TOP10（金额）

排序	标的国（地区）	金额（百万美元）
1	荷兰	35047
2	俄罗斯联邦	12477
3	美国	9532
4	德国	6900
5	瑞典	3420
6	印度	2965
7	瑞士	2516

排序	标的国（地区）	金额（百万美元）
8	日本	1881
9	卢森堡	1768
10	开曼群岛	1607

附表 2-3　2017 年中国民营企业 500 强海外并购投资集中地 TOP10（项目数量）

排序	并购标的国（地区）	项目数量（件）
1	中国香港	14
2	美国	13
3	开曼群岛	10
4	澳大利亚	4
5	荷兰	4
6	马来西亚	4
7	斯洛伐克	4
8	印度	4
9	德国	3
10	俄罗斯联邦	3

注：捷克共和国、日本、瑞士、新加坡、以色列、英国的项目数是 3 件，在该排序中与俄罗斯联邦并列第十。

附表 2-4　2017 年中国民营企业 500 强海外并购投资集中地 TOP10（金额）

排序	并购标的国（地区）	金额（百万美元）
1	荷兰	35030
2	俄罗斯联邦	12376
3	美国	8811
4	德国	6679
5	瑞典	3201
6	印度	2645
7	瑞士	2512
8	日本	1805

续表

排序	并购标的国（地区）	金额（百万美元）
9	卢森堡	1768
10	开曼群岛	1607

附表 2-5　2017 年中国民营企业 500 强海外绿地投资集中地 TOP10（项目数量）

排序	绿地标的国（地区）	项目数量（件）
1	美国	18
2	德国	6
3	印度	6
4	阿尔及利亚	5
5	英国	5
6	澳大利亚	4
7	法国	4
8	巴西	3
9	俄罗斯联邦	3
10	韩国	3

注：马来西亚、摩洛哥、墨西哥、日本、新加坡、新西兰、越南的项目数是 3 件，在该排序中与韩国并列第十。

附表 2-6　2017 年中国民营企业 500 强海外绿地投资集中地 TOP10（金额）

排序	绿地标的国（地区）	金额（百万美元）
1	巴基斯坦	1500
2	美国	721
3	尼日利亚	618
4	加拿大	519
5	中国香港	398
6	墨西哥	326
7	印度	320
8	哈萨克斯坦	272
9	德国	221

续表

排序	绿地标的国（地区）	金额（百万美元）
10	瑞典	219

附录3　2017年中国民营企业500强海外直接投资——投资标的行业别TOP10

附表3-1　2017年中国民营企业500强海外并购投资行业别TOP10（项目数量）

排序	并购行业	项目数量（件）
1	其他服务	41
2	机械、设备、家具、回收	28
3	批发和零售业	11
4	化工、橡胶、塑料、非金属制品	5
5	出版、印刷	4
6	金属和金属制品	4
7	主要部门（农业、采矿等）	4
8	运输	3
9	食品、饮料、烟草	2
10	银行	2

注：表中并购行业按照 BvD-Zephyr 数据库中行业分类标准划分。

附表3-2　2017年中国民营企业500强海外并购投资行业别TOP10（金额）

排序	并购行业	金额（百万美元）
1	机械、设备、家具、回收	43735
2	主要部门（农业、采矿等）	13645
3	其他服务	10421
4	酒店和餐馆	6500
5	银行	3705
6	批发和零售业	2224
7	化工、橡胶、塑料、非金属制品	2154

排序	并购行业	金额（百万美元）
8	出版、印刷	1085
9	邮电	935
10	食品、饮料、烟草	766

注：表中并购行业按照 BvD-Zephyr 数据库中行业分类标准划分。

附表 3-3　2017 年中国民营企业 500 强海外绿地投资行业别 TOP10（项目数量）

排序	绿地行业	项目数量（件）
1	通信	30
2	电子元件	12
3	汽车 OEM	11
4	汽车零部件	9
5	软件与 IT 服务	6
6	消费产品	6
7	工业机械、设备及工具	4
8	替代/可再生能源	4
9	消费电子产品	4
10	纺织品	3

注：1. 表中绿地行业按照 fDi Markets 数据库中行业分类标准划分；2. 食品和烟草、陶瓷和玻璃、制药业的项目数量均为 3，在该排序中与纺织品并列第十。

附表 3-4　2017 年中国民营企业 500 强海外绿地投资行业别 TOP10（金额）

排序	绿地行业	金额（百万美元）
1	房地产	36686
2	通信	1853
3	替代/可再生能源	1168
4	汽车 OEM	839
5	酒店与旅游	352
6	纺织品	350
7	消费产品	261

排序	绿地行业	金额（百万美元）
8	陶瓷和玻璃	254
9	电子元件	178
10	建筑及建筑材料	143

注：表中绿地行业按照 fDi Markets 数据库中行业分类标准划分。

附表 3-5　2017 年中国民营企业 500 强海外直接投资制造业别 TOP10（项目数量）

排序	海外投资标的制造业行业	项目数量（件）	行业技术分类
1	广播、电视和通信设备	34	高技术
2	汽车、挂车和半挂车	27	中高技术
3	办公、会计和计算机设备	16	高技术
4	其他电气机械和设备	8	中高技术
5	医药制造	8	高技术
6	其他铁道设备和运输设备	7	中高技术
7	基本金属和金属制品	6	中低技术
8	纺织、纺织品、皮革及制鞋	6	低技术
9	食品、饮料和烟草	5	低技术
10	其他机械设备	5	中高技术

注：表中投资标的制造业行业按照联合国国际标准产业分类（ISIC Rev. 3）标准划分，行业技术分类按照 OECD 制造业技术划分标准划分。

附表 3-6　2017 年中国民营企业 500 强海外直接投资制造业别 TOP10（金额）

排序	海外投资标的制造业行业	金额（百万美元）	行业技术分类
1	汽车、挂车和半挂车	39893	中高技术
2	其他铁道设备和运输设备	3310	中高技术
3	广播、电视和通信设备	2738	高技术
4	纺织、纺织品、皮革及制鞋	1737	低技术
5	医药制造	1183	高技术
6	橡胶和塑料制品	885	中低技术
7	食品、饮料和烟草	818	低技术

排序	海外投资标的制造业行业	金额（百万美元）	行业技术分类
8	办公、会计和计算机设备	620	高技术
9	基本金属和金属制品	504	中低技术
10	木材、纸浆、纸张、纸制品、印刷及出版	400	低技术

注：表中投资标的制造业行业按照联合国国际标准产业分类（ISIC Rev. 3）标准划分，行业技术分类按照 OECD 制造业技术划分标准划分。

附表 3-7　2017 年中国民营企业 500 强海外并购投资制造业别 TOP10（项目数量）

排序	并购投资标的制造业行业	项目数量（件）	行业技术分类
1	其他电气机械和设备	8	中高技术
2	汽车、挂车和半挂车	7	中高技术
3	其他铁道设备和运输设备	6	中高技术
4	基本金属和金属制品	5	中低技术
5	医药制造	5	高技术
6	办公、会计和计算机设备	4	高技术
7	纺织、纺织品、皮革及制鞋	3	低技术
8	广播、电视和通信设备	3	高技术
9	食品、饮料和烟草	2	低技术
10	木材、纸浆、纸张、纸制品、印刷及出版	1	低技术

注：1. 表中投资标的制造业行业按照联合国国际标准产业分类（ISIC Rev. 3）标准划分，行业技术分类按照 OECD 制造业技术划分标准划分；2. 其他机械设备、橡胶和塑料制品、医疗器械、精密仪器和光学仪器、钟表的项目数均为 1 件，在该排序中与木材、纸浆、纸张、纸制品、印刷及出版并列第十。

附表 3-8　2017 年中国民营企业 500 强海外并购投资制造业别 TOP10（金额）

排序	并购投资标的制造业行业	金额（百万美元）	行业技术分类
1	汽车、挂车和半挂车	38380	中高技术
2	其他铁道设备和运输设备	3229	中高技术
3	广播、电视和通信设备	1805	高技术
4	医药制造	1139	高技术
5	橡胶和塑料制品	800	中低技术

排序	并购投资标的制造业行业	金额（百万美元）	行业技术分类
6	食品、饮料和烟草	766	低技术
7	纺织、纺织品、皮革及制鞋	727	低技术
8	基本金属和金属制品	490	中低技术
9	木材、纸浆、纸张、纸制品、印刷及出版	400	低技术
10	办公、会计和计算机设备	247	高技术

注：表中投资标的制造业行业按照联合国国际标准产业分类（ISIC Rev.3）标准划分，行业技术分类按照 OECD 制造业技术划分标准划分。

附表 3-9　2017 年中国民营企业 500 强海外绿地投资制造业别 TOP10（项目数量）

排序	绿地投资标的制造业行业	项目数量（件）	行业技术分类
1	广播、电视和通信设备	31	高技术
2	汽车、挂车和半挂车	20	中高技术
3	办公、会计和计算机设备	12	高技术
4	其他机械设备	4	中高技术
5	纺织、纺织品、皮革及制鞋	3	低技术
6	其他非金属矿物制品	3	中低技术
7	食品、饮料和烟草	3	低技术
8	医药制造	3	高技术
9	航空航天	2	高技术
10	焦炭、精炼石油产品及核燃料	2	中低技术

注：1. 表中投资标的制造业行业按照联合国国际标准产业分类（ISIC Rev.3）标准划分，行业技术分类按照 OECD 制造业技术划分标准划分；2. 橡胶和塑料制品的项目数为 2 件，在该排序中与焦炭、精炼石油产品及核燃料并列第十。

附表 3-10　2017 年中国民营企业 500 强海外绿地投资制造业别 TOP10（金额）

排序	绿地投资标的制造业行业	金额（百万美元）	行业技术分类
1	汽车、挂车和半挂车	1513	中高技术
2	纺织、纺织品、皮革及制鞋	1010	低技术
3	广播、电视和通信设备	933	高技术
4	办公、会计和计算机设备	373	高技术

续表

排序	绿地投资标的制造业行业	金额（百万美元）	行业技术分类
5	其他非金属矿物制品	215	中低技术
6	其他机械设备	163	中高技术
7	橡胶和塑料制品	85	中低技术
8	其他铁道设备和运输设备	81	中高技术
9	食品、饮料和烟草	52	低技术
10	医药制造	44	高技术

注：表中投资标的制造业行业按照联合国国际标准产业分类（ISIC Rev.3）标准划分，行业技术分类按照 OECD 制造业技术划分标准划分。

附录 4　2005—2017 年中国民营企业 500 强海外直接投资——融资模式别 TOP5

附表 4-1　2005—2017 年中国民营企业 500 强海外并购投资的融资模式 TOP5（项目数量）

排序	融资模式	项目数量（件）
1	私人配售	53
2	增资+注资	51
3	私募股权	25
4	增资—卖方配售	7
5	企业风险投资+私募股权	7

附表 4-2　2005—2017 年中国民营企业 500 强海外并购投资的融资模式 TOP5（金额）

排序	融资模式	金额（百万美元）	并购金额涉及的并购项目（件）
1	私募股权	12074	19
2	新银行信贷便利+杠杆收购	10886	2
3	增资+注资	4014	51
4	企业风险投资+私募股权	3643	6
5	私人配售	2965	49

附表 4-3　2005—2017 年中国民营企业 500 强海外并购投资的支付方式 TOP5（项目数量）

排序	支付方式	项目数量（件）
1	现金	179
2	债务承担	12
3	现金+银行授信	9
4	现金+债务承担	9
5	现金+延期支付	7

附表 4-4　2005—2017 年中国民营企业 500 强海外并购投资的支付方式 TOP5（金额）

排序	支付方式	金额（百万美元）	并购金额涉及的并购项目（件）
1	现金	28245	170
2	债务承担	9727	11
3	现金+银行授信	1800	1
4	现金+债务承担	1758	9
5	现金+延期支付	1189	7

附录 5　2015—2017 年中国民营企业 500 强海外直接投资案件 TOP30

附表 5-1　2017 年中国民营企业 500 强海外直接投资案件 TOP30

排序	标的企业	中国投资方企业名称	标的国（地区）	标的行业	交易金额（百万美元）
1	FIAT CHRYSLER AUTOMOBILES NV'S JEEP BRAND	长城汽车股份有限公司天津哈弗分公司	荷兰	机械、设备、家具、回收	33500
2	NEFTYANAYA KOMPANIYA ROSNEFT PAO	中国华信能源有限公司	俄罗斯联邦	主要部门（农业、采矿等）	9376
3	HILTON WORLDWIDE HOLDINGS INC.	海航集团有限公司	美国	酒店和餐馆	6500

续表

排序	标的企业	中国投资方企业名称	标的国（地区）	标的行业	交易金额（百万美元）
4	DAIMLER AG	浙江吉利控股集团有限公司	德国	机械、设备、家具、回收	4739
5	VOLVO AB	浙江吉利控股集团有限公司	瑞典	机械、设备、家具、回收	3201
6	PAYAKHSKOE MESTOROZHDENIE	中国华信能源有限公司	俄罗斯联邦	主要部门（农业、采矿等）	3000
7	PRIME FOCUS LTD	大连万达集团股份有限公司	印度	其他服务	2335
8	DEUTSCHE BANK AG	海航集团有限公司	德国	银行	1937
9	JAPAN DISPLAY INC.	深圳市华星光电技术有限公司	日本	机械、设备、家具、回收	1805
10	BANQUE INTERNATIONALE A LUXEMBOURG SA	联想控股股份有限公司	卢森堡	银行	1768
11	SANY	三一集团有限公司	巴基斯坦	替代/可再生能源	1500
12	DUFRY AG	海航集团有限公司	瑞士	批发和零售业	1425
13	MARKIZA-SLOVAKIA SPOL SRO	中国华信能源有限公司	斯洛伐克	其他服务	1000
	TV NOVA SRO		捷克共和国		
	PRO TV SRL		罗马尼亚		
	CME BULGARIA BV		荷兰		
14	M1 LTD	美锦能源集团有限公司	新加坡	邮电	935
15	ABU DHABI COMPANY FOR ONSHORE OIL OPERATIONS	中国华信能源有限公司	阿拉伯联合酋长国	主要部门（农业、采矿等）	898
16	DENDREON PHARMACEUTICALS INC.	三胞集团有限公司	美国	化工、橡胶、塑料、非金属制品	820

续表

排序	标的企业	中国投资方企业名称	标的国（地区）	标的行业	交易金额（百万美元）
17	RITEDOSE CORPORATION, THE	人福医药集团股份公司	美国	化工、橡胶、塑料、非金属制品	800
18	PENTA INVESTMENTS LTD	中国华信能源有限公司	塞浦路斯	其他服务	797
19	REAL PET FOOD COMPANY PTY LTD	新希望集团有限公司	澳大利亚	食品、饮料、烟草	766
20	BALLY INTERNATIONAL AG	济宁如意投资有限公司	瑞士	纺织、纺织品、皮革及制鞋	700
21	PACTERA TECHNOLOGY INTERNATIONAL LTD	海航集团有限公司	开曼群岛	出版、印刷	675
22	PPLIVE CORPORATION	苏宁控股集团	开曼群岛	其他服务	602
23	SHANDONG RUYI TECHNOLOGY GROUP	济宁如意投资有限公司	尼日利亚	纺织品	600
24	HONG KONG TIANYI INTERNATIONAL HOLDINGS CO., LTD	浙江恒逸集团有限公司	中国香港	其他服务	551
25	BYD	比亚迪股份有限公司	加拿大	汽车 OEM	519
26	KMG INTERNATIONAL NV	中国华信能源有限公司	荷兰	化工、橡胶、塑料、非金属制品	510
27	TRANS MALDIVIAN AIRWAYS PVT LTD	宗申产业集团有限公司	马尔代夫	运输	500

续表

排序	标的企业	中国投资方企业名称	标的国（地区）	标的行业	交易金额（百万美元）
28	UDC FINANCE LTD	海航集团有限公司	新西兰	其他服务	480
29	SHANDONG RUYI TECHNOLOGY GROUP	济宁如意投资有限公司	美国	纺织品	410
30	INTEGRATED WHALE MEDIA INVESTMENTS	海航集团有限公司	中国香港	出版、印刷	400

注：排序 13 中企业一件投资项目对应四家标的企业。

附表 5-2　2017 年中国民营企业 500 强海外并购投资案件 TOP30

排序	标的企业	中国投资方企业名称	标的国（地区）	标的行业	交易金额（百万美元）
1	FIAT CHRYSLER AUTOMOBILES NV'S JEEP BRAND	长城汽车股份有限公司天津哈弗分公司	荷兰	机械、设备、家具、回收	33500
2	NEFTYANAYA KOMPANIYA ROSNEFT PAO	中国华信能源有限公司	俄罗斯联邦	主要部门（农业、采矿等）	9376
3	HILTON WORLDWIDE HOLDINGS INC.	海航集团有限公司	美国	酒店和餐馆	6500
4	DAIMLER AG	浙江吉利控股集团有限公司	德国	机械、设备、家具、回收	4739
5	VOLVO AB	浙江吉利控股集团有限公司	瑞典	机械、设备、家具、回收	3201
6	PAYAKHSKOE MESTOROZHDENIE	中国华信能源有限公司	俄罗斯联邦	主要部门（农业、采矿等）	3000
7	PRIME FOCUS LTD	大连万达集团股份有限公司	印度	其他服务	2335
8	DEUTSCHE BANK AG	海航集团有限公司	德国	银行	1937
9	JAPAN DISPLAY INC.	深圳市华星光电技术有限公司	日本	机械、设备、家具、回收	1805

续表

排序	标的企业	中国投资方企业名称	标的国（地区）	标的行业	交易金额（百万美元）
10	BANQUE INTERNATIONALE A LUXEMBOURG SA	联想控股股份有限公司	卢森堡	银行	1768
11	DUFRY AG	海航集团有限公司	瑞士	批发和零售业	1425
12	MARKIZA-SLOVAKIA SPOL SRO	中国华信能源有限公司	斯洛伐克	其他服务	1000
	TV NOVA SRO		捷克共和国		
	PRO TV SRL		罗马尼亚		
	CME BULGARIA BV		荷兰		
13	M1 LTD	美锦能源集团有限公司	新加坡	邮电	935
14	ABU DHABI COMPANY FOR ONSHORE OIL OPERATIONS	中国华信能源有限公司	阿拉伯联合酋长国	主要部门（农业、采矿等）	898
15	DENDREON PHARMACEUTICALS INC.	三胞集团有限公司	美国	化工、橡胶、塑料、非金属制品	820
16	RITEDOSE CORPORATION，THE	人福医药集团股份公司	美国	化工、橡胶、塑料、非金属制品	800
17	PENTA INVESTMENTS LTD	中国华信能源有限公司	塞浦路斯	其他服务	797
18	REAL PET FOOD COMPANY PTY LTD	新希望集团有限公司	澳大利亚	食品、饮料、烟草	766
19	BALLY INTERNATIONAL AG	济宁如意投资有限公司	瑞士	纺织、纺织品、皮革及制鞋	700
20	PACTERA TECHNOLOGY INTERNATIONAL LTD	海航集团有限公司	开曼群岛	出版、印刷	675

续表

排序	标的企业	中国投资方企业名称	标的国（地区）	标的行业	交易金额（百万美元）
21	PPLIVE CORPORATION	苏宁控股集团	开曼群岛	其他服务	602
22	HONG KONG TIANYI INTERNATIONAL HOLDINGS CO., LTD	浙江恒逸集团有限公司	中国香港	其他服务	551
23	KMG INTERNATIONAL NV	中国华信能源有限公司	荷兰	化工、橡胶、塑料、非金属制品	510
24	TRANS MALDIVIAN AIRWAYS PVT LTD	宗申产业集团有限公司	马尔代夫	运输	500
25	UDC FINANCE LTD	海航集团有限公司	新西兰	其他服务	480
26	INTEGRATED WHALE MEDIA INVESTMENTS	海航集团有限公司	中国香港	出版、印刷	400
27	DUFRY AG	海航集团有限公司	瑞士	批发和零售业	386
28	DOSTYK GAZ TERMINAL TOO	中国华信能源有限公司	哈萨克斯坦	主要部门（农业、采矿等）	370
29	CURA DAY HOSPITALS GROUP PTY LTD	江河创建集团股份有限公司	澳大利亚	教育、健康	338
30	GOLDEN GATE CNTC	南通三建控股有限公司	印度	建筑	300

注：排序 12 中企业一件投资项目对应四家标的企业。

附表 5-3　2017 年中国民营企业 500 强海外绿地投资案件 TOP30

排序	标的企业	中国投资方企业名称	绿地标的国（地区）	标的行业	交易金额（百万美元）
1	SANY	三一集团有限公司	巴基斯坦	替代/可再生能源	1500
2	SHANDONG RUYI TECHNOLOGY GROUP	济宁如意投资有限公司	尼日利亚	纺织品	600

排序	标的企业	中国投资方企业名称	绿地标的国（地区）	标的行业	交易金额（百万美元）
3	BYD	比亚迪股份有限公司	加拿大	汽车OEM	519
4	SHANDONG RUYI TECHNOLOGY GROUP	济宁如意投资有限公司	美国	纺织品	410
5	LOGAN PROPERTY	龙光基业集团有限公司	中国香港	房地产	333
6	SANY	三一集团有限公司	哈萨克斯坦	替代/可再生能源	272
7	VOLVO AUTOMOTIVE（VOLVO CARS）	浙江吉利控股集团有限公司	瑞典	汽车OEM	208
8	TRINA SOLARLIMITED	常州天合光能有限公司	墨西哥	替代/可再生能源	203
9	SOKON GROUP（HONG KONG）	重庆小康控股有限公司	印度尼西亚	汽车OEM	150
10	MIDEA GROUP	美的集团股份有限公司	印度	消费电子产品	123
11	KUKA ROBOTER	美的集团股份有限公司	德国	工业机械、设备及工具	118
12	HUAWEI TECHNOLOGIES	华为投资控股有限公司	新西兰	通信	107
13	FUYAO GLASS INDUSTRY	福耀玻璃工业集团股份有限公司	德国	陶瓷和玻璃	101
14	CTS AUTO	比亚迪股份有限公司	阿根廷	汽车OEM	100
15	TRINA SOLAR LIMITED	天合光能有限公司	越南	电子元件	100
16	KEY SAFETY SYSTEMS	宁波均胜电子股份有限公司	墨西哥	汽车零部件	89
17	FUYAO GLASS INDUSTRY	福耀玻璃工业集团股份有限公司	俄罗斯联邦	陶瓷和玻璃	85
18	HENGTONG OPTIC-ELECTRIC	亨通集团有限公司	印度	电子元件	85
19	BYD	比亚迪股份有限公司	摩洛哥	非汽车运输OEM	81

排序	标的企业	中国投资方企业名称	绿地标的国（地区）	标的行业	交易金额（百万美元）
20	VOLVO AUTOMOTIVE（VOLVO CARS）	浙江吉利控股集团有限公司	马来西亚	汽车 OEM	80
21	PUNCH POWERTRAIN	银亿集团有限公司	比利时	汽车零部件	74
22	HUAWEI TECHNOLOGIES	华为投资控股有限公司	西班牙	通信	71
23	HUAWEI TECHNOLOGIES	华为投资控股有限公司	哥伦比亚	通信	68
24	BYD	比亚迪股份有限公司	摩洛哥	汽车 OEM	66
25	HNA GROUP	海航集团有限公司	中国香港	金融服务	65
26	HUAWEI TECHNOLOGIES	华为投资控股有限公司	埃及	通信	61
27	HUAWEI TECHNOLOGIES	华为投资控股有限公司	阿拉伯联合酋长国	通信	61
28	HUAWEI TECHNOLOGIES	华为投资控股有限公司	南非	通信	61
29	KINGFA SCIENCE & TECHNOLOGY（USA）	金发科技股份有限公司	美国	塑料	60
30	HUAWEI TECHNOLOGIES	华为投资控股有限公司	英国	通信	55

附表 5-4　2016 年中国民营企业 500 强海外直接投资案件 TOP30

排序	标的企业	中国投资方企业名称	标的国（地区）	标的行业	交易金额（百万美元）
1	CHINA FORTUNE LAND DEVELOPMENT（CFLD）	华夏幸福基业股份有限公司	埃及	房地产	20000
2	CHINA FORTUNE LAND DEVELOPMENT（CFLD）	华夏幸福基业股份有限公司	印度	房地产	4900

排序	标的企业	中国投资方企业名称	标的国（地区）	标的行业	交易金额（百万美元）
3	LEGENDARY ENTERTAINMENT INC.	大连万达集团股份有限公司	美国	其他服务	3500
4	DALIAN WANDA GROUP	大连万达集团股份有限公司	法国	房地产	3298
5	UBER（CHINA）LTD	万科企业股份有限公司	开曼群岛	出版、印刷	2000
6	TIANRUI GROUP	天瑞集团股份有限公司	柬埔寨	房地产	2000
7	DEAN FOODS COMPANY	杭州娃哈哈集团有限公司	美国	食品、饮料、烟草	1510
8	CHINA FORTUNE LAND DEVELOPMENT（CFLD）	华夏幸福基业股份有限公司	印度尼西亚	房地产	1500
9	IMAGINA MEDIA AUDIOVISUAL SL	大连万达集团股份有限公司	西班牙	其他服务	1281
10	J&T FINANCE GROUP SE	中国华信能源有限公司	捷克共和国	其他服务	1137
11	DICK CLARK PRODUCTIONS INC.	大连万达集团股份有限公司	美国	其他服务	1000
12	GREENLAND USA	上海绿地城市建设发展（集团）有限公司	美国	房地产	1000
13	DALIAN WANDA GROUP	大连万达集团股份有限公司	印度	房地产	1000
14	ABU DHABI COMPANY FOR ONSHORE OIL OPERATIONS	中国华信能源有限公司	阿拉伯联合酋长国	初级部门（农业、矿业等）	898
15	HONG KONG JINGANG TRADE HOLDING CO.，LTD	内蒙古伊利实业集团股份有限公司	中国香港	食品、饮料、烟草	892

续表

排序	标的企业	中国投资方企业名称	标的国（地区）	标的行业	交易金额（百万美元）
16	SANY	三一集团有限公司	埃塞俄比亚	房地产	865
17	CHINA SHENGMU ORGANIC MILK LTD	内蒙古伊利实业集团股份有限公司	开曼群岛	食品、饮料、烟草	785
18	TEG LIVE PTY LTD	大连万达集团股份有限公司	澳大利亚	其他服务	766
19	WANDA E-COMMERCE COMPANY	大连万达集团股份有限公司	中国香港	其他服务	749
20	COUNTRY GARDEN HOLDINGS	碧桂园控股有限公司	英国	房地产	743
21	MINOR INTERNATIONAL PCL	卓尔控股有限公司	泰国	酒店和餐馆	710
22	NATURE'S CARE MANUFACTURE PTY LTD	联想控股股份有限公司	澳大利亚	化工产品、橡胶、塑料、非金属产品	700
23	CHINA SHENGMU ORGANIC MILK LTD	内蒙古伊利实业集团股份有限公司	开曼群岛	食品、饮料、烟草	680
24	VIVO ELECTRONICS	步步高集团	印度	通信	587
25	HONG KONG TIANYI INTERNATIONAL HOLDINGS CO.，LTD	浙江恒逸集团有限公司	中国香港	其他服务	551
26	COUNTRY GARDEN MANAGEMENT	碧桂园控股有限公司	马来西亚	房地产	543
27	COUNTRY GARDEN HOLDINGS	碧桂园控股有限公司	马来西亚	房地产	543

续表

排序	标的企业	中国投资方 企业名称	标的国 （地区）	标的行业	交易金额 （百万美元）
28	PINEWOOD GROUP PLC	大连万达集团 股份有限公司	英国	其他服务	463
29	WEWORK COMPANIES INC.	联想控股股份 有限公司	美国	其他服务	430
30	GEOSWIFT ASSET MANAGEMENT LTD	广博集团	维京群岛 （英属）	其他服务	404

附表 5-5　2016 年中国民营企业 500 强海外并购投资案件 TOP30

排序	标的企业	中国投资方 企业名称	标的国 （地区）	标的行业	交易金额 （百万美元）
1	LEGENDARY ENTERTAINMENT INC.	大连万达集团 股份有限公司	美国	其他服务	3500
2	UBER（CHINA） LTD	万科企业股份 有限公司	开曼群岛	出版、印刷	2000
3	DEAN FOODS COMPANY	杭州娃哈哈 集团有限公司	美国	食品、饮料、 烟草	1510
4	IMAGINA MEDIA AUDIOVISUAL SL	大连万达集团 股份有限公司	西班牙	其他服务	1281
5	J&T FINANCE GROUP SE	中国华信能源 有限公司	捷克共和国	其他服务	1137
6	DICK CLARK PRODUCTIONS INC.	大连万达集团 股份有限公司	美国	其他服务	1000
7	ABU DHABI COMPANY FOR ONSHORE OIL OPERATIONS	中国华信能源 有限公司	阿拉伯联 合酋长国	初级部门 （农业、矿业等）	898
8	HONG KONG JINGANG TRADE HOLDING CO.， LTD	内蒙古伊利 实业集团股份 有限公司	中国香港	食品、饮料、 烟草	892
9	CHINA SHENGMU ORGANIC MILK LTD	内蒙古伊利 实业集团股份 有限公司	开曼群岛	食品、饮料、 烟草	785

续表

排序	标的企业	中国投资方企业名称	标的国（地区）	标的行业	交易金额（百万美元）
10	TEG LIVE PTY LTD	大连万达集团股份有限公司	澳大利亚	其他服务	766
11	WANDA E-COMMERCE COMPANY	大连万达集团股份有限公司	中国香港	其他服务	749
12	MINOR INTERNATIONAL PCL	卓尔控股有限公司	泰国	酒店和餐馆	710
13	NATURE'S CARE MANUFACTURE PTY LTD	联想控股股份有限公司	澳大利亚	化工产品、橡胶、塑料、非金属产品	700
14	CHINA SHENGMU ORGANIC MILK LTD	内蒙古伊利实业集团股份有限公司	开曼群岛	食品、饮料、烟草	680
15	HONG KONG TIANYI INTERNATIONAL HOLDINGS CO., LTD	浙江恒逸集团有限公司	中国香港	其他服务	551
16	PINEWOOD GROUP PLC	大连万达集团股份有限公司	英国	其他服务	463
17	WEWORK COMPANIES INC.	联想控股股份有限公司	美国	其他服务	430
18	GEOSWIFT ASSET MANAGEMENT LTD	广博集团	维京群岛（英属）	其他服务	404
19	GROUPE MÉCANIQUE DÉCOUPAGE SA	正太集团有限公司	法国	机械、设备、家具、回收	320
20	FC INTERNAZIONALE MILANO SPA	苏宁控股集团	意大利	其他服务	307
21	INFINITY REAL ESTATE HOLDINGS PTE LTD	恒大地产集团有限公司	新加坡	其他服务	293

排序	标的企业	中国投资方企业名称	标的国（地区）	标的行业	交易金额（百万美元）
22	TSS CARGO AS	中国华信能源有限公司	捷克共和国	建筑业	273
23	FORTRESS GROUP LTD	三胞集团有限公司	开曼群岛	批发零售业	239
24	YOGURT HOLDING (CAYMAN) LTD	内蒙古伊利实业集团股份有限公司	开曼群岛	其他服务	212
25	FUYAO NORTH AMERICA INC.	福耀玻璃工业集团有限公司	美国	化工产品、橡胶、塑料、非金属产品	200
26	ORIENT GROUP HONG KONG INTERNATIONAL TRADE CO., LTD	东方集团实业股份有限公司	中国香港	N. A.	200
27	QUICK SERVICE RESTAURANTS HOLDINGS PTY LTD	联想控股股份有限公司	澳大利亚	酒店和餐馆	195
28	DAYANG TRANDS USA, INC	上海绿地城市建设发展（集团）有限公司	美国	纺织品、服装、皮革	193
28	DAYANG TRANDS UK LTD	圆通速递有限公司	英国	批发零售业	193
29	SOTHEBY'S INC.	泰康人寿保险股份有限公司	美国	批发零售业	162
30	AMK HOLDING GMBH & CO KG	安徽中鼎控股（集团）股份有限公司	德国	机械、设备、家具、回收	144

注：1. 排序26中的"N. A."表示BvD-Zephyr数据库中未列出该标的行业；2. 排序28中并购方含两家民营500强企业。

附表 5-6　2016 年中国民营企业 500 强海外绿地投资案件 TOP30

排序	标的企业	中国投资方企业名称	绿地标的国（地区）	行业	交易金额（百万美元）
1	CHINA FORTUNE LAND DEVELOPMENT（CFLD）	华夏幸福基业股份有限公司	埃及	房地产	20000
2	CHINA FORTUNE LAND DEVELOPMENT（CFLD）	华夏幸福基业股份有限公司	印度	房地产	4900
3	DALIAN WANDA GROUP	大连万达集团股份有限公司	法国	房地产	3298
4	TIANRUI GROUP	天瑞集团股份有限公司	柬埔寨	房地产	2000
5	CHINA FORTUNE LAND DEVELOPMENT（CFLD）	华夏幸福基业股份有限公司	印度尼西亚	房地产	1500
6	GREENLAND USA	上海绿地城市建设发展（集团）有限公司	美国	房地产	1000
7	DALIAN WANDA GROUP	大连万达集团股份有限公司	印度	房地产	1000
8	SANY	三一集团有限公司	埃塞俄比亚	房地产	865
9	COUNTRY GARDEN HOLDINGS	碧桂园控股有限公司	英国	房地产	743
10	VIVO ELECTRONICS	步步高集团	印度	通信	587
11	COUNTRY GARDEN MANAGEMENT	碧桂园控股有限公司	马来西亚	房地产	543
12	COUNTRY GARDEN HOLDINGS	碧桂园控股有限公司	马来西亚	房地产	543

续表

排序	标的企业	中国投资方企业名称	绿地标的国（地区）	行业	交易金额（百万美元）
13	JIANGSU SUNSHINE GROUP	江苏阳光集团有限公司	埃塞俄比亚	纺织品	350
14	SANY	三一集团有限公司	印度	替代/可再生能源	319
15	COUNTRY GARDEN HOLDINGS	碧桂园控股有限公司	印度尼西亚	酒店与旅游	307
16	OPPO ELECTRONICS	步步高集团	印度	通信	293
17	SANY	三一集团有限公司	印度	房地产	282
18	FUYAO NORTH AMERICA	福耀玻璃工业集团有限公司	美国	陶瓷和玻璃	254
19	BYD AMERICA	比亚迪股份有限公司	美国	汽车 OEM	254
20	JINKOSOLAR	晶科能源有限公司	墨西哥	替代/可再生能源	219
21	JINKOSOLAR	晶科能源有限公司	墨西哥	替代/可再生能源	219
22	TBEA SUNOASIS	新疆特变电工集团有限公司	埃及	替代/可再生能源	200
23	ZHEJIANG GEELY HOLDING GROUP（GEELY HOLDING GROUP）	浙江吉利控股集团	白俄罗斯	汽车 OEM	200
24	VOLVO AUTOMOTIVE（VOLVO CARS）	浙江吉利控股集团有限公司	印度	汽车 OEM	192
25	HOUSE OF FRASER	三胞集团有限公司	英国	消费产品	173
26	TRINA SOLAR LIMITED	常州天合光能有限公司	日本	替代/可再生能源	158
27	HUAWEI TECHNOLOGIES ZAMBIA	华为投资控股有限公司	赞比亚	通信	150
28	SANY	三一集团有限公司	印度	建筑及建筑材料	143

续表

排序	标的企业	中国投资方企业名称	绿地标的国（地区）	行业	交易金额（百万美元）
29	SANY HEAVY INDUSTRY	三一集团有限公司	阿根廷	金属	133
30	HUAWEI TECHNOLOGIES	华为投资控股有限公司	西班牙	通信	126

附表 5-7　2015 年中国民营企业 500 强海外直接投资案件 TOP30

排序	标的企业	中国投资方企业名称	标的国（地区）	标的行业	交易金额（百万美元）
1	PARAMOUNT PICTURES CORPORATION	大连万达集团股份有限公司	美国	其他服务	10000
2	SANY	三一集团有限公司	印度	替代/可再生能源	3000
3	MARINA D'OR GOLF	大连万达集团股份有限公司	西班牙	酒店和餐馆	1533
4	US STEEL KOSICE SRO	中国华信能源有限公司	斯洛伐克	金属及金属制品	1525
5	INFRONT SPORTS & MEDIA AG	大连万达集团股份有限公司	瑞士	其他服务	1161
6	J&T FINANCE GROUP SE	中国华信能源有限公司	捷克共和国	其他服务	1137
7	DALIAN WANDA GROUP	大连万达集团股份有限公司	澳大利亚	房地产	1000
8	DIANPING HOLDINGS LTD	大连万达集团股份有限公司	开曼群岛	其他服务	850
9	WORLD ENDURANCE HOLDINGS INC.	大连万达集团股份有限公司	美国	其他服务	650
10	PPLIVE CORPORATION	苏宁控股集团	开曼群岛	其他服务	629
11	ASSOCIAZIONE CALCIO MILAN SPA	杭州娃哈哈集团有限公司	意大利	其他服务	576

续表

排序	标的企业	中国投资方企业名称	标的国（地区）	标的行业	交易金额（百万美元）
12	KMG INTERNATIONAL NV	中国华信能源有限公司	荷兰	化工产品、橡胶、塑料、非金属产品	510
13	TRINA SOLAR LIMITED	常州天合光能有限公司	印度	电子元件	500
14	VOLVO AUTOMOTIVE （VOLVO CARS）	浙江吉利控股集团有限公司	美国	汽车 OEM	500
15	ZHONGTIAN CONSTRUCTION GROUP	中天发展控股集团有限公司	泰国	房地产	417
16	TCL	TCL 集团股份有限公司	巴西	消费电子产品	406
17	DOSTYK GAZ TERMINAL TOO	中国华信能源有限公司	哈萨克斯坦	初级部门（农业、矿业等）	370
18	HOLLEY GROUP	华立集团股份有限公司	墨西哥	房地产	360
19	SANTOS LTD	联想控股股份有限公司	澳大利亚	初级部门（农业、矿业等）	352
20	UNIEURO SRL	苏宁控股集团	意大利	批发零售业	336
21	ALEXANDER DENNIS LTD	比亚迪股份有限公司 郑州宇通集团有限公司	英国	机械、设备、家具、回收	303
22	HONGSHI HOLDINGS GROUP	红狮控股集团有限公司	尼泊尔	建筑及建筑材料	300
23	LONDON TAXI COMPANY	浙江吉利控股集团有限公司	英国	汽车 OEM	231
24	WANFENG MLTH HOLDINGS CO. , LTD	万丰奥特控股集团有限公司	英国	金属及金属制品	215
25	ECOMOTORS INC.	安徽中鼎控股（集团）股份有限公司	美国	其他服务	200

续表

排序	标的企业	中国投资方 企业名称	标的国 (地区)	标的行业	交易金额 (百万美元)
26	TRINA SOLAR LIMITED	常州天合光能 有限公司	泰国	电子元件	160
27	HUAWEI TECHNOLOGIES	华为投资控股 有限公司	马来西亚	通信	120
28	ZHENGBANG (HONG KONG) TRADING LTD	正邦集团 有限公司	中国香港	批发零售业	117
29	WEGU HOLDING GMBH	安徽中鼎控股 (集团)股份 有限公司	德国	机械、设备、 家具、回收	103
30	JINKOSOLAR	晶科能源 有限公司	马来西亚	电子元件	100

注:排序 21 中并购方含两家民营 500 强企业。

附表 5-8 2015 年中国民营企业 500 强海外并购投资案件 TOP30

排序	标的企业	中国投资方 企业名称	标的国 (地区)	标的行业	交易金额 (百万美元)
1	PARAMOUNT PICTURES CORPORATION	大连万达集团 股份有限公司	美国	其他服务	10000
2	MARINA D'OR GOLF	大连万达集团 股份有限公司	西班牙	酒店和餐馆	1533
3	US STEEL KOSICE SRO	中国华信能源 有限公司	斯洛伐克	金属及金属制品	1525
4	INFRONT SPORTS & MEDIA AG	大连万达集团 股份有限公司	瑞士	其他服务	1161
5	J&T FINANCE GROUP SE	中国华信能源 有限公司	捷克共和国	其他服务	1137
6	DIANPING HOLDINGS LTD	大连万达集团 股份有限公司	开曼群岛	其他服务	850
7	WORLD ENDURANCE HOLDINGS INC.	大连万达集团 股份有限公司	美国	其他服务	650

续表

排序	标的企业	中国投资方企业名称	标的国（地区）	标的行业	交易金额（百万美元）
8	PPLIVE CORPORATION	苏宁控股集团	开曼群岛	其他服务	629
9	ASSOCIAZIONE CALCIO MILAN SPA	杭州娃哈哈集团有限公司	意大利	其他服务	576
10	KMG INTERNATIONAL NV	中国华信能源有限公司	荷兰	化工产品、橡胶、塑料、非金属产品	510
11	DOSTYK GAZ TERMINAL TOO	中国华信能源有限公司	哈萨克斯坦	初级部门（农业、矿业等）	370
12	SANTOS LTD	联想控股股份有限公司	澳大利亚	初级部门（农业、矿业等）	352
13	UNIEURO SRL	苏宁控股集团	意大利	批发零售业	336
14	ALEXANDER DENNIS LTD	比亚迪股份有限公司	英国	机械、设备、家具、回收	303
		郑州宇通集团有限公司			
15	WANFENG MLTH HOLDINGS CO., LTD	万丰奥特控股集团有限公司	英国	金属及金属制品	215
16	ECOMOTORS INC.	安徽中鼎控股（集团）股份有限公司	美国	其他服务	200
17	ZHENGBANG (HONG KONG) TRADING LTD	正邦集团有限公司	中国香港	批发零售业	117
18	WEGU HOLDING GMBH	安徽中鼎控股（集团）股份有限公司	德国	机械、设备、家具、回收	103
19	HONBRIDGE HOLDINGS LTD	浙江吉利控股集团有限公司	开曼群岛	其他服务	95
20	ABERDARE CABLES (PTY) LTD	亨通集团有限公司	南非	机械、设备、家具、回收	83

续表

排序	标的企业	中国投资方企业名称	标的国（地区）	标的行业	交易金额（百万美元）
21	MEILELE INC.	宜华企业（集团）有限公司	开曼群岛	批发零售业	66
22	ANGANG GROUP INVESTMENT（AUSTRALIA）PTY LTD	攀枝花钢城集团有限公司	澳大利亚	其他服务	42
23	EHANG INC.	联想控股股份有限公司	美国	机械、设备、家具、回收	42
24	GOERTEK（VIETNAM）CO. LTD	歌尔声学股份有限公司	越南	机械、设备、家具、回收	32
25	HENGTONG OPTIC-ELECTRIC INTERNATIONAL LTD	亨通集团有限公司	中国香港	批发零售业	30
26	REDROVER CO.，LTD	苏宁控股集团	韩国	其他服务	29
27	FNC ENTERTAINMENT CO.，LTD	苏宁控股集团	韩国	其他服务	29
28	GINTECH ENERGY CORPORATION	通威集团有限公司	中国台湾	机械、设备、家具、回收	28
29	MOBVOI INC.	歌尔声学股份有限公司	开曼群岛	出版、印刷	20
30	FNC ENTERTAINMENT CO.，LTD	苏宁控股集团	韩国	其他服务	19

注：排序 14 中并购方含两家民营 500 强企业。

附表 5-9　2015 年中国民营企业 500 强海外绿地投资案件 TOP30

排序	标的企业	中国投资方企业名称	绿地标的国（地区）	行业	交易金额（百万美元）
1	SANY	三一集团有限公司	印度	替代/可再生能源	3000
2	DALIAN WANDA GROUP	大连万达集团股份有限公司	澳大利亚	房地产	1000

续表

排序	标的企业	中国投资方企业名称	绿地标的国（地区）	行业	交易金额（百万美元）
3	TRINA SOLAR LIMITED	常州天合光能有限公司	印度	电子元件	500
4	VOLVO AUTOMOTIVE（VOLVO CARS）	浙江吉利控股集团有限公司	美国	汽车 OEM	500
5	ZHONGTIAN CONSTRUCTION GROUP	中天发展控股集团有限公司	泰国	房地产	417
6	TCL	TCL 集团股份有限公司	巴西	消费电子产品	406
7	HOLLEY GROUP	华立集团股份有限公司	墨西哥	房地产	360
8	HONGSHI HOLDINGS GROUP	红狮控股集团有限公司	尼泊尔	建筑及建筑材料	300
9	LONDON TAXI COMPANY	浙江吉利控股集团有限公司	英国	汽车 OEM	231
10	TRINA SOLAR LIMITED	常州天合光能有限公司	泰国	电子元件	160
11	HUAWEI TECHNOLOGIES	华为投资控股有限公司	马来西亚	通信	120
12	JINKOSOLAR	晶科能源有限公司	马来西亚	电子元件	100
13	YUNNAN JUNFA REAL ESTATE	俊发地产有限责任公司	泰国	房地产	92
14	SPRING AIRLINES	上海春秋国际旅行社（集团）有限公司	日本	运输业	86
15	XINJIANG GUANGHUI PETROLEUM	新疆广汇实业投资（集团）有限责任公司	哈萨克斯坦	煤、石油和天然气	60
16	HUAWEI TECHNOLOGIES	华为投资控股有限公司	印度尼西亚	通信	59
17	TCL	TCL 集团股份有限公司	印度	消费电子产品	55

续表

排序	标的企业	中国投资方企业名称	绿地标的国（地区）	行业	交易金额（百万美元）
18	HUAWEI TECHNOLOGIES	华为投资控股有限公司	俄罗斯	通信	55
19	HOLLEY GROUP	华立集团股份有限公司	墨西哥	电子元件	53
20	SICHUAN KELUN PHARMACEUTICAL	四川科伦实业集团有限公司	哈萨克斯坦	制药业	50
21	BYD	比亚迪股份有限公司	巴西	电子元件	50
22	BAOSHANG BANK	包商银行股份有限公司	巴林	金融服务	45
23	CHONGQING LIFAN INDUSTRY	重庆力帆控股有限公司	俄罗斯	汽车零部件	41
24	HUAWEI TECHNOLOGIES	华为投资控股有限公司	沙特阿拉伯	通信	40
25	HUAWEI TECHNOLOGIES	华为投资控股有限公司	摩洛哥	通信	37
26	ZTT INTERNATIONAL LIMITED	中天科技集团有限公司	巴西	电子元件	30
27	FUTONG GROUP	富通集团有限公司	墨西哥	电子元件	27
28	HUAWEI TECHNOLOGIES	华为投资控股有限公司	巴拿马	通信	26
29	BYD MOTORS	比亚迪股份有限公司	美国	汽车 OEM	26
30	BYD MOTORS	比亚迪股份有限公司	美国	汽车 OEM	26

附录6　2015—2017年中国民营企业500强绿地投资为标的国（地区）创造就业TOP10

附表6-1　2017年中国民营企业500强绿地投资为标的国（地区）创造就业TOP10

排序	绿地投资标的国（地区）	创造就业数（人）
1	尼日利亚	3142
2	印度	2212
3	越南	2143
4	美国	2011
5	摩洛哥	1875
6	中国香港	1427
7	印度尼西亚	1363
8	马来西亚	1334
9	墨西哥	1047
10	日本	986

附表6-2　2016年中国民营企业500强绿地投资为标的国（地区）创造就业TOP10

排序	绿地投资标的国（地区）	创造就业数（人）
1	印度	16648
2	美国	5524
3	埃塞俄比亚	4032
4	埃及	3729
5	印度尼西亚	3418
6	法国	3164
7	柬埔寨	3023
8	马来西亚	2827
9	英国	1627
10	俄罗斯	1376

附表 6-3 2015 年中国民营企业 500 强绿地投资为标的国（地区）创造就业 TOP10

排序	绿地投资标的国（地区）	创造就业数（人）
1	泰国	5390
2	墨西哥	4365
3	印度	3871
4	澳大利亚	3174
5	美国	2894
6	尼泊尔	1191
7	印度尼西亚	881
8	巴西	692
9	马来西亚	642
10	英国	590

参考文献

［1］国家统计局办公室：《国家统计局对十届全国人大四次会议第7074 号建议的答复》，2006 年 6 月 5 日，见 http：//www. stats. gov. cn/tjgz/tjdt/200610/t20061024_ 16897. html。

［2］国家外汇管理局网站：http：//www. safe. gov. cn/。

［3］国家信息中心"一带一路"大数据中心：《"一带一路"大数据报告（2018）》，商务印书馆 2018 年版。

［4］胡润百富、DealGlobe 易界：《2018 中国企业跨境并购特别报告》，见 cn. dealglobe. com。

［5］胡小兵：《中企投资德国应注意细节性问题——访中国驻德国使馆经商处参赞王卫东》，2015 年 8 月 7 日，见 http：//www. xinhuanet. com//world/2015-08/07/c_ 1116185917. htm。

［6］胡志军：《中国民营企业海外直接投资》，对外经济贸易大学出版社 2015 年版。

［7］李锋：《中国内地赴香港直接投资的现状、原因及趋势展望》，《现代管理科学》2016 年第 12 期。

［8］刘坪：《不同类型中国企业的海外并购融资方式研究——基于 10 个案例的分析》，北京交通大学硕士学位论文，2014 年。

［9］宁波航运交易所：《海上丝路指数》，见 http：//www. msri. cn/。

［10］上海航运交易所：《"一带一路"航贸指数》，见 http：//www. sse. net. cn/index/singleIndex？ indexType＝obor。

［11］沈丹阳：《商务部新闻发言人沈丹阳就 2012 年 2 月我国商务工作

运行情况答记者问》，中华人民共和国商务部，2012 年 8 月 16 日，见 china. ec. com. cn/article/cnhongguan/201203/1186589_ 1. html。

［12］唐福勇：《中国企业面临国际税收变革下的机遇》，《中国经济时报》2018 年 1 月 16 日。

［13］陶凤：《税改启动　印度市场"猛虎"出笼还差几步》，《北京商报》2017 年 7 月 2 日。

［14］王碧珺、路诗佳：《中国海外并购激增，"中国买断全球"论盛行——2016 年第一季度中国对外直接投资报告》，《IIS 中国对外投资报告》2016 年第 1 期。

［15］王永中、徐沛原：《中国对拉美直接投资的特征与风险》，《拉丁美洲研究》2018 年第 3 期。

［16］詹晓宁：《世界投资报告 2017》，南开大学出版社 2017 年版，第 240 页。

［17］张淑莹：《我国直接投资对非洲就业的影响研究》，《经营与管理》2017 年第 12 期。

［18］中国企业"走出去"协同创新中心、中国民营经济国际合作商会：《中国民营企业国际合作蓝皮书（2014—2015）》，人民出版社 2016 年版。

［19］中国人民银行网站：http：//www. pbc. gov. cn/。

［20］中国一带一路网站：https：//www. yidaiyilu. gov. cn/。

［21］中国与全球化智库（CCG）：《中国企业全球化报告（2016）》，社会科学文献出版社 2016 年版，第 51 页。

［22］中华全国工商业联合会：《2017 中国民营企业 500 强调研分析报告》，2017 年 8 月 24 日。

［23］中华全国工商业联合会：《全国工商联办公厅关于开展 2015 年度全国工商联上规模民营企业调研的通知》，中华全国工商业联合会办公厅，2016 年 1 月 27 日，见 http：//www. acfic. org. cn/web/c_ 0000000100030001000010003/d _ 43920. htm。

［24］中华全国工商业联合会网站：http：//www. acfic. org. cn/。

［25］中华人民共和国国家统计局网站：http：//www. stats. gov. cn/。

［26］中华人民共和国商务部、中华人民共和国国家统计局、国家外汇
管理局：《年度中国对外直接投资统计公报》各版，见 http：//hzs. mofcom. gov.
cn/article/Nocategory/201512/20151201223578. shtml。

［27］中华人民共和国商务部：《境外投资管理办法》，2014 年 9 月 6 日，
见 http：//www. mofcom. gov. cn/article/b/c/201409/20140900723361. shtml。

［28］中华人民共和国商务部网站：http：//www. mofcom. gov. cn/。

［29］Bureau van Dijk，"M&A Review Global Full year 2016"，见 https：//
zephyr. bvdinfo. com/version－201776/home. serv？product＝zephyrneo&loginfromcontext
＝ipaddress。

［30］BvD－Zephyr 数据库网站：https：//zephyr. bvdinfo. com/。

［31］Crino R.，Employment Effects of Service off shoring：Evidence from
Matched Firms，Economics Letters，2010.

［32］fDi Markets 数据库网站：https：//www. fdimarkets. com/。

［33］ IMF（国际货币基金组织）网站：http：//www. imf. org/
external/index. htm。

［34］Kemp M. C.，Foreign Investment and the National Advantage，Eco-
nomic Record，1962.

［35］MacDougall D.，The Benefits and Costs of Private Investment from A-
broad：A Thepretical Approach，Economic Record，1962.

［36］ OECD：ISIC REV. 3 Technology Intensity Definition，见 ht-
tp：//www. oecd. org/sti/inno/48350231. pdf。

［37］OECD（经济合作与发展组织）网站：http：//www. oecd. org/。

［38］United Nations Conference on Trade and Development（UNCTAD）：
World Investment Reports，见 http：//unctad. org/en/pages/DIAE/World%
20Investment%20Report/WIRSeries. aspx。

后 记

本项研究获得南开大学"2018—2020中央专项基本科研业务费项目（项目号：63185009）"以及"国际经济贸易系社会服务研究团队资助2018—2020"的支持，同时本项目研究成果的出版发行得到了"南开大学中国特色社会主义经济建设协同创新中心"的资助，一并表示衷心感谢！

自去年归国任教以来，成立"全球经济研究中心"，不敢懈怠，在带领团队撰写出版《中国民营企业海外直接投资指数2017年度报告》的基础上，积极展开课题研究以及国际合作交流，并为经济学院研究生争取到每年暑期赴日实习的宝贵机会，同时注重理论联系实际，针对民营企业"走出去"这一课题，带领以博士生为主的团队成员走出象牙塔，进行实地调研，广泛接触社会，走访了广东、山东、京津、深圳以及香港地区，前后共计调研6批次、30余家企业机构，取得良好效果。每一点小小的收获都离不开各级领导和各方各界朋友的大力支持，在此表示衷心感谢！

最应该感谢的是研究团队的成员们！只要和他们在一起，我就会感觉自己更加年轻向上，看到他们朝气蓬勃孜孜不倦，感激佩服之外还真心地为他们感到骄傲。一年多以来，中心的研究力量也不断壮大，从初创时的"缺人少枪"到目前已经可以对外吹牛"精兵强将"，这些都要感谢小伙伴们不分昼夜地艰苦付出！

这个团队里面其实还有一位特殊人物需要感谢，她就是在东京上大三的女儿，她虽然默默无闻，但从一开始就参与课题组，负责收集资料，还做中英、中日翻译等工作，给予我诸多幕后的支持，更重要的是这一年多来通过和女儿的交流，我开阔了视野，甚至颠覆了我许多固有陈旧的思维观念。这一切的开始最初是一场音乐会，去年 11 月 25 日在东京偶然受女儿的邀请，一家三口去听了一场《琵琶与丝绸之路》的音乐会。去之前本来没有什么感觉，但是当第二位演奏者弹响了那把名叫"Oud"的乐器时，突然感觉好像是自己那把高中时的吉他在响，又好像来到了几年前游访过的土耳其；而当第四位琴师奏响了那把"lute"时，我又仿佛听到了多瑙河的流水。太神奇了，一把两三千年前发源于中亚的琵琶，传到哪里就会在哪里生根开花结果。中国人都知道"南橘北枳"，中亚的琵琶在当地是"Oud"，向西就是"lute"，往东来到中原经过历代繁衍就变成了各式各样的"琵琶"。之后进入朝鲜半岛，《隋书》中有记载，再往东到了日本就有了现在的"平家琵琶"和"萨摩琵琶"。唐之后，琵琶向南还进入了汉字文化圈的越南，成为越南的传统乐器。音乐会之后隔着大海，我和女儿开启了频繁的微信交流模式，聊各自的学习工作，还有中国企业海外投资。我们的共识是：无论资本的力量有多么强大和诱人，投资也一定会有其"入乡随俗"的韵律。即使作为父亲的我也很诧异一个出生在日本，在国内只读过 4 年小学的女儿能够写出以下如此底蕴深厚文字流畅且想象力丰富的微信，请允许我一字不改地附上暑假我和女儿探讨有关"一带一路与文化传承"时她的思考："丝绸之路，其实没有什么所谓的起点，也没有什么特定的终点。早在《山海经》里的上古时期，先辈们就已熟知我们所在的这个星球上的几乎每一个角落，每一种民族。只是在人们忘却了这些的西汉时期，以张骞为首，带着大量的丝绸制品开辟了一条交通路线。丝绸之路不仅是一条'路'，更是不同文明互相碰撞互相交流的接口；交流之物也不仅是丝绸制品，乐器、服饰、美味佳肴更是在之间穿梭不迭，至今保留着彼此的影子。而在交通与网络如此发达的今日，人们更是需要一个媒介，来延续我们数千年的羁绊。"这也促使我们今后对"一带一路"进行更加深入细致的研究。

　　本报告由薛军负责总体设计、数据筛选和整理具体安排、数据分析和文字写作以及书稿总纂。苏二豆提供了序章第一节和第三节的初稿，陈晓林提供了序章第二节的初稿，正文部分初稿的提供者分别为常君晓（第一章、第三章前四节）、李佶男（第二章）、吴雨婷（第三章第五节）、朱文燕（第四章前四节）、李金勇（第四章第五节）、陈乃天（第五章前四节）和邢羽丰（第五章第五节）。另外，苏二豆为数据筛选及归纳整合小组负责人，李金勇为数据处理小组负责人，吴雨婷为"一带一路"投资数据筛选小组负责人，邢羽丰为绿地投资就业贡献数据筛选小组负责人，常君晓为数据分析小组负责人，常露露为图表编辑汇总小组负责人。

　　最后，感谢人民出版社的姜玮编辑对本书的诸多指导、细致建议和辛勤付出，也感谢该社好友鲁静主任一如既往的大力支持！

薛　军

2018 年 11 月 5 日

于南开园

责任编辑:姜　玮

封面设计:徐　晖

图书在版编目(CIP)数据

中国民营企业海外直接投资指数 2018 年度报告:基于中国民企 500 强的
　　数据分析/薛军等 著. —北京:人民出版社,2019.6

ISBN 978 - 7 - 01 - 020361 - 4

Ⅰ.①中…　Ⅱ.①薛…　Ⅲ.①民营企业-海外投资-直接投资-研究报告-
中国-2018　Ⅳ.①F279.245

中国版本图书馆 CIP 数据核字(2019)第 023714 号

中国民营企业海外直接投资指数 2018 年度报告

ZHONGGUO MINYING QIYE HAIWAI ZHIJIE TOUZI ZHISHU 2018 NIANDU BAOGAO

——基于中国民企 500 强的数据分析

薛　军等　著

人民出版社 出版发行

(100706　北京市东城区隆福寺街 99 号)

环球东方(北京)印务有限公司印刷　新华书店经销

2019 年 6 月第 1 版　2019 年 6 月北京第 1 次印刷

开本:710 毫米×1000 毫米 1/16　印张:44

字数:631 千字

ISBN 978 - 7 - 01 - 020361 - 4　定价:140.00 元

邮购地址 100706　北京市东城区隆福寺街 99 号

人民东方图书销售中心　电话 (010)65250042　65289539